Chronicle of Macao
2010—2014

澳门回归
大事编年
(2010—2014)

澳门大学澳门研究中心 ／ 编

郝雨凡　林广志 ／ 主编

澳門大學
UNIVERSIDADE DE MACAU
UNIVERSITY OF MACAU

社会科学文献出版社
SOCIAL SCIENCES ACADEMIC PRESS (CHINA)

目　录

图目录

前 言

2009 年，在澳门回归祖国 10 周年之际，中国社会科学院港澳台研究中心编写了《澳门回归大事编年（1999~2009）》，将 10 年间澳门的政治、经济、社会、文化等方面的大事以编年体例梳理编辑，全面展示了澳门回归 10 年的发展与进步。该书既为推进澳门的社会进步、经济发展、文化传承提供了重要的参考资料，又为后人积累了宝贵的研究资料，具有重要的史料价值和现实意义，出版后引起了中央政府、澳门特区政府相关部门的重视，受到广大读者的欢迎。

2014 年是澳门回归祖国 15 周年。15 年来，在中央政府的大力支持下，澳门特别行政区政府和全体澳门居民一道，全面贯彻落实"一国两制"方针和澳门基本法，开拓进取，实现了经济快速发展、民生不断改善、社会和谐稳定，取得了令世界瞩目的巨大成就，充分体现了"一国两制"制度的强大生命力。为此，在澳门回归祖国 15 周年之际，澳门大学澳门研究中心决定赓续此举，编写《澳门回归大事编年（2010~2014）》，主要反映五年来澳门政治、经济、社会、文化、对外交往等领域所发生的重大事件，并力图在内容、体例诸方面有所创新，为中央政府、澳门特区政府以及相关机构和读者提供内容完整、材料翔实、叙述全面的参考资料。

《澳门回归大事编年（2010~2014）》所编"大事"，即为发生于澳门或关涉澳门的较大事件。具体来说，包括如下为容：（1）中央政府及澳门特别行政区政府重要涉澳法规、法令、政策、决策、决议、规划的颁布；（2）做出重要决定的或有重要影响的会议的召开；（3）行政区划调整；（4）主要机构变动以及主要负责人的任免；（5）重要企业、社团的成立、改组、重组、破产等；（6）重大改革与创新的提出及实施；（7）重大专项工作、活动的开展以及重大工程、项目、设施的建设；（8）重大发明创造、科研成果的公布及获奖；（9）党和国家领导人、著名人士在澳门的重要活动；（10）澳门各界著名人士、各重要企业、社团等机构的重要活动；（11）重要外事交流活动；（12）工作中的重大失误及事故、重大传染病的发生及防治；（13）重大自然灾害及防灾抗灾情况；（14）主要物产的盛衰和重大环境的变化；（15）珍贵文物的挖掘与重要名胜古迹的保护；（16）其他重要事件。

"大事"之选取，先从纵的方向，按时间顺序依据上述标准逐年选取，再从横的方向，按政治、经济、社会等序列，依据关键词选取重大活动、数据、立法、节庆等。每年或每届举办的常规活动，视情况选录其有代表性者，不一一列举。"大事"之叙述，以"一条一事"为标准，尽量突破词条式的写作藩篱，每件"大事"开头，先列出主题句，然后对事件进行叙述。叙事时不做评述，以保持事件的原貌，尽量做到客观、公正。必要时交代背景资料和相关数据，以求完整、准确地反映该事件的内容及其"来龙去脉"。

由于书稿涉及的领域较广，时间跨度较长，编撰者水平能力有限，对"大事"的选取和叙述或有偏差，加之交稿时间仓促，书中难免存在不足甚至错误，敬请相关机构和读者批评指正。

凡　例

一、本大事编年所收条目，起于 2009 年 10 月 1 日，迄于 2014 年 12 月 31 日。

二、条目内容出自澳门特别行政区政府及澳门新闻机构、中央政府和中央驻澳门机构新闻部门、高校及其他学术研究部门等机构的新闻及文献资料。

三、采用编年体，以年、月、日为序排列，一事一条。日期不明者置于月末，称"本月"；日期、月份均不明者置于年末，称"本年"。

四、每条大事开头有一主题句，然后叙述事件内容，必要时辅以背景资料，以方便读者快速浏览及了解事件的全貌。

五、在'澳门'的称谓上，对于"澳门特别行政区""特别行政区""特区""澳门"的应用，视乎条目行文而定。基于对等原则，凡对外交往或涉及其他国家事宜，采用全称。除因表述所需，基本上不用"本澳"，而采用"澳门"称谓。

六、对任何政府部门、公司、社团等机构，除特别情况，基本上不用简称，同一条目中必须先有全称，才能出现简称。

七、条目中的基本货币单位为澳门元，凡澳门元以外者均已注明；度量衡的采用，依照澳门日常使用习惯，在不同的条目上，可以米/尺共用，但在同一条目内则统一。

八、涉及外国的人名、地名、机构等名称，在括号内加注外文名称。

九、条目中出现的译名，如有不同译法，首先参照内地通行译法，其次选择澳门常用译法。

十、本大事记依照国内出版物有关质量管理的规定、规范编写。

澳门回归大事编年
CHRONICLE OF
MACAU

*2009*年　10~12月

2009 年

10 月

1 日

特区政府及社会各界举办多项活动，庆祝中华人民共和国成立 60 周年。自上月中旬以来，澳门社会各界已陆续展开庆祝活动。国庆升旗仪式于上午 8 时在新口岸金莲花广场举行，由代理行政长官张国华主持。升旗仪式后，体育发展局举办了"澳人喜迎国庆"世界步行日欢乐跑，随即在金莲花广场前举行开跑仪式。邮政局今日在邮政总局及通讯博物馆发售"庆祝中华人民共和国成立六十周年"邮品，并加盖纪念邮戳。晚上 8 时，民政总署与中联办文化教育部于综艺一馆合办"庆祝中华人民共和国成立六十周年国庆综艺晚会"。

第 21 届澳门国际烟花比赛汇演圆满结束。日本球屋北原烟火店夺冠，意大利 La Tirrena 烟花公司、菲律宾白金烟花公司烟花队获得亚军及季军。本届参赛的 10 支队伍分别来自（按比赛程序）西班牙、韩国、中国台湾、法国、意大利、菲律宾、日本、葡萄牙、奥地利和中国。

2 日

行政长官何厚铧率国庆观礼团参观新中国成立 60 周年成就展。观礼团一行上午前往北京展览馆参观"辉煌 60 年——中华人民共和国成立 60 周年成就展"，展览以"伟大历程·辉煌成就·美好未来"为主题，分为序展、综合展、专题展和展望四个部分。专题展区中设有"'一国两制'成功实践　两岸关系发展成就斐然"单元，全面展示了香港特别行政区、澳门特别行政区的发展成就。

5 日

行政长官何厚铧委任 7 名立法议员。行政长官根据《澳门特别行政区立法会选举制度》，通过行政命令委任第四届立法会 7 名议员：何少金、徐伟坤、唐晓晴、崔世平、黄显辉、刘永诚、萧志伟。依据《澳门特别行政区基本法》附件二《澳门特别行政区立法会的产生办法》规定，第四届立法会由 29 人组成，其中直接选举的议员 12 人：关翠杰、陈明金、吴国昌、梁安琪、何润生、高天赐、区锦新、李从正、麦瑞权、吴在权、陈伟智、陈美仪；间接选举的议员 10 人：贺一诚、高开贤、郑志强、冯志强（工商、金融界），刘焯华、林香生（劳工界），崔世昌、欧安利（专业界），张立群、陈泽武（社会服务、文化、教育及体育）；委任的议员 7 人。

6 日

旅游局组团参加第 17 届亚洲奖励旅游及大型会议展览。展览于 6 日至 8 日在泰国曼谷会议中心举行。澳门旅游局获最佳展台铜奖，展台设计以庆祝澳门特别行政区成立 10 周年及"感受澳门"为主题，是仅次于主办城市曼谷的第二大展台。

行政长官何厚铧祝贺高锟教授获诺贝尔物理学奖。何厚铧赞扬高锟是一位杰出的科学家，获得崇高的殊荣是全球华人的骄傲，澳门亦十分荣幸得到高锟教授的大力支持。著名物理学家、"光纤之父"高

---

* 《澳门回归大事编年（1999~2009）》（中国社会科学院港澳台研究中心编，社会科学文献出版社出版，2009 年 12 月）时间下限止于 2009 年 9 月，为保持时间的连贯性和事件的完整性，本书收录事件时间起于 2009 年 10 月。特此说明。

7 日

锟教授是澳门科技委员会 9 位顾问之一。

"世界精神健康日"系列活动启动。10 月 10 日为"世界精神健康日"，本年度活动主题是"初级保健里的精神健康：加强治疗和精神健康"。精神卫生委员会连同仁伯爵综合医院精神科、澳门利民会、扶康会及精神科医学会举办系列活动。

阻吓贩卖人口措施关注委员会举办"打击贩卖人口工作坊"。工作坊邀请两位分别来自美国司法部、美国国土安全部移民及海关执法局的专家开办讲座。学员则是来自海关、治安警察局及司法警察局的一线人员。

8 日

首届全日制"舞蹈技术课程"学生毕业。澳门演艺学院举行第一届全日制"舞蹈技术课程"毕业典礼，并与该课程合办单位——上海戏剧学院上海市舞蹈学校共同为 19 位毕业学生颁授证书。文化局代局长王世红、澳门演艺学院舞蹈学校校长张毅、上海戏剧学院上海市舞蹈学校校长唐世伟分别在毕业典礼上致辞。

9 日

旅游局与泰国会议展览局在澳门合办"澳门、泰国会展座谈会"。逾 50 名泰国企业、旅行社业务及活动策划代表和 20 名澳门业界代表参加座谈，探讨合作方式和渠道，介绍各自最新旅游产品及设施。

第 7 届澳门高等院校学生辩论比赛英语组赛事举行。高等教育辅助办公室为加强澳门各高等院校间学术交流，提高学生逻辑思考能力、语言表达能力、分析能力及英语水平，由 2008 年开始，在澳门高等院校学生辩论比赛中增设英语组赛事。本届赛事于 9 日至 11 日在澳门旅游学院举行，英语辩论赛有来自澳门大学、澳门科技大学、澳门理工学院、澳门高等校际学院、澳门镜湖护理学院等 9 支队伍参加，就民主政制、人权、文化、经济、政治、国际关系、妇女权益及教育等方面的辩题展开辩论。

第 23 届澳门国际音乐节举行。音乐节共有 26 场品类各异的节目，除在大小剧院上演外，还在岗顶剧院、玫瑰堂、大炮台等"世界文化遗产"景点上演。

10 日

澳门国际格兰披治小型赛车锦标赛（CIK - FIA）开赛。该项锦标赛是小型赛车运动中地位最高的赛事，首次登陆亚洲。赛事由国际汽车联会、中国—澳门汽车总会、澳门特别行政区政府体育发展局及澳

图 1　CIK - FIA 开赛现场

门特别行政区政府旅游局主办，是庆祝澳门特别行政区成立 10 周年的活动之一。来自欧洲、亚洲国家和地区的约 170 位世界小型赛车精英云集澳门，竞逐殊荣。

《澳门特别行政区援助建设大藤峡水利枢纽工程合作意向书》签署。澳门特别行政区政府与国家水利部珠江水利委员会在广州签署该合作意向书，目的是支持有助于远解决澳门咸潮问题及保障澳门供水安全的大藤峡水利枢纽工程。有关资金主要用于广西库区移民安置、水土保持和环境治理方面。签署意向书的澳门代表为粤澳供水专责小组澳方组长、港务局局长黄穗文，水利部珠江水利委员会代表为委员会主任岳中明。签署仪式由运输工务司司长刘仕尧及国家水利部部长陈雷共同见证。

12日

民航局举办"机场安全管理系统课程"。因澳门国际机场及其周边开展多项大型基建工程，民航局举办"机场安全管理系统课程"，向实施有关工程项目的相关政府部门、机场专营公司、机场营运商及工程承建商讲解机场安全管理系统的内容及重要性。课程由民航局机场规划暨航行部总监林衍新主讲。

民航局参加"第 46 届亚太区民航局局长会议"。会议在日本大阪举行，主题是"无限天空，联系亚太"。为实现亚太区民用航空的安全及有序发展，出席会议的成员国家、地区及国际组织联合发布《关西声明》（Kansai Statement），同意在空中交通管理、航空保安及航空安全等三个领域进行合作。澳门民航局在会议上发表 6 篇文章，介绍澳门在新通信、导航、监测系统、航空保安、航空运输、区域合作等领域的发展状况。

旅游局在澳大利亚悉尼开展"欢庆澳门"推广活动。旅游局组织澳门业界代表团成员在悉尼市中心的马丁广场（Martin Place）举行大型路演，向悉尼市民展现澳门风貌，推广澳门旅游。来自澳门之家（澳大利亚）及澳门学生联会的志愿者亦在推广活动中向市民提供澳门旅游资讯。

14日

"京粤港澳监狱论坛"首次在澳门举办。论坛每年举办一次，由北京市监狱管理局、广东省监狱管理局、香港惩教署及澳门监狱分别轮流主办。各主办方因应监狱管理上的当前情况或潜在问题订定论坛主题，让各成员围绕主题进行专题讨论、分享心得、交流经验。本届论坛主题为"社会发展为监狱管理带来的挑战"，与会者就"外籍因犯对监狱管理的影响""文化差异对囚犯矫治工作带来的冲击及展望""探讨青少年囚犯的犯罪模式及矫治计划"三个子议题进行研讨。

16日

刘焯华宣誓就任澳门特别行政区第四届立法会主席。澳门特别行政区第四届立法会举行了第一次全体会议，选举立法会主席、副主席，执行委员会第一秘书和第二秘书。刘焯华当选为第四届立法会主席。根据澳门基本法，澳门特别行政区立法会主席由立法会议员互选产生。全体会议由最年长的议员张立群主持。议员们通过投票，刘焯华以 23 票当选。下午 4 时，举行第四届立法会主席宣誓就职仪式，由行政长官何厚铧主持及监誓。刘焯华当选后表示，他将以无私、无畏、无偏的精神，主持会议并执行议事规则。他希望本届议员运用集体智慧，群策群力，做好工作。立法会主席、议员任期 4 年。澳门特别行政区立法会成立于 1999 年 12 月 20 日，第四届立法会选举于 2009 年 9 月 20 日举行。刘焯华生于 1945 年，自澳门特别行政区成立以来，已连任三届立法会副主席，现任全国人大澳区代表、澳门工会联合总会（以下简称"工联"）副会长、推荐法官独立委员会主席等职。按照澳门基本法，立法会主席行使的职权包括：召集和主持会议、决定全体会议议程，并行使法律及立法会议事规则所规定的其他职权。

澳门代表团参加"第 10 届中国西部国际博览会"。博览会由国家发改委、商务部、工业和信息化部、科技部、农业部、国家工商总局、国家质检总局、中国贸促会、全国对外友协、全国工商联、全国供销合作总社以及重庆、四川、贵州、云南、西藏、陕西、甘肃、青海、宁夏、新疆、内蒙古、广西 12 个省（区、市）人民政府及新疆生产建设兵团共同主办，国务院国有资产监管委员会协办，外交部支持，四川省人民政府承办。至今已成功举办 9 届，是目前中国西部集商品展览、经贸交流、招商引资、高端论坛为一体的大型经贸博览会。本届博览会在四川成都举行，澳门贸促局主席李炳康、执行委员张祖荣，澳门中华总商会副理事长余健楚、常务理事卢德华等代表出席活动。

能源业发展办公室会晤深圳市科技工贸和信息化委员会调研团。深圳市科技工贸和信息化委员会副主任殷勇、深圳供电局副局长张致宪等一行 8 人访问澳门能源办，与能源办主任山礼度，技术顾问李铸新、张振良，高级技术员吴永昌等座谈。双方就电力市场运行、监管模式、电力市场的改革等议题交换意见，认同未来在电力市场运营各个方面，澳深两地存在广泛的交流和合作空间。

17日

百名青年参加议政能力训练，深化对社会法制及国情教育。由澳门青年联合会主办的"澳门青年议政能力训练计划二〇〇九"开学，主办单位希望借助课程，加强澳门青年对澳门社会法制、青年事务、国情教育等方面的认识，提升青年议政能力，为澳门未来发展奠定基础。外交部驻澳门特别行政区特派员公署特派员卢树民，中联办文化教育部部长刘晓航，中国青年政治学院副院长李家华，澳门街坊会联合总会会长、行政会委员梁庆庭，议员崔世平、吴在权、徐伟坤、陈明金等出席主礼。刘晓航致辞时表示，澳门回归以来，内地的文化、教育、卫生、体育等多方面长足发展，期望澳门与内地青年间的交流和互动能不断深化，并祝愿学员取得丰硕成果。

"感受澳门旅游节"在台北举行。旅游局在台北地标 101 购物中心举行"感受澳门旅游节"，旅游局副局长文绮华揭幕。活动现场呈现了世界遗产"澳门历史城区"的代表性景点，如大三巴牌坊及议事亭前地等。

19日

行政长官何厚铧会见深圳市代市长王荣一行。深圳市代市长王荣一行在中央人民政府驻澳门特别行政区联络办公室副主任李本钧的陪同下与何厚铧会面，经济财政司司长谭伯源、行政长官办公室主任何永安等出席。双方认为澳门和深圳市应在经贸、旅游和文化等领域继续深化合作。

法律及司法培训中心举办"澳门特别行政区成立 10 周年——司法行政与民事责任研讨会"。研讨会为期 4 天，于澳门文化中心开幕，行政法务司司长陈丽敏、终审法院院长岑浩辉、检察院检察长何超明及澳门律师公会理事会主席华年达出席了开幕式。20 多名来自中国内地、香港、台湾、澳门及葡萄牙的专家、学者、司法官员应邀担任主讲者，就各地在司法行政与民事责任领域的较突出问题进行探讨。与会者主要包括司法官、司法官培训课程实习员、公共行政部门的法律人员、律师及实习律师等。

粤澳供水小组与珠江水利委员会商议应对咸潮措施。粤澳供水专责小组澳方组长、港务局局长黄穗文连同澳门自来水及珠海供水公司代表，前往广州访问珠江水利委员会，就水情走势及保障澳门供水安全等事宜进行探讨。

2009/2010 年司法年度举行开幕典礼。2009/2010 年司法年度开幕典礼于下午 3 时半假澳门文化中心举行。行政长官何厚铧、立法会主席刘焯华、行政法务司司长陈丽敏、终审法院院长岑浩辉、检察院检

21日

察长何超明、推荐法官独立委员会代表许十元、律师公会主席华年达在主礼台就座，特区各级司法官、立法议员、行政会委员、司法辅助人员、律师及各政府部门代表200多人出席。何厚铧在致辞时指出，过去十年的司法实践过程中，借司法机关不断自我完善及司法制度的有效改革，澳门已形成一套符合特区实际情况的司法体系。特区政府将一如既往，坚持不干预司法程序的原则，透过修订相关法律、加强司法培训等措施，确保司法机关依法履行法定职责、优化司法运作，以实现更高效的司法运作为目标。根据法律规定，一年一度庄严而隆重的司法年度开幕仪式，代表着澳门特别行政区新一届司法年度正式开始。获邀出席典礼的嘉宾包括中央驻澳门特区机构的代表、立法会主席、政府各主要官员、行政会委员、立法会议员、法官委员会和检察官委员会委员、推荐法官的独立委员会委员、澳门相关机构主要负责人等。根据基本法规定，澳门特别行政区法院及检察院分别是独立行使审判权和检察权的司法机关，两院联合举办司法年度开幕典礼，标志着在新的司法年度里，特区法院及检察院将继续紧守法律赋予的职责，为特区提供更优良的司法服务。

"葡语国家—福建—澳门经贸交流暨福建电机产品推介会"举行。推介会由闽澳经济合作促进委员会、福建省对外贸易经济合作厅、福建省经济贸易委员会、澳门贸易投资促进局主办，国际葡语市场企业家商会、葡中工商协会澳门分会、巴西—中国（澳门）实业协会、巴西圣保罗商业总会协办，旨在发挥并利用澳门商贸平台，拓展葡语国家市场，深化和扩大闽澳合作。

贸促局组织葡语国家及澳门企业家赴义乌参加博览会。"第15届中国义乌国际小商品博览会"在浙江义乌市举行，由商务部、浙江省人民政府、中国国际贸易促进委员会、中国轻工业联合会、中国商业联合会主办，澳门贸易投资促进局作为支持单位参加。

22日

第14届"澳门国际贸易投资展览会"（MIF）开幕。展览会由澳门贸易投资促进局主办，澳门中华总商会、澳门厂商联合会、澳门出入口商会、澳门毛织毛纺厂商会、澳门付货人协会、澳门银行公会、澳门建筑置业商会、澳门中小企业协进会、澳门中国企业协会、重庆市对外贸易经济委员会、香港中华厂商联合会协办，澳门会议展览业协会、澳门展贸协会和澳门广告商会承办。该展览会是澳门一年一度的大型综合性国际经贸交流活动，借助澳门区域合作的优势及与中国内地、葡语国家和国际社会的紧密联系，通过多种方式促进双向性贸易投资互动。本届展览会为期4天，共设展位1000多个，有61个国家和地区的288个经贸代表团到澳门参展，与去年同比增加1成。

23日

卫生部副部长陈啸宏访问卫生局。陈啸宏率团于22日至25日访问澳门，23日到访卫生局，就澳门食品安全管理问题进行交流，并了解澳门各级卫生保健系统的发展近况。

"共同应对区域突发事件专题工作小组"会议召开。为加强粤澳海上搜索和救援方面的合作，工作小组第一次会议在澳门港务局召开。粤澳双方提出了多项深化粤澳海上搜救合作的措施，并就"粤澳海上搜救合作的工作安排"草案进行了详细讨论。

能源办赴广州参加输电规划研究专家评审会。能源业发展办公室主任山礼度及技术顾问李铸新前往广州参加"2010～2020南方电网向澳门输电规划研究"专家评审会，听取由广东省电力设计研究院所做的有关2010～2020年南方电网向澳门输电的规划研究成果。专家评审会邀请了来自内地电力规划研究单位及高校等7位专家学者出席，就规划研究成果进行论证和分析，以对规划方案做出修正和完善。

24 日　　"莫桑比克现代艺术家作品展"开幕。中国—葡语国家经贸合作论坛（澳门）常设秘书处在民政总署的协助下，在氹仔龙环葡韵展览厅举行"莫桑比克现代艺术家作品展"开幕礼。作品展为第12届葡韵嘉年华节目之一。

28 日　　《大珠江三角洲城镇群协调发展规划研究》成果发表。粤港澳三地政府首次合作开展具有高层次纲领性意义的"大珠江三角洲城镇群协调发展规划研究"，经过3年的调查分析，已完成研究报告。广东省住房和城乡建设厅、香港发展局及澳门运输工务司在澳门举行联合发布会，发布研究成果。运输工务司司长刘仕尧、中央人民政府驻澳门特别行政区联络办公室经济部部长级助理李春满、住房和城乡建设部城乡规划司副司长张勤、广东省住房和城乡建设厅厅长房庆方、香港发展局常任秘书长周达明、广东省港澳办张建军副处长以及珠江三角洲地区规划部门代表出席并进行了交流研讨。

11月

1 日　　贸促局组织工商界代表团访台交流。澳门贸易投资促进局组织工商界代表团30多人赴中国台湾考察访问，并与台湾对外贸易发展协会/台北世界贸易中心签署合作协议。这是澳门特别行政区经贸部门首次连同工商界代表到台湾访问，双方探讨诸多合作空间，包括邀请台湾创意设计中心到澳门交流，在澳门开设台湾产品的长期展销中心，举行台澳名优产品展销会，加强文化创意产业、精致农产品方面的合作及深化双方在特许经营和连锁经营方面的联系等。

2 日　　"节约用电小组"赴北京访问国务院机关事务管理局节能办及北京市发展和改革委员会节能办。小组成员由澳门特别行政区高级公务员公共决策研修班的行动学习小组学员组成。访问的目的是通过实地交流和观摩，了解国家的能源政策及有关措施，政府机关的能源管理制度及具体执行情况，以及政府节能采购制度。

9 日　　"私营领域防治腐败的现状与前瞻"专题研讨会在澳门召开。研讨会由国家监察部、香港廉政公署、澳门廉政公署联合主办，是继"建设工程领域治理腐败""金融领域诚信管治"主题后，三地廉政机构共同举办的第三次专题研讨会，目的是对三地私营领域腐败的防治现状及成效进行反思和展望。会议认为，在全球化和区域合作的驱动下，三地私营业主、商界领袖和监管机构必须联手合作，深入探讨业界的监管机制、防贪措施、诚信建设及净化环境等课题，深化反腐倡廉的力度，扩大反腐倡廉的成效。研讨会开幕式由国家监察部副部级监察专员张化为、香港特别行政区廉政专员汤显明、澳门特别行政区廉政专员张裕主持。与会代表包括三个主办机构的代表团、来自三地监察监管机构成员及私营企业代表、澳门行政会委员、澳门立法会议员以及大学和研究机构的人员近200人。行政长官何厚铧接见与会代表并合影留念。

旅游局赴英国参加"世界旅游交易会"。一年一度的"世界旅游交易会"是国际旅游业界的盛事。本年交易会为期4天，在英国伦敦卓越国际会展中心举行，汇聚世界各地旅游机构及媒体。旅游局在亚洲展区设置展台，与威尼斯人度假村酒店及亚太旅游协会共同宣传澳门旅游及2010年9月在澳门举行的"2010亚太旅游协会旅游交易会"。

10 日

"成功的十年：'一国两制'在澳门的实践——纪念澳门回归祖国10周年学术研讨会"在北京举行。研讨会由北京大学和澳门特别行政区行政法务司联合举办，澳门基金会和澳门发展策略研究中心支持，北京大学港澳研究中心承办，以庆祝澳门回归祖国10周年。来自港澳台及内地的百余位专家学者和政界商界人士参加了研讨会。北京大学校长周其凤、澳门特别行政区行政法务司司长陈丽敏、国务院港澳事务办公室副主任张晓明及澳门霍英东基金会会长、香港中华总商会会长霍震寰在开幕式上致辞。澳门发展策略发展研究中心会长梁维特先生、北京大学港澳研究中心荣誉主任徐雅民教授分别做了主题报告。学者们指出，澳门回归10年所取得的成就表明，"一国两制"的伟大构想具有无比强大的生命力，是澳门长期繁荣稳定的根本保障。研讨会开幕式后，举行了"成功的十年——澳门图片展"的剪彩仪式。

11 日

澳门特别行政区法律及司法培训中心举办"国际法培训讲座"。讲座共有3个专题，涉及海洋边界、打击海盗、政府采购等，邀请外交部条约法律司官员担任主讲嘉宾，向特区政府公务人员介绍当前的国际法热点问题，以了解国家履行国际公约的情况。

12 日

卫生局代表团参加"第9次粤港澳防治传染病联席会议"。会议在珠海召开，卫生局局长李展润、广东省卫生厅副厅长黄小玲和香港卫生署署长林秉恩等出席会议。卫生局代表分别就传染病疫情概况、甲型H1N1流感防控、艾滋病、肠病毒、麻疹、水痘及微生物耐药等疫情和防控措施做了报告。

13 日

能源业发展办公室举行《澳门公共户外照明设计指引成效研究》业界座谈会。座谈会在澳门科学技术发展基金展览厅举行，由能源办技术顾问李铸新及研究工作组的陈炳祥教授主持。参加座谈会的业界代表来自政府部门、学术团体、企业及专业界等。能源业发展办公室在座谈会上向近20个相关团体及公共部门代表讲解研究报告内容并交流技术意见，听取各代表对有关指引的意见和建议，以完善指引的内容。

16 日

澳门代表团参加"第10届粤澳出入境身份证明局联络会议暨第35届边境联络会议"。会议在广东江门举行，由广东省公安厅主办。广东省公安厅副厅长张永强、澳门身份证明局局长黎英杰、澳门治安警察局出入境事务厅厅长飞能地以及中央政府驻澳门警联办和珠海边防检查总站等部门的领导和嘉宾出席。粤澳双方就相互关注的打击以假结婚为手段骗取出入境证件等多项出入境警务合作议题进行讨论并达成共识，进一步推动了双方的沟通与合作。

17 日

首都高校学生拜会行政长官并参观立法会及检察院。为深化澳门与内地的联系，中国法学会与澳门法务局共同举办"爱祖国、学法律、创和谐"活动，组织包括首都高校学子在内的"内地与港澳青年法律交流团"来澳参观访问。交流团一行60人，中国法学会党组书记、常务副会长刘扬任团长，司法部副部长张苏军任副团长，中国法学会办公室主任刘剑任副团长兼秘书长。交流团拜会行政长官何厚铧及行政法务司司长陈丽敏，并参观了立法会及检察院，深入了解澳门特别行政区的法律体制。

19 日

旅游局代表团赴云南参加"2009 中国国际旅游交易会"。交易会于 19 日至 22 日在云南昆明国际会展中心举行。旅游局副局长文绮华、旅游局工作人员以及来自旅行社、酒店和会展中心等 14 个旅游业机构的代表前往参加，以加强与内地及国际旅游业界的联系，并推广澳门为休闲及商务旅游目的地。旅游局展位以"感受澳门"为主题，面积超过 150 平方米。

22 日

贸促局组织企业家赴北京参加"第二届中国服务贸易大会"。应中国国际贸易促进委员会邀请，澳门贸易投资促进局组织澳门企业家参会。大会举行了"首届中国服务业国际合作论坛"，聚焦环境服务业和金融服务业进行研讨交流。澳门贸促局是该论坛的协办单位。大会还举行了"中国环境服务国际合作论坛""中国金融服务国际合作论坛""环境·金融服务洽谈会"等。贸促局主席李炳康在"中国环境服务国际合作论坛"上致辞。贸促局人员同时拜会国家发展和改革委员会、商务部、中国国际贸易促进委员会、欧盟欧洲委员会驻华代表团等多个官方部门及经贸协会、组织，介绍"2010 澳门国际环保合作发展论坛及展览"（2010MIECF）筹备工作。

23 日

中央政府任命澳门特别行政区第三届政府主要官员和检察长。依照《澳门特别行政区基本法》的有关规定，根据澳门特别行政区第三任行政长官崔世安的提名，国务院任命澳门特别行政区第三届政府主要官员和检察长。任命情况如下：陈丽敏（女）为行政法务司司长，谭伯源为经济财政司司长，张国华为保安司司长，张裕为社会文化司司长，刘仕尧为运输工务司司长，冯文庄为廉政公署廉政专员，何永安为审计署审计长，白英伟为警察总局局长，徐礼恒为海关关长，何超明为检察院检察长。上述官员将从 2009 年 12 月 20 日起履行职责。

卫生部妇幼保健与小区卫生司代表团访澳。应澳门卫生局邀请，卫生部妇幼保健与小区卫生司副司长秦耕率团访澳。其间到访卫生局、仁伯爵综合医院、镜湖医院、卫生局属下黑沙环和离岛卫生中心，了解澳门小区卫生保健系统的发展情况。

24 日

港澳双方签署港澳居民持永久性居民身份证入出境及互免填报入出境申报表协议。港澳两地特别行政区政府为进一步简化港澳居民往返两地的出入境手续，就互相给予对方居民出入境相关便利方面达成共识，本日由澳门行政法务司司长陈丽敏及香港财政司司长曾俊华在香港签署《中华人民共和国澳门特别行政区政府与中华人民共和国香港特别行政区政府关于持永久性居民身份证入出境及互免填报入出境申报表协议》，标志着港澳两地在出入境事务方面的合作进入新的阶段。

26 日

政府签署合作协议援建大藤峡水利枢纽。继 10 月 10 日《澳门特别行政区援助建设大藤峡水利枢纽工程合作意向书》签署之后，特区政府与国家水利部珠江水利委员会签署了《澳门特别行政区援助建设大藤峡水利枢纽工程合作协议书》，澳门政府将以财政支持的方式，援建广西大藤峡水利枢纽工程，援助金额为 8 亿元人民币，主要用于广西库区移民安置、水土保持及环境治理。行政长官何厚铧、国家水利部副部长矫勇、中联办副主任高燕、运输工务司司长刘仕尧、全国人大常委会委员贺一诚见证了签署仪式。港务局局长黄穗文、珠江水利委员会主任岳中明代表双方签署协议。

行政暨公职局举行"e 办事"（ePass）新闻发布会。发布会由行政暨公职局局长朱伟干、副局长杜志文及卫生局代表、组织暨计算机厅厅长梁基雄主持，介绍"e 办事"和相关电子公共服务。朱伟干表示，随着电子政务的发展，澳门各政府部门已经陆续推出不同的电子公共服务。对于任何电子（网上）服务，信息安全和身份确认尤其重要。为上大部分电子服务都有身份确认机制，而身份确认机制一般是以账户验证的模式。"e办事"是免费申请到电子服务通行账户，用以确认使用者的网上身份，以便用户处理及查询在不同政府部门内的用户数据、服务申请进度等数据，并可用同一账户安全有效地使用不同政府部门提供的"e办事"电子化服务。

27 日

旅游局首次在印度尼西亚雅加达购物中心举行大型路演活动"欢庆澳门"。现场布置呈现了世界文化遗产"澳门历史城区"及其他具代表性的景点，使印度尼西亚市民仿佛置身于融合中国及南欧风情的"迷你澳门"。本年，旅游局进一步扩大客源市场推广，新增印尼代表处，在当地开展宣传工作。印尼自2009年9月起亦已成为澳门的十大客源市场之一。2009年前10个月，入境澳门的印尼游客近15万人次。目前，每周有10班往返澳门与印尼雅加达两地的航班。

12月

1 日

防治艾滋病委员会举行全体会议。12月1日是"世界艾滋病日"，防治艾滋病委员会举行全体会议，代主席、卫生局局长李展润主持，社工局和教青局等部门及非政府组织的代表出席了会议。会议总结了一年的工作，包括艾滋病监测系统、美沙酮替代治疗和针具交换等危害服务体系的进一步完善，将性教育纳入学校正规课程，开展性工作者的研究和防控工作，各领域的大量培训及宣传教育活动等。委员会通过了19项艾滋病教育资助计划。会议还进一步讨论了减少对艾滋病病人的歧视和协助艾滋病患者正常生活的措施。

旅游局赴巴塞罗那宣传澳门商务旅游。旅游局商务旅游中心连同本地活动策划公司、目的地管理公司及酒店共5位代表前往巴塞罗那参加"环球会议奖励展览会"，宣传并推广澳门最新商务旅游发展。一年一度在欧洲举办的"环球会议奖励展览会"是全球会议及奖励旅游业界的盛事，每年均吸引超过3000个来自100个不同国家和地区的供货商参展，互相交流及进行相关贸易。

2 日

"第三届旅游目的地品牌及市场发展国际会议"举办。会议由澳门旅游学院与美国普渡大学合办，美国南卡罗莱纳大学与中山大学协办。开幕式由澳门旅游学院院长黄竹君博士、美国普渡大学蔡利平教授、美国南卡罗莱纳大学Brian Mihalik博士及中山大学保继刚教授主持，邀请了来自澳大利亚、巴林、巴西、加拿大、中国内地、克罗地亚、丹麦、芬兰、德国、希腊、印度尼西亚、日本、马来西亚、新西兰、尼日利亚、菲律宾、罗马尼亚、新加坡、西班牙、瑞典、瑞士、荷兰、英国、美国、阿拉伯联合酋长国及中国台湾、中国香港、中国澳门等国家和地区多名代表，以及来自旅游和服务业的专业人士，旅游目的地市场从业员、主管、研究及教育人员，旅游局管理人员，会议策划及统筹人员，旅游业从业员和有关企业投资者参加会议。

澳门企业家代表团赴香港参加"中小企国际推广博览会"。本届博览会分为"商贸支持馆"及"市场商机馆"两大展区，并举办了多场研讨会。澳门贸易投资促进局组织的出席本次活动的澳门企业家代

3日

表团成员，主要来自澳门中小企业协进会、澳门厂商联合会、巴西—中国澳门实业协会、澳门展贸协会、澳门会议展览业协会、澳门广告商会、国际葡萄牙语市场企业家商会、澳门物流货运联合商会、澳门工商联会、澳门金业同业公会、澳门台湾总商会、澳门计算机商会、澳门电子商务协会等。代表团一行出席了大会开幕式，随后参观澳门馆。该馆主要介绍澳门的营商环境、澳门贸易投资促进局提供的服务，并宣传 2010 年在澳门举办的主要展会。

4日

纪念《澳门特别行政区基本法》实施 10 周年座谈会在北京召开。为庆祝澳门回归祖国 10 周年，全国人大常委会澳门基本法委员会在北京人民大会堂召开纪念《澳门特别行政区基本法》实施 10 周年座谈会。中共中央政治局常委、全国人大常委会委员长吴邦国在会上发表重要讲话，强调要认真总结《澳门特别行政区基本法》实施的成功经验，增强贯彻实施"一国两制"方针和基本法的自觉性和坚定性，增强维护促进澳门长期繁荣稳定的自觉性和坚定性，把"一国两制"的伟大实践不断推向前进。出席座谈会的党和国家领导人还有：中共中央政治局常委、书记处书记、国家副主席习近平，中共中央政治局委员、全国人大常委会副委员长王兆国，中共中央政治局委员、国务委员刘延东，全国人大常委会副委员长韩启德，全国人大常委会副委员长兼秘书长李建国，全国政协副主席、国务院港澳办主任廖晖，全国政协副主席、统战部部长杜青林，全国人大原常委会副委员长、原澳门特别行政区基本法起草委员会副主任委员王汉斌。全国政协副主席马万祺发来贺电。出席座谈会的还有中央有关部门和广东省负责同志，原澳门基本法起草委员会部分委员，原澳门特别行政区筹备委员会部分委员，澳门地区部分全国人大代表和全国政协委员，澳门特别行政区政府部门主要官员、立法会主席、终审法院院长、检察院检察长，以及内地和澳门部分专家学者。率团出席座谈会的澳门特别行政区行政长官何厚铧在会上发言表示，《澳门特别行政区基本法》是澳门特别行政区 10 年来成功建设和发展的制度保障和法治基石，是特别行政区所有法律、制度和政策的基础，是克服特别行政区发展过程中各种重大挑战的智慧源泉，是特别行政区经济社会全面发展、各阶层居民共享发展成果的根本保证。《澳门特别行政区基本法》的成功实施是与国家的全力支持分不开的，特别行政区政府及广大澳门居民将不断加深对基本法的理解，努力促进基本法全面贯彻实施。

5日

劳工事务局与广东省人力资源和社会保障厅签署《粤澳职业技能开发合作协议书》。为借助区域间专业技能的优势互补，推动本地劳动力向高技能、高素质的人才方向发展，劳工事务局与广东省人力资源和社会保障厅在澳门举行粤澳职业技能开发合作协议书签署仪式暨国家职业资格证书颁发仪式，合作协议书由劳工事务局局长孙家雄及广东省人力资源和社会保障厅厅长欧真志共同签署。在签署仪式上，澳门生产力暨科技转移中心向数十名取得国家职业资格中级及技师级的人士颁发了证书。

8日

澳门科技委员会与湖南省科技厅签署"科技合作协议"。为提升湖南和澳门之间的科技交往和合作层次，澳门科技委员会与湖南省科技厅在湖南长沙签署《内地与澳门成立科技合作委员会的协议》和《泛珠三角区域科技创新合作框架协议》，本着前瞻务实、重点突出、互利共赢的原则，建立沟通协调机制，着重开展电子信息产业、医药与健康、环保科技及人才交流等方面的合作。签署仪式在湖南省科技厅举行，由澳门科技委员会科普工作组召集人、澳门科学技术发展基金行政委员会主席唐志坚与湖南省科技厅厅长王柯敏共同签署。澳门代表团丕参观考察了浏阳生物医药园、长沙国家高新区、湖南大学等多个单位以及创图视维、艾因泰克等高科支企业。

　　旅游局组织代表团赴日参加"国际会议展览会"（IME）。一年一度的"国际会议展览会"自1990年开始举办，本届展览会由日本国土交通省、日本国家旅游局及日本会议振兴公社（JCCB）合办，在日本东京国际会议中心举行。旅游局商务旅荐中心及旅游局驻日本代表处，连同澳门本地旅行社、酒店及航空公司共6位代表前往参加。

9 日

　　环境保护局组团赴香港参观"绿色学校"。为促进澳门环境教育，增进教育团体对绿色学校的了解及交流，环境保护局组团前往香港参观"绿色学校"，以借鉴邻近地区在推广绿色学校方面的成功经验，与教育界建立更深层的环保合作关系，加虽与学校在推动环境教育上的沟通，共同推动绿色学校计划的开展，以进一步强化澳门环境教育的工作

10 日

　　澳门与内地海关陆路口岸货物查验结果参考互认全面启动。路冰新城海关站办理了第一单陆路货物查验结果互认模式下出口内地货物的通关手续，对装载经海关实施人工查验货物的车厢施加了特定的绿色关锁。该批出口货物运抵横琴向内地海关提交澳门海关相关查验资料后，拱北海关所属横琴海关核对了绿色关锁施封状况和相关单证，快速办理了放行手续。

11 日

　　"澳门特别行政区10周年成就展"在北京开幕。中共中央政治局常委、国家副主席习近平，中共中央政治局委员、北京市委书记刘淇，中共中央政治局委员、国务委员刘延东，全国政协副主席、国务院港澳事务办公室主任廖晖，全国政协副主席、中共中央统战部部长杜青林，行政长官何厚铧，候任行政长官崔世安主礼仪式。展览为期1个月，地点在首都博物馆。展馆分为四个主题区："一国两制"、家国情怀、成就平台、十年历程。通过图片、文字、模型和实物，配合新颖的多媒体影音技术效果，以活泼生动的形式，形象地展示澳门回归十年来的发展与成就以及城市风貌和韵味。

　　卫生局组团赴广州进行学术交流。卫生局局长李展润率领卫生局访问团访问广东省人民医院，受到院长林曙光、常务副院长曾国洪及有关部门负责人的热情接待。双方讨论了临床医学及相关领域的合作问题。访问团随后前往广州医学院第一附属医院，参观设于该院的广州市呼吸疾病研究所。双方就呼吸疾病防控、感染控制、医院管理等共同关心的议题进行切磋，探讨建立跨地区的肺癌资源联网以及临床医学和护理等领域合作的可行性。

　　卫生局代表出席"2009海峡两岸医药卫生交流与合作会议"。会议在北京举行，由海峡两岸医药卫生交流协会主办，是两岸第一次举办的综合性医药卫生交流与合作会议，以"共创双赢契机：两岸协作下的医药卫生事业发展"为主题，除就海夹两岸关心的医药卫生议题进行研讨外，还设立了海峡两岸医院管理、国际化医疗服务论坛、海峡两岸心血管论坛、立体定向肿瘤放射治疗技术论坛及海峡两岸医药产业科技发展论坛，来自海峡两岸及香港特别行政区、澳门特别行政区的500多位专家学者参加。

13 日

　　澳门一年一度的慈善嘉年华——第2c届公益金百万行在观音像旁隆重举步。逾4万居民参与，盛况空前。此次活动共筹得善款超1040万元，为历届之最。当天风和日丽，"八一"跳伞队在仪式上空完美上演全套"喜从天降"跳伞表演，为回归10周年及"百万行"助兴，现场欢声雷动。行政长官

何厚铧，中央人民政府驻澳门特别行政区联络办公室主任白志健，外交部驻澳特派员公署特派员卢树民，立法会主席刘焯华，公益基金会名誉会长廖泽云、胡顺谦、李成俊，公益基金会名誉副会长崔世昌，公益基金会会长刘衍泉、理事长冯志强主持起步剪彩。由《澳门日报》发起的为读者公益金募捐的"百万行"活动始于 1984 年，活动中所募得的资金全部用于扶助孤寡、残疾人士和生活困难的市民家庭。这一活动已成为澳门每年一次的最大的群众慈善游行活动，"为善最乐"的活动口号已成为全体澳门市民的自觉行动。

15日

港珠澳大桥珠澳口岸人工岛填海工程开工仪式举行。行政长官何厚铧出席并担任主礼嘉宾，观礼嘉宾还有中央驻澳机关代表、澳门特别行政区全国人大代表、澳门特别行政区全国政协委员、行政会委员、政府官员及业界代表等。港珠澳大桥预算总投资超过 720 亿元人民币，总工期约 6 年。港珠澳大桥项目前期工作历时 6 年，粤港澳三方为实现大桥建设的目标不懈努力，目前项目进入正式实施阶段。

18日

白志健总结澳门回归十年来取得的伟大成就和宝贵经验。中联办主任白志健在《澳门日报》发表题为《团结奋斗，开拓进取，创澳门更美好明天——纪念澳门回归祖国十周年》的文章，总结了澳门回归 10 年来在政治、经济、文化、社会等各个领域取得的伟大成就，并归纳了三条基本经验：一是坚持全面贯彻落实基本法。基本法作为"一国两制"方针的法律体现，确立了依法治澳的法律基石。二是坚持以行政为主导的政治体制。十年来，特区行政、立法和司法机关依照基本法各司其职、各尽其责，共同推动澳门各项事业向前发展。三是坚持发挥爱国爱澳的政治优势。十年来，广大澳门居民以深挚的国家意识、民族情感诚心诚意地拥护国家对澳门恢复行使主权，一心一意地支持特区政府依法施政，以主人翁的责任感和使命感建设澳门，发展澳门，自觉维护澳门的整体利益和长远利益，在保持经济社会稳定发展、循序渐进推进民主政治、促进祖国统一大业等方面发挥了重要作用。白志健在文中还对澳门未来发展提出三点希望：坚定信心，凝聚共识；规划长远，科学发展；务实进取，开拓创新。

19日

国家主席胡锦涛及行政长官何厚铧主持澳门科学馆开幕典礼。胡锦涛在何厚铧陪同下为纪念牌匾揭幕，并为科学馆剪彩。开幕仪式后，胡锦涛一行步行至展览中心，参观"神舟七号"展品；随后到六号展厅参观"澳门轻轨系统讲解展览"，听取工作人员介绍全自动无人驾驶胶轮轻轨系统和轻轨途经路线；到五号展览厅"科学快车厅"观看学生在互动展品系列区操作各种科学游戏，如机械恐龙、风轮等。出席开幕典礼的主礼嘉宾包括中共中央政治局委员、国务委员刘延东，中共中央书记处书记、中央政策研究室主任王沪宁，全国人大常委会副委员长兼秘书长李建国，全国政协副主席、国务院港澳事务办公室主任廖晖，中央军委委员、总参谋长陈炳德，中央人民政府驻澳门特别行政区联络办公室主任白志健，运输工务司司长刘仕尧，澳门基金会行政委员会主席吴荣恪等。

20日

庆祝澳门回归祖国 10 周年大会暨澳门特别行政区第三届政府就职典礼隆重举行。在国家主席胡锦涛的监誓下，第三任行政长官崔世安宣誓就职；接着由胡锦涛监誓，在崔世安带领下，主要官员和检察长宣誓就职；随后新任行政长官崔世安为行政会委员的就职礼监誓。就职仪式后，胡锦涛发表重要讲话。胡锦涛指出，澳门回归祖国以来的 10 年，是"一国两制"在澳门成功实践的 10 年，是澳门基本法顺利实施的10年，也是澳门各界人士积极探索符合澳门实际的发展道路、不断取得进步的10年。回顾澳门回归祖国10年来的不平凡历程，可以得出以下重要启示：第一，必须全面准确理解和贯彻"一国两制"方针。要全面准确理解和贯彻"一国两制"方针，关键是要把爱国和爱澳有机统一起来。只要澳门同胞继续发扬光荣传统，在爱国爱澳旗帜下实现最广泛的团结，就一定能够构筑起澳门长期繁荣稳定的牢固政治基础。第二，必须严格依照澳门基本法办事。澳门基本法在澳门特别行政区法律体系中具有最高地位。依法治澳，就是要按照澳门基本法办事，坚决维护澳门基本法的权威。第三，必须集中精力推动发展。澳门特别行政区政府和社会各界人士在过去10年中始终牢牢把握发展这个主题，避免政治纷争和社会内耗，形成了经济快速增长、民生明显改善的良好局面。在今后的发展中，要更加注重集民智、聚民心、汇民力，更加注重发展的全面性、协调性、可持续性，切实提高澳门抵御各种经济金融风险的能力。第四，必须坚持维护社会和谐稳定。澳门同胞向来讲团结、重协商，只要大家在维护澳门长期繁荣稳定的大目标下相互尊重、求同存异、加强沟通、顾全大局，就一定能够找到解决矛盾和问题的办法，为澳门各项事业发展营造良好社会氛围。第五，必须着力培养各类人才。不断提升澳门竞争力，最关键的支撑因素是人才。要培养造就一大批澳门社会发展需要的政治人才、经济人才、专业技术人才以及其他各方面人才。要高度重视和加强爱国爱澳优秀年轻人才培养，使"一国两制"事业后继有人。胡锦涛指出，把"一国两制"伟大事业继续推向前进，需要中央政府和香港特别行政区政府、澳门特别行政区政府以及社会各界人士共同努力。中央政府将继续坚定不移贯彻"一国两制"、"港人治港"、"澳人治澳"、高度自治的方针，严格按照香港基本法、澳门基本法办事，全力支持香港特别行政区、澳门特别行政区行政长官和特区政府依法施政。中央政府对香港、澳门采取的任何方针政策措施，都会始终坚持有利于保持香港、澳门长期繁荣稳定，有利于增进香港、澳门全体市民福祉，有利于推动香港、澳门和国家共同发展的原则。伟大的祖国始终是香港、澳门繁荣稳定的坚强后盾。他指出，"一国两制"在澳门的成功实践，为澳门发展谱写出新的辉煌篇章，为国家发展增添了夺目光彩；他相信新一届澳门特别行政区政府一定能够总结经验、继往开来，团结带领广大澳门市民把澳门建设得更加美好。

新任行政长官崔世安发表就职演说。崔世安表示，胡锦涛主席的重要讲话为澳门发展提出新的期望和指引，带来深刻的启迪和精辟的教益。新一届政府将秉持"以民为本"的施政理念，在未来的5年，积极推动澳门经济适度多元发展，依托国家《珠江三角洲改革发展规划纲要》的实施，在加强博彩业监管的同时，重点扶持会展物流业、文化创意产业和传统产业的升级与转型，为新兴产业的发展创造条件，促进澳门经济的繁荣发展。进一步落实医疗设施、教育等领域的资源投放，落实公共房屋的兴建和城市发展规划等工作，努力提升澳门居民的生活素质；加强行政管理，重视社会咨询和廉政建设，健全官员问责机制，建立财政储备制度，构建高效廉洁的政府。重视人才的培养与储备，优化人力资源，提升特别行政区对外竞争能力，确保"一国两制"事业薪火相传。加强社会建设，继续落实应对国际金融危机的措施，保障居民就业，不断改善民生，丰富居民精神生活，致力于全体澳门居民共享经济发展和社会进步的成果，努力共建族群和谐、社区共融。他指出，有中央政府的支持，有澳门人的智慧和勤劳，政府有信心、有能力和广大澳门居民共同开拓未来，把"一国两制"伟大实践继续向前推进，同建优质生活，共创社会和谐。最后，崔世安代表澳门特别行政区感谢中央政府向澳门赠送一对大熊猫，感谢祖国人民对澳门的深情厚谊。

国家主席胡锦涛会见澳门特别行政区新任行政长官崔世安及行政、立法、司法机关领导人。胡锦涛在会面时表示，期望崔世安带领澳门特别行政区政府坚持贯彻"一国两制"、"澳人治澳"、高度自治的方针，严格依照澳门基本法办事。同时，胡锦涛向新一届政府提出四点希望：第一，爱民为民，牢固树立和认真践行以人为本的理念，尽心尽力为市民服务；第二，团结一心，心往一处想，劲往一处使，共同维护澳门长期繁荣稳定；第三，勤政高效，决策科学民主，执行高效有力，不断提高管治水平；第四，清正廉洁，以自己的模范行动带动整个公务人员队伍廉洁从政。胡锦涛指出，在新的管治团队身上寄托着中央政府的信任，寄托着 50 多万澳门市民的期盼。希望他们不辱使命、不负重托，在行政长官崔世安的领导下，紧紧依靠广大澳门市民，切实把澳门管理好、建设好、发展好。行政法务司司长陈丽敏、经济财政司司长谭伯源、保安司司长张国华、社会文化司司长张裕、运输工务司司长刘仕尧、廉政公署廉政专员冯文庄、审计署审计长何永安、警察总局局长白英伟、海关关长徐礼恒、检察院检察长何超明等参加会见。

中共中央总书记、国家主席、中央军委主席胡锦涛到中国人民解放军驻澳门部队氹仔军营视察并检阅部队，代表党中央、中央军委向官兵们表示诚挚的慰问，并勉励他们不辱使命，不负重托，为保持澳门长期繁荣稳定、开创澳门更加美好的未来做出新的更大的贡献。胡锦涛指出，履行澳门防务，使命光荣，责任重大。他希望官兵们高举中国特色社会主义伟大旗帜，进一步加强思想政治建设，大力培育当代革命军人核心价值观，确保经受住特殊任务和复杂环境的考验。要坚决贯彻"一国两制"、"澳人治澳"、高度自治的方针和《澳门特别行政区基本法》，支持澳门特别行政区政府依法施政，始终做到爱国爱澳、守法亲民。要深入扎实地抓好军事训练，不断提高履行防务能力。要坚持依法治军、从严治军，加强科学管理，确保部队安全稳定。

国家主席胡锦涛在澳门会见中央驻澳机构和主要中资机构负责人。胡锦涛在会见时说，中央驻澳机构和驻澳中资机构的同志们认真履行职责，为在澳门成功实践"一国两制"、保持澳门繁荣稳定做了大量工作。他代表党中央、国务院和中央军委，向大家表示诚挚的问候。胡锦涛指出，澳门回归祖国 10 年来，取得的成就令人瞩目，积累的经验弥足宝贵。当前，澳门发展正处在一个新的历史起点上。把"一国两制"在澳门的实践继续推向前进，开创澳门发展新局面，不仅是新一届澳门特别行政区政府的重要使命，也是中央驻澳机构和驻澳中资机构的重大责任。胡锦涛希望中央驻澳机构和驻澳中资机构的同志们保持谦虚谨慎，牢记使命、扎实工作，为"一国两制"事业在澳门取得更大成功、为实现澳门更好更快发展做出新的更大的贡献。

国家主席胡锦涛主持澳门大学横琴校区奠基礼。胡锦涛希望将澳门大学建成一所具有一流设施、一流师资、一流人才、一流成果的世界一流大学，为澳门特别行政区人才培养和经济社会发展做出更大贡献。胡锦涛在崔世安的陪同下，为澳门大学新校区纪念牌匾揭幕。随后与国务委员刘延东，广东省省委书记汪洋，全国政协副主席、国务院港澳事务办公室主任廖晖及澳门大学校董会主席谢志伟为奠基石培土。刘延东在致辞时指出，胡锦涛主席亲临澳门大学横琴校区奠基仪式，充分体现了中央政府对澳门教育事业的高度重视和亲切关怀。在珠海横琴岛建设澳门大学新校区，是中央政府重视和支持澳门特别行政区发展教育、培养人才的一项重要举措。澳门大学是澳门特别行政区最具规模和影响的一所综合性大学，在澳门的人才培养工作中具有重要的地位。横琴校区的建设，将进一步拓展澳门大学的发展空间，改善师生学习和生活环境，对提升澳门的科教水平、人才培养都将产生积极和重要的影响。澳门大学新校区位于广东珠海横琴岛东部，占地 1.0926 平方公里，比现时的校园约大 20 倍，建筑面积约 82 万平方米。澳门与新校区之间将兴建一条河底隧道连接，从澳门一方可全天候随时进出校园，没有边检阻隔。新校区预计于三年后建成，届时将依照澳门特别行政区法律实施管辖。

"珠澳青少年庆回归大联欢活动"举行。活动由珠海市人民政府和澳门特别行政区政府合办，中央驻澳联络办文化教育部、珠海团市委、澳门教育暨青年局、香港中旅集团协办，于珠海海泉湾度假区举行。行政长官崔世安伉俪、中央驻澳联络办公室主任白志健、中国人民解放军驻澳门部队副司令员黄桃益、外交部驻澳特派员公署副特派员宋彦斌、社会文化司司长张裕、行政长官办公室主任谭俊荣、教育暨青年局局长苏朝晖及副局长梁励和何丝雅，以及广东省政府及珠海市政府的高层领导出席了活动。

21 日

行政长官崔世安与教育部部长袁贵仁在澳门会面。崔世安感谢教育部对澳门特别行政区长期的关心、支持和帮助，澳门教育事业的发展以及澳门大学横琴新校区计划的成功落实都和内地教育部门的大力支持分不开。社会文化司司长张裕、行政长官办公室主任谭俊荣、教育暨青年局局长苏朝晖、高等教育辅助办公室代主任郭小丽、澳门大学校董会主席谢志伟和校长赵伟等参加会见。

29 日

"澳门检察十年与法制建设"研讨会召开。研讨会由澳门特别行政区检察院举办，内地及港澳台专家学者、澳门各政府部门以及相关学术机构共同参与。行政长官崔世安出席开幕式并致辞，澳门特别行政区检察院检察长何超明做主题发言。

街坊总会社会服务朝专业及多元方向发展。街坊总会（简称"街总"）晚间举行第27次会员代表大会。理事长姚鸿明表示，澳门回归十年来，经济大发展，社会大变革，给街坊事业的持续发展创造了巨大机遇。十年间，街总成立了东北区坊会，开设了两个分区办事处与十个服务中心，创办了一所中学和兴建了一座小区服务大楼，扩大和新增了包括大厦管理咨询、小区保健、牙医、小区心理辅导、青少年外展、单亲支持网络、应急援助、长者进修、大众体育、少年粤剧培训、驻校社工和平安通等多个专项服务。

澳门回归大事编年
CHRONICLE OF
MACAU

2010年 1~12月

2010 年
1月

1日

　　国家全力支持澳门依法施政。国家主席胡锦涛在全国政协新年茶话会上表示，在新的一年，中央将坚定不移贯彻"一国两制"、"港人治港"、"澳人治澳"、高度自治的方针，严格按照特别行政区基本法办事，全力支持特别行政区政府依法施政，加强内地同香港、澳门的交流合作，统筹规划珠江三角洲地区未来发展，促进香港、澳门长期繁荣稳定。

　　澳门全民免费接种甲型 H1N1 流感疫苗。政府关注疫情的发展，及时预购足够剂量的疫苗为市民接种。居民可持澳门居民身份证前往卫生中心、山顶医院、镜湖医院及工人医疗所免费接种。持有外劳证件欲接种疫苗者，收取 50 元接种费用，旅客则收取 300 元。首日约 1200 人接种疫苗。

4日

　　谭光民宣誓就任房屋局局长。原房屋局副局长谭光民在运输工务司司长刘仕尧的见证下宣誓就任。就任后的首要工作是加强与规划及建设部门的合作，全力推进于 2012 年分阶段达成"万九公屋"目标。

5日

　　行政长官崔世安透露将修改"阳光法"。为配合 3 月起廉政公署正式有权调查私人领域的贪污问题，政府将加大资源投放，同时研究设定对贪污犯罪的侦查期限，强化廉署纪律监察委员会独立运作及处理申诉的职能。"阳光法"是《财产及利益申报法律制度》的俗称，该法的修改将增加官员财产申报制度的透明度，适当公开高官的财产资料。

　　澳门公共汽车有限公司（澳巴）投标未获接纳。政府早前开展"澳门道路集体客运公共服务公开招标"，参与竞投的澳巴提交标书时超出规定截标时间，虽然澳巴方面提出异议声明，但仍不被开标委员会接纳。事件几经研审，最后行政长官崔世安驳回澳巴上诉，维持不接纳投标的决定。

6日

　　《社会保障制度》法案获立法会一般性通过。政府在吸收澳门社会各界的意见和邻近国家与地区的成功经验后，制定了《社会保障和养老保障体系重整咨询方案》，并于 2007 年 11 月正式就构建新社会保障体系的政策措施进行公开咨询。在 6 个月的咨询期间，收集了大量意见和建议。经过综合分析研究后，政府对原"咨询方案"做了修订，制定了《社会保障和养老保障体系改革方案》，在取得社会协调常设委员会的共识后，据"改革方案"的精神开展相关法律法规的草拟工作。后经立法会一般性讨论及表决，正式通过《社会保障制度》法案。

7日

　　澳门 5 家公司获发定期海上客运准照。信德中旅船务管理（澳门）有限公司、粤通船务有限公司、珠江客运有限公司、巨龙船务股份有限公司及金光渡轮有限公司获政府批准经营 14 条海上客运航线。其中新增 3 条航线往返珠海九洲港、东莞虎门港、广州南沙港等珠江三角洲城市港口。澳门旅游业界认为，新航线如结合低成本航空及东南亚地区的航线优势，发挥中转站角色，将有利于澳门机场发展海空联运。

8日　　京澳签署四项经贸旅游合作协议。为加强北京与澳门的经贸与旅游合作，京澳两地政府部门、商会及企业签订了四项经贸旅游合作协议，包括《北京市商务委员会与澳门特别行政区政府经济局经贸合作备忘录》《京澳会展合作协议》《澳门特别行政区与北京市建立文化创意产业同盟战略合作框架协议书》《京澳原创动漫及衍生品创作、制造企业联盟合作协议书》。

10日　　政府拨1000万元帮助社会企业招聘残疾人士。社工局局长叶炳权表示，政府将拨出1000万元开展聘用残疾人士发展计划，计划资助5家社会服务机构开办聘用残疾人士的社会企业，每家机构最高可获资助200万元。社工局本年将继续与有关团体合作拓展残疾人士艺术发展、性教育和小区支持等服务，结合各种康复服务，协助残疾人士更好地融入社会。

11日　　可持续发展策略研究中心运作期延长1年。《澳门特别行政区政府公报》（以下简称"政府公报"）公布，可持续发展策略研究中心续期延长至12月19日，一方面继续进行目前多项研究工作，另一方面继续为第三任行政长官崔世安制定多项科学决策提供参考。可持续发展策略研究中心前身是综合生活素质研究中心，成立于2005年，第二任行政长官何厚铧批准设立。该中心是直属行政长官的组织，成立的目的是对提升居民综合生活素质的各方面因素进行集中和深入研究，在此基础上制定借鉴国际先进经验、适合澳门实际情况并获得充分科学理据支持的策略，通过相关的施政安排付诸实施，借此优化和加快政府现有的工作，使居民和社会的期望得以尽快实现。

12日　　政府向中小企业派发4万个水龙头以助节水。推动构建节水型社会工作小组启动"中小企节水鼓励计划"，以技术措施推行节水工作，向澳门2万户中小企业商户每户派发2个节水水龙头，预计安装后可节水二至三成。

15日　　政府向非凡航空贷款2亿元。经济财政司司长谭伯源表示，政府通过工商业发展基金，至今已向非凡航空贷款近2亿元，支持以澳门为基地的航空公司运作。贷款给非凡航空的原因，主要是金融海啸冲击经济，尤其对航空业产生的影响较大，此举有利于保证客源，稳定航空网络，保持其稳定发展。

　　调查显示澳门互联网普及率达83%。澳门大学"澳门互联网研究计划"及易研网络研究实验室公布调查结果，截至2009年12月底，澳门网民逾365000人，互联网普及率为70%。2009年澳门家庭计算机联网率为83%，达14万台，显示澳门互联网的普及已经进入成熟阶段。

　　内地与澳门签署出入境卫生检疫合作安排协议。为进一步加强澳门与内地在防止传染病跨境传播，有效防控突发公共卫生事件，确保口岸公共卫生安全，同时便利内地与澳门人员往来等多个方面的合作，社会文化司司长张裕及国家质量监督检验检疫总局副局长魏传忠共同签署《国家质量监督检验检疫总局与澳门特别行政区政府社会文化司关于出入境合作安排》协议。

16日　　中央人民政府驻澳门特别行政区联络办公室新办公楼启用。位于澳门罗理基博士大马路的中联办新办公楼启用。新址启用后，位于澳门友谊大马路的原办公楼即日起停止使用。

18日

基本法高级研讨班开学。由行政暨公职局、澳门理工学院"一国两制"研究中心及澳门基本法推广协会合办的"澳门基本法高级研讨班"在行政暨公职局举行开学典礼。首届研讨班有10位领导及主管人员参加，主要目的是加强政府公务人员对基本法及"一国两制"的深层次认识，通过系统的课堂教授和互动研讨，启发学员结合实际环境和经验，更好地把基本法运用到施政实践中，提高政府依法管治的能力。

政府公布涉及受贿批给土地无效。根据终审法院第53/2008号合议庭裁判，因渔翁街15号及17号土地的批给修改程序涉及欧文龙受贿犯罪，政府宣告于2005年做出的批给修改无效。

21日

政府公布中国与葡语国家经贸合作论坛常设秘书处辅助办公室的存续期延长至2013年3月3日。该办公室系根据第33/2004号行政长官批示设立具有项目组性质的办公室，宗旨为辅助中国与葡语国家经贸合作论坛常设秘书处的工作，提供其所需的资源。由中国与7个葡语国家所签署的《经贸合作行动纲领》而确定设立的秘书处属常设性质，需要继续发挥澳门联系中国与葡语国家的平台作用。

22日

珠海政协举办珠港澳合作议政会。来自珠港澳三地的政协委员围绕如何加快推进珠澳同城化，打造横琴自由港，发展横琴低碳经济，在珠澳合作中创新体制等提出各自的看法和建议。与会者建议珠海以跨境基建合作为突破口，努力争取国家给予横琴新区的各项优惠政策尽快落实，推动珠澳合作。

25日

澳门科学馆开放。经多年筹备，由著名设计师贝聿铭设计的澳门科学馆正式开幕，馆内设有展览中心、天文馆、会议中心三大部分。科学馆将开放中小学团体接待，向学生普及科学知识。

粤澳商务旅游高峰论坛召开。"游澳门商旅2010——粤澳商务旅游高峰论坛"由澳门游澳电子信息有限公司旗下发行的商务旅游杂志《游澳门商旅》主办。论坛以"提升澳门商务旅游比重及高端旅游质量"为主题，目的是提高澳门旅游产品竞争力、协助两地商家交流、力求推动澳门旅游产业的销售，创造更多具有竞争力的旅游产品。会议期间，游澳电子信息有限公司与广东省工商联（总商会）及35家广东省旅行社签署合作意向书，为会员提供商务旅游、自由行旅游和酒店预订服务。

旅游局举行中期市场会议，致力于提升整体服务素质。旅游局中期市场会议于澳门揭开序幕，行政长官崔世安出席欢迎晚宴。社会文化司司长张裕及办公室主任张素梅与旅游局领导、主管及50位驻外代表会面。旅游局领导在会上与来自世界各地的驻外代表共同商讨策略，应对旅游业新形势。

27日

澳门失业率回落至3.1%。统计暨普查司最新一期就业调查结果显示，澳门就业情况持续好转。2009年10月至12月的失业率较上一期（2009年9月至11月）下降0.2个百分点，回落至3.1%，回复至金融海啸前的水平；而就业不足率为1.9%，与上一期相同。2009年10月至12月的劳动人口共32.2万人，劳动力参与率为71.0%；其中就业人口31.2万人，较上一期轻微减少500人。按行业分析，博彩业和制造业的就业人数较上一期增加，而运输通信及仓储业和不动产及工商服务业则有所减少。

28日

司法警察局公布2009年罪案数据。2009年司警局录得的计算机犯罪共138宗，比2008年少3宗，但较2007年增加11宗。网上诈骗案有所上升，达66宗，分别比2008年、2007年增加6宗、15宗。2009年8月6日《打击计算机犯罪法》生效后，共有5宗个案因触犯新法而立案，其中有两宗已被侦破。

29日

51名社会人士和机构受勋。"中华人民共和国澳门特别行政区2009年度勋章、奖章及奖状颁授典礼"在文化中心综合剧院举行。行政长官崔世安向51名社会人士和机构颁授各项勋章、奖章及奖状，包括46位人士及5个组合、团体和机构，表彰他们在个人成就、社会贡献或服务澳门方面的杰出表现。根据勋章、奖章和奖状提名委员会的建议，前任行政长官何厚铧于2009年12月19日签署行政命令颁授勋章、奖章和奖状。荣誉勋章分大莲花荣誉勋章、金莲花荣誉勋章及银莲花荣誉勋章3种等级，是颁授给对澳门特别行政区的形象、声誉或发展有重大贡献的人士或实体。获授荣誉勋章的人士为：李成俊（大莲花荣誉勋章）、许世元（大莲花荣誉勋章）、梁庆庭（金莲花荣誉勋章）、贺一诚（金莲花荣誉勋章）、杨俊文（金莲花荣誉勋章）、林金城（银莲花荣誉勋章）、吴素宽（银莲花荣誉勋章）。功绩勋章共分7种，是颁授给在专业活动，推动和发展工商业、旅游业，从事教育事业，发展艺术和文化事业，推动社会福利和慈善事业以及体育事业方面有杰出贡献的人士或实体。获授功绩勋章的人士和实体为王志石等。杰出服务奖章分为英勇奖章、劳绩奖章和杰出服务奖章，用以奖励在执行职务方面有突出表现的公共实体、机关或工作人员，或在开展有益社会和共同福祉的工作时有积极贡献、无私奉献的个人或实体。获授杰出服务奖章的人士及实体为冼保生等。奖状分为荣誉奖状和功绩奖状，是表扬对澳门特别行政区的发展、声誉或社会进步有突出贡献的澳门特别行政区居民或其他人士。获授奖状的人士为任晋芳等。政府于2001年设立勋章、奖章和奖状制度，用以表扬在个人成就、社会贡献或服务澳门方面有杰出表现的人士。

30日

粤港澳研讨港珠澳大桥安全监管并签署联络协调备忘录。粤港澳三地海事机构在珠海召开港珠澳大桥建设水上交通安全监管研讨会，共同研究水上安全监管的新措施；同时建立粤港澳海事机构港珠澳大桥建设水上交通安全监管联络协调机制，共同应对大桥建设对水域通航环境带来的新变化。三地的海事机构在研讨会上签署了《粤港澳海事机构港珠澳大桥建设水上交通安全监管联络协调机制》。根据文本规定，三地海事机构、大桥建设方等根据业务各指定1名人员担任港珠澳大桥建设水上安全监管工作联络员，负责涉及大桥建设水上交通安全监管的联系协调等工作。

31日

"下环街区居民现状调查"完成。旧区重整咨询委员会委托澳门科技大学可持续发展研究所进行的有关调查已顺利完成入户普查及汇总分析工作。调查结果显示，该区多为老街坊、老商户，普遍认同"重建发展""整建修复""街道美化"三种重整模式。研究报告建议政府日后推动旧区重整工作时，同时致力于保护小区原有风貌。

2月

1日

政府成立"横琴岛澳门大学新校区建设协调委员会"。委员会由运输工务司司长担任主席，成员包括行政长官办公室代表1名、社会文化司司长办公室代表1名、澳门大学校董会主席、澳门大学校长、建设发展办公室主任、财政局局长。委员会存续期为3年，可以续期。该委员会主要协助政府推动横琴岛澳门大学新校区建设工作的有效落实，促进相关部门或实体和澳门大学就横琴岛澳门大学新校区的规划和建设主要事项进行沟通协调；与内地相关部门就新校区的规划和建设涉及相关部门职权的主要事项进行沟通协调；监督新校区规划和建设的落实情况；执行行政长官指派与新校区规划和建设相关的其他工作。

《澳门陆路整体交通运输政策构想（2010～2020）》第一阶段公开征集意见完成。征集意见推出至今，不同团体纷纷递交意见书，1月1日至31日共收到意见书470份，显示社会十分关注交通议题。主流意见认同公交优先、绿色出行等理念，但最关心的是泊车难、搭车难及堵车等现实问题。交通局随后将委托学术机构对意见书分析整理，开展第二阶段完善政策建议、制定交通策略的工作。

张祖荣就任贸易投资促进局主席。就职仪式在经济财政司司长办公室举行。张祖荣，1986年在加拿大获经济学学士，回澳门后继续进修，获工商管理学硕士。1989年加入公职，曾任经济局出口促进厅贸易资料处代处长。1994年转职澳门贸易投资促进局，历任贸易资料处处长、研究暨资料处经理、推广活动厅高级经理，2004年起担任澳门贸易投资促进局行政管理委员会执行委员，2010年2月1日就任澳门贸易投资促进局主席。

政府设立"跟进中央政府赠送大熊猫工作小组"。其职责是落实中央人民政府向澳门特别行政区赠送大熊猫的工作，具体包括：与内地主管部门商洽有关大熊猫来澳的安排，安排大熊猫居澳所需的软硬件设施，跟进有关大熊猫的安置及饲养等工作。

2日

行政长官崔世安与20多个青少年社团代表会面，为即将发表的施政报告听取意见。与会者就青年发展的远景规划提出意见，建议政府借发展文化创意产业的机会，为青年预留空间，建立实践平台，打造富于澳门特色的孵化模式。同时希望政府订定教育政策，培育本地文化创意艺术人才，强化高等院校有关创意产业的课程内容，为澳门文化产业储备人才。

立法会第二常设委员会细则性审议《预防及控制吸烟制度》法案。澳门饮食业联合商会举办"预防及控制吸烟制度"法案座谈会，介绍法案中涉及饮食业的条文。法案建议，餐厅、饮料场所、酒店及卡拉OK的营业范围（包括室外和室内）禁止吸烟。饮食业普遍关注法案通过后的执法和具体操作问题，表示并不反对立法控烟，但是期望能够设定过渡期，让饮食场所和顾客有适应的时间。

3日

《澳门青年对未来前景调查》公布。澳门中华学生联合总会公布调查结果，显示逾4成受访者对澳门前景持乐观态度。其中，逾5成青年期望澳门特别行政区政府增加施政透明度。另有5成以上受访青年表示对自己的前景感到乐观，但希望获得更多发展机会。整体结果反映出澳门青年最关心自身前途，希望拥有一技之长，同时获得发挥的舞台及优厚报酬，改善生活环境和条件。

立法会第一常设委员会细则性讨论《禁止经营非法旅馆》法案。委员会与政府初步取得共识，明确法案的打击对象是无牌经营旅馆的行为，以及在未经批准的场所、分层所有权单位经营旅馆业务的行为，以达到打击非法旅馆的目的。

4日

政府研究《澳门城市规划编制体系》。特区政府已落实300多公顷填海计划及石排湾都市化计划，新城区填海土地规划将有大量基础设施、社会设施及绿化区，亦有生活小区、学校等配套民生设施。研究方案设"规划分区"专题，广泛、深入地听取专家学者和社会各界的意见，结合科学分析研究有序推进，以建设更加美好的澳门。

5 日

　　郑家大屋修复后正式向公众开放。政府自 2001 年投入资源修复郑家大屋，其间曾邀请世界各地的专家到澳门参与，经过 8 年修葺，今日正式向公众开放。郑家大屋建于 19 世纪 80 年代，是中国近代著名思想家郑观应的祖屋，由其父亲郑文瑞筹建。后来，郑家后人四散，该大屋被完整地保存下来。大屋位于妈阁街侧，建筑范围约 4000 平方米，是一座岭南派院落式大宅，建筑沿妈阁街方向纵深达 120 多米，主要由两座并列的四合院建筑以及由内院连接的仆人房区建筑及大门建筑等组成。大屋建筑主要以中国形制构建，同时处处体现中西结合之特色。文化局于 2001 年 7 月接管该大屋，并开始按原貌进行维修工程。

　　政府向优秀运动员及教练员颁奖。一年一度的澳门优秀运动员及教练员奖金/奖状颁发仪式在澳门渔人码头会议展览厅举行，行政长官崔世安出席仪式。政府向在第 5 届东亚运动会、世界举重锦标赛、第 10 届世界武术锦标赛等 11 个重要赛事中获得优异成绩的 106 名运动员及教练员颁发奖金逾 1154 万元，以表彰他们为澳门体育运动发展做出的贡献。

6 日

　　《澳门城市规划编制体系》完成第一阶段工作。由运输工务司委托广东省城乡规划设计研究院城市发展研究中心开展的研究，已完成第一阶段工作。研究团队探讨"城市规划委员会"及"规划的法定层面"等城市规划编制体系议题，建议城市规划委员会性质由咨询功能逐步转向决策功能。

　　第三次粤港澳共同推进实施《珠江三角洲地区改革发展规划纲要》联络协调会议召开。经济财政司司长谭伯源率领代表团出席在广州举办的会议，表示"纲要"对三地应对金融海啸有积极作用，也可令澳门经济多元化发展。

8 日

　　澳门建立中国中小企业全球融资互动平台。"珠三角西翼（横琴岛）科学发展高峰论坛"期间，澳门国际经济交流协会、新华社广东智库中心、《新财富》杂志社签署战略合作协议，成立并启动"新财富澳门论坛"，以在澳门建立中国中小企业与全球资本融资、交流的互动平台。

10 日

　　澳门与日本签署双边航班协定。协定由运输工务司司长刘仕尧与日本驻香港总领事佐藤重和分别代表双方政府签署。出席签署仪式的嘉宾包括：行政长官崔世安、外交部驻澳特派员公署特派员卢树民、日本驻香港领使馆人员、澳门航空业营运机构代表等。自澳门特别行政区民航局与日本外务省于 2009 年草签了双边航班协定后，两地的航空服务正式奠定法律框架。两地政府于近日完成了文本签署的内部法律程序，该协议成为澳门特别行政区第三届政府成立后签署的第一份双边航班协定。

13 日

　　行政长官崔世安向市民致新年献词。崔世安恭祝全澳市民虎年虎虎生威，身体健康，心想事成，万事胜意。他表示，新一届政府一定紧贴社会的新脉搏、新期待，有所承接，有所增益，继续贯彻已经启动的施政方针，廉洁律己，科学处事，共同将澳门建设成为一个幸福的家园，让澳门拥有可持续发展的未来。

16 日

　　立法会一般性通过修改《社会保障制度》法案。修改该法案最大的突破，是把受保障范围扩至全澳市民，并加入"双层"社保概念：第一层是养老金，主要保障最基本的退休生活；第二层非强制性公积金是为保障较宽裕的生活。政府开启双层社保，并向每个非强制性公积金账户注入 1 万元启动资金。

18 日

博彩委员会成员从 6 人调整为 8 人。委员会由行政长官担任主席，成员包括经济财政司司长、博彩监察协调局局长、保安司司长办公室代表、行政法务司司长、运输工务司司长、行政长官办公室主任及办公室代表。委员会除负责研究博彩业的发展及制定有关政策外，还订定规管所需的规范，监管博彩业发展及运作，并建议发出相关指引。

19 日

政府公布 2009 年博彩税收及财政盈余。2009 财政年度政府的运作结余金额是近 3 年来最低，但仍高达 238 亿多元。政府征得的博彩税收总额近 420 亿元，较 2008 年上升 5.8％。

22 日

政府发言人办公室设立。政府公报刊登第 41/2010 号行政长官批示，设立政府发言人办公室并赋予其多项职能，包括：（一）订定政府的信息策略，统筹及协调其执行情况；（二）以统一、有效和综合的方式确保政府的沟通；（三）针对政府的政策、措施和工作，促进政府与媒体和市民之间的关系。该办公室直接隶属行政长官，在其指导下运作。办公室有政府发言人领导及一名助理发言人辅助，两者都可以兼任方式担任。发言人办公室所开展的活动需与新闻局配合。行政长官办公室主任谭俊荣及新闻局长陈致平分别兼任政府正、副发言人，任期两年。

图 2　政府发言人谭俊荣召开首次新闻发布会

2009 年住户月收入中位数近 16000 元。统计暨普查局 2009 年开始按年公布住户的就业指标，2009 年每户平均就业人数为 1.7 人，住户的每月工作收入中位数为 15800 元。2009 年第四季整体失业率维持在 3.1％，整体就业人口月收入中位数升至 9000 元新高。

23 日

行政长官崔世安视察中区并与坊会代表及市民座谈。座谈会议题集中在如何通过改善大三巴、新桥区和三盏灯等条件活化旧区经济。多位人士建议发掘和优化区内原有历史文物或建筑，打造吸引游客的新景点。座谈会后，崔世安到关前正街、果栏街、沙梨头及新桥区一带旧区了解民情及营商环境。

24日

街坊总会举行成立26周年暨新春酒会。下午4时，行政长官崔世安，中联办副主任陈启明，外交部驻澳特派员公署特派员卢树民，立法会主席刘焯华，全国政协常委杨俊文、廖泽云等主礼嘉宾，与街总荣誉会长刘光普和吴仕明、会长梁庆庭主持酒会开幕仪式。出席嘉宾还包括：行政法务司司长陈丽敏、经济财政司司长谭伯源、社会文化司司长张裕、运输工务司司长刘仕尧、检察长何超明、审计长何永安，以及各界知名人士、社团代表等。梁庆庭表示，街总成立26年尤其是回归十年来，在中联办、特区政府及社会各界的友好支持下，在广大街坊共同参与、全体街坊工作者的默默耕耘下，街坊事业取得长足发展，专业化服务水平不断提升，服务规模不断扩大，基本形成了涵盖长者、青年、家庭、妇女、大厦、小区、文化、教育、康体及小区经济等多元化、具有一定规模的社会服务网络。梁庆庭促请特区政府加大资源投入改善社会服务，推动小区发展；合理分配社会资源，着力改善民生，让居民享受经济发展成果；尽快解决住屋难的问题，建立完善社会保障、就业保障及家庭住屋保障制度，为实现居民安居乐业和社会的公平、共富、和谐目标而努力。

25日

政府落实兴建离岛医院。政府耗资4亿元，在路氹连贯公路石排湾水库侧填土面积5万平方米，兴建"离岛医疗卫生综合设施"，包括急诊、综合及康复医院，同时将增设医护人员培训基地。

政府援助四川灾后重建第三批项目签字仪式举行。"澳门特别行政区支持四川地震灾后重建协调小组"主席、社会文化司司长张裕，率领协调小组全体成员赴川考察，为澳门援建的第三批36个项目举行协议签署仪式并协商第四批援建事宜。协议的签署标志着澳门特别行政区援建四川灾后重建项目已全部选定。澳门援助四川灾后重建项目前三批共计95个，援助资金总额为40.5176亿元人民币，涉及教育、文化、卫生、社会福利、体育、城镇建设等6个行业，项目主要分布在广元、德阳、绵阳等11个市州的37个县区。第三批36个援助项目已完成评估，援助资金共计10.3184亿元人民币。

28日

何厚铧增补为全国政协委员。全国政协第十一届常委会第八次会议通过"政协第十一届全国委员会委员增补名单"，何厚铧等13人增补为全国政协委员。

检察院公布2009年刑事案结案数与立案数基本持平。检察院2009年全年刑事案件处理数据统计表明，随着检察院全体人员的不断努力，办案整体效率逐步提高，年尾统计的刑事待决案件数量在过去三年中逐年递减：2007年尾10640宗，2008年尾10250宗，2009年尾降至万宗以下，为9575宗。

3月

1日

《预防及遏止私营部门贿赂》法案实施。该法案规定廉政公署有权查处私人机构的贪污问题，标志着澳门私人领域的反贪防腐工作将得到进一步完善，有助于澳门社会朝着更加公平、公正和健康的方向发展。

行政会完成讨论《护理领域的同等学历》行政法规草案。该法规订定设立护理同等学历审查委员会，负责核准于澳门以外地区取得的护理学历。

2 日

2 月赌博收入劲升七成。继 1 月赌博收入创新高后，2 月在新春助兴下，收入逾 134 亿元，按年增约 70%，为历来第二高单月收入。本年首两月赌收累计超过 273 亿元。

3 日

行政长官崔世安赴京列席第十一届全国人大三次会议开幕式。崔世安此行首次以澳门特别行政区行政长官身份列席开幕式，并与广东省省委书记汪洋、香港特别行政区行政长官曾荫权会面，商讨推动粤港澳合作，落实《珠江三角洲改革发展规划纲要》《横琴总体发展规划》的工作安排。

4 日

外交部长杨洁篪、广东省省委书记汪洋与行政长官崔世安在北京会面。杨洁篪表示，外交部将继续全力支持澳门扩大对外交往与合作，提升澳门的国际知名度。崔世安与汪洋就粤澳两地在旅游业、会展业和中医药产业的发展与合作交换意见。

5 日

国务院总理温家宝支持澳门发展旅游休闲产业，促进经济适度多元发展。温家宝在全国人大十一届三次会议上做政府工作报告时表示，将坚定不移地贯彻"一国两制"、"港人治港"、"澳人治澳"、高度自治的方针，全力支持香港、澳门保持长期繁荣稳定。支持澳门发展旅游休闲产业，促进经济适度多元发展。

国家副主席习近平在港澳委员联席讨论会上提出"五点希望"。习近平听取 12 名港澳委员的发言后，肯定澳门 2009 年的三件大事，即"廿三条"立法、行政长官及立法会选举顺利完成、"双庆"活动圆满举行。习近平强调，国际金融危机影响仍然很大，澳门要抓紧机遇，加强粤港澳合作。"五点希望"即希望港澳委员在落实"一国两制"、促进港澳长远经济发展、建设和谐稳定社会、促进港澳与内地经济联系及关心国事等五个方面做好参政议政工作，发挥积极作用。

6 日

行政长官崔世安与国家旅游局局长邵琪伟在北京会面。双方就加强内地与澳门的旅游发展合作交换意见。

7 日

治安警察局举行周年纪念日庆祝活动。300 多位各级警务人员获嘉奖，9 位居民因协助警方打击犯罪而获颁表扬证书。

8 日

政府设立会展业发展委员会。政府公报刊登行政长官批示，设立会展业发展委员会，由经济财政司司长谭伯源担任主席。委员会以会展业为重点，着力推动经济适度多元，以配合整体经济发展。

首届粤港澳台应急管理论坛在广州举办。论坛由广东省政府应急管理办、香港保安局、澳门保安司及台湾消防设备师协会共同主办，务求进一步加强粤港澳台应急管理的交流与合作，共同提高应对区域内突发事件的能力。

《天主教澳门教区档案文献》入选《世界记忆名录》。联合国教科文组织（UNESCO）"世界记忆工程"亚太区会议第 4 届全体会议在澳门举行，经评委会审议，包括澳门在内的 6 个国家及地区向大会提

9日 交 12 项申报文献，共 8 项入选《世界记忆名录》。由澳门文献信息学会负责提名的《天主教澳门教区档案文献（16～19 世纪）》成功入选名录。该档案文献是保存于天主教澳门教区各个堂区教堂及学校的文献群，包括书籍、期刊、教友领洗记录、圣若瑟修院所藏古籍等，也有澳门教区传教士在 16～19 世纪的活动、履历等正式记录。

13日 何厚铧高票当选为全国政协副主席。第十一届全国政协三次会议闭幕，前任行政长官何厚铧高票当选为全国政协副主席。何厚铧，1955 年 3 月出生于澳门，广东番禺人。1999 年 12 月至 2009 年 12 月，先后担任澳门特别行政区第一、第二任行政长官。

15日 粤澳双方成立《粤澳合作框架协议》起草工作组。特区政府宣布，正与广东省政府共同制定"协议"，主要内容为利用 CEPA 政策促进澳门经济适度多元发展，加强产业优势互补，探索扩大自主协商范围，探索区域合作新模式及合作政策新突破等方面。并成立 8 个专题研究小组，协助"协议"起草工作组制定粤澳合作框架协议具体条文。

16日 行政长官崔世安发表 2010 年度施政报告。施政报告以"协调发展，和谐共进"为主题，全文共 87 页，分 5 大项详细阐述施政安排，内容涵盖改善民生、经济多元、区域合作、阳光政府、民生措施等，强调着力保障改善民生，推进公屋建设。现金分享计划及医疗券计划的发放金额维持不变，即向澳门永久性居民派发 6000 元现金、非永久性居民 3600 元现金，及 500 元之医疗券。并继续实施发放金额为 5000 元的敬老金，对住宅单位做出与去年相同金额的电费补贴，调整房屋税，豁免今年有关表演、展览及任何性质娱乐项目入场券或观众票的印花税等惠民政策。

22日 澳门与河北承德签署旅游合作协议。河北省承德市人民政府在澳门召开中国承德（澳门）旅游恳谈会，向澳门旅游业界推介当地旅游线路和产品信息。澳门旅游业议会和旅游商会与承德市签署《承德—澳门旅游发展协议》。

23日 文化局增设创意产业促进厅。行政会完成讨论《修改文化局的组织及运作》行政法规草案，在文化局组织架构内增设文化创意产业促进厅，辅助及推动澳门文化创意产业的发展。

第二期"欧盟与澳门在法律范畴合作项目"启动。第一期合作项目在 2002 年展开，至 2007 年结束，共举办约 77 项培训、工作坊及研讨会等活动。第二期主题为"强化澳门法律制度的未来"，进一步深化及扩大双方在法规、管治及人权等领域的合作。

24日 中联办召开全国"两会"精神传达学习会。中联办召开十一届全国人大三次会议、全国政协十一届三次会议精神传达学习会，澳门社会各界约 300 人出席。学习会由中联办主任白志健主持，新当选的全国政协副主席何厚铧、行政长官崔世安应邀出席。澳门特别行政区全国人大代表团团长刘焯华、全国政协常委杨俊文分别传达了"两会"精神。崔世安表示，听取"两会"会议精神，分享两会代表参政议政心得，对特区政府理解并落实国家政策，促进特区的协调发展，起到十分重要的作用。他说，在今年的两会上，温家宝总理发表的《政府工作报告》受到充分肯定，中央领导人亦在会见澳门特别行政区代表和委员时发表了重要讲话，明确指出了澳门特区未来应当努力的方向，对特区的发展有着深刻的指导意义。他总结了四点体会：第一，全面准确理解和贯彻"一国两制"方针；第二，着力保障和改善民生；第三，推进社会协调发展；第四，深化与内地的交流合作。崔世安强调，特区政府将在民生、经贸、旅游等传统领域，深化与区域伙伴的合作，尤其会借此大力推动区域旅游，把澳门打造为名副其实的"世界旅游休闲中心"，共同把珠三角地区建设成为"国际旅游目的地"。全国政协副主席何厚铧勉励与会人士学习两会精神，并与澳门发展做有机结合。他表示，作为爱国爱澳骨干，要集思广益，出谋献策，为澳门各项事业做出贡献；全力维护澳门社会的健康、稳定、和谐，让特区政府集中精力全力履行自己的职责，建设美好明天。中联办主任白志健则希望澳门建制内人士结合澳门实际情况，贯彻两会精神，为国家和澳门的发展发挥应有作用。

首份全面反映澳门妇女生活状况的调研报告《澳门妇女现状报告2008》发布。结果显示，近50%的澳门女性满意男女平等现状，若按照哈佛大学建立的全球性别差距指标进行推算，澳门性别差异指标得分名列世界第21位，男女平等状况居于世界前列。

驻外员工宜居城市澳门排亚洲第7位。"发展及人力资源分配方案供应商ECA International"发起对全球400多个城市的生活水平所做的城市排名调查，参考指标包括气候、医疗服务、房屋与相关设施、隔离程度、社交网络、休闲设备、基础建设、个人安全、政治气氛及空气质量等。报告显示，新加坡蝉联亚洲第1位，澳门排亚洲第7位。

26日

统计暨普查局公布澳门本地生产总值。2009年微升1.3%，人均本地生产总值近3.9万美元，失业率继续降至2.9%。

27日

澳门科技大学十周年校庆及"澳科大星"正式命名。行政长官兼澳门科技大学荣誉校监崔世安出席，并为15位荣誉博士颁授学位。中国科学院紫金山天文台向澳门科技大学赠送国际编号为200003号的"澳科大星"国际命名公报和照片，并举行颁授命名证书和铜匾仪式。

图3 "澳科大星"命名仪式暨荣誉博士学位颁授典礼

28日

纪念《澳门特别行政区基本法》颁布 17 周年系列活动开展。行政长官崔世安主持活动开幕仪式。澳门基本法推广协会理事长崔世昌表示，《澳门特别行政区基本法》是澳门特别行政区根本大法，是实施"一国两制"、"澳人治澳"、高度自治的国家基本方针政策依据。

29日

行政长官崔世安颁布 75/2010 号批示，政府全力支持全国政协副主席、前任行政长官何厚铧从事有利于国家或澳门的工作或活动，为此将给予必要的支持，并承担相关的费用。设于鲍公马路的何厚铧办公室正式运作。

4月

1日

行政长官崔世安会晤珠海市领导。崔世安与访澳的珠海市市委书记甘霖、市长钟世坚一行会面，双方就共同贯彻落实《珠江三角洲地区改革发展规划纲要》、务实推进珠澳同城化、推动横琴新区开发、促进两地民生改善等问题进行探讨。

考察团赴四川为大熊猫来澳做前期准备。由行政法务司司长陈丽敏率领的澳门考察团一行 20 余人，赴四川中国保护大熊猫研究中心，借鉴研究中心在赠港、赠台大熊猫工作上的经验，开展中央政府向澳门赠送大熊猫的前期准备工作。

珠海市委书记率团访问澳门中华总商会。珠海市市委书记甘霖率同市长钟世坚、副市长陈洪辉、市政协副主席兼横琴新区党委书记刘佳、珠海市口岸局局长骆新华、港澳事务局局长周建纯、科技工贸和信息化局局长杨川、交通运输局局长郑潮龙、投资促进局局长陈广俊等拜访了澳门中华总商会，受到该会理事长许世元，副理事长贺定一、崔煜林、黄国胜、李志忠、林金城、崔世平，会务顾问梁显达等的欢迎。珠海市领导此行目的之一是为澳门中小企业在横琴合作开发方面量身定做相关项目，帮助澳门推动经济适度多元发展。

统计暨普查局公布 2009 年入境旅客及相关统计数据。资料显示，2009 年入境旅客总数为 21752751 人次，按年减少 5%；其中入境团客占旅客总数 21%，为 4648188 人次，减少 5%。入境旅客主要来自中国内地（10989533 人次）、中国香港（6727822 人次）、中国台湾（1292551 人次）、日本（379241 人次）及马来西亚（332529 人次）。

2日

珠海市委统战部部长罗碧坚率团访问澳门归侨总会。罗碧坚等人与澳门归侨总会黎振强、刘艺良、王彬成等负责人座谈。双方表示，落实《珠江三角洲地区改革发展规划纲要》、兴建港珠澳大桥、开发横琴等涉及港珠澳合作等重大事项均被列入今年"两会"政府报告内容，扩大了珠澳交流合作空间，提升了合作层次。

5日

社会文化司司长张裕在施政报告中提出规划澳门未来十年初级卫生保健网络发展蓝图。计划在原有 6 个卫生中心和 2 个卫生站的基础上，分设短、中、长期发展步伐，优化现有设施，增建 5 个卫生中心。

6日
　　第一季"交通运输联合新闻发布会"召开。为协调不同部门的公共工程，交通局、工务局、运建办及民政总署2009年3月组成道路工程协调小组。交通局局长汪云在发布会上表示，鉴于本年有15项大型道路工程陆续上马，小组在年初已把各部门的一系列影响较大的工程集中处理，调整施工路段及分段安排，务求把对市民生活的影响减至最低。

8日
　　2010年澳门国际环保合作发展论坛及展览开幕。论坛及展览由澳门特别行政区政府主办，行政长官崔世安主持开幕仪式并致辞。近300名内地　港澳以及欧盟国际环保组织、环保企业和金融界的专家学者出席，探讨环保发展项目、绿色经济融资现况，共商环保合作商机。大会参会人数超过8000人次，增幅超过40%，其中专业参会人士约6000人次，公众超过2000人次。共有47个国家及地区派出代表团参会，增长近30%。3天会期收集环保投资及产品代理销售项目共558宗，促成配对洽谈416场，签约24项。

图4　2010年澳门国际环保合作发展论坛及展览开幕典礼

　　政府宣布未来3年将赌台数目控制在5500张。据统计暨普查局资料显示，截至2009年底，博彩业雇员共44020名，按年微增0.4%。

9日
　　国家副主席习近平在海南博鳌会见前来出席博鳌亚洲论坛2010年年会的香港特别行政区行政长官曾荫权、澳门特别行政区行政长官崔世安，并与出席论坛的港澳企业家代表亲切会面及合影留念。

10日
　　旅游危机处理办公室呼吁居民勿赴泰国。泰国的局势进一步恶化，发生多起冲突事件，已导致100多人受伤。旅游危机处理办公室呼吁市民不要前往泰国，已在泰国的澳门居民注意出行安全，远离集会游行示威场所，加强自身安全防范。

13日
　　行政会完成讨论《聘用外地雇员法施行细则》行政法规。规定雇主每月需为每名外地雇员缴付聘用费200元，聘用家庭佣工则获豁免缴付。19日，政府正式公布该行政法规。26日，《聘用外地雇员法施行细则》正式实施。
　　行政会完成讨论《修改关于批准澳门特别行政区承担债务的第5/2003号法律》草案。草案建议提高

"中小企业信用保证计划"的金额上限至5亿元，"中小企业专项信用保证计划"金额上限维持1亿元。至此，政府为中小企业向澳门银行机构贷款保证的承担总额上限提高至6亿元。

14日

立法会通过第一补充预算。立法会一般性及细则性通过《2009财政年度立法会管理账目及报告》和《2010财政年度第一补充预算》，由于总收入比预算增加及开支减少，2009年立法会本身管理账目决算出620多万元的盈余，将之计入本年"资本收入"，并全数纳入"备用金拨款"的账项内。

15日

驻澳部队王玉仁少将调职，祝庆生大校接任驻澳部队司令员。驻澳部队发布消息，根据中央军委主席胡锦涛签发的命令，驻澳部队司令员王玉仁少将近日调离驻澳部队，另有重任；祝庆生大校接任驻澳部队司令员。王玉仁少将在离任履新前表示，衷心感谢澳门特区政府和社会各界对他在澳门工作期间的支持和帮助，感谢澳门同胞对驻澳门部队的关心，祝愿澳门更加繁荣稳定，澳门同胞安居乐业。新任驻澳门部队司令员祝庆生大校表示，将率领驻澳部队全体官兵，严格依据《澳门特别行政区基本法》《驻军法》履行神圣使命，一如既往地支持澳门特区政府依法施政，为维护澳门长期繁荣稳定和发展做出应有贡献。

"首届澳门学国际学术研讨会"开幕，会期两天。研讨会由澳门大学、澳门基金会、欧洲研究学会、澳门社会科学学会及澳门学者同盟合办。开幕仪式于澳大图书馆演讲厅举行，社会文化司司长张裕、外交部驻澳特派员公署特派员卢树民、中联办文教部长刘晓航、澳门基金会行政委员会主席吴荣恪、澳门大学校长赵伟、北京外国语大学副校长金莉、中山大学副校长陈春声、澳门基金会行政委员吴志良、澳门大学副校长马许愿、欧洲研究学会主席麦健智及澳大澳门研究中心代主任郝雨凡等出席主礼。80多位来自葡萄牙、美国、德国、巴西、意大利、日本以及中国内地、台湾、香港和澳门学者聚首澳门，就澳门学的学术范式、学科建设、学科发展等问题开展讨论、交流，并展示近年来澳门学研究的最新成果。学界认为，澳门学是一门以文献档案、文化遗产为基础，以历史文化和社会生活为研究对象，探寻澳门模式及澳门精神的国际性、综合性学科。以全球视野及学科理论，发掘澳门文化内涵，探索不同文明在澳门"互动相生"的形态、特质和效应及其在人类文明发展史上的价值，是澳门学的主要任务。

公共天线业界宣布停播四频道。政府与公共天线业界达成共识，尊重合法版权，逐步停播存在版权问题的频道，并于本月19日凌晨起，先试行停播四个频道，即"天映电影频道"及泰国"TrueSport"1、2、3频道。

无线宽频系统营运服务公开招标。电讯管理局为政府设置于全澳各区的无线宽频寻找营运商，即日起进行招标。中标公司需要为有关服务的发射点提供网络操作、客户服务、前线维护和网络维护。

16日

"澳门轻轨系统第一期行车物料及系统"采购国际公开招标项目完成开标，3份标书提交的基本项目固定金额价格为45亿至62亿元。

19日

行政暨公职局开办翻译人员培训课程。为解决中葡翻译人才严重缺乏的问题，行政暨公职局与欧盟合作开办"中葡文翻译及传译培训计划"，由澳门本地、葡萄牙及欧盟导师培训笔译和即时传译人员，计划以每年培训25名翻译员的速度，在4年内培养100名翻译员。培训计划预算为3500万元。课程面向公众，从社会各界吸纳合适人才。

首季博彩税大增。政府本年首季度总财政收入达 164 亿元，较 2009 年同期大幅增长 55%，已超过全年预算收入的三分之一。首季财政盈余接近 130 亿元，是去年同期的一倍多。

21 日

政府各部门、公共机构及中央驻澳机构下半旗并举行默哀仪式，悼念青海玉树地震死难同胞。此前，政府于 19 日拨款 1 亿元人民币支持玉树救灾工作。

22 日

第三届"珠江论坛"暨"世界级珠三角都会——现况与前瞻"高峰会在澳门举行。行政长官崔世安与香港政务司司长唐英年会面，欢迎香港参与横琴发展。100 余名政商界人士、学者出席，探讨粤港澳三地合作的前景和方向。

23 日

统计暨普查局公布首季旅客情况。首季旅客量为 611.5 万多，按年升 12.1%。中国内地（333.4 万多）、中国台湾（33 万多）及日本（10.5 万多）旅客分别上升 20.9%、5.2% 及 3%；中国香港（172.6 万）旅客则微跌 0.3%。首季不留宿旅客为 318 万多，占旅客总数的 52%。

24 日

行政长官崔世安与曾永权会面。崔世安与来澳出席"澳台关系论坛"的中国国民党副主席、中华港澳之友协会会长曾永权会面，双方就进一步加强澳台间各领域的交流合作交换意见。

25 日

中国社会科学院发布《二〇一〇年中国城市竞争力蓝皮书》。澳门虽未能跻身全国最具竞争力城市前 10 位，却在过去 5 年（2005～2009 年）竞争力稳步提升的 10 个城市中位列第 9。此外，比较全国 56 个重点城市的 8 个分项竞争力发现，澳门在人才本体、公共部门、生活环境、商务环境等方面的竞争力均居前 10 位。

第 15 届澳门缅华泼水节系列活动之一型泼水嘉年华在黑沙海滩公园举行。多名政府官员及东南亚多

图 5　第 15 届澳门缅华泼水节

国驻港总领事到场为活动主礼。主办单位表示，每年一度的泼水节活动已成为澳门国际旅游城市的品牌项目，营造了本地多元文化和谐共存的气氛。

26日

行政长官崔世安在广州与广东省省委书记汪洋、省长黄华华会晤。双方同意以创新思维加强及深化粤澳合作。

政府设立澳门广播电视股份有限公司策略发展工作小组。行政长官批示，设立由政界、专业界、学术界和政府代表组成的澳门广播电视股份有限公司策略发展工作小组，研究及制定关于公共广播及电视服务策略发展模式的报告。

27日

政府公报刊登4家博彩企业2009年全年业绩。随着经济复苏，澳门博彩业于2009年第三季度开始反弹，全年的幸运博彩收入高达1193.69亿元，较2008年增加9.7%。澳门博彩股份有限公司继续在澳门博彩市场上维持领导地位，整体市场占有率由2008年的26.5%增加至2009年的29.4%，全年向政府缴交的博彩税及公共拨款136亿元。威尼斯人酒店2009年利润为18.1亿元，增长28%。星际酒店2009年收益创新高，达99亿元，较2008年增长35%。

30日

国家主席胡锦涛在上海会见前来参加上海世博会开幕式等活动的香港特别行政区行政长官曾荫权、澳门特别行政区行政长官崔世安和香港特别行政区政府代表团、澳门特别行政区政府代表团成员，对他们表示欢迎。国家副主席习近平参加会见。

5月

1日

第21届澳门艺术节开幕。艺术节由文化局主办，于5月1日至29日在澳门多个地点举行，汇集全球约20个国家和地区的表演精英，带来25项精彩节目、逾70场演出，包括戏剧、舞蹈、音乐、展览及

图6　第21届澳门艺术节之专场音乐会演奏《澳门诗篇》

综合文艺等项目。

行政长官崔世安抵江苏访问。崔世安离开上海前往江苏省，与南通市市委书记罗一民会面。罗一民欢迎崔世安到访，表示澳门在国家经济发展中占有重要位置，希望澳门和南通在经济、文化、教育、旅游等方面加强合作。翌日，崔世安在南京市与江苏省省委书记梁保华会面，双方同意加强两地的经贸、文化和旅游合作。

澳门多个工人团体上街游行表达民生及就业诉求。澳门工人民生力量联合工会、扎铁工会、五邑乡亲同盟会、装修业联合会、装修工程工友联合会及青年团体发起集会游行，向政府反映"保就业""严打黑工""削外劳""增经屋"等诉求。

百名家长到政府总部递信求与内地子女团聚。澳门永久居民未受惠"子女团聚"家长筹委会到政府递信，希望政府特事特办解决子女到澳团聚问题。该批家长分别由 20 世纪 70 年代至 90 年代取得澳门永久居民身份证。

3 日

"澳门居民综合生活素质第五期研究（2009）"公布结果。近 20% 的居民认为政府最需要改善的施政范畴为就业及房屋问题，17% 则认为是经济发展。对政府整体表现评价方面，满意者有 29.7%，不满者占 23.3%，认为表现一般者有 47%。同时，市民对政府的经济繁荣工作评价最高。

5 日

澳门中华总商会反映对《聘用外地雇员法》的意见。澳门中华总商会代表拜访经济财政司司长谭伯源，反映工商界对《聘用外地雇员法》的意见以及各行业的具体情况，希望政府关注中小商号在配合外雇法施行时所遇到的困扰，及时理顺有关问题和矛盾，保持澳门工商各业的正常运作，以利于营造良好的营商环境。

6 日

行政长官崔世安前往广州和中山考察访问。崔世安此行分别与广州市市委书记张广宁、中山市市委书记陈根楷会面，商议粤澳合作和交流。

三团体反对立法会间接选举。民生协进会、民主起动及工人自救会约十人拉起"反对立法会间选及委任"及"零九年第三十期政府公报的澳门基金会公布的零九年第二季度的资助名单"等横幅，到政府总部递信。团体称反对立法会间选及委任，以争取更多由民间选出的议员为大众争取福利。

8 日

"金光飞航"开通凼仔至香港国际机场的客运航线。该航线是港务局发出定期海上客运准照后，第四条投入营运的航线。

9 日

澳门经济学会公布《珠澳合作开发横琴专题研究——澳门如何参与》报告并举行发行仪式。报告建议，澳门、珠海两地在横琴的城市及产业发展规划必须进行充分的沟通和协商，并建议让澳门直接参与横琴开发和管理，解决当前珠澳两地沟通困难的问题。报告指出，横琴新区开发与澳门发展唇齿相依，澳门必须主动切入和融入规划，最直接、最主动的措施是让澳门居民有资格进入横琴开发和管理的人事系统内。报告建议横琴新开发区政府可设立发展咨询委员会，邀请澳门专业人士为委员，甚至可考虑委任澳门人士出任横琴新区政府副职官员。

10日

澳门泊车管理股份有限公司获得澳门两地区公共道路收费泊车位设立及经营权。澳门公共道路路边收费泊位招标模式已创设公平竞争环境，2005年将全澳街道收费泊车位的设立及经营权分为两个区进行公开招标，科阳泊车管理有限公司及澳门泊车管理股份有限公司投得合同。鉴于有关合同于本年4月30日届满，交通事务局于3月对上述经营服务重新公开竞投，并于3月底开标，随后由评标委员会对各标书进行相关评审工作，审议后由澳门泊车管理股份有限公司投得，经营服务年期为6年。

统计暨普查局公布第一季末澳门人口数据。资料显示，本年第一季末澳门人口估计为542400人，与2009年底的542200人相若。本年第一季有1191名新生婴儿，较去年第四季减少13.9%；男性新生婴儿有605名，男女婴儿性别比为103.2：100。同季死亡个案有459宗，根本死因主要为肿瘤和循环系统疾病；而死胎登记有4宗。本年首季共录得1106宗必须申报疾病的报告，主要是流行性感冒（276宗）、肠病毒感染（255宗）及由诺沃克因子引起的急性胃肠炎（143宗）。结婚登记有867宗，较去年第四季增加3.1%。本年首季持单程证的中国内地移民有758人，较去年第四季减少22人；同季被遣返的非法入境者有250人。此外，获准居留人士共1948人，较去年第四季减少1018人。第一季末的外地雇员总数为72843人，较2009年年底减少2062人。

11日

环保局邀请澳门多家媒体参观垃圾焚化中心。环保局副局长韦海扬、环境规划评估厅厅长冯咏阡、环保基建管理中心主任陈国浩及多名局方人员，带领媒体参观垃圾焚化中心设施。该中心分新、旧两座厂房，共6条采用先进技术的处理线，日处理量指标达国际水平，未来将大力推广垃圾分类，源头减废和减少堆填。

旧区重整咨询委员会举行年度首次日常会议。运输工务司司长、咨询委员会主席刘仕尧在会上表示，政府跨部门工作小组已对旧区活化展开研究，通过政策支持，在原来的整建修复和街道美化工作基础上，深化"点"的整治工作，其中一个重点是优化现有的维修资助计划，并在社区公共空间维修美化的基础上，进一步规划社区定位、社区设施及交通调整，辅以政府的产业扶持政策、财税政策等方法，从另一层面优化社区生活环境。

12日

政府批准威尼斯人第5、6期项目用地。项目用地总面积达15万平方米，为威尼斯人"金光大道"用地，溢价金总额逾18.7亿元。

行政长官崔世安会晤邵琪伟谈旅游合作。国家旅游局局长邵琪伟到访澳门，与崔世安会面，双方就内地与澳门的旅游发展合作交换意见。邵琪伟表示，国家支持澳门打造"世界旅游休闲中心"。崔世安表示，澳门当前正在根据《珠江三角洲地区改革发展规划纲要》和《横琴总体发展规划》的精神，积极加强与广东尤其是珠海的紧密合作。

13日

研究人员希望核实中西药局旧址以活化草堆街。孙中山先生曾在澳门多处行医及生活，澳门历史学会理事长陈树荣认为，现时澳门仍有8处至10处孙中山曾经居住及工作的地方，促请当局加以重视，并应主动搜集有关资料，挖掘澳门旅游亮点；草堆街80号疑为孙中山创办的中西药局原址，该处的"真正身份"一经证实，政府可将其修葺为一个展览厅，发挥该遗址的作用，亦可活化该区的经济面貌。

14日

澳门律师公会及国际律师联盟举办的"反贪与法治研讨会"开幕。行政长官崔世安、中联办副主任陈启明、外交部驻澳特派员公署副特派员宋彦斌、澳门基金会行政委员会主席吴荣恪、葡萄牙司法部长司法事务部秘书 Joao Correia、国际律师联盟主席 Corrado De Martini、澳门律师公会主席华年达等主持揭幕仪式。为期 2 天的会议吸引超过 400 名来自欧洲、大洋洲、非洲、中国内地、中国台湾、中国香港及中国澳门的律师和政府官员参与，主办单位期望通过此次研讨会，让来自世界各地的法律界人士共同讨论反贪之道。

行政会完成讨论《规范聘用外地雇员许可内设定的条件或负担》行政法规草案。草案明确规定 6 项聘用外地雇员许可内设定的条件或义务。

政府多个部门联合清迁路环黑沙附近一幅面积约 6000 平方米被霸占土地。政府表示，在 2009 年已发现该地段被人非法占用，并将土地开挖和平整，摆放大量货柜、汽车和挖土机等。

16日

新马路节假日公交专道首次试行。新马路公交专道将试行 3 个月，龙嵩街至营地大街一段实施交通管制，只准巴士、的士、三轮车及特种车辆行驶。

17日

行政长官崔世安开展江门、肇庆及佛山为期 2 天的访问行程，以促进澳门与珠三角城市的沟通和交流。

18日

珠海正式实施《横琴新区控制性详细规划》。该规划对横琴所有土地的空间功能、用途、性质和数量等做了详细规定，将来横琴的开发用地和空间发展必须按照该控制性详细规划实施。

20日

行政长官崔世安探访仁慈堂属下多个社会服务机构。崔世安探访仁慈堂托儿所、盲人重建中心及仁慈堂安老院等社会服务机构，受到仁慈堂会员大会主席欧安利、值理会主席飞安达、秘书李维士、财务江濠生等热情接待。

统计暨普查局公布本年首季就业调查结果。资料显示，整体就业人口的每月工作收入中位数为 9000元，而本地就业居民的工资中位数为 10000 元，均维持上季的水平。按行业划分，就业人口主要从事文娱博彩及其他服务业，占 23.4%；酒店及饮食业占 14.3%。按职业划分，文员（包括赌场荷官、巡场、投注员等）占 26.1%，服务及销售人员占 22.7%。同季就业不足人口有 5800 人，当中建筑业占 81.2%，运输通信及仓储业占 7.8%。本年首季劳动人口共 32.33 万，其中就业人口与失业人口分别有 31.38 万及9500 人。与上一季比较，劳动人口增加 1000 人，其中就业人口增加 1400 人，失业人口则减少 400 人。

21日

"鲜鱼行"举办舞醉龙及派长寿饭传统活动。澳门鲜鱼行总会在澳门各区街市及游客区大耍醉龙。今年除了有鲜鱼行总会醉龙醒狮队的表演外，主办单位亦邀请台湾苗栗县卓兰实验中学舞龙队、台湾体育学院威劲龙狮武术战鼓团及珠海斗门的飘色队来澳门表演"荷花龙""战鼓龙"及飘色，场面热闹。营地街市及红街市分别派发龙船头饭，大批居民在街市外围排队领取。每年四月初八，澳门鲜鱼行总会举办舞醉龙及醒狮旅游表演，表示鱼行友人团结，上下一心；人们相信吃过龙船头饭可驱除疾病，儿童则可快快长大。

图7 鲜鱼行舞醉龙活动

24日

行政长官崔世安率领政府官员及各界人士考察 2010 年上海世博会。崔世安表示，澳门要珍惜上海世博会的机会，向世界宣传澳门。澳门馆设计师马若龙亦同行，他希望世博会上展示的"玉兔宫灯"在世博会后能回"娘家"澳门。

26日

政府委任 14 位社会人士与政府官员合组公共房屋事务委员会。政府公报刊登运输工务司司长刘仕尧的批示，委任 14 位社会人士为公共房屋事务委员会成员，成员来自业界、社团、其他界别，分别是：郑永辉（澳门银行公会理事兼技术委员会主席）、钟小健（澳门地产业总商会会长）、江锐辉（工联副秘书长）、高岸峰（新青协理事）、刘艺良（中总常务理事）、梁金泉（消费者权益保护人士、核数师）、梁竟成（专业人士）、梁桂萍（街总公屋关注小组负责人）、吴子宁（妇联理事兼青委会副主任）、谢思训（建置商会副理事长）、潘志明（明爱总干事）、萧志伟（澳门发展策略研究中心理事长、立法议员）、吴在权（澳门房地产联合商会常务副会长、立法议员）、黄春年（澳门汇贤社副理事长）。房委会职能是通过听取和研究社会各界的意见，研究并制作意见书、建议书及提议，协助政府制定、推广、推行公共房屋发展的政策、策略和措施。

"世界挑战日"活动举行。活动由体育发展局和民政总署合办，卫生局协办。共有 23 万市民响应挑战日参加体育运动，参与率达 43.65%，较 2009 年上升 1.49%。澳门自 2001 年起应国际大众体育联会邀请参与"世界挑战日"，全澳市民不论身在何处，凡连续进行 15 分钟体育运动、康乐游戏或体能活动，都可通过电话、传真和登入网址等渠道上报，体育发展局则把参与活动的人数上报国际大众体育联会，核实资料后与挑战城市巴西索洛卡巴做比较。

27日

政府拨款 1 亿元修建明爱院舍。明爱辖下有 6 家安老服务及复康机构，分别是圣玛利亚安老院、望厦圣方济各安老院、青洲伯大尼安老院、岗顶明爱老人中心、圣类斯公撒格之家及圣路济亚中心等。

立法会第一常设委员会完成《禁止经营非法旅馆》法案条文的初步审议。取消原法案建议旅游局长有权做出入屋搜查决定以及"钉契"（停牌）的规定。按照现行法律规定，入屋搜查须经法院批准，以保护居民私有财产权。

28日

中央政府与澳门特别行政区政府签署《〈内地与澳门关于建立更紧密经贸关系的安排〉（CEPA）补充协议七》。行政长官崔世安出席见证签署仪式。根据该协议文本，内地将在原有部分领域对澳门进一步开放，并新增其他开放与合作领域，以加大对澳门经济发展和多元化的支持力度。具体内容是，内地在原有开放基础上将对澳门放宽建筑、医疗、视听、分销、银行、社会服务、旅游、文娱、航空运输、专业技术人员资格考试和个体工商户等 11 个服务领域的市场准入条件，同时新增"技术检验分析与货物检验"和"专业设计服务"两个领域，使 CEPA 所涵盖的服务贸易开放领域由 41 个增至 43 个。

中级法院决定不受理非凡航空之撤销"钉牌"（停牌）要求。非凡航空向中级法院入禀申请禁制令，要求中止运输工务司司长于 3 月 28 日"钉牌"的行政效力。中级法院裁决指出，根据《行政诉讼法典》第 167 条 D 款规定，运输工务司司长具监察澳门航空与非凡航空有效执行的权力。案中运输工务司司长只做出终止分专营合同的建议，是一种意见而非行政行为。因此，非凡航空要求撤销行政行为是不成立的，决定不受理请求。

29日

国家林业局、国务院港澳办在成都大熊猫繁育研究基地宣布，中央赠送澳门的一对大熊猫分别为编号"717"（雄性，乳名：蜀祥）及编号"710"（雌性，乳名：奇妙），可望在年底移居澳门。行政法务司司长陈丽敏表示，在石排湾郊野公园内兴建的熊猫馆工程已经展开，熊猫馆建造费用预算 8000 万元。

政府取消六国落地签证助解决黑工问题。政府公布新政策，规定孟加拉国、尼泊尔、尼日利亚、巴基斯坦、斯里兰卡、越南六国国民，必须在获发入境签证的情况下，方允许进入澳门。社会各界希望新政策能打击黑工，维护澳门治安。

31日

粤澳双方"粤澳合作联席会议"达成共识。广东省省长黄华华与澳门特别行政区行政长官崔世安共同召开记者见面会，粤澳双方签署《关于进一步做好粤澳合作框架协议起草工作的备忘录》《关于探讨粤澳双方共建中医药科技产业园的备忘录》《粤澳旅游合作协议》。粤澳协议探讨共建"中医药科技产业园"，优先选址在横琴新区。同意未来的合作重点工作，是做好"一个协议的签订，二个专项规划的制订和四个合作重点"的落实工作。会议还重点讨论了《粤澳合作框架协议》的修订，并争取 6 月底按时按质完成，早日上报中央。

运输工务司司长刘仕尧向广东省省长黄华华介绍澳门新城规划。刘仕尧表示，对于国务院批准澳门填海造地 350 公顷的新城区规划，政府将按照国家要求，以科学规划、合理布局、节约利用为原则，以澳门全体居民利益为依归，制定出一个对澳门未来繁荣稳定、长远发展有利的政策。

统计暨普查局公布 2010 年第一季本地生产总值。第一季博彩旅游业表现理想，其中博彩毛收入较去年同季名义升幅达 57.1%，旅客消费总额（不包括博彩消费）的增幅由去年第四季的 0.8% 上升至 14.3%；货物出口的跌幅由去年第四季的 41.8% 收窄至 12.8%；但固定资本形成总额持续收缩，减幅达 38.9%。综合估计，本年第一季本地生产总值录得 30.1% 的实质增长，高于去年第四季的 27.4%。按本地生产总值各主要组成部分分析，第一季私人消费支出上升 2.3%，较去年第四季的 4.8% 为低；其中住户在本地市场的最终消费支出上升 7.0%，在外地的消费支出则下跌 2.1%，在内地的消费为 7.63 亿元。

6月

1日　"2010 年六一国际儿童节"组织委员会成员探访医院病童。为唤起人们关注儿童的权利和福祉，多位委员会成员连同母亲会代表尹一桥主席分别前往镜湖医院及仁伯爵综合医院，探望住院儿童及初生婴儿，向他们送上节日礼物以表关怀。

2日　政府向四川省政府发函，宣布援助四川灾后重建的第 4 批共 7 个重建项目的立项名单，涉及金额约为人民币 1.74 亿元。这 7 个项目包括教育项目 5 个、医疗卫生项目 2 个，地点集中在南充市及雅安市。预计项目建设工期为 12 个月至 18 个月。特区政府宣布立项后，随即展开相关的考察及评估等前期工作。至此，澳门援助四川灾后重建项目已达 102 个，涉及金额约达人民币 42.26 亿元，折合澳门币 49.56 亿元。

3日　行政长官崔世安与汕头市市委书记李锋会面。崔世安率领政府代表团，与贸易投资促进局组织的 100 余名企业家代表前往汕头、潮州和揭阳访问。汕头市市委书记李锋陪同参观。双方均认为，澳、汕两地同处经济转型的重要时期，应加强合作，共同发展。

4日　欧盟委员会公布最新一份澳门年度报告《欧盟与澳门：二〇〇〇年之后》。此为第 10 份澳门年度报告，着眼于澳门 2009 年经济、体制、政治及社会发展状况，指出"一国两制"在澳门实践良好。报告亦提到，2009 年澳门特别行政区政府根据基本法第 23 条订立了《维护国家安全法》，欧盟委员会注意到该法律的重要性，亦重申须维护基本法保障的基本权利和自由。2009 年欧盟与澳门扩大了多个范畴的合作，包括法务、人员交流、税务及环境等方面。澳门仍然是欧盟重要的合作伙伴，在经济、管理、社会、教育、文化等多方面均有共同的利益和价值观。

葡语国家经济管理研修班结业。由商务部国际商务官员研修学院承办、中葡论坛常设秘书处协办的葡语国家经济管理研修班结业典礼在世贸中心五楼莲花厅举行。来自巴西、佛得角、几内亚比绍、莫桑比克、东帝汶等 5 个国家的 21 名官员参加了研修班。该课程有助于他们更深入了解中国经济发展、历史文化和人民生活，促进了中国与葡语国家之间的友谊和经贸合作。

环保局主办的"2010 年两地五市世界环境日嘉年华暨'绿色学校'以及'绿色企业'伙伴计划启动典礼"在塔石广场举行。来自广州、深圳、珠海、东莞、中山 5 市及港澳有关部门领导出席主礼，多个政府部门及团体于现场设置摊位游戏，通过多种多样的环保小游戏，加深参与者的环保节能意识。场内安排非洲鼓、歌唱表演，树起环保信息展板，大批居民到场参与。

8日

《2010年亚洲国际博彩博览会前瞻报告》公布。美国博彩协会在亚洲国际博彩博览会上发表调查结果，67%的博彩业专家预测亚洲博彩市场收益将在未来3年至5年内超越美国赌场和印第安保留区赌场的总和。受访专家预计，在2005年至2009年间录得近3倍增长的澳门市场将持续高速发展。75%的专家表示，澳门将在3年至5年内（有40%）或6年至10年内（有35%）保持快速增长；只有15%的专家预计高速增长只能维持1年至2年。该项预测性报告的调查在今年5月进行，汇集了21名亚洲博彩专家的调查结果，其中包括赌场高层管理人员、分析家和学者。

9日

原珠海市市委书记梁广大及原广州市市长黎子流应澳门城市规划学会邀请访澳，做"粤澳合作经验与前瞻"讲座主讲嘉宾。两位讲者均认为，横琴是澳门"一国两制"与珠海"经济特区"合作的最佳汇合点，现有的发展方向是正确的。他们认为，珠三角城市应逐步更加开放，方便内地居民来澳旅游，建议政府未来应实现24小时通关。同时指出，珠澳合作开发横琴，除了规划发展旅游、会展、中药业、文化创意及教育产业外，建议加入发展金融业。另外，开发横琴必须确保横琴难得的自然生态环境不受破坏。

澳门表演团队赴上海参加世博文艺汇演。世博会开幕后，澳门已先后安排多项表演活动，有葡萄牙土风舞、步操管乐演奏等节目在澳门馆门前演出；6月至10月，澳门将正式参加由世博会统一安排的演出。

粤港澳三地举行海上搜救联合演练。近年来，珠三角地区经济高速发展，珠江口各口岸海上客运日趋繁忙，船只通航密度大幅上升。此次演练旨在检验三地海上搜救预案和各客船公司等单位应急预案，增强三地海上搜救中心应对珠江口突发事件的合作搜救能力。

10日

葡萄牙驻澳门总领事馆举办"葡国日、贾梅士日暨葡侨日"酒会。行政长官崔世安肯定居澳葡人及土生葡人的努力和贡献，表示政府会继续做好中国与葡萄牙及葡语国家的服务平台，推动葡萄牙商人持续来澳投资。

12日

行政长官崔世安会晤广东省省委书记汪洋等。为持续推动粤澳合作，加快草拟《粤澳合作框架协议》，崔世安前往广州与广东省省委书记汪洋、省长黄华华进行工作会晤，进一步研究《粤澳合作框架协议》的具体内容。自国务院公布《珠江三角洲地区改革发展规划纲要》和批准实施《横琴总体发展规划》后，粤澳的合作目标更加明确，合作层次不断推进。其中，粤澳合作联席会议5月底在澳门举行，共同开发横琴是粤澳合作取得的新突破。

13日

国际龙舟标准龙公开赛举行。赛事有澳门龙舟公开赛标准龙公开组、女子组及澳门大学生龙舟邀请赛标准龙公开组3项比赛，参赛队伍共40支。在男子标准龙公开组500米的比赛中，葡澳之友体育会后来居上，成功夺得"三连冠"；在女子公开组和大学生标准龙500米赛事中，分别由澳门自由龙龙舟会和吉林东北电力大学夺冠。行政长官崔世安出席观赏并颁授奖旗。

图 8　行政长官崔世安为澳门龙舟公开赛颁授奖旗

15 日

　　行政会完成讨论《因执行公共职务的司法援助》法案。该法案旨在向担任公共职务的人员在因执行公共职务而衍生的司法诉讼中提供司法援助，包括豁免诉讼费用及预付金、支付诉讼费用及预付金、支付在法院的代理费用三种形式。法案建议的制度适用于行政长官、主要官员、公共部门的工作人员，亦包括按私法制度聘用的人员、法院司法官及检察院司法官。为适用该法律的规定，公共部门指公共行政当局的机关及部门，包括行政长官办公室、政府主要官员的办公室及行政辅助部门、自治基金、公务法人、立法会辅助部门、终审法院院长办公室及检察长办公室。28 日，该法案获立法会一般性通过。

　　《对澳门房屋问题的分析与思考》报告发布。由运输工务司司长办公室、房屋局、土地工务运输局和建设发展办公室等部门组成的政府跨部门工作小组，向公屋委员会介绍该份报告。报告编制成册，主要介绍澳门目前房屋的整体状况，总结过去政府公共房屋政策的实施和成效，并阐述未来政策路向和目标。其中提出澳门长远房屋政策发展的四个工作路向，包括完善房屋法例、适时调节土地及房屋供应、公众参与及加强调研、区域融合拓展生活空间等。

　　澳门国际机场获"亚洲最具潜质货运机场奖"。在上海举行的"亚洲货运及供应链颁奖典礼 2010"上，澳门国际机场今年第四次获授亚洲最具潜质货运机场荣誉。评审活动由亚太区货运业杂志 *Cargonews Asia* 主办，奖项由 *Cargonews Asia* 读者全球同步投票，经独立审计员点票后在 2010 年 2 月产生。进入候选名单的机场分别有澳门国际机场、马来西亚士乃国际机场及槟城国际机场、印度邦加罗尔国际机场、孟加拉国齐亚国际机场，最终由澳门国际机场获得殊荣。

17 日

　　行政长官崔世安率领代表团访问葡萄牙。代表团与葡萄牙总统席尔瓦及总理苏格拉底会面，并与多位部长举行工作会议，就澳门与葡萄牙的合作与发展进行了广泛的交流。

　　吴志良获委任为澳门基金会行政委员会主席。政府公报刊登行政长官批示，公布澳门基金会人事变动，现任行政委员吴志良接替吴荣恪出任行政委员会主席，7 月 11 日起生效。何桂铃、林金城获续任行政委员会委员，钟怡新获委任为行政委员会委员。连同今年 1 月获委任的区荣智及黎振强，行政委员会共有 6 名成员，各委员任期 3 年。批示还委任了新一届澳门基金会信托委员会、监事会委员。吴福、吴仕明、李沛霖、李鹏翥、林绮涛、马有恒、马若龙、区宗杰、崔世平、曹其真、彭为锦、华年达、贺定一、杨俊文、廖泽云续任信托委员会委员，陈明金、梁安琪、梁维特新获委任为信托委员会委员，信托委员会主席为行政长官崔世安。监事会方面，崔世昌续任监事会主席，何美华、黄显辉续任监事会委员。

18 日

政府展开"新城填海区规划第一阶段公开咨询"。新城区填海范围主要包括澳门半岛东部 A 区，澳门半岛南部 B 区，氹仔北部 C、D 及 E 区。其中有超过一半用作公共交通设施、公共空间、绿化及其他公共设施，并预留适量土地作为日后发展符合澳门经济适度多元发展政策的产业及兴建公共房屋之用。填海计划利用岛屿跳跃方式建成的填海区，将为澳门增加超过 20 公里的海岸线。

行政长官崔世安与葡萄牙外交部长阿玛道会面。双方讨论继续支持澳门葡文学校办学问题。崔世安表示，葡文学校不但提供葡式教育，且具有包括文化、语言及澳门的特色等重要核心价值，政府将一如既往，像过去十年一样关心支持该校发展，亦希望葡文学校能办得更好。阿玛道表示，葡文学校对澳门居住的葡人非常重要，对行政长官的支持表示感谢。

19 日

"澳门特别行政区成立 10 周年成就展"（葡萄牙站）在里斯本举行。正在里斯本访问的行政长官崔世安主持开幕礼。崔世安指出，成就展记载着澳门与葡萄牙过往的合作，亦展现了澳门特别行政区成立10 年来的各项发展，呈现了社会稳定和谐、经济繁荣发展、民生大力改善的社会面貌，包括与葡萄牙在内的对外交往也在不断扩大。

20 日

行政长官崔世安勉励在葡学生回澳门服务。崔世安在里斯本访问期间，与在葡萄牙留学的澳门学生会面，了解他们在葡萄牙的学习和生活情况，鼓励他们回澳门贡献所学。现时澳门约有 80 名学生在葡萄牙就读，主要修读葡文和法律课程。

旅游局主办"澳门周在里斯本"推广活动。旅游局 6 月 18 日至 23 日在葡萄牙举行"澳门周在里斯本"，并在市内大型商场哥伦布购物中心中央广场搭建了大三巴牌坊和妈阁庙等大型模型以做宣传。行政长官崔世安以及政府访问团成员到哥伦布购物中心视察活动举行情况。来自澳门的掌相、书法、三轮车等展位引起当地人兴趣，一度排起人龙轮候。

21 日

澳门科技大学可持续发展研究所公布"四厘利息补贴"及"信用担保"政策成效研究报告。研究显示，绝大部分受访市民认为"外来资金流入"及"四厘补贴"为澳门楼价回升的主要客观及政策因素，更有两成半受访者对政策持否定态度。此次调查由房屋局委托澳门科技大学可持续发展研究所进行，于本年 4 月 23 日至 29 日采用电话访问的方式，成功访问 928 位年满 21 岁的澳门永久性居民，同时要求被访者对"自置居所贷款利息补贴制度"或"自置居所信用担保计划"有所了解。

公共天线服务受到社会关注。澳门有线电视控告澳门 6 家公共天线工程公司涉嫌侵权案件在法院审理。控告的理由是有线电视购买外地某电视台节目中有英超赛事转播，而公共天线在接收另一家外地电子媒体节目中亦有英超比赛，因此认为公共天线是对有线电视的侵权，并提出了 5900 万元的赔偿要求。

22日

　　行政长官崔世安会晤葡萄牙总统席尔瓦及总理苏格拉底。崔世安在会晤后表示，双方均重视和珍惜澳门与葡萄牙的关系，并同意开展多项合作。同时谈及重开澳门与葡萄牙之间的航班服务，以带动两地的旅游、经贸、货运等，两地有关方面将开展研究工作。

　　政府多个部门采取联合行动清拆非法占地建筑。政府执行终审法院裁决，以联合行动方式清拆路环黑沙马路一幢兴建在非法占地上的4层建筑。

24日

　　政府推出《澳门节水规划大纲》。该规划确立未来15年澳门的水资源管理和发展，主要包括8项方针：加强宣传教育、普及节水器具、降低管网漏损、拓展雨水利用、开发再生水源、重建水价机制、完善法规制度及加强应变能力。

25日

　　粤港澳签署《共同开展粤港澳文化交流合作示范点工作协议书》。第11次粤港澳文化合作会议在澳门召开，三地政府逾百名代表就演艺人才交流和节目合作、文化信息交流、文博合作、图书馆合作交流、非物质文化遗产及文化创意产业发展等6项文化合作领域深入讨论，并达成近30项计划共识。三地政府代表签署了上述协议书，订立三地在设施共享、网络文化资讯共享、培训人才、共同举办大型文化节目、开展常规性年度合作项目等方面的具体合作机制，进一步促进和深化文化领域的合作。

29日

　　政府提出经济房屋参考售价。政府向公屋事务委员会建议在考虑居民购买力前提下，经屋每平方尺参考售价为1100元。再根据经屋所处的位置、楼层及座向等相应因素调整每个单位的定价。

　　立法会一般性讨论及表决通过3项医务卫生范畴法案。3个法案分别是《医务行政人员职程制度》法案、《卫生督察职程制度》法案及《卫生助理员职程制度》法案。通过这些法案，政府重整了现行卫生服务助理员职程的架构，并在该职程制度下设立两个职程，即护理助理员职程和一般服务助理员职程，以分别协助护士提供护理服务和协助各附属单位的行政及后勤工作。两个职程均订定各自的职务内容，以配合有关职务专业的需要。

　　民政总署3项管理质量获国际认证。民政总署的"出版书籍仓存管理""山水网络系统管理""进口急冻与冰鲜肉类及其制品检验检疫的抽样管理"获ISO9001及SIO14001认证。民政总署于2004年、2007年开始建立辖下部门ISO9001质量管理系统及ISO14001环境管理系统，以提升相关的效益及效率，并逐步取得国际认证。

30日

　　文化局为主教座堂（大堂）前地安装第一个文物说明牌。牌上刻有中、葡、英、日四种语言，以及"联合国教科文组织世界文化遗产"标志、"澳门历史城区"字样、文物名称和简要说明。文物说明牌一般放置于文物的正立面一侧或围墙外，既不影响文物的视觉景观，又易于被发现；广场前地说明牌则考虑游人的行走路线，方便游客参阅。

　　青洲坊居民开会商讨搬迁和补偿办法。青洲坊项目位置为政府"万九公屋"发展计划的一部分，短期内即将清拆发展，凡在房屋局1991年、1993年登记名单内的青洲坊住户，涉100余户居民可选择购买经济房屋、租用社会房屋、收取搬迁费现金三选一的办法。

7月

1日

社工局推出 3 项措施助弱势家庭抗通胀压力。社工局宣布投放逾 5000 万元，推出"协助弱势社群舒缓通胀压力措施"，将有 8500 个家庭受益，同时亦将"短期食物补助计划"延长半年。

2日

劳工事务局宣布不延续"建造业就业不足人士短期援助计划"。该项计划之制订，源于澳门建造业在受到国际金融危机的影响后，建筑工人就业情况严峻。为在短时间内协助建造业就业不足，为失业人士纾缓经济困难，巩固行业知识，劳工事务局特别推出该项计划并举办为期 8 周的有津贴培训课程。

政府启动"望厦平民新村"重建计划。政府宣布重建望厦平民新村，并提供不少于 750 个社屋单位。望厦平民新村始建于 20 世纪 80 年代，提供 650 个社屋单位，目前建筑物已出现老化现象，需要定期进行维修保养。政府决定将望厦平民新村纳入重建规划，兴建公共巴士转乘站、公众停车场、绿化休憩设施及不少于 750 个单位的社屋大楼，以期善用土地资源，增建更多社屋单位及小区设施，协助弱势社群解决居住困难。

3日

一架由香港前往澳门的直升机发生意外迫降海面。该机属澳门注册的亚太航空有限公司，由香港飞往澳门途中发生迫降海面意外。机上包括 2 名机组人员及 11 名乘客，所有人员已获救。航空意外发生后，政府向伤者及伤者家属致以慰问。民航局启动航空紧急应变机制，香港特别行政区民航处负责调查工作，两地民航部门保持密切沟通。

4日

"自来水价格机制咨询方案"首场公众介绍会举行。政府推动构建节水型社会工作小组于氹仔花城公园旁举办首场"自来水价格机制咨询方案"公众介绍会，向市民进一步讲解《澳门节水规划大纲》以及"自来水价格机制咨询方案"内容，与市民就咨询方案交换意见，广泛听取民意，令公众对咨询方案的内容有更深入的了解。

澳门红十字会中央委员会主席称援建四川的项目年底基本完成。该会主席黄如楷接受媒体访问时称，澳门红十字会合计投放 5300 多万元人民币协助四川援建项目，其中包括 1467 户民居，31 个卫生站，7 家颐康中心，6 所学校及 5 家卫生院等。

5日

行政长官批示设立"政策研究室筹备办公室"。据第 200/2010 号行政长官批示，设立"澳门特别行政区政府政策研究室筹备办公室"，直接隶属行政长官，存续期一年（可续期），旨在订定、开展及协调设立澳门特别行政区政府政策研究室所需的工作。

林则徐纪念馆完成重修工程并举行展览厅重修志庆。社会文化司司长张裕等多位嘉宾主持剪彩仪式。纪念馆二楼开设的多功能展览厅可服务市民，为文化界、书画界、曲艺界提供活动场地。本次展览厅的重修耗资 300 多万元，主要由澳门基金会赞助。林则徐纪念馆自 1997 年开馆至今，共接待了各界人士及游客近 30 万人次。

海关自助过关系统惠及外劳及其家属与在澳学生。为方便在澳门工作或就读的非本地居民出入境，自即日上午 11 时起，持有效"非本地劳工身份卡"之人士及其家属，或持有效"逗留的特别许可"之学生，可于指定地点和时间办理指纹采集登记手续，凭有效旅行证件即可使用关闸边境大楼及外港客运码头的自助过关通道办理出入境手续，亦可继续使用传统通道办理出入境手续。

6 日

民众建澳联盟向政府提交 5 项整治"非法旅馆"的建议。因取缔非法旅馆的相关部门依照正常行政作息时间上下班，下班时间成为非法旅馆经营者活动猖獗的时段，当局无人执法，市民求助无门。由非法旅馆引发的贩毒、逾期逗留、非法营商、大厦管理等方面的治安问题日益严重。民建联建议政府部门增设 24 小时报案热线，安排专人值班，以便第一时间对有关情况做出回应；同时建议政府成立专责部门或小组，加强与市民沟通，以利于更好地打击由非法住宿引发的罪案。

"澳门航空"宣布已经以债权人的身份向法院登记，并将参加"非凡航空"9 月举行的债权人大会。澳门航空执行董事会主席郑岩指出，非凡航空现时仍拖欠澳航分专营合同溢价金连利息 300 多万美元。

7 日

立法会召开口头质询大会。质询大会邀请劳工事务局局长孙家雄、人力资源办公室主任黄志雄出席，就建立持续、长远的培训机制，令澳门具备完善的培训平台等问题回答议员提问。

8 日

政府公布设立"中医药科技产业园筹备办公室"。中医药科技产业园由广东出地（位于横琴岛西面，面积逾 0.5 平方公里），澳门出资（将投放 6 亿元兴建相关设施）。

立法会第一常设委员会完成审议有关禁止非法提供住宿法案。立法会于 5 月一般性通过《禁止经营非法旅馆》，第一常设委员会随后进行细则性审议，对原法案做出修订。其中对非法提供住宿的物业单位，旅游局有权采取"断水断电"措施，以及对违法经营者的行政处罚由 20 万元增至 80 万元等，借此加快处理效率，增大威慑力，打击非法旅馆。

10 日

立法会举行开放日。自 2003 年开始，立法会每年都举行开放日，仅 2009 年因 H1N1 停过一次。此次开放日共吸引 1563 人次参观。为增加吸引力，立法会方面邀请治安警察局银乐队和演艺学院音乐学校学生到场表演，吸引不少公众停步欣赏。有市民坦言对立法会的认识不足，希望议员为澳门多做实事。立法会主席刘焯华认为，开放日有助于提升公民教育。

"巨龙船务"来往香港和氹仔客运码头航线营运首日发生意外。该公司旗下一艘客轮靠近氹仔码头时，与防撞胶发生触碰，事故中无人受伤。港务局责成有关船务公司强化船舶靠泊管理，提高船员对偶发事件的应变能力，确保海上客运服务的安全、舒适及高效。

11 日

行政长官宣布冻结轻轨展览馆计划。此前立法会举行口头质询，多名议员批评有关项目"浪费公帑"。行政长官崔世安在接受媒体访问时表示，在听取刘仕尧司长建议并与澳门科学馆商量后，轻轨的相关展览将继续在科学馆展示，让广大居民加深了解；政府同意冻结轻轨展览馆的兴建项目。坊间普遍认同政府冻结该项目，希望政府继续持开放态度，听取民意。

12日

政府公布 2010 年度现金分享计划和医疗补贴计划第 14/2010 号行政法规。内容涉及发放之标的及性质、发放条件、发放金额、给付方式（包括由社会工作局给付、银行转账、支票）、管理及执行、个人资料核实、负担、辅助中心、其他情况。该法规自公布翌日起生效。该计划自 2008 年起实行，居民每年度可获得政府一次性现金发放，目的是分享经济发展成果。每年度获发金额不尽相同。

行政长官批示公布高官离任不得从事私人业务的原则及标准。行政长官做出第 203/2010 号批示，公布《拒绝许可第 15/2009 号法律第 19 条所指人员于终止职务后从事私人业务的原则及标准》，该等原则及标准载于作为本批示组成部分的附件一，公布第 15/2009 号法律第 19 条所指申请许可时使用的印件的格式，该等印件格式载于作为本批示组成部分的附件二。该批示自公布翌日起生效。

13日

全国人大常委会副秘书长、澳门基本法委员会主任乔晓阳出席在澳门举行的"澳门基本法高级研讨班"第一阶段的结业典礼暨第二阶段的开班仪式。"澳门基本法高级研讨班"由行政暨公职局、澳门理工学院"一国两制"研究中心、澳门基本法推广协会联合举办，目的是让特区政府官员更深入认识基本法，准确按照基本法的相关规定办事。从年初开班至今，研讨班已培训了 100 多名本地高级公务员。乔晓阳在讲话中向学员提出了 3 条建议：一要通过学习基本法，加深对澳门历史性转变的认识；二要通过学习基本法，加深对澳门特区制度的认识；三要通过学习基本法，加深对澳门特区行政主导政治体制的认识。一同出席当天结业典礼的行政法务司司长陈丽敏表示，这次开办的"澳门基本法高级研讨班"正是特区政府加强对中、高级公务人员学习基本法的重点培训项目，期望通过互动讨论和专题研讨的教学模式，让学员深刻学习基本法，并从多方位和多角度思考问题，结合实际案例，正确理解基本法的精神内涵。

14日

房屋局贴出申请社会房屋临时轮候名单。房屋局公布新一期社屋申请临时名单及除名名单，共有 4634 份申请获接纳，近 30% 被除名，另有逾 1000 份申请需补交文件。

立法会细则性审议《因执行公共职务的司法援助》法案。立法会第一常设委员会细则性审议该法案，其中备受关注的第 4 条"公务人员可导政府给予公帑告他人（如市民及传媒）"，委员会内有反对与赞成的不同意见。法案最大争议是政府应否给公务人员公帑去控告他人。行政法务司司长陈丽敏偕同相关官员列席会议，就委员会初步分析法案所提出的问题做出解答。

15日

政府与两家巴士公司磋商延长现有合同期限。由于涉及"澳门道路集体客运公共服务公开招标"之司法诉讼仍在进行中，为确保继续向公众提供巴士服务，交通事务局与现行营运的两家巴士公司磋商，适度延长现有批给合同期限。

永宁广场经济房屋地盘工人追薪一事求解决。7 月 12 日，分别有 144 名在氹仔银河地盘工作的外地雇员及 30 多名在永宁广场地盘工作的本地雇员前往劳工事务局，要求该局协助追讨薪酬。近日，30 名永宁广场工人已全部收回工资，投诉事宜已获得解决。

16日

俾利喇街（旧望厦兵营）公共房屋工程开标。因应澳门近年经济急速发展，并关注低收入家庭对居住房屋的需求，政府计划在俾利喇街（旧望厦兵营）一幅土地兴建一幢提供近 350 个单位的公共房屋。有关公屋工程在土地工务运输局进行开标二作，共有 35 家公司竞投该公屋工程项目，所提出的工程造价由 1.72 亿元至 4.16 亿元不等。

17日

多个团体代表在论坛发表文化遗产保育意见。"文化遗产保护与社会发展"民间本土论坛于澳门旅游学院启思楼大礼堂举行，论坛由澳门历史教育学会、澳门历史文物关注协会、澳门历史学会、澳门文物大使协会、澳门口述历史协会及澳门文化遗产导游协会合办。主办单位表示，这是澳门主要的保育团体第一次联合举办活动，显示澳门民间保育力量正在成长，对澳门未来文化遗产保育事业的发展起到积极作用。

澳门注册核数师协会20周年系列活动"经济犯罪与企业风险管理"论坛召开。论坛在澳门旅游塔会展中心举行，来自粤港澳三地共约200人出席论坛，多名代表分别做了专题演讲。该协会副会长容永恩在论坛上指出，欲提升企业内控和风险管理水平，应从企业、政府、审计和社会四个层面加强相关的工作或监控。

18日

政府推动构建节水型社会工作小组举行最后一场《自来水价格机制咨询方案》公众介绍会。工作小组表示，为使公众对咨询方案有更深入了解，现场与市民就新的水价机制之影响、鼓励节水的方法、新水价机制的实施时间等方面积极交换意见，期望于明年初推行新水价机制。

19日

澳门中国企业协会经贸交流团在台北拜访中国国民党荣誉主席连战。连战高度评价澳门在两岸和平发展中的贡献，相信澳台未来将有更多合作空间。

立法会第二常设委员会与政府代表分析讨论《非高等教育公立学校教师及教学助理员职程制度》法案。社会文化司司长张裕在出席常委会后表示，未来的教育政策会考虑提升对私校的支持，相信有助减少私校的教学人员流失。对于有关法案将会拉大公立学校与私立学校教学人员之薪酬，教育暨青年局局长苏朝晖表示，政府在私立学校教师职程框架中，规范了私校教师的最低收入，未来政府亦会增加教育方面的资金投放；政府将因应公立教学人员职位的工作性质而调整学历要求，亦会设立制度保障高资历教师的专业发展。

20日

立法会第一常设委员会批评《因执行公共职务的司法援助》法案审批机制。该委员会称，法案在审批机制上不完备，质疑法案规定只能由行政长官批准司法援助申请，可能出现行政长官自己批准自己的情况。建议政府考虑设置将有关申请交由检察院做前期审核程序。另有议员针对法案规定受益的公务人员之类别，指出相关制度将影响政府现行体制的分权制度。

21日

"大熊猫征名评审委员会"公布评选出的5对优秀名字，并接受全澳居民投票。征名活动于6月8日至7月5日举行，共收到3914份由市民所提的合格参加表格。由行政长官委任的"中央政府向澳门特别行政区赠送大熊猫征名评审委员会"于7月14日至18日进行独立初审，19日至20日进行联合评审，选出5对候选名字：开开、心心；濠濠、莲莲；阳光、满满；澳祥、澳妙；阿濠、莲妹。最终"开开、心心"获选。

22日

珠澳跨境工业区修编规划促进珠澳共同发展。经济财政司司长谭伯源表示，政府支持珠海重新修编珠澳跨境工业区珠海园区控制性详细规划，认为区域经济合作的前提下跨工区的多元发展，有助于推动粤澳两地相互配合、共同发展，也有利于吸引投资。

25日

澳门传媒工作者协会发表声明要求撤回《因执行公共职务的司法援助》法案相关条文。该协会向负责审议该法案的立法会第一常设委员会递交意见书，认为法案第4条有违司法援助制度协助弱势社群通过法律寻求公义的原则，亦将造成打击新闻自由和言论自由的后果。鉴于澳门已有《刑法典》及《民法典》相关条款保障名誉受损人士，政府不必在此增设公职人员之特权。协会由此敦促政府和立法会正视法案中隐藏的问题，撤销法案第4条，以保障公众利益为要旨，维护澳门的新闻与言论自由。

26日

石排湾石矿场试爆成功。上午11时半，随着一声爆破闷响，在石排湾石矿场旧址山壁掀起一阵白烟尘，标志着石排湾公屋项目建设正式启动。土地平整的常规性爆破工作于月初正式展开，为期约8个月。

27日

社会文化司司长张裕表示没有兴建新公立学校的计划。对于有报道指教育暨青年局将于北区兴建一所新的公立学校，社会文化司司长张裕接受访问时表示，政府并非要兴建一所新的公立学校，而是对原有的公立学校做出改善，为学生提供更好的学习环境。

28日

行政法务司司长陈丽敏向媒体解释《因执行公共职务的司法援助》法案相关条款。针对媒体及公众聚焦的第4条以公帑"官告民"内容，陈丽敏重申法案是针对依法执行公务的公职人员在涉及诉讼（原告或被告）时政府给予司法援助，不包括任何性质的私人原因，因此符合公共利益；该条款亦不会影响新闻出版自由，媒体可继续依法批评政府。

29日

澳门市民可共同参与社保制度。该项制度将在2011年1月1日正式实施。政府亦计划在2010年10月向立法会提交社会保障第二层的中央公积金制度框架法律草案。该草案将吸收第一层社保法案新修订内容，包括可能将中央储蓄制度开户年龄由现时的22岁下调至18岁，并弹性处理必须留澳183日之规定；政府亦将按计划依时在7月底启动开设中央储蓄户主注资1万元，超过65岁的人士可在8月领取这笔款项。

政府向立法会提交《因执行公共职务的司法援助》法案的调整文本，建议设独立委员会向行政长官提供司法援助申请独立意见。

望厦社屋第一期"望善楼"落成，共提供588个单位以及公共图书馆、托儿所等服务设施。

30日

驻澳部队政委许进林荣升少将。经中央军委批准，中央军委主席胡锦涛签署晋升令，广州军区包括许进林在内的17名军官晋升为少将军衔。

31日

经济房屋轮候实行"旧人用旧制，新人用新制"。行政长官崔世安表示，针对旧有经屋轮候家庭的"上楼"安排，将沿用旧标准审批。现时已在房屋局登记多年轮候经济房屋的1.2万多个家庭，不按新的经屋轮候标准审批。另外，政府已与永宁广场经屋总承建商达成协议，将按当年所订合约，回购125个单位，解决"一楼两价"问题。

8月

1日

新一期医疗券开始派发。凡于2010年7月31日或以前已持有有效或可续期澳门永久性居民身份证的市民，凭智能身份证于各打印地点自助打印医疗券，补贴金额为500元。该项计划旨在通过补贴市民的医疗开支，鼓励市民善用医疗资源，加强个人保健；同时亦提倡与小区私人卫生单位建立持续的医护关系，推动澳门的家庭医学制度发展，使小区医疗资源得到充分利用，从而提升社会医疗服务水平。

2日

社会保障基金开始接受1934年或以前出生的长者申请提取中央储蓄制度款项。即日已有不少合资格长者前往社保单位办理手续，社保基金方面做出相应配合。据资料显示，约4万名65岁及以上长者已被列入中央储蓄制度的确定名单之内。

政府表示路氹城仍有3个博彩项目和4个非博彩项目的批地申请。政府向立法会土地及公共批给事务跟进委员会透露，路氹城还有3个博彩项目和4个非博彩项目的批地申请，但批地暂未完成法律程序，不便透露公司的名称及申请项目细节。又表示，《土地法》和《城市规模法》将于2012年完成立法程序。

《禁止非法提供住宿》法律公布，定于本月13日正式生效。该法律规定，执法当局对有明显迹象表明为非法旅馆的住房，在调查或司法上诉期间可采取封屋、断水断电等临时措施。证实为非法旅馆经营者并招揽他人入住非法旅馆的人士可被处以罚款，一经定罪，非法旅馆经营者将被罚款20万至80万元。该法律还规定，入住非法旅馆的旅客也在受罚之列，如在限期内不缴纳罚款的入住旅客，将被禁止再次入境澳门。

3日

石排湾公屋土地平整工程举行动工仪式。工务局局长贾利安、交通局局长汪云、环保局局长张绍基、房屋局代副局长郑锡林、建设办职务主管许振邦及承建商代表黄国麟主持仪式。爆破期间将设置安全警戒区域，根据工程开挖特点及周边环境，爆破分3区开挖，由石排湾西面向东面爆破。石排湾公屋项目落成后，预计可提供6800个住宅单位，入住人口约为2.2万人。

4日

廉政公署对4个部门发出劝谕。劝谕针对劳工事务局等部门3月到澳亚卫视巡查"非法劳工"事件，批评劳工局在处理此次巡查行动的过程中存在"不恰当"的行为，劝谕劳工局全面检讨现时巡查"非法劳工"的制度，区分"常规性巡查"及"特别巡查"，强化决策层人员、巡查职务人员的领导责任及执法水平。

5日

立法会第三常设委员会完成审议《社会保障制度》以及6项卫生职程法案，并签署意见书。立法会第二常设委员会继续讨论《控烟法》，委员会主席陈泽武表示，委员会与政府代表都认为，应该独立处理娱乐场的控烟规定。

7日

位于圣保禄学院遗址的利玛窦铜像揭幕。为纪念中西文化交流使者利玛窦逝世400周年，民政总署在大三巴牌坊旁圣保禄学院遗址设立利玛窦铜像。铜像由铜合金铸造，高2.2米，重约0.5吨，利玛窦身穿中国明朝士大夫服饰，由本地艺术家根据其肖像设计。

图9 利玛窦铜像揭幕仪式

10 日 统计暨普查局公布第二季末澳门人口数据。资料显示，本年第二季末澳门人口估计为544600人，较第一季末增加2200人。本年第二季有1122名新生婴儿，较第一季减少5.7%；男性新生婴儿有577名，男女婴儿性别比为105.9∶100。同季死亡个案有446宗，死因主要为肿瘤和循环系统疾病；而死胎登记有1宗。同季共录得1115宗必须申报疾病的报告，主要是肠病毒感染（356宗）、流行性感冒（297宗）及水痘（199宗）。结婚登记有717宗，较第一季减少17.3%。本年第二季持单程证的内地移民有2009人，较第一季增加1251人；同季被遣返的非法入境者有324人。此外，获准居留人士共847人，较第一季减少1101人。第二季末的外地雇员总数为72 42人，较第一季末减少701人。

11 日 立法会细则性通过《社会保障制度》法案。法案把保障劳工权益的理念修订为为澳门居民提供基本的社会保障，尤其是养老保障，以改善居民的生活素质，确定社保制度的基础性原则，即普遍性原则、可持续原则及供款原则。法案对象由雇员扩至全民，所有永久、非永久性居民均有平等参与权，失业人士、家庭主妇、企业主或以前因种种原因不被纳入社保的人士均能凭新法案重新加入。法案于2011年1月1日生效，补扣供款者须在法律生效后1年内提出申请。

行政会发言人梁庆庭获社会文化司司长委任为文化产业委员会副主席。社会文化司司长行使《澳门特别行政区基本法》第64条赋予的职权，并根据第123/2010号行政长官批示第6款至第8款的规定，做出第113/2010号社会文化司司长批示。本批示所委任的委员会成员的任期为2年，自公布翌日起生效。

廉政公署介入调查媒体报道有关行政当局处理墓地批给一事。就媒体报道有关行政当局处理墓地批给一事，廉政公署已介入调查，目前已向相关部门调取有关文件，以做进一步跟进。廉政公署重申，将积极履行法律赋予的职权，对公共部门行政行为的合法性及合理性做出监察，全力推动廉政建设。

12日

交通事务局决定延长新马路周末公交专道措施 6 个月。交通事务局举行新闻发布会，由局长汪云、交通管理厅厅长罗诚智、稽查处处长钟慧璇介绍"新马路节假日公交专道"措施试行情况。该项措施于本年 5 月 16 日起试行，每逢周日及公众假期早上 11 时至晚上 8 时，把龙嵩正街至营地大街之间的一段新马路列为公交专道，限制私人车辆进入，以落实"公交优先"政策，推广"公交优先"理念。交通事务局的评估数据显示，市民对措施试行期间新马路交通状况的评价较为正面。交通事务局将试行措施延长半年，并因应市民意见及建议推出多项改善安排，以提高公交专道措施的成效。

立法会细则性通过 6 个卫生范畴职程和《非高等教育公立学校教师及教学助理员职程制度》法案。法案建立非高等教育学校教学人员职程制度，明确了教学人员的权利、薪酬及福利待遇，提升教职员的社会地位和专业水平，为师资队伍建设提供了制度保障。

13日

2011 年人口普查开始。澳门 10 年一次的人口普查即日开始，为期 15 天。统计暨普查局已向 24 万个楼宇单位发出通知信，列明回答短式或长式问卷，呼吁居民合作填报准确资料。抽中短式问卷的住户可网上填报或普查员到访时协助填写，主要收集住户成员数目、年龄、性别、出生地、租金等数据；长式问卷须由普查员到访收集资料。人口普查初步结果将在 12 月公布，主要包括人口总数、性别及年龄结构、各区人口分布，同时将推出人口普查地理信息系统 GIS。完成数据公布后将进行人口预测，在 2011 年第四季发表 2011 年至 2036 年的澳门人口预测。

跨部门工作小组捣破 7 个怀疑用作非法提供住宿的单位。《禁止非法提供住宿》法律正式生效，跨部门工作小组展开行动，分别进入怀疑用作非法提供住宿的单位调查及在街上巡查。此前，为配合新法律施行，旅游局工作人员接受司法警察局多项培训，包括侦查技巧、搜查及取证技巧、询问及讯问技巧、卷宗制作等；旅游局亦调配内部人手，并公开招聘督察，以配合长期的打击工作。此次行动共调查 25 个单位，成功捣破 7 个怀疑用作非法提供住宿的单位，对涉及的经营者、管理人及招揽者展开制裁程序，采取临时措施截断上述单位的水电供应及封印大门。

14日

澳门社区发展协会举办轻轨沿线辩论大会。运建办主任李镇东、交通事务局局长汪云应邀出席。辩论会于何贤公园剧场举行，目的是整合全澳居民意见。协会呼吁全澳市民关心澳门轻轨建设，积极主动参与辩论会。

新城规划第一阶段最后一场咨询会召开。多个团体在咨询中关注偿还地债问题。新城填海区规划目标包括提升居民生活素质，完善交通基建以利区域融合协调发展，预留土地储备，响应公屋需求，以民生设施优先，不会用作发展博彩业。根据规划，新城填海区除建设发展外，将为澳门增加超过 20 公里海岸线，政府将致力于打造沿海绿廊。此前，政府就 5 幅新城填海用地规划展开"新城填海区规划第一阶段公众咨询"工作，包括举行公众咨询会及专家座谈会等，并于 6 月 19 日举行了首场公众咨询会。

15日

全澳哀悼甘肃舟曲县泥石流灾害遇难者。上午 8 时，政府各部门、公共机构及中央驻澳机构纷纷下半旗，悼念甘肃舟曲特大山洪泥石流遇难者。澳门当天停止所有公共娱乐活动，以此表达对舟曲死难者的哀悼。正在澳门举行的世界女排大奖赛澳门站比赛也因此取消了当日赛事，推后一天举行。甘肃舟曲县发生特大山洪泥石流灾害并造成严重人员伤亡后，政府决定向灾区捐款 5000 万元人民币，以支持灾区救灾工作及灾后重建。社会各界也已通过澳门红十字会和中央驻澳联络办向灾区捐助数百万元善款。

17日

民航局完成《空运旅客在被拒绝登机、航班取消或延误时的基本权利》行政法规草案。为加强对航空运输旅客的权益保障，民航局完成该项草案。草案明确，在违反旅客意愿拒绝其登机、航班取消或延误等三种情况时，旅客可享有的基本权利；航空企业不遵守行政法规履行其必要的义务时将被受到处罚；航空企业有必要向旅客说明其可享有的权利；航空企业不能以自身制定之运输合同把行政法规所列的义务予以限制或排除；等等。民航局召开正式咨询会，将向航空业界及旅游业界等进行为期 1 个月的草案咨询。

18日

位于路环九澳的新监狱工程动工。工程进度分 4 期，第一期工程主要包括外围道路、瞭望塔、电力分站、石油气房，工期约 18 个月；第二期工程主要包括工场、囚仓、综合大楼，工期 24 个月；第三期工程主要包括行政大楼、检查大楼、员工宿舍、训练大楼，工期 20 个月；第四期工程主要包括弱电系统工程，预计工期 15 个月。

廉政公署发表《2009 澳门廉政公署工作报告》。廉政专员冯文庄向行政长官崔世安提交工作报告，详细报告了 2009 年廉政公署在反贪、行政申诉以及宣传教育等方面的工作。报告指出，2009 年廉政公署收案共 923 宗，包括刑事举报案件 768 宗、行政申诉个案 155 宗。

19日

个人资料保护办公室不再允许谷歌"街景服务"（Street View）专车在澳门收集影像资料。个资办认为，谷歌通过"街景服务"专车在澳门收集行人、车牌号码等影像数据，同时搜集附近通过无线网络传送的未经加密的数据，疑与《个人数据保护法》有抵触之处。

路环九澳查获大型非法电子产品加工工场及非法劳工。治安警和劳工局根据路环居民举报，搜查位于九澳高顶马路荒地的非法工场，截获 74 人核查身份，证实多为无证非法入境和逾期居留者，其中有 68 人是非法劳工，均不持有有效工作证件。

20日

政府表示不容许民居范围内兴建骨灰龛场所。近日黑沙环裕华大厦铺位怀疑经营骨灰龛的事件引起社会广泛关注，政府发言人办公室、民政总署和土地工务运输局举行新闻发布会。政府助理发言人陈致平表示，政府不容许任何社团及私人在民居范围内兴建骨灰龛场所，以免对居民生活产生不良影响。土地工务运输局局长贾利安表示，裕华大厦的 3 个疑似兴建骨灰龛场所的地铺皆属非法工程，工务局已分别发出禁止施工令。

23日

文化局将接管塔石广场玻璃屋并改成文化创意产业旗舰店。文化局局长吴卫鸣出席"上海金秋文化·旅游·体育盛事推介"活动后透露，该局已接管塔石广场玻璃屋，计划使它成为澳门文化创意产业的旗舰店，内有不同的设施及内容。玻璃屋曾用作"现金分享发放辅助中心"及"流感门诊"。文化局期望将塔石一带建成一个文化整体，包括青少年展艺馆、青年试馆、中央图书馆、历史档案馆、文化局大楼等。

24日

行政长官办公室主任谭俊荣一行访问台湾。随行有行政长官办公室顾问高展鸿、林晓白，高等教育辅助办公室代主任郭小丽，澳门大学中华医药研究院院长王一涛等。谭俊荣在台北礼节性拜会海峡交流基金会董事长江丙坤，双方就深化澳台关系发展，促进两地的文化、观光、旅游、经济等方面的交流深入交换了意见。同时，访问团特别邀请台湾多位著名生物科技、中医药专家聚会，就中医药产业发展与科技结合做了交流探讨。台湾多名专家对澳门将在横琴建立中医药科技产业园给予赞扬，愿意支持澳门发展中医药科技产业园，推动多方合作，创新中医药科技和产业的发展。

旅游危机处理办公室呼吁居民慎入菲律宾。菲律宾马尼拉发生严重人质挟持事件，8 名香港旅客不幸遇难，旅游危机处理办公室提醒澳门居民近期谨慎赴菲律宾，正在菲律宾的澳门居民要注意人身安全。

26 日

马有礼任澳门中华总商会会长。澳门中华总商会举行第 78 次会员大会，副会长、会员大会主席马有礼主持会员大会。会议审议和通过各项报告，选举马有礼等 153 位人士及单位为新一届会长、副会长和理事、监事。原会长马万祺、理事长许世元和副会长吴荣恪不再接受新一届会务负责人提名。

27 日

行政长官崔世安抵达福州出席第 6 届泛珠三角区域合作与发展论坛暨经贸洽谈会开幕式。出席论坛的澳门代表包括经济财政司司长谭伯源、行政长官办公室主任谭俊荣、行政会秘书长兼行政长官办公室顾问柯岚、新闻局局长陈致平以及行政长官办公室顾问冯少荣和高展鸿等。崔世安与福建省省委书记孙春兰及省长黄小晶会面时表示，闽澳合作在过去 10 年已打下良好基础，希望两地未来继续在经贸、文化、旅游、交通运输、物流、通关、检验检疫等方面加强合作。

28 日

泛珠三角地区与港澳贸易额占内地与港澳贸易额 72%。商务部副部长姜增伟出席第 6 届泛珠三角区域合作与发展论坛时称，泛珠三角的区域合作提升了内地与港澳经贸合作的规模和水平，今年上半年泛珠三角地区内地 9 省区与港澳的贸易总额占内地与港澳贸易总额的 72%，同期港澳经济也获得较快发展；港澳地区作为泛珠三角内地 9 省区重要的贸易伙伴、最大的境外投资来源地，将继续发挥作为该区域对外合作桥梁的作用。

31 日

文化产业委员会举行第一次日常全体会议。社会文化司司长、文化产业委员会主席张裕主持会议，社会文化司司长办公室主任张素梅、澳门基金会行政委员会主席吴志良列席，行政长官崔世安出席会议并致辞。各委员就文化创意产业发展的工作计划提出不少意见及建议，关注产业园区设置、人才培养、产业分类等课题。委员会讨论并通过设立 3 个专项小组，包括产业推动小组、资源计划小组、区域合作小组。

政府公布展开关闸总体规划设计。交通事务局举行"交通运输联合新闻发布会"，由交通事务局副局长郑岳威、土地工务运输局城市规划厅厅长刘榕、运输基建办公室技术顾问林瑞海及建设发展办公室职务主管许震邦共同主持。发布会介绍了关闸广场地下公共客运总站的通风改善工作、关闸口岸暨周边环境总体概念性城市设计构思，以及冰仔柯维纳马路交通枢纽构想等情况。

9月

1 日

社会房屋确定轮候名单公布。2009 年社会房屋申请确定轮候名单及除名名单公布，在 7874 份递交的申请表中，4798 份被接纳，占 60.93%；3076 份被除名，占 39.07%。上述名单于 9 月 1 日至 15 日在房屋局内停车场张贴。自通告在《澳门特别行政区公报》公布的翌日起 30 日内，相关申请人士可向行政法院就上述名单提起司法上诉。

行政会委员陈明金出资接办亚洲（澳门）国际公开大学。1978 年，黄景强、胡百熙和吴毓璘以私人办学方式创办东亚大学，这是澳门第一所由中国人创办的正式大学。1988 年该校改制为公立澳门大学，原大学研究院和公开学院于同年 9 月 1 日组合成立东亚公开学院。1992 年 9 月，东亚公开学院经政府批准更名为亚洲（澳门）国际公开大学。陈明金在本周完成内部交接手续和签订协议，正式独资接办亚洲（澳门）国际公开大学，期望借此在教育领域为澳门社会服务。2011 年 1 月 31 日，亚洲（澳门）国际公开大学易名为澳门城市大学。

2 日

社会文化司司长张裕出席旅游局于台北举行的"台北·澳门周"活动。张裕一行在台湾访问 5 天，其间出席澳门旅游局于台北市举行的澳门周活动，并进行一连串的参观、考察和会面。张裕表示，本次访台是落实特区政府 2010 年度施政重点，促进未来澳台在各领域的交流合作。代表团成员包括：行政会发言人兼文化产业委员会副主席梁庆庭、中联办台湾事务部部长程金中、社会文化司司长办公室主任张素梅以及澳门旅游、文化、卫生等部门负责人，业界及社团代表。

3 日

路氹城莲花路南面近莲花圆形地第二期填土及排放网建造工程开标。为在路氹城区域提供适当空间做公共设施规划用途，建设发展办公室将对路氹城莲花路南面近莲花圆形地开展第二期填土及排放网的建造工程。有关工程开标于建设发展办公室进行，共收到 19 份标书，工程造价由 87270040.50 元至 120000435.50 元不等，施工工期由 310 天至 330 天不等。建设发展办公室强调，所填筑的土地将为路氹城的可持续发展提供条件，不会规划做公共设施以外的发展用途。

6 日

行政长官崔世安与斯洛伐克总统伊万·加什帕罗维奇会面。伊万·加什帕罗维奇中午经香港转抵澳门，展开为期 2 天的访澳行程。本日晚抵达礼宾府，受到行政长官崔世安等的热烈欢迎。双方进行礼节性会晤，就澳门与斯洛伐克近年的社会经济状况和未来的发展进行交流。

大西洋银行和中国银行澳门分行获续发钞权 10 年。特区政府与这两家银行现行的发钞合同在 1995 年 10 月 16 日生效，有效期至 2010 年 10 月 15 日止。在行政长官崔世安的见证下，经济财政司司长谭伯源在政府总部与两家银行的代表签署新合同，将发钞权延长至 2020 年 10 月 15 日。大西洋银行于 1902 年在澳门设立分行，随后获得授权在澳门发行钞票。中国银行澳门分行在 1995 年签订首份发钞委托合同。两家发钞代理银行自此平分等额发钞权限，并遵循相关规定，为其所发行的钞票提供法定储备。

7 日

行政长官崔世安出席第 14 届中国国际投资贸易洽谈会开馆式。开馆式在福建厦门举行。崔世安离澳前在机场接受访问时表示，代表团到内地访问或出席活动，有助于澳门在经济适度多元进程中拓展更多机会。

统计暨普查局公布本年第二季本地生产总值。博彩旅游业表现持续理想，其中博彩毛收入较去年同季名义上升 76.5%，旅客消费总额（不包括博彩消费）的升幅由第一季的 14.3% 上升至 30.9%；货物出口的跌幅由第一季的 12.8% 收窄至 7.5%；固定资本形成总额减少 30.9%。综合估计，第二季本地生产总值录得 49.1% 的实质增长，而第一季的实质增长率由 30.1% 向上修订为 31.4%；2010 年上半年的实质增长率为 40.2%。

8 日

政府批准 3 幅位于氹仔的土地改为商住用途。运输工务司司长根据 7 月 5 日第 6/80/M 号法律第 107 条规定，做出第 44/2010 号批示，修改一幅以租赁制度批出，面积 58738 平方米，位于氹仔岛新城市中心，由第 20/2006 号运输工务司长批示规范的土地批给，以兴建一幢属分层所有权制度，做住宅、商业、停车场及社会设施用途的综合性建筑物。

9 日

行政长官崔世安会见澳门特别行政区全国人大代表及政协委员。崔世安与澳区全国人大代表、全国政协委员举行座谈，多位与会代表和委员踊跃发言，就房屋、土地、教育、中小企发展、劳工、新闻发言人制度、公众咨询制度、简化行政程序、配合"十二五规划"起草等特别行政区发展问题以及 2011 年施政报告的起草事宜，积极发表意见和建议。

澳门首破网上预订非法旅馆案。跨部门工作小组捣破一幢怀疑用作非法提供住宿单位的三层大厦，经营者通过网上订房形式招徕客人，行动中抓获涉嫌经营者。旅游局稽查处对该大厦采取临时措施，截断上述单位的水电供应，封印大门。

10 日

都市建筑法规展开为期 1 个月的咨询。工务局举行新闻发布会，城市建设厅厅长陈荣喜、准照处代处长区炳坚、监察处处长梁俊佳介绍咨询文本内容。特区政府 2009 年 12 月完成《都市建筑总规章》行政篇咨询工作后，共收到 900 项意见，主要集中在专业人士、审批、非法工程等方面。工务局经深入分析相关意见，制定了《都市建筑法律制度》及《都市建筑法律制度的行政性质规范》，并进行第二轮咨询。新咨询文本中，准照部分加入专业人士分工制度，以提升建筑物质量；容许工程准照和动工准照同一时间申请，节省 20 日至 30 日的申请时间。就市民关注的非法工程（僭建物）部分，继续沿用分级和定额罚款措施，并优先处理新个案或对大厦结构等构成危害的个案。

大三巴周围首期考古工作成果公布，发现罕见青花瓷。政府跨部门小组于年初正式开展大三巴整体规划工作，其中一个重要内容是考古调查及发掘。在本年 4 月至 6 月，文化局邀请中国社会科学院考古研究所专家来澳，在文献记载圣保禄学院所在范围的大三巴地区进行第一期考古工作，并取得丰硕成果。在第二期考古工作行将开展之际，由土地工务运输局、旅游局、文化局和交通事务局组成的跨部门工作小组连同中国社会科学院考古专家在澳门博物馆举行了"第一期圣保禄学院遗址考古成果发布会"。发布会上展示了考古发掘所得的部分出土遗物，比如深得欧洲王公贵族喜爱的外销瓷——克拉克瓷。这种在国内极其罕见的青花瓷器，17 世纪初曾在欧洲引起轰动。

13 日

"非凡航空"召开债权人大会并被法官宣布破产。初级法院第二民事法庭对非凡航空申请破产一案正式召开所有债权人大会，以便进行债权的临时审定。法官宣告非凡航空破产，并进入破产清算程序。

14 日

个人资料保护办公室发表声明，指所有未成年人的"澳门通学生卡"申请必须由父母一方或监护人签署。澳门通股份有限公司发函表示，根据《民法典》的规定及本办公室的要求，18 岁以下人士申请学生个人澳门通卡（即"澳门通学生卡"）需提供持卡者父、母或监护人其中一方的身份证明文件。

行政暨公职局和法务局局长等接见立法会议员并回应相关问题。应吴国昌、区锦新和陈伟智 3 位立法会议员的要求，行政暨公职局局长朱伟干、法务局局长张永春等接见议员并就所提问题做出说明。朱

伟干对完善选举法律制度、公共行政改革、公务人员的福利制度和聘用方式等问题做出回应。张永春就
法务工作亦做出相应说明，指出法务局一方面会就本身工作范畴的事务提交法案，另一方面就特殊法律
草拟项目进行统筹或协助其他政府部门进行法律草拟工作，亦会在检讨和修订各大法典和各项法律制度
过程中提供必要的技术意见，并与政府其他法务部门保持紧密合作。

17日　　行政长官崔世安与选举委员会成员座谈。座谈会的目的是收集社会对澳门发展与政府施政的意见，
征求对 2011 年施政报告的建议。与会人士李从正、周锦辉、高天赐、张立群、梁庆庭、杨道匡、刘本
立、欧安利、关翠杏等就澳门长远发展蓝图、经济适度多元化、人力资源及人口政策、外劳、房屋、公
共行政效率、法律制定统筹、"十二五规划"的配合、公务员制度、财政储备及投资、水资源及其他社
情民意等问题发表意见和建议。

　　"WiFi 任我行"无线宽带系统在 34 个地点正式启动。市民及旅客可于 34 个公共地点免费登入系统
上网。无线宽带系统营运牌照由澳门信息中心获得，3 年合同价值约 7000 万元。

19日　　6 家公共天线公司恢复播出澳门广播电视股份有限公司的英超节目。此前，澳门有线股份有限公司
以侵权为由，致律师函至 6 家公共天线公司，要求其停播英超联赛。

20日　　行政会宣布对《因执行公共职务的司法援助》法案做重大修订。《因执行公共职务的司法援助》法
案经立法会大会一般性通过后，议员和社会各界对法案中的部分规定有不同意见。日前行政会对法案进
行研究，决定对法案做出调整。相关调整包括：删除法案第 1 条第 1 款的第（一）和第（三）项，即行
政长官及主要官员和法院司法官及检察院司法官不再作为因执行公共职务而给予司法援助的主体。删除
法案第 4 条，即对第三者提起诉讼获得司法援助的条文；增设独立委员会完善审核机制。

　　行政会完成讨论有关社会房屋的行政法规草案。此次讨论建议延长"社会房屋轮候家庭住屋临
时补助发放计划"至 2011 年 8 月底，并调升补助金额 300 元及 500 元；放宽有关家庭每月入息
上限。

　　行政会完成讨论修改《托儿所之设立及运作之规范性规定》行政法规草案。因应澳门出生率提高，
托儿服务需求增加，行政会完成讨论修改该项草案，将现时托儿所每班托儿名额由 25 名上限调高至 28
名，共增加 151 个托儿名额。社会工作局为向增设名额的托儿所提供必要的辅助，按实际情况增拨资源
以助其添置所需设备及物资。

　　社会文化司司长批示统一学费援助、膳食津贴及学习用品津贴援助申请。该规章订定学费援助、膳
食津贴及学习用品津贴发放制度，适用于就读正规教育或回归教育各阶段且属澳门特别行政区居民的学
生，津贴由学生福利基金批给。鉴于特区政府已实施 15 年免费教育，并向未享有免费教育学生提供学费
津贴，向全澳学生提供 1500 元的书簿津贴，因此，学费援助及学习用品津贴申请仅考虑在上述政策执行
后，子女就学方面仍存有经济困难的个别家庭。而膳食津贴的申请是为协助家庭经济困难的学生取得均
衡的营养饮食，以确保学生健康成长。同时，膳食津贴由公立学校扩展至私立学校，并推广校园健康
午膳。

22 日

政府发言人谭俊荣肯定澳门社会近日对钓鱼岛问题的反应。谭俊荣表示，连日来澳门各界对日本非法抓扣中国渔船船长事件表达强烈愤慨，充分体现了澳门居民维护国家主权和领土完整的坚定意志和决心。

"访澳旅客满意度指标"记者招待会举行。借澳门旅游学院成立15周年之际，旅游学院国际旅游研究中心公布"访澳旅客满意度指标"（MTSI），测量访澳旅客对横跨10个与旅游相关行业的满意程度。

24 日

澳门航空开通澳门至新加坡及曼谷货运航线。澳门国际机场举行澳门—新加坡、澳门—曼谷货运航线开通仪式。新开通的两条货运航线由澳门航空、香港一路通航运和日本运通货运合作，机型为全货机空中客车A300-600RF，最大载货量为40吨，逢周三、五执行两个往返航班。

27 日

政府宣布路环石排湾CN7地段上经济房屋项目重新启动。该项目预计兴建360个住宅单元，2012年落成。

港珠澳大桥管理局挂牌成立。港珠澳大桥管理局由香港特别行政区政府、广东省人民政府和澳门特别行政区政府共同成立，承担港珠澳大桥主体部分的建设、运营、维护和管理的组织实施等工作。伴随着大桥主体工程设计施工总承包的招标，大桥管理局揭牌仪式在珠海九洲港大厦隆重举行，正式拉开了港珠澳大桥主体工程建设攻坚战的帷幕。港珠澳大桥三地联合工作委员会召集方首席代表、广东省发改委主任李妙娟，香港方首席代表、香港运输及房屋局副局长邱诚武，澳门方首席代表、澳门建设发展办公室主任陈汉杰，珠海市市长钟世坚等参加揭牌仪式。港珠澳大桥管理局对外发布大桥最新建设动态的资讯平台——港珠澳大桥官方网站（www.hzmb.org）也于当日正式开通。

澳门互联网域名管理及登记服务开办。被接纳竞投的3家公司分别是：易研方案（澳门）与Qiretics Solutions Bernad联营、殷理基与Dotasia Organization Limited联营、澳门电讯（CTM）。服务将于2011年初开始，3年营运费用约需1000万元。

政府与新福利和澳巴延长经营合约。政府与新福利公共汽车有限公司及澳门公共汽车有限公司签署了道路集体客运公共服务批给合同之附加合同，将原定于2010年10月14日届满的巴士服务限期延长至2011年7月31日，以配合新的巴士营运模式投入运作。

28 日

政府推出"六招十式"促进房地产市场可持续发展。"促进房地产市场可持续发展工作小组"由运输工务司司长刘仕尧担任组长，经济财政司司长办公室主任陆洁婵任副组长，成员来自土地工务运输局、房屋局、法务局、财政局、金融管理局、物业登记局等部门领导。工作小组先后举行了多次会议，研究澳门房地产市场的相关数据变化。经过多月的分析研究，结合澳门实际情况及听取社会意见后，该小组完成了首份报告呈交行政长官。该报告循6大方向制定措施，包括取消中间移转税、收紧楼宇按揭成数、制定规范中介活动及"楼花"销售制度的法律及信息透明化等，借此促进房地产市场健康可持续发展。

29 日

行政长官委任两名终审法院法官为法律改革咨询委员会成员。法律改革咨询委员会由行政法务司司长任主席，成员包括3名法务部门负责人及至少11名社会人士。行政长官委任终审法院2名大法官朱健、利马以社会人士身份担任法律改革咨询委员会成员，这是特别行政区政府成立后首次有大法官进入政府咨询组织。委员会秘书长余文峰表示，此次委任主要是希望通过法官的专业知识和经验，帮助政府加大法律改革的力度。

30 日

行政长官崔世安表示2011年施政将以民生为重点。为落实"构建阳光政府、推进科学决策"的施政目标，崔世安近期分别与选举委员会部分委员举行了10场座谈会，主要就制定完善社会保障制度、优化社会服务，关注弱势群体、青少年教育、物价和楼价，加快公屋建设、旧区重整及危楼维修等问题咨询意见。崔世安表示，在这些意见的基础上，确定2011年政府施政将以民生为重点。

葡萄牙商业银行澳门分行开业。该分行于2010年5月获得牌照，取代葡萄牙商业银行澳门离岸分支机构的地位，后者只能运营澳门非常驻居民的业务。该分行目前有8名雇员，计划在两年内把雇员数量翻一番。葡萄牙商业银行首席执行官卡洛斯·桑托斯·费雷拉及葡萄牙商业银行莫桑比克和安哥拉分支机构的官员出席了澳门分行的开幕仪式。澳门分行总经理鲍成贺称，希望葡萄牙商业银行澳门分行成为"中国、欧洲与非洲之间的平台"。

国际劳工组织亚太区局局长及北京局局长访澳。国际劳工组织亚太区局局长山本幸子女士及国际劳工组织北京局局长霍百安女士在澳门进行为期2天的考察及交流活动，其间受到劳工事务局的热情接待。劳工事务局孙家雄局长、陈景良副局长率同各主管人员与两位局长会面，双方就劳工事务、社会协调及技术合作等议题进行交流和探讨。国际劳工组织两位局长表示，日后可为澳门的相关研究提供技术支持和协助。

10月

1 日

政府举行升旗仪式和酒会庆祝国庆61周年。行政长官崔世安在国庆酒会上致辞。出席酒会的嘉宾包括全国政协副主席何厚铧、中央人民政府驻澳门特别行政区联络办公室主任白志健，政府主要官员和社会各界人士代表等。

旅游危机处理办公室跟进内地旅客在日本遇袭事件。就中国游客在日本福冈遭日本右翼分子骚扰事件，旅游危机处理办公室与外交部驻澳特派员公署保持密切沟通，跟进事件进展。

5 日

行政长官崔世安到多家社会服务机构视察，表示计划2011年进一步强化长者卫生医疗服务，增设老人专科。崔世安在社会文化司司长张裕、行政长官办公室主任谭俊荣、社工局局长叶炳权等陪同下，先后探访了母亲会颐康中心、明爱玛嘉烈中心及澳门循道卫理联合教会社会服务处氹仔家庭成长轩等三家社会服务机构，听取各机构负责人及前线工作人员介绍服务情况，并与相关人士座谈。崔世安表示，特区政府最近修订了相关的行政法规，社工局拟开展一系列工作，如增加托儿服务，以满足迫切的需求。他说，特区政府会全力以赴做好照顾和关心弱势社群的工作，这是社会对政府的期望，也是政府应有的责任和承担。在长者服务方面，崔世安表示，特区政府非常尊重长者，并在政策上做出配合，目的是希望长者的生活能老有所依。特区政府近年积极推动家居安老，借着创设更多日间中心予长者进行活动和学习，令他们在晚上能与家人一起生活。崔世安又表示，统计资料显示，澳门居民人均寿命约80岁，特区政府将在医疗卫生领域加强卫生中心老人科的功能，同时希望在医院增设老人专科，以配合实际需要加强对长者的照顾。

6日

行政长官崔世安到祐汉、黑沙环视察。崔世安在社会文化司司长张裕、行政长官办公室主任谭俊荣等陪同下，先到黑沙环海边马路东华新邨考察，实地了解东华新邨和建华新邨电车违例泊车、休憩区卫生情况以及区内休闲设施和绿化不足等问题。之后到祐汉区听取马黑祐坊会负责人反映该区的卫生环境、社会治安等问题。考察期间，崔世安亦向商铺负责人及小贩档主了解营商情况。崔世安表示，行程中实地了解到区内很多情况，亦听取了居民对区内居住环境、公共卫生、治安、交通、外劳等一系列问题的意见，也特别关注旧区重整和重建的诉求。他强调，特区政府非常重视居民提出的意见和建议，将与相关的司、局级部门认真分析研究，按实际情况加快处理。

审计署就澳门广播电视股份有限公司（简称"澳广视"）进行衡工量值式审计报告。审计署按既定工作计划，向行政长官呈交 2 份审计报告，分别是《2009 年度政府账目审计报告》及《澳门广播电视股份有限公司的人员福利及出外公干的制度和管理》衡工量值式审计报告。后一报告指出，澳广视在人员福利及出外公干等制度和管理上存在多项问题。

澳门学者余成斌获"何梁何利基金科学与技术创新奖"。何梁何利基金评选委员会评审通过 2010 年度何梁何利基金科学技术奖的得奖名单。由澳门科学技术发展基金推荐的本地学者余成斌博士荣获该奖，这是澳门第一位学者获得该奖励。余成斌博士系澳门大学科技学院副教授，主要研究微电子技术，在国内外期刊和会议发表论文 100 多篇，专著 4 部，申请专利 10 多项，获奖 20 多项。

7日

澳广视策略发展工作小组向行政长官提交报告书。行政长官在 2010 年 4 月 21 日通过批示，设立"澳门广播电视股份有限公司策略发展工作小组"，全面检讨澳广视存在问题，提出整体改善意见和长远发展策略，并在 6 个月内提交报告。该报告指出澳广视存在五大问题：定位不清晰、目标不明确、制度不完善、管理不规范和监督不到位。工作小组认为，如何加强内部管理，建立一套公正、透明的管理制度及一个专业、敬业及秉公办事的管理层，是目前澳广视运营管理所面对的当务之急。工作小组建议，澳广视未来发展定位是公共广播机构，可设立"澳广视发展策略顾问委员会"。

8日

外交部副部长王光亚接任国务院港澳事务办公室主任。王光亚，1950 年生，江苏人，法学硕士。历任外交部翻译室科员，常驻联合国代表团职员、随员，外交部国际司三秘、副处长、处长，常驻联合国代表团参赞，外交部国际司参赞、副司长、司长，部长助理，常驻联合国代表、特命全权大使，外交部副部长。

全国政协副主席何厚铧率澳门特别行政区全国政协委员代表团访问山东省。山东省省委书记姜异康会见了何厚铧及考察团全体成员。考察团由 20 余名澳门特别行政区全国政协委员组成，将赴济南、德州、泰安、潍坊、青岛等地进行为期 5 天的访问，重点考察山东省在推动经济转型、发展低碳经济和文化旅游方面所取得的成就，了解相关产业的战略规划和今后的发展思路。

9日

镜湖医院慈善会举行仪式纪念辛亥革命 99 周年，缅怀孙中山先生。仪式在镜湖医院孙中山先生铜像前举行。首先由中联办副主任高燕、外交部驻澳特派员公署副特派员宋彦斌向孙中山先生铜像献花，之后由镜湖慈善会理事长冯志强、副理事长何华添代表慈善会向孙中山铜像献花，镜湖慈善会主席廖泽云致辞。

12 日

19 家公司竞投路氹连贯公路圆形地下层行车通道建造工程。为完善路氹城未来的交通发展，建设发展办公室将于路氹连贯公路圆形地建造一条长约 900 米的下层行车通道，连接望德圣母湾大马路和伟龙马路。19 份标书被接纳。工程造价由 251381852 元至 419015069 元不等，工期由 689 天至 730 天不等。

13 日

行政长官崔世安主持上海世博会"澳门周"开幕式。崔世安致辞时表示，参与上海世博会使澳门进一步展示多元文化和发展进程，也使澳门能够更好地学习各地经验，把参与世博会所获得的宝贵经验，转化为促进澳门不断进步的宝贵资源。崔世安与政府代表团一行在开幕式后观看巡游表演，参观澳门回归十周年成就展，之后到外滩金融广场出席澳门的推广及户外表演活动。代表团成员包括行政法务司司长陈丽敏、经济财政司司长谭伯源、社会文化司司长张裕、行政会秘书长兼行政长官办公室顾问柯岚、社会文化司司长办公室主任张素梅、旅游局局长安栋樑、新闻局局长陈致平、上海世界博览会澳门筹备办公室主任杨宝仪、澳门特别行政区驻京办事处主任康伟、行政长官办公室顾问冯少荣及高展鸿等。

政府宣布与两个研究机构签署协议委托研究新城区规划草案和方案。为科学规划、有序开展、准确制定澳门新城区综合规划的工作，根据中央政府批复同意澳门开展新城填海的指示，在国家住房和城乡建设部的支持下，运输工务司在重庆与"中国城市规划学会"和"中国城市规划设计研究院深圳分院"签订《澳门新城区综合规划》合作协议书，以总研究费用 3200 万元委托对方分两个阶段开展澳门新城区规划草案和方案的研究编制，最后提交《澳门新城区综合规划技术报告》和《澳门新城区综合规划过程报告》。签署仪式于 15 日在重庆举行的"中国城市规划年会"上进行，由运输工务司司长办公室主任黄振东代表特区政府与"中国城市规划学会"和"中国城市规划设计研究院"的代表签署。

3 部与澳门有关的电影首次亮相中国内地金鸡百花电影节。第 19 届金鸡百花电影节在江苏江阴举行，其间共有 3 大影展：中国电影新片展、中国港澳台地区电影展与外国电影展，集中展映中国内地、香港、澳门、台湾和世界各地近百部优秀影片。3 部澳门题材电影在此期间亮相，这是澳门本土电影在中国金鸡百花电影节首次"露脸"。此次展映的 3 部电影均属小成本制作，给本届电影带来清新之风。《堂口故事》（朱佑人、许国明、何家政、陈嘉强、塞尔吉奥·佩雷斯导演）由《良辰美景》《指望》《纸飞机》《有时》《澳门街》5 个故事组成，讲述澳门多个堂区的人和事；《澳门 1949》（包福明导演）是首部反映澳门史实的军事题材作品；《还有一星期》（蔡安安导演）讲述金融危机下澳门一个小人物的奋斗故事。

17 日

澳门海关与广东省边防联合行动检获大宗走私物品。澳门海关接获广东省边防通知，在路环对开海面追截两艘可疑大型快艇，在岸边搜获大批走私物品，市值逾 1000 万元。其中 3 袋装有"香港渔农自然护理署"封条的动物牙齿，翌日经香港渔护署证实是河马牙。根据《国际保护濒临绝种野生动植物协议》，澳门自 1990 年 1 月 18 日开始，已全面禁止任何形式的象牙贸易。若入口象牙或协议内所包含的物品时，必须出示出口国行政当局所签发的出口证书，否则即属违法。即使携带象牙或象牙工艺品返澳，未能出示有关证明文件及办理手续，亦被立案起诉。但根据《濒危野生动植物种国际贸易公约》，河马牙申领许可证后可以买卖。

19日

2011/2012 年司法年度开幕。2011/2012 年司法年度开幕典礼于下午 3 时半假文化中心举行，行政长官崔世安、行政法务司司长陈丽敏、立法会主席刘焯华、终审法院院长岑浩辉、检察院检察长何超明、律师公会理事长华年达、推荐法官的独立委员会代表许世元出席并主礼。崔世安在致辞时表示，特区政府将全力支持司法机关优化软硬件建设，推动司法培训，提升人力资源素质，吸收先进科技和管理方法，加强区域司法交流合作。崔世安强调，法治是澳门发展的基石，特区政府将不断完善和维护澳门法律制度，实践"一国两制"、"澳人治澳"及高度自治的方针，全面贯彻执行基本法。

20日

社会工作局局长叶炳权获委任为社会保障基金行政管理委员会主席。第 107/2010 号经济财政司司长批示，以定期委任方式委任叶炳权为社会保障基金行政管理委员会主席，自 2010 年 11 月 1 日起生效，为期 2 年。

珠澳合作专责小组在澳门举行第二次会议讨论环保合作。2010 年珠澳合作专责小组会议于澳门旅游塔会议展览中心举行，运输工务司司长刘仕尧及珠海市副市长陈洪辉共同主持会议，两地城市规划、交通、建设、经济、海关、治安、检验检疫、卫生、文化教育、旅游等相关部门的代表参加。会议探讨了跨境工业区转型升级、城市规划与跨境交通合作、口岸及通关合作、环境保护合作等课题，并认同专责小组提升合作水平，拓展合作领域和合作深度以适应不断变化的区域发展形势。双方探索成立珠澳环境保护合作工作小组，以加强双方对两地环保合作的策划、协调和管理。会议还就鸭涌河环境整治的短期、中期、长期措施交换了意见。

21日

第 15 届"澳门国际贸易投资展览会"（MIF）开幕。出席并联合主持开幕礼的嘉宾有行政长官崔世安，中央人民政府驻澳门特别行政区联络办公室主任白志健，内蒙古自治区人民政府主席巴特尔，国务院港澳事务办公室副主任周波，葡萄牙共和国农业与农村发展和渔业部部长 António Manuel Soares Serrano，外交部驻澳门特别行政区特派员公署特派员卢树民，中央人民政府驻澳门特别行政区联络办公室副主任高燕，福建省人民政府副省长叶双瑜，贵州省人民政府副省长蒙启良，湖北省人民政府副省长赵斌，吉林省人民政府副省长陈伟根，湖南省人民代表大会常务委员会副主任蔡力峰，东帝汶民主共和国经济和发展部副部长 Cristianoda Costa，菲律宾农业部特别事务副部长 Bernadette Romulo-puyat，澳门特别行政区政府经济财政司司长谭伯源，中国国际贸易促进会副会长董松根，中华全国工商业联合会副主席刘志强，广东省政协副主席汤炳权，浙江省政协副主席、浙江省工商联主席徐冠巨，澳门中华总商会副会长崔世昌，澳门贸易投资促进局主席张祖荣等。谭伯源在开幕礼上致辞。本届展会时间为 10 月 21 日至 24 日，以"促进合作，共创商机"为主题，在进一步强化澳门与内地省区、葡语国家、欧盟等联系的基础上，重点展现区域合作的商机和澳门经济适度多元发展的前景。共有 60 多个国家和地区的 318 个团组参展参会，设有 30 多个专题展区，共有 1400 多个展位，组织和安排了 38 场国际论坛、会议和推介会。

22日

行政长官崔世安出席由教育暨青年局举办的"澳门青年关心社会"座谈会。出席座谈的政府代表有社会文化司司长张裕、行政长官办公室主任谭俊荣、社会文化司司长办公室主任张素梅及教育暨青年局局长苏朝晖等。崔世安认真听取青年对澳门适度多元发展及各方面的问题及意见，希望日后有更多机会听取青年朋友们的意见。

《出版法》和《视听广播法》修订方向文献研究报告完成。新闻局就《出版法》和《视听广播法》修订方向文献研究报告举行简报会，澳门科技大学助理教授谭志强将报告交予新闻局局长陈致平。

25日

第47届亚太区民航局局长会议于澳门揭幕。此为民航界一年一度的政府高层次大型会议，由成员国或地区向国际民航组织申办。本届会议主题是"于困境中共同为航空业的复苏及促进发展而努力"。行政长官崔世安主礼开幕式，其他嘉宾包括国际民航组织理事会主席 Roberto Kobeh González、中央人民政府驻澳门特别行政区联络办公室副主任高燕、外交部驻澳特派员公署特派员卢树民、运输工务司司长刘仕尧、国际民航组织亚太区总监 Mokhtar Awan、民航局局长陈颖雄，以及与澳门航空业相关的政府部门及业界代表。出席会议的亚太地区成员国及地区共34个，国际组织共8个，与会人士超过260人。

推动构建节水型社会工作小组宣布于2011年1月1日起实施阶梯式水费。在收费上划分为"家居用水"和"非家居用水"，实行"多用者付更多"和"分类收费"原则，并对用户有不同程度补贴。

26日

澳门在"透明国际"年度全球清廉指数中排名第46位。"透明国际"是监视世界各国腐败行为的非政府组织，针对世界上180个国家和地区的公共部门清廉度进行评分。透明国际腐败指数自1995年起每年发布一次，本日公布2010年度全球腐败指数报告表明，丹麦、新西兰和新加坡以9.3分并列第一，被评为本年度"世界最清廉国家"。澳门得分5分，全球排名第46位。

环境保护局完成修订《规范若干环境噪音之预防及控制》法案。建议由原来的新法生效半年后须在住宅和酒店等200公尺范围内禁止采用传统撞击式打桩机，改为1年后全面禁止使用，过渡期亦加入限制；社会生活噪音建议的管制时间为"晚一朝八"。相关法案已进入立法程序。

28日

经济财政司表示将在2011年做最低工资框架性立法。工联理事长陈锦鸣、副理事长林香生一行6人到政府总部拜会经济财政司司长谭伯源，商讨推动最低工资立法，并递交早前进行的"2010年澳门居民对制定最低工资意见问卷调查"报告书。该报告书于9月初发布，受访的4000多人中超过80%赞成订立最低工资。谭伯源表示，推动最低工资立法，政府乐意及期望社会能达成基本共识，形成立法基础，2011年有望展开框架性立法程序，先在个别行业或工种推行最低工资，如清洁、物业管理等。

29日

意大利总统乔治·纳波利塔诺到访澳门并参观纪念利玛窦文物展览。纳波利塔诺总统应国家主席胡锦涛邀请，于10月24日抵达北京，开始对中国进行国事访问，后转赴上海出席世博会有关活动。纳波利塔诺伉俪及随行官员一行近50人本日莅澳访问，参观"海峤儒宗——利玛窦逝世四百周年文物特展"。行政法务司司长陈丽敏、民政总署副主席李伟农及民政总署辖下澳门艺术博物馆馆长陈浩星接待。此次特展展出意大利及中国内地、台湾及澳门等30多个机构的艺术珍品及历史文物逾180件（套），自8月开幕以来，广受海内外新闻媒体及文化艺术界的关注。

行政会完成讨论财政储备制度。行政会举行新闻发布会称，日前完成讨论《财政储备制度》法案，建议将历年滚存和特别行政区储备基金全数拨入未来的财政储备，财政储备分为基本储备和超额储备。其中，基本储备定为地区总预算的1.5倍，其余金额则拨入超额储备。

社会文化司司长张裕为社工局局长叶炳权举行嘉许礼。政府本日首次举行局级官员嘉许礼，嘉许即将离任的社会工作局局长叶炳权。政府公报 20 日刊登经济财政司司长批示，以定期委任方式委任叶炳权为社会保障基金行政管理委员会主席。同时，社保基金于 2011 年转到社会文化司范畴管理。

30 日

教育暨青年局举办以"环境保护"为主题的"澳门青年关心社会"远足日活动。社会文化司司长张裕、社会文化司司长办公室主任张素梅、教育暨青年局局长苏朝晖、环境保护局副局长韦海扬、青年事务委员会委员以及多位政府部门的领导及代表，与约 100 名来自各青年社团、学生会及青年中心的青年共同参加远足活动。行政长官崔世安及行政长官办公室主任谭俊荣应邀出席于冰仔奥林匹克体育中心举行的午宴交流会，席间青年就环境保护等相关议题踊跃发言，并与各政府部门代表进行交流。

31 日

廉政公署就澳门有线电视和公共天线公司的争执向电信管理局发出劝谕。根据 8 月 14 日第 10/2000 号法律（《廉政公署组织法》）第 4 条第 12 项，廉政公署有权直接向有权限的机关提出劝谕，以纠正违法或不公正的行政行为或行政程序。廉政公署经深入调查及分析后，早前完成了关于"澳门有线电视股份有限公司"与"公共天线服务商"的调查报告，并向电信管理局发出第 005/RECOM – OP/2010 号劝谕。

政府公布《澳门总体城市设计研究报告》。运输工务司 2009 年委托"中国城市规划学会"开展澳门总体城市设计研究。同时委托广东省城市发展研究中心进行澳门城市规划编制体系研究。研究报告提出，应建立一个兼顾保护与发展、促进社会和谐的澳门城市公共空间系统的总目标。

11月

2 日

国际反贪局联合会第四次年会暨会员代表大会在澳门召开。会议由国际反贪局联合会主办，中华人民共和国最高人民检察院及澳门特别行政区检察院承办，主题是"《联合国反腐败公约第四章》：国际合作"，来自 144 个国家和地区的反贪执法机构以及 10 多个反腐败国际组织的 700 多位代表、专家与学者出席，主要探讨引渡、被判刑人的移管、司法协助、执法合作和联合侦查等问题。行政长官崔世安，国际反贪局联合会主席、中华人民共和国最高人民检察院前检察长贾春旺，中华人民共和国最高人民检察院检察长曹建明，联合国秘书长代表迪米垂·维拉喜等在开幕式上分别致辞，呼吁各国政府加强合作，携手打击及预防腐败。

3 日

政府与澳门电力股份有限公司续约 15 年。政府与澳门电力股份有限公司有关《延长澳门特别行政区供电公共服务批给合同》的签署仪式在政府总部多功能厅举行，运输工务司司长刘仕尧及澳门电力股份有限公司执行董事梁华权代表双方签署有关合同。此次签署的电力特许合同，延长了下游输配电和售电环节的专营，上游的产电和进口电力则开放市场，由政府主导于未来适当的时候引进投资者参与竞争。新的电力特许合同于 12 月 1 日生效，为期 15 年。

澳门大学横琴校区主体工程开工。澳门大学横琴校区主体工程动工仪式在珠海横琴新区举行。新校区位于珠海横琴岛东部，占地约 1.09 平方公里，预计容纳学生约 1 万人。2009 年，第十一届全国人大常

5日

委会第九次会议决定，授权澳门特别行政区对设在珠海横琴岛的澳门大学新校区实施管辖。澳门大学横琴校区投资总额逾60亿元人民币，主体二程首期项目主要是建设标志性建筑，包括图书馆、中央教学楼、校史展览厅等。

行政长官崔世安前往福建泉州出席华侨大学建校50周年庆祝大会。崔世安在庆祝活动中接受"华侨大学校董会副董事长"聘书，并出席泉州市政府为华侨大学校庆50周年举行的欢迎晚宴。

6日

政府接纳澳门广播电视股份有限公司策略发展工作小组报告建议。经过深入研究及分析澳门广播电视股份有限公司策略发展工作小组的报告，政府接纳有关建议，同意澳广视应定位为澳门公共广播服务的提供者；设立公共广播服务工作小组；并将检讨澳广视的董事会运作模式。

政府公布《澳门城市规划编制体系研究报告》。报告建议应构建"三阶段、六类型"规划体系，通过编制城市总体规划约束全澳土地开发的性质，特别是对未来重点开发和保育的地区做出明确划定。第一阶段为策略性规划阶段，是宏观的、全局性的发展政策与总体构想，确定城市发展的目标及达到目标的政策和途径，包括区域与城市发展策略规划、城市总体规划；第二阶段是控制性规划阶段，是控制城市开发和建设活动的直接依据，通过对具体地块的土地利用性质、开发强度及相关设施配套的规定，明确地块的开发要求，有效引导和控制城市建设，包括城市专项规划、分区法定图则；第三阶段则是实施性规划阶段，属非法定规划，多为针对某一地区或某一时段的具体、详细的规划设计和建设安排，包括近期大型公共建设规划、街道准线图等。

《澳门编年史》新书发布会在澳门塔石体育馆书香文化节场内举行。六卷本《澳门编年史》由吴志良、汤开建、金国平主编，澳门基金会策划并资助，广东人民出版社出版。"澳门学"自20世纪80年代提出至今，已累积不少可供学界参考的成果及资料，但缺乏全面、系统的整理。《澳门编年史》历经数年研究、整理而成，载有大量已出版及未出版的珍贵中外历史文献及档案资料，记录上起1494年教宗子午线的划分，下至1949年中华人民共和国成立之间450余年的澳门历史。该书以澳门本土史为主线，凡澳门本土发生的政治、经济、军事、法律、文化、宗教、教育、城市建设、社会生活及习俗无不包括其中；书中穿插中葡关系作为辅线，由于天主教历史与澳门历史息息相关，因此教会史部分着墨不少。该书突破一般编年史的体例，糅合编年叙述、史料长编、观点胪列与史料考证等三种叙事方式，以"无征不信"为编纂原则，以300万字铺陈澳门450余年间的历史变化，是迄今澳门史研究中资料最丰富、内容最全面的一部著作。

8日

电讯管理局完成公共天线服务分析报告并送呈行政长官审阅。运输工务司司长刘仕尧在公开场合接受访问时表示，就廉政公署关于有线与公共天线服务商之间的调查报告，电讯管理局已完成分析报告并已呈交行政长官，并建议由法务部门以立法或法改方式来解决公共天线服务进行深入研究，尽快解决公共天线服务问题。

9日

立法会24名议员赴横琴岛考察。应特区政府邀请，立法会24名议员在立法会主席刘焯华、副主席贺一诚带领下考察了珠海横琴新区，行政长官办公室主任谭俊荣等陪同考察。24名议员先到横琴新区规划建设展示厅听取横琴开发总体规划介绍，之后参观澳门大学横琴新校区工地、中医药科技产业园、科技研发区、文化创意区及综合服务区。珠海横琴新区有关负责人向议员们介绍横琴新区的规划详情、开发和建设进度。横琴新区管理委员会主任牛敬表示，已向国家申请横琴口岸实施 24 小时通关。根据粤澳双方已达成的共识，粤澳将筹组合资公司，筹建中医药科技产业园。

运输工务司率团访问广州了解水量调度计划及水库蓄水情况。运输工务司司长刘仕尧率领代表团 10 余人赴广州拜访珠江水利委员会及广东省水利厅，受到水利委员会副主任崔伟中等的热情接待。刘仕尧感谢有关部门长期以来积极保障澳门的供水安全，并借此机会了解今冬明春枯水期水量调度计划及各个水库的蓄水情况。代表团下午参观了鸦岗泵站。随后抵达广东省水利厅，与黄柏青厅长、朱兆华巡视员等进行座谈。此次考察团成员还包括港务局、环境保护局、民政总署、土地工务运输局、卫生局、社会工作局及澳门自来水股份有限公司代表等。

10 日

立法会一般性通过《财政储备制度》法案。依据该项法案，现时 1100 多亿元财政滚存全部拨入未来的财政储备。法案的方向虽获议员认同，但议员对金管局全权负责管理、投资及监管财政储备存有异议，希望建立更高层次的监管、咨询机构与机制，增加透明度及投资回报率。

江丽莉获定期委任为财政局局长。第 113/2010 号经济财政司长批示，以定期委任方式委任 Vitória Alice Mariada Conceio（江丽莉）为财政局局长，自 2010 年 11 月 15 日起生效，为期两年。

统计暨普查局公布第三季末澳门人口数据。资料显示，本年第三季末澳门人口估计为 549500 人，较第二季末增加 4900 人，主要是持单程证来澳的内地移民及外地雇员数目增加所致。本年第三季有 1381 名新生婴儿，较第二季增加 23.1%；男性新生婴儿有 703 名，男女婴儿性别比为 103.7∶100。同季死亡个案有 417 宗，死因主要为肿瘤和循环系统疾病；死胎登记有 3 宗。同季共录得 1474 宗必须申报疾病的报告，主要是流行性感冒（825 宗）、肠病毒感染（205 宗）及水痘（174 宗）。结婚登记有 707 宗，较第二季减少 1.4%。本年第三季持单程证来澳的内地移民有 2845 人，较第二季增加 836 人；同季被遣返的非法入境者有 365 人。此外，获准居留人士共 937 人，较第二季增加 90 人。第三季末的外地雇员总数为 74525 人，较第二季末增加 2383 人。

11 日

澳门主题公园度假村股份有限公司宣布斥资在路氹城兴建大型主题公园及酒店项目。由多个财团组成的澳门主题公园度假村公司举行记者会，宣布在氹仔路氹城兴建一个大型主题公园及酒店项目。项目董事梁安琪表示，度假村项目位于路氹城新濠天地后面，澳门蛋以东、机场大马路以西地段，占地约 20 万平方米，预计总投资额达 104 亿元，其中 94 亿元用于兴建酒店，其余 10 亿元用于建设主题公园，不包含博彩性质设施。

12 日

澳门派出体育代表团参加广州亚运会比赛项目。本次派出代表团 245 人，参加本日至 27 日第 16 届亚洲运动会 42 个比赛项目中的 19 个项目。同时，体育发展局将组织澳门市民前往广州观赏亚运会赛事，表达对澳门运动员的支持。

统计暨普查局公布 2009 年澳门博彩业的总收益及总支出数据。资料显示，2009 年澳门博彩业的总收益及总支出分别为 1215.8 亿元和 633.2 亿元，较 2008 年均上升 9%。此外，反映行业对经济贡献的增加值总额按年上升 7%，为 717.5 亿元；固定资本形成总额亦因为设备增加而大幅上升 220%，达 29.5 亿元。2009 年博彩业总收益为 1215.8 亿元，其中博彩及相关服务（如餐饮、外币兑换等）的收益为 1214.0 亿元，较 2008 年增加 9%；利息收益亦上升 9%，至 1.8 亿元。行业的总支出为 633.2 亿元，其中购货、佣金及客户回赠支出为393.3亿元（占总数62%），较2008年增加17%；经营费用（103.5亿元）与2008年相若，而员工支出则减少5%，至102.2亿元。

13 日

国务院总理温家宝抵达澳门展开视察行程。温家宝总理抵澳出席中国—葡语国家经贸合作论坛（澳门）第三届部长级会议开幕式，并视察澳门特别行政区。温家宝一行乘坐专机上午抵达澳门国际机场，在机场停机坪向媒体发表简短讲话。行政长官崔世安、全国政协副主席何厚铧、中联办主任白志健、立法会主席刘焯华、终审法院院长岑浩辉、行政法务司司长陈丽敏、经济财政司司长谭伯源、保安司司长张国华、社会文化司司长张裕、运输工务司司长刘仕尧、检察长何超明、廉政专员冯文庄、审计长何永安、警察总局局长白英伟、海关关长徐礼恒、外交部驻澳特派员公署特派员卢树民、解放军驻澳部队司令员祝庆生、国家公安部副部长陈智敏、商务部副部长姜增伟、国务院港澳办副主任华建、国务院新闻办副主任王仲伟、中联办副主任徐泽及高燕等在机场停机坪迎接。陪同温家宝视察澳门的中央代表团成员包括商务部部长陈德铭、国务院港澳事务办公室主任王光亚、国务院研究室主任谢伏瞻、中央人民政府驻澳门联络办公室主任白志健、国家发展和改革委员会副主任朱之鑫、国务院副秘书长及总理办公室主任丘小雄、外交部副部长傅莹等。

"中国—葡语国家经贸合作论坛（澳门）第三届部长级会议"揭幕。会议由商务部主办，澳门特别行政区政府承办。本届论坛以"多元合作和谐发展"为主题，将确定2010～2013年中国与葡语国家经贸合作方向、合作领域和合作方式，并签署相关主旨文件。国务院总理温家宝在典礼上发表主旨演讲，商务部部长陈德铭致开幕词。葡语国家的领导人，包括东帝汶总统奥尔塔、葡萄牙总理苏格拉底、几内亚比绍总理戈梅斯、莫桑比克总理阿里、佛得角国务部长索萨、安哥拉经济部部长戈尔热及巴西外交部副部长门东萨亦分别发表讲话。出席开幕式的嘉宾有来自中国和葡语国家的领导人、政府部门的官员、金融家和企业家代表等逾1500人。

国务院总理温家宝会见澳门行政、立法、司法机关负责人。温家宝总理在澳门会见澳门特别行政区行政、立法、司法机构负责人，肯定了他们的工作成绩，并提出三点希望：第一要"以人为本"，把人民群众放在心上，群众才能把你放在心里。群众在你的心中分量有多重，你在群众心中的分量便有多重。第二要廉洁。"公生明，廉生威。"官员廉洁，自然在老百姓心中树起威望，群众才会信服。第三要忠于职守，一丝不苟地工作，争取在任内做出一些成绩。

国务院总理温家宝会见中央驻澳机构和中资机构。温家宝要求它们深入研究分析澳门新形势、新情况、新问题，广泛联系社会各界人士，不断提高工作能力和水平，在支持行政长官和特区政府依法施政方面更好发挥作用，为保持澳门长期繁荣稳定做出新贡献。

14 日

国务院总理温家宝与社会各界人士座谈。温家宝总理在旅游活动中心与澳门各界人士代表座谈并发表专题演讲，就保持澳门长期繁荣稳定，提出包括提高政府施政水平、促进经济适度多元发展、努力保障和改善民生、重视维护社会和谐安定等四点希望。出席座谈会的有澳门社会各界代表逾400人。

国务院总理温家宝参观澳门大学并听取横琴新校区规划汇报。温家宝总理首先听取澳门大学校长赵伟汇报大学的概况及横琴新校区的规划，随后到达澳门大学东亚楼与不同学系的学生讨论"社会道德与法律"话题，最后参观东亚楼内的住宿式书院，探望澳门本地及内地的学生，了解他们的住宿及学习环境。

"中国—葡语国家经贸合作论坛（澳门）第三届部长级会议"闭幕。商务部部长陈德铭出席新闻发布会，介绍本次会议取得的成果并回答记者提问。安哥拉经济部部长戈尔热，巴西外交部副部长门东萨，佛得角总理助理、国务秘书布里托，几内亚比绍外交、国际合作和侨务部部长克塔，莫桑比克工业与贸易部部长伊隆加，葡萄牙贸易、服务与消费者保护国务秘书塞拉斯盖罗，东帝汶经济发展部部长贡萨尔维斯以及澳门特别行政区政府经济财政司司长谭伯源出席发布会并发言。在本届部长级会议上，中国和7个葡语与会国代表围绕多元合作、推动和谐发展坦诚交换了意见，并就合作领域、发展思路和具体措施等问题达成了许多共识。与会各方共同签署2010～2013年《经贸合作行动纲领》，并举行了中葡论坛澳门培训中心启动仪式。

澳门选手贾瑞在广州亚运会男子刀术棍术全能项目中获得金牌，为澳门实现亚运金牌史上零的突破。这个项目是本届亚运会新增的两个套路项目之一。

15 日

几内亚比绍驻澳门名誉领事馆正式揭幕，有望增强几内亚比绍与澳门在双边贸易、旅游、贸易等方面的合作。几内亚比绍总理卡洛斯·戈麦斯·儒尼奥尔、澳门行政长官崔世安出席并主持揭幕仪式。几内亚比绍位于西非，人口100多万，拥有优质丰富的木材等原材料，腰果的出口量居全球第六位。除几内亚比绍外，目前已有佛得角在澳门设有名誉领事馆，葡萄牙和安哥拉在澳门设有总领事馆。

16 日

行政长官崔世安在立法会发表2011年财政年度施政报告。报告由前言、特区政府二〇一〇年的施政回顾，落实科学施政、规划发展蓝图——特区政府二〇一一年的施政重点，立足当下、放眼将来和结语等部分组成。其中，2011年施政重点提出致力于优化民生素质，共同建设美好家园、推动区域合作发展，实现经济适度多元、逐步落实科学决策，积极构建阳光政府等举措。在纾解民困、共建共享方面，拟出台多项措施，包括进一步落实双层式的社会保障制度，建议向每位合资格居民的中央储蓄制度户口注资6000元；2011年的"现金分享计划"建议向每位永久性居民发放现金4000元，非永久性居民每人2400元；继续向每位澳门居民发放金额为500元的医疗券；延续对住宅单位的电费补贴，2012年3月前，每一居住单位每月可继续获补贴150元电费，该月电费少于150元的单位将免交电费；继续对全职低收入受雇人士进行经济补贴；建议修改《市区房屋税章程》，将有租赁关系的市区房屋税税率由原来的16%调低至10%，至于没有租赁关系的市区房屋税税率，则由原来的10%调低至6%。

17 日

政府考虑推出新一轮措施以舒缓通胀压力。行政长官崔世安在立法会答问大会上表示，政府将推出多项新措施，期望能协助居民特别是弱势社群舒缓通胀压力。相关措施包括：加强"短期食物补助计划"服务，并与社会团体展开合作；额外向领取援助金家庭发放一个月援助；向符合社工局第二期"特别生活津贴计划"的三类弱势家庭额外发放一期特别生活津贴；豁免2011年1月至3月社会房屋租户租金；学生缴付的优惠车资继续下调。

18 日

位于新马路柏宁停车场的电动车充电站启用。这是澳门第一个设于公共停车场的充电站。

第57届澳门格兰披治大赛车车手巡游文艺嘉年华举行。巡游于下午1时45分开始，首次举行一级方程式风格的车手巡游，并由参与今年10月在上海世界博览会澳门活动周开幕式巡游的表演团体进行歌舞表演。文艺巡游有澳门罗梁体育总会带领中国传统舞龙表演，"心在澳门"葡萄牙土风舞蹈协会呈献葡萄牙传统舞蹈，巡游表演团体还包括澳广童军总会乐团、濠江中学舞蹈团、蔚青舞蹈团和澳门葡人之家协会等。

20日

何鸿燊在香港礼宾府接受大紫荆勋章，成为第一位同获港澳两地政府最高荣誉的人士。香港特别行政区政府在礼宾府举行2010年度授勋仪式，行政长官曾荫权颁授勋衔及奖状予286名人士。香港特区政府财政司司长曾俊华、行政会议成员夏佳理、行政会议成员梁智鸿、全国政协常委何鸿燊、香港机管局前主席冯国经、慈善工业家田家炳和"光纤之父"高锟等7人获颁最高荣誉的大紫荆勋章。何鸿燊由家人陪同出席授勋仪式并接受大紫荆勋章，是唯一获港澳两地特别行政区政府授予最高荣誉的人士。此前，香港特区政府分别于2003年及2010年授予其"金紫荆星章"和"大紫荆勋章"；澳门特区政府于2001年及2007年授予他"金莲花荣誉勋章"和"大莲花荣誉勋章"。

21日

第57届澳门格兰披治大赛车闭幕。本届大赛车打破过往票务收入纪录，4天赛事共吸引逾6万人次入场观看，共录得800万元票务收入，吸引了来自27个国家和地区的200多家媒体机构1000多名记者参与采访。意大利车手莫他拿（Edoardo Mortara）成为历史上首位成功卫冕三级方程式比赛的车手。

22日

澳门监狱推出视像探访服务。澳门监狱本着"以民为本"的服务理念，积极优化现时的设施和服务。此次推出的视像探访服务，服务对象是年满60岁或以上的长者、孕妇、行动不便及残障人士，经申请并获许可后前往位于南湾中华广场8楼之澳门监狱服务咨询中心，通过视像通话系统，可与身处监狱的在囚亲友进行1小时的视像对话。

行政长官批示设立"规管公共天线服务工作小组"。第350/2010号行政长官批示设立"规管公共天线服务工作小组"，职能包括检讨、分析及研究有关规管公共天线服务和广播制度的法律制度，编制报告书，拟订包括规管公共天线服务范围和监管制度的立法建议等。

行政长官批示法务局协助并协调澳门原有法律之本地化工作。第345/2010号行政长官批示，需要对采用为澳门特别行政区法律的澳门原有法律进行清理及适应化处理，主要工作包括以下项目：对1976年至1999年12月19日期间颁布的法律及法令的生效状况进行分析及整理；按照《回归法》的规定，对1976年至1999年12月19日期间颁布、目前仍然生效的法律及法令进行适应化处理，并提出立法建议；对1976年至1999年12月19日期间颁布、目前仍然生效的有关法律及法令的中、葡文本翻译上的不准确之处进行核实，并提出修订建议。法务局应提交关于将法律清理及适应化的工作成果纳入立法程序的可行性方案，在有需要时可以邀请本地及外地的专家、学者和学术机构协助进行有关工作。

23日

行政法务司表示年底颁布《特别行政区政府主要官员通则》。按照立法法规定，通则通过独立行政法规制定。通则法规部分参考香港做法，以规范主要官员的政治问责制度。

24日

澳门回归成就展最后一站在澳门综艺馆揭幕。自北京站及内地多个城市巡回展出后，满载着中国内地同胞对澳门的美好祝愿，"澳门回归成就展"今日返回澳门综艺馆压轴展出，行政长官崔世安、全国政协副主席何厚铧等主持开幕式并参观展览。本次展览名为"传承展新姿——澳门回归成就展"，由澳门特别行政区政府主办，新闻局承办，民政总署协办，展期由 11 月 24 日至 12 月 15 日，观众可免费入场参观。展览分为"一国两制""家国情怀""特区新貌""祝愿澳门"四个主题区，通过基本法电子书、莲花池、城市规划模型、祝福留言设备等不同形式，让观众体验和感受澳门回归以来政治、经济和社会各领域的变化、发展和成就。

图 10　行政长官崔世安、全国政协副主席何厚铧等主持"澳门回归成就展"开幕式

25日　澳门大学向莫庆恩、黄景强、王晓东、许嘉璐颁授荣誉博士学位。行政长官兼澳门大学校监崔世安出席颁授典礼。许嘉璐代表学位获授人致辞，感谢澳门大学对他们的接纳和高度评价。莫庆恩神父曾任美国天主教福利会澳门办事处主任，现任澳门教区福利服务秘书处主任，其主要成就之一是在国际机构支持下推动大中华地区多个福利计划的成功实施。黄景强博士是澳门大学前身东亚大学的三位创始人之一，且担任校董会代表负责校园建设及发展，1992 年积极协助创办亚洲（澳门）国际公开大学，并任该校行政委员会主席，现任澳门大学大学议庭成员及香港大学专业进修学院董事局委员。王晓东教授为国际著名生物化学家，美国科学院院士，现任北京生命科学研究所所长，曾任美国霍华德—休斯医学研究所研究员、美国得克萨斯大学西南医学中心生物化学系讲座教授，获得十余项美国发明专利。许嘉璐教授原任全国人大常委会副委员长，当代著名语言学家，现任北京师范大学人文宗教高等研究院院长、北京师范大学汉语文化学院院长、山东大学儒学高等研究院院长。

27日　澳门代表队在广州亚运会以 1 金 1 银 4 铜之成绩完成赛事。携澳门史上最大阵容出征广州亚运会的中国澳门队，不仅实现了亚运会金牌零的突破，也因此塑造了澳门作为"武术之城"的国际形象。

29日　政府委任二人为中级法院法官。经独立委员会推荐，行政长官崔世安颁布行政命令，以确定委任方式，任命初级法院及行政法院院长何伟宁法官出任中级法院法官，任命初级法院叶迅生法官出任第一审法院合议庭主席。

30日

上海世博会澳门筹备办公室举行总结会，公布实际建筑费约为 1.7 亿元，营运费约为 2000 万元。

12月

1日

社会保障基金本日起为 65 岁及以上人士办理任意性制度及补扣供款申请。第 4/2010 号法律《社会保障制度》将于 2011 年 1 月 1 日生效，社会保障基金于今日启动有关工作，位于塔石广场商业中心（玻璃屋）的新社会保障制度临时服务中心亦在本月 6 日投入服务。为有效分流，社保基金按不同年龄层分阶段接受合资格居民进行任意性制度登录/补扣供款的申请，预计申请人数为 14 万多名。除社保基金大楼及玻璃屋外，居民可到分布全澳共 80 多个服务点递交有关申请表。

科学技术部同意在澳门设立两个国家重点实验室。这两个实验室分别是：澳门大学与澳门科技大学联合设立的"中药质量研究国家重点实验室"、澳门大学设立的"模拟与混合信号超大规模集成电路国家重点实验室"。澳门建设国家重点实验室从 2007 年开始，经过科技基金协调，得到科技部的大力支持，参照香港建设国家重点实验室伙伴实验室的做法，澳大与科大联合申报"天然药物及中药国家重点实验室伙伴实验室"，澳大申报"模拟与混合信号超大规模集成电路伙伴实验室"，并与内地伙伴签署合作意向书。经过不断发展，两个实验室于 2010 年 2 月申报国家重点实验室。此次获得科技部批准，实现了澳门在国家重点实验室方面零的突破。

立法会第二常设委员会分析及讨论《2011 财政年度预算案》法案。二常会主席陈泽武表示，8 个部门今年 1 月至 9 月的投资计划执行率为零。

2日

法国饮食指南《米其林指南》（Le Guide Michelin）公布 2011 年港澳地区饮食指南。其中，52 家来自澳门的餐厅和酒店入选。《米其林指南》是法国知名轮胎制造商米其林公司出版的美食及旅游指南书籍的总称，其中以评鉴餐厅及旅馆的"红色指南"（Le Guide Rouge）最具代表性。2008 年底，《米其林指南——香港、澳门篇》推出，香港、澳门成为继东京之后纳入评选的亚洲城市。

3日

行政会完成讨论修改《市区房屋税规章》法案。为促进房地产市场健康发展，政府建议修改现行《市区房屋税规章》。法案建议在维持房屋税原有课税架构的前提下，分别调低无租赁关系房屋和有租赁关系房屋的适用税率。

消费者委员会公布 12 月"超级市场物价普查"及"食米零售价格专项调查"报告。调查反映，与居民生活密切相关的主副粮食价格波动，多个牌子的泰米在多个零售点零售价升幅为 7% 至 12%；食用油的零售价近两月持续上升；奶类食饮品普遍涨价现象最为明显。消委会表示，将密切跟进澳门的物价走势，提供更详细的数据给消费者参考。

"郑观应故居纪念馆建造工程"在土地工务运输局开标。此次招标收到 21 家公司的标书，所提出的造价介于 3200 万至 4900 万元之间，最长施工期约为 330 天。该项工程选址地点一部分属于郑家大屋范围，另一部分则位于下环街 61～63 号，分为郑观应故居纪念馆主体建筑及副楼两个部分，总建筑面积约 2170 平方米。

4 日

沙梨头坊会举办论坛，探讨新水上街市兴建设计意见。论坛邀请民政总署设计处处长苏沛燊、澳门工程师学会会长梁文耀、澳门市贩互助会副会长劳协华出席。通风、交通配套和解决水浸困扰等问题成为论坛焦点。

"2010泰国文化节暨文化食品展"在荷兰园二马路开幕。为庆祝泰王普密蓬83岁诞辰，为期2天的"2010泰国文化节暨文化食品展"在素有"小泰国"之称的荷兰园二马路开幕。现场有泰国传统民族舞、摇滚乐队、泰拳等演出，以及泰国美食、手工艺品展示。祝寿仪式由6位来自泰国的南传佛教高僧法师主持。泰国驻港澳领事率领泰国劳工局、商务局、海关事务局、旅游局组成的代表团专程前来参与活动，特区政府多个部门的官员及工商界人士出席了启动仪式。

6 日

行政长官批示设立公共广播服务工作小组。依据第359/2010号行政长官批示，设立公共广播服务工作小组，直属行政长官，由8名成员组成，容永恩任主席，其他7人为梁金泉、沈振耀、郝雨凡、林广志、王长安、冯少荣、何慧卿。工作小组旨在协助澳门广播电视股份有限公司成为公共广播服务的提供者，就公共广播服务的具体内容及义务的订定、现行电视及声音广播服务批给合同的修订，向行政长官提交建议书，以落实执行公共广播服务。

7 日

立法会多名议员就焚化炉和污水处理厂问题批评环保局。此前，飞灰堆填区的不设防、毒灰横飞、卸灰工人全副保护装备等情况被媒体曝光，引发各方关注和担忧。有议员质询环保局对该事件缺乏监察责任，促请运输工务司司长借此事件反省对环保共建之监管。

黑沙环居民游行抗议在卫生中心设立美沙酮中心。黑沙环新填海区的居民今晚举行街头集会，反对政府在黑沙环卫生中心开设美沙酮服务站。8日，社会工作局就美沙酮中心一事做出回应。10日，政府就美沙酮中心事件发出新闻稿称，持续推行美沙酮治疗服务是社会工作范畴的施政方针之一，政府会陆续推动在医疗场所内提供美沙酮治疗服务，并以黑沙卫生中心作为第一阶段试点，预计2011年第二季运作。为减轻居民疑虑，政府决定在运作初期尽量缩减美沙酮治疗服务的时间，警方将加强巡逻，确保周边治安及居民日常生活不受影响。

8 日

世界卫生组织西太平洋区域办事处申英秀（Shin Young－soo）总监访问澳门。访问期间，申英秀与行政长官崔世安、社会文化司司长张裕、卫生局局长李展润等官员会晤。申英秀高度赞扬特区政府严格遵守世卫指引，尤其在疫情防控、卫生化验、初级卫生保健等方面做出的努力和成绩，希望世界卫生组织和澳门继续加强合作。

高士德大马路下水道重铺工程开始。为更换已经老化的下水道管网而开展的"高士德大马路下水道重整工程"动工，工程分十段进行，第一阶段为提督马路至连胜马路一段东行线。工程期间，十条巴士线受影响，需临时改道。为配合工程开展，交通事务局实施了一系列临时交通安排。

9 日

一名内地商人在澳门私设赌局中被骗488万港元。事主在11月初收到自称是马来西亚公司主管的电子邮件，相约在澳门洽谈生意细节，其间事主经假扮的公司主管介绍，与4名自称是赌场高层人员在酒店房间内赌博，输去488万港元。事主家人接获其求助电话，怀疑事主被骗而报警。司警拘捕1名嫌疑人，以诈骗罪将其移交检察院处理。

10日

澳门博彩股份有限公司（简称澳博）行政总裁何鸿燊将 3.81 亿股转予梁安琪。"赌王"何鸿燊近日再做财富分配，将 3.81 亿股（市值近 48 亿元）澳博股份转予梁安琪，使后者在澳博的持股由 0.66% 增至 7.69%，成为继何鸿燊后的澳博第二大股东。

12日

澳门 4 万余人参加第 27 届"公益金百万行"，筹得 1200 万元善款。"公益金百万行"由澳门日报读者公益基金会主办，行政长官崔世安、全国政协副主席何厚铧、中联办副主任徐泽、外交部驻澳特派员公署特派员卢树民等共同主持异彩起步仪式。"公益金百万行"活动是澳门最负盛名的慈善活动之一，历经 27 载，筹得的善款全部用来开展紧急救援、关心弱势社群、扶贫助学、医疗援助等工作。

行政长官批示禁止进口无烟道式气体热水炉。依据第 361/2010 号行政长官批示，鉴于若干一氧化碳中毒个案是因不当使用无烟道式气体热水炉，政府需要采取适当管制措施，批示禁止进口无烟道式气体热水炉。

行政长官崔世安访问广州南沙区。崔世安一行到南沙参观考察并与广州市领导会面，双方就共同推动《珠三角地区改革发展规划纲要》、加强穗澳更紧密合作交换了意见。崔世安表示，粤澳合作范围广泛，双方除了合作发展横琴外，南沙区也是一个先行先试的合适地点。会后，崔世安一行参观考察了香港科技大学霍英东研究院以及"低碳城"规划沙盘。

14日

《土地法》咨询文本今日起展开为期 45 天的最后咨询。现行《土地法》于 1980 年颁布，其间因应社会发展做出多次修改。随着经济社会的发展，原有条文未能符合社会需求，各界一直希望全面检讨与修改。政府于 2008 年启动《土地法》及相关配套法例的检讨工作，从批地方式、批地面积、批地期限、修改批地用途、批地的转让、溢价金的订定方法、批地程序、监察履行批地合同的机制等八大方面分析和检讨，同年 11 月展开第一轮公众咨询，广泛收集社会意见。至 2009 年初，政府委托学术机构法律专家小组，对《土地法》的修改展开了理论与操作的深入研究，结合首轮公众咨询所收集的意见，制定了《土地法》修订草案。政府工作小组随后对草案展开内部研究、分析和修订，并听取执法部门的建议，拟订出最新咨询文本，自今日起至 2011 年 1 月 31 日展开第二轮公众咨询，争取在 2011 年第三季完善修订草案，尽快进入立法程序。

房屋局与青洲坊木屋居民会面，重申安置审核标准。政府密切关注青洲坊地段的公屋兴建计划，其间不断责成发展商妥善处理，必须在合法的情况下进行清迁工作。青洲坊木屋居民在议员区锦新陪同下到房屋局递信及举行会议，反映青洲坊木屋安置申请的审批情况及发展商的清迁、补偿问题，由房屋局副局长郭惠娴、房屋监管处处长伍禄梅及法律事务处处长任利凌接见。房屋局表示，将向发展商反映所收集的居民意见，并重申青洲坊地段木屋安置的审核标准，是以名册内有登记的占用人资料为依据，局方只会对已登记且合资格的木屋占用人进行安置。

15日

立法会一般性通过修改房屋税法案，细则性讨论及表决通过《因执行公共职务的司法援助》法案以及 2011 年财政预算案。

16 日

澳门律师公会换届，华年达连任理事会主席。华年达，1945 年生于葡萄牙里斯本，1970 年起在澳门担任律师职务，1973 年至 1980 年任澳门市政厅秘书长，1979 年出任顾问，1983 年至 1987 年为东亚大学监事会成员、东方基金会咨询委员会成员，1992 年获委任为澳门司法高等委员会成员。1980 年任第一届立法会直选议员，自 1987 年第三届立法会起任官委议员。曾获葡萄牙颁授殷皇子绅士勋章和澳门政府颁授之英勇勋章。

终审法院驳回一宗涉及僭建天台屋案上诉人之上诉。政府本年对位于南湾大马路一住宅大厦的僭建天台屋发出清拆令，违法人因而向中级法院提出上诉，要求中止政府的清拆令，但中级法院于本年 10 月驳回有关上诉。违法人不服中级法院裁决，向审终法院提出上诉。终审法院裁决驳回上诉人的上诉要求，主要理由是政府清拆该僭建物是为了保障大厦住客生命和财产安全的公共利益。土地工务运输局对终审法院的裁决表示欢迎，指出政府"拆迁组"至今已处理逾 130 宗僭建个案，未来将继续打击僭建行为，遏止僭建问题恶化。

17 日

行政会完成讨论《法律改革及国际法事务局的组织及运作》等多项行政法规。此次讨论的主要内容，包括新组建的法律改革及国际法事务局、社保基金和退休基金转移范畴、增加体育发展基金委员以及调整海关入职条件等。依据《法律改革及国际法事务局的组织及运作》行政法规草案，法律改革办公室和国际法事务办公室合并为法律改革及国际法事务局，负责协助政府制订统筹立法计划并进行监督，检讨并草拟重大法典及主要法律制度，以及进行国际法事务方面的工作。修改核准《政府部门及实体的组织、职权与运作》的第 6/1999 号行政法规，主要修改包括将现属经济财政司司长监督的退休基金会及社会保障基金，分别转往行政法务司司长和社会文化司司长。体育发展基金将 2 名正选委员增至 5 名，每月日常会议由 2 次增加至最少 3 次。海关于 2011 年首次开展副关务监督的入职开考程序，入职人士必须先修读包括实习在内的培训课程。

文化局澳门博物馆于本日至 2011 年 3 月 20 日举办澳门道教科仪音乐展。澳门完整保留了昔日岭南正一派及全真派科仪音乐道曲逾 500 首，留存曲目数量在各地道教科仪音乐中名冠前列，道教科仪音乐已成为澳门本土非物质文化遗产项目。澳门博物馆已于 2009 年将"澳门道教科仪音乐"（传统音乐类）向国家文化部申报国家级非物质文化遗产名录。此次"道韵天音——澳门道教科仪音乐"展览，除向公众展示澳门本土传统音乐的代表性成果之外，亦期望增加居民对此项澳门非物质文化遗产的了解和认知。

可持续发展策略研究中心举行总结会议。政府于 2006 年 5 月成立直属于行政长官的可持续中心，主要是为政府政策制定提供信息收集、咨询建议、调查研究及方案论证，以及开展行政长官指定的其他研究或工作。该中心自 2008 年起先后遴聘 6 位本地不同专业领域的专家学者出任非全职顾问。按照第 363/2010 号行政长官批示，该中心将于 12 月 19 日撤销，研究人员纳入澳门基金会辖下研究所，并与政策研究工作相互配合。会议由中心主任谢志伟致感谢辞，中心副主任郑华峰总结中心成立 6 年以来的工作情况。

18 日

中央赠澳门一对大熊猫"开开""心心"乘国航专机抵达澳门。本日中午，中央赠澳门大熊猫自成都乘坐国航西南分公司"秀美四川"号空中客车 A321 彩绘飞机抵达澳门，前往石排湾郊野公园大熊猫馆定居。为此次运输，国航打破以往动物运输使用货舱的惯例，特意将熊猫笼子安装在客舱部位，在国航活体动物承运史上尚属首次。

图11　中央赠送澳门一对大熊猫乘国航专机抵达澳门

20日

政府举行多项活动夫祝澳门回归祖国11周年。行政长官崔世安在酒会上致辞时指出，必须把发展经济、改善民生置于政府施政的重中之重。崔世安表示，特区第三届政府运作以来，力求传承创新，积极推进科学施政，努力建设阳光政府。在中央的全力支持下，在广大市民的共同努力下，澳门有效应对了国际金融危机，整体复苏势头比较明显。特区政府坚持共建共享的理念，加大改善民生的力度，促进澳门居民较充分的就业，办助中小企业经营和进步，加快经济适度多元发展步伐，提升文教卫事业发展水平，确保经济社会保持较快的、协调的发展。特区所取得的发展进步，正是广大澳人团结包容、不懈开拓的成果。崔世安代表特区政府，向全力支持特区的中央人民政府和中央各个驻澳机构，向努力建设澳门的广大市民，向尽忠职守的广大公务人员，致以衷心的敬意和感谢。应邀出席酒会的嘉宾包括全国政协副主席何厚铧、中联办主任白志健、外交部驻澳特派员公署特派员卢树民、解放军驻澳部队司令员祝庆生、立法会主席刘焯华、终审法院院长岑浩辉以及各界来宾约1400人。

白志健指出澳门应抓住新机遇，共谋新发展。中联办主任白志健在《澳门日报》发表题为《抓住新机遇，共谋新发展——纪念澳门回归祖国十一周年》的文章，指出澳门应增强机遇意识和忧患意识，科学把握发展规律，主动适应环境变化，有效化解各种矛盾，勇于创新，奋发有为，推进各项事业持续健康发展，保持经济社会的繁荣稳定。白志健为此提出三点希望：第一，把握定位，科学规划澳门的发展蓝图。第二，着眼长远，广泛凝聚社会各界建澳兴澳。第三，乘势而为，不断夯实澳门繁荣稳定的社会基础。

21日

统计暨普查局发布2010年前11个月综合消费物价平均指数。以2008年4月至2009年3月为新基期的综合消费物价指数，反映了物价变化对澳门整体人口的影响。此次统计数据显示，2010年前11个月综合消费物价平均指数较2009年同期上升2.71%。升幅主要由食物及非酒精饮品、杂项商品及服务和交通带动。

行政长官崔世安对澳门留学生滞留英国机场高度关注。崔世安在北京述职期间，对有澳门留学生滞留英国伦敦机场高度关注，表示政府将采用一切可行办法为滞留机场的澳门留学生提供协助，包括必要的膳食、住宿、交通安排及承担相关费用，并尽快寻求便捷措施协助滞留学生返澳。

22日

国家主席胡锦涛在中南海会见到京述职的行政长官崔世安，听取了澳门当前形势以及特别行政区政府一年来工作情况的汇报。胡锦涛对崔世安说：你担任澳门特别行政区行政长官一年来，秉持"协调发展、和谐共进"的施政理念，带领特区政府依法施政，平稳有序推进各项工作。澳门经济强劲回升，市民生活不断改善，社会保持和谐稳定。中央政府对你和澳门特区政府一年来的工作是充分肯定的，希望你们继续认真贯彻落实"一国两制"、"澳人治澳"、高度自治的方针，依法施政，再接再厉，进一步加强特区政府建设，加大保障和改善民生力度，促进经济适度多元发展，维护社会和谐稳定，为澳门的长治久安和长远发展打下更加坚实的基础。国家副主席习近平、全国政协副主席廖晖等参加了会见。

23日

国务院总理温家宝在中南海会见到京述职的行政长官崔世安，听取了他对澳门当前形势以及特别行政区政府一年来工作情况的汇报。温家宝表示，一年来，新一届特区政府稳健施政，传承创新，在加强政府建设、推动经济发展、促进民生改善以及深化与内地合作等方面，做了大量工作，应予充分肯定。他希望澳门特区政府在新的一年里再接再厉，进一步提高施政水平，把澳门的事情办得更好。国务院副总理王岐山、国务委员兼国务院秘书长马凯、全国政协副主席廖晖等参加了会见。

两栋楼龄达 44 年的长者社屋拆卸，腾出土地兴建公共房屋。为协助有实际需要的市民解决住屋问题，两栋楼龄达 44 年的长者社屋（嘉翠丽大厦 A 座及罗必信夫人大厦）拆卸，将重建成台山中街公共房屋。重建的台山中街公共房屋项目占地约 3700 平方米，主要建设长者社会房屋、街市、社会设施、公共停车场及休憩平台等设施。

24日

香港海事处与西北航运快线提供来回屯门及澳门的渡轮服务。香港海事处与香港西北航运快线签订屯门客运码头的新租赁协议，提供来回屯门及澳门的渡轮服务，预计于 2011 年 4 月中之前开始营办。新的租赁协议由 2011 年 1 月 17 日起生效，为期 7 年。西北航运快线将每周营办最少 14 个来回屯门客运码头和澳门的航班，并可选择提供服务往来珠三角范围的内地城市。

26日

新城填海区规划第一阶段公众咨询结束。为期 2 个月的新城填海区规划第一阶段公众咨询，共收到 1879 条意见，涉及 14 个方面的问题。

房屋局公布青洲坊木屋家庭合资格购买经济房屋的名单。房屋局经初步审核，确认有 88 户家庭符合资格购买经济房屋，其中 16 户已完成拣选经屋单位程序。政府对于青洲坊地段木屋安置的审核标准，是以政府 1991 年及 1993 年木屋登记名册内有登记的木屋占用人资料为基本依据的。

29日

政府成立政策研究办公室。依据第 389/2010 号行政长官批示，以定期委任方式委任刘本立担任政策研究室主任，任期 1 年。

30 日　　日本三菱重工夺得"澳门轻轨系统第一期行车物料及系统"合约。轻轨系统第一期工程今日开标。日本三菱重工以46.88亿元中标。工程施工期为47个月，测试期为2个月。轻轨全长21站，每小时最多可运载7800人次，全日运作19小时，每3至5分钟一班列车。

31 日　　行政长官崔世安发表新年献词。崔世安表示，新的一年，特区政府将与广大居民携手共进，共同努力建设可持续发展的澳门特区，确保"一国两制"伟大实践的全面落实。同日，中央驻澳门特区联络办公室主任白志健和外交部驻澳特派员公署特派员卢树民也分别发表新年致辞，相信澳门特区一定能创造澳门更加美好的明天，为丰富和发展"一国两制"实践做出新的更大贡献。

澳门回归大事编年
CHRONICLE OF
MACAU

2011年 1~12月

2011 年

1月

1日

第4/2010号法律《社会保障制度》生效，为双层式社会保障制度的第一层。该制度以社会保险原则及随收随付形式运作，财政收入主要来自登录于该制度的受益人（雇员、雇主、任意性制度供款人士）的定额供款、政府总预算经常性收入的1%拨款及博彩拨款。通过向合乎资格的受益人发放养老金、残疾金、失业津贴、丧葬津贴、结婚津贴、出生津贴、肺尘埃沉着症赔偿、因工作关系引起的债权等给付，为居民提供基本退休生活保障及就业期间的工作风险保障。社会保障制度分为强制性供款制度及任意性供款制度，具雇佣关系的雇员及雇主需向社会保障基金进行强制性供款，而符合法律规定的其他居民可通过登录任意性制度进行供款。至此，社会保障覆盖至全澳市民。

新水价机制实施。新水价机制在收费上划分为"家居用水"和"非家居用水"，前者按用户的用水量多少，实行累进式的阶梯收费，并分为三个等级；后者按用户类型分为"一般非家居用水"和"特种用水"两种收费。新水价实施后，有61%的家居用水用户的水费开支与过去比较维持不变，甚至有所下调。

青洲坊成功清拆4间木屋。发展商与4间木屋家团达成搬迁协议并获同意清拆木屋，并在房屋局及警方人员监督下顺利清拆。政府强调，发展商对青洲坊地段之补偿及清拆工作限期至2011年1月2日，政府在1月3日启动收回青洲坊地段的程序，之后由政府接收青洲坊相关清迁工作。政府接收青洲坊地段后，除兴建公共房屋外，亦会在区内开辟新道路网络。

2日

励志青年会假渔人码头会展中心宣告成立。该会承诺在助学、就业和创业等领域为本地青年提供帮助，提升其竞争力。目的是培养多元化人才，协助拓展澳门年轻人的眼界，同时组织青年积极参与社会事务，回馈社会。该会主要服务在学青年、在职青年，并提供社会服务。通过奖学金、助学金等方式为家境困难或者成绩优异学生提供帮助；为在职青年提供专业辅导、创业基金等协助；与其他社会团体携手开展本地社会服务及义工活动等。该会目前有约1000名会员，将成立相应的青年发展基金，并以各种渠道协助本地青年，为社会做出贡献。

"澳门陆路整体交通运输政策（2010~2020）"第二阶段意见征集启动。其间将举行巡回展览及四场公开介绍会，首场公开介绍会于本日下午在黑沙环公园举行。去年底，交通事务局公布了"澳门陆路整体交通运输政策（2010~2020）"第二阶段咨询文本，随即展开为期45天的意见征集工作。咨询文本综合第一阶段的公众意见及大量的科学调查数据，提出以"公交优先"为政策的核心，完善"交通建设"供给面和"交通服务"供给面，呼应"新城、旧区、历史核心城区"三个与城市空间规划紧密关联的交通布局，即"一核两面三圈"的工作理念，详细列明各项工作内涵和思路以及31项建设和配套措施。

3日

《澳门非高等教育发展十年规划（2011~2020）》展开咨询，咨询期为2个月。该规划从8个方面规划了澳门非高等教育阶段未来的发展重点，包括加大教育投入、建设专业精湛的师资队伍、加快小班制的实施、深化课程与教学改革以及扩大教育开放和区域合作等内容。该规划是基于澳门经济、社会、教育和文化等多方面长远发展的需要而制定的，确定了澳门未来10年非高等教育的发展方向和目标，并提出了相应的保障措施，以调动全社会的力量共同促进非高等教育事业的健康发展。

政府强制要求所有新入则楼宇的建筑计划必须提供各类用途的实用比率，并按已核准的数据向公众披露，希望提高房地产市场信息透明度，进一步保障消费者权益。土地工务运输局审批新入则的楼宇建筑计划后，将陆续上传至局方网页供市民查阅，市民也可直接向发展商索取有关资料。

法律改革及国际法事务局局长朱琳琳及副局长陈轩志就职。法律改革及国际法事务局隶属于行政法务司司长，负责协助政府统筹立法计划的制定并监督其执行，检讨并草拟重大法典及主要法律制度，以及进行国际法事务方面的工作。

全新设计的运输基建办公室网站开通。新网页将原有网页内容整理，方便市民搜寻关于澳门轻轨系统项目的兴建进度、工程资料和运建办的新闻活动讯息。此外，网页新增了《认识轻轨》栏目，增添"轻轨知识""介绍轻轨车厢""轻轨的一天""世界各地的轻轨资料""游戏区"等信息，市民可轻松了解轻轨系统。轻轨系统是未来澳门市内主干公交系统，着眼改善城市区内交通、民生，肩负与区域接驳的重任，是澳门与珠三角轨道网相通的主要轨道交通基建。

统计暨普查局首次公布 2002 年至 2009 年本地居民总收入资料。"本地居民总收入"从前称为"本地居民生产总值"，是指一个经济体的本地居民在境内及境外从事各类经济活动所获取的总收入。本地居民的定义涵盖个人和机构，个人包括在有关经济体内居住或将居住 12 个月或以上的人士，而机构包括在有关经济体内营运的生产单位。2002 年至 2009 年，以当年价格计算的本地居民总收入，由 547.1 亿元增加至 1502.4 亿元，年平均增幅为 15.5%；同期的本地生产总值由 548.0 亿元上升至 1655.8 亿元，年平均增幅为 17.1%。本地居民总收入与本地生产总值呈逐年上升的走势。另外，各年的对外要素收益的流出均大于流入，反映出非本地投资者在澳门获取的收益高于本地投资者从境外获取的收益。因此，本地居民总收入的数值低于本地生产总值。

4 日

政府与澳门新福利公共汽车有限公司、澳门公共汽车有限公司及维澳莲运公共运输股份有限公司签署"澳门道路集体客运公共服务"合同。3 家公司将由 8 月 1 日起提供合同订定的巴士服务，为期 7 年。随着新服务投入运作，政府将进一步强化对巴士服务的监管，除了大幅增加巴士出车班次，增辟新的路线，扩大现有巴士网络覆盖范围，增加夜间巴士路线数量及延长服务时间，亦会规范车辆的车龄及车厢内的无障碍设施等，务求为公众提供更优质的巴士服务。

4 名新任法官宣誓就职。经推荐法官的独立委员会推荐，行政长官于 2010 年 11 月 29 日在第 48 期《澳门特别行政区公报》第一组颁布第 103/2010 号行政命令，以确定委任方式，任命初级法院及行政法院院长何伟宁法官出任中级法院法官，任命初级法院叶迅生法官出任第一审法院合议庭主席；以合同聘任方式任命外籍法官简德道（José Cândido de Pinho）出任中级法院法官，为期 2 年。根据第 104/2010 号行政命令，任命第一审法院合议庭主席唐晓峰法官出任初级法院及行政法院院长，任期 3 年，可以续任。12 时正，上述 4 名新任法官在终审及中级法院大楼宣誓就职。

治安警察局特警队大楼内举行警员就职典礼。仪式由治安警察局局长李小平警务总监、副局长毛傲贤副警务总监及黎锦权副警务总监主持。出席仪式的还有局内各部门的厅长及负责人，为新警员戴上警章。就职成为警员的包括 85 名男警及 18 名女警，被派往治安警察局各个行动部门担任警务工作，另有 1 名无线电职程及 1 名机械职程男警，共 105 人。其中 33 名为大学学历，3 名为大专学历，55 名为中学学历，其余 14 名为初中学历。

24 名保安学员完成培训课程正式成为消防员。消防局于本日举行第 12 届保安学员培训课程之消防学员就职仪式，共有 24 名消防学员完成培训课程，正式就职成为消防员。仪式由消防局局长马耀荣消防总监担任主礼嘉宾。

5 日

澳门地区"纪念辛亥革命 100 周年活动"组织委员会在何贤纪念堂成立。大会表决通过"组委会"架构名单，主席由澳门地区中国和平统一促进会大会主席崔世昌担任，多个主要社团的领袖担任副主席。中央人民政府驻澳门特别行政区联络办公室副主任高燕在致辞时表示，澳门是实施"一国两制"的特别行政区，与辛亥革命和孙中山先生有着不解之缘，组织开展辛亥革命 100 周年纪念活动，以澳门回归祖国后的成就，凝聚广大澳门同胞的意志，努力实现孙中山先生振兴中华的伟大理想，有着深远的意义。

行政长官崔世安会见工联新领导层。工联总会会长何雪卿、理事长郑仲锡、监事长潘汉荣等新一届主要负责人，上午到政府总部拜会行政长官崔世安。郑仲锡会后引述崔世安所言，指政府为对抗通胀，将推出系列纾解民困措施，认为有能力的企业尤其是博彩业应适度调升员工薪酬。同时考虑通过增加输澳货源供应量，使物价得以调节，让广大居民尤其是低收入家庭有能力对抗通胀。崔世安还关注到订定最低工资制度，表示政府会循序渐进地推进此项工作。

6 日

政府跨部门组成的"非法工程跨部门常设拆迁组"首次进行清拆高层大厦新建天台屋行动。"拆迁组"清拆了南湾大马路一大厦僭建的天台屋，这是"拆迁组"首次清拆高层大厦新建天台屋个案。工务局城市建设厅强调，清拆僭建项目已有常设机制，所有被列入优先处理的僭建项目，"拆迁组"一定会执行清拆行动，保证所有僭建项目能落实清拆。"拆迁组"自 2010 年开始清拆行动至今，共处理 153 宗僭建个案，其中有 55 宗属于僭建天台屋。

2000 名"散位公务员"联署致函行政长官，希望当局将其年资奖金由按"公积金供款时间"改为按"服务时间"计算。在澳门，公共行政系统的工作人员分为公务员、公职人员和散工人员。公务员是指编制内确定性委任人员，一般称为"实位"；公职人员一般是指编制内暂时性委任、编制内散工和编制外合约人员，另有定期委任的，可以是公务员也可以是公职人员；散工人员是指政府公共行政机关以不定期合约方式聘用的人员，通常担任较低职务，一般称为"散位"。

廉政公署顾问关冠雄获委任为廉政公署助理专员，兼任反贪局局长。关冠雄毕业于澳门大学，具有翻译及传译、法律学士双学位，精通中、葡、英三语，具有丰富的实务刑侦经验，2001 年至 2007 年担任员警总局局长顾问，2009 年 12 月 20 日获委任为廉政公署顾问。

"澳门特别行政区政府公职人员政协委员研习班"在京开班。由行政暨公职局、中央人民政府驻澳门特别行政区联络办公室以及中华文化学院首次合办的"澳门特别行政区政府公职人员政协委员研习班"，在北京中华文化学院举行开班仪式。在开班仪式前，中华文化学院党组书记叶小文会见行政法务司陈丽敏司长一行，双方进行了亲切交谈。该研习班是专为担任政协委员的澳门特区公职人员而设，旨在协助各位学员提高与职务相关的能力和水平。课程在北京中华文化学院举行，为期 6 天，20 名学员均来自特区政府不同部门的领导、主管及中层人员。

警方首次发现俗称"开心水"和"咖啡粉"的新型毒品。"开心水"由少量冰毒、K 粉、飞仔粉等多种毒品调配而成，液态、透明、无味，主要成分为甲基苯丙胺、氯胺酮及硝甲泮等。与海洛因等传统

7 日

毒品采用吸烟式或注射等吸食方法不同，"开心水"既可直接口服，也可溶于啤酒、可乐等饮料后吸食。"咖啡粉"呈粉末状，在制造、运输、出售过程中易被伪装成咖啡，一般由吸毒人员在易涉毒娱乐场所吸食，容易上瘾，对人体危害性较大。由于隐蔽性强、服食简单、易于流通，"开心水""咖啡粉"查获难度较大。

9 日

香港公开大学李嘉诚专业进修学院与澳门商业管理教育中心宣布合办多个专业课程，配合政府推动市民持续进修的新政策。

中国民主促进会创始人之一、前全国人大常委会副委员长、"澳门基本法"起草委员会副主任雷洁琼于北京去世，享年 106 岁。雷洁琼，祖籍广东台山，1905 年生于广州。1924 年赴美国留学，1927 年入美国南加州大学学习，1931 年获社会学硕士学位，同年返国任教燕京大学社会学系。1945 年参与创建中国民主促进会。1949 年出席第一届全国政协全体会议。1977 年后历任北京市政协副主席，北京市副市长，民进中央副主席、民进北京市委员会主任委员、民进中央主席，中华全国妇女联合会副主席等职务，北京大学教授，是第一、二、三、六、七、八届全国人大代表，第七、八届全国人大常委会副委员长。第一届全国政协代表，第六届全国政协副主席。

10 日

行政长官崔世安应新加坡总理李显龙邀请，率领政府代表团赴新加坡展开为期 4 天的访问考察。

食品安全统筹小组高度关注德国鸡只饲料疑受二噁英（Dioxin）污染事件。小组引述民政总署资料称，澳门并没有进口来自德国的禽畜或蛋类制品。食品安全统筹小组于 2008 年 9 月 26 日成立，以持续加强检验检疫及跨部门协作，更有效地对食品安全进行协调监管。统筹小组由行政法务司司长负责协调，主要就整体工作进行统筹和决策，成员包括来自民政总署、卫生局、经济局、新闻局的领导层及技术人员。

交通事务局就新巴士服务模式举行说明会，表示会新增 3 条巴士路线，增加往来澳门和路环的夜间巴士以及实行区间线和时段线。澳门新巴士服务模式将于 2011 年 8 月 1 日正式实施，巴士营运公司增至 3 家，有 60 条巴士路线、超过 600 辆巴士投入新公共巴士服务，共增加四成班次方便居民出行，缓解坐车难问题。设于交通事务局的控制中心也于同日开始运作，在所有投入营运的巴士上安装 GPS 卫星导航系统、语音报站系统，以更好地掌握巴士的实时营运情况。在巴士服务管理方面，当局除通过交通监控中心密切监控巴士运行情况外，亦引入公众参与的巴士服务评鉴机制，让公众直接参与公交服务质量的监督、服务水平评估，共同优化巴士服务。

11 日

行政暨公职局与新加坡公共服务学院在新加坡签署有关合作培训澳门公务人员的谅解备忘录。根据谅解备忘录的内容，双方将加强在公务人员培训及人员交流领域上的合作，新方亦会为即将设立的澳门公务人员培训中心的发展计划、策略等提供顾问意见及指导，使澳门的公务人员培训更具针对性，从而有效提高公务人员的素质及能力。

捷克驻华大使访问文化局。为加强捷克和澳门的文化交流，增进对澳门的了解，捷克共和国驻华大使利博尔·塞奇卡（Libor Secka）、捷克驻港总领事耶鲁斯拉夫·简杜力克（Jaroslav Kantrek）于本日访问文化局，与文化局局长吴卫鸣会面，并到澳门博物馆参观道教科仪音乐展。大使一行对澳门文化表现出浓厚兴趣，期望今后加强和促进双方的文化合作。

卫生局参加"第10次粤港澳防治传染病联席会议"。会议于11日至12日在香港举行。三地与会代表回顾及总结了传染病监测、防治及通报机制、传染病疫情、流感防控、肠病毒疫情防控、传染病资讯系统、消除麻疹运动等工作，并探讨了未来传染病防治的发展方向。

12日

卢家大屋岁末新春展演年画及面塑。春节临近，卢家大屋迎来山东省工艺家驻场展演著名的杨家埠木版年画，游人除可欣赏多幅年画佳作外，更可目睹各种工具、原制木版及观摩学习制作流程。近日来澳的还有广受欢迎的面塑工艺，工艺家何晓铮即席示范，展期由本日起开始至2月6日（年初四）结束。

13日

商务部投资促进事务局与中葡论坛常设秘书处签订投资合作谅解备忘录。中葡论坛常设秘书处秘书长常和喜率团赴东莞参加2010中外投资促进机构年会暨战略新兴产业投资促进论坛、MOU投资促进机构业务交流会，并与商务部投资促进事务局签署投资合作谅解备忘录。根据备忘录，常设秘书处和商务部投资促进事务局将共同推动中国与葡语国家积极开展投资工作小组工作；制订工作计划，开展双边和多边投资促进活动；促进潜在投资项目的立项和实施；进一步发挥澳门作为中国与葡语国家商贸和投资服务平台的作用。

14日

首批享受《海峡两岸经济合作框架协议》（简称ECFA）税务优惠待遇的台湾地区电子零件经莲花口岸运往内地，货物总值约30万元。《海峡两岸经济合作框架协议》于2010年6月29日签订，基本内容涵盖海峡两岸之间的主要经济活动，包括货物贸易和服务贸易的市场开放、原产地规则、早期收获计划、贸易救济、争端解决、投资和经济合作等。其项目内早期收获清单于2011年1月1日起正式实施，列入清单的约800项产品将逐步降低关税，3年内全部降为零关税。澳门作为第三方海关，将以现行货物转运形式，配合ECFA规定进行相应监管，并确认货物可获税务优惠。

文化局中央图书馆本日起提供"全民网上阅读平台"。市民只要登入该馆网站，不需注册账号，便可免费阅读网上近万种图书及逾千种畅销杂志。"全民网上阅读平台"为中央图书馆近年推出的阅读计划之一，亦是邻近地区首项免费、免注册的全民网上阅读服务。

15日

行政长官崔世安与诺贝尔物理学奖得主、澳门科技委员会顾问高锟教授会面。高锟，祖籍江苏金山，光纤通信、电机工程专家，被誉为"光纤之父"，曾任香港中文大学校长。2009年，与美国物理学家威拉德·博伊尔（Willard Boyle）和乔治·埃尔伍德·史密斯（George E. Smith）共同获得诺贝尔物理学奖。

16日

内地普通高校在澳门联合招收保送生考试举行。由教育部统筹，高等教育辅助办公室协调的2011年内地普通高校在澳门联合招收保送生考试于高美士中葡中学举行。本年招收澳门保送生的内地普通高校有41所，共提供351个名额。

17日

持多次往返探亲及商务签注通行证的内地人士，本日起可到关闸、外港码头、氹仔临时码头及路氹城边境站登记指纹数据，使用自助过关通道。

18日

2011 年度现金分享计划开始发放，每名澳门永久性居民可获发 4000 元，非永久性居民可获发 2400 元，涉及金额近 19 亿元。

位于路环石排湾郊野公园内的大熊猫馆开幕。中央政府赠送澳门的大熊猫"开开""心心"在结束一个月隔离期后首次与外界见面。开幕式由行政长官崔世安、国务院副秘书长张勇揭牌。

21日

行政长官崔世安与欧洲委员会前主席、意大利前总理普罗迪（Romano Prodi）礼节性会面。普罗迪简述了全球金融危机对欧盟各国的影响，以及各国经济新近的复苏情况，并对澳门社会各方面的发展深感兴趣。崔世安欢迎普罗迪到访，并向他介绍澳门社会、经济、民生等各方面的发展情况。双方亦就全球经济复苏对澳门的影响交流意见。普罗迪此次访澳，是应澳门大学邀请为一讲座做主讲。

23日

"新城区总体规划专家研讨会"举行。为吸收国际和国内新城区及滨海地区的规划经验，体现政府统筹、专家领衔、部门合作、公众参与的原则，运输工务司与中国城市规划学会在澳门旅游活动中心合办"新城区总体规划专家研讨会"，邀请内地规划部门、专业团体及大专院校的专家学者来澳，就新城填海区规划中的空间利用、特色传承、生态建设、绿色交通等重大议题，与本地社会各界及专业团体进行交流及理性讨论，共同为新城区规划提出有益建议及前瞻性的启示。

24日

行政长官崔世安赴广州会晤广东省省委书记汪洋等，就加快推进粤澳合作达成共识。双方重点就《粤澳合作框架协议》的签署和宣传安排，以及确保协议的有效落实，进行了深入的探讨并形成共识，两地将全力推进粤澳更紧密的合作，推动广东的科学发展和澳门的经济适度多元，确保两地实现可持续发展。

政府公布第 3/2011 号行政法规《残疾分类分级的评估、登记及发证制度》，并将于 2011 年 3 月 11 日开始接受申请。行政长官根据基本法第 50 条（五）项，经征询行政会的意见，制定上述第 3/2011 号行政法规，规定残疾分类分级的评估、等级及发证的制度。残疾分类分级的评估准则作为该行政法规组成部分的附件之一。另外，专家小组还根据残疾评定的要求，制定了残疾评定的手册，确定了评定的工具、程序和方法。

国家民用航空局与澳门民航局签署安全合作协议。为实现资源共享、相互支持、共同发展，民航局一直与各地民航部门加强在航空领域的交流及合作。在安全技术方面，民航局与国家民用航空局达成了在航空情报服务、航图编制、飞行程序设计、航空气象和机场消防等领域的合作协议，于本日在澳门举行协议签署仪式。双方同意由国家民用航空局派出专家组每年来澳，向澳门特别行政区就上述领域提供技术支持。另外，国家民用航空局亦邀请澳门参加由内地举办的培训及技术交流活动。

金融管理局本日起公开发售 2011 年兔年纪念币。金融管理局由 2008 年开始推出全新系列之农历年纪念币，本年度兔年纪念币为该系列的第四套纪念币。

25日

中药质量研究国家重点实验室（澳门大学、澳门科技大学），以及仿真与混合信号超大规模集成电路国家重点实验室（澳门大学）举行揭牌仪式。

港务局协调相关单位举行海上春运工作会议。由于春节期间各海上口岸的人流大幅增加，港务局连同海关、治安警察局、交通事务局、旅游局、卫生局和船运公司等与客运码头运作相关的单位进行工作会议，为疏导海路旅客做好准备。会议商讨了针对春节期间疏导海路旅客的各项措施，包括加派人手维持码头口岸的通关秩序以及保持码头附近的交通顺畅等。

26日

行政长官崔世安探访长者日间护理中心，以及独居长者、单亲家庭等弱势群体。新春佳节即将来临之际，崔世安一行深入小区，走街串巷，到位于台山的街总社会服务大楼的长者日间护理中心、筷子基新建社屋等地探访弱势社群。这是崔世安公布2011年施政报告、提出一系列扶助和支持社会弱势群体对抗通胀措施后的首次小区探访。崔世安在与智障人士家长座谈时表示，智障人士因条件限制不能自理，需要在全面照顾下才可生活及工作，特区政府会负起责任，全力推动设置智障人士院舍。

27日

政府向公共房屋事务委员会介绍新的社屋租金计算方式。按现时社屋租户的收入情况，以新的租金计算方式，大部分租户的租金不变或下调；而新方案不设租金上限，超出收入上限的高收入家庭需负担较高租金，配合富户退场机制，实现公共房屋资源的合理运用。

教育暨青年局拨款2400万元，协助濠江中学附属英才学校完成氹仔校部A座校舍装修工程、举办年度教育活动及购置辅助设备和教材。

28日

政府举行"2010年度勋章、奖章及奖状颁授典礼"，行政长官崔世安代表政府向34位人士，4个团体、机构颁授勋章、奖章及奖状。荣誉勋章分大莲花荣誉勋章、金莲花荣誉勋章及银莲花荣誉勋章三种等级，是颁授给对澳门特别行政区的形象、声誉或发展有重大贡献的人士或实体。此次有前行政长官何厚铧获大莲花荣誉勋章，胡顺谦获金莲花荣誉勋章，姚鸿明获银莲花荣誉勋章。功绩勋章共七种，是颁授给在专业活动、推动和发展工商业和旅游业、从事教育事业、发展艺术和文化事业、推动社会福利和慈善事业及体育事业方面有杰出贡献的人士或实体。此次有黄显辉等获专业功绩勋章，王彬成等获工商功绩勋章，安栋樑等获旅游功绩勋章，何少金等获教育功绩勋章，陈伟辉等获文化功绩勋章，澳门日报读者公益基金会等获仁爱功绩勋章，林辉鸿等获体育功绩勋章。杰出服务奖章分为英勇奖章、劳绩奖章和杰出服务奖章，此次有李建丰等获授杰出服务奖章。奖状分为荣誉奖状和功绩奖状，此次有孙沙波等获荣誉奖状，李广祥等获功绩奖状。澳门特别行政区政府主要官员、中央驻澳联络办、外交部驻澳特派员公署、中国人民解放军驻澳部队的负责人参加了典礼。

商务部姜增伟副部长在澳门考察内地对澳门农副产品保供工作。姜增伟副部长率商务部、质检总局、国务院港澳办、国务院新闻办、广东省人民政府和供澳相关企业在澳门考察内地农副产品保供工作。行政长官崔世安会见了姜增伟一行。在澳期间，姜增伟与中央驻澳联络办主任白志健、经济财政司司长谭伯源及特区政府有关部门进行了沟通，并举行座谈会，广泛听取各界意见。

社会文化司司长张裕率代表团出席在香港举行的"第九届内地、香港、澳门卫生行政高层联席会议"。三地代表就三地非传染病的防控情况及合作方向、中医药的发展及合作、医疗改革和三地药品监管情况等交换意见和经验。三地卫生行政高层联席会议是为了加强内地、香港和澳门在卫生方面的合作，于2002年开始，每年在内地、香港和澳门轮流举行。

旅游危机处理办公室呼吁澳门居民密切关注埃及局势发展，暂缓出行计划。近日，埃及首都及部分地区发生抗议示威活动，示威人群与军警发生暴力冲突，造成人员伤亡。埃及当局已在全国实行宵禁，

29 日

当地网际网络和移动通信网络已被关闭，形势仍在进一步发展之中。由于农历新年假期将至，危机办呼吁澳门居民密切关注局势发展，暂缓出行计划。

日本创价学会第三任会长池田大作获澳门理工学院颁授名誉教授。创价学会是日本的宗教法人，属于法华宗系的新兴宗教日莲正宗，以日莲大圣人的佛法和生命哲学为基础，以推进和平、文化及教育为宗旨，祈愿人类幸福。创价学会在全球192个国家设有代表处，并以推广日莲正宗佛教的形式运作，是受到联合国承认的非政府组织。

30 日

旧区重整咨询委员会委托澳门科技大学可持续发展研究所开展"妈阁街区居民现状调查研究"，发现近7成受访居民认为"整建修复""保存维护""街道美化"较为适合该区发展。

31 日

行政长官批示设立"诊疗范畴同等学历审查委员会"，又批示禁止含西布曲明药物及其原料进口。"西布曲明"是一种中枢神经抑制剂，具有兴奋、抑食等作用，有可能引起血压升高、心率加快、厌食、失眠、肝功能异常等严重副作用。

港务局连同多部门访渔民，加强宣传海上安全信息。每逢农历新年期间，有大量澳门、香港和内地渔船锚泊于澳门内港度岁，港务局每年均会执行《内港渔船防火应变计划》，并且连同海关、消防局、渔民互助会及澳门旅游娱乐股份有限公司疏河部等单位采取相关措施，维持内港一带的海上秩序和安全。拜访渔民期间，港务局同时向渔民派发《环澳门水域船舶安全航行指引图》，该指引图早前由港务局及珠海海事局联合编制而成，旨在有效提高环澳门水域的通航环境安全，致力于保障港珠澳大桥人工岛及新城填海工程顺利进行以及维护安全的海上交通环境。港务局希望渔民遵循指引图的规定，确保在安全的情况下进出澳门。

统计暨普查局统计数据显示，截至2010年底，澳门行驶车辆总数达196634辆，较2009年增加4%，其中摩托车106420辆，占54%。互联网用户突破17万。

2月

1 日

《环珠江口宜居湾区建设重点行动计划》编制组到访澳门，邀请多位《大珠江三角洲城镇群协调发展规划研究》澳方顾问及政府部门代表提出意见。"行动计划"是粤港澳三方政府于2009年完成的《大珠江三角洲城镇群协调发展规划研究》的其中一项跟进工作，亦是国务院2008年底公布的《珠江三角洲地区改革发展规划纲要（2008~2020年）》及广东省与香港于2010年4月签署《粤港合作框架协议》的其中一项区域合作规划项目。

美高梅宣布非管理层加薪5%，从3月1日起生效。美高梅是美高梅金殿超濠股份有限公司于澳门首个娱乐场酒店项目，是澳门6个赌牌（3个主牌及3个副牌）之中最后一个赌牌公司正式落成的旗舰赌场酒店，也标志着澳门博彩业正式进入"六分天下"的局面。美高梅所领之赌牌，系属澳门博彩股份有限公司赌牌之副牌。整体项目投资逾12.5亿美元，于2005年中进行填海、填土及兴建，2007年12月18日开幕。

社保基金雇主注册及受益人编号即日起升至 10 位。配合第 4/2010 号法律的新《社会保障制度》生效，为更有效地区分雇主及受益人身份，社会保障基金自本日起，更新雇主注册编号及受益人编号组成方式，将编号升至 10 位，同时加入检验数字，以验证雇主及受益人填写编号时的正确性。升位后的编号由 10 位数字组成，首位数字 1 表示雇主，2 表示受益人，中间 8 位数字为升位前的雇主注册或受益人编号，最后为检验数字。

2 日

政府宣布延长《土地法》咨询期至 2 月底。该法案是 1980 年版本的一次重大修订，在批地、用地等方面采取了更严格的管理制度，体现了 30 年来澳门的国际化、产业多元、资源稀缺性的发展特点。由于旧有《土地法》颁布迄今已时隔 30 余年，许多原有条文早已不符合当今澳门社会的发展动向，条文中的公开性、规范性更是广遭诟病。政府于 2005 年正式启动修订《土地法》的相关工作。该法案针对旧有《土地法》的主要缺陷，提出 7 大改革要点。其中对申请批地、土地批给制度、改变用途、处罚机制、打击霸地等方面问题都做了细致明确的规定；针对溢价金偏低及批地透明度欠佳的情况，该法案还订定了更高的评定标准，对于违法行为的惩治力度相比以往也有了大幅度提升。

政府自发展商处回购永宁广场大厦经屋 125 个单位。永宁广场大厦经屋共有 880 个单位。根据行政长官批示，永宁经屋售价由最低的 1 房 1 厅 56.5 万元至最高的 4 房 1 厅 167.9 万元。批示还明确，永宁经屋单位补贴比率为 50%，日后永宁经屋的价格将按消费物价指数变化每半年调整一次。

8 日

世博会澳门馆获颁"2011 德国 iF 传达设计奖"。2010 年世博会澳门馆展示内容精彩多样，为参观者留下难忘印象。之前已获"红点设计大奖""第 46 届芝加哥国际传播影视展银奖及优异奖"，以及入选国际知名会展杂志的"编者之选"，本月又获"2011 德国 iF 传达设计奖"（iF communication design award 2011）。德国 iF 设计奖被喻为"设计奥斯卡奖"，是全球历史最悠久的设计奖之一，辖下"传达设计奖"主要面向印刷品、广告及大型展览会等各种不同形式的具有传播功能的设计产品。

9 日

路环石排湾公共房屋 CN3 地段第一区建造工程开标，共有 21 家公司递交标书文件。工程造价由 3.43 亿至 4.43 亿元不等。

澳门暂停至埃及邮政服务。邮政局宣布，鉴于埃及局势影响，澳门至埃及的所有邮政服务暂停，直至另行通告为止。

澳门工会联合总会氹仔综合服务中心发表一份"澳门离岛社区服务需求问卷调查"分析报告，在超过 600 名受访离岛居民中，社区交通为受访者首要关注的问题。

10 日

《环珠江口宜居湾区建设重点行动计划》初步成果咨询期结束，政府表示规划部门会继续通过举行各种宣传讲解活动，向社会各界介绍计划，听取意见。

11 日

立法会主席刘焯华解释澳门区全国人大代表选举办法。刘焯华表示，现在澳门区全国人大代表选举办法符合澳门实际情况，符合澳门在"一国两制"之下作为中央直辖的特别行政区的法律地位，因此暂时没有必要改变。他还透露，行政长官崔世安将于每年 4 月、8 月和 11 月三次到立法会，回答议员的问题。

旅游局在香港举办春茗，以答谢香港旅游业界、商界及媒体对澳门旅游业的支持。旅游局局长安栋樑及副局长文绮华率领旅游局代表出席，其他嘉宾包括香港商务及经济发展局旅游事务专员容伟雄、亚洲旅游交流中心副主任李学东、香港旅游发展局总干事刘镇汉、香港旅游业议会主席胡兆英等。香港为澳门第二主要客源市场，2010 年有超过 747 万名香港旅客到访澳门，而澳门总入境旅客人数更高达 2496.5 万人次，较 2009 年同期上升 15%。

14 日

经济房屋参考价格公布。房屋局局长谭光民表示，经济房屋参考尺价约 1100 元，经屋修订草案已交立法会排期审议，争取 2011 年上半年开始永宁经屋"上楼"程序。

澳门大药房商会限制奶粉抢购。针对近期奶粉短缺、本地供货不足的情况，澳门大药房商会向卫生局明确保证限制大量抢购奶粉，适当预留给本地居民。澳门药房内的奶粉不少由内地顾客购买，春节前夕爆发的"奶粉荒"导致港澳两地奶粉货源紧缺，部分进口奶粉早已断货，部分奶粉代理商在利益驱使下趁机涨价，使港澳两地民众产生不满情绪。

15 日

广东省省长黄华华在澳门主持"广东省 2011 年新春宴会"，并与行政长官崔世安会晤。崔世安在宴会上表示，国务院已经批准《粤澳合作框架协议》，粤澳合作将迈进新的历史阶段。粤澳合作的不断深化，丰富了澳门"一国两制"伟大实践的内涵，推动着澳门特别行政区继续迎来经济的发展、民生的改善及社会的进步。

16 日

澳门广播电视股份有限公司（TDM）公布董事会新成员。白文浩晋升为董事会主席，监事梁金泉将于 3 月 1 日接替江濠生出任常务董事。澳门广播电视股份有限公司为澳门公共广播服务机构，属下有 6 个电视频道，包括澳视澳门、澳门资讯、澳视体育、澳视高清、Canal Macau、澳门–MACAU；2 个电台频道，即澳门电台、Rádio Macau，以中文及葡文提供新闻、资讯、艺术文化、教育及娱乐节目。

17 日

行政会完成讨论《经济房屋的建造及出售制度》《房地产中介业务法》《旧区重整法律制度》3 部法案。其中《经济房屋的建造及出售制度》法案建议未来经济房屋全部由政府主导建造，申请人须为年满 18 岁的澳门永久性居民，禁售期则由现行 6 年延长至 16 年；至于居民关注申请经济房屋的收入和资产上限，则会由行政长官设定。《房地产中介业务法》法案则订定了房地产中介人及房地产经纪须具备相应的有效准照。

澳门 3 家药房涉嫌售卖冒牌药油。澳门海关发布消息，目前在开展打击侵权的行动中，查获 3 家药房涉售卖冒牌"黄道益活络油"长达 10 年，搜出冒牌"黄道益活络油"近 6000 瓶，涉案 7 人被海关带走调查。

18 日

交通局宣布新马路节假日公交专道计划正式施行。试行 9 个月的新马路节假日公交专道计划自 2 月 27 日起正式推行。新马路节假日公交专道计划于 2010 年 5 月中试行 3 个月，随后又延长半年试行期。局长汪云指出，新马路公交专道明显改善的士进入旧区的频繁情况，相信新马路的试行措施能为澳门推动公交优先政策带来启示。日后在内港实施快速公交通道期间，将有助于改善内港交通环境及游客人流，并提升居民、游客对公共交通设施的使用。

19日

澳门大学举办"澳大三十周年校庆启动仪式"及开放日。校庆主题为"三十而立奠基业，添砖加瓦筑未来"，多项庆祝活动、学术活动及学生活动陆续举行。校监、行政长官崔世安博士，中央人民政府驻澳门联络办公室副主任陈启明，外交部驻澳门特别行政区特派员公署特派员卢树民，中央人民政府驻澳门联络办公室文化教育部部长刘晓航，社会文化司司长张裕，澳门大学校董会主席谢志伟博士，澳大校长赵伟教授，澳大校友代表刘少荣博士等出席启动仪式。

图 12　澳门大学 30 周年校庆启动仪式

20日

土地工务运输局公布青洲都市化整治计划，保留青洲山并发展成市政公园和原址保护修道院等。政府表示，不希望因此换地，重申计划中已适度放宽楼高和扩大发展面积，比 1996 年的规划较为有利。若计划顺利实施，青洲山一带将发展成为居住人口约 2.7 万的宜人社区。

21日

审计署公布"公共部门工作人员出外公干"衡工量值式审计报告。报告发现，公共部门出外公干存在不公平，部门监管及节约意识不足，日津贴中有关酒店住宿和膳食消费开支值得关注。建议全面检讨超过 20 年的出外公干相关法例，尤其是两种发放日津贴的制度，以善用公帑。

行政长官崔世安在政府总部与天主教澳门教区主教黎鸿升神父会面，就特区教育发展交换意见。黎鸿升主教首先向行政长官致送由教宗本笃十六世于 2011 年元旦发表的《第四十四届世界和平日文告》，表达对世界和平、和谐共存发展的关注。崔世安表示，天主教澳门教区历年来对澳门教育发展贡献良多，澳门天主教学校是非高等教育的重要组成部分，政府会继续给予关心支持。黎鸿升主教介绍了教会未来建设教育设施的计划、提升师范教育的构想，以及兴建中的大学及中学设施的建设进度。同时，关注日后新城规划填海的土地是否预留用地建设宗教、社会服务设施。

澳门特别行政区护照获老挝落地签证待遇。身份证明局宣布从本日起，澳门特别行政区护照持有人可取得落地签证入境老挝人民民主共和国，最多可逗留 30 日。截至目前，共有 87 个国家和地区同意给予澳门特别行政区护照持有人免签证或落地签证待遇，9个国家给予澳门特别行政区旅行证免签证待遇。

教育暨青年局局长苏朝晖调任高等教育辅助办公室主任，其职位由副局长梁励取代。高等教育辅助办公室于1992年成立，现为特区政府社会文化司司长辖下之局级部门，专责处理澳门高等教育事务。

23日

澳门参加葡萄牙最大旅游展"2011葡萄牙旅游展"，展期至27日。本年有来自43个国家及地区的参展商参与，前2天只给旅游业者参与，随后3天开放给公众。葡萄牙旅游展始于1989年，是该国重要旅展，澳门每年都会参展，向欧洲市场推广旅游。据统计，2010年澳门的入境欧洲旅客较2009年上升3.7%，接近25万人次。

澳门与珠海签订《关于往返珠澳液化石油气瓶安全监督合作协议》。为配合落实关于粤澳紧密合作的共识，燃料安全委员会23日与珠海出入境检验检疫局、珠海市质量技术监督局在珠海举行《关于往返珠澳液化石油气瓶安全监督合作协议》签字仪式。该签署仪式在国家质检总局检验司副司长刘世远、珠海市人民政府副秘书长龙广艳、澳门特别行政区政府运输工务司司长办公室主任黄振东等见证下，由燃料安全委员会主席邝锦成、珠海出入境检验检疫局副局长何宏恺，以及珠海市质量技术监督局调研员张征代表三方在协议书上签字。

劳工事务局"一试两证"模式成功实践。劳工事务局在该局职业培训厅海洋办事处举行"一试两证"颁发仪式。澳门居民通过在澳门的一次考核，合格后可获得内地及澳门的专业资格和技能认证。技能鉴定除能提升从业人员的专业技能水平外，更有助于从业人员在自身专业范畴获得客观广泛的认同，有助于拓展职业生涯道路。

《规范楼花买卖法律制度》公开咨询。规定发展商在楼花销售前需要在物业登记局完成临时分层登记、取得整体工程准照及完成地基工程，才可取得销售楼花的批准书。

立法会第一常设委员会完成讨论《年资奖金、房屋津贴及家庭津贴制度》法案。法案适当调整了相关津贴金额，修订了津贴的发放要件并简化了相关的行政手续，完善了公务人员的福利待遇。

政府延长对低收入人士的工资补贴临时措施一年，并且将补贴上限由原每月4000元调升至4400元，政府外判清洁和保安服务的最低工资标准也将随之调升。

27日

三个屋苑（濠庭都会、裕华大厦及祐美大厦）的管理委员会代表到立法会向主席刘焯华递信，要求尽快修订《民法典》中之分层所有权制度，保障小业主权益。

28日

政府制定《完善医疗系统建设方案》以完善及重整医疗卫生基础设施，初步预计在未来10年投入约100亿元，分阶段逐步完善全澳医疗系统建设。

立法会全体大会一般性通过《经济房屋的建造及出售制度》法案。法案主要包括设立收入及资产净值限制，延长不可转让期至16年，设立补价制度，以及列于轮候名单的家庭不设收入限制等。

治安警察局为所有外地雇员签发新的"外地雇员身份认别证"，取代"非本地劳工身份卡"（俗称"蓝卡"）。新证加强了防伪，有利于警方监控和管理。现时澳门有近8万名外地雇员，当局前两阶段安排其中 58000 名已获通知人士，其余 2 万多人所持"蓝卡"继续生效，直至有效期结束。当局预计 2012 年该批外雇可全部更换新证。

统计暨普查局公布 2010 年澳门人口统计数据。资料显示，2010 年 12 月 31 日澳门人口估计为 552300 人，较 2009 年底增加 10100 人，人口增长率为 1.9%。在性别结构方面，女性占 52.0%，男性占 48.0%。人口年龄结构方面，0 至 14 岁的少年儿童占 12.2%，较 2009 年减少 0.5 个百分点；15 岁至 64 岁的成年人占 79.8%，而 65 岁及以上的老年人占 8.0%，较 2009 年均增加 0.3 个百分点。2010 年第四季有 1421 名新生婴儿，而死亡个案则有 438 宗。2010 年全年新生婴儿共 5114 名，按年增加 7.3%；男女婴儿性别比为 108.1:100，即每 100 名新生女婴对应 108.1 名男婴。全年死亡人数共 1774 名，较 2009 年增加 6.6%；前三位的死因分别是肿瘤、循环系统疾病及呼吸系统疾病。2010 年全年合计录得必须申报疾病 4571 宗，按年减少 46.5%，主要为流行性感冒（1632 宗）、肠病毒感染（1023 宗）及水痘（632 宗）。在结婚登记方面，全年合计共 3103 宗，按年增加 2.2%；女性初婚年龄中位数为 26.0 岁，男性为 28.1 岁。2010 年全年合计持单程证的内地移民 9056 人，按年大幅增加 190.2%；来自广东省的占总数的 67.1%。全年共遣返非法移民 1302 人，按年减少 14.6%。2010 年底的外地雇员总数为 75813 人，同比增加 908 人；年内获准居留人士共 4455 人，较 2009 年减少 5034 人。2010 年不包括院舍等集体户的住户数目为 179900 户，较 2009 年增加 1.1%。

统计暨普查局公布 2010 年第四季公司注册数据。资料显示，2010 年第四季新成立公司共有 737 家，同比增加 9.3%；注册资本合计 7623 万元，减少 45.6%。新成立公司以经营批发及零售业较多，有 276 家，注册资本共 2647 万元；工商辅助服务业与不动产业务分别有 125 家及 108 家。第四季解散的公司共 119 家，撤销的资本额为 1.19 亿元，当中 6 家经营运输仓储及通信业公司撤销的资本额共 1.02 亿元，占总数的 85.8%；而批发及零售业与不动产业务分别有 35 家及 23 家。2010 年新成立的公司共 2991 家，总注册资本 5.07 亿元，同比增幅分别为 18.3% 及 48.8%。来自澳门本地新成立公司的资本合计 2.49 亿元，同比显著上升 50.0%；香港及内地的资本分别有 1.24 亿元及 7242 万元；而来自泛珠三角九省的资本额为 2837 万元，以广东省居首位，达 2164 万元。新成立公司中批发及零售业有 1139 家，工商辅助服务业与不动产业务分别有 501 家及 376 家。2010 年共有 492 家公司解散，同比上升 4.9%；撤销的资本额共 2.16 亿元，较 2009 年大幅减少 89.2%，当中经营运输仓储及通信业公司撤销的资本额为 1.56 亿元。

3月

1日

行政长官崔世安分别与民政总署咨询委员会及三个社区服务咨询委员会座谈，听取他们对本地民政民生、社会事务的意见及建议。为努力建设阳光政府，推进科学决策，不断改善民生，行政长官继续听取各界意见，集思广益，在政府总部分别与民政总署咨询委员会及监察委员会、中区社区服务咨询委员会、北区社区服务咨询委员会、离岛区社区服务咨询委员会代表座谈。出席的委员踊跃发言，主要就治理内港水浸、社区活化、中小企营运、交通规划与公交专道效益、控烟及环境保护、公共房屋政策、人力资源及劳工政策、旅游配套、构建和谐社会等各方面表达意见及建议。崔世安指出，咨询组织掌握社情民意，有助于特区政府进一步了解民生民情；日后政府部门将与咨询组织加强沟通，增加政府与社区的联系，希望能在社区层面协助解决各区的民政民生问题。

2 日

政府就美国证券交易会调查拉斯维加斯金沙中国有否触犯《反海外贿赂法》一事做出回应，金沙中国已向政府知会事件，当局密切留意，并要求金沙中国就事件提交详细报告。

3 日

全国政协十一届四次会议开幕。全国政协主席贾庆林在政协常委会的工作报告中提到，要坚定不移贯彻"一国两制"、"港人治港"、"澳人治澳"、高度自治的方针，全力支持香港特别行政区、澳门特别行政区政府依法施政，促进港澳和内地特别是与珠三角地区经济合作，支持和鼓励港澳委员在香港、澳门经济、政治和社会事务中发挥积极作用，为促进港澳长期繁荣稳定和国家经济社会发展多做贡献。拓宽与港澳各界人士的沟通渠道，加强同港澳政团、社团及代表人士的联系，加大对港澳青少年的工作力度，不断发展壮大爱国爱港、爱国爱澳力量。

政府与日本三菱重工签署"澳门轻轨系统第一期行车物料及系统"判给合同。合同基本项目的金额为46.88亿元。三菱重工需在未来47个月内，为澳门轻轨系统第一期提供列车及系统，以及负责在西湾大桥内设置轻轨系统的设计及建造总承包工程，之后进行两个月试营运，在49个月后正式投入运行。

4 日

国家副主席习近平会见港澳政协委员并提出三点希望。习近平希望港澳地区全国政协委员围绕国家大局和港澳长期繁荣稳定，更加积极主动地为国家发展建言献策；更加积极主动地参与港澳社会政治事务；更加团结地维护港澳社会和谐稳定，积极推动社会各方面顾全大局、理性沟通，进一步促进包容共济、和谐稳定。

5 日

国务院总理温家宝在《政府工作报告》中强调，全力支持澳门特别行政区经济发展，改善民生，支持澳门建设世界旅游休闲中心，促进经济多元发展。上午9时，第十一届全国人民代表大会第四次会议在人民大会堂开幕，听取国务院总理温家宝做政府工作报告，审查"十二五"规划纲要草案、年度计划报告和预算报告。温家宝做政府工作报告时说，我们将坚定不移地贯彻"一国两制"、"港人治港"、"澳人治澳"、高度自治的方针，全力支持香港、澳门两个特别行政区发展经济，改善民生。温家宝说，支持香港巩固和提升国际金融、贸易、航运中心地位。支持澳门建设世界旅游休闲中心，促进经济适度多元发展。充分发挥香港、澳门在国家整体发展战略中的独特作用。进一步提高内地与港澳合作的机制化水平，支持粤港澳深化区域合作，实现互利共赢。

中国国家图书馆与澳门基金会合作开展的首个文化合作项目"中华寻根网"举行开通仪式。网站由澳门基金会出资，国家图书馆负责内容建设。该网站以传扬中华谱牒文化为目的，利用现代科技手段，在网络上实现寻根问祖、寻根百科、家谱编纂互动、家谱专题咨询、家谱在线查阅、家谱目录和全文检索等功能，建造全球华人寻根中心、家谱资料中心、家谱服务中心和家谱研究中心。

6 日

国家副主席习近平向澳区人大代表提出"十二五"规划方向。中共中央政治局常委、国家副主席习近平上午分别参加了香港代表团、澳门代表团审议。习近平在澳门代表团听取代表们发言后指出，国家实施"十二五"规划，为澳门加快自身发展提供了新的重要机遇，为澳门服务国家发展提供了广阔空间。希望澳门地区全国人大代表全力支持特别行政区行政长官和政府依法施政，团结社会各界推动经济适度多元发展迈出坚实步伐。他还强调，要积极做好青少年工作，培养更多爱国爱澳年轻人才，使爱国爱澳优良传统薪火相传。

《粤澳合作框架协议》在京签署，习近平出席签署仪式。广东省人民政府和澳门特别行政区政府在人民大会堂签署《粤澳合作框架协议》。中共中央政治局常委、国家副主席习近平出席签署仪式，并会见了澳门特别行政区行政长官崔世安和广东省省长黄华华等出席签署仪式的粤澳双方代表。黄华华、崔世安分别代表广东省人民政府和澳门特别行政区政府签署协议。《粤澳合作框架协议》共8章38条10000多字，涵盖粤澳经济、社会、民生、文化等领域，明确了新形势下粤澳合作的定位、原则、目标，确立了合作开发横琴、产业协同发展、基础设施与便利通关、社会公共服务、区域合作规划等合作重点，提出了共建粤澳合作产业园区等一系列具体、务实、可操作的合作举措，并明确了完善合作机制等保障机制安排。黄华华在致辞中表示，框架协议的签署是粤澳两地落实《珠江三角洲地区改革发展规划纲要》和《内地与澳门关于建立更紧密经贸关系的安排》、携手推进更紧密合作的重大举措，相信在"一国两制"方针的指引下，扎实落实框架协议提出的各项合作事宜，粤澳合作将迎来更加美好的明天。崔世安在致辞中表示，签署实施《粤澳合作框架协议》，标志着粤澳合作迈进新的历史阶段，澳门特区政府将与广东紧密合作，共同推动落实《粤澳合作框架协议》。中共中央政治局委员、国务委员刘延东，中共中央政治局委员、广东省省委书记汪洋，全国政协副主席廖晖、何厚铧等出席签署仪式并参加了会见。

推动节水型社会工作小组考察水库和泵站。工作小组组织23个社团代表，前往即将完工的竹银水库和于2010年回归日启用的竹洲头泵站考察。推动节水型社会工作小组成立于2008年12月1日，港务局局长担任组长，成员包括来自港务局、环境委员会、民政总署、土地工务运输局、新闻局、卫生局、社会工作局、政府驻澳门自来水股份有限公司及澳门自来水股份有限公司的代表。

8日

国家文化部港澳台办支持澳门文化创意产业发展。在北京出席全国人大会议的全国人大代表、《澳门日报》总编辑陆波日前在澳门组讨论时提出关于支持澳门文化创意产业发展的建议，国家文化部港澳台办迅速做出回复，表示支持澳门从内地输入动漫专才，支持在横琴建设澳门艺术家村。并将继续鼓励和推动澳门与内地优秀人才的交流互访，支持内地动漫等文化专才赴澳门交流、讲学、任教、任职，促进澳门文化创意产业发展。

9日

社会协调常设委员会完成《中央公积金制度框架》法律草案的讨论。讨论结果最快于3月底提交社协大会确认后，即正式进入立法程序。法案规范中央公积金账户资金须由政府注资或拨款和雇主、雇员非强制性供款组成，参与对象扩大至非永久性居民，但政府拨款部分仍维持为永久性居民。草案订定符合条件的首次开户个人账户可获政府注资1万元启动资金，分配拨款的时效为5年。有关法案通过后，现行的中央储蓄制度行政法规将被取消。

政协委员提案解决内港水患。20位澳区全国政协委员联合提案，建议中央政府同意审批澳门内港填海建堤，解决内港水患问题，以及兴建海底隧道，连接澳门内港海傍区与珠海十字门商务区及湾仔。

11日

政府跨部门小组完成妈阁交通枢纽规划设计，预计斥资11亿元至13亿元，争取工程3年内竣工，与首期轻轨同步落成启用。

政府启动应急机制应对日本大地震。行政长官崔世安表示，日本大地震发生后，政府已启动24小时旅游危机处理机制，向在日澳门旅客、学生提供全力帮助和服务。

政府通过公开招标方式，委托合适单位进行修改《出版法》和《视听广播法》的民意调查和分析服务。

体育发展局就审计署近日所公布的"公共部门工作人员出外公干"衡工量值式审计报告，表示对报告所指问题做了仔细反思和检讨，针对问题制定内部工作指引，要求所有员工严格执行，以求善用公帑。

13日

旅游危机处理办公室提醒澳门居民，因日本福岛县核电厂 12 日发生爆炸，不应前赴福岛县。

一年一度天主教圣像巡游活动举行。天主教圣像巡游是南欧宗教仪式，澳门受葡萄牙传统的影响，自 16 世纪设立澳门教区以来一直继承此传统。巡游历时 2 天，近 3000 人参加，从岗顶圣奥斯定教堂出发，沿途经过 7 个站。澳门居民又称圣像巡游为圣像出游、出大耶稣、出圣像、耶稣受难等。

14日

"十二五"规划为澳门带来新机遇。第十一届全国人大四次会议闭幕，会议通过《国民经济和社会发展第十二个五年规划纲要》。该规划以独立章节提出支持澳门建设世界旅游休闲中心，支持澳门推动经济适度多元发展。规划指出，要支持港澳巩固提升竞争优势，支持澳门建设世界旅游休闲中心，加快建设中国与葡语国家商贸服务合作平台。支持港澳培育新兴产业及产业创新能力，加快培育新的经济增长点，推动经济社会协调发展，支持澳门推动经济适度多元发展，加快发展休闲旅游、会展商务、中医药、文化创意等产业。"十二五"规划草案中提及 7 项粤港澳合作重大项目，2 项与澳门有关，其中包括开发横琴新区，规划面积为 106.46 平方公里，逐步建设成为探索粤港澳合作新模式的示范区，深化改革开放与科技创新的先行区，促进珠江口西岸地区产业升级的新平台。澳区全国人大代表团团长刘焯华表示，"十二五"规划草案提出广东在对港澳服务业开放中的先行先试逐步拓展到其他地区，将为澳门带来更大的发展机遇。澳区全国人大代表崔世平则认为，"十二五"规划草案的澳门部分结合官民共识，对澳门的未来发展具有重大意义。

澳门未受日本核辐射影响。就日本核危机，气象局表示一直密切监察澳门的辐射变化情况，至今未发现有任何异常。又指出，澳门距离事发地点超过 3000 公里，且所在位置与受影响的区域方向相反，预料澳门将不受此次核事故直接影响。同时，旅游危机处理办公室呼吁澳门居民切勿前往福岛县及仙台地区。旅游业界随后宣布取消本月所有前往日本的旅行团。

15日

民政总署就食品安全问题已与日本方面联络，日本方面表示任何受核辐射污染的食物均不会销售及出口。食品安全统筹小组技术小组相关成员已即时做出跟进。

16日

行政长官崔世安考察澳门大学横琴新校区建设进度及中医药科技产业园规划，并与珠海市市委书记甘霖进行内部工作会晤，商讨落实《粤澳合作框架协议》。双方就落实《粤澳合作框架协议》进行了交流，表示要积极探索合作新模式，加快推进横琴开发，推动珠澳协同发展。甘霖介绍了珠海积极推进珠澳亲密合作和横琴开发有关情况。甘霖说，珠海着眼于促进澳门经济适度多元发展和维护澳门长期繁荣稳定，坚持互利互信、合作共赢，积极主动推动珠澳协同发展，积极探索合作开发横琴的新机制，目前横琴岛澳门大学新校区建设进展顺利，粤澳合作中医药科技产业园项目加快推进。甘霖表示，珠海市将按照《横琴总体发展规划》和《粤澳合作框架协议》的要求，进一步探索粤澳合作中医药科技产业园的合作模式，为珠澳合作进一步探路。在项目选择上，将优先港澳资本和港澳项目，让更多的澳门中小企业参与横琴开发建设。崔世安表示，澳门方面将在中医药产业、文化创意、旅游培训、会议展览等方面先行启动和落实《粤澳合作框架协议》。澳门特别行政区政府高度重视和大力支持澳门居民到横琴新区就业和投资，将研究采取多种措施积极参与横琴开发。会见后，甘霖陪同崔世安一行考察了横琴岛澳门大学新校区和粤澳合作中医药科技产业园现场，了解项目进展情况。

统计暨普查局公布数据，2010 年底博彩业有薪酬雇员共 44806 名，按年增加 1.8%；其中荷官有 19149 名，增加 4.8%。2010 年 12 月博彩业全职雇员的平均月薪为 15700 元，较 2009 年同月上升 4.0%；荷官的平均月薪为 13610 元。

17日

行政长官崔世安率领政府代表团前往江苏南京出席"澳门周"及"活力澳门推广周"活动，并与江苏省省委书记罗志军会面。双方见证了江苏省旅游局与澳门旅游局《苏澳旅游合作备忘录》签署仪式。出席会面的有经济财政司司长谭伯源、社会文化司司长张裕、行政长官办公室主任谭俊荣、行政会秘书长兼行政长官办公室顾问柯岚、旅游局局长安栋樑、新闻局局长陈致平、经济局局长苏添平、贸易投资促进局主席张祖荣、澳门驻北京办事处主任康伟、行政长官办公室顾问冯少荣和高展鸿等。

18日

圣若瑟教区中学 80 周年校庆，举行"校庆年"启动式。

19日

受日本核辐射影响，行政长官崔世安视察机场口岸的核辐射检测站，表示政府将尽一切能力保障居民生命和健康。政府为确保来自日本旅客的健康，于机场设置了核辐射探测站，为来自日本的旅客提供自愿性检测。

民政总署主办的第 30 届澳门绿化周活动开幕。绿化周为期 9 天，主题是"绿色城市，梦想家园"，通过安排 40 多项不同形式的活动，向市民宣传环境绿化的重要性，以鼓励市民美化自然环境。自 1982 年开始，民政总署每年都联合澳门街坊会总会、澳门工会联合总会举办绿化周活动。经过 30 年的不懈努力，澳门绿化面积达 12.4 平方公里，有 1500 多种维管束植物、104 种苔藓植物，超过 170 种野生鸟类，孕育出世界首次发现并以澳门命名的"澳门凤尾藓"。

20日

文化局派员到大三巴哪吒庙跟进"霸庙营私"事件，决定给予一对长期在庙内替人做法事的夫妇一个半月缓冲期，至 5 月初务必撤走。

21日

政府出台"科学技术奖励规章"并于翌日起生效。评奖活动每 2 年举行一次，奖励在澳门科学技术活动中做出贡献的人士，提高本地科学技术工作者的积极性和创造性，加快本地科学技术事业的发展。该行政法规设立科学技术奖、研究生科技研发奖和特别奖励 3 种。其中，自然科学奖及技术发明奖一等奖奖金 100 万元，二等奖奖金 60 万元；研究生科技研发奖包括博士研究生奖 8 万元，硕士研究生奖 6 万元。

全球网上酒店服务供货商 Hotels.com 发布 2010 年全球酒店价格指数，澳门酒店价格在全球排名第五位。

22 日

中央人民政府驻澳门联络办召开会议，传达十一届全国人大四次会议和全国政协十一届四次会议精神。会议由中联办副主任徐泽主持。十一届全国人大四次会议澳门代表团团长刘焯华、全国政协常委廖泽云分别传达了两会精神以及一年来澳区全国人大代表履职、全国政协委员参政议政的有关情况。澳门社会各界约 350 人出席会议。全国政协副主席何厚铧、行政长官崔世安、中联办主任白志健和全国人大常委会委员贺一诚在会上讲话。何厚铧表示，国家"十二五"规划坚定和清晰地指出了澳门未来的发展蓝图，以及致力于打造"世界旅游休闲中心"的奋斗目标。他指出，澳门要全力加快经济适度多元发展，但必须与区域合作有机结合，经济适度多元须遵循"互补共融、合作共赢"的精神。他强调，要逐步落实澳门的发展蓝图，必须维持澳门政治局面的长期稳定，澳门人必须坚定不移、正确掌握"一国两制"和基本法的内涵。他相信，澳人只要同心同德，全力支持特区政府依法施政，继续让澳门维持稳定团结的局面，澳门的未来必定会更好。崔世安在会上表示，刚获批准的国家"十二五"规划纲要，清晰描绘了国家在未来五年经济社会的发展蓝图。"两会"期间，中央领导人对澳门发展再次给予关心和支持，并提出了特区应当努力推进的重点，对澳门特区的发展有着重要的指导意义。崔世安谈了五点体会：坚持"一国两制"方针，促进特区科学发展；关心民众生活，不断改善民生；落实"框架协议"，深化区域合作；聚焦"十二五"规划，推进经济适度多元；鼓励学习实践，培养年青才俊。白志健充分肯定过去一年澳区全国人大代表、政协委员积极参政议政，为国家发展和澳门"一国两制"实践所做的贡献。他勉励大家认真学习和贯彻落实两会精神，准确把握澳门发展面临的新形势，从国家发展大局中思考澳门的发展。他希望大家加强调查研究，抓住国家"十二五"规划和《粤澳合作框架协议》实施的机遇，围绕建设世界旅游休闲中心，支持和协助特区政府细化澳门未来的发展规划；加强团结协作，凝聚社会共识，在政府与民众之间搭建沟通交流的桥梁，妥善协调各方面的利益关系，积极构建健康、团结、包容的社会氛围；不断提高素质，带头学习宣传"一国两制"方针和基本法，积极发挥在澳门社会政治事务中的作用，支持行政长官和特区政府依法施政，维护澳门繁荣稳定发展。

政府多个部门联合行动收回路环石排湾附近被占土地，用以兴建通往石排湾公屋的公共道路网和其他基建。此次回收土地面积约 7.2 万平方米，占近两年回收被占土地面积的一半。

政府完成第二阶段《澳门陆路整体交通运输政策（2010~2020）》意见汇整及分析工作，反映居民普遍接受渐进式的组合方案，并认为制定合理验车标准和制度、实施进口车辆配额等车管措施较为迫切。

23 日

《旧区重整法律制度》草案在立法会获得一般性通过。草案通过重整澳门旧区，逐步提高澳门居民的综合生活素质，改善中小企业经商环境，保存具有历史、文化及建筑价值的遗产，并活化周边区域，以促进城市的可持续发展。

立法会全体大会通过《调整公共行政工作人员的薪俸、退休金及抚恤金》法案，公务员每一薪俸点将加 3 元，由现时 59 元增至 62 元，加幅 5.08%。

受日本核辐射影响，食品安全统筹小组下设技术小组决定，暂缓处理来自受影响的日本 5 个县（千叶、栃木、茨城、群马及福岛）等地食品的进口申请。

气象局天气预报由 4 天增至 7 天。"中国天气网·澳门特区站"上线，中国气象局国际合作司司长喻纪新及澳门地球物理暨气象局局长冯瑞权共同主持上线仪式。澳门地球物理暨气象局宣布开始推出 7 日天气预报服务，以满足更多来澳旅客查询　也使澳门居民掌握未来一周天气状况。

国际知名评估机构发表年度报告《政经风险评估》，澳门廉洁程度为 4.68 分，在亚洲地区 22 个国家和地区中排行第 6 位。《政经风险评估》于 2006 年首次将澳门纳入被评估地区，当年评估的 13 个亚洲国家及地区中，澳门廉洁度排名第 4 位。

25 日

初级法院宣判涉行贿前运输工务司司长欧文龙及协助其洗黑钱案件。林伟、陈连因等 6 名被告裁定行贿罪名成立，分别被判监 10 个月至 6 年 10 个月不等刑期。

政府继续打击霸地行动，成功收回黑少 3 幅面积超过 5000 平方米的土地。政府人员在清理较早前一幅被收回的土地时，称被手持武器人士驱赶恐吓。土地工务运输局及运输工务司司长办公室先后发表声明，对事件表示强烈谴责。翌日，3 名带头滋事者被逮捕，被控以恐吓、抗拒及胁迫、严重胁迫、加重侮辱及加重诽谤等罪。

电子动态版《清明上河图》澳门展在澳门东亚运动会体育馆开幕。翌日正式开放参观。

26 日

澳门连续第三年参加世界自然基金会"地球一小时"活动。晚上 8 时 30 分起关掉非必要的灯一小时，用实际行动支持节能减排，唤起居民的环保意识。该活动最早于 2007 年在澳大利亚悉尼发起，号召人们在 3 月最后一个星期六 20：30 ~ 21：30 熄灯。短短数年间已发展成一项全球性活动。到 2010 年，全球已有超过 128 个国家 4600 个城市参加。

"天津·澳门周"活动在天津开幕。活动持续至 28 日，举办展览、经贸旅游推介会、津澳合作签约、文艺表演等活动。其间，特区政府及企业家代表团游览海河，参观考察天津市规划展览馆、意式风情区和中新生态城等。

29 日

政府跨部门小组采取联合清迁行动，首次收回一幅非法填湖的霸地。霸地位于龙环葡韵对开的湖面，面积逾 9000 平方米。

政府获柬埔寨驻港总领事馆通知，持澳门特别行政区护照的居民前往当地可获落地签证，最多可逗留 30 天。

中葡论坛（澳门）培训中心揭幕。中国—葡语国家经贸合作论坛澳门培训中心在中葡论坛（澳门）常设秘书处举行揭牌仪式，行政长官崔世安主持揭牌。中央驻澳机构负责人、特区政府官员、部分葡语国家驻华大使等嘉宾参加揭牌仪式。作为培训中心承办单位的澳门大学，还举行了承办单位揭牌仪式及培训中心第一个培训项目的开办典礼。首个举办的研修班是葡语国家酒店及旅游管理课程班。

30 日

全国政协副主席何厚铧获葡萄牙共和国总统席尔瓦颁授功绩大十字勋章；中国—葡语国家经贸合作论坛（澳门）常设秘书处副秘书长姗桃丝获颁授功绩司令级勋章。

政府公布多项局级官员调动。其中，容光耀调任社工局局长、杜志文调任印务局局长，另外多人获委任为副局长。

政府批准一幅位于氹仔大潭山脚、澳门科技大学对面、面积达 8.3 万平方米的土地，兴建 26 幢住宅楼宇。溢价金约 6.42 亿元。

31 日

"2011 年澳门国际环保合作发展论坛及展览"开幕。展览由特区政府主办、贸促局及环境保护局承办，并邀请泛珠三角省（区）政府为协办单位、国家发展和改革委员会及国家环境保护部为特邀支持单位，德国科隆国际展览公司作为项目经理。会期至 4 月 2 日。该论坛及展览已连续举行四届，成为参展参会企业展示环保技术及成果、联系客户、开拓绿色商机之平台。本届展览以"绿色机遇——低碳城市发展"为主题，倡议"绿色城市、智能技术、持续增长"。

4月

1 日

政府动用近 80 亿元推出系列民生福利扶助措施，帮助居民对抗通货膨胀。系列措施包括：调升最低维持生计指数；调升三类弱势家庭特别生活津贴的入息上限，并上调津贴金额；调升短期食物补助计划的入息上限；增强"积极人生服务计划"及"小区就业辅助计划"的支持；延续发放"租金津贴"，帮助特别困难援助金家庭缓解租金压力；调升养老金；调升残疾金；调升社会救济金；继续豁免社会房屋住户 2011 年 4 月至 6 月的租金；针对低收入的全职工作受雇人士，延长实施"工作收入补贴临时措施"并上调补贴金额。惠及全民的提升福利措施包括：提升住宅电费补贴至每月 180 元；提早两个月发放新一期医疗券。在教育领域，由 2011/2012 学年起，提高免费教育津贴金额、调升学费津贴、书簿津贴以及经济困难学生的学费援助、膳食津贴及学习用品津贴等。

政府调升最低维持生计指数，1 人家庭由 2640 元调升至 3000 元，升幅逾 13%。最低维持生计指数是政府扶助贫困和弱势群体的指标，通常每半年参考消费物价等指数做出检讨和调整。

天主教慈幼会会祖圣若望·鲍思高（San Giovanni Bosco，1815～1888）圣髑抵达澳门，连续 7 天供人敬礼。鲍思高是意大利天主教神父，也是慈幼会的创办人。因其在青少年教育领域的贡献，罗马天主教会册封他为青年的主保圣人。

2 日

警方侦破大宗偷运毒品案。警方证实，1 日晚在澳门国际机场拘捕一名美国女子，起出市值超过 2.4 公斤的海洛因，已移送检察院侦讯。据供述，这名女子从马来西亚吉隆坡乘机，在马来西亚收取一名非洲籍男子 2500 美元报酬而携带毒品。这是 2011 年至今侦破的最大宗偷运毒品案。

3 日

文化局一名领导人员被廉政公署调查。该领导人员涉嫌滥用职权，违反其职务上固有的保密义务，故意向亲属透露其他竞投者标书报价，以使其亲属获取文化局一项维修服务的判给，严重触犯《澳门公共行政工作人员通则》规定的无私及保密等义务。廉政公署于 3 月 31 日将案件移交检察院处理，并通报文化局领导层，要求采取适当措施，以堵塞采购程序漏洞，确保政府采购程序公正合法。

4 日

行政长官崔世安颁布批示设立楼宇管理仲裁中心，通过调解仲裁方式促进解决楼宇管理争议。涉及楼宇管理争议的问题，尤其关于业主委员会地位的合法性、分层建筑物所有人大会举行程序及其决议之有效性、管理权和共同部分属性的争议，均可通过该中心提出仲裁申请。仲裁基于当事人自愿同意，经中心接受仲裁申请后，仲裁中心将派出调解员调解。在仲裁过程中，仲裁当事人及所有执行职务有接触仲裁程序的参与人均须遵守保密义务；仲裁当事人无须强制聘用律师，涉及的争议双方均无须为有关程序负担任何费用。

旅游局举报非法旅馆网页启用。旅游局按照《禁止非法提供住宿》法律，对 4 名非法提供住宿者（经营者）各科处罚款 20 万元。该法于 2010 年 8 月 13 日生效至今，跨部门工作小组已封印 119 个怀疑用作非法提供住宿的单位。除 24 小时举报热线外，旅游局亦正式启动网上举报非法提供住宿。

运输工务司司长刘仕尧出席 "2011 年澳门国际环保合作发展论坛及展览"（MIECF）活动。其间分别与环境保护部周生贤部长代表、国际合作司副司长兼港澳办副主任宋小智、前联合国副秘书长兼联合国环境规划署执行主任 Klaus Toepfer、德国前副总理和外交部部长 Joschka Fischer 会面，与国内外环保专家交流意见。嘉宾对澳门环境状况深感兴趣，提出若干适合澳门环境状况的建议。刘仕尧表示，政府一直重视环保工作，致力于推动全澳居民实践环保低碳生活。

6日

行政长官崔世安会见葡萄牙外交部对外政策司司长 António de Almeida Ribeiro 大使率领的代表团。崔世安指出，双方高度重视发展两地的友好关系和交流合作，政府将按照《中华人民共和国澳门特别行政区与葡萄牙共和国合作纲要协定》的精神，加强推动澳门与葡萄牙在各个领域的交流合作。

立法会第二常设委员会审议《控烟法》最新修订的工作文本。主席陈泽武在会后称，委员一致同意赌场须于法例生效后 1 年，即 2013 年 1 月 1 日前设置吸烟区。

7日

行政长官崔世安与参加澳门大学 30 周年校庆活动的全国人大常委会副委员长韩启德会面。崔世安代表政府欢迎韩启德到访，简要汇报了澳门近况及《粤澳合作框架协议》自 3 月签署以来的新进展，表示政府正有序地细则化协议内容。韩启德希望在行政长官及社会各界共同努力下，澳门继续和谐发展。

社会文化司司长张裕率团赴川考察澳门援建项目。张裕率领澳门特别行政区支持四川地震灾后重建协调小组，于 4 月 7 日至 9 日赴四川考察，了解澳门援建项目的进展，并与川方商议确定今年完工计划的具体安排。张裕在成都与四川省省长蒋巨峰会面，表示特区政府十分重视参与四川灾后重建工作。四川省常务副省长魏宏 9 日于澳川协调机制年度会议上表示，澳门援建项目可于年底达到基本完工的目标。至 2010 年底，澳门援建项目共完成 11 项。预计全部 98 个项目在年底完工，另有 4 项在 2012 年完成。双方还表示，将保持长期合作关系，在文化、旅游及体育等方面加强技术和人员交流。

8日

珠江口西岸 "4+1" 区域反走私合作座谈会在澳门举行。为贯彻落实珠江口西岸 "4+1" 区域反走私合作协定，切实加强珠澳两地打击水客走私活动，澳门海关组织召开珠江口西岸区域反走私合作工作座谈会。来自珠海、中山、江门和佛山 4 个城市的反走私部门负责人，一同来到特区海关总部，与澳门海关共同协商如何进一步打击水客走私活动。此举标志着《粤澳合作框架协议》签订之后粤澳双方反走私合作将提升到一个更高、更广的层次，将为粤澳两地的社会繁荣和经济发展做出更大贡献。

妇女事务咨询委员会举行联合会议。该委员会日前假旅游活动中心举行专责委员会联合会议，除讨论及跟进委员会近期的工作外，并邀请澳区全国人大代表分享国家 "十二五" 规划纲要对澳门带来的机遇。澳区全国人大代表招银英介绍两会精神，表示国家 "十二五" 规划第 8 篇 36 章《全面做好人口工作》，第一节至第五节制定了妇女发展、儿童保护、人口老化及残疾人士就业的政策，为妇女工作者提供了指导性方向。规划亦可作为妇女事务咨询委员会制定未来工作的指标，委员会可结合澳门妇女情况，向政府提出意见及建议，以配合国家的整体规划。

身份证明局代表与"澳门永久居民未受惠子女家长会"会面。代表重申中央政府处理澳门与香港特区"超龄子女"问题之标准一致，其执行细节因应两地实际情况而加以调整，但同样是使用余额供超龄子女申请来澳定居。根据《澳门特别行政区基本法》第22条规定，批准内地居民来澳定居属中央人民政府的权限，内地对于内地居民来澳定居有严格规定，所有澳门居民在内地的亲属必须在内地提出申请，并且符合有关的规定才可获批准。

消费者委员会自4月起把每月1天的"无胶袋日"增至2天。消费者委员会倡议的"无胶袋日"，自本月起增为每月18日及28日。该会呼吁商号积极响应，市民日常出外购物时亦自备环保购物袋。

9日

民政总署高度关注内地验出蔬菜样本含微量放射性物质。因应近期有报道指内地卫生部门验出蔬菜样本中含微量放射性物质碘131，民政总署即时联络国家质量监督检验检疫总局、广东省出入口检验检疫局及珠海出入境检验检疫局了解情况。民政总署除继续与日本、内地及其他邻近地区检疫部门保持高度紧密联络之外，亦一直与业界保持密切沟通，适时做出跟进。食品安全统筹小组下设技术小组相关成员经3月23日会议决定，已即时暂缓处理来自受日本福岛核辐射泄漏事件影响的5个县及其他受影响区域食品的进口申请，其他受影响日本区域的食品进口申请亦以上述办法处理。

10日

行政长官崔世安表示政府高度关注澳门地产市场。对于用作兴建私人住宅楼宇的土地，一如既往坚持以拍卖方式竞投；因应地产市场的近况，暂缓推出2幅将于近期公开拍卖的私人楼宇土地。

11日

政府公布新的社会房屋租金计算方式。政府公报刊登第74/2011号行政长官批示，公布新的社会房屋租金计算方式，其中分为4个级别，社屋租金调整自本年7月1日起生效。新的社屋租金计算方式操作简易，更能体现公共房屋资源的合理运用。

澳门代表在北京参与亚太旅游协会（PATA）60周年庆典暨年会。国务院副总理王岐山及国家旅游局局长邵琪伟在开幕式上致辞。旅游局局长安栋樑率领代表团参与盛会。年会主题为"共筑旅游：过去、现在、未来"，环绕多个与构建未来旅游业相关的热门题目进行讨论。亚太旅游协会于1951年成立，成员包括80多个国家及地区的政府旅游部门、地方政府及当地旅游机构，40多个航空及邮轮公司以及数百家旅游行业公司。旅游局于1958年成为会员。

统计暨普查局首次公布经统计推算的旅客总消费（不包括博彩消费）及旅客人均消费结果。2010年旅客总消费达379亿元，人均消费为1518元。按原居住地统计，中国内地旅客的人均消费为2039元、日本旅客1394元、东南亚旅客1319元、大洋洲旅客1254元、中国香港旅客811元、中国台湾旅客677元。2010年留宿旅客的人均消费为2529元，不过夜旅客为593元，均以中国内地旅客的消费最高，留宿及不过夜的内地旅客人均消费分别达3367元及828元。旅客人均非购物消费为745元，住宿及饮食分别占45%及37%。日本旅客的人均非购物消费最高，为1240元，而留宿的日本旅客人均非购物消费达1910元；此外，大洋洲及欧洲旅客的人均非购物消费分别为1022元及1011元。旅客人均购物消费为773元，主要购买手信食品（24%）、珠宝手表（21%）和成衣（19%）。内地旅客的人均购物消费最高，为1290元，其中留宿的内地旅客人均购物消费达1937元。旅客的平均逗留时间为0.9日。留宿及不过夜旅客的平均逗留时间分别为1.7日及0.2日。欧洲旅客的平均逗留时间最长，为1.3日，而留宿的欧洲旅客平均逗留 2.2 日。2010 年入境旅客总数达 24965411 人次，按年增加 15%；其中随团旅客有 5745222 人次，增幅为 24%。旅客主要来自中国内地（13229058 人次）、中国香港（7466139 人次）、中国台湾（1292734 人次）、日本（413507 人次）、马来西亚（338058 人次）及韩国（331768 人次）；美洲及欧洲旅客分别为 297137 人次及 244463 人次。2010 年底营运的酒店有 60 家，公寓有 31 家；可供应客房共 20091 间，按年上升 4%。总体平均入住率为 79.8%，较 2009 年上升 8.4 个百分点；其中酒店的平均入住率为 80.5%。与此同时，住客总数有 7755214 人次，增幅为 16%；平均留宿时间为 1.5 晚，按年上升 0.04 晚。

12 日

全国政协副主席何厚铧应邀出席第 29 届洛阳牡丹文化节开幕式，并与河南省省委书记卢展工、省长郭庚茂会面。

土地工务运输局接受工业大厦活化计划申请。为配合落实政府促进房地产市场可持续发展的 6 大方向政策，增加中、小型住宅单位的供应，土地工务运输局推出工业大厦活化措施，工业大厦倘若全幢拆卸改建为住宅楼宇，必须提供占住宅总单位数至少 7 成、实用面积不超过 60 平方米（约 640 平方尺）的单位。符合此要求的申请项目可获优先处理，由入则至展开工程较正常流程缩短一半时间，从而有助于推动申请项目加快落实兴建。

澳门科技大学可持续发展研究所公布 2011 年第一季消费者信心指数，澳门消费者信心总指数为 83.57，较上季微跌 1.32%。

13 日

立法会第一常设委员会继续讨论《房地产中介业务法》法案，重点讨论房地产经纪考取资格和佣金。政府认为，考取执照不应该只限澳门居民。

麦肯锡全球研究院报告显示，澳门人均国民生产总值将在 2025 年名列全球第四位。

14 日

行政长官崔世安出席"博鳌亚洲论坛 2011 年年会"。国家主席胡锦涛应邀出席年会开幕式并发表主旨演讲。俄罗斯总统梅德韦杰夫、巴西总统罗塞夫、南非总统祖马、韩国总理金滉植、西班牙首相萨派特罗、乌克兰总理阿扎罗夫和新西兰副总理克格利希等外国领导人亦出席年会开幕式。今年是该论坛成立 10 周年，年会主题是"包容性发展：共同议程与全新挑战"，论坛共有 50 场活动，40 个国家及地区近 1400 位人士与会。

中国内地与港澳民航部门在澳门举行"三地国际航空法交流会"。会议回顾过去一年三地民航法律发展及落实多边公约的程序，并讨论《制止与国际民用航空有关的非法行为》（即北京公约）及《制止非法劫持航空器公约之议定书》（即北京议定书）的内容及适用性。

15 日

国家主席胡锦涛在海南博鳌接见出席"博鳌亚洲论坛 2011 年年会"活动的香港特区行政长官曾荫权、澳门特区行政长官崔世安，以及两个特区的政府代表团、企业家并合影留念。

行政长官崔世安在海南博鳌与海南省省委书记卫留成就两地的发展和合作交换意见。卫留成简要介绍了海南国际旅游岛建设的有关情况和游客购物退免税政策的实施情况，表示按照国务院的要求，海南将探索发展竞猜型体育彩票和大型国际赛事即开彩票，但绝不会像外界所担心的那样发展博彩业。崔世安对海南国际旅游岛建设一年来取得的成绩表示祝贺。他希望双方能进一步加强沟通交流，尤其是在旅游业和现代服务业方面进行更加紧密的合作，实现共赢。

澳门往返香港屯门航线开航。港务局批准西北航运快线有限公司营运外港客运码头往返香港屯门客运码头的航线。该航线开航后，外港客运码头往返香港的海上客运对接航点增至 4 个，分别为香港港澳客运码头、香港中国客运码头、香港屯门客运码头以及香港机场海天码头。港务局向航线营运公司发出的定期海上客运准照和海上航线许可，有效期为 10 年。

澳门基金会向祐汉受灾小贩发放紧急援助。为让日前受祐汉新村第二街临时小贩区火警影响的 11 户摊档小贩早日恢复生计，澳门基金会决定经澳门市贩互助会向受灾小贩发放一笔 38.5 万元的紧急援助。

18 日

《预防及控制吸烟制度》法案获立法会全体大会细则性通过，2012 年 1 月 1 日起生效，大部分公众及室内场所禁烟。其中赌场在法律生效后的一年内，须设立不大于总博彩区 50% 的吸烟区。

行政长官崔世安率领政府代表团前往广州参加粤澳合作联席会议，与广东省省委书记汪洋等共商粤澳合作。会议在珠海举行，崔世安与广东省省长黄华华共同主持。粤澳签署 3 项协议，确立未来的工作重点，将设 4 个合作平台。

19 日

珠海竹银水源系统工程竣工。在 2011 年粤澳合作联席会议举行期间，粤澳两地政府在珠海共同举行了竹银水源工程竣工仪式。珠海竹银水源工程的竣工，标志着澳门和珠海地区从此告别咸潮威胁的历史。

横琴岛粤澳合作中医药科技产业园举行启动仪式。该产业园为粤澳合作产业园区的首个启动项目，将进一步推进粤澳产业合作和澳门经济适度多元发展。产业园选址在横琴新区的高新技术片区，面积 50 万平方米。该项目由横琴新区出地、澳门出资，粤澳双方共同规划、共同投资、共同经营、共同收益，共同打造国际中医药产业基地。

美国参议院代表团短暂访澳。团长、多数党领袖哈里·瑞德表示，澳门应该研究多元经济体系，为将来可能发生的经济动荡做好准备。

20 日

行政长官崔世安出席立法会答问大会时宣布如下事项：一、下半年将推出一次性补助措施，即另类"现金分享"，永久性居民 3000 元，非永久性居民 1800 元。二、楼市方面，政府将向于一年或两年内转手的住宅单位及楼花征收楼价 20% 的特别印花税，收紧楼花按揭比例，并将两幅原来拍卖的土地用于兴建公共房屋。三、确定 8 月提交立法会审议《私立教育机构教学人员职程框架》法案。四、政府在出现财政盈余时尽早向社会保障基金注资。五、政制发展方面，政府会重视并根据基本法原则，从实际出发，加紧研究、整理，欢迎各界继续发表意见。经深入探讨交流，相信可在基本法的框架内达成广泛共识，有力推进相关工作。

21 日

"路环石排湾都市化第一期——西区基建工程"公开开标。为配合公屋政策和路环石排湾都市化规划方案，政府在区内兴建公屋的同时，也将在周边建造公共下水道网、行车路及行人路等基础设施。"路环石排湾都市化第一期——西区基建工程"总施工面积约 30000 平方米，其中包括绿化面积、行人道面积和行车道面积。初步预计可提供约 120 个就业岗位。

26日

澳门与内地签署避免双重征税安排第二议定书。经济财政司司长谭伯源与国家税务总局副局长王力在北京签署《内地和澳门特别行政区关于对所得避免双重征税和防止偷漏税的安排》第二议定书，该新议定书已于2010年底完成草签。新议定书主要是为更新该"安排"的第26条有关情报交换的条文，使之更符合经济合作发展组织（OECD）对情报交换的国际标准，扩大信息交换的领域和范围。

旅游局在韩国两大城市举行旅游业界洽谈会，并在首尔举办"感受澳门图片展"宣传澳门旅游特色。旅游局副局长白文浩、韩国旅游发展局海外市场厅厅长郑然洙、多家韩国旅行社的领导及航空公司代表，一同主持图片展开幕仪式。"感受澳门图片展"除设置澳门图片及互动画作外，现场更有澳门录像放映、游戏、抽奖及派发澳门美食，吸引大量民众驻足玩赏。

政府免除全体社会房屋租户4月至6月租金。为纾缓弱势社群面对通胀而增加的经济压力，政府延续豁免全体社会房屋之租户3个月租金，自本年4月至6月共6000多个租住家庭受惠。政府已于2011年1月至3月豁免全体社屋租户租金，并于4月至6月延续该项措施，但社屋的铺位仍需按月缴交租金。

27日

公共房屋事务委员会视察氹仔TN27经屋项目兴建进度，出席路环石排湾公屋项目土地平整工程最后阶段爆破活动。当局宣布，"万九公屋"目标将超额完成，TN27将会是首个经屋楼花项目。

行政长官崔世安关心私校教师专业地位及待遇。崔世安就私校教师专业地位及待遇问题与专家学者座谈，其中不少意见关注非高等教育体制改革和私校教师待遇。崔世安指出，澳门非高等教育体制及运作是一个历史发展的过程，各私立学校具有多元的办学制度和管理运作，亦对"私框"法案提出不同意见及建议。政府期望"私框"法律通过后，可以提升私校教师的专业确认及待遇福利。出席座谈的专家学者分别就推动继续教育、提升人力资源素质、中产阶层向上流动、专业人士认证和参与区域合作提出意见及建议。

28日

澳门海关举办《中华人民共和国海关企业分类管理办法》政策宣讲会。宣讲会邀请国家海关总署广东分署赵民副主任率领内地海关官员来澳向澳门业界介绍《中华人民共和国海关企业分类管理办法》。出席宣讲会的澳门业界有澳门厂商联合会、澳门出入口商会、澳门毛织毛纺厂商会、澳门付货人协会、澳门船务物流协会、澳门空运暨物流业协会、澳门国际速递业协会、澳门物流货运联合商会、澳门航空快递货运协会、澳门跨境汽车货运从业员协会、澳门航运业商会等共80余人。

国台办交流局局长李维一调任澳门中联办台湾事务部部长。李维一，男，汉族，1955年出生。曾任最高人民法院副处长。1992年6月调入中共中央台湾工作办公室、国务院台湾事务办公室工作，历任副处长、处长、副局长、局长。2000年任中台办、国台办新闻局副局长，2002年任中共中央台湾工作办公室、国务院台湾事务办公室新闻发言人，2006年任新闻局局长，2009年任交流局局长。2011年4月起任中央人民政府驻澳门特别行政区联络办公室台湾事务部部长。

29日

台湾佛光山开山宗长星云大师到澳门大学演讲。星云大师出席澳大校庆系列讲座"星云大师澳门授学会——世间财富知多少"，讲授人生哲理、分享有关人生与财富的智慧，超过700名师生及公众到场聆听。当晚，行政长官崔世安与星云大师会面。

行政长官崔世安在工联"五一"酒会表示，政府坚持维护广大雇员的合法权益，通过更多发展机会使雇员分享经济发展的成果。工联会长何雪卿指出，必须完善法律，加大劳、资、政三方的协商力度，建立健全劳动者体面劳动、有尊严地分享发展成果的制度和政策。

第22届澳门艺术节开幕。艺术节从4月29日到5月28日，为期30天。本届艺术节汇集了英国、法国、葡萄牙、西班牙等10个国家和地区的文艺佳作，带来29项不同类别的节目，86场包括戏剧、舞蹈、展演、音乐在内的演出，数量为历届之最。艺术节期间还将上演作为非物质文化遗产的粤剧、以《红楼梦》为主题的大型交响乐、本土时代话剧和新锐多媒体剧等，为观众献上中西汇聚的文化盛宴。

第7届春季书香文化节在塔石体育馆开幕。本届书香文化节为期9天，仍以"鼓励本土出版，推动社会阅读"为主题，由澳门出版协会和澳门理工学院合办，体育发展局和澳门图书馆暨信息管理协会协办。书展由星光书店统筹，获多个团体支持。书展邀请逾50家内地及港澳台大型出版集团和代理商携600多家出版社参展，图书种类有文学、社会科学、历史、艺术及音乐、金融与商务、哲学、计算机与信息科技、工具书、儿童读物、外语图书等万余种。适逢今年为辛亥革命100周年，书展备有关于辛亥革命的最新研究成果、传记及其他热门历史读物供读者选择。

澳门卫视传媒大厦于路环举行奠基仪式。澳门卫视传媒大厦占地4000平方米，是澳门地区最完备先进的卫星电视广播枢纽。澳门卫视股份有限公司于1995年在澳门成立，目前已成亚太地区重要的卫星电视广播平台之一，其播出的频道包括澳亚卫视、中华卫视等。

30日

运输工务司及中国城市规划学会合办"新城区总体规划工作坊"。新城总体规划工作坊邀请澳门基层社团、专业团体、青年团体、环保团体、文化团体、保育团体等不同领域代表以及政府跨部门工作小组成员等逾100人出席，共同就新城各区的规划定位进行互动交流。此前，中国城市规划学会与中国城市规划设计研究院深圳分院组成的研究团队，对澳门新城区5幅填海土地提出了功能定位。

5月

1日

旨在打击"水客"的《刑法修正案（八）》生效。修订后的《中华人民共和国刑法修正案（八）》第153条第1款第（一）项规定"走私货物、物品偷逃应缴税额较大或者一年内曾因走私被给予二次行政处罚后走私的，处三年以下有期徒刑或者拘役，并处偷逃应缴税额一倍以上五倍以下罚金"，为有效打击"水客"等少量多次走私提供了直接法律依据。

8个团体在"五一"国际劳动节发起游行，参与者为青年、教师、工人、社区人士等。警方指参与游行人数约2300人。主要诉求包括：改善本地劳工就业及打击非法劳工；《私立学校教学人员制度框架》尽快立法，改善前线教师待遇；改善路环居住环境；不满炒风炽热而导致楼价飙升，居民无法置业安居，并要求尽快落成19000个经济房屋单位；不满交通混乱、车辆过多引致堵车和停车位不足；居于内地的超龄子女能尽快到澳门定居、团聚；等等。警方派出300名警员维持秩序，各个游行团体均依照警方规定的路线游行，分别到教育暨青年局及政府总部，在递信请愿后和平散去。

3日

澳门智障人士院舍宿位严重不足。澳门弱智人士家长协进会会长刘玫瑰表示，现时澳门有2000多名智障人士，但院舍宿位不足400个，呼吁政府尽快开办智障人士院舍服务，以缓解年长会员家庭"双重老化"所面对的照顾困难。

4日

教育暨青年局组织学界举行升旗仪式庆祝"五四"青年节。共有 48 所学校及 16 个青年社团的代表超过 1100 人，在西湾湖广场举行"五四"升旗仪式。升旗仪式后播放"2010 促进学校爱国爱澳教育资助计划"活动花絮，并由圣公会（澳门）蔡高中学学生表演军体拳。

行政长官委任"离任行政长官及离任三要官员从事私人业务申请分析委员会"3 名成员，分别是主席吴荣恪、成员许辉年及行政暨公职局局长朱伟干。该委员会的职权主要有：就第 22/2009 号法律《对行政长官和政府主要官员离任的限制规定》第 2、3 条所指，对离任行政长官及主要官员于终止职务后从事私人业务的申请进行分析及编制意见书，并提交给在任行政长官做审批；订定拒绝许可离任行政长官及主要官员于终止职务后从事私人业务的原则及标准，并建议行政长官确认及公开该等原则及标准。该委员会于 2011 年 4 月 25 日由第 79/2011 号行政长官批示设立。

5日

珠海市警察拘捕澳门贩枪嫌疑犯。澳门大学内地学生邱某伙同他人贩卖枪支 171 支，销往全国各地，被珠海市警察拘捕。该案也成为继公安部 2010 年底出台《公安机关涉案枪支弹药性能鉴定工作规定》以来全国最大宗贩卖枪支案。经公安部鉴定，涉案枪支虽在澳门可以合法公开销售，但属于内地管制范畴。3 月 9 日，公安部将此案列为今年公安部督办的首宗贩卖枪支案。

立法会第三常设委员会细则性讨论《经济房屋的建造及出售制度》法案，运输工务司司长刘仕尧列席会议时透露，1 人家庭收入上限为 14380 元。

6日

中国社会科学院举行《2011 年中国城市竞争力蓝皮书：中国城市竞争力报告》发布暨中国城市竞争力研讨会。报告指出，澳门在全国 294 个县级以上城市中排名第 13 位。前 20 个最具竞争力的城市为：香港、上海、北京、深圳、台北、广州、天津、大连、长沙、杭州、青岛、佛山、澳门、东莞、苏州、沈阳、无锡、高雄、南京、武汉。

行政会完成讨论《规范进入娱乐场和在其内逗留及博彩的条件》法律草案，进入娱乐场以及在娱乐场任职的最低年龄由 18 岁提高至 21 岁，并禁止博彩人士在娱乐场投注金额及赢取的彩金全归特区政府。

7日

澳门中华新青年协会与亚洲志愿服务发展协会签署合作协议。澳门中华新青年协会于 2003 年初成立，是一个非牟利青年社团。该协会的宗旨是"团结青年、爱国爱澳、友爱互助、服务社群"，会员以澳门学联原骨干分子为主，多数来自公职界、医护界、教育界及工商界等，平均学历较高。该协会设会员大会、理事会和监事会。理事会设健康促进组、科研活动组、社会事务部、学术培训部、宣传推广部、资讯部、义工部、总务部、康体部和秘书处等 10 个部组。

9日

行政暨公职局与北京大学港澳研究中心签署合作协议。双方合作加强在举办培训课程及学术讲座等方面的合作，并为首个合作培训项目"登记及公证机关人员内地法律培训课程"举行开班仪式。该课程是专为登记局及公证署工作人员设计，内容包括民事仲裁与公证的热点问题、不动产登记工作相关的最新法律规定、物权法中的登记制度、工商登记相关制度管理以及公证登记制度前沿问题等。课程为期 5 天，参加课程的 20 名学员包括法务局的登记官、公证员以及登记、公证机关的工作人员。

司打口居民普遍认同"整建修复"最适合该区发展。旧区重整咨询委员会委托澳门大学社会科学及人文学院开展"司打口区居民现状调查"，以了解该区居民人口特征、社群意识及对旧区重整的意见等。

调查显示，受访居民对社区存有明显归属感、良好的社群意识及邻里关系意识，近八成受访居民知悉旧区重整模式，并普遍认同"整建修复"最适合司打口区。研究团队建议，通过组织，增强居民集体效能以及就相关政策所带来的效果及问题向居民详细说明，提高居民对社区各项工作及政策咨询的参与度，有助于促进社区发展和社群组织效能。

贸易投资促进局"商汇馆"（Macau Idea）开幕。"商汇馆"是澳门首个集"澳门制造""澳门品牌""澳门设计""葡语国家代理产品"为一体的商品展示中心。由贸促局筹备及设置，目标是落实特区政府支持及推动澳门中小企发展的施政方针，打造本地商品的知名度。

澳门参与四川抗震救灾及灾后重建代表团访问四川。应四川省人民政府港澳事务办公室邀请，代表团于5月9日至11日分别到四川南充市、阆中市和青城山古建筑群落，考察澳门参加四川抗震救灾的援建项目。代表团包括曾参加救灾工作的澳门两家医院的医疗队代表和参与灾后重建的特区政府及民间机构代表。

统计暨普查局公布本年第一季末澳门人口数据。资料显示，本年第一季末澳门人口估计为556800人，较2010年底增加4500人，增幅为0.8%。本年第一季有1274名新生婴儿，较去年第四季减少10.3%；男性新生婴儿有663名，男女婴儿性别比为108.5：100。同季的死亡个案有509宗，按季增加16.2%；死因主要为循环系统疾病和肿瘤。第一季有2宗死胎登记。本年首季共录得2004宗必须申报疾病的报告，主要是流行性感冒（1119宗）、甲型H1N1（猪）流感（238宗）及由诺沃克因子引起的急性胃肠炎（156宗）。结婚登记有873宗，较去年第四季增加7.5%。本年首季持单程证的内地移民有2081人，较去年第四季减少1365人；被遣返的非法入境者有292人。此外，获准居留人士共704人，较去年第四季微减19人。第一季末的外地雇员总数为81416人，较去年年底增加5603人。

10 日

澳门"三节合一"庆祝活动。5月10日为农历四月初八，既是佛诞节，也是道教神明谭公的诞辰，又是澳门"醉龙节"。多个团体分别以浴佛、舞醉龙、巡游等活动，庆祝上述三节。其中，谭公诞是一个别具特色的节日。谭公是继妈祖后深受澳门渔民尊崇的海神之一，每年四月初八都举行"光辉路环四月八"巡游，至今已有52年历史。

图13　行政长官崔世安出席"光辉路环四月八"巡游开幕礼

11日

国家副主席习近平在人民大会堂接见以会长马有礼为团长的澳门中华总商会访京团全体成员。习近平表示，有着光荣历史传统的澳门中华总商会是澳门最具代表性和社会影响力的团体之一，为澳门平稳过渡、顺利回归做出过重要贡献，也为实现"一国两制"伟大事业、保持澳门繁荣稳定发挥了重要作用。他向访京团简要介绍了国家"十一五"发展情况和"十二五"发展规划，指出国家"十二五"规划将港澳内容独立成章，对港澳在国家发展全局中的地位作用界定得更加清晰，对中央支持港澳巩固提升竞争优势、加快培育新兴产业的政策举措阐述得更加详尽，这为澳门明确长远发展方向、规划未来发展蓝图奠定了重要基础，也为澳门发挥优势和作用提供了广阔空间。习近平向澳门中华总商会提出四点希望：一是深入贯彻"一国两制"方针和澳门基本法，不断巩固扩大爱国爱澳的社会政治基础。二是把握宝贵发展机遇，发挥澳门独特优势，为支持国家又好又快发展、促进澳门繁荣稳定再立新功。三是在继续培养青年人才方面尽职尽责，确保"一国两制"伟大事业后继有人、薪火相传。四是更好履行服务会员、服务社会职能，为促进澳门社会更加和谐稳定多做贡献。

外交部与特区政府合办的国际法培训合作安排签署仪式在澳门世界贸易中心举行。外交部部长助理刘振民在仪式上说，中央政府重视并支持特区政府在"一国两制"框架下，积极扩大对外交往。澳门回归以来，外交部与特区政府一道，创造性地解决了国际公约适用、授权签署双边条约等问题。而澳门成功落实"一国两制"的实践是对现有国际法的丰富和发展，了解并熟悉国际法也是落实"一国两制"、保持澳门繁荣的必然要求。澳门特别行政区政府行政法务司长陈丽敏介绍，自2003年9月外交部和特区政府签订《关于国际法培训项目的安排》以来，8年间共有超过500名澳门公务人员参与，取得了良好效果。她表示，新的培训项目将促进内地和澳门开展更深层次、更具针对性的培训项目。

澳门监狱代表团赴港出席"2011京粤港澳监狱论坛"。论坛于11日至14日在香港举行，澳门监狱狱长李锦昌率领代表团赴香港出席。本届论坛由香港惩教署主办，北京市、广东省、澳门特区代表组团参与，新加坡监狱署亦以客席嘉宾身份出席。来自上述5地区近80位监狱管理人员就监狱管理事务进行了交流与探讨。

廉政公署向港务局发出劝谕。廉政公署按照第10/2000号法律《廉政公署组织法》赋予的职权，依法开展行政申诉工作，早前根据一宗申诉个案展开调查，完成"关于投诉港务局辖下单位的人员管理的调查及分析报告"，并于本日向港务局发出劝谕。

12日

广东省政协副主席汤炳权到澳门推介《粤澳合作框架协议》。广东省政协副主席汤炳权率省发展改革委、港澳办、教育厅、水利厅、外经贸厅、文化厅、卫生厅、旅游局、中国人民银行广州分行、海关总署广东分署等省直及中央驻粤单位负责人前往澳门，召开《粤澳合作框架协议》宣传推介会。该协议是继《珠江三角洲地区改革发展规划纲要》和《粤港合作框架协议》之后中央出台的又一个涉及粤港澳合作的重要文件，为粤澳合作带来重大历史机遇。

政府公布外地雇员数据。至本年3月，政府批出的外地雇员总数为106354名，当中已获发外地雇员身份认别证的有81416人，占总批出数字的76.6%；本年首季的外雇数字增加5600多名，平均每月增加1000人至2000人，批出名额与外雇增加数字成正比。

文化局获深圳文博会邀请参加"第七届中国（深圳）国际文化产业博览交易会"及同期举行之演艺产业项目交易馆。该演艺馆已成功举办6届，以"国际化、专业化、市场化、规范化、精品化"为办展

13 日

思路，旨在荟萃中华民族演艺精品，吸引国际演艺机构，为中华优秀文化走出去搭建展示、交易的平台。澳门文化局首次于演艺交易馆设立展位，现场派发艺术节指南及相关资讯的宣传单张，希望借此与海内外同行、节目经理、表演艺术专业人士及投资者相互交流，寻求澳门与其他地区更多项目合作与发展的可能性。

澳门妇女联合总会公布妇女受家庭暴力数据。澳门妇联指出，"励苑"成立5年以来，共接待314位遭受家庭暴力的妇女，其中近25%的妇女曾遭受性虐待。

《香港商报》增设"魅力澳门"专版，向读者介绍澳门的民生、经济及旅游。

中央统战部三局副局长高卫东对访京的澳门地产专业发展商会代表团表示，肯定特区政府出台系列调控楼市措施，希望澳门楼价能保持合理增长。

15 日

"澳门银河"综合度假城开幕。"澳门银河"是银河娱乐集团在澳门氹仔建成的首个旗舰项目，投资高达149亿港元、占地达550000平方米。度假城汇聚了三家国际知名的酒店品牌悦榕庄、大仓、银河，于开幕当天同时投入服务，可提供2200间五星级客房和套房。度假城内的"天浪淘园"，是全球最大、波浪可高逾1.5米、占地4000平方米的空中冲浪池，还有以350吨白沙打造的人工沙滩。行政长官崔世安，全国政协副主席董建华、何厚铧以及3000多名嘉宾出席了开幕式。

16 日

社会保障基金公布"中央储蓄制度2011拨款临时名单"。为进一步落实双层式社会保障制度，行政长官于2011年施政报告中建议向每个合资格的中央储蓄制度账户注资6000元。根据第90/2011号行政长官批示，5月至7月是中央储蓄制度2011年拨款参与人临时名单进行编制和通知的时间，社会保障基金已完成有关临时名单的编制工作，被列入名单的参与人共有293393人。

卫生局呼吁市民勿服用5款掺杂西药成分的产品。根据香港卫生署的通报，产品"博美堂非瘦不可速效全身瘦""博美堂非瘦不可收腹缩腰""左旋肉碱（维生素BT）胶囊""全新三代超脂肪燃烧弹二合一搭档软胶囊加硬胶囊""博美堂脂肪燃烧弹（第4代）"均掺杂有西药成分"西布曲明"（sibutramine）及其类似物，其中三种同时含有"酚酞"（phenolphthalein），对人体有毒及副作用，呼吁市民不要购买及服用上述产品。根据记录，卫生局没有批准过上述产品进口及投放澳门市场。

广州市港澳办代表团访问中葡论坛常设秘书处。广州市人民政府港澳事务办公室副主任刘保春率团访问中葡论坛常设秘书处，介绍《粤澳合作框架协定》和《关于穗澳共同推进南沙实施CEPA先行先试综合示范区合作协定》的主要内容以及广州南沙新区招商引资的主要情况，希望与中葡论坛常设秘书处共同研究，打造中国和葡语国家相互开拓市场的国际经济合作服务平台，并欢迎中葡论坛常设秘书处组织葡语国家企业家考察南沙新区，推介葡语国家营商投资环境，进一步加强穗澳合作以及广州市与葡语国家企业之间的合作。

18 日

港务局连同多个部门探访渔民宣传"四防"。2011年度南海休渔期于5月16日开始，至8月1日结束。由于休渔期间有大量渔船锚泊于内港，为加强渔民的海上安全意识，避免渔船在锚泊期间发生火警及偷窃意外，防止垃圾污染海上环境，并提醒渔民做好防风准备，港务局连同海关、消防局、卫生局及渔民互助会代表登船探访内港一带渔民，向渔民派发海上安全宣传品，以提高其"四防"（防火、防风、防污及防盗）意识，并呼吁渔民保持环境卫生，预防登革热病。

19日

政府就一个位于氹仔邻近七潭公路土地的建筑修改方案举行土地批给公开旁听会。文化局局长吴卫鸣及环境保护局局长张绍基指出，工程对八潭山的山体和环境有负面影响。

政府举办"澳门轻轨项目施工说明会"，向建造业界介绍轻轨项目工程施工技术。运输基建办公室主任李镇东表示，将提供条件让本地业界参与轻轨建设工作。

20日

澳门艺术节"光影大三巴"引发观看热潮。第22届澳门艺术节之"光影大三巴"由5月13日开始，至5月22日结束，每晚在大三巴牌坊上演两场，吸引大量观众前往欣赏。该节目由西班牙Telenoika艺术团献演，是本届艺术节之委托节目。演出亮点是利用最新的影音技术加上电子科技，制作出别出心裁的画面与音乐。这种"以影音做画笔，以建筑物做画纸"的创新理念，突破艺术界限，赢得观众口碑。

海关总署与澳门海关签署《为经澳门特别行政区输往内地的葡萄酒提供通关征税便利措施合作安排》，自签署日生效。符合安排要求的葡萄酒出口商在经济局做出申请登记后，便可享受通关征税便利安排，货品清关时间将可缩短到3天至7天；如出口商在进口前10天提前向内地海关申请葡萄酒预先评税，报关程序更可于1天内完成。据统计，2010年入口澳门的葡萄酒货值达14亿元，出口货值亦有1亿元，对比2009年葡萄酒进出口的货值有大幅增长。内地市场潜力优厚，新措施有助于澳门葡萄酒出口商便捷进入内地市场。

22日

旅游局在香港推出"澳门精彩每一月"活动。旅游局通过香港代表处，针对香港市场推出"澳门精彩每一月"推广活动，并在尖沙咀美丽华商场举办展览会。该活动由5月起至12月每月与不同旅行社合作，推出针对家庭、老人、学生、情侣等不同客源的主题旅游套票及优惠，以吸引更多香港市民到澳门旅游。

23日

卫生局录得今年第一宗EV71型肠病毒群集性感染事件。卫生局近日接获3宗共18名患儿肠病毒群集性感染的报告，所有患儿病情较轻并已到医疗机构接受诊治，没有出现神经系统异常症状或其他严重并发症个案。卫生局采集患儿样本进行检测，并要求和指导托儿所采取控制措施，以阻断幼儿间的互相传播；同时呼吁家长、学生和学校、院舍工作人员采取相关措施，预防肠病毒感染。

24日

审计署公布首份采用跟踪审计方式进行的《轻轨系统——第一阶段》专项审计报告。轻轨首期工程开支由2007年的42亿元增至86亿元。报告认为，运输基建办公室欠缺轻轨系统完整的整体投资估算经验来控制成本上限，不利于监察建设成本，容易导致开支不断膨胀，失控风险增加。

25日

行政长官崔世安与澳门学者同盟座谈。崔世安表示，中产阶层的生活及发展是政府未来的施政重点之一，社会上讨论的包括中产阶层的定义、房屋、向上流动机会、培训、优惠措施及社会保障等，都是特区政府关心和积极研究的问题。

澳门水力工程有限公司竞标上诉失败。终审法院裁定澳门半岛污水处理厂现营运商澳门水力工程有限公司，就其母公司参与处理厂升级、营运及保养的招标程序中，因标书工程量表出现缺漏被拒绝竞投资格而提出的上诉失败。

26 日

行政长官崔世安与圣安多尼堂主任司铎陈宝存神父会面。为庆祝圣安多尼堂建成 373 周年，教宗本笃十六世特别赐予宗座遐福，陈宝存神父将教宗降福堂区的祝福传达予行政长官及全澳居民。在会面中，陈宝存神父向崔世安介绍堂庆系列活动及堂区的社会服务，表示未来会扩充长者、青少年、儿童及家庭等社会服务。崔世安对其到访表示感谢，并表示政府将继续关心支持堂区的工作。

立法会第二常设委员会细则性讨论《旧区重整法律制度》法案，委员会顾问及立法会议员均认为政府在旧区重整过程中应有更大参与度，并对重大公共利益定义等提出疑问。

27 日

路环石排湾都市化规划方案中公共房屋项目 CN3 第一区动工，标志着路环首个大型生活小区正式动工。项目占地约 7800 平方米，可建 892 个住宅单位。

消委会订定手信业食品零售行业守则。根据第 4/95/M 号法律，消委会有协助及鼓励经济及专业代表团体编制管制其会员活动的法例的职责，消委会自 2002 年向"诚信店"发出一般守则，其后更先后为珠宝、手机、衣履皮革等多个零售行业以及地产中介、美容服务等共 11 个行业的"诚信店"制定行业守则。

行政会完成讨论《执行国际卫生条例（2005）制度》行政法规草案。该法规旨在执行第 58 届世界卫生大会于 2005 年 5 月 23 日通过的新的《国际卫生条例（2005）》，特别是条例第 22 条之规定。《国际卫生条例（2005）》的修订目的，是针对公共卫生危害，制定预防、抵御和控制疾病国际传播的公共卫生应对措施，但措施应尽量避免对国际交通和贸易造成不必要干扰。该条例于 2007 年生效。根据有关条文，允许缔约方在条例生效后 5 年内（即 2012 年），完成建立条例要求有关应对公共卫生危害和国际关注的突发公共卫生事件的能力。政府已于 2008 年 3 月 7 日通过第 4/2008 号行政长官公告，刊登和公布了《国际卫生条例（2005）》，意味着条例的适用延伸至澳门。为此，法规草案以国际卫生条例为基础，更明确地协调和监察《国际卫生条例（2005）》在澳门的实施及执行情况。

28 日

运输基建办公室公布轻轨"路氹城及口岸段"路线和车站设计。氹仔路段的土建工程将于今年第三季起陆续招标及动工，石排湾新建屋邨亦会预留设站空间。

29 日

行政长官崔世安就小潭山超高楼宇建设问题表示，政府会听取意见并根据现行规例处理，宣布延长意见收集期至 6 月 17 日。澳门公民力量理事长林玉凤指出，在目前《土地法》未完成修订，《城市规划法》又未交立法会时，如果不断批出类似小潭山的申请，不能去除欧文龙案的阴影。澳门生态学会副理事长陈俊明表示，即使民间团体的声音薄弱，仍希望可以联合市民，影响政府未来的决策。环保局局长张绍基指出，是否公布发展商提供的环评报告，要视乎整体情况考虑。立法议员吴国昌和陈伟智分别提出书面质询，要求公开小潭山批地资料及在未制定城规法前，借鉴上海及新加坡经验，防止出现屏风楼。街坊总会副理事长吴小丽则明确反对在小潭山兴建超高楼宇。

新修订的《企业融资贷款利息补贴》行政法规扩大受惠覆盖面。为加强扶助中小企业，减轻其营运资金负担、提升企业竞争能力，协助其技术革新和转型，政府通过第 10/2011 号行政法规公布修改第 16/2009 号行政法规规范的《企业融资贷款利息补贴》。新行政法规取消可获给予利息补贴的投资项目中有关购置设备及机器必须为全新的限制，扩大企业受惠计划的资助机会，以扶助中小企业发展。

30 日

环境保护局发布《澳门环境状况报告 2008～2009》。为响应"世界环境日"，环境保护局于 5 月 30 日至 6 月 5 日举办"2011 澳门环保周"系列活动，活动主题是"源头减废，绿色生活"。《澳门环境状况报告 2008～2009》发行仪式是环保周系列活动之一，局方希望借编制及发行澳门环境状况报告，让市民深入了解澳门近年的环境状况，正视环境问题，与政府合力改善环境质量。

统计暨普查局公布本年第一季本地生产总值数据。资料显示，2011 年第一季本地生产总值按年实质增长 21.5%，主要由服务出口及投资带动。其中，博彩服务出口上升 36.1%、旅客总消费（不包括博彩消费）增加 2.6%、投资上升 28.4%、私人消费支出增加 12.6%，而货物出口则下跌 6.7%。本年第一季反映整体价格变动的本地生产总值内含平减物价指数按年上升 6.1%。此外，2010 年本地生产总值实质增长率由 26.2% 向上修订为 26.4%。随着旅游博彩持续兴旺，就业人数及收入上升，失业率维持在较低水平，推动本年第一季私人消费支出上升 12.6%。其中，在本地的最终消费支出增加 9.6%；在外地的消费支出亦大幅上升 24.5%，而在中国内地的消费为 17.3 亿元。政府最终消费支出减少 1.8%，主要是购入的货物及服务净值下跌 16.9%；而雇员报酬则上升 5.6%。反映整体投资的固定资本形成总额上升 28.4%。私人投资增加 28.4%，主要是建筑及设备投资分别上升 26.1% 及 32.3% 所致；政府投资亦录得 32.2% 的升幅，其中建筑投资及设备投资分别上升 4.4% 及 149.8%。货物出口持续收缩，本年第一季下跌 6.7%；与此同时，由于私人消费及投资增加，货物进口上升 22.7%。服务贸易方面，由于入境旅客增加及旅客消费上升，本年第一季整体服务出口大幅攀升 30.0%；其中，博彩服务出口上升 36.1%，旅客总消费增加 2.6%。另外，服务进口亦上升 37.3%。

31 日

消防局为澳门物业界举办消防安全知识讲座。消防局总部暨西湾湖行动站及机场模拟训练中心为澳门物业管理业商会举办《2011 年物业管理业消防安全知识培训课程》，课程分为《消防安全知识培训课程》和《灭火筒实习》两部分。课程结束后，消防局向出席人员代表颁发课程证书。参与课程的人员 120 多人，包括澳门物业管理业商会人员及澳门街坊会联合总会大厦管理资源中心"私人楼宇自顾大厦管理员"。2005 年至今，消防局已与澳门物业管理业商会合作举办 7 届防火讲座。

6月

1 日

上海交通大学世界一流大学研究中心完成的"两岸四地大学排名"发布，澳门大学排行第 72 位，澳门科技大学排行第 82 位。内地的清华大学与台湾地区的台湾大学并列第一，香港大学位居第三。位列第四到第十名的大学分别是：清华大学（台湾新竹）、香港科技大学、香港中文大学、北京大学、交通大学（台湾新竹）、中国科技大学和浙江大学。

经济发展委员会 2011 年第一次日常会议召开。会议由委员会主席、行政长官崔世安主持。崔世安在会上与委员会成员就《粤澳合作框架协议》进行交流，表示政府会提供资料让社会了解有关情况，亦会在政策上鼓励中小企业和澳门居民参与粤澳合作发展横琴的机会。经济财政司司长谭伯源表示，横琴整体由珠海规划发展，其中 5 平方公里的澳门产业园区由澳门主导，其中 0.5 平方公里为中医药科技产业园区，4.5 平方公里土地的发展包括文化创意、教育、旅游、培训等产业。政府会在贸易投资促进局下设工作小组，协助澳门投资项目参与横琴发展和统筹相关工作。还会设立项目评审委员会，以公开的方式评审发展项目。政策研究室主任刘本立就《粤澳合作框架协议》进行了政策性解读。框架协议内容涵盖粤澳经济、社会、民生、文化等领域，明确新形势下粤澳合作的定位、原则、目标，确立合作开发横琴、产业协同发展、基础设施与便利通关、社会公共服务、区域合作规划等合作重点，提出共建粤澳合作产业园区等系列举措，明确完善合作机制等保障机制安排。

近 1000 名澳门师生参观驻澳解放军军营。为庆祝"六一"国际儿童节，号召人们关注儿童的权利和福祉，社会工作局连同多个政府部门及民间机构以"培育儿童　您我一起"为主题，合办了一系列庆祝活动，传扬"共育下一代，您我齐做起"口号。上午，近 1000 名小学生与老师前往位于氹仔的中国人民解放军驻澳部队军营，观看升旗礼及军事表演。

2 日

运输基建办公室向新口岸居民介绍轻轨规划方案。运建办副主任李安德等接见 10 多名新口岸区居民代表，双方就轻轨新口岸段的路线和车站设计交换意见。居民代表强调，轻轨系统是属于全澳市民的共同资产，轻轨路线规划、站点设置必须考虑整个新口岸区居民和来往新口岸区人士的交通需求，以达最佳交通效益，带来区域经济发展。运建办代表向居民详细介绍规划方案，并表示乐于与不同的居民代表理性沟通，欢迎社会各界就轻轨系统细部设计工作提出意见和建议，共同促进轻轨建设工作的顺利开展。

文化局举办"西班牙所藏澳门史料的普查与利用"讲座。文化局邀请葡萄牙中国学院澳门研究中心金国平教授主讲"西班牙所藏澳门史料的普查与利用"。金国平教授表示，希望借对西班牙所藏澳门史料情况的介绍，以及对其中几份重要文献的分析，引起有关方面和学者对澳门史料整理工作的关注。他认为，西班牙所藏澳门史料对澳门学研究有重要的学术价值，值得进行系统发掘、普查、整理和研究。

3 日

博彩监察协调局举办"博彩业预防清洗黑钱及恐怖主义融资活动的措施"讲座。为加强博彩中介人、合作人及贵宾厅雇员对反清洗黑钱及反恐怖主义融资的知识，提升从业人员实务操作技巧，博彩监察协调局在总结过去执行监察工作经验的基础上，举办"博彩业预防清洗黑钱及恐怖主义融资活动的措施"讲座，向业界深入详细讲解有关反清洗黑钱及恐怖主义犯罪的法律法规。讲座于 6 月至 9 月分阶段于各博彩承批公司进行。

环境保护局表示，2010 年 9 月至 2011 年 3 月间，在路氹城生态保护区内共记录 104 种鸟类，占澳门鸟类种数的 34.7%，其中 3 种首次在澳门出现。另有 53 只黑脸琵鹭在澳越冬。

5 日

环境保护局举行"2011 两地五市世界环境日嘉年华"活动。该项活动是环境保护局首次举办的"2011 澳门环保周"（5 月 30 日至 6 月 5 日）之压轴活动，于祐汉街市公园举行。该项活动由环境保护局、广东省环境保护厅、广州市环境保护局、中山市环境保护局、东莞市环境保护局、深圳市人居环境委员会、珠海市环境保护局、香港环境保护署合办；多个政府部门及团体包括地球物理暨气象局、交通事务局、能源业发展办公室、推动构建节水型社会工作小组、民政总署、消费者委员会、教育暨青年局、澳门街坊会联合总会、澳门工会联合总会、澳门妇女联合总会、救世军（澳门）、澳门明爱等作为协办单位，支持单位包括澳门电讯有限公司、澳门新福利公共汽车有限公司、澳门公共汽车有限公司。

6日

全国政协副主席何厚铧访问东帝汶及新加坡，开展为期 4 天的访问行程。随同出访的还有经济财政司司长谭伯源、中国与葡语国家经贸合作论坛常设秘书处秘书长常和喜及辅助办公室主任姗桃丝、政策研究室主任刘本立，以及澳门、福建和黑龙江三地的企业家代表。

澳门国际龙舟邀请赛结束，中国南海九江队包揽公开组、女子组标准龙 500 米赛冠军。

7日

立法会以紧急程序通过《关于移转居住用途不动产的特别印花税》法案，遏抑过热炒风。按照法案，未来 1 年内转售的住宅单位须缴付 20% 特别印花税，超过 1 年但不超过 2 年的转售亦须缴付 10% 特别印花税。

楼宇管理仲裁中心正式运作，仲裁委员会也举行首次工作会议，共 20 多名正选及候补委员出席会议。

8日

澳门旅游服务业从业员奖学基金签署仪式于澳门旅游学院举行。15 家旅游业界机构出席仪式。该基金由美国拉斯维加斯内华达大学（UNLV）新加坡分校创办，为其于澳门之酒店管理行政硕士课程提供额外奖学金。拉斯维加斯内华达大学酒店行政管理硕士课程由拉斯维加斯内华达大学新加坡分校与澳门旅游学院合作开办，两校致力于为有志进修及长远在行业发展的人才提供优质的硕士学位课程。美国拉斯维加斯内华达大学创校 50 周年，其 William F. Harrah 酒店管理学院的课程被评为全美最优秀的酒店管理课程之一，毕业生遍布世界各地顶级酒店。新加坡分校于 2006 年 8 月成立，是 UNLV 首个境外分校，获美国及新加坡教育部认可。

9日

第二期"澳门高级公务员专题研习班"在上海中国浦东干部学院开班。该项活动由中央人民政府驻澳门特别行政区联络办公室和行政暨公职局合办，是行政暨公职局与中联办合作开办的重点培训项目，课程为期 11 天，对象为公共部门的副局级或以上人员。课程采用专题讲座、现场教学、个案研讨、团体讨论等多元化教学模式。课程内容包括"'一国两制'和《澳门基本法》""长三角经济发展""珠港澳区域合作""上海经济的创新发展与驱动转型""上海民生福利与社会保障"等，研习班在上海多个地点进行现场教学，并就澳门政治、经济、社会热点问题进行专题研讨等。

土地工务运输局斜坡安全工作小组展开斜坡巡查和勘察工作。根据最新数据，受本局监察的斜坡共 190 个，属高风险级别的共有 11 个，较 2010 年同期减少 5 个，中度风险斜坡有 66 个。2010 年至今，土地工务运输局已完成 8 个斜坡的维护，面积约 17200 平方米。因应社会对环保和绿化的日益重视，近年局方对修缮斜坡的方法亦尽量结合自然生态，在进行斜坡整治工程时加入绿化元素，使整治后的斜坡能与周边环境融合。

政府宣布批准 4 家经营澳门至香港及深圳航线的船务公司的加价申请，平均达 11%，7 月 1 日起生效。

10日

地球物理暨气象局与华南植物园及广东省昆虫研究所签署合作协议。为进一步完善有关气候变化澳门部分的报告工作，履行《联合国气候变化框架公约》，气象局与中国科学院华南植物园及广东省昆虫研究所签署了有关合作协议，合作收集澳门生物圈的数据，以便研究气候变化对本地陆地野生动物、昆虫及植物所造成的影响，配合特区政府制定未来的城市发展规划、环境政策，为可持续发展策略提供科学基础。

国务院公布"第三批国家级非物质文化遗产名录"，澳门有"道教科仪音乐""南音说唱""鱼行醉龙节"三项入选。

13日　立法会一般性通过《规范进入娱乐场和在其内逗留及博彩的条件》法案，建议禁止 21 岁以下人士进入娱乐场或于娱乐场任职。

14日　国务院港澳事务办公室主任王光亚一行抵澳，展开为期 3 天的考察访问行程。抵达当日，王光亚与行政长官崔世安及特区行政、立法和司法机构负责人进行工作会面。崔世安在工作会面时向代表团介绍了特区政府 2011 年的施政情况和澳门的最新发展。王光亚表示，港澳办作为中央对口处理涉港澳事务的部门，将继续坚定贯彻中央对港澳的各项方针政策，与特区政府和各界人士一道，为共同推进"一国两制"在澳门的成功实践而不懈努力；澳门回归以来取得的成就有目共睹，新一届政府运作以来，积极落实"阳光政府，科学决策"的施政理念，勤勉工作，务实进取，实现了良好的开局。同时，特区政府 2011 年在改善民生、维护社会稳定等多个方面积极作为，取得新的成绩，中央对特区政府的工作充分肯定。

15日　国务院港澳事务办公室主任王光亚先后视察澳门新城区和石排湾公屋进度，巡视新桥和筷子基，并在澳门文化中心与社团代表座谈。

图 14　国务院港澳事务办公室主任王光亚视察新桥街区

第三次珠澳合作专责小组会议在珠海召开。为进一步贯彻落实《粤澳合作框架协议》，全面构建珠澳协同发展新格局，2011 年珠澳合作专责小组会议在珠海召开，会议由珠海市副市长陈洪辉、澳门特别行政区政府运输工务司司长刘仕尧共同主持，两地城市规划、交通、建设、经济、海关、治安、检验检疫、卫生、文化、教育、旅游等相关部门的代表参加。会议全面总结了珠澳双方牢牢把握粤港澳合作提升为国家发展战略的重大历史机遇，致力于贯彻落实《珠江三角洲地区改革发展规划纲要》《横琴总体发展规划》，深入实施 CEPA，积极务实地开展各项工作，努力构建珠澳更紧密合作、协同发展新格局的成果与经验。会议还听取了珠澳跨境工业区转型升级、珠澳城市规划与跨境交通合作、珠澳口岸及通关合作、珠澳环境保护合作四个工作小组的工作汇报。

16 日

全国人大常委会副委员长周铁农应邀访问澳门，出席并主持纪念辛亥革命 100 周年系列活动，并会见行政长官崔世安及全国政协副主席何厚铧。

国务院港澳事务办公室主任王光亚结束在澳门的工作考察。他指出，澳门要有更好的发展，要提高各方面的层次，首要是做好教育及人才培训的工作。他认为，特区政府高度关注居民的住屋问题，也下了很大的力气，公共房屋建设有较快发展。

17 日

行政长官崔世安率领政府代表团前往福州，出席"闽澳高层会晤""第九届中国海峡项目成果交易会"，以及在当地举办的"活力澳门推广周"活动。

19 日

行政会完成讨论《非高等教育私立学校教学人员制度框架》法案。第 9/2006 号法律《非高等教育制度纲要法》第 40 条第 6 款规定，"私立学校教学人员的工作类型、职级、考评、工作量、退休保障及相应的权利和义务的制度框架，由专有法规订定"。《非高等教育私立学校教学人员制度框架》法律草案则为落实法律的规定，从制度上为教学人员的工作提供切实保障和有效支持，提升教师的专业水平。

20 日

商务部副部长蒋耀平、澳门特别行政区政府经济财政司司长谭伯源联合率团访问葡萄牙。20 日至 22 日，应葡萄牙共和国邀请，商务部副部长蒋耀平、经济财政司司长谭伯源率中国政府经贸代表团访问葡萄牙，拜访了新当选的社会民主党国际关系部主任乔治·德马赛多教授和经济部部长奥瓦洛·佩雷拉教授，双方就深化两国经贸和双向投资合作等问题交换了意见。

21 日

社工局登记 2010 年吸毒者的数据。特区政府向来重视禁毒工作，贯彻实行以"控制供应、减低需求和减低伤害"为宗旨的禁毒政策，保障社会的安全和健康。综观澳门 2010 年的毒品犯罪及滥用情况，青少年吸毒贩毒数字上升之势稍缓，但新型毒品例如氯胺酮（K 仔）、冰毒等仍肆意流入社区，引起社会各界关注。根据社会工作局于 2009 年正式推行的电子化"澳门药物滥用者中央登记系统"资料，2010 年参与填报的机构共 16 个，较 2009 年新增了司法警察局。2010 年共登记 673 名吸毒者的资料，吸食毒品以氯胺酮最多且上升显著，由 2009 年的 29.7% 升至 40.7%；其次是海洛因（俗称白粉），占 37.4%，稍微下降；再次是冰毒，有 20.8%，升幅超过 10%。每一吸毒者平均每月毒品花费为 5809 元。

22 日

行政长官崔世安会见《人民日报·海外版》总编辑张德修。崔世安对《人民日报·海外版》长期关注澳门建设发展，积极向海外华人介绍澳门表示衷心感谢。张德修表示，《人民日报·海外版》主要面向华人华侨、中国留学生和学汉语的外国人士，正在不断求新、求变。今后将继续支持特区政府的各项建设和发展事业，加大对澳门的热点报道，使更多读者了解澳门、热爱澳门。

23 日

运输基建办公室公布轻轨一期最新造价。造价为 110 亿元，包括前期研究及服务、列车与系统及建造工程，较 2009 年估价增加 46%，平均每公里造价 5.2 亿元。

政府举办《公务人员出外公干指引》讲解会。政府于 6 月 20 日通过第 157/2011 号行政长官批示公布《公务人员出外公干指引》。为让所有公共部门准确掌握该指引的规范，行政暨公职局与财政局合办一场面向公共部门领导层及负责行政和财政管理工作的人员的讲解会，就指引的内容和要求做出说明。

24 日

第一届两岸四地电子媒体业高峰论坛在澳门渔人码头会议展览中心举行，其中两场论坛以三网融合为题，让两岸四地的与会代表分享经验与互相交流。

水电工会举办研讨会，邀请相关专家共同探讨智能电网的发展，以及电网智能化与生活的关系。

27 日

劳工事务局与港铁公司签署培训合作谅解备忘录。该备忘录将启动相关培训的筹备工作，并计划由该企业为培训提供技术支持，以达至技术转移的目的，从而满足澳门未来在轻轨系统正式投入运作后所需要的人力资源。在邻近地区的集体运输系统业务中，香港铁路有限公司为具有丰富捷运系统发展经验的企业之一，并已拥有一套成熟的培训技术。从 2009 年开始，劳工事务局已与港铁公司合作进行人力资源培训工作，由港铁公司全资拥有的附属公司港铁轨道交通（深圳）有限公司，为澳门"高等院校毕业生内地实习计划"提供实习职位，让澳门的青年学习捷运系统运作的知识及技术，为未来的轻轨系统发展储备人才。

29 日

政府收回一幅位于氹仔的政府土地用于兴建公共房屋。为维护公众利益及持续打击霸地行为，政府采取联合清迁行动，依法收回一幅位于氹仔被霸占的政府土地，面积约 3000 平方米。此次收回的土地将按规划兴建公共房屋，有关部门正进行前期探土和图则设计工作。这是政府 2011 年第 5 次的清迁行动，上半年已收回 11 幅政府土地，面积共约 69000 平方米，较 2010 年全年多约八成，占全部累计收回土地总面积的近五成。

30 日

行政长官崔世安分别与行政长官选举委员会委员中的部分工商、金融界人士座谈，听取选委对政府施政和特区发展的意见与建议。为广泛听取社会意见，落实"打造阳光政府、推进科学决策"施政理念，行政长官崔世安先后于 27 日上午和 30 日下午继续与行政长官选举委员会委员中的部分工商、金融界委员举行座谈，听取选委对施政方面的意见。与会选委就特区政府多个领域的施政提出意见建议，意见主要包括阳光政府的建设，《粤澳合作框架协议》的落实，澳门与横琴和南沙的合作，加强对中小企业的支持，人力资源和职业培训，人才培养、旅游、金融、房地产等行业的发展，行业调研，房屋政策，交通优化，中国与葡语系国家平台作用的强化，体育发展等。崔世安在认真听取与会人士的意见和建议后，对与会人士长期的支持和积极发言表示感谢。他就近期特区政府落实《粤澳合作框架协议》的进展、产业发展、公共行政的优化、大众体育发展、教育与职业培训等方面的问题，与选委进行了交流。崔世安强调，特区政府将认真参考研究选委的意见，推进科学决策，务求不断提高施政水平和成效。

7月

1日

政府跨部门小组采取联合清迁行动，收回青洲坊附近面积约1900平方米的政府土地。

行政会完成讨论《持续进修发展计划》行政法规草案。草案订定于未来3年内，年满15岁的居民均可参加该计划，每人可获最高金额为5000元的进修资助，预计总资助金额为5亿元。

行政会公布《开立及管理中央储蓄制度个人账户的一般规则》行政法规草案，因特殊及合理原因而不在或离开澳门的居民，可继续享受拨款的权利，约有3000人受惠。

审计署审计长何永安赴东帝汶出席葡语国家最高审计机关组织成立15周年活动及研讨会。葡语国家最高审计机关组织为庆祝成立15周年，于5月29日至7月1日在东帝汶举行研讨会，东帝汶议长和副总理出席并主持相关纪念活动。审计长何永安应邀参加上述活动及研讨会，以加强与葡语国家和地区各审计机关的联系。此次研讨会共有8个葡语国家和地区的最高审计机关参与，会议的两个主要议题为"最高审计机关在法治中的角色"及"最高审计机关在发展体制与技术能力之间合作的重要性"。

3日

澳广视首个现场直播时事节目《澳门论坛》启播，约60名公众出席。节目可让市民直接就热门时事表达意见，或与官员互动，提升对社会问题的关注度。

4日

政府宣布将在台北设立澳门经济文化办事处，为澳门居民在台工作、学习、旅游、商务和生活等方面提供综合性服务。办事处业务功能包括：为澳门居民在台工作、学习、旅游、商务和生活以及文书验证与急难事件提供服务与协助；促进澳台经贸旅游、科技环保、教育、医疗卫生、文化创意、学术出版、专业技术、社会福利及其他领域之交流与合作；加强澳台两地共同打击犯罪以及司法互助合作等。

5日

中联办召开纪念中国共产党成立90年座谈会。中联办主任白志健，中联办副主任徐泽、李本钧、陈启明及全体员工，驻澳部队司令员祝庆生、外交部驻澳公署副特派员宋彦斌、毛四维，以及各驻澳机构、中资企业主要负责人出席。白志健要求中央驻澳机构、中资企业内派干部员工认真学习贯彻胡锦涛总书记7月1日在庆祝中国共产党成立90周年大会上的重要讲话精神，为澳门"一国两制"事业做出新的贡献。白志健说，学习胡总书记"七一"讲话，要充分认识中国共产党90年的光辉历程和伟大成就，毫不动摇地坚持中国共产党的领导，始终不渝也高举中国特色社会主义伟大旗帜，坚持和拓展中国特色社会主义道路，坚持和丰富中国特色社会主义理论体系，坚持和完善中国特色社会主义制度。"一国两制"是中国特色社会主义事业的重要组成部分。一定要从政治和大局的高度，坚定不移地贯彻落实"一国两制"方针政策，推动澳门"一国两制"实践不断向前发展，为中国特色社会主义事业开拓更加广阔的领域。白志健说，学习胡总书记"七一"讲话，要深刻把握保持和发展马克思主义政党先进性的根本点，深刻把握在新的历史条件下提高党的建设科学化水平的重要原则，全面贯彻奋力改革开放的新要求，从澳门实际出发，按照中央的要求，鼓励、支持和引导澳门加强同内地的交流合作，在祖国的发展进步中寻求特区发展新机遇，确保澳门长期繁荣稳定发展。白志健说，当前，澳门的发展既面临难得机遇，也面临许多深层次矛盾和问题。中联办和各驻澳机构、中资企业要认真学习贯彻胡总书记"七一"讲话，以改革创新精神努力工作，坚持"一国两制"方针和基本法，全力支持行政长官和特区政府依法施政，保持同澳门社会各阶层人士广泛密切的联系，深入开展调查研究，不断提高工作能力；要自觉遵守国家和澳门法律法规，展示良好形象；要牢记使命，奋发进取，团结拼搏，扎实工作，为澳门"一国两制"伟大实践再做贡献、再创佳绩。

6日

立法会第三常设委员会重启《经济房屋法》会议，细则性讨论政府提交的新工作文本。新文本正式更名为《经济房屋法》，增加政府拥有优先回购权等条文。

政策研究室与中国社会科学院签订研究合作意向书。政策研究室与中国社会科学院在北京签订"关于将澳门建设成为世界旅游休闲中心"研究合作意向书。

7日

首届公务人员MPA课程毕业礼在北京举行。由国家行政学院、北京大学、澳门行政暨公职局、澳门理工学院联合举办的"澳门特别行政区公共管理硕士（MPA）专业学位"课程首届毕业典礼于国家行政学院举行。该学位课程已开办3届，共录取181名学员，首届毕业生39人。该课程是由国务院学位委员会批准的国家重点学位项目，学员在4年内修满规定学分，完成学位论文并通过论文答辩，获北京大学及国家行政学院共同颁授的公共管理硕士专业学位。

8日

"澳门国际品牌连锁加盟展2011"开幕。由澳门贸易投资促进局、巴西特许经营商会、台湾连锁加盟促进协会、澳门国际品牌企业商会、澳门连锁加盟商会、香港专利授权及特许经营协会共同主办，中国连锁经营协会、国际特许经营协会及日本特许经营协会支持，澳门广告商会承办，并以"品牌无限延伸　商机一触即发"为口号的"澳门国际品牌连锁加盟展2011"开幕，展期3天。本届加盟展面积比上一届增加了30%，参展商和展位数目分别上升27%和32%，荟萃超过150个国际品牌，涉及餐饮、零售、服务、教育、市场策划/顾问/投资项目、金融及地产等多个行业。

9日

珠江防汛抗旱总指挥部公布，国家防汛抗旱总指挥部正式批复今冬明春的《珠江枯水期水量调度预案》，保障珠海、澳门等珠江三角洲地区的供水安全。

11日

治安警察局举行警员就职典礼。就职成为警员者，包括129名男警及31名女警，被派往治安警察局各个行动部门担任警务工作，另有1名音乐职程及2名机械职程男警，共163人。

12日

澳门与澳大利亚签署《税收信息交换协定》。经济财政司司长谭伯源与澳大利亚政府代表澳大利亚驻港澳总领事Les Luck先生在经济财政司司长办公室签署《税收信息交换协定》。这是澳门继本年4月与北欧7国签署同类协定后迅速增添的新协定，已正式达到与12个国家或地区签订符合国际认可的税务透明及信息交换标准的协定数量门槛，表明特区政府正在积极加强税务领域的国际合作。

饶宗颐向澳门艺术博物馆捐赠书画作品。饶宗颐，生于1917年，广东潮州人，国学大师，香港中文大学、南京大学等校名誉教授，西泠印社社长。其学问几乎涵盖国学的各个方面，取得显著成就，并且精通梵文。香港大学修建了"饶宗颐学术馆"，潮州市政府也在其家乡修建"饶宗颐学术馆"。他此次捐赠的书画作品，创作年份由20世纪80年代至今，都是不可多得的艺术珍品。行政长官崔世安会见了饶宗颐教授，感谢其长期支持澳门文化艺术发展及研究，以及向澳门艺术博物馆捐赠其30件（套）书画作品进行永久收藏。

13日

外交部副部长傅莹访问澳门并与行政长官崔世安会面，就进一步加强与澳门特别行政区政府沟通合作，支持澳门扩大对外交往合作等问题交换了意见。

14日

国务院发布《国务院关于横琴开发有关政策的批复》。"批复"明确一系列税务优惠、分线管理安排、澳人便利通关政策等。赋予横琴比经济特区更特殊的优惠政策。

粤港澳三地青年学生跨地文化观摩活动。高等教育辅助办公室与广东省文化厅及香港民政事务局联合举办"粤港澳青年文化之旅"，本年为第3届，旨在加深粤港澳三地高校学生对祖国历史文化的认识，促进学生互动交流。来自三地多所高校约40名学生参加为期10天的文化观摩活动。文化之旅第一站是香港，第二站于7月14日及15日在澳门展开，第三站是广东。

15日

澳门大学向杰出文学家查良镛（笔名金庸）颁授荣誉文学博士学位，以表彰其在文化领域创造的杰出成绩和对社会做出的卓越贡献。荣誉博士学位颁授仪式在香港举行，行政长官兼澳门大学校监崔世安博士代表、澳门大学校董会主席谢志伟博士与校长赵伟教授向查良镛颁授荣誉文学博士学位证书。

17日

教育暨青年局举办"2011青春祖国行——京港澳学生交流夏令营"。该活动由教育暨青年局、北京市教育委员会和香港教育局共同举办，于7月17日至23日在北京举行。参加本次活动的63名澳门师生，分别来自演艺学院舞蹈学校、菜农子弟学校、中葡职业技术学校、氹仔坊众学校、同善堂中学、圣罗撒英文中学及圣保禄学校7所学校。京港澳三地300多名师生汇聚北京，开展一系列学习交流活动。该活动自2005年开始举办，至今已是第6届。

18日

行政长官崔世安率领政府代表团赴广州市南沙区出席2011年穗澳合作会议。会议总结穗澳合作专责小组自2011年4月成立以来的工作及取得的成果，探讨穗澳合作下一阶段的工作重点，特别是进一步细化和实施《关于穗澳共同推进南沙实施CEPA先行先试综合示范区合作协议》，确定以南沙作为重要平台和载体，全面推动穗澳两地的紧密合作，为两地合作提供一个新的重要切入点。会议还签署了《广州澳门加强会展业合作协议》《2012澳门·广州名品展合作备忘录》《穗澳加强旅游合作备忘录》《关于举办"2011年穗澳商协会联席会暨行业合作对接洽谈会"的合作协议》。

社会房屋每月总收入上限及总资产净值限额调升。政府公报刊登第170/2011号行政长官批示，为配合政府今年已推行的多项惠民福利措施，包括提升经济援助金、养老金及最低维生指数等，同时确保弱势家庭特别是长者方面能受惠于上述福利的提升，政府调升社屋家庭每月总收入上限及总资产限额，调升幅度最高达两成，生效日期追溯至2011年7月1日，以配合新的社屋租金计算方式（第74/2011号行政长官批示）生效，届时社屋承租户已缴付租金之差额将会在往后缴交之租金中做出调整。

19日

旅游局以"感受澳门"为主题在东南亚举办系列宣传活动。为进一步加强与东南亚的旅游联系，吸引更多旅客到澳门，旅游局赴东南亚 4 个国家宣传澳门旅游。旅游局局长安栋樑等连同 20 多名来自澳门航空公司、旅行社、酒店、大型度假村和商务旅游设施的旅游业界代表，先后赴泰国、马来西亚、新加坡及印尼，展开 6 天的宣传活动。泰国、马来西亚、新加坡及印尼均被列入 2010 年全年及 2011 年 1 月至 6 月澳门十大客源市场。据统计，2011 年前 6 个月，到访澳门的泰国旅客约有 10 万人、马来西亚约有 15 万人、新加坡约有 12 万人、印尼约有 9 万人。

立法会全体大会一般性通过《澳门特别行政区廉政公署组织法》，法案建议廉政公署可针对行政机关"不作为"行为发出劝谕，加强监察并强化行政机关守法意识。

20日

社会文化司司长张裕率代表团赴四川考察援建项目。考察日期为 17 日至 20 日，考察眉山市丹棱县、乐山市夹江县、德阳市中江县等 7 个澳门援助的灾后重建项目。特区 10 多位社团负责人、文教及复康界代表应邀参加考察。截至目前，特区政府援建的 102 个项目已全面动工，已完工的有 25 个。102 个项目总金额约人民币 42.24 亿元，折合澳门币 49.66 亿元。

"澳门基本法高级研讨班"举行结业典礼暨第 4 阶段开班仪式。研讨班由行政暨公职局、澳门理工学院一国两制研究中心、澳门基本法推广协会合办，目的在于推动政府领导及主管人员深入认识基本法，准确使用基本法的相关规定。授课导师为熟悉基本法起草与咨询过程、首期跟进"一国两制"理论研究的资深学者。课程内容包括"一国两制"的理论和实践、"澳人治澳"和高度自治的基本方针、中央与澳门的关系、澳门政治体制以及民权保障与公民社会建设等。

第 4 次港澳合作高层会议在香港召开。经济财政司司长谭伯源及香港特区财政司司长曾俊华分别率领两地代表团参加会议，双方回顾过去一年在各个领域的合作情况，讨论了未来的合作方向，均认为现有的合作和联络机制富有成效，并将继续积极推进和深化港澳之间各领域的合作，实现共同发展和进步。双方在会上亦就《粤港合作框架协议》和《粤澳合作框架协议》的进展情况交流意见，同意继续在多个领域（特别是旅游、文化和公务员培训等方面）加强合作和资源共享，相互推动和实现两地共同发展。

行政会完成讨论《公共地方录像监视法律制度》法律草案。法律生效后首阶段将在各出入境口岸安装 200 多部录像监视摄影机。又完成讨论《环保与节能基金》《环保、节能产品和设备资助计划》行政法规草案。

22日

政府以 3600 万元收购草堆街 80 号的建筑物。2010 年 5 月 9 日，文化局接获民间热心人士通报，位于草堆街的一座建筑物有面临被清拆的可能。1892 年，革命先行者孙中山先生曾于草堆街创办中西药局，而该幢建筑物有可能是孙中山先生当年所设之中西药局旧址。接到消息后，文化局局长吴卫鸣及热心人士赶抵现场了解情况。5 月 10 日，文化局文物部门连同澳门博物馆工作人员到现场进行了记录及拍摄。为加强印证及加深对中西药局的了解，文化局发函多个政府机构收集相关资料，并邀请多个民间团体组成"中西药局关注小组"，让专家学者协助多方面搜集资料。9 月 18 日，文化局举行"草堆街 80 号论证会"，邀请本地 14 位专家学者和 14 个相关团体出席，共同论证及讨论。专家学者指出，第一，草堆街 80 号极有可能是中西药局旧址；第二，草堆街 80 号的建筑价值值得保护；第三，草堆街 80 号可成为活化该区的一个亮点；第四，孙中山先生与草堆街有直接的关系。根据物业登记资料显示，草堆街 80 号有近 120 年历史，是当年澳门典型的下铺上住的商住建筑，有一定的文物价值。

24日　新城区总体规划草案专家论证会举行。运输工务司与负责新城区总体规划研究的中国城市规划学会举行新城区总体规划草案专家论证会，以仁现"政府组织、公众参与、专家领衔"的科学规划原则。来自中国内地、香港、澳门及美国不同领域的 14 位专家，对规划草案、目标及构想提出了 80 多项意见，并肯定了特色发展、整体最优及绿色低碳的规划原则。

25日　巴波沙中葡小学原址设立郑观应公立学校，将于 9 月新学年正式运作。政府公报刊登行政长官批示，于巴波沙中葡小学原址设立的郑观应公立学校，将于 9 月新学年正式运作，同期撤销巴波沙中葡小学。教青局代表称，以郑观应之名作为新公立学校校名，旨为发扬郑观应"革新""重教"理念，体现澳门特色。新公校首阶段开设幼儿园至小学三年级共六个级别，努力实践"成为温馨的家""打造成展现才艺、实践理想的舞台""成为实践全人教育的场所""培养学生面向未来的能力"四大目标。该公校以普通话为主要教学语言，但仍保留现有公校"三文四语"的教学特色。

26日　新口岸马六甲街国际中心第九座地铺食肆因气体泄漏发生爆炸。爆炸威力除摧毁店铺外，更波及毗邻商铺、对面马路的酒店、国际中心住户，导致 13 名人士受伤，8 人需送院治疗。附近包括外港客运码头等 3000 户电讯服务中断。行政长官崔世安到场视察后表示，政府高度关注爆炸事件，各相关部门会全面检讨事件起因，并订定一系列预防工作防止同类事件发生。

澳门明爱创办人、耶稣会士陆毅去世，享年 97 岁。陆毅神父是西班牙人，1951 年 38 岁的陆毅神父来到澳门，向澳门教区借用利玛窦会院开办"利玛窦社会服务中心"，1971 年该中心正式成为天主教澳门教区的下属机构，并加入"国际明爱"，易名为"澳门明爱"。澳门明爱是社会服务慈善志愿团体，在陆毅神父的带领下，在 20 世纪 70 年代创设残疾人士院舍等服务，并多次到内地开办服务，帮助麻风病及艾滋病患者。

27日　国家旅游局与澳门特别行政区政府旅游局在北京召开 2011 年内地与澳门旅游工作磋商会议。会议主题是"共同规范市场秩序、携手推进产业合作"。会议总结 2010 年两地旅游工作磋商会议落实情况，研究制定《内地居民赴澳旅游组团社与地接社合同要点》，并确定在 8 月共同发布实施。合同要点对内地组团社和澳门地接社的责任和义务做了明确规定，对促进内地赴澳旅游的健康发展将起到积极作用。

28日　行政长官崔世安与世界卫生组织总干事陈冯富珍在澳门会面，就合作推动中医药科研、人才培训及中药生产质量管理方面的进一步发展交换意见。

澳门特别行政区政府与世界卫生组织就传统医药开展合作计划。该计划的目的是配合未来澳门中医药的发展，包括中医药人员注册、中成药注册、中药生产质量管理规范（GMP）的实施以及澳门中医药科技产业园的发展等，提升澳门中医药管理人员的能力，扩展国际视野，提高澳门在国际上的知名度。整个合作计划为期 4 年，于 2011 年 9 月 2 日开始，至 2015 年 12 月 31 日结束。计划分为 3 部分，包括举办区域间培训班、制定传统医药临床研究技术文件、举办本地培训班等。

31 日

"2011 粤澳名优商品展销会"连续 4 日于澳门渔人码头会议展览中心举行。展销会由澳门贸易投资促进局及广东省对外贸易经济合作厅联合主办、澳门展贸协会承办。本届展销会展场面积约 6000 平方米，共设展位 267 个，参展粤澳企业 246 家，其中包括多家广东一线驰名品牌企业。共有超过 11 万人次进场，现场销售额达 3974 万元；促成 237 个粤澳品牌配对项目、13 项合作项目。

8月

1 日

驻澳解放军举行多项活动，庆祝建军 84 周年。上午，中国人民解放军驻澳门部队在澳门驻军大厦举行升国旗仪式，庆祝中国人民解放军建军 84 周年。下午在新口岸驻军大厦举办"八一"招待酒会，驻澳部队司令员祝庆生少将在酒会致辞中回顾了人民解放军走过的 84 年光辉历程。他表示，驻澳部队进驻澳门以来，贯彻"一国两制"伟大方针，坚决执行党中央、中央军委的决策指示，依法履行防务职责，以实际行动赢得了广大澳门同胞的高度赞誉。祝庆生表示，驻澳部队将继续积极支持特区政府依法施政，始终做到爱国爱澳，守法亲民，以实际行动做好人民的忠诚卫士；进一步加强部队全面建设，不断提升履行防务的能力，为维护澳门长期繁荣稳定，开创澳门更美好的未来做出新的更大贡献。特区代理行政长官、社会文化司司长张裕在致辞中表示，澳门回归以来，驻澳部队一直恪守基本法和驻军法，坚守岗位，肩负起保卫国家领土主权的神圣使命。历年来，通过参与植树、献血以及举办军营开放和军事夏令营等活动，驻澳部队与广大市民之间已建立起深厚的情谊，也成为青少年朋友的良师益友，深得澳门社会的支持和拥戴。张裕表示，特区政府将一如既往地全力支持驻澳部队的工作，与驻澳部队官兵及中央人民政府各驻澳机构紧密合作，相互配合，为维护国家的领土主权，确保特区的繁荣稳定，为落实"一国两制"这一伟大事业而共同奋斗。全国政协副主席何厚铧、中央各驻澳机构负责人、特区立法和司法机构负责人以及学生代表等 200 余名嘉宾出席了招待酒会。

行政长官崔世安率领政府代表团赴内蒙古自治区考察访问，与自治区领导举行会晤，探讨加强两地交流合作。崔世安及代表团与内蒙古自治区党委书记胡春华会面。胡春华首先介绍内蒙古的整体情况，他表示，内蒙古近年经济增长快速，资源丰富，但对外开放不足，因此，内蒙古可借助澳门平台作用加强与葡语国家和其他地区的联系，共同促进两地的发展。同时，胡春华又衷心感谢澳门基金会捐赠 3000 万元人民币资助兴安盟图书馆建设项目。崔世安表示，澳门与内蒙古有深厚的渊源，如工业合作、旅游管理、旅游增值培训、经贸合作等。澳门作为葡语国家经贸合作平台，未来可与内蒙古一起到葡语国家考察，共同开拓葡语国家市场。代表团一行抵达呼和浩特后分别到内蒙古博物院及大昭寺参观，并考察伊利集团液态奶生产线。崔世安于傍晚出席了澳门基金会资助兴安盟图书馆建设项目的捐赠仪式及蒙澳双方企业家签约仪式。

"政府主导，市场运作"的巴士服务新模式正式实施。根据新模式，政府将承担巴士路线、服务班次和站点设定等主导工作，巴士营运公司由两家增加至三家，整体服务的巴士达 600 多台，巴士班次也有显著增幅。为使监管工作更到位，交通事务局已给所有投入营运的巴士安装 GPS 卫星导航系统、语音报站系统，增设巴士站点资讯牌及建立讯息中心等，以更好地掌握巴士的实时营运情况，持续优化巴士发车频率，缩短候车时间。

国家旅游局和澳门旅游局分别发出通知，在内地与澳门同时实施《内地居民赴澳旅游组团社与地接社合同要点》，以共同规范内地赴澳旅游市场秩序，进一步提升旅游服务品质。

2日　行政会完成讨论多部行政法规草案，包括《公务人员的招聘、甄选及晋级培训》《行政公职局的组织及运作》《修改〈行政会章程〉》《行政会秘书处的组织及运作》《修改经济局的组织及运作》《取消使用登船和离船设施的费用》等，其中《取消使用登船和离船设施的费用》行政法规草案将实施近12年的海上客运征费取消。

3日　廉政公署公布2010年度工作报告。2010年，廉政公署共处理786宗投诉个案，开立473个调查卷宗。

澳门警方与珠海市警方协作捣破一个以办理赴澳劳务输出为由进行诈骗的跨境犯罪团伙，其中2名主要犯罪嫌疑人已在澳门落网。

6日　环境保护局为编制《构建环境影响评估制度的探索文本》，由即日起进行为期1个月的意见征集活动，以吸纳社会各界意见，为开展下一阶段制定环境影响评估程序、技术准则、一般指引及标准订定等工作打好基础，从而提升环评的可操作性。

8日　国际公务员组织秘书处代表来澳视察，表示关注澳门工会法及集体谈判机制的立法工作，又关注澳门24小时轮班人员权益，建议另行立法保障包括博彩从业员、家佣等工种的权益。

9日　2011年《高等院校毕业生内地实习计划》共有68人报名参加，较上届减少35名，减幅为34%。《高等院校毕业生内地实习计划》至今已举办3届，自推行以来，得到中央人民政府驻澳门特别行政区联络办公室及内地企业的大力支持。劳工事务局按就业市场的实际情况适时调整和检讨计划成效，帮助澳门毕业学生开拓职业选择路向，完善职业生涯规划。

10日　澳门监狱擢升林锦秀为总警司。澳门监狱举行就职仪式，林锦秀获委任为总警司，仪式由李锦昌狱长主持。出席就职仪式的还有澳门监狱各部门的主管人员。林锦秀，2011年取得西南政法大学法律事务专业函授专科文凭，1989年起加入狱警队伍，历任警员、一等警员、副警长，2009年晋升为警长，拥有逾22年的相关工作经验，分别于2003年、2004年及2009年获得个人嘉奖状。

统计暨普查局资料显示，本年6月30日澳门人口估计为558100人，按季增加1300人。本年第二季有1353名新生婴儿，较第一季增加6.2%；男性新生婴儿有686名，男女婴儿性别比为102.8：100。同季死亡个案有403宗，按季减少21.6%。死因主要为肿瘤和循环系统疾病。第二季共录得911宗必须申报疾病的报告，主要是肠病毒感染（590宗）、肺结核（80宗）及水痘（62宗）。结婚登记有779宗，较第一季减少10.8%。本年第二季持单程证的内地移民有1534人，按季减少547人；被遣返的非法入境者有325人。此外，获准居留人士共621人，较第一季减少83人。第二季末的外地雇员总数为85273人，按季增加3857人。

11 日

行政长官崔世安列席立法会全体会议，回答议员就政府施政及社会状况提出的问题。崔世安表示，在房屋政策问题上，"居有其所，安居乐业"是政府的房屋目标，"社屋为主，经屋为辅"是房屋政策的原则。在应对通胀方面，政府把应对通胀放在宏观经济管理的首要位置，将加强监管澳门民生食品的流通环节，检讨公共领域的服务开支水平，持续完善社会安全网以确保弱势社群的生活。

12 日

2011年人口普查为期15天的资料收集工作正式展开。在代理行政长官陈丽敏及经济财政司谭伯源司长的见证下，统计暨普查局局长邝碧芳带领近2000名普查工作人员齐集大三巴牌坊一同宣誓：尽忠职守完成2011年人口普查工作，并严格遵守统计保密法例的规定。人口普查将为政府制定房屋、交通、教育、医疗、社会福利等政策提供重要的数据。

图15　2011年人口普查启动仪式

立法会细则性通过多项法律，包括《经济房屋法》《财政储备制度》《修改二零一一年度财政预算》《残疾津贴及免费卫生护理服务的制度》等4部法案。

15 日

政府推出《公共政策咨询规范性指引》，订定"重大政策"及"政策项目及措施"于咨询时应遵守的规定。该指引于8月16日生效，主要就政府公共政策咨询的推行，订定各项应遵原则作为推行依据。同时，就整个咨询过程的各阶段，包括前期准备、公开推行及总结评估等做出规范指引，并设立相应的统筹机制，加强各咨询活动的规范、统筹及协调，借以提高政府施政的认受性、合理性及政策的质量。

17 日

国务院副总理李克强强调中央将加快落实粤港、粤澳合作框架协议。由香港特别行政区政府商务部、国家发展和改革委员会、中国人民银行联合举办的国家"十二五"规划与两地经贸金融合作发展论坛在香港举行，中共中央政治局常委、国务院副总理李克强出席论坛并发表主题演讲。他指出，促进国家经济长期平稳较快发展和社会和谐，保持香港长期繁荣稳定，事关国家与香港的根本利益，是全体中华儿女的共同期盼。只要内地和香港携手努力，就一定能够实现这两个长期的目标，为增进内地和香港民众福祉做出更大贡献。他强调，中央将加快落实粤港、粤澳合作框架协议。

贸易投资促进局赴成都参加第7届泛珠三角省会城市市长论坛并考察都江堰地震灾后重建工作。来自泛珠三角9省区省会城市成都、广州、福州、南昌、长沙、南宁、海口、贵阳、昆明的市长、副市长和香港、澳门官员出席论坛，并在论坛上分享了城市化建设的经验，同时也就泛珠9+2省区的经贸、旅游、农业、交通等合作交流意见。贸促局主席张祖荣代表特区政府出席上述活动。

19日

近600名家长、教师和社工观赏《真相》，探讨青少年吸毒问题。为加深社会大众对毒品祸害的认知，社会工作局举办禁毒影片《真相》播放专场，吸引近600名观众入场，主要为家长、社工、教师及社会服务机构人员。因应当今毒品问题有国际化、跨区化、年轻化及隐蔽化等趋势，社会工作局制作禁毒影片，为家长、教师、校长、社工以及相关人士提供参考资料，借此丰富禁毒教材，激发大众携手参与抗毒工作，共建无毒社区。

22日

《粤澳合作框架协议》暨横琴政策创新宣讲会在澳门举行。行政长官崔世安、广东省省长黄华华出席宣讲会并致辞。广东省副省长招玉芳、运输工务司司长刘仕尧分别做主题演讲；珠海市领导介绍了有关横琴的政策和投资环境。此外，粤澳两地政府多个主管部门的官员分别就框架协议的落实进展及国务院对横琴政策创新的有关批复进行了深入讲解。

外交部驻澳门特别行政区特派员公署新任特派员胡正跃抵澳履新，接替卸任的卢树民。胡正跃，1953年生，浙江人，大学毕业。曾任外交部亚洲司副司长、驻马来西亚特命全权大使、外交部国外工作局局长、外交部亚洲司司长、外交部部长助理（主管亚洲地区事务）等。

"2011年澳门大学生国情教育课程班"在武汉举行。课程班在教育部的支持下，由高等教育辅助办公室主办，武汉理工大学承办，时间从22日至28日。课程自2005年开始举办，目的是加深学生对祖国国情的了解，增进其对祖国的情感，促进澳门与内地学生之间的沟通交流。本年的课程共有48名分别于中国澳门、内地、台湾、香港及英国等地多所高等院校就读的学生参加。

23日

消委会公布8月份超市物价普查。消费者委员会于8月17日进行超级市场物价普查，在14家超市收集250多个产品的零售价。与上次的调查比较，这次平均零售价上升的产品共有120个，售价不变的有63个。平均价格升幅较明显的有食油及罐头类产品。21个被抽查的食油品中，超过一半货品的平均价格上升，升幅由低于1%到超过10%不等。

保安司公布2011年上半年治安状况。保安司司长张国华公布2011年上半年整体犯罪数字共有5928宗，比2010年同期上升4.3%（增加243宗）。整体罪案增加，主要是盗窃案有较大升幅所致，增加256宗，上升幅度为13%。在上半年的警务行动和侦查行动期间，共有1952人被拘捕及送交检察院处理，同比减少6人。青少年犯罪方面，上半年共录得61宗相关罪案，同比上升15.1%（增加8宗），涉及的未成年人共83人，减少17.8%。主要是涉及一般盗窃、店铺盗窃、盗用摩托车及普通伤人等。此外，上半年的非法入境者及逾期逗留人士合共15543名，其中来自内地的非法入境者有617人，持个人游签注的逾期逗留人士有2163人，持其他内地证件或签注的逾期逗留人士有11193人，而逾期逗留的外籍人士有1670人。

24 日

　　行政长官崔世安欢迎外交部驻澳门特别行政区特派员公署特派员胡正跃履新。崔世安在礼宾府欢迎外交部驻澳特派员公署新任特派员胡正跃来澳履新，双方进行会晤。崔世安表示，澳门特区成立以来，外交部驻澳特派员公署在对澳门开展对外交往方面一直给予大力支持，并履行其应有职责，协助特区处理涉澳外交事务，从中协助澳门特区与多个国际组织和机构交往、参加及举办国际会议事宜，同时处理有关国际公约在澳门特区的适用问题，促进澳门特区的对外交往事务及长期繁荣稳定。他指出，现时特区政府不断加强对外交往，致力于与葡语国家、欧盟及拉丁语系国家增加交流合作，当中离不开公署的支持及协助。胡正跃表示，澳门在特区政府及居民共同努力下取得良好发展，公署将一如既往贯彻落实"一国两制"方针，依法办事，支持澳门发挥自身优势，扩大对外交往、交流和合作。外交部驻澳门特别行政区特派员公署副特派员宋彦斌、毛四维参加会见，行政法务司司长陈丽敏、行政长官办公室主任谭俊荣、行政会秘书长兼行政长官办公室顾问柯岚、行政法务司司长办公室代主任辜美玲、行政长官办公室顾问冯少荣及高展鸿陪同会见。

　　中国人民解放军国防大学金一南教授为特区政府官员讲解我国国防战略。金一南教授以《苦难辉煌：对国家和民族命运的思索》为题，结合中国近代史、新中国发展历程和中国共产党领导中国人民取得革命、建设和改革开放巨大成绩的翔实情况，系统而生动地阐述了中国国防战略的发展状况。行政法务司司长陈丽敏、保安司司长张国华及近百名政府领导人员出席。

25 日

　　国家文化部港澳台办"文化行政和产业考察团"访问澳门。文化部港澳台办组织"文化行政和产业考察团"于 25 日至 28 日在澳门考察文化创意产业项目，参观澳门文创基地，与特区政府部门、社团、企业交流文化计划及文创产业合作事宜。考察团成员包括文化部港澳台办主任侯湘华、艺术司副司长诸迪、广东省文化厅副厅长程扬、中国对外文化集团公司党委书记孙晓红等一行 17 人。

29 日

　　行政长官崔世安与澳门仁协之友联谊会新一届理监事成员会面，就社会事务、区域合作方面听取联谊会意见。仁协之友联谊会会长吴福首先介绍了理监事换届情况。理事长黄枫桦报告了该会成立三年以来的会务工作，表示未来将继续关注社会时事，就国家、澳门特区出现的热点问题，提出建设性意见。澳门仁协之友联谊会成立于 2008 年 9 月，由退任的澳门历届全国人大代表和全国政协委员发起成立，致力于加强澳区退任的全国人大代表和全国政协委员的交流、联系，开展各种联谊活动，继续关心国家大事，关注贯彻落实"一国两制"方针和基本法，促进澳门与内地的交流，为构建和谐社会做出贡献。

30 日

　　第 9/2011 号法律《残疾津贴及免费卫生护理服务的制度》生效。依据该法律，符合资格申请残疾津贴的居民，如在 2011 年 12 月 31 日之前提出津贴申请，且该申请之后获得批准，只要其在 2009 年及 2010 年的其中一年或两年身患残疾，并在该期间属澳门永久性居民，可获发一份或两份额外津贴。

　　行政长官办公室举办行政长官选举委员会委员专题演讲会《学习实践科学发展观，走可持续的中国特色道路》。演讲人是中国社会科学院美国研究所所长、港澳台研究中心主任黄平博士。黄平博士曾主持国家社会科学基金课题、中国社会科学院重大课题以及联合国、欧盟、世界银行、亚洲开发银行等资助的研究课题和发展项目。他在演讲会上详细阐述了科学发展观的背景和内涵、内地实践经验以及在"十二五"期间的践行前瞻。崔世安出席并听取了演讲。此次专题演讲，有助于促进行政长官选举委员会委员对国情的了解，参考国家发展经验，推动澳门实现可持续发展。

统计暨普查局公布 2011 年第二季本地生产总值。资料显示，2011 年第二季本地生产总值按年实质增长 24.0%，增幅主要由服务出口、投资及私人消费支出带动。其中，博彩服务出口上升 39.0%、旅客总消费（不包括博彩消费）增加 5.9%、投资上升 23.1%，私人消费支出增加 11.3%；货物出口则下跌 8.2%。本年第二季反映整体价格变动的本地生产总值内含平减物价指数按年上升 6.0%。2011 年上半年本地生产总值实质增长 22.9%；此外，第一季经济增长由 21.5% 向上修订为 21.6%。第二季的就业人数及收入持续上升，失业率亦维持在较低水平，带动私人消费支出上升 11.3%，低于第一季的 13.0%。其中，住户在本地的最终消费支出增加 7.6%；在外地的最终消费支出亦上升 21.3%，而在内地的消费为 16.6 亿元。政府最终消费支出上升 8.1% 高于第一季 1.2% 的跌幅，主要是雇员报酬及购入的货物及服务净值分别上升 7.2% 及 10.2% 所致。反映整体投资的固定资本形成总额上升 23.1%，低于第一季的 30.8%。私人投资增加 24.4%，主要是建筑投资及设备投资分别上升 28.7% 及 13.8% 所致；政府投资上升 7.3%，其中建筑投资上升 20.7%，而设备投资则减少 53.2%。货物出口跌势持续，第二季下跌 8.2%，较第一季 7.0% 的减幅有所扩大；另一方面，由于私人消费、旅客消费及投资增加，导致货物进口上升 26.4%，高于第一季的 22.4%。服务贸易方面，受惠于入境旅客及消费同步增加，推动第二季整体服务出口大幅攀升 33.0%，高于第一季的 30.0%；其中，博彩服务出口上升 39.0%，旅客总消费增加 5.9%。另外，服务进口亦上升 36.1%，低于第一季的 38.4%。

31 日

内地与港澳举行珠三角空管会议，进一步细化并落实《珠三角地区空管规划与实施方案》。随着珠江三角洲地区经济的快速发展，人们出行的次数日趋频繁，区内的航空运输量迅速增长，但与之形成鲜明对比的是，珠江三角洲地区空域狭小、飞行程序复杂。为了满足珠三角地区航空交通未来的发展需求，中国民用航空局空管局、香港特区政府民航处及澳门特区政府民航局定期举行会谈商讨区内的空管协调。三方在珠海举行了第六次专题工作组会议，总结了三方在空域资源优化的工作，并同意就多机场统一放行启动项目建设，以及对南珠三角统一高度基准面开展进一步的研究。三方审议了以 2020 年为目标年的《珠三角地区空管规划与实施方案》的工作进展，确认方案内容基本可行，同意在运行层面加强协调，确保方案的顺利落实。

1 月至 7 月中国与葡语国家进出口总额同比增长 27%。据中国海关总署资料显示，2011 年 1 月至 7 月，中国与葡语国家进出口商品总值为 629.89 亿美元，比 2010 年同期的 496.19 亿美元增加 133.70 亿美元，同比增长 27%。其中中国自葡语国家进口 416.39 亿美元，同比增长 23%；对葡语国家出口 213.50 亿美元，同比增长 36%。2011 年 7 月，中国与葡语国家进出口商品总值为 107.49 亿美元，环比 6 月的 91.62 亿美元增加 15.87 亿美元，环比增加 17%；其中中国自葡语国家进口 69.11 亿美元，环比增长 19%；对葡语国家出口 38.38 亿美元，环比增长 14%。

9月

1 日

行政长官崔世安出席首届"中国—亚欧博览会"开幕式。崔世安表示，澳门正在积极落实施政安排，与新疆作为国家"陆上开放"重要门户的战略部署以及"中国—亚欧博览会"的举办宗旨相配合，加强疆澳的进一步合作，并为澳门在祖国西部地区、中亚、西亚和欧洲的发展，提供崭新的平台和空间，共同促进"东中西部互联互动"这一国家政策的深入落实。当晚，崔世安与新疆维吾尔自治区党委书记张春贤及主席努尔·白克力会面。

2 日

旅游局前往广州参加"粤港澳旅游高层会议"。广东省旅游局、香港特别行政区政府旅游事务署、香港旅游发展局及澳门特别行政区政府旅游局领导在广州举行"粤港澳旅游高层会议"，分别讨论《粤港澳旅游发展规划》的撰写进度及商讨三地的旅游推广策划。粤港澳在旅游领域的合作有着长久稳固的基础。三地一直在多项重点工作加强合作，向远程市场推广连线旅游。为迎接旅游业的挑战，三地亦商讨从旅游推广扩大到其他方面的合作，包括数据分析交流、行业管理讯息交流等。

旅游局组团参加"中国（广东）国际旅游节产业博览会"。由国家旅游局及广东省人民政府主办的"中国（广东）国际旅游节产业博览会"连续 4 天在广州保利世贸博览馆举行。旅游局局长安栋樑、副局长文绮华连同 10 多名澳门旅游业界代表参加。旅游局展区以"感受澳门"为主题，以世界遗产"澳门历史城区"为背景，推广糅合中西文化的澳门旅游特色。"中国（广东）国际旅游节产业博览会"原名"广东国际旅游展览会"，经国家旅游局和广东省人民政府批准而更名，系由"泛珠三角旅游大促销活动""泛珠三角旅游推介大会""广东国际旅游展览会"发展而来，迄今已连续举办 6 届。

3 日

行政长官崔世安与来澳出席纪念辛亥革命 100 周年活动的全国政协副主席陈奎元一行会面。

4 日

"澳门地区纪念辛亥革命 100 周年大会"举行。全国政协副主席陈奎元、行政长官崔世安、全国政协副主席何厚铧、中联办主任白志健等先后在大会上发言，来自中共中央统战部、国务院台办、国务院侨办、国务院港澳办、全国政协港澳台侨委员会、全国台联和澳门各界代表 800 余人出席。陈奎元在会上发表重要讲话，他表示，澳门同胞素有爱国主义光荣传统，孙中山先生早年在澳门的社会实践与探索，对其革命思想的形成与发展具有重要的意义。崔世安发言称，孙中山先生的早期革命思想及蓝图都与澳

图 16　澳门地区纪念辛亥革命 100 周年大会

门关系密切，留下了一代伟人的光辉足迹。白志健指出，澳门是中山先生的第二故乡，也是他早期革命活动的重要策源地。至今澳门仍然保留许多中山先生当年生活和从事革命活动的旧址和遗址，这是澳门引以为豪的宝贵财富。今天澳门隆重纪念辛亥革命100周年，缅怀中山先生和辛亥革命先驱的伟绩，对激励我们继续推进"一国两制"伟大事业具有非常重要的现实意义。

6日

政府开始接受合资格人士办理残疾津贴申请，普通残疾津贴每年为6000元，特别残疾津贴每年为12000元。

国家审计署行政事业审计司副司长在澳门讲解"绩效审计"。审计署举办"绩效审计"（即"衡工量值式审计"）专题培训，邀请国家审计署行政事业审计司副司长常利、处长俞立来澳主讲，结合理论和实例，向审计署人员分享绩效审计的工作经验。"绩效审计"专题培训综合介绍由财务审计发展至绩效审计所发挥的作用，阐述开展和完善绩效审计的工作重点，并重点介绍内地推行结合型绩效审计的工作经验。

7日

治安警察局邀请媒体参观交通厅。邀请对象分别来自报社、电视台及电台的媒体工作者，交通厅厅长梅山明警务总长主持参观活动，安排人员向媒体讲解该厅的职能架构及日常工作，展示警用装备及相关设施等。交通厅于1981年设立，初期名为交通部，至1995年因应社会发展需要，经架构重组后正式成立交通厅。交通厅下设交通监控警司处、交通警司处、海岛交通警司处及文书处理暨档案科，职员420人。

亚洲税收管理研究组织工作层面会议首次在澳门举行。本次为第13届工作层面会议，为期4天，主办单位为财政局。会议主要探讨转移定价方面的发展近况。来自中国内地、中国香港、印尼、日本、韩国、中国澳门、马来西亚、新西兰、巴布亚新几内亚、新加坡、中国台北、泰国、越南等13个成员的税务机关代表在会上分享最新发展情况及所面临的挑战，印度以观察员身份出席会议并交流经验。亚洲税收管理研究组织于1970年成立，由亚太地区16个国家和地区的税务机关组成，为一国际性的赋税研究组织，其年会、工作层面会议及联合训练项目每年由各成员轮流举办，澳门特别行政区于2007年正式成为会员。

澳门企业家代表团赴厦门参加"第15届中国国际投资贸易洽谈会"。本届贸易洽谈会开馆式邀请中共中央政治局常委、全国人大常委会委员长吴邦国，斯里兰卡总理 Honourable D. M. Jayaratne，萨摩亚副总理 Hon. Fonotoe Nuafesili P. Lauofo，全国人大常委会副委员长兼秘书长李建国，原国务院副总理吴仪等出席。吴邦国委员长于开馆式前参观了"澳门馆"。

8日

第11次粤港澳防治传染病联席会议在澳门举行。社会文化司司长办公室主任张素梅、广东省卫生厅黄飞副厅长和香港卫生署林秉恩署长分别率员出席会议。会议回顾及总结了上届联席会议以来三地卫生部门在传染病流行、监测防控措施及交流通报合作等方面的情况并达成若干共识，同意下届联席会议由广东省主办。

政府跨部门联合行动收回九澳2幅被非法占用土地。两幅土地面积近6000平方米。本年1月至今，政府共收回16幅被非法占用的政府土地，面积约84724平方米，超过2009年和2010年政府所收回土地面积的总和。

10 日

第 23 届澳门国际烟花比赛汇演开幕，率先由来自加拿大及韩国的烟花队表演。社会文化司司长张裕及旅游局局长安栋樑在旅游塔露天广场主持开幕仪式。来自加拿大、韩国、日本、英国、奥地利、中国台湾、菲律宾、葡萄牙、法国和中国内地的 10 支队伍角逐冠、亚、季军奖项。

图 17　第 23 届澳门国际烟花比赛汇演开幕仪式

14 日

营运 14 个月的往来港澳航线"巨龙船务"宣布，即日起终止营运并自动清盘。同时入禀香港高等法院要求委任临时清盘人接管公司事务。

政府获汤加王国驻华大使馆通知，澳门特别行政特区护照持有人可取得落地签证进入汤加王国逗留 31 天。截至目前，共有 92 个国家或地区同意给予澳门特别行政区护照持有人免签证或落地签证待遇；9 个国家给予特区旅行证件免签证待遇。

政府收回氹仔霸地规划建公屋。政府继续打击非法霸地，维护公众利益，收回氹仔一幅面积约 2500 平方米的土地，该幅土地与本年 6 月收回的 3000 平方米土地相连。而该幅总面积达到 5500 平方米的政府土地，将被规划为兴建公共房屋用途，作为万九公屋以外新增的公屋用地。

15 日

政府跨部门小组采取本月第 3 次收地行动，收回位于路环联生海滨路及莲花海滨大马路 2 幅相连的政府土地，总面积约 11000 平方米。被收回土地将作为政府的土地储备，日后再做整体规划利用。

16 日

"内地与澳门科技合作委员会"第 5 次会议在西安举行。来自科技部、国务院港澳办、中国科学院、中联办、自然科学基金委员会、中国科协、陕西省科技厅、广东省科技厅及珠海市科技局等部门以及澳门科技委员会、科学技术发展基金、运输工务司司长办公室、环保局、电信管理局、卫生局、教青局、生产力暨科技转移中心、澳门大学和澳门科技大学等机构的近 60 人参加了会议。运输工务司司长刘仕尧与国家科学技术部副部长曹健林出席会议并发表讲话。

17 日

珠澳居民同游绿道，响应"世界无车日'。为响应 9 月 22 日"世界无车日"，环境保护局连同珠海市环境保护局首次合办"2011 世界无车日之澳珠自行车绿道游"活动，组织两地居民骑自行车同游珠海绿道网。

法院代表团赴南京参加"首届海峡两岸暨香港澳门司法高层论坛"。应最高人民法院的邀请，终审法院院长岑浩辉率领法院代表团参加论坛。论坛在江苏省南京市举行，主题是"现代司法制度下调解之应用"及"深化两岸四地司法合作与交流"会议以主题演讲、主题研讨及专题研讨的形式进行，共收到海峡两岸和香港、澳门代表提交的论文 50 余篇。

18 日

澳区国家司法考试顺利举行。2011 年澳区国家司法考试于 9 月 17 日与 18 日在澳门法律及司法培训中心举行。考试期间，国家司法考试司综合处处长孙晓明、驻部纪检组监察局一室主任韩方友以及法务局局长张永春等人均到场视察试场情况，并满意有关考试的组织实施工作。据统计，包括港澳台考生在内，今年全国报考司法考试总人数为 40.3 万余人，而澳门考区共有 48 人报考，有 39 名考生参加考试。

19 日

商务部在澳门设立经贸促进机构，名称为"中央人民政府驻澳门特别行政区联络办公室经济部贸易处"，并于 12 月 15 日揭幕。

21 日

第 7 届泛珠三角区域合作与发展论坛暨经贸洽谈会在江西南昌举行，行政长官崔世安出席并讲话。他表示，过去一年来，在中央的亲切关怀和大力支持下，在各兄弟省区的共同努力下，泛珠三角地区经济社会稳步发展，合作成效不断涌现，合作层次稳步提升。澳门与广东更是加快了全面合作进程，区域经济融合取得新突破。"十二五"规划纲要首次专门阐述了澳门在国家发展战略中的重要定位，提出了支持澳门巩固强化竞争优势的政策支持。政府将借着这一重大契机，充分利用泛珠合作所提供的广阔发展空间，全力打造"世界旅游休闲中心"和"中国与葡语国家商贸合作服务平台"，积极为区域提供独特而优质的服务，促进澳门和整个区域的可持续发展。参加本届论坛的澳门企业与其他省区签约项目共 4 项，具体为：与福建省企业合作的驰名品牌酒系列总代理、与香港企业合作的名优商品贸易项目、与广东省企业合资合作的大型钢材采购以及与云南企业合作的品牌白酒代理。

22 日

第 7 届京港澳测绘技术交流会召开。会议以"测绘科技创新与城市发展"为主题，就摄影测量与遥感探测、卫星测量与导航技术、地下管线探测与管理、区域测绘合作与发展、工程测量技术发展与应用、地理信息共享平台的构建与维护、地理信息于城市规划建设与社会发展的应用、空间信息基础设施的建设及管理、三维数字城市建设之应用、3S 技术在土地管理上的应用、激光扫描技术的发展与应用等内容进行研讨。

24 日

文化局举办纪念辛亥革命 100 周年研讨会。研讨会主题是"志士主盟：辛亥革命百周年研讨会"，多位来自海内外的学者出席，发表以辛亥革命的背景、澳门在辛亥革命中的角色和辛亥革命的影响等为主题的论文。研讨会还邀得孙中山先生之孙女孙穗芳莅临担任主讲嘉宾。

25 日

澳门新闻界代表团考察卢森堡及慕尼黑。新闻局组织新闻机构单位及团体的代表，前往卢森堡及德国慕尼黑进行考察参观，与当地政府、业界、传媒组织及专业培训机构进行会面交流，了解当地媒体的发展状况，促进本地与外地新闻界的交往。考察团由新闻局局长陈致平担任团长，团员来自澳门 8 份中文日报、4 份葡文和英文日报、3 份中文和葡文周报、2 家电视台、5 个传媒专业组织、中央人民政府驻澳联络办公室的代表以及新闻局工作人员和随团采访人员。卢森堡的人口规模与澳门相若，两地同样属于多元文化及多语言环境，当地的媒体市场均要面对境外媒体的竞争，两地政府同样以资助形式协助业界发展。而与卢森堡相邻的慕尼黑，是德国主要的经济、文化、科技和交通中心，亦是文艺汇聚的历史名城。慕尼黑是欧洲最大的出版业中心，是德国多个具规模的出版社和新闻企业的总部所在地，也是德国培训传媒专业人才的重要基地之一。

26 日

澳门企业家代表团参加"第 6 届中国中部贸易投资博览会"。博览会由商务部、税务总局、工商总局、广电总局、国家旅游局、中国贸促会、全国工商联、中国工业经济联合会以及山西、安徽、江西、河南、湖北、湖南六省人民政府联合主办，在山西省太原市中国（太原）煤炭交易中心举行。在经济财政司谭伯源司长的率领下，由澳门贸易投资促进局组织的澳门企业家代表团参会，代表团成员分别来自贸易、会展业、旅游业、环保产业、建筑、物流及餐饮等行业。博览会期间设置面积为 310 平方米的"澳门馆"，展示内容包括"澳门营商环境展示区""澳门会展业展区""澳门制造展区""澳门企业展区"，推广"澳门制造"及"澳门品牌"产品。

27 日

旅游局局长安栋樑主持 2 位厅长及 4 位处长的就职礼。获委任的 6 名主管包括：旅游推广厅厅长霍慧兰、传播及对外关系厅厅长谢庆茜、市场处处长黄丽坤、研究计划处处长马裕玲、资讯处处长何骏民及旅游产品处处长 Isabel Azedo Augusto。早前，旅游局组织及运作修订法规已获通过。

社会文化司司长张裕主持旅游文化活动中心揭幕仪式，并与旅游局局长安栋樑、副局长文绮华及白文浩、旅游业界代表等嘉宾为中心剪彩。中心位于大三巴牌坊耶稣广场，共分 5 层。地面为综合服务层，由旅游局及业界设置咨询处向旅客提供旅游、酒店、餐饮及交通等资讯。

28 日

行政公职局举办公务人员国情报告会。为庆祝中华人民共和国成立 62 周年，行政公职局与中联办举办公务人员国情报告会，来自 25 个公务员团体的负责人共 100 多人出席。报告会由广东省行政学院马星光教授主讲。马教授以《中华民族复兴之路》为题，从中华民族历史上的兴盛与衰败、近代中国人民救亡图存的抗争、中国共产党为推进民族复兴所做的三件大事、继续推进民族复兴所面临的挑战等方面，回顾近代以来中华民族从衰败走向复兴的历程，并阐述中国共产党如何带领中国人民步入复兴之路。

30 日

"十一黄金周"旅游通报机制启动。旅游局与广东省旅游局及福建省旅游局启动旅游通报机制，妥善做好十一黄金周的准备工作。黄金周旅游通报机制由 9 月 30 日至 10 月 8 日正式运作。澳门方通过此机制把澳门有关讯息传送给两地旅游局，包括澳门入境旅客和内地旅客人数；三星至五星酒店平均房价、平均入住率以及之后 5 天的平均入住率和平均房价预测数据；二星级酒店及公寓在此期间的平均房价及之后 5 天的平均房价预测数据等。自 2003 年 10 月实施粤澳黄金周旅游通报机制以来，粤澳双方举行了 19 次工作会。本年 10 月，双方第 21 次实施黄金周旅游通报机制。

10月

1日

政府举行升旗礼等系列活动，庆祝中华人民共和国成立 62 周年。活动包括升旗仪式、澳人齐贺国庆世界步行日欢乐跑、澳门特别行政区政府国庆体艺汇演、庆祝中华人民共和国成立 62 周年国庆文艺晚会、第 23 届澳门国际烟花比赛汇演等。特区政府又举行庆祝酒会，行政长官崔世安、全国政协副主席何厚铧、中联办主任白志健、外交部驻澳公署特派员胡正跃、解放军驻澳部队司令员祝庆生、立法会主席刘焯华、终审法院院长岑浩辉以及社会各界人士近千人出席。崔世安在致辞中代表特区政府向中央人民政府，以及全力支持特区发展，一直配合特区政府依法施政的中联办、外交部驻澳公署和解放军驻澳部队致谢。

《经济房屋法》生效。法案确定经屋仅由政府出资兴建，并设立申请者的收入资产限制。经屋的出售禁锢期将延长至 16 年，且出售时需向政府补足差价并由政府优先回购。6 年后，经屋业主可转让予其他合格经屋申请者。原有"轮候上楼"分配制度，将被分组排序代替。

4日

行政长官崔世安与全国政协副主席郑万通会面，交换促进澳门社会及经济发展的意见。双方认为，推动澳门特别行政区下一阶段发展需着重人才培养。郑万通表示，澳门这些年来在前任及现任行政长官的领导下，社会发展，民生稳定，印证了"一国两制"方针的正确性，也证明了澳门同胞有能力管理及建设好澳门。从澳门的发展面貌可知构建世界旅游休闲中心定位正确，相信经济适度多元发展及文化创意产业发展将得以实现。崔世安表示，澳门特区稳定发展，有赖中央政府支持。特区政府积极推动经济多元发展，特别重视区域合作，并以横琴、南沙作为推进粤澳合作的切入点，借区域合作实现特区可持续发展。郑万通此次访澳，是应邀出席澳门妈祖文化旅游节。

6日

港务局正式废止"巨龙船务"经营港澳海上客运服务的准照。"巨龙船务"自 2011 年 9 月 15 日起自行暂停经营所有定期海上客运业务，为此，港务局曾对"巨龙船务"展开了听证程序，"巨龙船务"亦在听证期限内向港务局提交了书面听证资料。经调查，"巨龙船务"暂停经营所有定期海上客运业务，并非基于不可抗力或经证实不可归责于该司的其他原因，因此港务局根据《海上客运行政法规》的规定，废止由"巨龙船务"股份有限公司所持的定期海上客运准照，而该公司所提交的担保金亦归澳门特别行政区所有。

7日

2011 年度常规捐血者嘉奖典礼举行。典礼邀请了截至 2010 年底在澳门捐血次数累计达 5 次或 5 的倍数次的捐血者，共 1503 位合格捐血者及 43 个学校、机构和团体的代表获邀参加典礼。卫生局捐血中心除得到市民的支持外，多所学校、政府部门、机构和团体亦给予帮助和支持，积极推动和组织了集体捐血活动。为此卫生局捐血中心颁发多项集体奖，分别为解放军驻澳部队荣获的"捐血特别贡献奖"，"政府部门捐血最高人数奖"冠、亚、季军分别由保安部队高等学校、海关和民政总署荣获，"团体捐血最高人数奖"冠、亚、季军分别由美高梅、金沙中国有限公司和镜湖医院荣获，"中学捐血人数最高百分比奖"冠、亚、季军分别由教业中学、培正中学和粤华中学荣获，"中学捐血最高人数奖"由濠江中学荣获，"捐血二十年合作奖"由保安部队高等学校和劳工子弟学校荣获，"捐血十年合作奖"则由民政总署和泛澳青年商会荣获，圣若瑟大学荣获"大专院校捐血推动奖"，"中学校捐血推动奖"由慈幼中学、劳工子弟学校、圣公会（澳门）蔡高中学和联国学校获取。

8日

旅游局发布"十一黄金周"数据。国庆假日期间，澳门接待了逾 77 万人次旅客，较 2010 年增幅 13%，其中 58 万为内地旅客，增幅为 22%。每天平均租出房间数目为 18730 间，上升 8.67%。黄金周期间，旅游局封印了 8 个怀疑用作非法提供住宿单位，现场抓获 1 名提供住宿者（经营者）、2 名招揽者及 5 名控制非法提供住宿单位者（管理人）。

10日

政府公布永宁广场经屋 880 个单位的售价及补价比率，平均尺价为 1256 元，补价比率为 50%。

2010 年服务业调查结果公布。2010 年服务业调查的统计范围包括不动产管理业、保安服务业、清洁服务业、广告业及会议展览筹办服务业。据统计暨普查局数据显示，2010 年有 177 个经营不动产管理的场所，较 2009 年增加 6 个；在职员工共 4917 人，按年增加 11.6%。总收益为 8.3 亿元，总支出为 7.1 亿元，按年分别上升 4.1% 及 13.6%。反映行业对经济贡献的增加值总额下跌 2.0% 至 4.8 亿元；固定资本形成总额为 429 万元，大幅减少 89.4%。

何厚铧出席第 12 届亚洲艺术节开幕式。应重庆市委邀请，全国政协副主席、前行政长官何厚铧出席在重庆举行的第 12 届亚洲艺术节暨第 3 届中国重庆文化艺术节开幕式，并与文化部部长蔡武一起会见出席亚洲艺术节的东盟各国文化部长和代表团团长。

审计长何永安率团访问国家审计署及国务院港澳事务办公室。审计长何永安在北京拜会国家审计长刘家义，并参加澳门审计局与国家审计署计算机技术中心签署《现场审计实施系统（澳门版）》合作议定书仪式，以加强计算机辅助审计在澳门审计署的推行，提升审计工作的质量与效率。《现场审计实施系统（澳门版）》是因应澳门公共财政制度的特点及澳门审计署账目审计工作的需要而特别研发的工具软件，由国家审计署计算机技术中心及澳门审计署人员共同研发。

11日

海关在路氹新城海关站会议室举行海关首席关员晋升仪式。仪式由徐礼恒关长主持，出席官员包括赖敏华副关长、吴国庆助理关长、各厅厅长及有关部门主管。40 人获晋升为首席关员，包括 33 名男性和 7 名女性。

港务局赴珠海参加"2011 珠江口海事安全论坛"。论坛由广东海事局主办、珠海海事局承办，参加论坛的有国家交通运输部、广东海事局、深圳海事局、香港海事处、澳门港务局、广东省人民政府、珠海市人民政府、港珠澳大桥管理局以及大桥建设相关单位的领导和专家。论坛主题为"港珠澳大桥建设与航行安全"，与会者共同探讨了港珠澳大桥建设期间珠江口的海上运输和海事安全等议题。为进一步深化粤澳区域合作的多元化，并提高区域合作层次以预防海上事故、打击和遏制违规行为，港务局与珠海海事局早前联合编印了《环澳门水域船舶航行指南》和《指引图》，列明了环澳门水域的通航信息、安全规定等注意事项。在此基础上，上述海事当局在论坛上共同签署《珠江口区域 VTS 数据共享合作意向书》，共享船舶交通管理系统的讯息，为往来该区的船只提供更可靠、准确和安全的交通管理服务。

房屋局公布永宁广场大厦经济房屋之售价及补贴比率计算原则。经济房屋售价之订定，不是与市场挂钩，而是根据经济房屋家庭的购买力，楼宇的坐落地点、建成年份，单位在楼宇总体结构内的朝向、

12日

位置、面积及类型等相关计价因素而订定。对于经济房屋补价计算，政府按 3 家估价公司的专业评估数据，并根据审慎保守的原则，结合外围环境如邻近地区经济变化、经济增长预测以及本地与邻近地区采取稳定楼价的系列措施等因素来确定。

《澳门环境保护规划（2010~2020）》政府部门意见征集会举行。环境保护局于 2010 年委托国家环境保护部华南环境科学研究所共同编制《澳门环境保护概念性规划构想（2010~2020）》，经收集社会意见后，完成《澳门环境保护规划（2010~2020）》咨询文本，并进行为期 2 个月的咨询活动。该咨询文本进一步深化"构建低碳澳门、共创绿色生活"愿景的内涵，提出"三功能区管理、三规划主线引导、十五关注领域行动推进"的环境规划路向，订定近、中及远期三阶段规划目标，有序推进澳门直至 2020 年的环保工作。

13日

行政长官崔世安率代表团前往广州，出席第 110 届中国进出口商品交易会开幕式。

"滨海巡航"成澳门轻轨列车车型。运输基建办公室发布消息，澳门轻轨列车外观设计展示活动已经圆满结束，共吸引近 28000 名市民参与，其中"滨海巡航"较受市民欢迎。滨海巡航（OCEAN CRUISER）以滨海度假胜地为设计概念，以表达澳门作为一个富有滨海度假感觉的城市为主题，车厢外部的淡白蓝色和深海蓝色代表着海层，车身两旁的橙色波浪形图案则代表着反射的阳光。

民政总署及卫生局组团前往广东清远参加"2011 年粤港澳深珠卫生检疫、动植物检疫和食品安全控制会议"。来自国家质检总局及五地检验检疫职能部门的 100 多位领导及专家，分别就动物及动物源性食品、植物及植物源性食品、卫生检疫以及食品安全控制等四个方向共 49 个议题进行了广泛交流和充分研讨。同时还召开了五地团长会议，就共同关心的问题进行总结及磋商。

14日

外交部发言人洪磊在澳门做关于政府新闻发布的讲座。政府多个部门的领导、主管，司长办公室顾问及各部门新闻及公共关系协调员等近 200 人参加。洪磊就外交部新闻发布和发言人工作的历史、现状、机制、团队等情况进行讲解，指出外交部发言人工作之目的是让外部世界了解中国和平、合作与发展的外交实质，从而理解和支持中国独立自主的和平外交政策。由于中国公民赴海外人数的增加，外交部新闻发布工作服务本国民众的功能也日趋突出和显著。

旅游局澳大利亚及新西兰代表在澳大利亚悉尼主办"澳门节 2011"与"澳门美食节"。为期 2 天的"澳门节 2011"带来多个特色节目，如传统的葡国土风舞、舞狮、歌唱及音乐等表演。节日期间，悉尼街头热闹非常，充满澳门独特的节庆气氛。

16日

港深澳珠四地政府召开"跨界旅游信息合作研究港深澳珠第 6 次技术交流会"。四地政府相关官员聚首澳门，探讨跨界旅运信息的合作，就四地规划现况展开交流，借以促进人员往来及社会经济发展。各地代表介绍了各自开展跨界旅运信息的工作情况，包括汇报港深澳珠建立"跨界交通基建规划数据库"的进度、"2011 年香港跨界旅运统计调查"计划、澳门轻轨交通兴建规划蓝图及日后与珠海交通对接的设计发展、介绍广珠城轨计划发展等。其间，四地政府均认同通过建立"跨界交通基建规划数据库"，进一步加强各地在交通层面上的政策、规划及技术交流和经验分享，对四地交通基建发展及旅游相关设施的规划工作起着重要作用。

泛珠三角区域政府秘书长联席会议在澳门召开。泛珠三角区域 9 个省（区）和香港、澳门特别行政区的政府秘书长共同出席了会议。会议由泛珠三角区域行政首长联席会议秘书处秘书长、广东省人民政府秘书长唐豪主持，秘书长们就"研究'十二五'期间加强泛珠合作的思路"和"加强区域合作促进港澳长期繁荣稳定的措施"两项主题深入交换意见。各方一致认为，2011年9月于江西南昌举行的"第七届泛珠三角区域合作与发展论坛暨经贸洽谈会"，对于在新的起点上推动"十二五"规划纲要的实施，加快转变发展方式，实现区域协调发展具有重要意义。

17日

澳门特别行政区护照的持有人可免签证进入黑山。政府接获黑山驻中国大使馆通知，澳门特别行政区护照持有人可免签证进入黑山共和国，逗留最多90日。基于对等原则，黑山国民亦可免签证进入澳门特别行政区，逗留最多90日。截至目前，共有93个国家或地区同意给予澳门特别行政区护照持有人免签证或落地签证待遇。

廉政公署持续开展《预防及遏止私营部门贿赂法律制度》小区巡回展。廉政公署将与多个社团机构合作开展《预防及遏止私营部门贿赂法律制度》的宣法普法工作，分三阶段在澳门逾50个室内场所（包括社团会址、小区中心、青年中心等）举办"《预防及遏止私营部门贿赂法律制度》小区巡回展览"活动，以加强社会各阶层对该法律的认识，提高知法守法的意识。

海关查处历年来最大宗侵权药物案。澳门海关接到有关药物侵权的举报资料后，一连数天大举出动，巡查包括澳门半岛及离岛合共33个地点，检获共计218641锭药丸，622瓶共9330毫升药粉等涉嫌侵害发明并获专利之化学合成物。涉案药物生产地包括英国、葡萄牙、瑞士、土耳其、印度、孟加拉国、越南、中国大陆、中国台湾等多个国家和地区，销售价总值超过95万元。海关除依法扣押上述药品外，并将涉及从事进口及分销侵权药物的9家公司向检察院做出检举。

2011年1月至8月刑事案件立案上升。据检察院公布的统计数据，1月至8月的刑事立案共7505宗，与2010年同期的6853宗相比有所增加，增幅为10%。其中，盗窃、抢劫、毁损财产、诈骗、勒索、伤害身体完整、洗黑钱、侵犯知识产权、妨害公共卫生及经济违法、侵犯私人生活、侵犯名誉、利用网络犯罪、交通事故犯罪等案件都有不同程度的上升。

18日

澳门金融界代表团赴北京、上海访问。澳门金融管理局组织金融业代表26人，分别到北京和上海进行访问，向中央政府和相关部门汇报情况并提呈建议。访问团在京获国务院副总理王岐山接见，并拜会国务院港澳办、中国人民银行、中国银监会及保监会等机构。在上海访问时获屠光绍副市长接见，又与上海市政府港澳办、金融办就加强沪澳两地金融合作等事宜进行交流。

澳门旅游学院与华侨大学旅游学院签订合作协议。仪式由澳门旅游学院院长黄竹君博士及华侨大学旅游学院院长郑向敏教授主持。合作协议扩展了两校在学术及科研方面的区域合作空间，促进了双方教职员学术交流、推动交换生计划、共同举办研讨会及讲座，将为本地学者及有兴趣人士提供更多交流及学习的机会。华侨大学旅游学院于2004年成立，前身为于1983年成立的华侨大学旅游系，是较早经教育部批准成立的高等旅游院校及具有旅游管理专业硕士学位授予权的单位之一，目前设有旅游管理、饭店管理、旅游规划与景区管理等三个系，提供博士、硕士及学士学位课程，辖下还有旅游科学研究所、景观规划设计中心及旅游学院实验中心。

审计长何永安在立法会介绍《2010年度政府账目审计报告》。何永安表示，根据121/2011行政长官批示，2010年度"总账目"分别由"政府一般综合账目"及"特定机构汇总账目"两套财务报表组成。

基于此，审计署对 201C 年度的政府账目审计工作做出调整，收窄对整体财务报表构成重要影响的参考指标，也适度增加抽查实地审计的比例。

19日

审计署公布《实习医生的招聘及培训》衡工量值式审计报告，批评卫生局在有关医生的人力资源管理方面缺乏长远规划。

2011/2012 年司法年度开幕典礼举行。行政长官崔世安主礼，终审法院院长岑浩辉、检察长何超明及律师公会理事长华年达在典礼上致辞。泛院和检察院全体司法官、律师出席典礼。获邀出席典礼的还有中央驻澳门特区机构的代表、立法会主席、政府各主要官员、行政会委员、立法会议员、法官委员会和检察官委员会委员、推荐法官的独立委员会委员、澳门相关机构主要负责人等。崔世安表示，维护司法独立是实现司法公平、公正和高效的基础，只有彰显司法公平正义，才能切实保障居民的合法权益，达至社会安全稳定，经济可持续发展；政府将一如既往紧守司法独立的原则，坚持依法管治的理念，全力支持司法机关优化软硬件建设。

地图绘制暨地籍局推出最新版《澳门地图集 2011》。地图集上一版于 2005 年出版，最新出版的地图集呈现澳门最新的自然环境、城市现状、地理分布及旅游资源等要素。另外，本书首次加入澳门历史城区的三维影像图，新增 20 世纪澳门地区的历史航空照片，结合采用街道图和卫星影像套叠的编制手法。其中卫星影像套叠图采用了高分辨率卫星影像进行编制，可让读者对澳门的地理状况及地物分布有更深刻的了解。配合地图集的出版，随书附有观看三维影像图的红蓝眼镜及软件光盘。

第 2 届澳门学国际学术研讨会在葡萄牙里斯本科技大学举行。研讨会由澳门大学、澳门基金会、里斯本科技大学社会及政治学院东方研究所联合主办，旨在为各国及地区文献、档案研究方面的学者专家提供交流机会，深化和推动澳门学研究。开幕礼由里斯本科技大学校长 Helena Pereira 教授主礼，里斯本科技大学社会及政治科学学校副校长 Maria Engracia Cardim 教授、中国驻葡萄牙大使张备三、澳门基金会行政委员会主席吴志良博士、澳门大学澳门研究中心代主任郝雨凡教授、里斯本科技大学东方学院院长 Narana Coissoro 教授先后致辞。葡萄牙部长委员会文化部长的代表葡萄牙国家图书馆馆长 Pedro Dias 教授、葡萄牙外交部大使 Carlos Pais、葡萄牙东方基金会主席 Carlos 等出席。研讨会为期 2 天，30 位来自中国内地和澳门、葡萄牙、美国、比利时、巴西、意大利等国家和地区的大学及研究机构的专家学者，围绕"澳门学文献调查与研究"的主题展开深入研讨。

澳门特别行政区护照持有人可免签逗留菲律宾 14 天。政府接获菲律宾驻澳门总领事馆通知，澳门特别行政区护照持有人可免签证逗留菲律宾，由原来的 7 天延长至 14 天。上述安排自 2011 年 10 月 11 日起生效。截至目前，共有 93 个国家或地区同意给予澳门特别行政区护照持有人免签证或落地签证待遇，9 个国家给予特区旅行证件免签证待遇。

20日

第 16 届"澳门国际贸易投资展览会"（MIF）连续 4 天举行。本届 MIF 以"促进合作，共创商机"为主题，来自 60 多个国家和地区的 350 多个经贸代表团代表出席。澳门国际贸易投资展览会是国际展览业协会（UFI）认证的年度澳门大型国际经贸展览活动。经过连续 15 届的顺利举办，已发展成一项集展览展示、高层论坛、专业会议、商业配对、采购洽谈等全方位之多边区域性经贸会展的活动。

旅游局在天津举行旅游产品推介会。旅游局与澳门航空于天津举行旅游产品推介会，向内地业界推广澳门最新旅游资源，并为两地业界提供洽谈机会。推介会主题是"感受澳门，动容时刻"，邀请近 180

名天津市及环渤海地区各省市的旅游业界及媒体参加。

行政长官崔世安出席澳门新闻工作者协会庆祝国庆暨颁发会员服务年资奖联欢会。崔世安表示，澳门新闻界长期坚持爱国爱澳、服务市民的立场，对政府进行了有效的舆论监督，协助政府提升施政水平，维护了社会的稳定与进步。政府高度尊重新闻自由，重视听取新闻界的意见和建议，注重加强与传媒和公众的沟通，通过传媒了解社会动向，向公众提供各种公共讯息，并将不断完善新闻发言人制度。

卫生局增加培训医生，配合未来需要。卫生局表示，为配合未来对医生的需求以及提升医科毕业生的临床理论和专业知识，局方将举办"临床知识辅导课程"，为期约4个月，学员名额上限为400人。该计划由2012年开始，每年培训100名全科实习医生，尽最大力度为医科毕业生提供培训机会及配合政府早前公布的未来10年医疗规划。现时，卫生局共有344名医生，其中本地医生有297名，外聘医生有47名（占总医生人数13.66%），包括30名来自内地、14名来自葡萄牙及3名来自其他国家的医生。另有全科实习医生31名及专科培训医生23名。

政府宣布新城区5幅土地预计2012年开始围堰填海，历时5年完成工程，以目前造价估计，350公顷填海造地耗资70亿元。

21日

卫生局举办第10届培训医生研讨会。研讨会主题为急症医学，内容包括内、外、妇、儿、心科、肺科、骨科、影像科、麻醉科和急症医学专科，共11个专题，并有2个实用工作坊，包括心电图剖析和肺功能测试检查。

消防局在其总部举行消防区长晋升仪式。其中有8名人员获晋升为消防区长。上述消防人员经过约6个月的晋升课程，分为基础训练、专业训练及实习3个阶段，经考核合格而获晋升为消防区长。课程内容主要是学习消防技术专业知识，包括灭火技术、化学及放射安全、策略之运用、建筑学、救护学、消防系统之查验及监察技巧、事故指挥系统、防火安全规章及相关法例。

22日

新城区总体规划第二阶段公众咨询正式展开。为更好地掌握社会意见，以便开展下阶段编制规划方案，新城填海区规划工作小组委托民间独立调研机构，通过电话问卷调查、展览现场访谈、展览现场问卷调查、焦点小组4个不同层面展开民意调查，为期2个月。此次调查在2010年第一阶段公众咨询民意调查的基础上展开，主要围绕被访者对新城区总体规划草案的认知度、关注度及对规划草案的意见等。

24日

社会工作委员会组织考察团到四川交流访问。考察团由社会工作局局长容光耀率领，访问地点为四川省成都市及广元市。访问目的一方面是促进特区政府与四川省民政部门在社会服务方面的交流，另一方面是重点考察政府在四川省汶川地震灾后援建项目，尤其是社会服务范畴项目的情况。

消防局在氹仔消防局机场模拟训练场举行第14届保安学员培训课程之消防学员就职仪式。共有110名消防学员完成培训课程，正式就职成为消防员，是消防局历年来新晋人数最多的一届。仪式由消防局局长马耀荣消防总监主持。保安学员培训课程为期8个多月，分为基础训练、专业训练及实习3个阶段，主要学习消防技术专业知识，包括灭火技术、危险及化学产品、通信、急救、防火安全规章、保安部队军事化人员通则及公共行政工作人员通则等。

25 日

行政长官崔世安到筷子基小区巡视听取居民意见。崔世安表示，政府对市民反映的物价、住屋、小区建设等意见及问题相当关注，2012 年施政重点是支持广大居民抗通胀及关心弱势社群；随后探访 2 家学校（东南学校、圣德兰学校）和 2 家专为青少年提供服务的社会服务机构（澳门基督教新生命团契——S. Y. 部落、圣公会乐天伦赌博辅导暨健康家庭服务中心），以贯彻关心新一代成长的施政理念。

26 日

莲花卫视开设"澳门开讲"，现场直播论时事。澳门莲花卫视直播节目"澳门开讲"，由今日起每周一至周五晚上七时至八时现场直播，成为澳门首个双向互动的直播电视栏目，为各界搭建一个全新的开放平台发声。莲花卫视台长李自松表示，现时澳门社会越来越多元化，大众声音需要更迅速及开放的媒体平台。作为澳门主要的卫星电视媒体之一，莲花卫视致力于承担媒体的社会责任，以创新的节目形式，搭建一个集电视、电话、网络为一体的互动平台，说时事、论民生。在每天一个小时的现场直播中，将提供大量居民关注的信息、观点及深度分析；以公平、公正、公开的立场，为澳门人提供一个新的互动渠道，说出心里话、关注身边事。

27 日

政府透露，由澳门草拟的《家佣管理办法》基本完成，待与内地相关部门协商落实。经批复后，内地人员即可正式来澳担任家务助理。

旅游局赴云南昆明参加"2011 中国国际旅游交易会"。交易会设澳门专区，旅游局副局长文绮华、旅游局工作人员以及约 30 名旅游业界代表参加此次旅游交易会。"2011 中国国际旅游交易会"由中国国家旅游局、云南省人民政府、中国民用航空局主办，是亚洲地区最大型的专业旅游交易会之一。2001 年起，旅交会每年分别在上海和昆明交替举办。

28 日

镜湖医院慈善会举行成立 140 周年纪念系列活动。澳门著名爱国爱澳社团——镜湖医院慈善会迎来成立 140 周年纪念日。作为庆祝活动之一，邮政局当天发行了以"镜湖医院慈善会 140 周年"为题材的系列纪念邮票，包括四枚邮票及一枚小型张，糅合了镜湖医院慈善会会徽、牌匾、孙中山先生铜像、建筑物图片以及汉白玉浮雕等图案，寓含镜湖医院慈善会创办 140 年来与近代澳门历史紧密相连的发展历程和服务社会的一贯宗旨。此外，中国银行澳门分行与镜湖医院慈善会当天举行合作签约仪式，共同发行推出"镜湖慈善信用卡"，中国银行澳门分行将按客户刷卡消费额的 1% 捐赠给镜湖医院慈善会，支持其慈善事业。当天还举行了《柯麟院长诞辰 110 周年特刊》发行仪式，以纪念这位著名的社会活动家为祖国做出的杰出贡献。1936 年，柯麟到澳门担负同叶挺将军的联络工作，在澳门工作的十几年中，他先后任镜湖医院院长、镜湖医院慈善会副主席、镜湖医院慈善会名誉主席，而镜湖医院也逐渐成为救治革命同志的基地。镜湖医院为澳门最早的华人社团，成立于 1871 年，是澳门规模较大的民间慈善机构之一，下设镜湖医院、镜湖护理学院、镜平学校以及社会服务机构——镜湖殡仪馆和思亲园。1892 年 9 月，孙中山先生来到镜湖医院，担任镜湖医院义务西医，开该院西医先河，也开启了镜湖医院与中国革命的不解之缘。

《澳门陆路整体交通运输政策（2010~2020）》出台。政策明确未来 10 年整体陆路交通政策的愿景、基本原则、主要目标等宏观布局；订立公交优先、完善建设和提升服务的重点政策和工作内容；编制具体的行动计划，并以行动计划为立足点 有序实现政策愿景；同时将完善监督，制定交通评鉴与监察机制安排，保障政策成效。《澳门陆路整体交通运输政策（2010~2020）》的编撰工作由 2009 年底启动，其间先后进行了两阶段全澳性的意见征集和咨询工作，经过多次不同形式的调研，召开过数以百计的交通专家和运输业界工作会议，汇聚各方智慧和努力，最终形成政策建议文稿。

行政长官崔世安与全国政协副主席黄孟复会面。崔世安与全国政协副主席、全国工商联主席黄孟复就国家"十二五"规划的机遇与促进两岸四地互动发展交换意见。黄孟复此次访澳，是应邀出席由中华全国工商业联合会、香港中华厂商联合会、台湾工商企业联合会及澳门中华总商会联合主办的"第十届海峡两岸和香港、澳门经贸合作研讨会"。

31 日

政府公报刊登新修订的批地溢价金计算标准，从 11 月 1 日起正式实施。新标准下，对各类批地的溢价金将有不同幅度的调升，其中高层住宅用途的批地溢价金平均升幅最大，高于 7 层的住宅溢价金调升 93%。其他用途如私人停车场、工业或酒店之批地溢价金之升幅如下：私人停车场之批地溢价金上调 40%；工业用途方面，倘工业项目是属于"分层所有权制度"，则上升 50%，若属于"单一所有权制度"，升幅达 53%；如果批地是用作兴建酒店用途，溢价金调升 35%。

国家发改委批复建设的国家行政学院港澳公务员培训中心举行落成典礼。中心主楼高 12 层，主要由涉外培训楼、综合体育馆及地下车库三大部分组成，总占地 21600 平方米，建筑面积 43219 平方米。中心除了培训设施外，亦设有学员宿舍、综合体育场馆等。

11月

1 日

行政长官崔世安与来澳出席"新广州　新商机"澳门推介会的广州市委书记张广宁一行会面，双方就加强穗澳合作、共同建设南沙等方面进行了商讨。

首批永宁广场大厦获甄选家庭选购经屋单位。房屋局首日共安排 60 个家庭选房，全日只接待 49 个家庭及售出 46 个单位，售价由 114 万多元至 167 万多元。

全国政协副主席何厚铧率澳区全国政协委员考察团赴上海，重点考察社区管理及文化事业发展。

仁伯爵综合医院离岛急诊站投入运作，向市民提供 24 小时的紧急医疗服务。仁伯爵综合医院离岛急诊站位于澳门科技大学 H 座大楼（科大医院侧），总面积约 37000 平方尺，卫生局以定额租金租用 5 年作为仁伯爵综合医院离岛急诊站，待离岛医院落成后以过渡形式衔接相关服务。离岛急诊站参照仁伯爵综合医院急诊部的模式运作，设有抢救室、创伤室、观察病房、候诊室、分流站、药房、隔离候诊区及诊室等，其中观察病房共设有 10 张病床，2 张为儿童病床；而隔离候诊区及诊室则用以处理发热病及传染病人；药房为急诊病人提供短期药物调配。其他急救设备包括呼吸机、心脏除颤器和生命体征监测仪等。

3 日

政府以 7 亿元全数认购澳航 42 万新股。此次注资后，政府持有的澳航股份由 5% 增至 21%，成为澳航普通股第二大股东。

行政长官崔世安与澳门日报读者公益基金会新一届领导层会面，并表示将一如既往支持基金会的工作及百万行慈善活动。基金会会长冯志强向崔世安介绍基金会会务及修章情况，指出基金会运作近 30 年来工作畅顺，每年举行百万行募集善款，参加人数及捐款金额逐年增加，所得善款均用于关怀弱势，助学育才；章程修改后，更可拨用善款协助内地遭受自然灾害的同胞。

4 日

卫生局代表团赴北京出席"第10届内地、香港、澳门卫生行政高层联席会议"。代表团由卫生局副局长陈惟蒨率领，会议就三地控烟工作、医院质量评审、慢性病防治和建立全科及专科医师制度四项主题展开讨论。

5 日

澳门大学颁授荣誉博士学位予3位杰出人士。知名科学家弗朗西斯科·若瑟·阿亚拉（Francisco J. Ayala），美国加州大学尔湾分校大学教授及唐纳德·布伦（Donald Bren）生物学教授，致力于研究进化遗传学和分子生物学，获颁荣誉理学博士学位。知名报业家李成俊，于1958年与友人创办《澳门日报》，历任经理、副总编辑、总编辑、社长，现任《澳门日报》董事长，获颁荣誉人文学博士学位。知名教育家吴家玮，香港科技大学创校校长、荣休校长及大学荣休教授，现任联想集团、上海实业控股、第一上海投资等公司的非执行董事，获颁荣誉社会科学博士学位。

旅游局赴广东韶关参加"2011广东国际旅游文化节暨旅游推介会"。广东省省委书记汪洋、代省长朱小丹及国家旅游局局长邵琪伟等出席开幕式。旅游局局长安栋樑以亚太旅游协会副主席名义发言。在文化节嘉年华花车巡游现场，40多辆各具特色的花车参与其中，澳门花车以"感受澳门 动容时刻"为题，展示澳门的年度盛事及节庆。

6 日

"第九届澳门高等院校学生辩论比赛"普通话组赛事结束。赛事由高等教育辅助办公室主办，澳门科技大学承办，参赛队伍来自澳门理工学院、旅游学院、澳门科技大学及澳门城市大学4所高校，澳门理工学院夺得冠军，澳门科技大学获得亚军。

7 日

旅游局赴英国伦敦参加"世界旅游交易会"，推广澳门作为"世界旅游休闲中心"的定位及内涵，冀吸引更多国际旅客来澳。"世界旅游交易会"是每年一度的国际性旅游业盛事，每年吸引约4.8万名来自全球各地的旅游业界高层、政府官员及国际媒体参加。

8 日

《2011澳门年鉴》中、葡文版公开发售。澳门年鉴为综合性的地方年鉴，全面、系统地记录澳门政治、经济和社会文化发展情况，为海内外有关机关、研究部门及社会各界人士了解和研究澳门提供翔实的资料和最新的信息。2002年开始每年编纂出版，分中、葡、英三种语言版本。

行政会完成讨论《修改卫生局的组织及运作》行政法规草案。第5/2011号法律《预防及控制吸烟制度》（即《新控烟法》）将于2012年1月1日实施，卫生局表示有必要调整组织架构，设立一个负责监察预防及控制吸烟法例遵守情况的附属单位，因此制定《修改卫生局的组织及运作》行政法规草案。草案建议在一般卫生护理副体系设立预防及控制吸烟办公室，以便担当应有的职责。

全国政协副主席何厚铧应邀赴安徽合肥主持第7届中国国际徽商大会暨第11届中国（合肥）自主创新要素对接会开幕式。何厚铧与安徽省省委书记张宝顺、省政协主席王明方会面，表示"中部崛起"为澳门企业带来商机，国际徽商大会更是进一步推动两地合作的平台，可结合澳门特区本身的经贸合作服务平台作用，优势互补，促进皖澳合作发展及人员往来。

"轻轨一期氹仔口岸段建造工程"公开招标。承揽项目为轻轨一期氹仔口岸段建造工程，即由体育馆大马路的尾段至北安大马路之间的一段轻轨高架行车天桥及车站，预料工程可提供约250个本地就业

9 日

机会。

"内地与港澳青年法律交流团"参观立法会及法院、检察院等机构。作为中国法学会与法务局共同举办的"爱祖国、学法律、创和谐"活动之一，组织内地 7 所大学优秀法律学生 46 人到港澳交流，包括清华大学、北京大学、中国政法大学、中国人民大学、北京师范大学、华东政法大学、上海政法学院。中国法学会副会长李清林、中国法学会办公室主任刘剑率交流团参观立法会及法院、检察院，深入了解澳门的法律体制。

10 日

行政长官办公室开通全新官方网站 www.gce.gov.mo，居民可通过电邮提出施政意见，增强互动。行政长官崔世安在网站欢迎辞中表示，现今社会需要更多的信息、沟通和参与，更需要拉近你我之间的距离；希望网站成为公众参与和互动的网上渠道，借助信息技术的应用，让生活更加美好。网站设有中文（繁、简字体）及葡文两种官方语言版本，集中发布有关行政长官、行政长官办公室、政府发言人办公室及特区政府总部等的各方面信息，包括行政长官崔世安就任以来的全部政务动态新闻、施政报告、讲辞及活动图片等。网站还设有开放式电子邮箱"献言献策"，网民可通过发送电邮，就政府改善公共服务及促进城市发展提出意见和建议。

房屋局与劳工局合办"物业管理专业技术人员培训课程"毕业典礼。为推动澳门物业管理服务走向专业化并提高行业水平，房屋局和劳工事务局合办第 6 期"物业管理专业技术人员培训课程"，共 33 名学员顺利完成课程。该培训课程自 2006 年至今已举办到第 7 期，共 223 名学员通过专业考核获发毕业证书，大部分毕业学员现任职于澳门物业管理机构。

统计暨普查局公布最新人口数据。资料显示，本年 9 月 30 日澳门人口估计为 560100 人，按季增加 2000 人。本年第三季有 1473 名新生婴儿，较第二季增加 8.9%；男性新生婴儿有 762 名，男女婴儿性别比为 107.2∶100。同季死亡个案有 471 宗，按季增加 15.7%；死因主要为肿瘤和循环系统疾病。第三季共录得 1011 宗必须申报疾病的报告，主要是肠病毒感染（369 宗）、流行性感冒（236 宗）及肺结核（86 宗）。结婚登记有 847 宗，较第二季增加 8.7%。本年第三季持单程证的内地移民有 1719 人，按季增加 185 人；被遣返的非法入境者有 382 人。此外，获准居留人士共 851 人，较第二季增加 230 人。第三季末的外地雇员总数为 89896 人，按季增加 4623 人。

11 日

统计暨普查局公布 2010 年博彩业调查数据。数据显示，随着旅客明显增加，2010 年博彩业表现理想。行业的总收益达 1906.7 亿元，总支出为 912.7 亿元，较 2009 年分别大幅增加 57% 及 44%；反映行业对经济贡献的增加值总额按年升幅达 58%，为 1133.4 亿元。固定资本形成总额则由于旅游博彩设施在 2009 年相继落成而按年大幅减少 63%，为 11.0 亿元。

社会协调常设会召开本年度第二次全体会议讨论"过冷河"制度并提建议方案，集中讨论修改《聘用外地雇员法》第 4 条第 2 款，即俗称"过冷河"制度。会议还听取了"制订最低工资制度""非全职工作制度"等多项工作报告。

14 日

行政长官崔世安与国家监察部副部长王伟会面，就强化廉政建设、树立社会廉洁风气交换意见。来澳访问前，王伟出席了由监察部、澳门廉政公署和香港廉政公署联合主办的"诚信管理　建设廉政"三地专题研讨会。研讨会在香港举行，共有超过 200 名三地监察机关的代表和专家学者出席，探讨如何通过制度建设达至防贪和诚信管理的目标，建立廉洁的公务员队伍。自2008年起，监察部、澳门廉政公署和香港廉政公署每年轮流举行反腐倡廉研讨会，以促进三地监察和反贪机关的实务交流，促进廉政建设工作的发展。

《关于贩卖人口犯罪若干法律问题的研究》工作坊举行。由阻吓贩卖人口措施关注委员会主办，澳门保安部队高等学校协办的《关于贩卖人口犯罪若干法律问题的研究》工作坊在澳门保安部队高等学校举行。工作坊特别邀请了澳门大学法学院赵国强教授主讲，对象为澳门保安部队高等学校学员以及澳门海关、治安警察局和司法警察局的前线人员。

行政长官会见中国科学技术协会常务副主席陈希，探讨内地与澳门科技社团增进交流合作，以及加大力度推动青少年科普教育等事项。

15日

行政长官崔世安在立法会发表《2012年财政年度施政报告》，主题为"推动经济适度多元，提高民生综合水平"。这是崔世安上任以来首份完整阐述其未来施政蓝图的施政报告，重点内容如下：一、珠三角地区与澳门合作上升至国家战略层面，为澳门带来新的发展机遇，澳门将积极配合"十二五"规划促区域合作。《珠三角地区改革发展规划纲要》和《横琴总体发展规划》实施，确定澳门作为"世界旅游休闲中心"的定位。随着共同推进纲要落实，粤澳合作步入新的历史阶段，政府将大力促进粤澳产业经贸合作，重点规划协调、大型基建对接、社会民生互惠。将推进"一程多站"区域连线游；利用好相关政策，推进会展等服务业合作，完善并逐步落实共建优质生活圈，深化教育、文化、医疗卫生等社会民生领域合作。二、与广东加紧深化研究，为推进澳门经济适度多元发展创造条件，与粤方在横琴建立具特色的合作产业园区；继续推进粤港澳合作，提升三地整体核心竞争力，共同打造亚太地区最具活力和国际竞争力的城市群。继续深化闽澳合作。三、有关民生问题，明年继续推进现金分享计划。建议向合资格中央公积金储蓄制度户口注资6000元，每名永久性居民发放现金4000元，非永久性居民发放2400元；继续发放500元医疗券，延续住宅单位电费补贴至2012年3月，继续对年满40岁的低收入本地居民实施补贴措施。预计各项措施政府将支出约47亿元。四、政府将适当调控博彩业发展速度和规模，促进博彩业适度、有序和规范发展。发挥博彩业带动其他产业发展的主导作用，重点推动会展业、文化创意产业、商贸服务等产业发展，同时支持传统产业转型和升级。另外，施政报告提出，是否修改基本法附件一、附件二规定的行政长官、立法会产生办法，亦将是来年施政重点之一。

16日

多家公司竞投"轻轨一期氹仔市中心段建造工程"。该项活动在运输基建办公室开标，共有16家公司参与竞投，造价由489000000元至2985631622元不等，最长施工期为1158日。工程预计于2012年上半年动工。工程施工地段介于西湾大桥氹仔出入口至氹仔排角一段的轻轨高架行车天桥，即东亚运大马路、东亚运街、柯维纳马路、运动场圆形地、运动场大道、奥林匹克游泳馆圆形地及望德圣母湾大马路（排角），路线全长1.94公里，工程同时建造轻轨氹仔段的海洋花园、澳门赛马会、澳门运动场和旧城区四个车站及其相关之行人天桥，以及该施工路段的中央分隔带之绿化工作。

17日

行政长官崔世安会见中国残疾人联合会副主席汤小泉。崔世安在政府总部与中国残疾人联合会副主席、中国残疾人福利基金会理事长汤小泉一行会面。双方同意继续共同推动残疾人士运动的发展及人才培养，促进内地与澳门残疾人士体育的发展。

18 日

政府透露，澳门大学横琴校区主体建设和支援基建预算由60亿元增至78亿元，连接澳门与校区的河底隧道工程造价亦由5亿元增至20亿元。

21 日

行政长官崔世安与国家旅游局局长邵琪伟会面，就促进澳门与内地旅游业健康发展交换意见。

"西湾湖广场综合旅游项目"公开咨询，咨询期30日。民政总署开展了"西湾湖广场综合旅游项目"的规划工作，以西湾湖广场下层为试点，结合湖岸风光、水上活动等元素，完善周边配套设施，创设具澳门特色的综合旅游项目。

22 日

"一国两制"理论与实践研讨会在澳门举行。澳门基本法委员会主任乔晓阳表示，全国人大常委会释法后，即可启动处理澳门政制发展问题要走的"五部曲"：（一）由澳门特区行政长官向全国人大常委会提出报告；（二）全国人大常委会根据澳门实际情况及澳门基本法的规定做出决定；（三）特区政府向立法会提出修改行政长官及立法会的产生办法法案；（四）法案需经立法会全体议员2/3通过，并经行政长官同意；（五）上报全国人大常委会备案及批准。

前终审法院法官朱健逝世。朱健法官于本年8月底在内地休假期间发生车祸受伤，经过多月救治，于11月22日凌晨在广州去世，享年42岁。朱健，1969年生，1974年来澳定居。1987年考入葡萄牙里斯本大学文学院修读葡萄牙语言及文化课程，1989年入葡萄牙天主教大学法学院法律系，1994年返澳工作。1994年12月任司法参事；1995年10月为进入法院及检察院司法官团实习员，1996年10月任澳门第一审法院法官，是首位中国籍法官；1999年12月20日起，以确定委任方式，获任命为澳门特别行政区终审法院法官。

23 日

"轻轨一期车厂地基建造工程"举行动工仪式，车厂地段位于路氹城东部一幅新填海土地上，占地面积约为13万平方米。轻轨车厂是整个澳门轻轨系统的"心脏地带"，掌控着轻轨优质服务的命脉。动工仪式标志轻轨项目土建工程的全面启动。

行政长官崔世安与全国人大常委会副委员长、中国和平统一促进会副会长桑国卫会面。崔世安介绍了澳门在加强区域合作、促进经济适度多元发展的进展。桑国卫此次到澳门，是应邀出席由中国和平统一促进会、澳门地区中国和平统一促进会合办的"一国两制"理论与实践研讨会。

25 日

粤澳供水专责小组组织"竹银水源系统考察团"赴珠海考察。小组邀请澳门仁协之友联谊会、部分广东省和广西政协澳区委员，前往珠海参观竹银水源系统。粤澳双方签署《粤澳供水主题纪念园建设合作协议》，共同推进纪念园的工程项目。竹银水源工程于2011年4月竣工并试蓄水运行，可保障珠澳地区未来10年的供水。根据粤澳双方签署的《粤澳供水协议》，澳门可使用该系统的四成运作水量，能有效提高供水系统调咸蓄淡能力及供水保证率，改善供水水质。

27 日

三地粤剧名伶同庆"粤剧日"。文化局假何黎婉华庇道演艺剧院举行《粤港澳粤剧折子戏交流汇演》，与各界同庆"粤剧日"。由粤港澳三地携手推动，本年的"粤剧日"于27日举行，三地通过组织及展开丰富多彩的粤剧艺术推广活动，目的是使粤剧得以传承和持续发展。

澳门特别行政区驻北京办事处与旅游局在北京合办"澳门——世界旅游休闲中心研讨会"，就澳门建设"世界旅游休闲中心"的目标和实践作多方位的探讨。

28日

行政长官崔世安及深圳市市长许勤出席在澳门召开的"2011深澳合作会议"，双方签署《文化创意产业合作意向书》《旅游合作备忘录》《关于加强投资促进与合作的协议》3份意向书及协议。

澳门代表赴广东韶关参加"第16届粤港澳三地警方刑事技术部门对口业务交流会议"。粤港澳三地的刑事技术专家就法医、文检、警犬技术及枪弹痕迹检验等进行探讨，借此促进三地刑事科学技术的交流，继续加强三地的合作关系，增进三地刑事技术工作人员的了解和友谊。会议为广东、香港及澳门三地警方刑事技术领域的业务性工作会议，定期轮流在三地举行。

外交部驻澳门特别行政区特派员公署、行政公职局与身份证明局合办"领事保护与领事服务"专题讲座。外交部驻澳门特别行政区特派员公署、行政公职局与身份证明局联合举办"领事保护与领事服务"专题讲座，邀请外交部领事司黄屏司长来澳主讲。此次讲座为"领事保护及领事服务宣传周"系列活动之一。近200名政府中高级公务人员、外交部驻澳公署及中联办人员参加讲座。

29日

全国人大常委会法制工作委员会副主任信春鹰赴澳门介绍中国内地《食品安全法》立法经验。法务局及民政总署就《食品安全法》咨询文本进行公开咨询，又特别邀请全国人大常委会法制工作委员会副主任信春鹰介绍《食品安全法》的立法经验。信春鹰简单介绍了内地《食品安全法》的立法原因及具体思路，指出食品安全主要面对食源性疾病、农业种植养殖业源头污染、违法生产腌制食品、违法添加剂、环境污染以及因科技发展对食品安全有新认识等问题。

30日

2011年第三季本地生产总值上升。统计暨普查局数据显示，2011年第三季本地生产总值按年实质增长21.1%，增幅主要由服务出口、私人消费支出及投资带动。就业情况持续理想，失业率进一步下降，工作收入明显上升。另据中国海关总署数据显示，2011年1月至10月，中国与葡语国家进出口商品总值为963.42亿美元，比2010年同期的750.71亿美元增加212.71亿美元，同比增长28%。其中中国自葡语国家进口643.55亿美元，同比增长26%；对葡语国家出口319.87亿美元，同比增长33%。

12月

1日

特区政府援建项目大藤峡水利枢纽前期工程动工。大藤峡水利枢纽前期准备工程重要施工项目——桂平至大藤峡专用公路开工仪式于广西桂平市举行，标志着大藤峡水利枢纽工程建设向前迈进重要一步。特区政府为支持国家建设，于2009年11月26日与水利部珠江水利委员会签订《澳门特别行政区援助建设大藤峡水利枢纽工程合作协议书》，对有关工程提供人民币8亿元的财政支持，主要针对广西库区移民安置、水土保持及环境治理。

个人资料保护办公室赴澳大利亚墨尔本参加"第36届亚太区私隐机构组织论坛"。2008年起，个人资料保护办公室一直以观察员身份参加亚太区私隐机构组织的相关会议，通过沟通与合作，不少涉及跨境个人资料保护的案件处理取得不同程度的进展，对澳门个人资料保护工作的发展起到积极作用。

2日

行政长官崔世安与广东省代省长朱小丹及省政府领导会晤。双方回顾了落实《粤澳合作框架协议》的工作进度，共同商定下一阶段加快落实"框架协议"的工作计划，重点包括共同参与发展横琴和南沙，全力推动横琴粤澳合作中医药科技产业园及南沙实施 CEPA 先行先试综合示范区的建设等。同时，两地政府将继续全力推进横琴岛澳门大学新校区的建设；共同推进两地的通关便利。双方认同不断深化粤澳产业和民生等领域合作，并致力于提升粤澳合作层次。

在台北设立的澳门经济文化办事处投入运作。特区政府于 2011 年 7 月宣布在台北设立澳门经济文化办事处，11 月正式颁布澳门经济文化办事处行政法规。办事处业务功能包括：为澳门居民在台工作、学习、旅游、商务和生活以及急难事件提供服务与协助；促进澳台经贸旅游、科技环保、教育、医疗卫生、文化创意、学术出版、专业技术、社会福利及其他领域之交流与合作；加强澳台两地共同打击犯罪以及司法协助等。办事处第一任主任由梁洁芝担任，工作人员日前赴台北开展相关工作。

2011 年粤澳食品安全专家交流合作会议召开。会议交流了粤澳两地食品安全工作情况及合作内容。会议代表亦出席了食品安全专题讲座，由粤港澳的专家教授主讲，就食品安全的监管及调查等方面分享研究成果。2007 年底，粤澳签订《粤澳食品安全工作交流与合作框架协定》，商定了粤澳食品安全合作机制的运作方式和信息沟通交流的管道，双方同意每年至少共同组织召开一次由双方专责小组组长主持的工作会议。本年度的工作会议有民政总署、卫生局、经济局、旅游局、海关等部门以及广东省卫生厅等代表及专家参加。

3日

澳门发展策略研究中心公布"澳门中产阶层现状探索报告"首阶段调查结果，约有 42% 的就业人口被列入中产阶层。

4日

《出版法》及《视听广播法》商议式民意调查举行"商议日"。"商议日"分公众组和专业组，共277 名被随机抽样的市民代表及 29 名新闻工作者代表参与。其中，由新闻工作者组成的专业组来自本地多个媒体机构。商议式民意调查法由易研方案（澳门）有限公司首次引入澳门，公司的工作团队由美国斯坦福大学、葡萄牙里斯本大学学院及香港浸会大学的专家学者组成。所谓"商议式民调"强调科学、公开及透明，让公众在得到充分信息的情况下参与民调，并进行理性讨论。

5日

行政长官崔世安批示调整维生指数，增加三类弱势家庭的援助金额，并于 2012 年 1 月 1 日起生效，调整后的维生指数为 3200 元。

行政长官崔世安与卫生部副部长王国强会面，就澳门中医药发展交换意见。王国强应邀来澳出席两岸四地中医药科技交流会议。

6日

卫生局举行"控烟前线人员激励和誓师大会"。《新控烟法》即将生效，卫生局为进一步激励员工的执法使命感，李展润局长、陈惟蒨副局长、郑成业副局长、何钰珊副局长、疾病预防控制中心汤家耀主任以及控烟办公室代表李兆田医生和柯庆建医生，与控烟办的员工和参与辅助控烟工作的文职人员举行"控烟前线人员激励和誓师大会"，庄严读出"同心协力，依法办事，严格执法，不偏不倚"的誓词。控烟办公室代表李兆田医生表示有信心做好控烟执法工作。

安捷伦科技有限公司与澳门科技大学联合宣布，双方在澳门科技大学成立液相色谱/质谱联合实验室，将国际一流的液相色谱/质谱领先科技引入中药质量研究国家重点实验室（澳门科技大学），为传统中医药研究的现代化和国际化注入活力，携手为中国中医药创新研究和产业升级贡献力量。中药质量研究国家重点实验室（QRCM－SKL）是中国中医药领域的首个国家重点实验室，于2011年1月25日在澳门成立，该实验室以中药品质评估为研究方向，以中医药创新和国际发展为研究目标，涵盖化学、分析、药剂、药理、药代、安全性、临床及资讯等诸多领域。

7日

2011年水费补贴总额约为8000万元。港务局局长黄穗文表示，本年首10个月政府对全澳各用水户的水费补贴金额约为6630万元，预计全年向水费补贴约为8000万元。政府对各种用水户均有不同程度的水费补贴。根据《粤澳供水协议》，内地共澳原水的价格于2011年5月进行调整。《粤澳供水协议》订定了2014年供澳原水价格调整的原则和考虑因素，政府将因应粤澳两地经济发展及物价等因素，就原水价格的调整细节与内地进行磋商。

法律改革及国际法事务局与葡萄牙共和国司法部司法政策总署在澳门签署《在法律咨询领域的谅解备忘录》。该备忘录是2001年1月17日于里斯本签署的《中华人民共和国澳门特别行政区与葡萄牙共和国法律及司法协助协定》以及葡萄牙共和国与澳门特别行政区联合委员会第一次会议的成果。目的是加强澳门与葡萄牙之间的法律及司法协助，特别是研发一个以双方公共行政在司法领域的资源为基础的法律技术咨询新模式。

9日

"文化世界 璀璨澳门——中国（澳门）国际摄影论坛暨百家媒体聚焦澳门摄影活动"开幕。活动由旅游局、新闻局、中国新闻社主办，为期3天。论坛以澳门为国际窗口，以"百家媒体聚焦澳门摄影活动"为亮点，以摄影与旅游产业发展的互动为研讨核心。其间同时举办"百家媒体聚焦澳门"采风活动，邀请包括《人民日报》、《中国青年报》、香港《文汇报》、台湾《中国时报》等106家媒体的摄影记者在澳门采风。还在金莲花广场推出《百年辛亥——追思与纪念展》《人民摄影报年度新闻摄影作品评选获奖作品展》《中国世界文化与自然遗产图片展》3个主题摄影展。

10日

由澳门方面主导营运的"粤澳中医药科技产业园开发有限公司"，以底价6亿元人民币，投得占地50万平方米的横琴中医药产业园选址，标志着该产业园踏入实质性建设阶段。

11日

第28届"公益金百万行"活动举行，共有4.5万余人参加了这项一年一度的慈善活动。活动筹得善款超过1240万元，创历届新高。行政长官崔世安、全国政协副主席何厚铧、中联办主任白志健、外交部驻澳公署特派员胡正跃、立法会主席刘焯华等主持起步剪彩仪式。

13日

运建办与港铁签署备忘录加强轨道交通技术合作。运输基建办公室与香港铁路有限公司签署《澳门轻轨项目与港铁建立技术合作备忘录》，加强港澳两地就轨道交通系统的技术支持及合作，优化建设及管理项目，进一步提升本地人员的专业技能。"轻轨一期车厂地基建造工程"已于11月举行动工仪式，澳门轻轨项目土建工程全面启动。

14日

《〈内地与澳门关于建立更紧密经贸关系的安排〉（CEPA）补充协议八》文本在澳门签署。"补充协议八"在服务贸易和贸易投资便利化方面增补内容，服务贸易新增3个领域，使总开放领域达46个，进一步深化开放其中11个领域的市场准入条件，累计总开放措施达281项。贸易投资便利化方面，在原有10项合作基础上，深化商品检验、电子商务、知识产权保护和创新科技产业的便利化合作。补充协议亦在金融与旅游方面做出安排，包括推动发展银行国际业务和保险业务合作、旅游监管协调、联合推广与拓宽合作等。补充协议将于2012年4月1日起正式生效。

"完善墓地批给程序工作小组"公布报告书，认为现行《坟场管理、运作及监管规章》已能回应所需，工作小组促民政总署继续跟进法律、法规的执行情况，因应社会发展，适时检讨修订。

15日

立法会以紧急程序细则性通过《修改〈消费税规章〉的附表》法案，将每包香烟的烟草税由现时4元调升至10元，调升幅度1.5倍。

16日

立法会一般性通过《修改财产申报》法案和《中央公积金制度框架》法案。《修改财产申报》法案旨在强化公共行政的透明度及廉洁度，有利于推行阳光政策，强化监督机制。《中央公积金制度框架》法案拟定年满18岁的澳门居民，以及未满18岁但已在社保基金登录者，会自动成为央积金户口参与人。

17日

国家文物局局长单霁翔在澳门主讲《从"功能城市"走向"文化城市"》。讲座内容主要围绕城市规划与文化遗产保护的关系，指出城市发展应该以"文化城市"为重要方向，长远更要循此方向对城市进行规划。此前，行政长官崔世安与单霁翔会面，就历史文物以及世界遗产"澳门历史城区"的保护交换意见。

19日

粤澳签署"一试三证"合作协议书，帮助澳门居民职业技能水平与国际接轨。劳工事务局与广东省人力资源和社会保障厅签署《粤澳共同研究实施"一试三证"培养评价模式合作协议书》，并与广东省职业技能鉴定指导中心和澳门管理专业协会共同签署《设施管理职业"一试三证"模式专项合作协议书》。目的是有效贯彻落实《粤澳合作框架协议》，进一步深化粤澳在职业技能鉴定的合作，加快两地职业技能评价机制的互通互融。

澳门与国家文物局签署深化文化遗产交流与合作备忘录。社会文化司张裕司长与国家文物局单霁翔局长签署《关于深化文化遗产领域交流与合作的谅解备忘录》。协议在文化遗产领域建立经常交流的合作机制，开展合理有序的项目，确保在文化遗产领域上共同发展。根据协议，合作内容包括文化遗产保护、世界文化遗产地的管理、展览交流、专业人员培训及打击非法交易和走私文物以及加强相互的专业技术支持及交流。

供水小组赴珠海出席调水工作会议。粤澳供水专责小组澳方代表赴珠海与内地水利部门进行"珠江枯水期水量调度工作会议"，探讨未来的水情走势，就枯水期水量调度的安排及保障澳门供水安全等工作进行商讨。

20 日

政府举行升旗仪式及酒会庆祝澳门回归12周年。行政长官崔世安表示，发展经济、改善民生，依然是政府明年最主要的施政目标。政府将和社会各界一道，打造"世界旅游休闲中心"，发挥"中国与葡语国家商贸合作服务平台"作用，促进经济适度多元。应邀出席酒会的嘉宾包括全国政协副主席何厚铧、中央人民政府驻澳门特别行政区联络办公室主任白志健、外交部驻澳特派员公署特派员胡正跃、解放军驻澳部队司令员祝庆生、立法会主席刘焯华、终审法院院长岑浩辉以及各界来宾逾1000人。300多名嘉宾及政府官员早上出席了政府在新口岸金莲花广场举行的升旗仪式。此外，多个政府部门及民间团体分别举行活动，热烈庆祝澳门特别行政区成立12周年。

白志健寄语澳门走出一条符合澳门实际的"一国两制"实践新路子，开创澳门更加美好的未来。中联办主任白志健在《澳门日报》发表题为《登高望远向未来——纪念澳门回归祖国十二周年》的文章，指出澳门特区十二年的发展历程深刻昭示我们，唯有认真贯彻落实"一国两制"方针和基本法，坚持从澳门的实际出发，看当前，未雨绸缪；想长远，居安思危，仔细谋划澳门未来一个时期的发展战略，扎实推进澳门各项事业的持续健康发展，才能走出一条符合澳门实际的"一国两制"实践新路子，以开创澳门更加美好的未来。白志健强调，开创澳门美好未来，需要加紧规划建设世界旅游休闲中心，需要更加注重法律、制度建设，需要更加重视培养人才。

21 日

港务局收回外港码头的管理权，加强海上口岸管理的主导性。在各部门的积极协调及配合下，首日运作畅顺，市民和旅客过关秩序良好。

珠海市中级人民法院以走私普通货物罪，判处1年内多次参与走私的李某有期徒刑6个月，这是内地实施新法以来首次有"水客"走私红酒而判刑。

23 日

横琴新区产业发展局驻澳门投资咨询联络站正式投入运作。珠海市投资促进局于2009年3月开始，派员到澳门贸易投资促进局商务促进中心为企业提供珠海市投资咨询服务。为更好地服务澳门企业和投资者参与珠海横琴新区开发，澳门贸易投资促进局、珠海市投资促进局和横琴新区管委会产业发展局合作，在澳门贸易投资促进局商务促进中心内之"珠海市投资促进局驻澳门投资咨询联络点"增设"横琴新区产业发展局驻澳门投资咨询联络点"。

26 日

国家主席胡锦涛在中南海会见到北京述职的澳门特区行政长官崔世安，听取他对澳门当前形势和特区政府一年来工作情况的汇报。胡锦涛表示，当前澳门总体形势是好的，经济快速增长，民生持续改善，社会保持稳定。特区政府稳健施政，认真践行"阳光政府、科学决策"的理念，努力提高施政能力和水平；及时推出多项扶贫纾困的政策措施，帮助市民缓解通胀带来的生活压力。中央对行政长官和特区政府一年来的工作及所取得的成绩是充分肯定的。相信特区政府在新的一年会着力推动澳门各项事业又好又快发展，更好地为澳门市民谋福祉。国家副主席习近平，国务委员刘延东，全国政协副主席廖晖等参加了会见。

国务院总理温家宝在中南海会见到京述职的澳门特区行政长官崔世安，听取了他对澳门当前形势以及特区政府一年来工作情况的汇报。温家宝表示，一年来，澳门经济保持快速发展，社会和谐稳定。特区政府坚持以人为本，着力改善民生，努力提高施政水平，取得积极成效，中央对此给予充分肯定。温家宝表示，明年的外部经济环境不容乐观，特区政府要居安思危，未雨绸缪，采取切实有效措施加以应对。要继续推动经济适度多元发展，提高澳门经济的抗风险能力。中央支持澳门依照基本法的规定，从澳门实际出发，妥善处理经济社会发展中的问题，保持澳门社会长期繁荣稳定。国务院副总理李克强，国务委员刘延东，全国政协副主席廖晖等参加会见。

27 日

行政会完成讨论《设置及经营固定公共电信网络制度》行政法规草案，通过招标发出两个新的固网专线服务牌照。

行政长官崔世安与中共中央政治局委员、天津市市委书记张高丽在天津会面。张高丽表示，天津与澳门有着较大的合作空间，希望共同努力，全面推动经贸、文化、教育、旅游等各个领域的合作，将津澳互利合作提高到新的水平。崔世安表示，天津作为环渤海经济中心，区位优势明显，发展潜力巨大，经济社会发展的成就令人瞩目。澳门与天津的交往日益密切，特别是"2011天津·澳门周"活动的举办，为深化交流合作打下了良好基础。双方应加强优势互补，推动两地友好合作朝着多领域的方向不断发展。

28 日

政府公报中刊登第449/2011号行政长官批示，公布TN27湖畔大厦2703个经屋的售价和补贴比率，按建筑面积计算，平均尺价为1184元，补贴比率为54.3%。

29 日

统计暨普查局公布2011人口普查初步结果。2011年8月12日澳门人口共552500人，较2001年人口普查增加26.9%；过去十年的年平均增长率为2.4%。住户总数共170700户，较十年前增加26.5%；住户平均人数为3.08人，较2001年的3.14人减少0.06人。每单位平均住户为1.01户，较2001年的1.03户减少0.02户。澳门陆地面积在过去十年的年平均增幅为1.4%，低于同期的人口增长率，因此，2011年的人口密度为每平方公里18600人，较十年前的16870人增加1730人，增幅为10.3%。

叶挺故居铜像揭幕。1931年至1937年间，叶挺将军与家人在澳门共同生活，度过了人生中一段难得而又难忘的时光。随后，他奔赴抗日前线，并出任新四军军长。为褒扬叶挺将军在中国民族解放历史中

图18　全国政协副主席何厚铧及代理行政长官陈丽敏主持叶挺故居铜像揭幕仪式

的杰出贡献，缅怀其丰功伟绩，开展爱国主义教育，特区政府将叶挺将军在澳故居加以修葺，塑建雕像，筹置展览，在纪念叶挺逝世 65 周年之际举行隆重的铜像揭幕仪式。全国政协副主席何厚铧、代理行政长官陈丽敏、社会文化司司长张裕、中联办副主任李本钧、外交部驻澳公署副特派员张金凤、解放军驻澳部队副司令员黄桃益、广东省政协港澳台委员会专职副主任艾特莎、澳门妇女联合总会副理事长容永恩、叶挺四子叶华明及七子叶正光、文化局局长吴卫鸣和多位叶挺后人出席仪式。叶挺故居位于贾伯乐提督街 76 号，是一座两层高的西式住宅。20 世纪 50 年代初，故居转售，先后用于澳门中华学生联合总会会址和妇联第二托儿所。2011 年 10 月，在澳门妇女联合总会的积极配合下，妇联二托正式迁离大宅，文化局随即对故居进行了重新修葺，并制作了"叶挺家庭群组雕像"，设置图片展览。

31 日

全国人大常委会全票通过澳门基本法附件一第 7 条和附件二第 3 条的"解释"议案。明确"如需修改"可以是修改或不修改，如需修改要走的程序（"五部曲"），以及如不修改将沿用现行规定。行政长官崔世安召开新闻发布会强调，全国人大常委会的相关解释有利于澳门政制按照基本法的轨道健康发展。政府将全面准确地执行释法的规定，在《澳门基本法》的框架下，从澳门的实际情况出发，以促进经济发展、民生改善、民主进步和社会稳定为宗旨，积极稳妥地推进澳门政制发展。

2012 年全年豁免全体社屋租户缴交租金。为落实 2012 财政年度施政方针，政府于 2012 年 1 月至 12 月全年豁免社会房屋租户缴交租金，全体社会房屋租户逾 7000 个租住家团将受惠免租措施，纾缓租户的经济压力。

中国海关总署资料显示，2011 年 1 月至 11 月中国与葡语国家进出口总额 1073.11 亿美元，同比增长 29%，提前两年实现并超过了 1000 亿美元的目标。

统计暨普查局资料显示，2010 年以当年价格计算的本地居民总收入为 2018.8 亿元，实质增长率为 25.0%；与同年的 2262.6 亿元本地生产总值比较，本地居民总收入少 243.9 亿元，相当于本地生产总值的 10.8%。人均本地居民总收入为 369778 元，较同年的 414444 元人均本地生产总值少 44666 元。

2011 年第四季本地生产总值按年实质增长 17.5%，主要由服务出口、投资及私人消费支出带动。其中，博彩服务出口上升 25.2%，旅客总消费增加 10.4%，投资上升 16.7%，私人消费及政府最终消费支出分别增加 12.1% 及 16.3%，而货物出口亦按年上升 7.7%。2011 年首三季的实质增长率分别由 20.9%、23.4% 及 21.1% 修订为 20.8%、23.8% 及 21.4%，而 2010 年经济增长由 27.1% 修订为 27.0%。2011 年第四季度量度整体价格变动的本地生产总值内含平减物价指数按年上升 7.6%。

行政长官崔世安和外交部驻澳门特别行政区特派员公署特派员胡正跃分别发表元旦献辞。崔世安表示，在新的一年，特区政府将积极实施世界旅游休闲中心的发展蓝图，巩固现有优势，促进经济适度多元；努力提升民生综合水平，完善社保制度，扶助弱势社群；关心青年成长，培养社会发展所需的各类人才；改进公交服务，加强环保节能，优化人居环境；致力于廉政建设，推动政制发展，重视科学决策，不断提高施政的能力和成效；坚决落实各项保障广大市民就业、居住、教育、医疗、养老的政策，让更多居民分享经济发展的成果，推动社会经济协调进步。胡正跃表示，2012 年是国家实施"十二五"规划承上启下的重要一年。相信在中央政府的大力支持下，特区政府将团结带领全体澳门同胞，紧紧把握历史机遇，勇敢面对各种挑战，继续推进经济发展，着力改善民生，促进经济适度多元，不断深化区域合作。澳门特区发展前途光明，令人鼓舞。外交部驻澳公署将一如既往地认真贯彻澳门基本法和"一国两制"方针，积极协助澳门特区政府开展对外交往，不断开创涉澳外交工作新局面。

澳门回归大事编年
CHRONICLE OF MACAU

2012年 1~12月

2012 年

1月

1日

第5/2011号法律《预防及控制吸烟制度》生效。根据该法律，澳门除娱乐场所外的大部分公共及室内场所全面禁烟，而娱乐场所须在2013年前设立符合标准的吸烟区，面积不能大于总博彩区的50%；禁止向未满18岁人士售卖烟草制品；违反禁烟规定者最高罚款600元；禁烟场所负责人未在管辖区域内显眼处张贴禁烟标志，处以罚款1万至10万元。

社会工作局本日起调升最低维生指数。1人家庭由每月3000元升至3200元，2人或以上家庭之最低维生指数及其他一系列与此相关的津贴和资助亦随之调升。最低维生指数是政府扶助贫困和弱势社群的指标，通常每隔半年参考消费物价等指数做出检讨和调整。

《珠海经济特区横琴新区条例》实施。条例全文分为总则、管理体制、区域合作、产业促进、法制保障、附则共6章65条。根据条例，横琴新区实行发展决策委员会、管理委员会和发展咨询委员会相结合的管理体制；允许在横琴新区的境外投资者和生活在横琴新区的外籍人士选择港澳民商事法律服务。该条例被喻为横琴新区的"基本法"。2009年12月16日，横琴新区作为中国第三个国家级新区正式成立，成为"一国两制"下探索粤港澳合作新模式的重要载体。

2日

政府共收回36幅非法占用土地并按既定城市规划展开利用。土地工务运输局表示，由2009年3月首次行动开始，政府跨部门清迁组至今已收回36幅合计面积逾17.3万平方米被非法占用的政府土地，并陆续向霸地人展开清迁费的征收程序，费用由10万元至300多万元不等。逾期仍未缴交者，交由财政局强制催征。

澳门明爱"明粮坊"累计服务1800人次。明爱承办的食物银行服务"明粮坊"自2011年9月底投入运作以来，累计1800人次受惠。明爱总干事潘志明预计，自今年1月1日起政府调升最低维生指数，合资格申请的人数将会增加，为此将在下半年筹款100万元用以平衡开支。早前政府向明爱资助1000万元支持"明粮坊"两年运作，预计为6000人次提供援助。

3日

政府公报刊登第451/2011号行政长官批示，公布"拒绝许可离任行政长官及离任主要官员于终止职务后从事私人业务的原则及标准"。这些标准包括：（1）从事的私人业务与离任前的职务会有实际或潜在的利益冲突；（2）从事的私人业务会使澳门特别行政区政府的声誉受损及影响公众对政府的信任；（3）曾担任的职务会使其本人或拟前往任职的实体又或与该实体有支配关系的其他实体在不同层面竞争中取得优势。

博彩年度收入创新高。博彩监察协调局公布2011年澳门博彩毛收入达2678.67亿元，较2010年增长42.2%，创赌场年度最高收入纪录。

宋敏莉宣誓就任终审法院法官。中午12时，就职典礼在终审及中级法院大楼举行，由终审法院院长岑浩辉主持及监誓，行政长官崔世安和推荐法官的独立委员会主席刘焯华应邀出席。宋敏莉，1966年

4日

生，北京大学法律系学士、硕士，后赴葡萄牙科英布拉大学文学院学习葡文，就读澳门大学澳门法律导论课程，参加澳门司法官培训中心培训。1996 年 9 月起，先后担任澳门及澳门特别行政区检察院检察官。2000 年 3 月担任助理检察长，并于检察院驻终审法院及中级法院办事处工作。

政府举行首场政制发展座谈会。首场座谈会以政界人士为对象，就以下两个问题听取意见：（1）2013 年立法会产生办法和 2014 年行政长官产生办法是否需要修改；（2）两个产生办法如需修改，应坚持什么原则及怎样修改。2011 年 12 月 31 日，全国人大常委会通过《关于澳门特别行政区基本法附件一第 7 条和附件二第 3 条的解释》，明确修改行政长官和立法会产生办法须遵从"五部曲"程序，即行政长官向全国人大常委会提交是否修改两个产生办法的报告；人大常委会根据行政长官的报告，就如何修改两个产生办法做出决定；政府向立法会提出两个产生办法的修正草案，并经立法会全体议员三分之二多数通过；行政长官同意并签署上述修正草案，并报请全国人大常委会批准或备案；全国人大常委会批准行政长官产生办法及对立法会产生办法予以备案。为了完成"第一部曲"，即日起至本月 18 日，政府将举办 8 场座谈会，听取社会各界对于两个产生办法的修改意见。

5日

以行政长官选举委员会委员为对象的第二场政制发展座谈会在东亚运动会体育馆举行。多名委员先后发言，倡议行政长官选委会人数由现时 300 人扩大至 400 或 450 人，以及扩大立法会直选与间选议席。行政长官崔世安、行政长官办公室主任谭俊荣、行政长官办公室顾问高展鸿等出席。

中联办举行一年一度的澳门中文传媒春茗宴会。副主任李本钧对澳门新闻工作者提出"传承、创新、担当、自律、协作"5 项要求。8 家中文日报及 2 家电子媒体高层应邀出席。

6日

民政总署举行"新马路及邻近街区老店物品捐赠仪式"。管委会主席谭伟文、咨委会主席梁官汉、管委会副主席罗永德等出席仪式。民政总署早前开展以"新马路及邻近街区"为主题的藏品征集活动，截至仪式当日共收到 300 多件具有历史价值的物品，包括店号牌匾，金行天秤，饼家商号的招纸、纸盒、吊饰印模、饼模、租单等。随着澳门经济转型，部分历史悠久的店铺相继结业，该活动旨在保存具有历史价值的物品及深化澳门历史研究。

以公务员团体、法律团体及行政法务范畴咨询委员会委员为对象的第三场政制发展座谈会在澳门理工学院礼堂举行。会上共有 25 位团体代表发言，普遍赞同增加行政长官选举委员会名额以及立法会直选和间选议席。行政法务司司长陈丽敏、行政法务司司长办公室主任张翠玲、行政公职局局长朱伟干、法律改革及国际法事务局局长朱琳琳、法务局局长张永春等出席座谈会。

土地工务运输局解释重新批给路环石矿场土地问题。对于路环石矿场工业用地获批更改为商住用途，并容许原经营者以 2 亿多溢价金换取 12 幢商住地，社会各界存有不同意见。工务局发新闻稿解释，已要求发展商退回 3 成土地给政府用作公益、基建、公屋用途，并将应社会发展定期调整土地溢价金。

7日

以传媒社团为对象的第四场政制发展座谈会在法律改革及国际法事务局会议室举行。出席会议的有澳门新闻工作者协会、记者联会、传媒工作者协会、传媒俱乐部、体育记者协会、葡英传媒协会 6 个团体代表及其他多位传媒业者。与会者认为，需通过广泛咨询形成共识后，再进行行政长官选举委员会人数及立法会组成成分的调配。行政法务司司长陈丽敏、行政法务司司长办公室主任张翠玲、新闻局局长陈致平、行政公职局局长朱伟干、法律改革及国际法事务局局长朱琳琳、法务局局长张永春、行政法务司司长办公室顾问赵向阳出席座谈会。

运输基建办公室举行轻轨系统南西湾湖段路线及车站公众推介活动。活动即日起至 20 日在南湾湖水上活动中心举行，现场设有展板和立体模型，并于周六、日下午提供导览服务。南西湾湖段全长约 2.6 公里，其中约 2.3 公里为湖底隧道。设南湾湖、西湾湖及妈阁 3 个车站，南湾湖站设于地面，西湾湖站和妈阁站设于地底。轻轨系统是建设中的澳门城市轨道运输系统，第一期工程已于 2011 年全面启动。

8日

行政长官崔世安前往布鲁塞尔展开为期 5 天的访欧行程。此行是崔世安首次以行政长官身份访问欧盟，拜访欧盟委员会主席巴罗佐（Jose Manuel Barroso）及欧洲议会副议长劳切克（Libor Roucek），旨在加强双方在贸易、文化产业、环保、教育等领域的交流。行政法务司司长陈丽敏、立法会副主席贺一诚、行政长官办公室主任谭俊荣、行政会秘书长兼行政长官办公室顾问柯岚等随访。

9日

新闻局会晤澳门 14 家中文周报及月刊代表，就修订《出版法》和《视听广播法》交流意见。新闻局代局长黄乐宜表示，两法颁布了 20 年，部分条文仍未全面落实，政府部门有责任审视法律中不适时的条文以便做出修订。《澳门体育周报》《九鼎》《讯报》《乐报》等媒体代表参加会见。

政府拟增发 200 个的士牌照。交通事务局局长汪云表示，年内将以私人竞投方式增发 200 个的士牌照，牌照设 8 年期限，不得转名。竞投拟将一次过举行，但车辆分批落地。

10日

旅游局举行年度新闻会。会议公布，2011 年入境旅客突破 2800 万人次，增幅超过 12%。其中，内地、香港、台湾仍是三大客源地，共近 2500 万人次。旅游局今年将投放约 3 亿元推广多元旅游，并设工作小组展开短中长期旅游发展工作。旅游局局长长安栋樑，副局长白文浩、文绮华和逾 300 位旅游局驻外代表、业界人士出席会议。

11日

"粤澳发展策略小组"举行成立仪式暨第一次工作会议。会议由粤澳双方组长单位澳门特别行政区政府政策研究室和广东省政府港澳办共同召集，双方成员单位代表、两地专家学者等约 40 人出席。会议确定了粤澳政府近期的四大重点研究工作，包括加强对横琴开发、共建世界级城市群、旅游合作、通关便利化的相关研究。小组的成立是落实 2011 年 3 月 6 日签署的《粤澳合作框架协议》关于创新合作机制的具体措施，主要任务是对关系粤澳近期和长远发展的重大合作问题进行研究和磋商，并向粤澳高层提供政策建议。原则上每半年在两地轮流召开一次会议。

12日

两家发钞银行各发行 1000 万张 10 元面额的龙年生肖钞票。根据第 30/2011 号《发行庆祝 2012 年至 2023 年农历新年的纸币》行政法规草案，政府许可两家发钞银行中国银行和大西洋银行为 2012 年至 2023 年的农历新年发行面额 10 元的生肖纸币，每家银行每年的发行限额为 1000 万张。

轻轨一期氹仔口岸段 3.08 公里轨道及 3 个轻轨站建造工程开标。运输基建办公室共收到 14 份标书，标价由 5.9 亿多元至 11.7 亿元不等，并表示在完成评标及判给程序后，最快今年内动工兴建。本次竞投中，超过一半由两家或以上公司组成联营公司参与投标，部分为本地建筑商。

粤澳中医药科技产业园开发有限公司投得一幅横琴新区土地使用权。土地总面积为 50 万平方米，以 6 亿元人民币投得。粤澳合作中医药科技产业园是自 2011 年 3 月粤澳双方签署《粤澳合作框架协议》以来，首个正式落实的粤澳合作建设项目。公司于 2011 年底完成内地登记及行政审批程序，股东分别为澳门投资发展股份有限公司及珠海大横琴投资有限公司，并由澳方董事陈敬红出任该公司董事长。

13日

"澳门消费者信心指数"2011 年第四季回升。消费者信心指数是综合反映并量化消费者个人对当前经济形势强弱看法的指标。2011 年 12 月 13 日至 17 日，澳门科技大学可持续发展研究所通过下设的市场调查中心，按计算机随机抽样访问了 1017 名 18 岁或以上的澳门居民。结果显示，第四季澳门消费者信心总指数为 86.92，与上季得分 82.58 比较上升了 5.26%，但从绝对标准看，澳门消费者对当前和未来三个月依然信心不足。

"2012 澳门·广州名品展"一连 3 天在广州举行。本次展会由澳门贸易投资促进局与广州市对外贸易经济合作局首次在广州共同举办，以"品味魅力澳门、发现精彩广州"为主题，荟萃了两地名优品牌、原创设计、特色及代理的产品。广州展区共设 106 个展位，澳门展区共设 99 个展位。广州市市长陈建华、澳门特别行政区政府经济财政司司长谭伯源、中联办副主任高燕及各界嘉宾逾 500 人出席开幕式。

14日

教育发展基金一连 2 天举办"学校发展计划成果展览会"。展览共有 41 所中小幼学校和 3 个学校家长会参与，各学校分别以品德教育、信息科技、艺术教育、职业技术教育、科学教育及家校合作等项目为主题，展示受资助的项目成果。学校发展计划 2010/2011 学年共斥资逾 3 亿元，资助 1700 多个项目，支持学校实施具有特色的、适合自身发展需要的活动。

15日

街坊总会社会事务委员会主办"负责任博彩"论坛。与会者建议政府应清晰界定博彩活动的概念，加强监管博彩企业全面推动负责任赌博；同时适当为内地旅客和澳门博彩从业员提供负责任博彩的宣传推广。社会事务委员会主任何仲传、群力智库中心代表张名威、澳门大学博彩研究所所长冯家超、澳门理工学院博彩教学暨研究中心讲师吕开颜出席论坛。

商务部代表团来澳考察。由商务部副部长兼国际贸易谈判副代表钟山率领的代表团，一连 2 天就内地对澳门农副产品供应问题，与经济财政司司长谭伯源等有关政府部门及业界代表座谈，并实地考察市场供应情况。代表团一行包括商务部、质检总局、国务院港澳办、广东省人民政府有关负责人和供澳相关企业代表。

16日

政府增发两张固网牌照。政府公报刊登第 4/2012 号批示，核准在澳门特别行政区设置及经营固定公共电信网络牌照的公开招标的特定规章，翌日起生效。根据批示，政府通过公开招标增发两张固网牌照，牌照有效期至 2021 年 12 月 31 日，获发牌照实体须向政府缴纳 50 万元的牌照发出费用。现时固网经营商澳门电讯，将以被特许人身份继续管理及经营固网，但其本身及持有其资本的公司不能直接或间接参与本次竞投。

17日

第七场政制发展座谈会在澳门理工学院举行。来自社会服务、文化、教育、体育、医疗等社团的代表，以及社会文化范畴的咨询委员会委员共 80 多人出席座谈，普遍认同需要修改基本法附件一及附件二，即行政长官和立法会的产生办法，实现社会各界的均衡参与。

气象局计划今年内把 PM2.5 列入空气质量监察指标。气象局局长冯瑞权在出席粤港澳气象合作会议时表示，目前测量澳门空气质量指数的指标只包含 PM10（即直径小于等于 10 微米的悬浮粒子），但已观察和掌握 PM2.5 有关数据多年。PM2.5 颗粒主要是日常发电、工业生产、汽车尾气等经过燃烧而排放的残留物，大多含有重金属等有毒甚至致癌物质，可直接进入肺部和血液，引发呼吸系统疾病并损害循环系统，日益受到气象和医学界关注。

18日

第八场政制发展座谈会在澳门文化中心剧院举行。作为唯一的公众专场座谈会，行政长官崔世安及行政法务司司长陈丽敏出席并主持了会议。约 500 名市民到场，其中 37 人发言。发言者一致认同需要修法，但对修法原则有不同意见。陈丽敏呼吁社会各界本月底前继续通过政府网站、电话、传真及电邮等发表意见。

《澳门女性性工作者：工作情况及健康风险评估 2009》研究报告发布。491 名性工作者于 2007 年完成香港中文大学和澳门防治艾滋病委员会共同主持的匿名问卷，并接受了梅毒和艾滋病病毒的快速测试。该项研究于 2009 年完成，是澳门首份针对女性性工作者的研究报告。

立法会细则性表决通过修改《机动车辆税规章》法案。法案生效后，符合行政长官所定排放标准的各类型车辆可豁免 50% 的机动车辆税，上限为 6 万元。

19日

3 位新获任命助理检察长的就职典礼在检察院总部举行。在行政长官崔世安、检察长何超明主礼下，徐京辉、程立福和高伟文就任助理检察长。目前检察院有 34 名检察官，12 名助理检察长（含新上任 3 人）。检察院共有 5 个办事处，分别设于终审法院、中级法院、初级法院、行政法院和刑事诉讼办事处，每个办事处平均有 1 名至 2 名助理检察长。

首个由政府全资兴建的经济房屋湖畔大厦开始预售。湖畔大厦是澳门首个由政府全资兴建的经济房屋项目，共有 6 座楼宇，提供 2703 个单位，包括一房厅 296 个、两房厅 1883 个、三房厅 524 个，平均建筑面积尺价为 1184 元，总售价由 55.7 万多元至 131.6 万多元不等。

20日

统计暨普查局公布 2011 年通胀率。2011 年澳门通胀率为 5.81%，价格指数上升明显的商品及服务类别有"杂项商品及服务""交通""食物及非酒精饮品""衣履"。其中 11 月居民消费价格指数按年升 6.81%，创全年新高。

统计暨普查局公布 2011 年入境旅客数目。统计暨普查局公布，2011 全年澳门入境旅客达 2800 多万人次，较 2010 年增长 12.2%，创历史新高。其中，自由行旅客达 658.8 多万人次，按年增 20.1%；不过夜旅客为 1507 多万人次，占旅客总数 53.8%。

21日

"澳门公众信心指数意见调查"公布 2011 年第四季居民对政府的表现评价。由澳门民意调查中心策划、澳门民意调查研究学会设计及执行的"澳门公众信心指数意见调查"结果显示，2011 年第四季居民对政府和行政长官的表现评价、信任度及信心指数均为全年最高。其中，55 岁或以上的长者对于政府及行政长官的评分明显高于 18 岁至 34 岁和 35 岁至 54 岁两个年龄层；个人月收入 9000 元或以下的居民，对政府及行政长官的评分皆高于较高收入的居民。澳门公众信心指数由经济信心指数和社会信心指数两部分组成，综合了居民对澳门经济、社会发展现况的评价及对未来发展的预期。

22 日　　弱智人士家长协进会主办"传爱送暖显关怀"新春送暖活动。该会向 650 名智障人士及有困难的会员家庭送上春节礼品福袋。在澳门基金会的支持下，受惠家庭数量比以往增加。协进会成立至今 20 年，每年都在春节前夕为有困难的家庭送暖作为节日问候。

24 日　　街坊总会向社会房屋长者拜年。会长姚鸿明、副理事长何润生伉俪、副理事长刘咏诗及社会服务办公室总干事孔惠榕等，上午 10 时与街总青颐长者综合服务中心所在的青松楼数十名社屋长者住户一起联欢团拜，并上门探访行动不便的长者。

27 日　　行政会完成讨论《2011/2012 学年大专学生学习用品津贴》行政法规草案。根据草案，凡持有澳门居民身份证并于 2011/2012 年在澳门或外地修读认可的博士、硕士、学士学位或学习期不少于两学年高等教育课程的学生，只需在今年 4 月 30 日前办理登记，即可在完成登记及递交所需文件后 60 日内获发 2000 元津贴。预计逾 3.3 万名学生受惠，开支约 6600 万元。

　　行政会完成讨论修改第 30/2011 号行政法规草案《发行庆祝 2012 至 2023 年农历新年的纸币》。依据草案，许可两家本地发钞银行中国银行和大西洋银行的生肖纸币发行总额，由原来 2000 万张增至 4000 万张。鉴于春节前投入市场流通的 10 元面值龙年生肖纸币广受欢迎，政府决定增加供应量以调节市场需求。

30 日　　公务人员薪酬评议会举行首次会议。与会成员认同调整及研究公务员薪酬需参考政府财政状况、市场薪酬趋势及水平、通胀、公务员的意见四大因素。评议会主席、行政公职局局长朱伟干主持会议。根据政府公报刊登的第 9/2012 号和第 13/2012 号行政长官批示，"公务人员薪酬评议会"于本月 26 日成立，隶属行政法务司，专责研究及订定公务员薪酬调整的基本原则、标准及程序，建议调薪幅度等。由行政公职局局长朱伟干（担任主席）、统计暨普查局副局长杨名就（担任副主席）、行政公职局副局长高炳坤（担任秘书长）、财政局副局长钟圣心、澳门中华总商会代表贺定一、澳门工会联合总会代表李静仪、澳门公务华员职工会代表李治洪、澳门公务专业人员协会代表官世海、澳门公职人员协会代表高天赐共 8 人组成，任期 2 年。

31 日　　统计暨普查局公布 2011 年澳门失业率。统计暨普查局公布，2011 年澳门失业人口为 7400 人，失业率为 2.5%，是 1998 年首季以来最低。其中，本地居民失业率为 3.2%，较 2011 年降 0.3 个百分点，本地就业居民收入中位数为 1.2 万元，按季升 1000 元。本地外雇净增长 1.8 万人，至 12 月底有 9.4 万名。

　　统计暨普查局公布春节黄金周澳门接待旅客数据。统计数据显示，1 月 23 日至 29 日春节黄金周期间，澳门入境旅客逾 86 万人次，总量较 2011 年同期增加 6.9%，其中超过 54 万为内地旅客，增长近 14.5%。

2月

1 日　　中国台湾地区对港澳地区实施更便捷宽松的入台政策。港澳非永久性居民及在港澳工作学习满 1 年的内地人士可直接申领入台证，相关手续只需 7 个工作日。而在过去，上述人士的入台证需经指定旅行社代办，费用相对较高，且需 15 个工作日。

农历新年期间餐饮店加价引发争议。按照例行做法，农历新年初一至初三期间，澳门餐饮店均要加收 20% 至 30% 的附加服务费，今年部分店铺更延长加收时间至大年初十。议员普遍认为，餐饮店加价影响澳门旅游城市形象，希望政府或商会订定指引，规范加价现象。

中联办副主任高燕出席纪念辛亥革命百年活动组委会举办的"成果总结会议"。她表示，澳门正站在新的历史起点上，希望各界弘扬辛亥革命爱国主义精神，发扬爱国爱澳的优良传统，支持特别行政区政府在基本法框架内推动澳门政制稳步发展，为国家繁荣富强及澳门的长治久安贡献力量。据统计，2011 年澳门有关机构及社团共举行百余场纪念辛亥革命 100 周年活动。

3日　消费者委员会发布 2011 年投诉情况。2011 年，消委会接获了 1689 宗投诉个案。其中，投诉最多的电讯服务达 261 宗，多涉及手提电话服务的价格争议；通信器材投诉排行第二，达 158 宗，多涉及手提电话的质量、价格及售后服务。除上述投诉个案之外，消委会还接获了 4987 宗咨询个案和 174 宗属于消费者建议性质的意见。

4日　广东省省长朱小丹率团到澳门举行春茗活动。"广东省人民政府二〇一二年新春宴会"当晚在旅游塔会展中心举行，这是广东省连续第三年赴澳举行春茗活动，亦是朱小丹就任省长后首次率团来澳。在澳期间，朱小丹还拜访了中央驻澳门有关机构、特区政府有关部门、社会知名人士及粤籍社团等。

6日　中国银行发行成立 100 周年纪念钞。内地、香港和澳门三地中国银行同步发行当地特色的百年纪念钞。中银（澳门）发行 300 万张百元纪念钞，所有收入扣除成本费用后，捐予澳门教育、体育、文化等慈善事业。澳门市民凭身份证每人可限购两张。行政长官崔世安、中联办副主任高燕、中银（澳门）总经理叶一新等主持发行仪式。

澳门电讯网络发生严重故障。下午 4 点半起，澳门电讯流动电话网络完全瘫痪，影响 62 万客户及 15 万互联网客户，直至晚上 10 点半才全面恢复。晚上 7 点，电信管理局与澳门电讯联合举行记者会，交代事故原因并向市民致歉。

土地工务运输局跟进分析 48 幅闲置土地个案。局长贾利安接受采访时表示，法律部门正在研究承批人提出的理据是否充分、有否涉及毁约和触犯土地法规等，不排除采取收地程序。

7日　"金沙中国"宣布重整演艺表演娱乐项目。自 2008 年投资过亿美元兴建旗下威尼斯人多功能剧院以来，邀请著名的太阳剧团驻场三年演出著名剧目 ZAIA（译音：萨雅），该剧目于 2008 年 8 月在澳首度公演。ZAIA 虽深受西方观众欢迎，但始终未被华人观众尤其是内地观众接受，金沙将借重新设计剧院之机，引进更多世界一流的演艺娱乐项目，本月 19 日将上演最后一场。

商务部公布 2011 年内地批准澳商投资项目数据。商务部公布，2011 年内地批准澳商投资项目同比增长 3.28%，实际使用澳资 6.8 亿美元，同比增长 3.84%。截至 2011 年底，内地累计批准澳资项目 12839 个，实际利用澳资 103.8 亿美元，澳资在内地累计吸收境外投资中占 0.9%。

澳门政制发展完成"第一部曲"。行政长官崔世安向全国人大常委会提交《关于澳门特别行政区 2013 年立法会产生办法和 2014 年行政长官产生办法是否需要修改的报告》，认为有必要在基本法的框架内，按

8日 照澳门特别行政区的实际情况，对 2013 年立法会产生办法和 2014 年行政长官产生办法做出适当修改。

香港岭南大学亚太老年学研究中心搜集澳门老龄"服务指标"。受社会工作局委托，该中心及其协作单位于即日至 3 月 16 日开展随机抽样住户问卷调查，了解澳门 55 岁及以上居民的生活情况及需求。"澳门老龄指标"由"政策指标"和"服务指标"组成。社工局 2011 年已完成"政策指针"的资料搜集。

澳门首个交通枢纽建造工程开标。位于氹仔岛的柯维纳马路交通枢纽第一期建造工程开标，17 家公司参与竞投，造价由 3.63 亿元至 6.29 亿元元不等。该交通枢纽融轻轨站、巴士转乘中心、旅游巴停车场、公共停车场、步行及绿化设施于一体，预计 2014 年建成。

行政公职局辖下的公务人员培训中心开幕。该中心位于诚丰商业大厦 6 至 7 楼，建筑面积约 4.8 万平方尺，共设 10 间培训室、2 间计算机室、具教学功能的演讲厅及多功能厅、图书室、展览廊及教员办公室，可同时容纳约 700 人培训。行政公职局局长朱伟干表示，设立中心的目的是进一步加强公务人员培训的统筹工作，未来将执行公务员短、中、长期培训规划，开办各项针对性、专业性、系统性的课程，以提升公务员队伍的素质。

9日 2011 年检察院刑事案立案数目达 11734 宗。其中，盗窃案有 3382 宗，约占刑事总立案数的三成；另有部分立案牵涉公务员犯罪，43 名公务员被刑事检控。检察院刑事诉讼办事处及推广交流处在检察院总部举行传媒茶聚，由助理检察长王伟华做过去一年检察院处理盗窃案的专题报告。

10日 2011 年度勋章、奖章及奖状颁授典礼在澳门文化中心举行。行政长官崔世安代表政府向 35 位人士及 3 个机构、团体颁授勋章、奖章及奖状。其中，工商及社服界的贺定一、长年推动职业培训的基层工作者温泉同获授银莲花荣誉勋章。大莲花、金莲花荣誉勋章及英勇奖章人选从缺。林伟濠等获专业功绩勋章，马志毅等获工商功绩勋章，何猷伦等获旅游功绩勋章，王一涛等获教育功绩勋章，程祥徽等获文化功绩勋章，左立基等获仁爱功绩勋章，朱志伟等获体育功绩勋章，何天家等获劳绩奖章，阮毓明等获社会服务奖章，Richard Stuart Moffatt 获荣誉奖状，何文辉等获功绩奖状。

11日 澳门环保志愿者协会公布"厨余知多少？"调查结果。结果显示，七成半受访者认识什么是厨余，但对厨余处理后的用途一知半解；逾九成受访者支持餐厅推行"扣底减一元大行动"。主办方希望政府鼓励饮食业推行"扣底"回赠，减少厨余。主办方以街头问卷形式，调查 1200 多名居民的厨余认知度、外出用餐习惯及对"扣底"方案的接受度。

12日 财政局公布 2011 年住宅成交量。财政局数据显示，2011 年全澳住宅成交量达 15469 宗，按年跌近 2%，但每平方米实用面积均价按年升 21.6% 至 45027 元。分区域来看，澳门半岛、氹仔和路环每平方米分别为 43569 元、41501 元、68208 元，较 2010 年分别上升近 33%、1.3%、6.45%。

13日 两岸四校共建中华创新药物联合研究中心。该中心由北京大学、台湾大学、香港大学、澳门大学联合创建，秘书处设在澳门，旨在推动两岸四校在新药研究领域的强强合作。合作协议书签署仪式在北京大学医学部举行。全国人大常委会副委员长韩启德、桑国卫，卫生部、科技部等负责人出席。

14 日

第一届中国（北京）国际服务贸易交易会推介会在澳门旅游塔会展中心举行。北京市市长郭金龙表示，来澳举办推介会是贯彻"十二五"规划有关要求，深化北京和澳门的经贸合作。贸促局与北京WTO事务中心于推介会上签署合作备忘录，表示将组织60人至80人代表团5月赴京参加首届京交会，并于会场内设澳门馆。

2011年录得罪案12512宗，按年增7.4%。据保安司司长办公室介绍，升幅最显著的是侵犯财产罪，共7080宗，同比上升16.2%，其次分别为妨害社会生活罪、妨害本地区罪及其他未分类的案件。

统计暨普查局公布2011年澳门酒店及公寓入住率。据统计暨普查局最新数据，2011年底澳门酒店及公寓总体平均入住率为89.7%，可供应客房总数为22356间，其中五星酒店客房占总数63.5%，住客平均留宿时间为1.5晚，按年增0.05晚。酒店平均入住率为90.3%，四星及五星平均入住率分别达93.6%及90.2%。

15 日

行政会总结2011年工作情况。行政会发言人梁庆庭表示，2011年行政会举办了24次新闻发布会，召开56次会议，处理69份法案，其中63份已完成审议。另外，政府多个部门代表为行政会举办24次政策介绍会，议题包括粤港澳合作、城市规划、食品安全、公共天线和高等教育等方面。

16 日

街坊会联合总会主办"社会工作与社会保障"专题研讨会。会议是街总成立28周年系列活动之一，由澳门理工学院协办，邀请内地及澳门特区政府官员、专家学者介绍两地社会工作与社会保障的发展情况。民政部副部长孙绍聘、社会文化司司长张裕、中联办社工部副部长杨汉武、澳门理工学院院长李向玉、社会工作局局长容光耀等任主礼嘉宾

中国航天基金会访问团到访澳门科技大学。访问团成员包括原国家航天部部长刘纪原、原国防科工委副主任沈荣骏、原国防科工委副主任沈椿年、中国航天基金会理事长白拜尔、中国航天基金会副理事长李恒星、中国航天基金会副理事长花禄森及中国航天基金会工作人员。澳门科技大学校监廖泽云、校长许敖敖、副校长刘良、学术顾问兼太空研究所所长唐泽圣及校长办公室主任邝应华欢迎访问团的到来。

17 日

社会协调常设委员会举行本年度首次全体大会。修订外地雇员的"过冷河"制度成重要议题。全体委员一致同意修改相关制度，增加两方面内容：被雇主以合理理由终止劳动合同的外雇，需列入"过冷河"的范围；外雇在劳动合同有效期届满前被终止合约，即使无须"过冷河"，但6个月内只能从事与原来职务相同的工作。会议由大会主席、经济财政司司长谭伯源主持。

台北经济文化办事处在澳门旅游塔会展中心举行龙年春茗晚会。履新仅五天的台湾陆委会副主委张显耀专程来澳参加活动，并表示陆委会已决定修订《港澳关系条例》，解决港澳居民免签入台问题。活动共约600人出席。

18 日

澳门博彩研究学会发布《澳门博彩风险及危机研究》。该研究认为，澳门博彩业发展面临恶性竞争、赌客来源单一、人才不足、邻近地区竞争等一系列风险，建议政府设立风险管理办公室，制定及维持各项防避或控制风险与危机的方案，并在政策及资源上支持各大博彩企业发展非博彩业务。

19 日

教育暨青年局公布 2012/2013 学年幼儿园学额情况。每年 3 月 1 日是一年一度的学校招生启动日。担心学额不足导致孩子不能顺利进入幼儿学校，成为多年来家长的忧虑。教育暨青年局公布，2012/2013 学年有 4700 个适龄学童，而幼儿教育一年级学额有 5700 个，剩余近千学额，家长不必担心入学难问题。

望德堂区创意产业促进会主办 "澳门动漫业界咨询会二〇一二" 会议。来自澳门多个动漫文化业社团的参会者，围绕动漫产业化、促进本地漫画推广以及政府即将设立的文化产业基金的申请资助等议题交流意见。会议下午三点在疯堂十号创意园举行，文化产业委员会副主席梁庆庭受邀出席。

21 日

行政会完成讨论《修改规范青年事务委员会的组织、架构及运作方式》行政法规草案。草案建议，青委会将增加法务局、保安协调办公室和高等教育辅助办公室等代表，委员增至最多 34 名，属下的 "青年全人发展策略" 专责小组成员人数由 5 人增至不多于 9 人，并增加 1 名秘书辅助行政工作。青年事务委员会是一个专门针对澳门青年事务的政府咨询机构，组建于回归前成立的青年委员会的基础之上，曾于 2002 年进行架构修改。

新闻局举办修订《出版法》和《视听广播法》首场传媒座谈会。共有 34 名来自 18 家传媒组织及机构的新闻从业员出席会议，与会者普遍认同两法沿用逾 20 年，有必要进行修改，但对于设立出版委员会及广播委员会存在较大分歧。政府 2010 年 3 月宣布启动上述两法的修订程序，为收集传媒及公众意见，已分别于 2010 年底及 2011 年进行了修订方向的文献研究及商议式民意调查。

22 日

行政长官崔世安会见诺贝尔经济学奖得主罗伯特·蒙代尔（Robert Mundell）。两人就促进澳门经济多元发展和高等教育发展交换意见。被誉为 "欧元之父" 的罗伯特·蒙代尔此次应澳门大学之邀，来澳门做 "欧债困境如何影响东亚及世界经济" 的演讲。

行政长官崔世安视察澳门大学新校区的建设进展。校区标志性建筑物的结构工程已平顶，整体建设正有序推进，预期年底基本竣工。2009 年 6 月 27 日第十一届全国人大常委会第九次会议审议通过《全国人大常委会关于授权澳门特别行政区对设在横琴岛的澳门大学新校区实施管辖的决定》。同年 12 月 20 日，国家主席胡锦涛主持了横琴岛澳门大学新校区奠基仪式。

23 日

行政长官崔世安探访两家社会服务中心。在探访澳门街坊会联合总会绿杨长者日间中心及澳门弱智人士服务协会启智中心后，崔世安与社会工作委员会及长者事务委员会成员会面，了解澳门目前弱势社群所面对的困难，重点听取委员们对弱势社群扶助服务的意见，并表示将在不影响本地工人就业的前提下，研究引入外地长者服务专业人士的可行性。

24 日

行政长官崔世安与访澳的莫桑比克政府代表团会面。双方讨论了如何加强两地交流合作，更好发挥澳门作为中国与葡语国家商贸合作服务平台的作用。代表团以财政部长曼努埃尔·郑为团长，在内地完成由商务部举办的 "莫桑比克经济发展部级官员研讨班" 后转抵澳门访问。

澳门首批及第二批大专学生学习用品津贴即日开始转账。高等教育办公室已收到 2 万多个学生登记，将逐批以银行转账方式每人发放 2000 元津贴。行政长官崔世安于 2012 年施政报告中表示设立 "大专学生学习用品津贴"，凡 2011/2012 学年在澳门及外地就读博士、硕士、学士、高等专科及副学士学位或不少于两个学年的文凭课程，并持有有效澳门居民身份证的学生都是该计划的受惠对象。

25日

社会工作局收到 9700 个残疾津贴申请。其中，已发放的有 3000 多个，津贴将在每批评核完成后的下一个月发放。根据第 9/2011 号《残疾津贴及免费卫生护理服务的制度》及第 251/2011 号行政长官批示，社会工作局每年一次向符合资格的澳门永久性居民发放残疾津贴，分为普通残疾津贴（每年 6000元）及特别残疾津贴（每年 12000 元）。

法务局与多个青年团体合办"政制发展齐参与——澳门青年与政制发展交流会"。与会者就澳门政治体制、政制发展、青年参政等问题展开讨论。澳门大学法学院教授骆伟建及澳门科技大学法学院客座教授赵向阳主讲，近 200 名青年出席。

26日

珠海市委书记李嘉率团首次访澳。他在澳门珠海社团联合总会欢迎宴会上表示，未来珠海的发展具有环境、政策及资源优势，欢迎澳门商企积极参与珠海科技发展与合作。出席晚宴的澳门嘉宾包括中联办协调部部长许爽、副部长张深居、副处长级助理夏涛，澳门珠海社团联合总会的负责人周锦辉、邱秋雄、刘艺良、罗掌权、梁伟民、邝达财、裴洪有等。

社会文化司司长张裕率团出席川澳协调机制第六次会议。双方就 3400 万元援建剩余资金的使用问题达成共识。2008 年四川省"五一二"汶川大地震后，澳门援助灾后重建项目共计 105 个，援助总额约 46亿人民币。其中，政府援助的项目有 102 个，截至 2012 年 1 月底已完工 87 个；澳门基金会援助的项目有 3 个，已完成援助资金投资的 74.4%。

27日

统计暨普查局资料显示，2011 年 12 月 31 日澳门人口估计为 557400 人，较 2010 年终经修订后的540600 人增加 16800 人，增幅为 3.1%。年龄结构方面，15 岁至 64 岁的成年人口占 80.8%，较 2010 年增加 0.6 个百分点；0 至 14 岁的少年儿童人口占 11.8%，而 65 岁及以上的老年人口占 7.3%，按年分别减少 0.6 及 0.1 个百分点。在性别分布方面，女性人口占 51.9%。2011 年第四季有 1752 名新生婴儿，而死亡个案有 448 宗。2011 年全年新生婴儿共 5852 名，按年增加 14.4%；男女婴儿性别比为 109.7：100，即每 100 名新生女婴对应 109.7 名男婴。全年死亡人数共 1845 名，较 2010 年增加 4.0%；首三位的死因分别是肿瘤、循环系统疾病及呼吸系统疾病。2011 年第四季录得 720 宗必须申报疾病；全年共有 4647宗，按年增加 1.7%；主要为流行性感冒（1556 宗）、肠病毒感染（1184 宗）及肺结核（339 宗）。2011年第四季有 1046 宗结婚登记；全年合计共 3545 宗，按年上升 14.2%。男性的初婚年龄中位数为 28.2岁，女性为 26.5 岁。2011 年第四季持单程证的内地移民有 888 人，被遣返的非法移民有 267 人。2011年内地移民合计共 6222 人，被遣返的有 266 人，按年分别下跌 31.3% 及 2.8%。2011 年终的外地雇员共 94028 人，按年增加 18215 人；年内获准居留人士共 2812 人，按年减少 1643 人。2011 年终住户总数共 172600 户，较 2010 年终经修订后的 159700 户增加 1.7%。

28日

调查显示澳门广播电视股份有限公司的新闻及体育节目和社会时事及信息性节目最受欢迎。从 2011年开始，该公司对澳广视的电视及电台节目进行收视及收听率调查，首次调查于 2011 年第三季度展开，第二次于 2012 年 1 月完成，相关数据将作为提升节目制作及服务素质的参考依据。

台湾观光协会主办"澳门非永久居留人士赴台签证观光优惠发布会"。由翌日起至 6 月 29 日，澳门非永久性居民、外地劳工及学生可免费申请入台证件赴台自由行，还可获台湾观光局赠送台北至高雄的捷运车票一张。长荣航空、澳门航空及复兴航空是本次发布会的合办单位。

29 日

澳门政制发展完成"第二部曲"。第十一届全国人大常委会第二十五次会议通过《全国人民代表大会常务委员会关于门特别行政区 2013 年立法会产生办法和 2014 年行政长官产生办法有关问题的决定》。根据该决定，《澳门基本法》附件一第 1 条关于行政长官由一个具有广泛代表性的选举委员会选举产生的规定维持不变，附件二第 1 条关于第三届及以后各届立法会由直接选举的议员、间接选举的议员和委任的议员三部分组成的规定维持不变。在不违反上诉原则的前提下，澳门可对 2013 年立法会产生办法和 2014 年行政长官产生办法做出适当修改。

澳门博彩股份有限公司公布 2011 年博彩收益。截至 2011 年 12 月 31 日，其控股公司澳门博彩控股有限公司 2011 年博彩收益达 755 亿港元，现金及银行结余共 207 亿港元。在澳门博彩市场的占有率为 29%，继续高居首位。

《非高等教育私立学校教学人员制度框架》法案获立法会通过。该法案规定了私立学校教学人员的工作类型、职级、考评、工作量、退休保障及相应的权利和义务。私立学校占澳门非高等教育学校的绝大多数，为广大私校教师订定职程是一个广受关注的问题。在第 9/2006 号法律《非高等教育制度纲要法》公布后，政府便开始研究和起草该法案。

旅游局赴葡萄牙拓远程市场。葡萄牙旅游展于 2 月 29 日至 3 月 4 日在里斯本举行，旅游局设置 50 平方米展位，向远程市场推广融合中西文化的澳门旅游特色，还邀请澳门书法家等现场展示中国的独有文化，加强推广效应。旅游局携澳门旅游业界及中山市旅游局共同参展。葡萄牙旅游展始于 1989 年，澳门旅游局每届均参展。

3月

1 日

特区政府和中联办合办"澳门社会各界人士座谈会"。全国人大常委会副秘书长乔晓阳、全国人大常委会法制工作委员会副主任李飞、国务院港澳事务办公室副主任张晓明在会上讲话，阐述 2 月底全国人大常委会做出的《全国人民代表大会常务委员会关于澳门特别行政区 2013 年立法会产生办法和 2014 年行政长官产生办法有关问题的决定》，并听取与会者对澳门政制发展的看法。全国政协副主席何厚铧、行政长官崔世安、中联办主任白志健出席，行政法务司司长陈丽敏主持座谈会。活动共有近 200 名包括行政会委员、立法议员、澳区全国人大代表、澳区全国政协委员、政府官员等各界人士参加。

第 1/2012 号行政法规《进口新汽车应遵守的尾气排放标准的规定》生效。根据规定，进口澳门的新汽车及新发动机须符合中国内地、欧盟、美国及日本其中一个国家的尾气排放标准，进口澳门的新汽车须装设车载自我诊断系统，该系统的构造亦应符合上述其中一个国家的相关规定。该法规的目的，是从源头入手，避免高污染车辆进入澳门及行驶，进一步改善空气质量。

"永利澳门"公布 2011 年度业绩。娱乐场收益同比增 31.5% 至 35.65 亿美元；贵宾收益虽受惠营业额增 34.9%，但又被较低的赢额百分比抵消，故同比增 28.9%。赢额占营业额百分比为 2.93%，处于预期的 2.7% 至 3% 范围内。同时，永利澳门接纳政府提出的路氹城约 51 英亩土地草拟批给合约条款及条件，将于土地上兴建一间包括娱乐场、酒店、会议室、零售、娱乐及餐饮服务的大型综合度假村。

2日

经济局公布扶助中小企业措施的实施情况。经济局自 2003 年推出相关计划以来，共接获申请 6509 宗，批出 5770 宗。其中，"中小企业援助计划"接获 6186 宗申请，5470 宗获得批准，涉及援助金额 12.36 亿元。"中小企业信用保证计划"接获 255 宗申请，批出 246 宗，总信贷保证金额 4.01 亿元。"中小企业专项信用保证计划"接获 68 宗申请，54 宗获得政府提供 100% 信用保证，涉及信贷保证金额 4373.7 万元。

统计暨普查局公布 2011 年澳门会议及展览数据。据统计，2011 年澳门共举办 1045 项会议及展览。总数虽按年减少 354 项，但入场人数增加 59% 至 127.8 万余人次。统计暨普查局 2011 年共收集 45 家展览主办机构资料，展览总收入 6868 万元，摊位租金收益占 62%，总支出为 1.8 亿元，展场制作及布置费占 21%，宣传及公关费用占 17%。

"金沙中国"公布 2011 年度业绩。2011 年纯利 11.3 亿美元，按年升 70%。收益净额 48.8 亿美元，按年增 17.8%，其中娱乐场收益净额 42.3 亿美元，购物中心收益净额 1.87 亿美元，客房收益净额 1.8 亿美元，餐饮收益净额 8190 万美元，会议、渡轮、零售及其他收益净额 1.93 亿美元。

3日

旅游局在第二十届广州国际旅游展览会获颁"最佳支持单位奖"。为期 3 天的展会共吸引 36 个国家和地区近 700 家展商参展。旅游局组织 21 家澳门旅游企业参展并开设澳门馆，着力推介澳门娱乐休闲、酒店设施、历史文化、各类盛事等四方面内容。

4日

行政长官崔世安赴京参加第十一届全国人民代表大会第五次会议开幕式。在京期间与广东省高层会晤，回顾自 2011 年签署《粤澳合作框架协议》以来所展开的一系列工作，共商 2012 年粤澳双方需要加快的各项工作，包括珠海横琴、广州南沙合作发展项目。

国家副主席习近平在北京饭店会见港澳地区全国政协委员。他向委员提出三点要求：要准确把握当前国内外经济形势，不断提高香港和澳门的国际竞争力；深化内地与港澳的互利合作，实现优势互补、共同发展；积极推动社会各方面顾全大局、理性沟通，维护港澳社会和谐稳定。

5日

行政长官崔世安与广东省省委书记汪洋及省长朱小丹在首都大酒店会晤。双方主要就进一步落实 2011 年 3 月 6 日签署的《粤澳合作框架协议》交换意见。参加会晤的澳方代表包括经济财政司司长谭伯源、运输工务司司长刘仕尧、行政会秘书长兼行政长官办公室顾问柯岚、新闻局局长陈致平、澳门驻北京办事处主任康伟等。

多名澳区全国政协委员联名提交口岸通关提案。钟小健、欧安利、黄如楷、吴立胜等委员建议国家有关部门会同特别行政区政府，尽快着手研究并推动在珠海及澳门口岸实行出入境旅客"单边验放"通关政策。"单边验放"是指珠海和澳门双方对出入境人员、客运车辆的通行只验出不验进，一方的出境检查同时也是另一方的入境检查。

个人资料保护办公室公布 2011 年度立案数据。2011 年共有调查个案 86 宗。立案原因方面，38 宗为投诉，26 宗为举报，14 宗为转介，8 宗是个资办主动介入。立案性质方面以"不符合数据处理原则"最多，共 46 宗。

行政长官崔世安访问清华大学。澳门回归后，清华大学先后派出 50 多位专家学者，到澳门大学及澳门科技大学任教或参与研究。特区政府部分出资，支持 2012 年 1 月成立的清华大学港澳研究中心的发展。目前在清华大学就读的澳门学生有 51 名。

7 日

行政长官崔世安委任新一届特别行政区政府经济发展委员会。该委员会根据第 1/2007 号行政法规设立，是政府制定经济发展策略、经济政策及人力资源政策的咨询机关，由行政长官任主席、经济财政司司长任副主席，成员包括经济利益团体代表、专业人士及公共机关部门代表，具体名单为：中华总商会代表黄国胜及候补代表何富强，澳门工会联合总会代表黄桂玲及候补代表李治洪，以及山度士（Filipe Santos）、王孝仁、江锐辉、何鸿燊、何万昌、何海明、吴福、吴立胜、余荣让、周锦辉、马有恒、高开贤、徐伟坤、陈乃九、陈守信、陈志杰、陈健文、崔煜林、张立群、区宗杰、梁金泉、梁炳照、许文帛、许开程、冯志强、冯家超、黄志成、温泉、叶一新、杨允中、杨俊文、杨道匡、刘雅防、刘艺良、潘汉荣、褟永明、卢德华、颜延龄、关锋、苏树辉。上届成员刘本立、李雁玲不再连任，其他成员续任。

8 日

国家副主席习近平在人民大会堂澳门厅与澳区全国人大代表共同审议政府工作报告。会上，习近平对澳区人大代表提出三点要求：认清内外形势迎接未来挑战；关注博彩业一业独大挤压其他行业发展以及各种外围因素对澳门的危机；要求人大代表支持特别行政区政府做好政制发展工作及重视青年人才培训。

行政长官崔世安拜访外交部长杨洁篪。杨洁篪肯定澳门社会与经济发展取得的成果，表示将继续协助澳门参与区域和国际有关的经济论坛工作。崔世安感谢外交部多年来积极协助澳门对外交往及拓展国际空间。出席会面的包括行政长官办公室主任谭俊荣、行政会秘书长兼行政长官办公室顾问柯岚、澳门驻北京办事处主任康伟、外交部港澳台司司长詹永新和副司长王冬等。

10 日

政府公布《政制发展咨询文件》。本日起至 4 月 23 日，政府就修改 2013 年立法会产生办法、2014 年行政长官产生办法及本地选举法相关规定，展开为期 45 天的第二轮公开咨询，其间将举行 10 场咨询会，其中包括 3 场公众专场咨询。根据咨询文件，立法会将增加直选和间选议员各两名，行政长官选举委员会人数增加 100 人，同时提出间选制度多项改革建议。此轮咨询是为完成政制发展"第三部曲"，即政府通过社会咨询后，向立法会提出行政长官和立法会产生办法修正草案而做准备。

11 日

治安警察局开放关闸特警总部予公众参观。现场展示警队装备，安排警队和警察银乐队进行表演，并向 13 名协助警方打击罪案的市民颁授证书，表扬其崇高的公民意识。约有 3000 名市民入场参观。此次开放日是治安警察局庆祝成立 321 周年的活动之一。

土地工务运输局公布澳门酒店项目情况。截至 2011 年底，澳门兴建中酒店项目 12 个，审批中酒店项目 22 个，共提供逾 2.5 万间酒店客房和近 1.3 万个私家车及摩托车停车位。

12 日

8 位澳区全国人大代表就口岸扩建与通关安排提出联署建议。刘艺良、陆波、崔世平、招银英、梁维特、高开贤、李沛霖、梁玉华等 8 位全国人大代表联署建议，认为国家及广东省政府应加大资金扶持力度以推进拱北口岸改扩建工程，并且尽快研究在拱北口岸改扩建工程竣工后，适当延长通关时间，开关时间提前 1 小时至早晨 6 点，闭关时间推后 1 小时至凌晨 1 点。

科学技术发展基金公布项目资助情况。2011 年，共有 94 个项目申请科研资助，其中 57 项获批，金额约 5319 万元，批准率达 67.86%。其中，资助最多、金额最高的类别是"计算机及信息科技"，共 23

项 2160 万元。项目单位方面，澳门科技大学共获 15 个项目约 2008 万元资助额，澳门大学 13 项约 2021 万元，澳门理工学院 4 项约 350 万元。

13 日

2011 年治安警察局接报刑事案件总数为 10813 宗。因现行罪或立即调查后送检察院处理的案件共 2641 宗，完成侦查卷宗共 4471 宗，移送检察院处理的嫌犯共 4700 多人。

14 日

行政会完成讨论《调整公共行政工作人员的薪俸、退休金及抚恤金》法案。依据法案，公务员每一薪俸点增加 4 元至 66 元，升幅 6.45%，预计政府需增加 7 亿元的财务开支。行政长官、立法议员、司法官员等薪酬亦相应调升。法案将于公布后翌月首日起生效，但打破以往调整公务员薪酬的惯例，不会追溯至本年 1 月 1 日。行政会发言人梁庆庭指出，2011 年全年通货膨胀率为 5.81%，调整薪酬可在一定程度上保障公共行政工作人员的实质收入。

全国人大表决通过澳门特别行政区选举第十二届全国人民大会代表的办法草案。依据草案，将于 2013 年 1 月选出的澳区代表人数及选举办法维持不变，即 12 名澳区全国人大代表由澳门第十二届全国人大代表选举会议选举产生，选举会议则由参加过澳门特别行政区第十一届全国人大代表选举会议的人员，以及不是上述人员的澳门特别行政区居民中的第十一届全国政协委员、澳门特别行政区第三任行政长官选举委员会委员中的中国公民和澳门特别行政区第四届立法会议员中的中国公民组成。

15 日

银河娱乐集团公布 2011 年业绩。集团收益较 2010 年增至 410 亿港元，全年经调整 EBITDA 同比增 158% 至 57 亿港元，其中开幕七个半月的澳门银河收益及经调整 EBITDA 分别达 160 亿港元及 26 亿港元。EBITDA 指未计算利息、税项、折旧及摊销前的利润，常被用以计算公司经营业绩。

政府举行第二轮改制发展咨询的首场咨询会。对象为公务员团体、法律团体和行政法务范畴的咨询委员会委员。与会者普遍认同立法会直选和间选等额增加 2 个议席，行政长官选举委员会委员人数增加 100 人。但亦有意见希望增加 4 个直选议席，减少 4 个委任议席，间选议席则维持不变。

16 日

统计暨普查局公布 2011 年澳门经济综合数据。2011 年，澳门本地生产总值 2921 亿元，实质增长率为 20.7%；人均本地生产总值 531723 元。经济增长的主要动力来自服务出口升幅理想以及内部需求扩大；其中，博彩服务出口增加 34.6%，旅客总消费上升 7.2%。内部需求方面，就业人数及工作收入上升，带动私人消费支出增加 10.2%。

第十五届粤澳警务工作会晤在珠海举行。保安司司长张国华率团出席，与广东省警方着重商讨了携手打击跨境犯罪以及共同完善边境口岸管理等议题。首届粤澳警务工作会晤召开于 2000 年 6 月 28 日。

17 日

内地与澳门警方联手捣破一个跨境贩卖人口集团。拘捕包括主犯在内共 30 人，救出 41 名被拐卖女子。调查发现，集团主要在内地物色女子，以旅游及介绍工作为由，诱骗女子偷渡来澳，用暴力手段强迫卖淫。

19 日   政府公报刊登第 2/2012 号法律《公共地方录像监视法律制度》。法律指明，使用录像监视系统的目的，只限于确保社会治安及公共秩序，尤其是预防犯罪及辅助刑事调查。按照计划，政府将分三阶段在出入境口岸、马路交汇处及治安黑点共安装 400 个录像监视器。该法律将于 4 月 19 日起生效。

22 日   行政会完成讨论《保留土地供中国人民解放军驻澳门部队使用》行政法规草案。根据草案，将预留位于解放军驻澳部队冰仔军营侧一幅面积 18800 多平方米的土地，无偿提供给驻澳部队做军事用途。行政会表示，该地段上现有民生及康体设施将搬迁至其他地点。根据《中华人民共和国澳门特别行政区驻军法》第十三条规定，"澳门驻军的军事用地由澳门特别行政区政府无偿提供"。目前解放军驻澳部队的冰仔军营，包括兵营斜巷的旧建筑物所在地段，总面积为 42187 平方米，是根据第 41/2000 号行政法规和第 22/2004 号行政法规设定为保留土地，无偿提供给驻澳部队做军事用途，现新增的 18800 多平方米地段将并入之前的地段，可使驻澳部队冰仔军营总面积达到 61045 平方米。

  政府今日起至 4 月 12 日接受新增出租车牌的标书递交。政府新增 200 个 8 年期出租车牌，底价 20 万元，价高者得，牌照不得续期，不可转让。执照持有人须使用符合欧盟四期或更严谨排放标准的车辆。新出租车牌将在 6 月至 11 月期间分四批发放。澳门特别行政区政府成立后，曾于 2005 年和 2007 年分别增发 30 个和 200 个具年限牌照。

  行政会完成讨论《修改〈中小企业援助计划〉制度》行政法规草案。根据草案，政府决定把援助中小企业贷款上限由 50 万提升至 60 万。该计划自 2003 年推出以来，超过 5300 宗申请获批准，金额达 12.3 亿多元，当中 136 宗约 2500 万涉及不良贷款，由财政局进行强制征收程序。

23 日   行政长官崔世安率 400 人代表团参加"活力澳门推广周·安徽合肥"开幕式。活动一连三日在安徽国际会展中心举行，旨在推介澳门营商和旅游环境，展示澳门品牌的产品和服务。本次活动是活力澳门推广周的第九站，由澳门会展业协会、安徽省贸促局、合肥市政府联合举办。展场面积约 8500 平方米，标准展位 300 多个，参展商超过 140 家。皖澳双方企业进行多项签约仪式，就打造文化旅游项目、网络动画设计、酒店建设等方面达成合作，总投资金额超 20 亿人民币。行政长官崔世安及安徽省省委书记张宝顺等见证签约。

24 日   治安警察局公布 1 月澳门交通数据。整体交通违规比 2011 年同期有所下降，其中不遵守交通规则的减少六成五，闯红灯者减少 50%，罚款总金额 865 万多元，交通意外总数 1300 多宗，同比增长超过 5%。

  黄就顺先生向澳门历史档案馆无偿捐出 300 多件珍贵档案。黄就顺是土生土长的澳门人，也是资深中学教师，长期从事地理教学，教书育人六十载。此次捐出档案涵盖照片、证书、聘书、奖状、手稿、信函、出版物等，丰富了该馆的历史文化内涵。历史档案馆于 1952 年成立，1979 年正式运作，当时馆址位于现在的何东图书馆，1982 年迁至塔石广场。

26 日   第六场政制发展咨询会在澳门文化中心举行。这也是第二轮政制发展咨询期间第二场以公众为对象的咨询会，由行政公职局局长朱伟干主持，法律改革及国际法事务局局长朱琳琳介绍《政制发展咨询文件》的主要内容，行政长官崔世安、行政法务司司长陈丽敏出席会议。共有 493 名已预先报名的市民出席，其中 24 人发言，发言的市民较多认同立法会直选及间选议席各增 2 席，亦有意见提出增加 3 席直选、减少 3 席委任；认同行政长官选举委员会人数增至 400 人，但对新增选委数量的分配有不同看法。

政府颁布《保留土地供中国人民解放军驻澳门部队使用》行政法规。根据法规，将氹仔军营东侧 18858 平方米土地划为军事用地，用以建设驻军训练设施、官兵工作生活用房、装备库房等，为驻军更好履行澳门防务职责提供必要保障。中国人民解放军驻澳门部队于 1999 年 12 月 20 日进驻澳门。

27 日

立法会第二常设委员会与运输工务司长刘仕尧首次开会讨论《旧区重整法律制度》法案。双方在法案多个原则问题上未能达成共识，其中有关启动重建项目的主导权问题，议员提出由政府负责收楼和兴建，但政府认为由于涉及行政效率和公帑运用问题，不会直接参与重建项目。

国家开发银行与经济财政司共同主办中葡合作发展基金推介会。该基金总规模 10 亿美元，首期规模 2 亿美元，澳门将注资 5000 万美元。商务部副部长姜增伟、中联办副主任高燕、外交部驻澳公署特派员胡正跃、经济财政司司长谭伯源、国家开发银行副行长郑之杰、中葡论坛成员国国家大使、葡语国家和澳门金融界与工商界代表等 150 余人出席推介会。中葡基金是温家宝总理在 2010 年 11 月 13 日召开的"中国—葡语国家经贸合作论坛第三届部长级会议"上对外宣布的重要举措之一，旨在支持中国内地和澳门企业赴葡语国家发展和葡语国家企业在中国的投资发展。

统计暨普查局公布新一期就业调查。2011 年 12 月至 2012 年 2 月，失业率 2.1%，就业不足率 0.8%。劳动人口 34.6 万人，就业人口 33.9 万人，劳动力参与率 73.2%，失业人口 7100 人，寻找第一份工作的新增劳动力占总失业人口的 11.9%。按行业分析，零售业、酒店业及博彩业的就业人数有所增加。

28 日

新闻局举行修订《出版法》和《视听广播法》简报会。就上述两法的修订问题，新闻局早前分别与 6 个媒体组织和 30 家媒体机构的代表进行了 23 场会晤，并举办了两场媒体公开座谈会，收到 6 份由新闻工作者提出的书面意见。根据初步意见整理，业界普遍认为有需要对两法进行检讨和修订，强调修法原则应是维持以至扩大现有的新闻自由，同时确保采访权利得到尊重和保障。会议由新闻局局长陈致平及研究机构"易研方案"总监张荣显共同主持。

第七场政制发展咨询会在澳门旅游活动中心举行。对象为工商金融界、劳工界等社团代表，以及经济财政范畴的咨询委员会委员，共 112 人出席，19 人发言。发言者普遍支持政府推出的政制发展咨询文件方案，即立法会直选、间选议席各增加 2 席及行政长官选举委员会由 300 人增至 400 人。

29 日

第八场政制发展咨询会在澳门旅游活动中心举行。对象为社会服务、文化、教育、体育等社团代表，以及社会文化范畴的咨询委员会委员，共 178 人出席，20 人发言。发言者多认为政府提出的立法会直选、间选议席各增加 2 席、行政长官选委会由 300 人增至 400 人的方案，较符合澳门实际情况。但也有少数意见认为，应在不违反基本法前提下，最终达至一人一票普选行政长官，以及立法会绝大多数议席由直选产生。

立法会一般性表决及通过《调整公共行政工作人员的薪俸，退休金及抚恤金》法案。法案建议，调整公共行政工作人员的薪俸、退休金及抚恤金水平，由目前每一点澳门币 62 元上调至 66 元，升幅为 6.45%，但加薪方案未设追溯期，这是回归后公务员加薪首次不设追溯期。根据第 9/2012 号行政长官批示，"公务人员薪酬评议会"于 2012 年 1 月 27 日设立，成员包括劳方、资方及政府三方的代表，从公务人员、市场、政府及社会等各方面因素考虑公务人员薪酬调整事宜。

"2012 年澳门国际环保合作发展论坛及展览"(MIECF)一连 3 天在威尼斯人酒店举行。活动以"绿色经济——增长新动力"为主题,倡议"关注环保、亲近自然、分享乐活"精神。首日共进行 285 场绿色商业配对及洽谈,促成 15 项签约项目,签约方主要来自澳门及内地,其他签约方还包括中国香港、荷兰及巴西等。MIECF 是由澳门特别行政区政府发起,旨在促进泛珠三角地区与国际市场间的环保商务、技术及信息的交流。MIECF 于 2008 年首次举办,2011 年起成为全球展览业协会的认证展会。

《澳门经济社会发展报告(2011~2012)》(澳门蓝皮书)发行。由澳门大学澳门研究中心、澳门基金会联合主办,社会科学文献出版社出版的《澳门经济社会发展报告(2011~2012)》(澳门蓝皮书)发行仪式在澳门大学图书馆举行。中联办文化教育部部长助理李正桥、外交部驻澳公署公共外交和新闻部副部长任育红、政策研究室主任刘本立、澳门基金会行政委员会主席吴志良、澳门大学校长赵伟、澳门理工学院一国两制研究中心主任杨允中、社会科学文献出版社社长谢寿光、澳门大学澳门研究中心代主任郝雨凡等出席并共同主持了新书发行剪彩仪式。该报告以澳门的人文底蕴与文化建设为主线,详细系统地介绍了 2011 年澳门经济、社会、政治、文化、法制、民生等各个方面的发展情况,同时对特区政府施政与民生建设、中西文化交流、新闻媒体等热点问题进行了深度分析。

30 日

澳门博彩控股有限公司("澳博")公布 2011 年业绩。全年收入 778 亿澳门元,按年增长 32%,纯利 59 亿元,按年增长 42%,向政府缴交近 300 亿元税款。根据 2002 年 3 月与政府签订的批给合同,澳博成为六家被授权经营娱乐场幸运博彩及其他方式博彩业务的公司之一。

澳门赛马会召开股东会议。赛马会执行董事兼行政总裁李柱坤表示,赛马会仍处于亏损状态,2011 年投注额下跌至 21 亿元,亏损 1700 万元,但不会考虑裁员。赛马会于 1989 年成立,在澳门举办赛马运动并接受投注,是澳门现在最大的私营机构之一,其前身为澳门赛马车会。

统计暨普查局公布 2011 年旅客总消费及相关数据。资料显示,2011 年旅客总消费(不包括博彩消费)达 453 亿元,较 2010 年的 379 亿元大幅上升 20%。其中,非购物消费为 229 亿元,较 2010 年的 186 亿元上升 23%,而购物消费增加 16% 至 224 亿元。2011 年旅客人均消费为 1619 元,较 2010 年增加 7%。按原居地统计,内地旅客的人均消费为 2048 元、日本旅客为 1360 元、大洋洲旅客为 1348 元、东南亚旅客为 1288 元。留宿及不过夜旅客人均消费分别为 2777 元及 626 元,按年上升 10% 及 6%。旅客的人均非购物消费为 817 元,按年上升 10%;主要是住宿和饮食消费,分别占 47% 及 36%。日本旅客的人均非购物消费最高,达 1213 元;而留宿的中国台湾旅客人均非购物消费为 2078 元。旅客的人均购物消费为 801 元,较 2010 年上升 4%,主要购买手信食品(24%)、珠宝手表(19%)及成衣(19%)。留宿及不过夜内地旅客的人均购物消费分别为 1923 元及 670 元。2011 年全年入境旅客达 28002279 人次,按年上升 12%;其中随团来澳旅客(7307438 人次)占旅客总数 26%,按年上升 27%。入境旅客主要来自中国内地(16162747 人次)、中国香港(7582923 人次)、中国台湾(1215162 人次)、韩国(398807 人次)及日本(396023 人次);而美洲及欧洲旅客分别有 310608 人次及 251748 人次。截至 2011 年底营运的酒店及公寓共 95 家,可供应客房共 22356 间,按年上升 11%。总体平均入住率为 84.1%,较 2010 年上升 4.3 个百分点;其中酒店的平均入住率为 84.8%。与此同时,住客总数有 8612127 人次,增幅为 11%;平均留宿时间为 1.5 晚,按年微降 0.01 晚。

31日

科技部部长万钢率团来澳出席"2012年澳门国际环保合作发展论坛及展览"。其间参观了与环境保护局合作、共同委托清华大学进行的"澳门机动车排放污染综合控制示范"和"澳门电子废物管理与污染控制示范"两个研究项目的成果。上述项目是国家高技术研究发展计划（863计划）之一，旨在推动澳门的环保和相关产业领域的科技发展及创新能力。

"2011年度澳门滥药青少年身体状况"调查结果公布。澳门基督教新生命团契——S. Y. 部落发布该项调查结果。调查共访问38人，其中男性20人，女性18人，年龄介于15至29岁。结果显示，15岁至17岁滥药人数占大多数，首次滥药的最低年龄只有11岁，女性滥药比例较2009年调查时上升近一成。

"中美绿色合作伙伴（湿地研究）"澳门论坛举行。中美两国专家学者就城市湿地的生态服务功能、滨海城市中湿地景观规划、滨海湿地碳循环等议题展开交流，分享两国在推动湿地科研实例中的成功经验。论坛由澳门生态学会与中美绿色合作伙伴（湿地研究）中国办公室合办，相关研究将为澳门新城区生态环境规划和湿地建设、路氹生态保护工作提供参考。

4月

1日

政府即日收紧自携烟草入境限制。根据第45/2012号行政长官批示，《对外贸易法》附件一的更新内容今日生效。其中规定，含烟草的雪茄可携带数量为每人每日10支；含烟草的小雪茄为50支；含烟草的香烟为100支，即最多每人每日5包；其他加工的烟草及烟草代替品、"均化"或"再造"烟草、烟草提炼物及精华为100克。超额携带者可被罚款5000元至10万元不等，货物全部扣留。

2日

政府跨部门小组收回一幅路环岛黑沙村附近面积3800平方米的土地。土地工务运输局今年2月刊登告示，通知占用人需在限期内腾空土地及拆卸土地上的僭建物，并将土地归还政府。但由于无人主动联络，该局随之采取收地行动。路环岛黑沙村一带非法占用土地情况严重，政府跨部门小组早在2009年陆续展开收地行动，目前收回的土地达2.5万平方米，留待未来整体规划。

3日

行政长官崔世安率团参加"博鳌亚洲论坛2012年年会"。年会主题是"变革世界中的亚洲：迈向健康和可持续发展"，国务院副总理李克强在开幕式上发表主旨演讲。外交部驻澳特派员公署特派员胡正跃担任随团顾问，贸易投资促进局组织澳广企业家代表团赴会。

第九场政制发展咨询会在旅游活动中心举行。共51名工程、科技、设计等社团代表及运输工务范畴的咨询委员会委员出席会议，其中14名与会者发言。大多数人赞成2013年立法会直选和间选议席各增加2席，但亦有意见认为4席应全数增加到直选，间选及委任议席保持不变。

氹仔望德圣母湾大马路步行系统试运行。该系统斥资4500多万元，全长350米，连接路氹城区与氹仔旧区之间，可加强两区人流互动。该系统是澳门漫行交通的其中一个试点，政府计划在澳门半岛研究另一条步行系统。

拱北海关查获全国最大"水货"摄影器材走私案。行动查获价值逾4亿元的摄影器材，14人被刑事拘留，1人取保候审。证据显示，从2011年1月至2012年2月15日，该团伙共走私进境各类照相机

4 日

60204台、专业镜头13623个、闪光灯483个、摄像机1025台、投影仪348台。走私链涉及粤、港、澳三地，先在香港组织货源并发至澳门，后将货物由澳门运入内地，销售给广州、北京、杭州、上海等地客户。近年内地消费者对高端相机需求渐高，导致"水货"相机走私情况频发。

2011年下半年中小企新批信贷额为169亿元。其中，银行对"建筑及公共工程"的中小企业贷款占最大份额37.4%约126亿元，其次为"批发及零售贸易"和"制造工业"贷款，分别占19.8%及9.8%。

清明节各口岸进出境人次逾33万。清明节期间，通过关闸口岸出入境的人次超过24万，其中逾13万人次是澳门居民，多为返回内地扫墓祭祖。警方从后勤部门及其他警区抽调警员到口岸支持，确保口岸通关畅通。

5 日

贸易促进局率团参加在西安举行的第十六届中国东西部合作与投资贸易洽谈会（简称"西洽会"）。该局携4家澳企在会上设商汇馆，并组织20多位澳商前往考察。澳企在陕西的投资主要涉及天然气、酒店商场、房地产、旅游、物流等项目。创办于1997年的年度性西洽会，已从一般性的省际经济技术合作平台成长为东中西部合作互动长效机制的载体。

统计暨普查局公布2011年就业调查结果。根据调查，澳门有住户17.2万，每户平均人数为3.05人，平均就业人数为1.8人，每月工作收入中位数为1.9万元，按年升3000元。劳动人口共33.63万人，其中就业人口32.76万人，按年增1.28万人，收入中位数为1万元，每周实际工作时数平均中位数为46.3小时。

6 日

青年议政能力训练计划交流团赴新加坡考察。交流团先后拜访了新加坡全国青年理事会和南洋理工大学公共行政研究院，就青年参政、国情教育、青年领袖培养等问题进行交流。澳门青年联合会2008年首次开办此项计划，旨在培养澳门青年关心社会，并为澳门发展献言建策及储备人才。

"广州国际食品及酒店饮料餐饮设备供应服务展览会"澳门馆开幕。澳门馆总面积180平方米，其中包括18平方米的主题展和36平方米的洽谈区。贸促局与葡萄牙经贸投资促进局共同组织4家代理葡萄牙食品的澳门企业和9家海外葡萄牙酒类及食品供货商参展，进一步实践澳门作为中国与葡语国家合作的平台功能。

澳门科技大学辩论队荣获"第二届华语辩论锦标赛"冠军。赛事由南京审计学院主办，受邀的12支参赛队伍分别来自清华大学、浙江大学、复旦大学、武汉大学、西安交通大学、香港大学、安徽大学、南昌大学、澳门科技大学、新加坡国立大学、马来西亚国家能源大学和东道主南京审计学院。比赛分为小组赛、半决赛和决赛三个阶段，为期4天共16场比赛。

8 日

统计暨普查局公布过去三年住户收入情况。数据显示，2009年至2011年，住户月收入中位数由15800元跃升至19000元，增速高于个人收入中位数；处于低收入的住户数量明显减少，收入不足4000元的住户由24800户减少到22900户，介乎4000元至5999元、6000元至7999元的住户均由15000户跌至12200户。

机场专营公司与澳门航空公布2011年业绩。机场专营公司2011年总收入达6.59亿元，较2010年增长13%，扣除利息及折旧前利润为2.42亿元。澳门国际机场整体收入首次突破30亿元，赢利2.5亿元，弥补历年亏损后累计盈余1600万元。

9日

台湾中国文化大学成立全台首家"澳门研究中心"。中心主任由台湾学者邵宗海教授担任，致力于将中心打造成为台湾地区的澳门研究重镇。中心的成立得到台湾"行政院"大陆委员会以及澳门基金会、澳门特区文化局等机构的支持。

粤港澳共同发展游艇自由行项目。港务局局长黄穗文表示，外地游艇申请进入澳门的手续便捷，只需提交申请表格予该局审批即可，澳门已具备游艇自由行持续发展的条件。近年来，澳门与广东省不断推进多项合作，包括游艇自由行、南沙邮轮母港等项目，希望通过区域合作增加澳门作为世界旅游休闲中心的元素。

10日

澳门中华总商会拜访劳工事务局和人力资源办公室。中总理事长高开贤一行12人，向两局反映澳门中小企业人力资源不足问题，提出适当输入外地雇员的建议，并就《聘用外地雇员法》等问题与两局交换意见。

11日

总投资达50亿美元的金沙城中心揭幕。中心共有3幢建筑，此次开幕的是其中一幢综合大楼，内设酒店、娱乐场及多元化的餐饮服务、购物商场等。金沙城中心是金沙中国有限公司在澳门继金沙娱乐场、威尼斯人度假村酒店、四季酒店后又一综合度假项目。行政长官崔世安、拉斯维加斯金沙集团主席及行政总裁萧登·艾德森伉俪、中联办副主任李本铨、外交部驻澳特派员公署办公室主任刘建波等出席开幕式。

财政局公布首季度公共财政收入。得益于博彩税收增加，首季度公共财政收入达296亿元，按年增幅21.5%，政府公共财政开支按年减少14.1%至61亿元，财政盈余按年增幅36.2%至235亿元。

轻轨车厂上盖建造工程开标，有16家公司竞投。所有标书都获接纳，造价由4.84亿元至6.98亿元不等，最长施工期约34个月，预料工程可提供200个本地就业机会。轻轨车厂地段占地面积约13万平方米，是整个轻轨系统的心脏地带。

12日

行政长官崔世安率团出席"广东澳门周——广州"开幕式。位于正佳广场的澳门旅游文化展示区设置了世界遗产"澳门历史城区"景点展示、美食推广、澳门旅游业界展示区、旅游询问处、澳门格兰披治大赛车展区及旅游文化活动中心展区六大板块，向广州市民展现澳门丰富多样的旅游产品。活动随后在广东省江门市举行。

广东省公布《珠三角规划纲要》2012年工作计划。计划中与澳门直接相关的内容包括，广东将推动粤港澳联合开展世界级城市群总体规划框架和重要专项规划的编制工作，还将争取国家支持降低澳门金融机构在粤设立分支机构的准入门槛，以及探索粤港澳游艇便利通行等。

行政会完成讨论《2012年度现金分享计划》行政法规草案。根据草案，政府将于本月22日起向永久性居民和非永久性居民每人分别发放7000元及4200元，约54.2万永久性居民及7万多非永久性居民受惠，涉款共41.2亿元。

16名由卫生局聘请并派驻莲花口岸执行职务的医疗辅助队队员涉嫌犯罪。廉政公署调查发现，从2007年4月莲花口岸重新开放至2011年5月取消口岸体温检测措施期间，嫌犯涉嫌利用卫生局仅以签到记录来计算薪酬的漏洞，在当值期间未经上级许可而多次离境，并在签到记录上预先或后补签署。有关行为涉嫌触犯《刑法典》的伪造文件罪及诈骗罪，廉署将案件移送检察院。卫生局派驻莲花口岸的医疗辅助队，主要工作是为入境澳门人士探测体温及提供医疗咨询服务。

13 日

运输工务司司长刘仕尧率团拜访珠江水利委员会及广东省水利厅。双方就建设竹银水源工程纪念园的进展情况、新建第四条对澳供水管道的可行性研究及原水监测资料通报机制等项目进行了交流。同时，澳门自来水股份有限公司与珠海经济特区对澳供水公司签署了《珠海市对澳供水协作沟通协议》，旨在更有效落实供澳原水水质安全和信息沟通工作，保障澳门供水安全。

14 日

行政长官崔世安率团出席"广东澳门周——江门"开幕式。开幕式在江门市迎宾大道金汇世纪广场举行，崔世安及江门市委副书记兼市长庞国梅等出席主礼。一连 3 天的活动将展示澳门中西文化历史背景、节日盛事、旅游设施、文创产品及特色美食，使当地居民更立体地了解澳门。

机动车进口商会举办"符合澳门尾气排气排放标准的士"介绍会。现场共介绍五款来自欧洲、美国、日本符合政府的士竞投标准的汽车，售价介于 20 万至 30 万元。澳门过去没有规定的士环保要求，的士型号也较单一。今年 1 月，政府增发 200 个 8 年期出租车牌照，并在下半年投入使用。根据 3 月 1 日起生效的第 1/2012 号行政法规《进口新汽车应遵守的尾气排放标准的规定》，新一批即将投入使用的的士尾气排放标准须符合欧盟四期或以上。

15 日

第十场政制发展咨询会在澳门文化中心举行。这是第二轮政制发展咨询期间的最后一场咨询会，亦是第三场以公众为对象的咨询会。598 名居民出席，24 人先后发言。大部分人认同以循序渐进方式推动澳门民主和政制发展，并认为立法会直选与间选议席各增加 2 席、行政长官选举委员会增加 100 人的方案符合澳门情况。行政长官崔世安、行政法务司长陈丽敏、行政会委员以及政府主要官员出席会议。

澳门首次以商汇馆方式参加广交会。在第 111 届广交会上，澳门商汇馆集中展出 10 多家本土企业的电子、化工等产品。本届广交会是第十次设立进口展区，也是澳门第十次参展广交会进口展区。

16 日

首季度博彩毛收入创季度新高达 743 亿元。数据比去年同期增 27%，环比增 1%。其中，贵宾厅收入 526 亿元，占 7 成份额，但比上季 532 亿元微减；中场收入则同比增 35%，环比升 6%。

前运输工务司司长欧文龙贪渎案第三阶段审讯在终审法院开庭。欧文龙被控六项受贿作不法行为罪、三项清洗黑钱罪，主要涉及机场对面五幅土地及污水处理站设施工程合同，涉及贿款逾 2700 万元。第三阶段审理事项为 2005 年 6 月 27 日冰仔鸡颈马路及伟龙马路交界（即机场对面）地段土地获批，疑为欧文龙收取香港富商刘銮雄及罗杰承 2000 万元报酬后，刘、罗二人的公司最终成功获批该土地。另外，第三阶段还涉及跨境工业区的 A 地段工业大厦设计及建造承包工程。欧文龙案于 2008 年 1 月 30 日宣判，被裁定 57 项罪名成立，判处入狱服刑 27 年。2009 年 2 月 18 日，欧文龙案进入第二阶段，牵涉 23 个项目，被裁定 24 项罪名成立，与前一阶段合并处罚，被判服刑 28 年 6 个月。

17 日

行政会通过《承诺转让在建楼宇的法律制度》草案（俗称"楼花买卖制度法案"）。在澳门，楼花买卖是不动产交易的一种常见方式，但现行的不动产交易法律制度主要是针对现房买卖设置，对在建楼宇的预售许可及买卖合同内容、形式、登记等尚无明确法律规范。草案建议设立楼花预售许可制度及强制性登记制度，即发展商获政府发给预售许可后方可销售楼花，否则不仅销售合同无效，发展商亦会受到行政处罚，同时买家自购买或按揭楼花日起 30 天内须强制登记。

18 日

　　澳门基本法代表团展开为期6天的安徽省访问行程。代表团由行政法务司司长陈丽敏率领，将参加纪念澳门特别行政区基本法颁布19周年暨澳门回归12周年"历史的跨越"图片展开幕式，并考察李鸿章故居及滨湖新区，了解安徽省的历史文化及经济发展状况。

　　广东省暂停受理珠海购房类申办珠澳两地车牌业务。此举一方面是为珠海楼市降温，另一方面是配合内地楼市宏调措施。根据广东公安厅交通管理局发出的"关于暂停受理珠海购房类申办澳门直通内地小汽车牌证业务的公告"，本日起暂停受理以在珠海市购买商品房的方式，申办澳门直通内地小汽车牌证业务，对在本日前已受理的此类申请，将按照程序审批核发牌证。

　　澳门生活水平排名亚洲第7位。发展及人力资源分配方案供货商 ECA International 对全球400多个城市的生活水平进行研究，参考指标包括气候、医疗服务、房屋与相关设施、隔离程度、社交网络、休闲设备、基础建设、个人安全、政治气氛及空气质量等，旨在帮助各地人力资源部门制定驻外员工的薪金政策，补偿员工在外派城市适应新生活时遇到的困难。结果显示，澳门在亚洲理想城市中排名第7位，全球排名第63位。

19 日

　　港务局批出利用氹仔临时客运码头营运的3条新海上客运航线。获批航线分别是：信德中旅船务管理（澳门）有限公司申请往返深圳蛇口客运码头航线、粤通船务有限公司申请返珠海湾仔码头航线、远东水翼船务有限公司申请往返香港港澳码头航线。港务局短期内将批出营运准照，并规定由发出准照日起半年内须开航。

　　澳门大学工商管理学院公布《访澳旅客调查报告（2011年）》。调查发现，在受访的7300多名18岁或以上的旅客中，年均访澳次数是3.9次。近半旅客属首次来澳。76%的旅客满意访澳旅程，43.5%的旅客可能会推荐其他人来澳，48.2%的旅客明年绝对会再次访澳，48.8%旅客认为最吸引的地方是娱乐场，访澳游客之博彩预算中位数为5000元。

20 日

　　行政长官崔世安在礼宾府与河北省省委书记、省人大常委会主任张庆黎及代表团一行会面。双方就进一步加强两地交流与合作交换意见。河北省此行来澳是举办"河北省投资环境说明会暨旅游招商合作洽谈会"。参加会面的包括经济财政司司长谭伯源、行政长官办公室主任谭俊荣、行政会秘书长柯岚、行政长官办公室顾问高展鸿、经济财政司司长办公室顾问梁慧玲，以及河北省省委常委、副省长聂辰席、省委常委、省委秘书长景春华等。

　　政府与中联办合办形势报告会。中联办主任白志健与全国人大常委会副秘书长乔晓阳在会上分别做《新时期爱国爱澳力量的历史使命》《澳门特别行政区制度》的报告。400多位社会各界人士、政府主要官员、副局级以上官员和中联办有关官员出席报告会。

　　"当天多次往返旅客"专门通道在拱北、横琴、湾仔三个口岸开通。拱北海关强调，新措施主要规范当天多次进出境旅客通关管理问题，对其行李物品进行监管，以提高通关效率，规范口岸秩序。

22 日

　　交通局公布200个8年期的士执照竞投开标。在2172份投标书中，最高中标价110万元，最低中标价83万元。交通局将由6月至11月分4个阶段发出新车牌。本次竞投者的落标价与2007年民政总署发出150个8年期的士车牌竞投价相约，稍高数万元主要由于政府要求的车型较新，车辆维修成本较高。本次竞投后，澳门的士总数将增加至1180辆。

23日

立法会公布 2011 年财政结余 1160 多万元。2011 年，立法会总预算约 1.03 亿元，总开支约 9193 万元，结余 1110 万元拨入 2012 年度财政预算。

3 月份综合消费物价指数按年升 6.22%。升幅主要由外出用膳收费及蔬菜价格上升带动，而电费补贴及通信服务收费下降，抵销部分升幅。今年首季度综合消费物价平均指数较去年同季升 6.28%，专家预测上半年通胀仍徘徊在 6% 的高位。

24日

统计暨普查局公布 2011 年人口普查结果。澳门总人口 55.2 万人，比 10 年前增加 11.7 万人，平均年龄为 37.5 岁；扣除外地雇员及外地学生，本地人口为 48.5 万，平均年龄为 38.1 岁。年龄结构方面，15 岁至 64 岁的成年人口共 44.6 万，占总人口八成。区域分布方面，平均年龄较高的区域为中区、南西湾及主教山区等，老年人口比例超过 10%。人口密度方面，每平方公里 18478 人，其中黑沙环及祐汉区的人口密度最高，每平方公里近 15 万人。在 19 万个住宅单位中，9.4 万个住户拥有机动车，其中同时拥有私家车及电单车的住户占 31.5%

第三届"国际基础设施投资与建设高峰论坛"在威尼斯人度假村召开。论坛由南光（集团）有限公司承办，议题涉及能源基础设施、铁路与城市轨道交通、国际基础设施项目多元化融资等。逾 40 个国家和地区的超过 800 名政府、行业组织、企业及机构代表出席。

25日

政策研究室介绍人口政策的研究工作情况。政研室指出，当前澳门呈现五个主要人口特征：步入老龄化社会、劳动力总量不足、人口更替水平存在距离、整体人口数量受外部环境变化波动、劳动人口需提升素质。政研室力争年内展开人口政策框架的公众咨询，为人口政策凝聚社会共识。人口政策研究是第三届特区政府科学施政的一项重点工作。

六家博彩企业公布 2011 年业绩。澳门 2011 年博彩毛收入为 2678 亿元，其中澳博以 777.8 亿元稳占第一，银河以 429.3 亿元跃居第二，金沙中国以 418.8 亿元位居第三。赢利方面，金沙中国纯利 90.63 亿元位居第一，永利与澳博则以 61.02 亿元与 59 亿元位居第二、第三。

26日

行政长官崔世安出席立法会答问大会。24 名议员问及民生福利、政制发展、粤澳合作、教育医疗等问题。就多位议员关注的养老保障制度，崔世安表示政府将向社保基金拨款 40 亿元，预计未来两年再注资 100 亿元，保证基金稳健运作。目前社保基金的雇主、雇员供款比例为 2∶1，即每月雇主与雇员分别供款 30 元与 15 元，比例与金额均低，社保基金难以持续发展。

27日

统计暨普查局公布 1 月至 3 月失业率为 2%。数据创历史新低，较上一期（2011 年 12 月至 2012 年 2 月）跌 0.1%。就业不足率维持在 0.8%。就业人口每月工作收入中位数为 1.1 万元，本地就业居民则为 1.3 万元，按季分别升 700 元及 1000 元。

28日

治安警察局宣布首季度交通意外共 3600 多宗，同比升近一成。其中，涉酒后驾驶升 2.6 倍，驾驶者不礼让升幅近 1 倍。治安警察局表示，截至 2012 年 2 月，机动车辆数目近 21 万辆，交通意外数据与市面车辆增长成正比。

29 日

渔业咨询委员会举行休渔期相关工作部署会议。会议由委员会主席、港务局局长黄穗文主持，休渔期间约 200 艘渔船锚泊内港，大部分渔船将进行年度检验，将安排船队 24 小时值班戒备，确保内港秩序及安全。第四届"渔民休渔期培训计划"将提供 17 个课程，使得渔民利用休渔期提升竞争力及掌握其他谋生技能。澳门自 199■ 年起实施南海伏季休渔期，通常从 5 月 16 日至 8 月 1 日，为期两个半月。

交通局研究在西湾大桥设立摩托车专道。为解决摩托车驾驶者过桥安全问题，交通局正研究社会提出的不同建议，初步认为宽 28 米、6 线双向行车的西湾大桥较具条件设立摩托车专道，但需进一步考虑相关设置。澳门目前共有 3 座连接澳门半岛与离岛的跨海大桥。

5月

1 日

佛陀顶骨舍利向公众开放瞻拜。国宝佛陀顶骨舍利移奉东亚运动会体育馆，连续 3 天供公众瞻仰，首日进场近 8 万人次。活动完成后由两岸三地佛教界组成恭送团护送离澳，返回南京栖霞寺。

约 1400 人参与"五一"游行。澳门青年动力、新澳门扎铁联合会、家庭团聚联合会分别举行"五一"游行，就民生、就业、公屋、环保、政制发展、新闻自由等问题向政府提出诉求。警方派出约 180 名警员维持秩序，游行秩序良好。

2 日

政府公布第二轮政制发展咨询总结报告。政府共收到 165247 份有关 2013 年立法会和 2014 年行政长官产生办法的修改意见，逾八成认为立法会直选、间选议员应各增加 2 名，行政长官选举委员会名额应增至 400 人。行政法务司司长陈丽敏、行政公职局局长朱伟干、法律改革及国际法事务局局长朱琳琳出席发布会。

永利度假村获批路凼城一幅土地。政府以租赁制度及免除公开竞投方式，向永利批出路凼城一幅面积 20.58 万平方米的土地，溢价金约 14.39 亿元，租赁期 25 年，用以兴建包括五星级酒店在内的综合式建筑物。

妇女事务委员会举行年度首次全体会议。会议由社会文化司司长张裕主持。会议中，新增委员何仲传建言设立长期病患照顾者给付制度，以及仿效其他地区增设男性待产假。

3 日

两成半私立学校未按照法律规定管理财务。教育暨青年局称，在 73 家非牟利私立学校中，2010/2011 学年约两成半学校未将固定及长期收入的七成或以上用于支付教学人员的薪金及公积金。根据第 3/2012 号法律《非高等教育私立学校教学人员制度框架》，上述"七成规定"将于今年 9 月起强制执行。教青局表示，将因应情况向学校提出建议，否则将中止拨给资助津贴。

《公共房屋发展策略（2011～2020）》今日起开展为期 60 天的公众咨询。咨询文本提出，政府将维持"社会房屋为主、经济房屋为辅及财政补助做补充"的施政基础，并提出 13 项公共房屋政策及措施，包括建立公屋土地储备制度、设立公屋发展基金和优先建立社屋定期申请机制和轮候期等，每隔 5 年订定短中长期目标和工作方向。

4 日

社会房屋富户面临退场。房屋局第一季统计数据显示，7232 个社屋家庭中，有 646 个家庭的收入超出法定收入上限。根据第 25/2009 号行政法规《社会房屋的分配、租赁及管理》，社屋家庭每月总收入金额连续三年超出法定收入上限，或连续两年超出法定上限的 1 倍，房屋局可在合同首次期限届满或续期届满时单方终止合同，如租户不愿退出，租金将上调 1 倍。

福建省委统战部部长雷春美来澳访问。雷春美在澳区全国政协委员、立法议员陈明金陪同下，上午访问行政长官崔世安，就闽澳经贸往来及文化交流合作交换意见；下午拜会了全国政协副主席、前任行政长官何厚铧。

5 日

"传承五四之光·青春朝气绽放"综合晚会在议事亭前地举办。晚会由 18 个青年团体联合组成的纪念"五四"青年节活动筹委会主办，邀请香港艺术家海潮进行"五四重现·感召青年"沙画表演。社会文化司司长张裕、中联办文化教育部部长刘晓航、澳门基金会行政委员钟怡等主持开幕式。

6 日

"港珠澳大桥主体工程岛隧工程混凝土认证合同签订仪式"在桂山牛头岛举行。合同签署双方是澳门土木工程实验室与港珠澳大桥管理局。大桥预期 2016 年通车，设计使用寿命达 120 年，拥有全世界最长的六线行车沉管隧道和世界上跨海距离最长的桥隧组合公路。

澳门经济学会发表《澳门小微企业调查》。调查显示，在受访的家族企业中，逾六成因"没有合适人选"无继承计划，逾八成因"不想太辛苦"未来一年无扩张计划。

7 日

文化产业委员会赴韩国首尔考察。考察团由委员会副主席梁庆庭率领，即日起至 12 日，将拜访韩国文化体育观光部文化产业政策科、半官方性质的文化产业振兴院等，了解当地文化产业现状。

8 日

社会工作局举办《社会工作者注册制度》法律咨询文本的首场咨询会。文本除对注册社工准入门槛、社工持续培训时数、伦理守则、权利与义务等有相应规范外，还建议设立注册社工数据库、社工列表及违反伦理守则的纪律程序等。首场咨询会逾百人出席，咨询期即日起持续一个月。2009 年，特区政府委托香港理工大学进行"澳门特区社会工作认证制度可行性方案研究计划"；2010 年 5 月 6 日，特区政府在社会工作委员会的基础上，设立了一个由 7 人组成的、推动澳门社会工作者注册制度的"专责小组"；2011 年委员会提出"两年四期"的工作时间表，并期望在 2012 年下旬推出社工注册制度。本次公开咨询后，将于 12 月公布公众咨询报告。

9 日

前运输工务司司长欧文龙第三阶段贪渎案，进入结案陈词阶段。助理检察长郭婉雯以"罪莫大于可欲，祸莫大于不知足"来批评欧文龙在案中滥用司长权力，视公众资产为己物，当公职为牟取私利的工具，巧取豪夺，中饱私囊，令社会为其"买单"，严重损害政府公信力。要求合议庭判处其六项受贿作不法行为、三项清洗黑钱罪成立，并充公逾 3000 万元的贿款，包括其在涉案公司的股份。案件宣判日期将择日公布。

立法会一般性通过《保安部队及保安部门的附带报酬》法案（俗称"危险津贴"）。法案拟增设司法警察局刑事侦查人员及刑事技术辅导员的膳食津贴，司法警察局谈判专家、特别车辆驾驶员及刑侦人员

10日

使用个人车辆的专业津贴；同时亦调升多项其他津贴。保安司司长张国华引介法案时指出，部分危险津贴已逾十年未调整，随着澳门经济发展及人力资源紧张，有必要增设或调整现有津贴，以吸纳人员加入打击犯罪的重要工作领域，鼓励加强相关训练。预计津贴调整将使政府每年开支增加4000万元。

立法会一般性通过《食品安全法》法案。该法案旨在完善澳门食品安全体系，把食品安全监管权限集中在民政总署行使，包括制定食品安全标准、监察生产经营食品场所、采取防控措施、处理食品安全事故、发布风险警示、召回问题食品等，同时也列明业界的食品安全责任及相应违法的处罚条款。澳门过去没有专门的食品安全法律，涉及食品安全问题处理的既有制度是《刑法典》及6/96/M号法律。根据法案，生产经营有害食品可处最高5年有期徒刑，如对他人造成危害最高可判8年有期徒刑，并建议与食品安全有关的权限集中由民政总署统一行使。

13日

台湾澳门经济文化办事处开幕。办事处设于台北101大楼56楼，以便向在台湾的澳门居民提供综合性服务，人员编制为10人至15人，部分人员将在台湾招聘。社会文化司司长张裕、行政长官办公室主任谭俊荣等主持开幕仪式。

图19　台湾澳门经济文化办事处开幕仪式

14日

旧区重整咨询委员会开展高楼街一带居民现状调查。即日起至8月31日，澳门科技大学可持续发展研究所受托在高楼街一带展开调查，收集该区人口特征、住宅数据、商铺及其他用途物业数据、私人物业维修情况、居民对小区环境意见、居民对旧区重整的意见及期望等。调查涉及约180幢楼宇和2300户住户及商户。

逾5700人获发残疾评估登记证。根据刊登于2011年1月24日政府公报的第3/2011号行政法规《残疾分类分级的评估、登记及发证制度》，残疾人士的残疾状况分为六种类型和四个级别。该法规生效至今，社会工作局共收到9803宗残评证申请，已向5768名合资格人士发出证件，其中5200人已领取残疾津贴。

离岛医疗综合体工程两期合并进行。卫生局表示，原计划分 3 期进行的离岛医院前两期工程，即第一期急诊大楼和第二期综合医院将合并开展，预计 2017 年底完成。在政府 2010 年推出的《完善医疗系统建设方案十年规划》中，建设离岛医疗综合体是重要项目之一，建成后亦是澳门第二家公立医院。

澳门国际机场专营公司宣布债务解决方案。公司将向股东发行面值 19.47 亿元的可赎回优先股，所得资金用作偿还机场建造初期的银行借贷。1994 年兴建机场时，公司以融资方式向银行贷款，但一直无能力偿还，贷款至 2012 年 6 月到期。

15 日

"2012 年粤澳合作联席会议"在政府总部举行。会议由行政长官崔世安及广东省省长朱小丹共同主持。双方签署 5 个合作协议，其中包含《粤澳新通道项目合作框架协议》。协议提出建设长约 450 米的粤澳新通道，作为拱北口岸的附属口岸。为此双方已成立专门工作小组，澳门方面由运输工务司司长刘仕尧任组长。

广东省省长朱小丹率团参观澳门自来水股份有限公司。在运输工务司司长刘仕尧和港务局局长黄穗文陪同下，代表团考察了澳门的供水现况以及供水设施、水处理程序、公司管理等。广东省向澳门供水始于 20 世纪 60 年代，目前其供水量占澳门淡水供应的九成以上。

16 日

统计暨普查局公布最新人口统计数据。资料显示，2012 年 3 月 31 日人口估计为 562900 人，较 2011 年终增加 5500 人，增幅为 1.0%。本年第一季有 1578 名新生婴儿，较去年第四季减少 9.9%；男性新生婴儿有 819 名，男女婴儿性别比为 107.9：100，即每 100 名新生女婴对应 107.9 名男婴。同季死亡个案有 511 宗，按季增加 14.1%；前三位死因为肿瘤、循环系统疾病及呼吸系统疾病。此外，第一季有 6 宗死胎登记。本年首季内地移民有 815 人，获准居留人士有 556 人，按季分别减少 73 人及 80 人；同季被遣返的非法入境者有 287 人，较去年第四季增加 20 人。本年第一季末的外地雇员达 98664 人，按季增加 4636 人。本年第一季的结婚登记有 1090 宗，较去年第四季增加 4.2%。春季流行性感冒肆虐，第一季录得 2505 宗个案；全季必须申报疾病上升至 3074 宗，较去年第四季大幅增加 326.9%。

17 日

行政长官崔世安与外交部前部长李肇星在礼宾府会面。李肇星此次来澳是出席一项学术活动，以及与澳门学生交流外交工作经验。外交部驻澳特派员公署特派员胡正跃、副特派员宋彦斌及中国前外交官联谊会副会长秦小梅参加会见。

"澳门家长管教子女能力感调查"宣布结果。本年 3 月，鲍思高青年服务网络司打口家庭服务中心向 1440 位小学一至六年级学生的家长，展开"澳门家长管教子女能力感调查"。结果发现，父母双方需轮班工作、从事博彩业的小学生家长，对管教子女的能力感和满意度显著低于无须轮班、非博彩相关职业的家长。此外，低学历、低收入、婚龄较短的家庭在管教上存在较大困难。

18 日

澳门企业家代表团参加在湖南长沙举行的"第七届中国中部投资贸易博览会"。代表团由经济财政司司长谭伯源率领，由澳门贸易投资促进局组织参展，旨在进一步澳门促进与中部省区的合作发展。

"澳门创意馆"在第八届深圳文博会上揭幕。该馆设于深圳会展中心一号文化产业综合馆，以澳门文化创意产业数据库为基础，甄选 20 个文创单位参加，展示澳门文创水平和推广创意设计生活商品。文化局从 2010 年起组织澳门不同领域的文化单位赴深圳文博会参展。

环保局向媒体介绍"厨余处理示范项目"。局方人员介绍，两台厨余处理机日处理量为 400 公斤，生产制品将用于环保基建管理中心及生态保护区。该局去年曾与澳门两所学校合作"厨余就地处理研究"，今年将继续拓展有关计划，合作学校增至四所。

19日

轻轨氹仔联络站正式运作。联络站设于氹仔广东大马路 179 号悦景峰地下 G 室，服务时间为早上 8 时至晚上 20 时，旨在实时处理居民对轻轨工程的意见及提供相关信息。此举标志着轻轨工程正式在氹仔市区展开。

20日

廉价航空客运量占机场三成。机场专营公司指出，随着华信航空、越南航空、亚洲航空、泰国 Smile 航空及韩国釜山航空陆续开通澳门相关航线，澳门国际机场将有航空公司 21 家，航点 31 个，廉价航空旅客运输量占澳门机场运输总量近 30%，三组数字均为历史性突破。

第一季度入境旅客总数按年增 7.9%。中国内地、韩国及日本旅客分别增加 14.9%、18% 及 8.7%，长途客源亦录得按年升幅，但香港及台湾旅客则分别减少 3.3% 及 9.3%。台湾旅客量减少，主要因台湾与内地直航航班增加导致中转情况减少，促把澳门作为旅游目的地和延长留澳时间的台湾旅客增多。

21日

房屋局公布石排湾经屋居雅大厦售价、补价比率及配售安排。售价由 48.8 万至 109.7 万元不等，经屋买家购买单位时享有对应市场楼价一定折扣的补贴比率，故禁售期届满后如转售单位，必须按购买时订定的补贴比率向政府缴交补价。

22日

澳门城市竞争力全国排名第 13 位。根据中国社会科学院公布的《2012 年中国城市竞争力蓝皮书》，澳门在全国 294 个城市中排名第 13 位，与 2011 年一致。排名前 5 位的依次是香港、台北、北京、上海和深圳。分项竞争力上，澳门生活环境排名第 1 位。

澳门青年联合会发布受访者社团参与情况。澳门青年联合会以电话随机抽样的方式，访问了 1165 名 16 岁或以上的澳门居民。调查显示，近三成受访者有参加社团的经历，认为社团在"组织参加选举"和"提供多元服务"方面发挥较好。最不满意社团的财政自治能力，以 10 分满分计，此项只得 4.5 分。

第六届亚洲国际博彩博览会开幕。博览会一连 3 天在威尼斯人会展中心举行，有 130 家参展商，展览面积超过 5900 平方米。这是该博览会连续第五年在澳门举行。

23日

统计暨普查局公布 2011 年澳门环境数据。澳门陆地总面积 29.9 平方公里，人口密度每平方公里 18400 人，道路行车线总长 416 公里，车辆密度每公里 496 辆。相关数据还包括降雨量、紫外线强度、空气质量、食水咸度、垃圾回收与焚化、污水处理等。

24日

《珠海经济特区横琴新区商事登记管理办法》正式施行。该办法分为 8 章共 42 条，是全国第一个商事登记政府规章，借鉴了港澳地区的先进经验，构建"宽进"的商事登记制度体系和"严管"的商事监管制度体系。根据该办法，澳门投资者到横琴注册公司即到即办，最快当天完成；到横琴经营个体户，更无须办理个体工商户登记，可直接办理税务登记。

维澳莲运被交通事务局罚款 5 万元。这是交通事务局执行新巴士服务模式运作以来的首宗处罚，主要涉及维澳莲运营运的其中一条巴士路线班次不达标。2011 年 8 月 1 日起，维澳莲运成为澳门第三家巴士公司。

政府公布"后万九"公屋首个项目青洲坊一、二地段规划。该项目预计今年第三季招标，具体落成时间待定。两地段总面积 1.52 万平方米，将建 5 幢楼高 34 层的公屋，提供 2356 个房屋。连同"万九公屋"内的青洲坊地段，青洲坊将成澳门半岛最大的公共房屋群。

25 日

"广西北部湾经济区（澳门）招商推介会"开幕。活动期间，广西吸引澳资逾 33.7 亿元人民币，签约 7 个项目，涉及化工、物流、旅游、医疗器械等领域。经济财政司司长谭伯源在开幕式上致辞。自 2009 年底开启南宁—澳门直航以来，两地联系更加便利，目前在广西投资的澳门企业超过 300 家，实际投入资金近 4 亿美元，主要投资在房地产、餐饮及旅游度假等领域。

26 日

全国人大常委会澳门基本法委员会主任乔晓阳会见澳门基本法推广协会访京团。乔晓阳赞扬协会在宣传推广基本法方面发挥了主力军的作用。访京团一行共 29 人，由协会理事长崔世昌率领，并先后拜访中央统战部、全国工商联、国务院港澳办。

28 日

行政长官崔世安率团出席首届中国（北京）国际服务贸易交易会。交易会为期 5 天，以"服务贸易：新视野、新机遇、新发展"为主题，展场面积达 4 万平方米。展会上设有 114 平方米的澳门馆，介绍澳门服务贸易的整体情况。澳门方面约 20 人出席开幕式，包括行政长官崔世安、经济财政司司长谭伯源、中联办副主任高燕等。

29 日

行政长官崔世安出席四川广元市澳源体育中心竣工庆典。该中心是澳门援建"五一二"汶川大地震灾后重建的重点项目，包括占地 2.55 万平方米的体育场和体育馆，以及 2.68 万平方米的室外运动场及运动配套设施。总投资 3.2 亿元，其中特区政府援助 2 亿元，其余由广元市政府自筹资金。全国政协副主席何厚铧、行政长官崔世安主持典礼，社会文化司司长、澳门特别行政区支持四川地震灾后重建协调小组主席张裕随同出席。

政府推出《楼宇防盗及安全设施指引》。该指引是把既有的建筑相关条例予以整理，主要就楼宇外墙窗户、露台及公共通道等位置安装合法附加物做出明确规范，方便市民遵守和依循。政府强调将按"先后缓急"的方式处理僭建物，装修中的房屋内若有旧僭建物，都视为新增个案优先取缔，并呼吁市民自觉守法，及早清拆残旧僭建物。

30 日

立法会第三常设委员会完成细则性审议《存款保障制度》法案。法案规定，政府与银行合作设立存款保障基金，政府先行注资 1.5 亿元作为启动基金，参与银行则在 2014 年开始供款，存保基金目标 3 亿元。当银行破产时，该银行的客户其中一个户口可获得存保基金最高 50 万元的补偿。

统计暨普查局公布第一季本地生产总值。资料显示，2012 年第一季本地生产总值按年实质增长 18.4%。增幅主要由服务出口及投资上升带动，以及去年第一季的基数较低所致；其中，博彩服务出口增加 19.6%，旅客总消费上升 21.2%，整体投资增加 43.8%。

31日

行政长官崔世安在政府总部与全国政协副主席李金华会面。双方就促进澳门文化艺术建设和发挥澳门文化特色等问题交换意见。李金华一行来澳是出席"二〇一二濠江之春——澳门与内地艺术家大联欢"活动。参加会面的还有全国政协港澳台侨委员会副主任陈佐洱、中国文联副主席杨承志、行政长官办公室主任谭俊荣、行政会秘书长柯岚、行政长官办公室顾问冯少荣及高展鸿。

前运输工务司司长欧文龙贪渎案第三阶段于终审法院宣判。法庭裁定其9项罪名全部成立,连同前两阶段被裁定成立的罪名,欧文龙共触犯90项罪行,若刑期独立需囚禁417年9个月。因澳门特别行政区法律规定数罪并罚刑期最高上限30年,故判处欧文龙单一刑期为29年,罚款24万元,充公所有不法财产。

6月

1日

第5/2012号法律《修改著作权及有关权利之制度》生效。根据规定,将非法译码无线电广播节目纳入准公罪,最高刑罚为两年徒刑。对此,澳门6家公共天线公司停止传送10多个卫星电视加密频道,包括部分中央电视台及台湾影视频道,其中有不少市民习惯收看的频道和节目。

联合国教科文组织亚太地区世界遗产培训与研究中心来澳访问。中心人员先后拜访了文化局及澳门文物大使协会,讨论及交流文化遗产保护、文化遗产的申遗成果和继续传承、民间文保团体角色等问题。2005年,由22个历史建筑物组成的澳门历史城区被正式列入《世界文化遗产名录》,成为中国第31处世界遗产。

电信管理局与澳门大学科技学院公布关于澳门电讯断网事故的独立调查报告。调查发现,澳门电讯在断网事件中存在3个相关缺陷,包括专业培训及技术人员数量不足、网络配置验证机制和风险意识不完善,以及紧急机制不足。为此,政府决定向澳门电讯罚款80万元。今年2月6日,澳门电讯发生网络中断事故长达6个小时。

2日

"中华创意产业论坛二〇一二"在澳门文化中心举行。本次论坛由文化局、澳门理工学院及香港当代文化中心合办,以"打造'创意城市':构建创意城市的民间互动、法则与过程"为主题。"中华创意产业论坛"旨在建立一个联系两岸四地创意产业界别的交流平台,已在上海、香港举行四次会议。

房屋局举行《公共房屋发展策略(2011~2020)》咨询会。咨询文本列举了澳门人口结构、未来居住人口变化趋势以及短、中、长期房屋潜在供应能力等数据,就公共房屋的政策及措施提出多项建议,并提出公屋策略以"社屋为主、经屋为辅'为方向,旨在解决低收入家庭的住屋问题,但不会硬性设定公屋及私人楼宇的比例。该局邀请地产业界、建筑工程界代表出席,约20人参与。

3日

港务局局长黄穗文率团赴香港参加港澳海上安全工作会议。在与香港海事处的会议中,双方就港珠澳大桥兴建期间的航行安全、港澳跨境客运航线服务、海事意外信息互通、人员交流培训等议题进行了探讨和交流。

多个环保团体合办"'保鹭·保家园·爱绿行动'——齐来为自然加油"活动。环保团体组织市民在龙环葡韵观赏鸟类,旨在促请政府搁置将交通安全信息中心迁往鹭鸟林旁地段的计划。此处地段被发现有530个白鹭林鸟巢,具有较高的保护价值。

4 日

政府公布"万九公屋"的社屋及经屋单位比例。澳门公共房屋分为社会房屋和经济房屋两种,分别是指政府兴建后以廉价租金出租或以低价售予符合资格的人士或家庭。按照"社屋为主、经屋为辅"的原则,在 19260 个公屋单位中,社屋有 10064 个,经屋有 9196 个。有地产业者认为,经屋比例接近 48% 较预期高,若一两年内建成推出市场,将对私人房屋市场构成压力。

5 日

澳门政制发展完成"第三部曲"。在 3 月 10 日至 4 月 23 日第二轮政制发展咨询意见的基础上,政府制定了《澳门特别行政区行政长官的产生办法修正案(草案)》及《澳门特别行政区立法会的产生办法修正案(草案)》,并于今日获立法会全体议员三分之二多数表决通过。草案建议,2014 年行政长官选委会由现时 300 人增至 400 人,不少于 66 名选委可联合提名行政长官候选人;2013 年立法会由 33 人组成,直选议员由 12 人增至 14 人,间选议员由 10 人增至 12 人,委任议员维持 7 人不变。

房屋局分批安排获甄选家庭参观设于居雅大厦的示范单位。位于石排湾的首个经屋项目居雅大厦将于本月 12 日起预售,为此房屋局组织参观示范单位的活动。居雅大厦由 8 座楼宇组成,共有 1824 个经屋单位。

6 日

澳门政制发展完成"第四部曲"。行政长官崔世安签署经立法会全体议员三分之二多数通过的《澳门特别行政区行政长官的产生办法修正案(草案)》和《澳门特别行政区立法会的产生办法修正案(草案)》,报请全国人大常委会批准或备案。

青洲坊公共房屋第一、二地段建造项目展开为期 20 天的招标工作。该项目占地面积 1.52 万平方米,建成后可提供 2356 个居住单位。除居住单位外,项目设计还包括公共空间、运动和休憩区、小区设施、停车场等,最长施工期为 1460 天。

7 日

交通事务局公布"湖畔大厦经屋居民出行调查"结果。结果显示,近六成受访者在迁入湖畔大厦后,会以巴士作为主要出行工具。今年年初,澳门科技大学可持续发展研究所受托负责此项调查,访问了 2187 户获甄选家团共 4368 人,占湖畔大厦单位总数八成,调查结果将作为湖畔大厦周边交通规划工作的参考依据。

8 日

粤港澳警方刑侦主管第十八次工作会晤在澳门举行。会议关注多项跨境治安议题。保安司司长张国华、公安部刑侦局副局长赵启明、中央驻澳门联络办警联部部长宋东翔及中央驻香港联络办警联部副部长牛丽华列席会议。粤港澳三地警方刑侦主管会晤是一个定期联络的会晤机制,本届轮值澳门举行。

港澳海关联合侦破一宗跨境网上影音侵权案。海关知识产权厅早前接获国际唱片协会和国际版权保护协会举报,指有网站未经两协会许可,大量非法上传和下载两协会的歌曲及电影。经调查发现,该影音网站创办近十年,服务器设于香港,在澳门运作和管理,会员接近 90 万人,需缴付 300 元至 700 元不等的会费。这是《修改著作权及有关权利之制度》本月 1 日正式生效以来侦破的首宗音像制品侵权案。

9 日

澳门新增 4 项非物质文化遗产项目。分别是根植澳门数百年的"妈祖信俗"、绵延三百年的"哪吒信俗"、具有国际影响力的"土生葡人美食烹饪技艺"和体现澳门方言特色的"土生土语话剧"。包括早前被列入澳门非物质文化遗产名录及国家级非物质文化遗产名录的粤剧、凉茶制作技艺、神像雕刻、道教科仪音乐、南音说唱及鱼行醉龙节在内，澳门共有 10 项非物质文化遗产，其中 6 项属于国家级。

行政长官崔世安与葡萄牙葡侨事务国务秘书西沙里奥（José Cesário）会面。双方探讨继续巩固澳葡多方面合作关系，以及进一步发挥澳门作为中国与葡语国家经贸合作服务平台的作用等问题。西沙里奥此次来澳，将出席葡萄牙驻港澳总领事举办的葡国日、贾梅士日暨葡侨日系列活动。

澳门街坊会联合总会青年政策小组公布"澳门市民对医疗券的看法"调查结果。受访者普遍认同医疗券成效，但认为金额不足。主办方建议政府将医疗券计划设为恒常机制，并调升金额至 700 元，扩大医疗券的使用范围以及针对有需要群体提供不同金额的医疗补助。政府于 2009 年开始，每年向永久性居民发放 500 元医疗券。

10 日

土地工务运输局公布最新酒店项目统计数据。第一季度施工中的酒店项目有 11 个，审批中的酒店项目有 21 个，合计 32 个酒店项目，可提供逾 2.3 万间客房和 1.3 万个车位。

土地工务运输局公布最新私人建筑统计资料。截至 2012 年第一季度，正在兴建及已建成的私人住宅项目分别为 69 个和 17 个，大多集中在澳门半岛，共可提供 10358 个单位及 11391 个车位。仍在审批的私人住宅项目有 232 个，大多也集中在澳门半岛，涉及 31184 个单位及 34279 个车位。

11 日

澳门特别行政区第十二届全国人大代表选举启动。根据第十一届全国人民代表大会第五次会议通过的《中华人民共和国澳门特别行政区选举第十二届全国人民代表大会代表的办法》，澳区第十二届全国人大代表的选举办法、代表人数维持不变，即由选举会议选举产生 12 名代表。选举会议由参加过澳门第十一届全国人民代表大会代表选举会议的人员，以及不是上述人员的澳门居民中的中国人民政治协商会议第十一届全国委员会委员、澳门第三任行政长官选举委员会委员中的中国公民和第四届立法会议员中的中国公民组成，共 380 多人。现届澳区全国人大代表共 12 名，分别是刘焯华、贺一诚、李沛霖、刘艺良、招银英、林笑云、姚鸿明、高开贤、陆波、崔世平、梁维特、梁玉华。

行政长官崔世安与全国政协副主席厉无畏会面。双方就澳门文化创意产业及经济适度多元发展等问题交换意见。厉无畏有"中国创意产业之父"之称，此行来澳出席"第三届两岸四地创意产业高峰论坛"。

交通事务局向的士客运业务执照竞投者发出判给结果通知书。执照将分四批发出，首批 50 个的士执照预计可于 9 月至 11 月投入服务，其余执照预计年底至 2013 年初全部投入服务。没有参与竞投、投标书不被接纳或未投得执照的竞投人，交通事务局将于 7 月起分批退回保证金。

12 日

第五次港澳合作高层会议在澳门举行。经济财政司司长谭伯源及香港财政司长曾俊华主持会议，双方讨论了环境保护、金融合作及税务安排等事项，并期望尽快重新启动避免双重征税安排和税收信息交换的磋商工作。访澳期间，曾俊华及政府其他代表实地考察位于横琴的澳门大学新校区的建设情况，了解澳门在教育及城市规划的最新发展。港澳合作高层会议是港澳之间的高层定期会晤机制，近年来每年举办一次。

13 日

轻轨氹仔口岸段和路氹城段建造工程举行动土仪式。两路段分别长约 3.1 公里及 3.4 公里，包括路氹城西、莲花口岸、东亚运动会体育馆、路氹城东以及澳门科技大学、澳门国际机场及氹仔客运码头共 7 个站。运输基建办公室主任李镇东、交通事务局局长汪云等主持仪式。

16日

广东省省委书记汪洋受行政长官崔世安之邀到澳门访问。双方回顾了粤澳合作取得的阶段性成果，并认同未来更紧密联系互动，创新合作形式，实现两地互惠共赢。中联办主任白志健陪同会面。

妇女联合总会举行"妇女保健中心开办三周年庆祝会暨预防子宫颈癌"讲座。为庆祝周年活动，妇联得到药厂赞助 60 个注射子宫颈癌预防疫苗的名额，并免费为贫困单亲家庭的适龄女性注射疫苗。妇联总会属下的妇女保健中心于 2009 年开办，先后为 1.8 万多人次的女性进行子宫颈抹片检查。

18日

政府启动程序否定五幅土地批给。行政长官崔世安表示，已批准土地工务运输局展开程序，宣告对机场对面五幅土地的转让及土地批给合同相关修改的行政批示无效。2006 年 4 月，时任运输工务司司长欧文龙做出五份批示，同意五家公司分别将各自位于机场对面的各一幅土地转让予香港华人置业集团，用以兴建"御海·南湾"商住楼宇，五幅土地面积合计 7.8 万多平方米。

第 141 ／ 2012 号行政长官批示修改《社会房屋申请规章》相关条款。批示规定，社会房屋的新申请将不设地区选择，房屋局可按照社会房屋轮候总名单内已获接纳的轮候家庭排序，将适合其类型且位于其他区位的可动用房屋予以分配。

19日

澳门与俄罗斯签署互免签证协议。根据双方签署的《中华人民共和国澳门特别行政区政府与俄罗斯联邦政府互免签证协定》，俄罗斯公民和澳门居民可在对方境内免签证逗留最多 30 天，协定 9 月 30 日起生效。至此给予澳门市民护照免签证或落地签证待遇的国家和地区有 100 个，同意给予澳门市民旅行证件免签证或落地签证待遇的国家和地区有 9 个。

旅游局公布《澳门旅游业定位：迈向世界旅游休闲中心》研究报告。报告由亚太旅游协会撰写，对澳门"迈向世界旅游休闲中心"提出 10 项策略建议，当中包括制订全面的旅游发展总规划、完善对外交通网络、发展多元旅游产品、改善旅游业素质、重视人力资源配搭及检讨旅游局职能等，以配合澳门建设世界旅游休闲中心。报告尤其指出，澳门未来最大的挑战并非服务现有市场，而是令市场多元化，故须改善与亚太及世界各地的交通联系，尽快设立策略性航空服务规划。

行政长官崔世安会见亚太区私隐机构组织成员。双方就完善个人资料保护和加强区域间合作交换意见。该机构来澳参加个人资料保护办公室举办的论坛。参加会面的成员分别来自澳大利亚、墨西哥、新西兰、韩国、日本、中国内地、加拿大、葡萄牙等国家和地区。行政长官办公室主任谭俊荣、行政会秘书长柯岚、个人资料保护办公室主任陈海帆及副主任杨崇蔚陪同会见。

政府公布新城区总体规划第二阶段公众咨询结果。结果显示，居民最关注的是交通问题，其次是公共设施、外港客运码头去留、环保、房屋等议题。初步建议继续保留外港客运码头，350 公顷面积的新城区总体规划不会预留土地兴建新的客运码头。2011 年 10 月 22 日至 12 月 23 日，政府举行了第二阶段新城区总体规划咨询，共收到 870 份共 3185 条意见，数量较 2010 年首阶段咨询增加近七成。

20日

廉政总署公布《关于自 2012 年 7 月 9 日起澳门本地流动电话用户只能使用 3G 的投诉处理报告及建议措施》报告。报告认为，"取消 2G 服务的宣布"不合乎公共利益及本地手机用户的基本利益。廉政公署早前接获居民投诉，质疑电信管理局向社会公布的"全民 3G"计划，即自本年 7 月 9 日本地移动电话只能使用 3G 服务的安排对消费者不公。电信局随即举行记者招待会，宣布"全民 3G"的过渡期限将延至 2012 年 12 月 31 日。

21 日

财政局推出 160 间政府房屋供公务员及其家庭成员住宿。这些房屋只供租用，不予出售，其中 158 间位于澳门半岛，2 间位于氹仔区。合资格申请人士必须为以确定委任方式任用的公务员，且申请公务员本人及其同住家庭成员全部不得在澳门拥有住宿用途的物业。

22 日

立法会全体大会细则性通过《保安部队及保安部门的附带报酬》法案。法律自公布翌月起生效。

轻轨列车"滨海巡航"一比一车厢模型在西湾湖广场展示。展期由今日开始至 7 月 18 日结束，现场设有定时导览服务及展出列车的三件重要组件，包括橡胶轮胎、半永久连接器、导轨及供电轨。

25 日

《共建优质生活圈专项规划》报告发布。报告在环境生态、低碳发展、文化民生、优化区域土地利用及绿色交通组织五个领域订定了长远合作方向。为落实《珠江三角洲地区改革发展规划纲要（2008～2020 年）》，粤港澳三地政府于 2010 年 2 月签订《粤港澳共同编制〈共建优质生活圈专项规划〉合作协议书》。该项报告是首份由粤港澳三地政府共同编制的区域性专项规划。

26 日

国家海关总署出台《海关总署关于支持横琴新区开放开发的意见》。意见从加快口岸设施建设、创新通关制度和措施、发挥区位优势、实施税收优惠政策、加快推进粤澳合作产业园区建设、推动区域经济发展、推进海关信息化建设、支持重大项目建设、严厉打击走私违法活动、加大海关保障力度等 10 个方面，提出支持横琴新区开发的 24 条措施。其中税收优惠措施包括保税、免税、退税政策；并将实施一线、二线分线管理模式，为港澳人士在横琴就业、居住和往来提供便利。这是海关总署为贯彻落实《横琴总体发展规划》和国务院批复横琴开发的有关政策，加快推进横琴新区开放开发进程的重要举措。

司法警察局公布毒品犯罪数据及防范对策。2011 年澳门涉及毒品个案为 168 宗，涉及人数为 227 人，年龄在 21 岁以上的占 75%，16 岁至 21 岁的占 22%，16 岁以下有 4 人。其中贩卖毒品个案有 88 宗，吸食毒品个案有 80 宗。

28 日

行政长官批示成立跨部门食品价格工作小组。该小组的任务是有针对性地对主要食品由进口、批发、零售整个过程中可能涉及的问题进行深入调查研究并提交建议，以打击和处理可能存在的不法情况、不合理价格订定、不合理销售情况，尤其是批发零售环节中可能存在的抬价、缺斤短两、垄断、斤磅混淆标示等问题。工作小组由经济局牵头，成员包括民政总署和消费者委员会成员。

教育暨青年局公布《澳门青年政策（2012～2020）》（草稿）前期意见收集及修订情况。教青局青年厅厅长袁凯清表示，前期共收集到 234 条意见，意见包括政府要在青年政策上发挥引导及资源调配的应有作用、关注青年品德教育开展、提升青年综合竞争力等。草案于 8 月底展开为期两个月的公开咨询。

29 日

《长者权益保障纲要法（草案）》展开为期 45 天的公众咨询。根据咨询文本，保障长者权益的宗旨是构建一个老有所养、老有所属及老有所为的共融社会，亦分别就长者权益与保障、社会参与、长者照顾体系、责任与监察、合作与统筹等事宜做出规范和指引。咨询期间将举办多场公众、长者及专业服务界咨询专场。

澳门基金会介绍完善社团资助监管的相关措施。澳门基金会行政委员会主席吴志良、副主席林金城等介绍一系列社团资助监管的跟进及完善措施，包括由专门工作小组派员现场了解项目的开展情况、要

求社团核数审计开支账目及严格执行制约措施，从而建立更加精细的社团资助模式。逾百社团约 200 名代表出席此次社团座谈会。

30 日

澳门政制发展完成"第五部曲"。第十一届全国人大常委会第二十七次会议高票通过由行政长官崔世安报请批准的《澳门特别行政区行政长官的产生办法修正案（草案）》，全票通过报请备案的《澳门特别行政区立法会的产生办法修正案（草案）》。根据两个草案，2014 年选举第四任行政长官人选的选举委员会共 400 人，每届任期 5 年，不少于 66 名的选举委员会委员可联合提名行政长官候选人；2013 年第五届立法会由 33 人组成，其中直接议员 14 人，间接议员 12 人，委任议员 7 人。至此，从 2012 年 1 月启动的澳门政制发展"五部曲"已全部完成。

国家主席胡锦涛会见行政长官崔世安。会谈中，胡锦涛肯定了澳门的当前形势和政府表现，希望政府进一步做好各方面工作，尤其是高度重视民生工作，推动各项事业不断取得新进步。

互联网研究学会公布最新的"澳门移动上网趋势调查结果"。结果显示，澳门的上网率从 2002 年的 36%，增长至 2012 年 5 月底的 70%，网民超过 36 万；在联网方式方面，网民使用无线上网的比例从 2008 年的 29%，增至 2012 年的 63%。

7月

1 日

政府即日起调升最低维生指数，升幅为 5%，1 人家庭的金额调升至 3300 元。同时，系列与最低维生指数相关的津贴和资助一并调升。

西北航运以船只机件故障为由，暂停所有往来屯门至澳门的航班服务。港务局展开调查，责成西北航运妥善处理暂停航线服务期间的善后安排。

2 日

内地与澳门签署《〈内地与澳门关于建立更紧密经贸关系的安排〉补充协议九》。该安排于 2013 年 1 月 1 日起实施。"补充协议九"使服务贸易总开放领域达至 48 个，累计总开放措施将达 318 项。除涉及广东省先行先试、横琴创新政策、取消个体工商户的从业人员人数和经营面积限制外，还增加了教育培训和铁路运输服务两个新领域。

行政长官崔世安与商务部副部长蒋耀平会面。双方就进一步落实 CEPA，推进澳门特区融入区域合作，实现优势互补、互利共赢交换意见。

"仁伯爵综合医院社区综合病区"投入运作。综合病区开设初期有 24 张病床服务，主要接收由仁伯爵综合医院内科、神经内科及骨科经治疗后病情稳定，预计可于两周内返回社区的病人。除了为病人提供药物治疗外，还配备简易的物理治疗服务以协助病人更快返回社会。同时提供健康教育，向病人或社区的护理提供者进行支援等多项服务。

3 日

行政长官崔世安与外交部副部长崔天凯会面。双方就澳门拓展对外关系及继续巩固与葡语国家多方面的合作交换意见。

4 日

行政长官崔世安与福建省省长苏树林会面。双方就两地加深多层次合作深入交换意见。

文化产业委员会举行 2012 年度第一次日常全体会议。会上总结了委员会成立近两年来的工作，并由区域合作研究专项小组介绍澳门文化产业定位研究结果。政府代表则介绍了"文化产业基金"筹备情况及设立的原则方向。文化产业委员会自 2010 年成立，至今已举行 5 次日常全体会议、1 次特别全体会议、30 次专项小组会议及 1 次小组联合会议。

5 日

行政长官崔世安批示公布全国人大常委会关于批准澳门基本法附件一行政长官的产生办法修正案的"决定"，以及关于澳门基本法附件二立法会的产生办法修正案予以备案的"公告"。两个修正案分别自全国人大常委会批准、公布之日起生效。

"大三巴哪吒展馆"开幕。每年农历五月十八日的哪吒诞为澳门的传统民俗活动。经相关民间团体申报和专家评定，政府将澳门"哪吒信俗"列入澳门非物质文化遗产名录。在大三巴哪吒庙值理会和街坊的配合下，文化局在茨林围六号（原为大三巴哪吒庙值理会会址）兴建"大三巴哪吒展馆"，筹设图文和实物展览，让市民及游人深入了解哪吒节庆的历史文化。

6 日

澳门中华总商会青年委员会庆祝成立 35 周年。中总青委会主任马志毅致辞表示，35 年来，该会坚定不移地维护澳门繁荣稳定，增强自主创新能力，专注培育青年人才，并配合社会发展不断探索、调整角色，为青年向上流动提供广阔的发展空间。主礼嘉宾有行政长官崔世安，全国政协副主席何厚铧，中联办副主任李本钧，外交部驻澳特派员公署特派员胡正跃，社会文化司司长张裕，中总会长马有礼，澳门基金会行政委员会主席吴志良，澳门基金会行政委员区荣智，中总理事长高开贤，中总青委会创会主任曾志挥、前主任黄树森、主任马志毅等。出席晚宴的还有特区政府官员、海内外青年俊彦、多个地方青联和青年华商代表等共 330 人。

政府公布"后万九"第二个公屋项目。该项目为凼仔东北马路社屋，建成后将提供约 694 个住宅单位。

"澳门国际品牌连锁加盟展 2012"开幕。活动由贸促局、巴西特许经营商会、台湾连锁加盟促进协会、澳门国际品牌企业商会、澳门连锁加盟商会、香港专利授权及特许经营协会共同主办；中国连锁经营协会、国际特许经营协会及日本特许经营协会支持；韩国特许经营协会、马来西亚连锁商会、菲律宾特许经营协会、泰国特许经营协会协办；澳门广告商会承办。大会以"品牌无限延伸 商机一触即发"为口号，通过展览、论坛、商业配对及产品/服务推介等形式，推广国际特许经营、连锁加盟、品牌代理等业务，加强本地品牌迈向国际，进一步激励青年人创业及澳门中小企升级转型。

7 日

行政长官崔世安与葡萄牙国务部长兼外交部长保罗·波尔塔斯（Dr. Paulo Sacadura Cabral Portas）一行会面。双方商谈巩固并深化澳葡合作。就澳门对中葡关系发展的作用以及作为中国与葡语国家商贸合作服务平台等事项交换意见。

8 日

高等教育辅助办公室组织澳门大专学生赴京交流学习。此行活动包括"澳门大专学生丰盛暑假系列活动"之拥"普"北京——语言文化课程，以及"探索祖国——北京"国情教育活动，以提升学生的普通话水平，增强普通话沟通能力。

9 日

行政会完成讨论修改《行政长官选举法》和《立法会选举法》法律草案，将交立法会审议。16 日，立法会全体大会一般性通过《修改行政长官选举法》法案及《修改立法会选举法》法案。

"澳门特别行政区政府与世界卫生组织在传统医药方面的合作计划"正式启动。为配合澳门未来中医药的发展，行政长官崔世安于 2010 年 7 月 28 日与世界卫生组织总干事陈冯富珍签署关于传统医药方面的合作计划。合作计划为期 4 年，分为 3 部分，包括举办国际培训工作坊、制定传统医药临床研究技术文件以及举办本地培训班。第一次国际培训工作坊及本地培训班于即日至 13 日举行，培训内容包括中医执业及针灸临床应用。

经济局组织业界赴广州交流考察，推动粤澳会展业合作。在《粤澳合作框架协议》下，推进两地会展产业协同发展是双方合作的重点项目，经济局组织"澳门会展业赴广州交流团"进行交流考察，以加强穗澳会展业的对接和合作，提升双方会展产业的发展水平。交流团与广州相关部门、当地知名企业及协会代表举行座谈会；穗澳会展行业协会签署了《穗澳会展业深化合作协议》，进一步落实双方会展合作的内容和层次；两地业界亦签订了 3 份会展合作项目意向书。

10 日

澳区第十二届全国人大代表选举会议成员登记开始，首日约有 50 名合资格的人士亲自或由代表登记确认，成为选举会议成员。

11 日

政府暂缓巴士调整服务费的行政程序，要求 3 家巴士公司切实提升服务，直到符合相关的要求时，才继续行政程序。

政府实施新的《公共地方录像监视法律制度》。依据规定，保安司司长批准在各口岸、金莲花广场、东望洋灯塔以及警队、司警、海关等办事处安装 1350 多台摄影机。

防治艾滋病委员会 2012 年度第一次工作会议召开。委员会代主席、卫生局局长李展润及来自不同界别的 20 多名委员出席了会议。社工局代表报告了在吸毒人群中的艾滋病预防工作；教育局代表报告了青少年教育方面的工作；卫生局代表报告了在性工作者预防方面的工作。委员会检讨了澳门在达至联合国艾滋病控制"零感染""零死亡""零歧视"方面所取得的成绩和存在的差距。

12 日

行政长官崔世安与云南省省长李纪恒会面。双方就两地加深多层次合作及更好地利用澳门葡语系国家商贸平台的作用交换意见。

13 日

行政长官崔世安与商务部国际贸易谈判代表兼副部长高虎城会面。双方就落实服务贸易开放、促进澳门会展业继续发展交换意见。

16 日

行政长官崔世安在北京先后与公安部部长孟建柱、海关总署署长于广洲、国家质检总局局长支树平会面，就增辟"粤澳新通道项目"与相关中央部委交流意见。

行政长官崔世安在北京与商务部副部长钟山会面。双方就确保内地对澳门农副产品的供应和安全、扩展输澳货源以及支持澳门经济适度多元发展等交换意见。根据商务部提供的资料显示，2011年内地供澳农副产品所占本地市场的比率为：活猪、活牛、活鸡（100%），猪肉（27%），羊肉（74%），冰鲜及冷冻鸡肉（48%），活鱼（67%），小麦粉（67%），禽蛋（88%），蔬菜（81%），水果及坚果（19%）。

2012年粤港澳青年文化之旅举行启动仪式。活动由高等教育辅助办公室、广东省文化厅及香港特别行政区政府民政事务局联合主办，来自粤港澳地区多所高校的113名大学生率先汇聚澳门，展开为期10天的文化交流之旅。粤港澳三地自2009年起共同组织粤港澳青年文化之旅，活动举办至今已有四年。

社会房屋每月总收入上限及总资产净值限额调升。政府公报刊登第179/2012号行政长官批示，公布调升社会房屋家庭每月总收入及总资产净值限额，平均升幅3.7%，生效日期追溯至2012年7月1日。

17日

澳门基金会代表团访问香港赛马会。此行旨在了解赛马会慈善信托基金的运作、审批资助的制度及其跟进监督等工作，以借鉴马会经验，为进一步完善澳门基金会资助审批制度及监督工作提供参考。

18日

非高等教育委员会举行全体会议鼓励青年参与社会工作。《非高等教育发展十年规划（2011～2020年）》鼓励学生积极参与社会，教育暨青年局通过政府、学校、社区三个层面推动青年参与义务工作，培养其助人自助的精神，为年轻人的健康成长创造更有利的环境。

19日

横琴澳门大学新校区河底隧道横琴段围护结构发生坍塌。此次坍塌长度约30米，事故中没有人员伤亡。建设发展办公室即时派员了解情况、做出跟进，责成有关工程承建商务妥善处理事件。

"2012青春港澳行——京港澳学生交流夏令营"闭营。夏令营由澳门教育暨青年局、北京市教育委员会和香港教育局联合主办，分别在香港及澳门举行。夏令营自2005年举办至今已是第七届，此次活动共有来自京港澳三地的350多名师生参加。

图20　2012青春港澳行——京港澳学生交流夏令营

政府联合行动收回林茂塘区 7 幅霸地。配合沙梨头海边大马路工程开展，政府收回 7 幅大小不等、总面积接近 3000 平方米的土地，随即安排展开道路工程，优化林茂塘一带道路网，纾缓周边道路压力。本处 7 幅土地回收后，政府自 2009 年 3 月首次行动以来回收土地总数增至 46 幅，总面积超过 188000 平方米。

20 日

澳门特别行政区护照持有人即日起可免签证进入斐济共和国。政府获斐济共和国出入境部门确认，澳门特别行政区护照持有人可免签证进入斐济共和国，逗留最多 4 个月。至此，共有 102 个国家和地区同意给予澳门特别行政区护照持有人免签证或落地签证待遇，9 个国家给予澳门特别行政区旅行证免签证待遇。

21 日

运输工务司举行新城区总体规划工作坊。运输工务司连同负责相关规划研究的中国城市规划学会举办工作坊，邀请来自建筑业界、交通运输、青年、文化、保育、社会服务、环保等团体代表及部分曾于咨询时期提交意见的居民、政府部门代表等逾百人参与，就新城区综合交通及公共设施的规划进行讨论。

行政长官崔世安与贝宁共和国总统博尼·亚伊（Boni Yayi）会面。双方就开展商贸、旅游、文化交流合作交换意见。

22 日

港务局对西北航运停航事件做出处罚决定。港务局局长黄穗文出席"齐节约共珍惜·再生水你要识"社区巡回推广活动开幕式，回应记者关于处理西北航运快线有限公司（简称西北航运）停航事件的询问时表示，港务局对于西北航运暂停航线服务所展开的调查程序已经完成，西北航运在没有预先获得许可的情况下，暂停外港客运码头往返香港屯门客运码头航线的航班，而在船只发生故障后亦没有有效执行后备方案维持航线服务，港务局按照海上客运行政法规的规定，向西北航运科处 7 万元罚款。

23 日

行政长官崔世安在澳门与佛得角共和国总理若泽·马里亚·佩雷拉·内韦斯（José Maria Pereira Neves）一行会面。双方就进一步发挥澳门作为中国与葡语国家的商贸服务平台作用以及扩大两地多方面合作等事项交换意见。

24 日

澳门基金会与新疆维吾尔自治区教育厅签订《澳门基金会支持新疆教育电视台（新疆电化教育馆）远程教育项目》合作协议。为进一步推动新疆地区的教育事业，澳门基金会与新疆维吾尔自治区教育厅合作开展"新疆教育电视台（新疆电化教育馆）远程教育项目"。合作协议由澳门基金会行政委员会主席吴志良与新疆维吾尔自治区教育厅党组书记赵德忠代表签署，协议订定澳门基金会投入人民币 1500 万元，支持新疆维吾尔自治区教育厅辖下新疆教育电视台（新疆电化教育馆）补充和完善设备，建设"新疆远程教育网"二级平台，建设中小学基础教学资源库。

25 日

红街市图书馆正式对外开放。文化局澳门中央图书馆辖下第八家图书馆"红街市图书馆"举行新馆揭幕仪式。红街市图书馆总面积约为 2800 平方尺，藏书量约 14000 册，阅览座位 60 个，可供上网计算机 8 台，向市民提供的服务包括读者证办理、图书借阅、报刊阅览、资料影印、查阅政府公报、宽带上网及检索网上电子数据库等。

行政长官崔世安到北区视察中小企营商环境。此次视察旨在听取区内各行业商户代表意见。政府一直采取多方面措施扶助中小企业发展，通过观察和听取意见，加大对北区发展的关注。

政府回收邻近冰仔 TN27 公屋霸地。为配合冰仔 TN27 公屋项目（湖畔大厦）之落成，政府分阶段优化道路网，以疏导该区即将增加的人流和车流量。此次收回邻近 TN27 地段一幅近 3400 平方米被非法占用的土地，按既定计划将该土地用于建设一条临时行人路，以连接 TN27 地段至亚利雅架圆形地，方便居民进出。

26 日

行政长官崔世安与广州市政协主席苏志佳会面，就加强两地合作、共同发展交换意见；与文化部副部长、国家文物局局长励小捷会面，就文物古迹保护与城市发展的关系交换意见。

第七届亚洲保险监督官论坛在澳门举行。会议由澳门金融管理局主办，与会者包括来自 17 个国家及地区的 30 多位保险监督官员。重点讨论各司法管辖区内最近的制定标准和实施标准，分享监管方面的信息，加强区域间的联系。

"国际青年舞蹈节 2012"闭幕。由教育暨青年局主办、民政总署及亚洲教育北京论坛协办的"国际青年舞蹈节 2012"圆满结束。"国际青年舞蹈节"自 1987 年起举办，这项两年一度的舞蹈盛会已有 25 年历史。此次活动包括一场大型巡游演出、两场室内演出及多项交流活动，吸引超过 12000 人次欣赏。

图 21   "国际青年舞蹈节 2012"闭幕式表演节目

交通事务局在交通咨询委员会政策规划及管理建设小组、公共交通及社区关系小组联合会议上介绍"巴士服务评鉴制度研究"报告。报告进一步阐述评鉴机制中有关评鉴架构组成、执行方式、评鉴项目等内容。会议邀请三家巴士公司的代表列席，共同参与讨论。

27 日

政府与南光天然气有限公司签署为期 25 年的《天然气分配公共服务》批给合同。南光公司须在 5 年内 3 分阶段完成覆盖全澳天然气主干网路，使澳门使用天然气的范围由发电逐步扩展到城市燃气、交通运输。

政府与中联办联合举办国家周边安全环境形势报告会。报告会特别邀请中国人民解放军国防大学战略研究所副所长、中央军委战略规划咨询委员会委员孟祥青教授做《我国周边安全环境与国家安全战略》的报告。全国政协副主席何厚铧、行政长官崔世安、中联办副主任徐泽和陈启明、外交部驻澳公署副特派员冯铁，政府主要官员，中联办、外交部驻澳公署有关官员和社会各界人士共近 400 人出席报告会。

港务局组织业界参观氹仔客运码头。港务局安排海上客运业界代表到氹仔永久码头参观，实地了解工程进度及基建设施。参观期间，由建设发展办公室代表介绍码头的施工进度及内部设计布局等，港务局则与业界代表就航道布局、航标设置、港池面积、码头泊位、客船靠泊设施、登岸趸船、旅客配套设施、行李吊机及行李运送过程以至未来的管理模式等议题交换意见。

节水小组前往香港参观双供水管网。政府推动构建节水型社会工作小组（节水小组）组织政府部门与社会团体拜访香港水务署，了解香港水务署在双供水管网系统的铺设和应用等方面的经验，并实地视察当地大厦内部的供水系统和设施。参与考察活动的单位包括港务局、房屋局、建设发展办公室、澳门大学、澳门土木工程实验室、澳门自来水股份有限公司、澳门工程师学会、澳门水电工会、澳门地产发展商会、澳门地产业总商会、澳门房地产联合商会、澳门物业管理商会、澳门建造商会、澳门建筑师协会、澳门建筑置业商会、澳门机电工程师学会、澳门机电从业员协会等。

30 日

审计署公布《上海世界博览会澳门筹备办公室》专项审计报告。报告认为该办公室在财务管理上存在改善的空间，在项目开始时没有为参与世博会所需开支进行科学及完整的估算。在项目完结后，也没有就整体财务状况做出总结，以交代项目的整体开支金额。对于可以自行处理的"清算"工作，世博办没有设定措施确保在撤销前完成，导致因没有合法主体而需由财政局处理，增加了不必要的后续行政工作。

政府公报刊登国务院关于横琴岛澳门大学新校区界址范围的批复。界址范围包括校区和连接校区与澳门的河底专用隧道。新校区界址确定后的实际面积为 1.0899 平方公里，其中河底专用隧道面积为 0.0514 平方公里。位于校区内的横琴岛中心沟排洪渠移至校区北侧以外，由珠海市管辖。校区界址设有 19 个坐标。

31 日

港珠澳大桥珠海连接线正式开工。工程路线总长 13.4 公里，项目耗资估算 91.5 亿元人民币，计划于 2016 年与港珠澳大桥同步建成通车。

澳门基金会四川灾后援建项目基本完成。澳门基金会因应 2008 年四川地震而支持重建的三个文化遗产复修项目，现正进入收尾阶段。三个项目为青城山宫观古建筑群落灾后恢复重建项目、北川羌族民俗博物馆重建项目以及三星堆博物馆和三星堆遗址灾后恢复重建项目，援建金额约 3.9 亿元人民币。

劳工事务局公布 2011 年工作意外及职业病统计数据。根据保险公司向劳工事务局提供的资料，2011 年共 5900 人发生工作意外，其中本地雇员和外地雇员分别为 4255 人和 1645 人。与 2010 年相比，人数增加 0.4%，其中本地雇员下降 1.5%、外地雇员上升 5.7%。

8月

1日

中央招聘首次开考。此次聘请128名技术辅助人员，分派至30个公共部门。中央招聘即由特区政府统一规划，而非以各部门各自进行的方式对外招聘公职人员。相关职位起薪为260点，即月薪17160元，学历要求为高中毕业。在开考的128个职位中，职务范畴属于一般行政技术的113个，公众接待的12个，其余3个为信息范畴。

全国政协副主席何厚铧率领全国政协考察团抵达新疆考察。考察团包括11位澳区全国政协委员。在新疆期间，委员们赴库尔勒、吐鲁番、伊犁、石河子等地考察，并与新疆维吾尔自治区领导座谈。

2012年南海休渔期结束。为期两个半月的南海伏季休渔期结束，锚泊于内港约210艘各类渔船陆续出海捕鱼作业。港务局派出船只和人员在内港渔船锚泊区附近指挥海上交通，协助渔船安全和有序地驶离锚泊区。本年为第14次南海休渔期，港务局在休渔期制订《内港渔船防火应变计划》，与海关、消防局、渔民互助会和珠海海事机关等紧密合作，有效维持了内港一带的海上安全和秩序。

2日

"2012粤澳名优商品展销会"开幕。展销会由澳门贸易投资促进局及广东省对外贸易经济合作厅联合主办，连续四日于澳门渔人码头会议展览中心举行。首日促成7项合作项目签约，安排了248场商业配对。

3日

"四不像——两岸四地艺术交流计划2012"展览开幕。展览由文化局、深圳何香凝美术馆、台北市立美术馆以及香港奥沙艺术中心联合主办，邀请了两岸四地共14位艺术家参与，展出22件（套）作品，包括摄影、油画、录像、装置、行为记录等。此次交流计划由深圳何香凝美术馆发起，主策展人冯博一构思策划。

4日

运输工务司司长刘仕尧率团赴穗商讨新通道工作。代表团一行在广东省进行了为期3天的访问交流活动，拜会广东省副省长招玉芳，举行粤澳新通道项目工作领导小组会议，共商粤澳新通道的工作安排。代表团还分别拜访了广东省环保厅、广珠城际轨道交通有限公司及珠江水利委员会等部门，就环保工作、轨道交通及供水安全等事宜进行交流。

6日

立法会全体大会细则性通过《规范进入娱乐场和在其内逗留及博彩的条件》法案。法案规定未满21岁人士禁止进入赌场博彩、工作，将于2012年11月1日生效。

仁伯爵综合医院荣获医院认证计划证书之颁授典礼举行。仁伯爵综合医院获澳大利亚医疗服务标准委员会（ACHS）的评审认可，全数通过了45项准则的评审工作，获颁发为期4年的全面性认证，其中预防压疮、预防病人跌倒和保安管理3项服务取得优异评级。ACHS于1974年成立，是一个独立的非营利组织，目的是通过对持续的服务及表现加以回顾、评估和评审，推动医疗服务质量的改善。

治安警察局举行警员就职典礼。就职成为警员的包括90名男警及17名女警，被派往治安警察局各个行动部门担任警务工作；另有2名机械职程男警及2名无线电职程男警，共107人。其中29名具有大学学历，70名具有高中学历，其余8名具有初中学历。

7日

　　氹仔柯维纳马路交通枢纽第一期建造工程启动。工程斥资 9 亿元，接驳轻轨，汇集巴士、的士和步行系统，为居民提供一个便捷、可靠、环保、无障碍的公共交通绿色换乘空间。

8日

　　行政长官崔世安前往广东省江门市出席"推进 CEPA 粤澳现代服务业合作，全力打造中国绿色照明之都"主题项目奠基仪式。为推动《内地与澳门关于建立更紧密经贸关系的安排》（CEPA）的实施，澳门致力于拓展与内地省区的合作。江门市作为广东珠三角地区的核心城市之一，与澳门地缘相近。此次引进澳门的投资者，在江海区高新技术开发区进行绿色照明之都的建设，合作推动新兴产业发展。

　　以"同心济世，善气迎人"为宗旨的澳门同善堂迎来 120 周年，庆祝酒会在万豪轩酒家举行。全国政协副主席何厚铧、行政长官崔世安、中央驻澳机构负责人以及社会各界代表出席了酒会。崔世安在致辞时表示，同善堂已走过 120 年的历史，时代变迁，同善堂服务社会、扶贫救济的宗旨紧守不变，为促进澳门公益事业的发展，为社会的安定祥和立下了无数功绩，得到社会认同。慈善服务是民生大计的重要构成，是特区社会保障体系关键的环节之一。特区政府将继续以发展经济、改善民生为施政根本点，始终如一地支持民间的慈善服务事业。同善堂值理会主席许世元表示，同善堂能坚持 120 年服务社群，不断拓展、完善，难能可贵。漫长岁月中，凝聚了各界善长、历任值理尤其是特区政府的善心和努力。为纪念成立 120 周年，同善堂值理会开展了系列活动：设有长者服务中心和托儿所等设施的"同善堂崔德祺主席纪念楼"计划今年年底完工；早前推出的"同善堂一百二十周年摄影比赛"举行颁奖仪式；邮政局、大西洋银行分别发行 120 周年纪念邮品及信用卡；与澳门大学澳门研究中心合办的"纪念同善堂创建一百二十周年座谈会"10 月 21 日在同善堂中学礼堂举行，座谈会对同善堂的发展历程做出系统的记录和评价，完善了该堂历史档案整理，继续推动澳门和中华民族慈善事业发展。此外，还策划出版了《同善堂一百二十周年今昔简志》及《同善堂成立一百二十周年纪念特刊》。澳门同善堂创办于 1892 年，是澳门一个历史悠久、提供多元化服务的民间慈善机构。目前，同善堂日常的主要服务包括助贫施济、赠医施药、免费教育、免费托儿及紧急救援等，现更着手筹划拓展服务长者及扶助伤残人士等事务。

　　邮政局为庆祝同善堂成立 120 周年，发行以"同善堂一百二十周年"为题的新邮品，是继 1992 年发行"同善堂百周年纪念"后的同一主题邮品。包括一套四枚邮票及一枚小型张，邮票图案描绘同善堂免费托儿、免费教育、赠医施药、助贫施济四大服务；小型张以其服务宗旨"同心济世，善气迎人"为主题。邮政局负责人称，同善堂为澳门历史最悠久的华人慈善团体之一，在善长及各界支持下，不断拓展各项慈善事业，贡献良多。邮票图案由澳门著名画家黎鹰设计，资料单张文本由同善堂撰写，为本年度发行的第七套邮品。

　　司法警察局举行督察、副督察就职仪式。此次有 6 人宣誓就任二等督察，15 人宣誓就任副督察，均拥有 13 年以上的执法经验。

9日

　　交通事务局提供实时签发国际驾照服务。签发国际驾驶执照相关程序得到优化，缩短了审批时间。澳门特别行政区现为《道路交通公约》缔约地区，持有澳门特别行政区签发之国际驾驶执照的人士可前往已加入公约的国家或地区驾驶车辆。

　　保安司总结 2012 年上半年罪案情况。2012 年上半年整体犯罪数字共有 6222 宗，与去年同期比较，

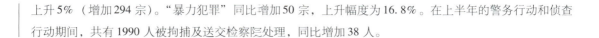
上升 5%（增加 294 宗）。"暴力犯罪"同比增加 50 宗，上升幅度为 16.8%。在上半年的警务行动和侦查行动期间，共有 1990 人被拘捕及送交检察院处理，同比增加 38 人。

10日

行政长官崔世安在立法会答问大会上宣布多项纾困措施。为确保社保基金正常运作，政府计划由 2013 年起至 2016 年，逐年向社保注资共计 370 亿元；因应通胀对于弱势社群带来的影响，决定向 5000 多个现有经济援助金的受益家庭多发放一次全数经济援助金，支出约 2700 万元；于本年 9 月 1 日至明年 8 月 31 日，继续向符合资格的社屋轮候家庭发放《社会房屋轮候家团住屋临时补助发放计划》，并建议调升补助金额约 8%；为纾缓通胀对各阶层人士的压力，决定由 10 月 1 日起调升住宅单位电费补助，每户由现时每月的 180 元加至 200 元，调整后政府每年支出 4.3 亿元；调升 2012/2013 学年的学费津贴及书簿费津贴金额。

澳门基金会支持内地扶贫项目。澳门基金会与中国宋庆龄基金会签署协议，由基金会拨款 2800 万元人民币，资助宋庆龄基金会展开购买合规格校车、学前教育培训交流及乡村母婴健康等项目。近年来，澳门基金会分别向四川省、新疆维吾尔自治区、江西省井冈山市、云南省、贵州省、东北三省、台湾地区、东帝汶及南亚国家进行捐助，支持当地基础建设、教育、医疗及灾后重建。

统计暨普查局公布最新人口统计数据。资料显示，2012 年 6 月 30 日人口估计为 568700 人，较 3 月底增加 5800 人，增幅为 1.0%。2012 年第二季有 1655 名新生婴儿，按季增加 4.9%；新生男婴 905 名，男女婴儿性别比为 120.7∶100，即每 100 名新生女婴对应 120.7 名男婴。本年上半年新生婴儿共 3233 名，按年增加 23.1%。第二季死亡个案有 468 宗，按季减少 9.5%；前三位死因分别为肿瘤（161 宗）、循环系统疾病（122 宗）及呼吸系统疾病（87 宗）。2012 年上半年死亡个案共 985 宗，按年增加 6.7%；其中 65 岁及以上的占总数的 66.7%。第二季末的外地雇员共 102557 人，按季增加 3893 人；同季获准居留人士录得净移出 59 人。第二季内地移民有 993 人，按季增加 178 人；被遣返的内地非法入境者有 280 人，按季减少 7 人。本年第二季的结婚登记有 392 宗，按季减少 18.2%。2012 年上半年结婚登记共 1982 宗，按年增加 20.0%。

11日

行政长官崔世安与中国宋庆龄基金会常务副主席常荣军一行会面，就展开长远合作以支持国家改善贫瘠地区人民的生活和教育交换意见。

13日

"神舟九号"载人航天代表团访问澳门。"神舟九号"航天员景海鹏、刘旺、刘洋，以及以中国载人航天工程副总指挥牛红光为团长的"天宫一号"与"神舟九号"载人交会对接任务代表团，应特区政府邀请访问澳门。代表团成员还包括此次载人航天工程的科学家、设计师、系统指挥人员等。行政长官崔世安、全国政协副主席何厚铧等出席欢迎晚宴；澳门各界举行"神舟九号载人航天报告会""航天勇士与澳门学生真情互动""航天英雄·情系濠江"欢迎晚会等活动欢迎代表团。

横琴岛澳门大学新校区河底隧道事故报告完成。建设发展办公室发布消息，针对横琴岛澳门大学新校区河底隧道临时围护工程局部坍塌事故，总承建商广东南粤集团有限公司提交委托同济大学专家组现场调研撰写的事故报告。报告指出，坍塌区域地层条件复杂，存在着不利于基坑工程施工的软弱地质结构面，事发前的持续降雨导致了该处地层含水量加大，地下水位升高，使得土体沿软弱夹层产生滑移；

图 22　行政长官崔世安与"神舟九号"载人航天代表团团长牛红光，航天员景海鹏、刘旺和刘洋等合影

软弱地质体滑移引发地面塌陷后，挤压基坑围护桩；基坑内存在超挖现象，支护未完成施工，基坑内外压力失衡导致坑壁失稳，最终导致了本次临时围护工程的坍塌事故。建设发展办公室要求总承建单位在完成事故报告后，再提交一个可操作性的工作计划安排，争取隧道工程保质、安全竣工，事件中导致的一切损失及工程延误必须由承建商承担责任。

15 日

政府正式宣告氹仔伟龙 5 幅土地转让无效。基于土地权利的转让涉及不法行为，政府宣布于 2006 年确认同意转让氹仔伟龙马路和鸡颈马路的 5 幅土地，有关批给合同之行为无效。

"港澳与内地青年法律交流周"活动即日举行。法务局组织澳门大学及澳门科技大学法学院学生代表团，前往北京、山东参与"爱祖国、学法律、创和谐"青少年大型普法系列活动。

16 日

粤澳警方分别总结为期 1 个月的"雷霆 12"行动。其中澳门警方先后捣破两个跨境盗窃集团及两个老千集团，涉款超过 1 亿元。为净化粤港澳三地治安环境，共同维护社会稳定，三地警方在 2012 年 7 月 9 日至 8 月 8 日期间，展开为期 1 个月、名为"雷霆 12"的联合打黑行动，重点打击黑社会犯罪活动、有组织跨境贩毒、人体运毒、贩卖人口、跨境贩运、操控妇女卖淫、有组织跨境盗窃集团犯罪和清洗黑钱犯罪等。

19 日

西湾大桥摩托车交通专道试行。交通事务局、治安警察局交通厅、消防局、西湾大桥管理公司及清洁专营公司的代表前往西湾大桥巡视摩托车专道的最后准备情况，检视各项交通设备及交通标志等。

节水小组发布水资源报告。政府推动构建节水型社会工作小组举行《2011/2012 澳门水资源状况报告》发布会，介绍了澳门最新的水资源状况以及小组未来工作方向。节水小组未来将有序推进再生水的开发利用，计划于本年 9 月向社会各界介绍《澳门再生水发展总体规划研究》报告，其后将结合社会各界的意见及研究结果，编撰咨询文本，使再生水发展规划更加切合澳门社会整体发展需要。

20日

青葱大厦500个经屋单位预配。政府公报刊登第228/2012号行政长官批示，公布青葱大厦即青洲坊Lote 4地段共500个经济房屋单位的售价及补贴比率。青葱大厦邻近鸭涌马路，由两座楼高37层及27层的楼宇组成，合共提供500个经济房屋单位，实用面积每平方米平均售价约19990元。

21日

房屋局按序分批安排业兴大厦获选家庭挑选经济房屋单位。首批61个获选选择三房经济房屋单位之家庭中，有18个家庭报到，其中已挑选15个经济房屋单位、1个自选排名单末尾、1个申请延迟选楼、1个实时取消竞投。业兴大厦经济房屋由特区政府全资兴建，为石排湾公共房屋项目之一，位于路环石排湾马路，毗邻路环石排湾公园，由10座楼宇组成。

《澳门青年政策（2012~2020）》公开咨询。为进一步完善政策内容，教育暨青年局即日起展开为期两个月的连串公开咨询活动，邀请社会各界就"青年政策"咨询文本的内容共同参与讨论，收集社会各界的意见，以期让未来的"青年政策"能更贴近民意和获得社会的广泛认同。

"第十一届中药全球化联盟研讨会"在澳门举行。研讨会为期3天，由"中药全球化联盟"（Consortium for Globalization of Chinese Medicine）举办，澳门科技大学承办，来自世界多个国家和地区的专家学者、政府官员、医药企业家等共500多人出席了开幕礼。研讨会汇聚了来自世界著名大学如耶鲁大学、剑桥大学、香港大学、清华大学、同济大学的知名学者，围绕实证中医药研究数据分析、中医药教育、中医药研究与产业发展国际合作、中药资源、中药活性分析与作用机理、中药产品研发、中医临床研究、针灸研究、生物资讯学与数据分析等领域进行深入研讨，特别注重创新性研究和经验交流，努力建立适合中医药研究特点的新技术和新方法及国际性合作平台。"中药全球化联盟"于2003年12月由16个成员机构发起组成，是中医药研究与应用的国际性组织。

22日

政府相关部门与中国石化代表商讨加央处理胶粒方案。对于日前在黑沙及竹湾两海滩发现怀疑聚丙烯胶粒事件，政府各相关部门继续协调跟进，并与香港胶粒事件货主中国石油化工股份有限公司方面举行紧急会议，确认有关胶粒为聚丙烯胶粒。中国石化代表在会上提供胶粒的相关资料，表示会配合澳门的清理工作。

23日

澳门与四川省旅游局签署旅游合作备忘录。四川省人民政府、澳门特别行政区政府旅游局及香港旅游事务署在成都合办"四川与香港、澳门旅游合作洽谈会暨'新四川　新景象'旅游宣传推广活动"，展示四川受港澳等地区和省市灾后援建的成果，并借港澳平台，加强西南地区入境旅游市场的开拓。旅游局连同业界代表17人参与活动。旅游局又与四川省旅游局签署旅游合作备忘录，以加强合作与沟通，增加两地的旅客流量，协助发展双方的旅游业务。

地图绘制暨地籍局与香港地政总署合作完成港澳测量控制网联测项目。双方在澳门举行了成果确认典礼，通过合作项目成功建立"香港大地坐标系"与"澳门大地坐标系"的转换关系，使港澳两地的大地测量成果能互相转换，发挥两地卫星定位参考站网的连接及互补作用，促进测绘数据及地理信息的交换与共享，为未来测绘领域的合作发展创建良好的条件。

"广东省旧城镇、旧厂房、旧村庄改造用地政策宣讲会"在澳门举行。宣讲会由广东省国土资源厅、广东省对外贸易经济合作厅和澳门贸易投资促进局合办，此次活动为广东省对外贸易经济合作厅与澳门

24 日　贸易投资促进局粤澳经贸合作年度计划的活动之一。活动超过 120 人出席，包括商会代表以及来自建筑工程、地产、贸易、银行等企业代表。

26 日　行政长官崔世安与伦敦奥运会国家金牌运动员代表团会面。崔世安祝贺代表团取得优异成绩，并希望代表团在访澳期间与广大居民多交流接触，增加对澳门的认识。2012 年伦敦奥运会国家金牌运动员代表团由国家体育总局局长、代表团团长刘鹏，国家体育总局副局长、副团长段世杰以及来自 13 个运动项目，包括射击、击剑、帆船、举重、拳击、跆拳道、竞走、游泳、跳水、体操、蹦床、乒乓球、羽毛球的 47 名金牌运动员和 21 名教练及官员组成。本届伦敦奥运会，中国国家队共取得 38 金、27 银、23 铜共 88 面奖牌，并且打破了 6 项世界纪录及 6 项奥运纪录。

27 日　政府成立礼宾公关外事办公室。政府公报刊登设立该办公室的第 233/2012 号行政长官批示，9 月 1 日起成立礼宾公关外事办公室，为政府安排礼宾及非外交政策的领事事务管理工作。根据批示，该办公室属项目组性质，直属行政长官并在其指导下运作。据统计，2011 年特区政府共接待内地代表团 40 次、领事及领事团超过 100 次、外国政府代表团 63 次。政府总部辅助部门礼宾暨公关部安排由行政长官率领的政府代表团往外国访问 1 次、往内地访问 16 次。礼宾公关外事办公室的成立，将加强政府涉外工作能力，为政府树立良好的对外形象，也可加强澳门与世界各地的沟通联系和友好合作，发挥澳门在国际舞台上的平台作用。

29 日　立法会全体大会细则性讨论及通过《修改第 3/2004 号法律（澳门特别行政区行政长官选举法）》法案以及《修改第 3/2001 号法律（澳门特别行政区立法会选举法）》法案。立法程序的完成为 2013 年立法会选举和 2014 年行政长官选举提供了法律基础，为社会稳步持续发展奠定了重要基石。

　　粤港澳首次在印度联合推广旅游。澳门旅游局、香港旅游发展局及广东省旅游局在印度三市举行联合推广活动，向当地业界及媒体推广粤港澳旅游及一程多站行程，借此拓展客源及吸纳印度优质旅客，推动客源市场多元化。三地旅游局连同广州市旅游局、中山市旅游局及深圳市文体旅游局先后在印度青奈、孟买及新德里举行推广活动，共邀请近 300 名印度业界代表及媒体参加。据统计，澳门的印度旅客数据由 2003 年的接近 1 万人次上升至 2011 年的 17 万人次。

30 日　立法会全体大会细则性通过《公积金个人账户》法案，以及《司法援助的一般制度》法案。

　　望厦社屋"望贤楼"落成。"望贤楼"可提供 346 个两房的社会房屋单位及 385 个泊车位，房屋局将安排合资格的家庭挑选单位，协助低收入家庭解决住屋困难。

　　统计暨普查局公布第二季本地生产总值。资料显示，受博彩服务出口、旅客总消费及投资增长减慢影响，本年第二季本地生产总值增幅放缓，按年实质上升 7.3%。经济增长主要由服务出口及私人消费支出升幅带动；其中，博彩服务出口上升 6.2%，旅客总消费增加 2.5%，私人消费支出上升 12.8%。

　　行政长官崔世安与来澳举办"中国首次载人交会对接航天展"的代表团会面，就推动澳门青年学子学习航天科技知识、加深了解国家航天事业发展等方面交换意见。

31 日

修改《出版法》与《视听广播法》商议式民调期末报告完成。报告包括正文中英文版以及相关附录，内容除了有中期报告内三次民调的初步结果和分析市民对两法意见的方向性描述外，还有对"公众组"和"专业组"的修法意见的民调结果进行深入分析、商议式民调各环节的工作安排，以及"商议日"共44场小组讨论和4场大会问答共40多万字的会议录等大量资料。

澳门基金会支持弱智人士服务协会改善服务及设备。澳门基金会将拨出500万元支持澳门弱智人士服务协会开展各项计划，包括资助该会购置两台校巴，为有需要的智障人士提供更便捷的服务，支持该会举办不同类型的职能培训班、才艺兴趣班，发掘及培养智障人士各方面的才能，使智障人士及其家庭获得更多元、更到位的服务。

9月

1 日

礼宾公关外事办公室正式成立，为政府安排礼宾及非外交政策的领事事务管理工作。行政长官批示，以定期委任方式委任行政长官办公室顾问马少荣担任礼宾公关外事办公室主任，唐伟良、李月梅担任办公室副主任，自本日起生效，为期一年。

澳门企业家代表团赴新疆参加"第二届中国—亚欧博览会"。应商务部邀请，澳门企业家代表团一行21人，前往新疆乌鲁木齐出席"第二届中国—亚欧博览会"。博览会设有澳门馆，向与会人士介绍澳门投资环境、商贸服务平台功能、澳门会展项目等。

3 日

文化局举行副局长就职仪式，梁晓鸣和姚京明从9月1日起担任副局长。梁晓鸣，美国堪萨斯大学钢琴音乐理论学士、音乐理论及钢琴演奏双硕士、音乐艺术博士，1995年起进入文化局，历任高级技术员、澳门演艺学院音乐学校校长、澳门演艺学院院长、澳门乐团署理总经理，2010年获政府颁授劳绩奖章。姚京明，北京外国语学院葡萄牙语专业学士、澳门大学葡萄牙文学硕士、复旦大学比较文学博士，历任澳门大学葡文系讲师、助理教授、副教授，1999年及2006年分别获颁授"千禧文化交流贡献奖"和葡萄牙总统颁授的"军官级圣地亚哥宝剑勋章"。

"澳门特别行政区法律顾问研修考察团"在沪开学。研修考察团由中央人民政府驻澳门特别行政区联络办公室和行政公职局合办，在上海中国浦东干部学院开班，共有约20名来自立法会和特区政府从事法律工作的人员参加。

4 日

行政长官崔世安在政府总部会见澳门市贩互助会代表，就行业经营情况及发展前景听取意见。

亚太区航空意外调查工作坊及特别工作组会议举行。会议由民航局主办，来自亚太区的民航当局和意外调查当局、全球大型航空器和引擎制造商、国际组织和澳门航空业营运机构共100余人参与，交流及分享各地在意外调查的经验、发展情况及最新技术，探讨加强区域合作，加强航空意外调查人员在调查工作的专业知识和能力。

文化局庆祝成立三十周年。文化局以"文化之城，永续共创"为主题，庆祝成立三十周年。文化局前身为澳门文化学会，于1982年9月4日成立，经不断优化组织架构，现已发展成为分工细密、具有高度责任感和服务精神的团队。

澳门企业家代表团赴长春参加"第八届中国吉林东北亚投资贸易博览会"。博览会由商务部、国家发展和改革委员会、吉林省人民政府共同主办;同时举行的还有吉林省人民政府主办、吉林省经济技术合作局承办的"2012年东南亚台港澳中国吉林经贸洽谈会"。代表团除参加博览会及洽谈会,还与东南亚及东北亚的经贸人士进行交流及对接,增进相互了解及寻找合作机会,借此进一步加强两地区企业家的沟通与合作。

5日

5000多个定期经济援助金受益家庭获多发放一份全额援助金。社会工作局通过澳门8家银行以自动转账或派发方式,向援助金受益家庭多发放一份全额援助金,总支出约2800万元。除了上述安排外,社会工作局已于本年7月调升最低维生指数,8月向符合第二期"特别生活津贴发放计划"的三类弱势家庭发放一次性的特别生活津贴,借此协助弱势社群舒缓因通胀造成的生活压力。

6日

廉政公署公布《关于轻轨路线行经澳门伦敦街及波尔图街投诉的调查报告》。报告指出运输基建办公室在审议及决定澳门轻轨路段的设计及选定的过程中,处理方法及程序欠妥。

审计署公布《轻轨系统——第二阶段》专项审计报告。报告指出,2012年才提出的110亿元轻轨整体造价预算早已超支。审计署自2010年起对轻轨系统进行跟踪审计工作,分阶段地就运建办已完成的工作提出审计意见,在2011年5月公布专项审计报告《轻轨系统——第一阶段》。此次审计工作审查至2011年12月31日运建办对轻轨系统第一期筹建的工作。审查范围包括"财务管理"和"成本控制及质量监控"两方面,重点关注运建办在财务方面的控制及合同执行情况。

西北航运申请取消客运准照。政府收到西北航运快线有限公司提出取消所持有的定期海上客运准照申请,翌日正式宣布停航。港务局对有关申请进行审核,并要求西北航运妥善处理有关的后续工作,尤其须对受影响的员工做出妥善安排。西北航运停止航线服务后,仍有六条海上客运航线往来澳门与香港各客运码头,可满足市民和旅客的出行需求。

7日

环境保护局公布《澳门环境保护规划(2010~2020)》及《澳门环境状况报告2010》。环保局自2010年起开展《澳门环境保护概念性规划构想(2010~2020)》征集公众意见、环境保护总体规划与多个专项规划研究工作,2010年开展《澳门环境保护规划(2010~2020)》咨询活动,经过1年多的科学调研,完成《澳门环境保护规划(2010~2020)》最终文本。该规划围绕"可持续发展、低碳发展、全民参与和区域合作"等四大核心理念,将改善人居环境、保障居民健康作为环境保护规划的重要目标。规划的内涵以"优化宜居宜游环境""推进节约循环社会""融入绿色优质区域"为三大主线,按先后实施15个关注领域的各项行动计划。《澳门环境状况报告2010》按澳门7个主要环境范畴的19项环境指标进行分析和评估,集中分析2010年澳门社会、经济及各项主要环境指标的变化状况和趋势。

"环境规划:回顾与展望"专家座谈会举行。借政府发布《澳门环境保护规划(2010~2020)》文本之机,环境保护局与澳门工程师学会合办"环境规划:回顾与展望"专家座谈会,通过不同地区及机构专家的经验分享,了解邻近地区的环境保护规划工作及其重要性,促进社会各界关注环境保护,共同构建"低碳澳门、绿色生活"的愿景。

"2012澳台关系论坛"在台北开幕。论坛由中华港澳之友协会(台湾)和中华文化交流协会(澳门)主办,澳台友好协会、中国文化大学澳门研究中心、中华领袖菁英交流协会合办,中评社及台北海洋技术学院、淡江大学大陆研究所、台湾师范大学政治学研究所等多个单位协办。论坛主题集中在"台澳经贸交流的扩大与深化""台澳文创产业的合作与前瞻""台澳观光旅游的发展与策略合作"等方面。

中葡论坛常设秘书处参加厦门投洽会并举行葡语国家馆开馆仪式。中国—葡语国家经贸合作论坛（澳门）常设秘书处马塞罗及姗桃丝副秘书长率团前往厦门，出席"第十六届中国国际投资贸易洽谈会"并设立葡语国家馆，同时参加各项主要活动，包括会见商务部蒋耀平副部长，参加投洽会欢迎晚会，出席投洽会开幕式，举行"葡语国家馆"开馆仪式，参加"黑·冀·澳商业配对洽谈会"等。

8日

行政长官崔世安致函中央政府关心云南地震灾情。崔世安表示澳门将全力配合国家的抗震救灾工作。9月7日，我国云南省与贵州省交界处发生地震，造成人员伤亡及居民财产损失，国家各有关部门及当地政府已开展紧急的抗震救灾工作。

9日

首届"世界旅游经济论坛·澳门2012"揭幕。全国政协副主席阿不来提·阿不都热西提，全国政协副主席、中华全国工商业联合会主席黄孟复，全国政协副主席、世界旅游经济论坛大会主席何厚铧，澳门特区行政长官崔世安等出席开幕式。论坛由澳门特别行政区政府社会文化司主办、中华全国工商业联合会旅游业商会协办、世界旅游经济研究中心筹办，以"增长驱动增长：旅游与经济发展的互惠互动"为主题，旨在打造一个国际性交流合作平台，探讨旅游业与相关产业相互影响、牵引互动所带来的机遇和挑战，为旅游业及相关产业寻找契合点和合作机遇，同时协助提升澳门旅游产业的国际竞争力，打造澳门的世界旅游休闲中心地位。阿不来提·阿不都热西提在开幕式上发表贺词说，由特区政府搭建的这个平台让旅游业界的专家学者聚集一起，共谋发展，对驱动经济增长有着重要意义。何厚铧表示，世界旅游经济论坛无论对澳门特区、中国还是全球的未来发展都有重大意义。他希望此次论坛能为业界提供契机，策动新思维，共同勾画有关旅游经济产业的发展新路向，实现跨地域、跨行业合作的多赢局面。黄孟复致辞时说，本次论坛以旅游与经济发展的互惠互动为主题，深入探讨旅游经济相关问题，具有非常积极的意义，希望论坛能成为促进中国与世界旅游业沟通与了解的窗口和桥梁。崔世安在致辞时说，旅游业目前已成为澳门重要产业之一，国家"十二五"规划纲要及《粤澳合作框架协议》突出了澳门建设世界旅游休闲中心在国家长远规划和区域协调发展中的地位与作用。特区政府将大力推广"一程多站"式旅游，持续促进旅游业走多元化、优质化、国际化的道路。据统计，本次论坛吸引了来自20多个国家和地区的600多名政府官员及业界代表出席。

行政长官崔世安先后与出席"世界旅游经济论坛·澳门2012"的全国政协副主席兼全国工商联主席黄孟复、甘肃省省长刘伟平、联合国世界旅游组织秘书长塔勒布·瑞法、全国政协副主席阿不来提·阿不都热西提、泰国副总理兼旅游和体育部部长仓波及葡萄牙经济及就业部部长佩雷拉等会面。

10日

行政长官崔世安出席澳门中华教育会庆祝2012年教师节联欢会。崔世安在致辞中指出，政府将持续完善和落实教育政策、资源投放、教育立法、教育改革、教育质量，关心教师的专业工作地位和待遇等。政府坚持优先发展教育，致力于促进教育公平，充分发挥教育在特别行政区建设中的基础性、全局性地位和作用。

行政长官崔世安与出席"世界旅游经济论坛·澳门2012"的联合国可持续发展大会秘书长沙祖康及

国家旅游局局长邵琪伟会面。

"2012 港澳视觉艺术双年展"在北京开幕。展览由文化部、香港特区民政事务局、澳门特区文化局共同主办，在北京中华世纪坛开幕。年展分别于 2008 年及 2010 年举办了两届，本年第三届命名为"2012 港澳视觉艺术双年展"。

11 日

政府联合行动收回烤公亭下方土地。为配合"山边街美化及新口岸和松山行人通道计划"第二区项目如期开展，政府采取跨部门联合行动，收回并腾空项目范围内面积达 4400 平方米的霸地。相关土地收回后随即安排展开工程，包括兴建升降机及行人天桥等无障碍设施，以便居民通过步行系统便捷往返于新口岸区与东望洋区之间。

首批青葱大厦获甄选家庭挑选经屋单位。房屋局按序安排首批青葱大厦获甄选家庭挑选经济房屋单位，首批 60 个获甄选选择三房经济房屋单位之家庭中，有 53 个家庭报到，已挑选 52 个单位。

行政长官崔世安在政府总部会见来澳进行《联合国反腐败公约》履约审议事务工作会议的中央政府代表团，就廉政建设、反腐败工作及公约适用于澳门特区的跟进工作交换意见。

"公务人员薪酬评议会"成员赴香港考察调薪机制。成员们拜访了香港公务及司法人员薪俸及服务条件咨询委员会联合秘书处，了解香港特别行政区政府公务员薪酬调整机制及有关发展情况，为日后澳门订立相关机制提供借鉴。

13 日

政府执行法院判决收回九澳村一非法占地。中级法院早前驳回一宗位于路环九澳村的非法占地扩建个案。为保障公众利益，政府跨部门执行法院判决收回此宗土地。

14 日

澳门成为世界旅游城市联合会理事。以"旅游让城市生活更美好"为主题的世界旅游城市联合会成立大会暨北京香山旅游峰会在北京国家会议中心召开，澳门特别行政区获选为城市会员理事之一。世界旅游城市联合会是由北京市率先倡导，与巴塞罗那、柏林、迪拜、洛杉矶、渥太华、天津、重庆等国内外著名旅游城市共同发起，是全球第一个以城市为主体的国际旅游组织，继世界旅游组织、世界旅行旅游理事会、亚太旅游协会三大国际性旅游组织成为世界第四大旅游组织。目前联合会的首批理事会城市会员和非城市会员共 58 个，同时还有 1 个观察员城市。

17 日

特区政府与国家行政学院签署《澳门特别行政区政府与国家行政学院合作谅解备忘录》。根据备忘录，双方将深化公务人员及其他各类人才培训领域的合作，进一步扩大培训规模及提升培训质量，积极推动在科学研究和决策咨询等领域的交流合作，以全面提高特区政府的科学施政水平，让澳门充分发挥在国家整体发展中的优势和重要作用。

第十一届内地、香港、澳门卫生行政高层联席会议在澳门举行。三地专家就社会老龄化下的卫生政策、防控新型流感之应变与合作、三地卫生信息化建设及管理情况、三地 CEPA 政策沟通及展望进行了讨论。

行政长官崔世安与香港特别行政区财务司司长林郑月娥会面，就进一步巩固关系、加强旅游合作交换意见。

19日
　　政府决定优先修订《出版法》。因应新闻业界主流意见和商议式民调结果，政府决定以"只删不增"的原则优先修订《出版法》，删除较具争议性的"出版委员会"及《新闻工作者通则》相关条文，并调整多项条文的用词，以配合和适应其他相关法律法典。同时，暂缓《广播法》的修订。

20日
　　澳门乐团赴葡萄牙参加"中欧文化对话年"活动。"中欧文化对话年"由国家文化部与欧盟教育文化总司（DGEAC）联合举办，是中国文化在欧洲的一次大型集中展示。文化局澳门乐团前往葡萄牙参加该项活动，在葡萄牙开展为期一周的文化交流。文化局亦同时组织澳门多位艺术家，在里斯本举行摄影作品展，以促进澳门与葡萄牙两地的文化交流。

21日
　　商务部与特区政府签署《关于加强会展业合作协议》。该协议对政策支持、在澳培育品牌会展、推动澳门与横琴会展业协调发展和相关产业衔接等方面做了规定，并成立会展业合作工作组，统筹协调内地赴澳参展办展活动。现时澳门会展及相关企业300多家，包括会展组织、场地营运、设计及承建、货运代理、广告公关、旅游代理、顾问咨询类等。
　　行政长官崔世安与商务部副部长蒋耀平会面。双方就促进会展业发展并提升产业的国际化程度交换意见。
　　教育暨青年局举办首届"青年论坛2012——两岸四地青年政策与青年全面发展"活动。论坛由教育暨青年局主办、国际青年商会中国澳门总会承办、澳门科学馆协办，在澳门科学馆会议中心举行。两岸四地专家学者就青年工作发表意见，与澳门青年进行互动交流；论坛配合已开展的《澳门青年政策（2012~2020）》公开咨询，广纳专家学者的意见，听取与会者对澳门未来青年政策发展方向的声音，为澳门青年政策的订定及落实提供参考。
　　广东省水利厅与节水小组交流保障供水安全。广东省水利厅副厅长林旭钿带领珠海市水务局和珠海水务集团有限公司的代表，前来澳门访问推动构建节水型社会工作小组，交流今冬明春的咸潮形势，商讨各项应对措施，保障澳门的供水安全。

22日
　　澳门基金会参加"2012年亚洲教育论坛年会"。论坛在四川成都举行，旨在"架起亚洲教育合作桥梁"，应对国际竞争给亚洲带来的人才挑战。澳门基金会是论坛发起单位之一，行政委员会委员黎振强在致辞时表示，发展教育、推广澳门是澳门基金会的重要职责。

23日
　　沉没渔船打捞工作完成。22日晚约10时35分，渔船"珠湾3188"与货船"粤珠海货0016"发生碰撞，导致渔船在往内港航道15号浮标附近即嘉乐庇总督大桥至西湾大桥之间的海面沉没。由于发生碰撞意外的渔船几乎完全沉没，港务局启动"往内港航道及附近水域应急打捞清障"机制，安排打捞船队前往现场进行打捞工作，海关派出蛙人搜救。渔船上共有8名船员，5人获救，在船舱内寻回3名失踪船员的遗体。

24日
　　行政长官崔世安与珠海市市委书记李嘉会面。双方就澳珠合作共同发展和推进横琴建设进行工作回顾及展望。
　　澳门特别行政区护照持有人可免签证进入阿尔巴尼亚及俄罗斯。澳门特别行政区政府与阿尔巴尼亚共和国政府互免签证安排的有关磋商已经完成，2012 年 9 月 24 日开始生效。按照有关安排，澳门特别行政区护照持有人可免签证进入阿尔巴尼亚共和国，逗留最多 90 日；阿尔巴尼亚共和国国民亦可免签证进入澳门特别行政区，逗留最多 90 日。

25 日

政府跨部门小组收回两幅土地。两幅土地位置相连，位于冰仔聚龙街与幸运团之间，共约 3000 平方米，规划作为兴建"后万九公屋"的预留用地。

深港澳珠签署首份旅游合作协议。旅游局与香港旅游发展局、香港旅游业议会、深圳市文体旅游局及珠海市文体旅游局举行会议，签署首份四地旅游合作协议。根据协议，深圳、香港、澳门及珠海将设立旅游合作联络小组，建立定期沟通机制，加强四地在旅游宣传推广和旅游市场监督管理方面的合作与沟通，互相宣传四地在旅游行业管理和市场规范方面的政策法规。

"内地与澳门科技合作委员会"第六次会议在澳门召开。来自科技部、国务院港澳办、中联办、中国科学院、自然科学基金委员会、中国科协及广东省科技厅等部门以及来自澳门的科技委员会、科学技术发展基金、环保局、电信管理局、卫生局、教青局、生产力暨科技转移中心、澳门大学、澳门理工学院和澳门科技大学等机构的近 70 人参加了会议。运输工务司司长刘仕尧与科学技术部副部长曹健林出席会议并发表讲话。

26 日

行政长官崔世安率政府代表团前往北京出席首届北京·澳门经贸交流洽谈会。洽谈会由北京市人民政府和澳门特别行政区政府主办，北京市港澳办、北京市贸促会和澳门贸易投资促进局共同承办。其间有举办"北京·澳门发展论坛"、专题推介、企业家对接洽谈、合作项目签约、澳门特色产品展卖等一系列活动。崔世安出席 27 日上午举行的开幕式及合作协议签约仪式，并为"澳门特色产品展卖周"开馆剪彩及巡视展馆。

行政会完成《存款保障基金》《存款保障制度的补偿限额》行政法规草案及讨论《延长社会房屋轮候家团住屋临时补助发放计划的实施期间》行政法规草案，延长实施为期一年至 2013 年 8 月 31 日，并适当调升补助金额和放宽入息限额。

长者事务委员会探讨澳门老龄化问题。长者事务委员会举行本年度第二次全体会议，探讨澳门人口老龄化的现状，借鉴国际社会与亚太地区应对人口老龄化现象的政策和经验，为未来澳门长者服务做好规划。据统计暨普查局 2011 年人口普查数据，澳门 65 岁及以上的老年人口占总人口的比例为 7.2%，与 10 年前相当，但扣除外来劳工及学生等非本地居民的人数后，老龄人口实际占本地居民比例为 8.2%。同时，澳门人口的老化指数由 2001 年的 33.6 上升至 2011 年的 60.7，反映老年人口与少年儿童人口比率出现变化；这一指数相对于内地的老化指数 53.4 略高，但低于香港的 114.3。除此之外，澳门老龄人口抚养比为 10.5，与 10 年前的 10.2 相当，而老龄人口的性别比则由 2001 年的每 100 名女性对 71.1 名男性，转变为 2011 年的每 100 名女性对 81.4 名男性。值得注意的是，澳门未来人口老龄化情况将受到战后"婴儿潮"，即 1946 年至 1964 年出生的 14 多万人口陆续步入退休年龄的影响。

27 日

行政长官崔世安与北京市市委书记郭金龙，市委副书记、代市长王安顺会面，双方同意在经贸、文化等多个领域加强合作，特别是北京与澳门可联合向葡语国家推广经贸。

行政公职局举办公务人员国情报告会。为庆祝中华人民共和国成立 63 周年，行政公职局举办国情报告会，主题为"粤澳合作新进展与澳门发展新机遇"，由广东省社会科学院陈建研究员主讲。陈建在报告中简要回顾粤澳合作的历程，详细讲解粤澳合作的机制和粤澳合作框架协议的主要内容及进展情况，从国际、国内经济大背景阐释广东发展转型的措施和任务，着重分析澳门发展面临的新机遇。行政公职局局长朱伟干、中联办社工部部长黄华盖与来自24个公务员团体的负责人、会员及有关公务人员150多人出席报告会。

28日　非高等教育委员会举行全体会议。会议由委员会主席、社会文化司司长张裕主持，内容包括介绍特殊教育工作的现况、"特殊教育专项评鉴"报告、"2010/2011学年澳门高中毕业生升学调查报告"以及现职教学人员首次入级的数据。

29日　澳门累计录得11宗登革热本地确诊病例。政府启动登革热疫情第三级别（本地扩散）应对方案，重点工作包括扩大灭蚊范围，加强宣传动员市民共同清除蚊患滋生源。

30日　"十一黄金周"旅游通报机制启动。旅游局与广东省旅游局及福建省旅游局启动旅游通报机制，妥善做好"十一黄金周"的准备工作，由9月30日至10月8日正式运作。

　　2011年旅行社调查结果公布。统计暨普查局数据显示，2011年营运的旅行社共186家，较2010年增加9家。截至2011年底，旅行社在职员工共3379名，按年增幅11%。营业额及其他收益为55.4亿元，较2010年上升17%。收益主要来自订购票务（18.8亿元）、旅行团（13.8亿元）及订房服务（13.7亿元），合计占营业额及其他收益的34%。

　　2012年8月消费物价指数公布。统计暨普查局数据显示，本年8月综合消费物价指数（117.82）按年上升6.33%，升幅主要由外出用膳收费二调以及蔬菜价格上升所带动。以2008/2009年为基期的综合消费物价指数反映了物价变化对澳门整体人口的影响。甲类消费物价指数代表约50%的住户，每月平均开支在6000元至18999元之间；乙类消费物价指数代表约30%的住户，每月平均开支在19000元至34999元之间。

10月

1日　特区政府举行升旗仪式等系列活动庆祝中华人民共和国成立63周年。升旗仪式于上午8时在新口岸金莲花广场举行，为系列庆祝活动揭开序幕。治安警察、消防、海关及警察银乐队等纵队在升旗台前列队，行政长官崔世安在保安司司长张国华陪同下检阅仪仗队。出席升旗仪式的嘉宾有中央人民政府驻澳门特别行政区联络办公室主任白志健、外交部驻澳特派员公署特派员胡正跃、解放军驻澳部队司令员祝庆生、立法会主席刘焯华、终审法院院长岑浩辉，行政会委员、立法议员、政府官员、人大代表、政协委员及各界人士共200多人。升旗仪式后，行政长官随即主持"澳人齐贺国庆世界步行日欢乐跑"，约有15000人参与欢乐跑活动。

　　"澳门特别行政区政府国庆体艺汇演——万人迷音乐会"在塔石体育馆举行。音乐会由澳门特别行政区政府主办、体育发展局承办。

"庆祝中华人民共和国成立63周年文艺晚会"当晚举行。晚会由民政总署与中央人民政府驻澳门特别行政区联络办公室文化教育部主办,特邀新疆杂技团演出大型音乐杂技剧《你好,阿凡提》。

第24届澳门国际烟花比赛汇演压轴上演。来自中国的"熊猫烟花"夺冠,法国Lacroix – Ruggieri及澳大利亚Infinity Pyrotechnic的烟花队分别夺得亚军及季军。澳门国际烟花比赛汇演至今已有24年的历史,是澳门的年度盛事,已成为澳门的一个标记和特色。

2日

行政长官崔世安致函香港特别行政区行政长官梁振英关心香港撞船事故。崔世安代表澳门特别行政区政府向事故遇难者及其家属表示哀悼,向事故伤者及其家属表示深切慰问。10月1日晚,香港离岛南丫岛榕树湾海面发生撞船意外,一艘载逾百人的香港电灯集团有限公司载客船南丫四号被一艘港九小轮控股有限公司的双体船海泰号所撞,撞击后迅速翻沉,事故共造成39人死亡、92人受伤。

2011年饮食业调查数据公布。统计暨普查局数据显示,2011年有营业的饮食店铺及街市熟食档共1714家,较2010年增加66家,包括1660家饮食店铺及54家街市熟食档;在职员工为21219人,减少953人。营业额及其他收益为60.9亿元,总支出为57.1亿元,按年分别上升11%及10%。反映行业对经济贡献的增加值总额为23.6亿元,上升9%;固定资本形成总额3.0亿元,按年增加37%。饮食业调查的统计范围包括在2011年领有营业准照的酒楼、餐厅、食肆、饮品店及街市熟食档,但不包括由酒店经营的餐饮场所和设施,亦不包括街边摊档。

5日

新城填海区A区填土及堤堰建造工程开标。新城填海计划于2009年12月获中央政府批核,各区域填海造地的前期工作及深化研究已陆续展开。其中A区填土及堤堰建造工程项目今日公开开标,工程不设底价,共有8家公司递交标书文件。工程造价由187680万元至338338万元不等,工期由960天至990天不等。新城填海区分五部分,共约350公顷。A区位处于澳门半岛黑沙环及友谊大桥以东、澳门外港航道北侧的海域,五区中面积最大,约138公顷,新建海堤总长约5600米。规划用作商住小区、基础设施、水岸公园、公共/社会设施及多元产业发展用地。

澳门与牙买加签订税收信息交换协定。澳门特别行政区与牙买加在牙买加首都京斯顿签订税收信息交换协定,该协定开启了两地互通税收信息之大门,有助于双方日后加强税务方面的合作。在完成相关内部法律认可及相互通知程序后,双方便可按协定规定要求对方提供所需税收信息,以协助调查跨境逃漏税。该协定为澳门与外地签署的第15份税收协议。此前,澳门已先后与中国内地、葡萄牙、莫桑比克、佛得角、比利时签订了关于对所得避免双重征税和防止偷漏税的安排或协定,并与丹麦、法罗群岛、冰岛、挪威、芬兰、瑞典、格陵兰、澳大利亚、印度签订了税收信息交换协定。

旅游局在中国台湾地区举办澳门游艺节。台湾是澳门的第三大客源市场。近年从台湾到澳门的过夜旅客逐年上升,2012年1月至7月,来自台湾的酒店住客接近19万人次,在入境澳门的台湾旅客中占3成,比2011年同期增加2.2%。

7日

行政会完成讨论《向公积金个人账户拥有人发放款项的程序》行政法规草案。政府为执行第14/2012号法律《公积金个人账户》的规定,制定了该补充性行政法规草案,以订定鼓励性基本款项、预算盈余特别分配及其他应转入公积金个人账户的款项的发放程序。

8日

拱北海关公布破获"水客"团伙走私笔记本电脑案，案值约1.4亿元人民币，涉案者包括2名澳门居民。

行政长官表示要为居民铺垫民生福利长效机制。行政长官崔世安会见澳门街坊会联合总会代表，就政府明年施政工作听取意见及建议。崔世安表示，随着经济平稳发展，政府目前具备财政资源，现阶段是为居民未来铺垫民生福利长效机制的适当时间。

延续住屋补助计划已受惠家庭豁免续期申请。政府公报刊登第22/2012号行政法规，《社会房屋轮候家团住屋临时补助发放计划》延长一年，至2013年8月31日。同时，政府调升补助金额，1至2人家庭由每月1250元升至1350元，3人或以上家庭由1900元升至2050元。住屋补助共发放12期，每月一期。

10日

沙梨头善丰花园停车场一根主力结构桩柱突然爆裂，导致上面多层走廊均现裂缝。土地工务运输局证实存在危险，必须即时封楼，约200户居民受影响。翌日，行政长官崔世安召开政府跨部门会议，并到善丰花园巡视，强调首要照顾好居民安全。15日再度召开会议，检视跟进工作，进一步评估未来可能出现的情况，综合筹划各项应对预案。善丰花园位于沙梨头海边大马路，为30层大厦，于1994年建成。

12日

特区政府与中联办联合举办"新时期中国人权发展"专题报告会。报告会邀请中国人权研究会理事、南开大学人权研究中心副主任常健教授做《新时期中国人权发展——挑战与战略选择》报告。常健教授从中国人权发展的基本战略、改革开放以来中国人权事业的发展和澳门"一国两制"实践中的人权问题等三个方面，系统全面地阐述了人权的普通原则、基本特点和基本内容，以及中国政府的人权理念、人权发展成就和面临的新挑战。

第五届"21世纪的公共管理"国际学术研讨会举行。会议由行政公职局、中山大学中国公共管理研究中心、澳门大学、澳门基金会共同主办，邀请了来自中国内地、香港、澳门、台湾以及美国、英国、澳大利亚、法国、意大利、瑞士、以色列、俄罗斯、日本、韩国、印度、新加坡、菲律宾、泰国、越南等19个国家和地区的专家学者出席。研讨会围绕"大变局下的公共治理"开展讨论，除主题发言外，还设全球社会公平挑战、公共财政与治理、公共部门改革与创新、地方治理改革与发展、高速城市化进程中的公共管理、社会管理与创新、社会变迁与政策创新、全球福利体系反思、审计与政府债务、公共部门人力资源管理、廉政与透明政府、新媒体时代的公共管理、社会抗争与社会治理及公共管理等新议题进行分组讨论。研讨会延续上一届的传统，继续设置"澳门论坛"，围绕"区域合作与澳门发展"这一主题，讨论澳门在经济、社会各方面面临机遇时可采取的措施，分享了各地区的发展经验。

港务局与珠海海事局举行海上安全工作会议。会议就环澳门水域水上水下活动的航行安全信息发布与交通组织协调、环澳门水域观光船和渡轮航行安全管理、珠澳海上应急联动联络机制以及珠澳两地船舶交通管理中心（下称VTS）的沟通协作等议题进行探讨，以加强环澳门水域航行安全管理的沟通合作，进一步提高珠澳两地的海事安全。

政府颁布控制房价新"八招"，加重楼市投机炒卖成本，以降低资产泡沫化的潜在影响。新"八招"包括：（一）收紧澳门住宅按揭成数；（二）建议特别印花税适用范围扩展到商铺、写字楼及车位；（三）

建议向法人及非澳门居民购买住宅单位时再征收额外印花税；（四）建议对现时政府扣减房屋税的措施，今后只适用于澳门居民；（五）加快推进"万九公屋计划"外的公共房屋兴建；（六）研究重建政府部分公共设施，兴建综合性的公共设施及公共房屋；（七）优化私人建筑批则工作；（八）与业界研究订定楼花销售指引。

广东省纪委代表团访问审计长何永安。广东省省委常委、省纪委书记黄先耀率领广东省纪委代表团礼节性访问审计长何永安，双方就政府审计监察制度进行了多方面的交流。

14 日

社工局社会服务专业赴川举办交流培训班。由社会工作局主办，中央人民政府驻澳门特别行政区联络办公室社会工作部协办之"社会服务专业赴川交流培训班"前往四川，进行为期 6 天的培训交流考察活动。此次培训班包括专业授课及交流考察两部分，其中课程方面旨在加深学员对"一国两制"和澳门基本法有关国家的政治制度和澳门特别行政区制度的认识，了解"十二五"期间四川省经济社会发展的机遇与挑战等；交流考察方面，参观四川成都当地的社会工作服务设施，并到广元市实地考察灾后援建项目；亦与四川当地的社会工作专业学系师生进行交流学习。

15 日

《公积金个人账户》法律生效。该法律旨在处理政府从公帑拨予居民的款项，以加强及提升居民尤其是长者的社会保障及生活素质，并为日后建立中央公积金制度构建基础。新法规定，现有的中央储蓄制度个人账户将转换为公积金个人账户，同时新增可被视为身处澳门满 183 天的情况，放宽了提前领取个人账户内款项的申请条件。法律亦订明公积金个人账户内的结余不可查封及不可移转，充分保障账户拥有人的权益。

行政长官崔世安再度召开跨范畴会议综合筹划善丰花园应对预案。会议检视了沙梨头善丰花园事件发生至今的相关跟进工作，进一步评估未来事态发展中各个阶段可能出现的情况，综合筹划各项应对预案。崔世安指示各部门继续紧密合作，尽全力协助受影响住户。

16 日

行政会完成讨论"修改第 6/2011 号法律《关于移转居住用途不动产的特别印花税》及《印花税规章》"法律草案。为打击炒卖住宅单位的投机行为，引导房地产市场朝健康及可持续的方向发展，政府于 2011 年颁布了第 6/2011 号法律《关于移转居住用途不动产的特别印花税》，针对短期内移转住宅单位额外征收"特别印花税"。为打击炒卖不动产的过度投机行为，政府制定了该项法律草案，建议修改第 6/2011 号法律，将其适用范围扩展至商铺、写字楼及车位的移转，同时建议修改《印花税规章》，对法人、自然人商业企业主及非本地居民取得住宅单位做出税务限制措施。

17 日

2012/2013 年司法年度开幕典礼举行。行政长官崔世安亲临主礼，终审法院院长岑浩辉、检察长何超明及律师公会理事长华年达在典礼上致辞。法院和检察院的全体司法官、律师出席典礼。获邀嘉宾还有中央驻澳机构的代表、立法会主席、政府各主要官员、行政会委员、立法会议员、法官委员会和检察官委员会委员、推荐法官的独立委员会委员、相关机构主要负责人等。崔世安致辞时表示，随着社会经济急速发展，切实需要一个独立、公平、高效及透明的司法体系，同时需要一支公正及高效的司法队伍。澳门特区成立将近 13 年，司法机关作为澳门特区其中一个权力机关，一直在基本法订定的框架下坚守及落实司法独立的原则，坚持依法维护社会公义、居民合法权益。他肯定了全体司法官员过去的工作，期望各人继续努力，为维护"一国两制"、"澳人治澳"、高度自治这一伟大事业，为提升司法效率、巩固法治精神及彰显公义这一伟大使命做出更大贡献。

18日

第17届"澳门国际贸易投资展览会"（MIF）开幕。MIF是澳门年度经贸盛事，是以展览展示、高层论坛、专业会议、商业配对采购等活动为主的综合性国际贸易投资展览会，本届展位超过1800个，同比增幅达9%。

审计长何永安在立法会引介《2011年度政府账目审计报告》。何永安通过"审计长报告书"分别陈述"政府一般综合账目"及"特定机构汇总账目"的审计结果，表示审计署已按照规定全面完成审计工作，编制成《2011年度政府账目审计报告》。

立法会全体大会细则性通过《房地产中介业务法》，一般性通过《文化遗产保护法》。其中，《文化遗产保护法》订定了文遗保护政策，建议重新审视文化财产概念，为各类型的文化遗产订定清晰定义，列出新的物质及非物质文遗清单。同时设立文化遗产委员会，引入公众参与，确保居民有权参与文遗保护政策的制定及落实。

19日

2012年澳门科学技术奖励颁奖典礼举行。政府于2011年3月颁布了《科学技术奖励规章》，通过奖励在澳门科学技术活动中做出贡献的人士，充分调动本地科学技术工作者的积极性和创造性，鼓励年轻人参与科研工作，加快澳门科学技术事业的发展。

海关总署与统计暨普查局签署合作安排。合作安排全称为《海关总署与澳门特别行政区政府统计暨普查局合作安排》，内容包括加强双方在商品贸易统计制度与方法上的交流，分享经验；建立数据交换机制，定期核对统计数据及进行分析；举办专家座谈和组织专题研讨。

政府积极支持媒体的工作和培训。行政长官崔世安出席由澳门新闻工作者协会举办的庆祝国庆暨颁发会员服务年资奖联欢宴会，并在活动上致辞。

2011年博彩业调查结果公布。统计暨普查局资料显示，2011年博彩业持续增长，行业总收益达2702.5亿元，总支出为1243.8亿元，较2010年大幅增加42%及36%。反映行业对经济贡献的增加值总额为1611.3亿元，按年上升42%；此外，旅游博彩设施相继落成，固定资本形成总额按年攀升104%，达22.4亿元。

20日

第九届世界华商高峰会在澳门开幕。本届峰会的主题是"软实力与竞争力"，本着"相容两岸　包容四海"的原则和理念，吸引了来自30多个国家和地区的约1500名华商社团的代表。行政长官崔世安在开幕式致辞时表示，历届世界华商高峰会在澳门的成功举办，使澳门成为连接世界各地华商的桥梁和促进华商经贸交往的平台；广大华商借着这个桥梁和平台，努力实现互利共赢和共同发展。峰会得到澳门贸易投资促进局、特区政府经济局和中国国际贸易促进会、台湾商业总会等单位的支持。海峡两岸关系协会会长陈云林、台湾海基会前董事长江丙坤出席了开幕式。世界华商高峰会由世界华商组织联盟主办，自2004年起，每年定期在澳门举办，旨在进一步扩大全球华商组织的交流机制，增进海内外华商的经贸交流与合作。

本年前三季审批中私人住宅单位近3万个。土地工务运输局最新统计资料显示，本年1月至9月，共有23个私人住宅项目获发"楼宇可使月准照"（俗称"入伙纸"），可提供约2404个单位和2218个车

位。至本年第三季，在建中的私人住宅项目有 69 个，提供约 7132 个单位；仍在审批中的私人住宅计划的建筑工程共有 232 项，初步规划可提供约 29230 个住宅单位。

22日

钜富花园第三座被列作危楼。经土地工务运输局评定，钜富花园第三座倾斜度已超出法例所限，且有持续恶化趋势，危及住户及公众安全，该楼宇为残危楼宇，须在限期内清拆。验楼委员会对大厦检查后发现，该大厦的不当使用情况严重，不仅多个单位外墙僭建了花笼和檐篷，楼宇通天和天台均加建了大型僭建物，加重了楼宇的荷载。

24日

立法会以紧急程序一般性及细则性审议通过"修改第 6/2011 号法律《关于移转居住用途不动产的特别印花税》及《印花税规章》"法律草案。

"第十八届粤港澳三地警方刑事技术部门对口业务交流会议"于澳门举行。三地警方因应不同的治安形势，在刑事技术方面进行交流，就各项专题进行研究及探讨。主要包括犯罪情报之搜集及处理、爆炸品拆除及处理技术、警犬技术、痕迹检验、法医检验及枪弹痕迹检验等。该业务交流会议为广东、香港及澳门三地警方在刑事技术领域的业务性工作会议，轮流在三地举行，本届轮值至澳门主办。

25日

2012 年珠澳合作专责小组会议在澳门举行。会议由运输工务司司长刘仕尧及珠海市副市长龙广艳共同主持，两地城市规划、交通、建设、经济、海关、治安、检验检疫、卫生、文化教育、旅游等相关部门的代表参加。双方探讨了跨境工业区转型升级、城市规划与跨境交通合作、口岸及通关合作、环境保护合作等课题，并认同因应当前轨道交通新形势，有必要深化口岸及跨境交通的对接，尤其是轨道交通换乘及讯息交流的有效机制，及早应对人流高峰的安排，便捷通关。双方还就延长横琴口岸客、货运通关时间的统一安排达成共识。

政府加强规管楼宇安全。行政长官崔世安在政府总部与多位专家学者座谈，就明年施政措施听取意见及建议。就楼宇安全问题，崔世安表示，政府理解社会关注楼宇安全问题，早前已展开《都市建筑总章程》的修订工作，进一步加强规管楼宇安全。

26日

民政总署公布"西湾湖广场综合旅游项目"咨询结果。因该方案引发争议，政府就咨询组织、公众和环评等意见做出新规划方案，决定延长咨询工作，继续听取市民意见。

经济局组织澳门业界参加中国食品博览会。经济局组织工商界人士参加在四川省成都市举行的第八届"中国食品博览会"，博览会由商务部与四川省人民政府联合主办，展商来自境内外不同国家及地区，为中国食品行业规模最大、档次最高的展会之一，展会设置肉类预包装产品、食品及食品机器设备等展区。参与该博览会有助于澳门采购业界与其他国家和地区的食品产销业进行对接，有利于澳门食品消费及食品市场的发展。

27日

"'终身学习　全城响应'2012 终身学习周"举办。学习周由教育暨青年局、文化局、民政总署、澳门成人教育学会、澳门成人教育协会主办，澳门学习型组织学会、澳门社区学习暨阅读推广协会及终身学习者协会协办。本年"学习周"的活动达 146 项，类型包括职业技术教育、自我成长、家庭生活教育、身心保健及博雅教育等。活动形式包括讲座、展览、课程及户外活动。

28 日

社会文化司司长张裕率团访川考察总结澳门援川建设项目。澳门特区支持四川地震灾后重建协调小组主席、社会文化司司长张裕率团前往四川出席澳川双方总结会议，并考察部分澳门援建完工项目。政府共援建 102 个工程项目及 1 个设备购置项目，共为 103 个，经过四年多的共同努力，目前项目建设全面完成，资金亦全部拨付到位。

30 日

《关于娱乐场吸烟区应遵要求的规范》行政法规生效。根据第 296/2012 号行政长官指示，该行政法规正式生效，卫生局召开新闻发布会，对相关规范内容做出解释。卫生局局长李展润在会上表示，按照新控烟法的规定，所有室内公共场所必须全部禁烟。而依据第 5/2011 号法律《预防及控制吸烟制度》第 5 条第 3 款规定，娱乐场从 2013 年 1 月 1 日起，可设立不超过公众使用区域总面积 50% 的吸烟区。

《关于移转不动产的特别印花税》及《印花税规章》生效。根据上述法律之规定，以有偿或无偿取得，位于澳门特别行政区的已建成、兴建中或正在规划兴建中的居住、商业、写字楼或机动车辆停泊用途的不动产或其权利，倘在结算日起计 2 年内以临时或确定方式出售，卖方须在法定缴纳期，即于相关文件文书或行为做出之日起计 15 日内，就有关移转申报及缴纳特别印花税。公司、个人商业企业主或非本地居民，不论以有偿或无偿取得作为居住用途的不动产，除须按《印花税规章》的规定缴纳税款外，尚须按新修定的《印花税缴税总表》第 42 条或 43 条的税率，加征 10% 额外印花税。

政府举行"政府服务优质奖、公务人员创意计划暨阅读心得征文比赛"颁奖礼。本届共有 9 个参奖项目获奖。"公务人员创意计划"以公务员个人或不同部门、不同岗位公务员组成的团队为对象，评出冠、亚、季军和 5 个优异奖。"公务人员阅卖心得征文比赛"以公务人员个人为对象，评出冠、亚、季军和 11 个优异奖。

第四十届边境联络会议及第十五届粤澳出入境身份证明局联络会议在澳门举行。粤澳双方在会上通报了证件办理核查及出入境合作的情况，就相互关注的问题尤其是假结婚及信息通报进行了讨论并达成了共识，进一步加强两地在打击假结婚罪上的合作，推动双方互换情报及沟通。

物流业代表团赴江门参加粤澳物流合作洽谈会。由特区政府物流业发展委员会、政府部门、业界团体及企业代表组成的代表团，前往江门参加该委员会与广东省经济和信息化委员会合办的粤澳物流合作洽谈会，澳门四家空运服务企业在会上提供了一个为期半年的优惠方案，以鼓励粤澳两地中小企业合作。

31 日

教育暨青年局接待天津市教委访澳代表团。代表团由天津市教育委员会主任靳润成率领，双方就两地非高等教育的情况进行了充分交流。

消委会公布奶粉价格调查资料。根据消费者委员会公布的"奶粉专项物价调查"，8 款奶粉的价格在不同零售点有不同程度的差距，调查录得的最大价差接近 50%。另外，1 款日本产地的婴儿奶粉在多个零售点有一成多的升幅。

11月

《规范进入娱乐场和在场内工作及博彩的条件》法例生效，未满 21 岁人士禁止进入娱乐场。博彩监察协调局要求各博彩承批公司严格配合亲法实施，要求于娱乐场入口执勤的保安人员提高警觉，查核进

1 日

场者的年龄，对疑似未满 21 岁人士要求其出示年龄证明。

消防局举行副局长就职、一等消防区长晋升及颁授优异表现证书仪式。1 名消防总长获颁授副消防总监军衔，3 名副一等消防区长晋升为一等消防区长，37 名军事化人员及文职人员获颁授优异表现证明书。获委任就职副局长的消防总长梁毓森，1989 年入职消防工作，拥有消防技术专业防护及安全工程学学士、澳门大学机电工程硕士学位及澳门保安部队高等学校第二届指挥及领导课程证书；曾分别担任澳门保安部队高等学校教务厅厅长、消防局技术厅厅长、海岛行动厅厅长、澳门行动厅厅长、资源管理厅厅长及消防局代副局长等职位。

运输工务司司长刘仕尧与社会人士巡视湖畔大厦经济房屋，全面介绍建设进度及配套设施。氹仔湖畔大厦项目为特区政府首个全资兴建的大型公屋项目，由 6 座楼宇组成，提供 2703 个经屋单位，并设有绿化、交通、卫生、教育、康体及社会服务等配套设施。

政府公布《澳门特别行政区人口政策框架》咨询文本，11 月 3 日起展开为期 3 个月的公众咨询。政府发言人办公室连同政策研究室举行新闻发布会，介绍"人口政策框架"内容及相关咨询工作安排。咨询文本中提出了当前迫切需要解决的提升人口素质、应对老龄化、人口移入等三大人口政策框架内容，并提出 9 条重点咨询问题，协助公众了解和思考澳门未来人口政策的发展方向。

5 日

政府设立"突发事件应对委员会"。政府公报刊登行政长官批示，设立突发事件应对委员会，旨在全面协调、指挥和监督各公共实体采取紧急处理措施，以应对突然发生且造成或可能造成严重社会危害的自然灾害、事故灾难、公共卫生事件和社会安全事件。委员会职责包括：（1）评估突发事件的风险程度、影响范围及可能引致的后果；（2）制定应急方案，以便实时、有效及全面地应对突发事件；（3）协调及指挥各公共实体按应急方案采取措施，包括启动现有的民防、旅游、卫生、食品安全等范畴的应急机制；（4）根据应急措施的需要，调配相关公共实体的人员、设备、设施及其他应急所需的资源；（5）因应突发事件的性质及应急方案的具体需要，寻求私人实体的协助；（6）命令发布有关突发事件的情况及所采取的应对措施的信息，以便公众适时知悉；（7）在有需要时与外地的实体及人员保持联系与合作，以便及时获取必要的信息及支持；（8）就突发事件，整理及分析有关资料并做出总结，供预防及应对突发事件之用。行政长官担任委员会主席，其他成员包括：行政长官办公室主任任秘书长、行政长官办公室代表两名、新闻局局长、法务局局长、治安警察局局长、消防局局长、卫生局局长、社会工作局局长及土地工务运输局局长。

审计署公布《持续进修发展计划》衡工量值式审计报告，指出教育暨青年局在"计划"的执行、管理及监督方面均存在不同程度的缺失。此次审计范围包括资助项目的申请、评审及批准以及获资助项目的监察。审计报告指出，由于有关"计划"横跨三个年度，以 2010 年澳门 15 岁以上人口超过 40 万人计算，潜在开支可达 20 亿元，金额庞大，必须予以重视。为确保"计划"能达致预期的政策成效，教青局应做出全面且认真的检讨，并尽快做出补正措施，制定有效的审批和内、外监管机制，以确保公帑能在合法、公正和具有效益的情况下使用。

交通咨询委员会赴台湾考察交通发展。代表团访问了台湾的澳门经济文化办事处、市府转运站、台北市公共运输处、台北市交通管制工程处交通控制中心、台北捷运行控中心、"首都"客运、台北市停车管理工程处、台北市政府交通局、台北市区监理所暨士林监理站等部门、机构，了解台湾交通实况与特点、交通枢纽的规划及建设，探讨轻轨系统相关的改善工程工作、巴士服务评鉴机制、电动巴士及无障碍巴士服务的运作等，以吸取台湾地区在交通运输体系及管理技术的成功经验。

2011 年建筑调查结果公布。统计暨普查局数据显示，2011 年从事建筑活动的场所有 1320 个，较 2010 年增加 142 个；在职员工共 20048 人，增加 4764 人。虽然建筑工程数目减少，但由于较大型的公共工程及私人住宅楼宇工程增多，2011 年工程总值按年上升 10.4%，达 245.9 亿元。消耗总额与劳工成本分别为 199.9 亿元及 35.6 亿元，分别上升 7.2% 及 29.1%。反映行业对经济贡献的增加值总额为 48.4 亿元，按年增幅为 26.4%。

青怡大厦 650 个经屋单位预配。政府公报中刊登第 299/2012 号行政长官批示，公布已命名为青怡大厦（即青洲坊第 3 地段）两房及三房共 650 个经济房屋单位的售价及补贴比率。

粤港澳业界共同探索珠三角海运发展。"珠江三角洲水上客运发展研讨会"在珠海举行，粤港澳三地和其他城市的交通运输、海运业界代表以及专家学者，共同探讨珠三角地区水上客运的未来发展趋势。

行政长官表示制定人口政策可以带动澳门可持续发展。行政长官崔世安与聚贤同心协会会长梁玉华及代表一行会面，听取对政府施政的意见和建议。双方也就政府制定人口政策以及中等收入阶层的广义概念适用澳门的议题交换意见。崔世安表示，人口政策关系澳门的可持续发展，将是政府制定各项长远政策的方向依据，希望社会各界就咨询文本积极发表意见。

卫生部等领导到澳门参加"健康城市领袖计划"培训。"澳门——世卫健康城市领袖计划（第二期）"澳门段举行。计划由世界卫生组织西太平洋地区办公室策划举办，目的是加强西太平洋地区各城市和卫生部门领导开展"健康城市"项目的能力。此次培训活动分别在澳门、香港、韩国釜山三地举行，来自卫生部、重庆、陕西、西安和广西等地相关领导参与培训，听取澳门健康城市计划的开展工作，实地视察健康促进学校、初级卫生保健系统服务。

6 日

行政长官崔世安与亚洲奥林匹克理事会主席谢赫·艾哈迈德·法赫德·萨巴赫亲王（H. H. Sheikh Ahmad Al-Fahad AL-Sabah）一行礼节性会面，就促进体育运动及旅游业发展交换意见。第 31 届亚奥理事会全体代表大会、国家奥林匹克委员会协会执委会会议、奥林匹克团结基金委员会会议等世界体育盛会在澳门举行。来自亚洲的 45 个奥委会近 600 人会聚澳门，参与盛会。

政府持续优化"持续进修发展计划"。社会文化司司长张裕表示，政府继续秉持鼓励居民终身学习的宗旨，推动"持续进修发展计划"。教育暨青年局在分析和跟进该计划的相关审计报告后，及时总结计划不足之处并加以完善，务求使其发挥更好效果。该计划自 2011 年 7 月推行以来，有 78000 名居民参与，约 30000 项课程获批准，提供 60 多万个学习名额，涉及金额 2.4 亿元。

2012/2013 学年内地招生数据公布。注册入读澳门 6 所高等院校的预科、本科及研究生课程的内地新生人数共 2986 人，其中修读预科及本科的学生 1723 人、研究生人数 1263 人。2001 年开始，获得教育部同意及特区政府批准，高等教育辅助办公室负责统筹及协调澳门高校前往内地招生。目前可到内地招生的 6 所高校分别是澳门大学、澳门理工学院、澳门旅游学院、澳门科技大学、澳门城市大学及澳门镜湖护理学院。招生范围遍及全国 31 个省、市、自治区。

8 日

"2012 年粤澳食品安全工作交流与合作会议"在广州举行。根据《粤澳食品安全工作交流与合作框架协议》，粤澳食品安全合作专责小组在广州举行会议，讨论未来的研究合作及两地食品安全信息通报机制，以及明年计划开展的业界交流，安排澳门食品业界了解广东生产基地及餐饮模范企业，让两地业界交流食品安全管理经验。

2011 年运输、仓储及通信业调查结果公布。统计暨普查局数据显示，2011 年有营运的运输、仓储及通信场所共 2143 家，按年减少 6 家；在职员工 15504 名，增幅为 6%。行业总收益达 207.6 亿元，总支出为 179.5 亿元，较 2010 年分别上升 20% 及 22%。反映行业对经济贡献的增加值总额为 63.3 亿元，固定资本形成总额为 10.9 亿元，按年分别增加 13% 及 228%。

9日

2012 年粤港澳深珠卫生检疫、动植物检疫和食品安全控制会议在香港召开。会议分别就卫生检疫、动物及动物源性食品、植物及植物源性食品以及食品安全控制等 4 个方向共 49 个议题进行交流和研讨。过去一年，在《粤澳合作框架协议》的基础下，澳门与内地及香港在食品安全控制、卫生检验检疫、检疫培训方面，建立了良好的沟通联系渠道和区域合作平台。

行政会完成讨论《订定横琴岛澳门大学新校区适用澳门特别行政区法律的基本规范》法律草案。根据经第 19/2009 号行政长官公告命令公布的 2009 年 6 月 27 日第十一届全国人民代表大会常务委员会第九次会议通过的《全国人民代表大会常务委员会关于授权澳门特别行政区对设在横琴岛的澳门大学新校区实施管辖的决定》，授权澳门特别行政区自横琴岛澳门大学新校区启用之日起，依照澳门特别行政区法律实施管辖。为此，特区政府草拟了《订定横琴岛澳门大学新校区适用澳门特别行政区法律的基本规范》法案。法案建议，为适用本法律的规定，澳门大学新校区是指由第 218/2012 号行政长官批示公布的地籍图所划定的范围，而该地籍图是按照经第 43/2012 号行政长官公告命令公布的《国务院关于横琴岛澳门大学新校区界址范围的批复》所确定的界址而制定的。法案建议自澳门大学新校区启用之日起至以租赁方式取得的土地使用权期限届满为止，澳门特别行政区的法律适用于澳门大学新校区。

保安司司长公布 2012 年首三季澳门罪案状况。保安司司长张国华表示，本年 1 月至 9 月的整体犯罪活动与 2011 年同期比较轻微上升 1.9%，其升幅已由本年第一季的 12.3% 及上半年的 5% 持续回落，反映治安状况逐步改善。2012 年 1 月至 9 月的整体犯罪活动共录得 9359 宗，暴力犯罪上升 1% 共 482 宗，其中谋杀案共录得 3 宗。在 1 月至 9 月的警务行动和侦查行动期间，共有 3025 人被拘捕及送交检察院处理。

2012 年第三季人口统计完成。统计暨普查局数据显示，2012 年 9 月 30 日澳门人口为 576700 人，较 6 月底增加 8000 人，增幅为 1.4%。2012 年第三季有 1973 名新生婴儿，按季增加 19.2%；新生男婴 1036 名，男女婴儿性别比为 110.6：100，即每 100 名女婴对应 110.6 名男婴。2012 年首三季新生婴儿共 5206 名，按年增加 27.0%。第三季死亡个案 399 宗，按季减少 15.5%；首三位死因分别为肿瘤（130 宗）、循环系统疾病（85 宗）及呼吸系统疾病（65 宗）。首三季死亡个案共 1388 宗，按年减少 0.6%。第三季末外地雇员共 109038 人，按季增加 6481 人。第三季内地移民 1477 人，按季增加 484 人。第三季结婚登记 819 宗，按季减少 8.2%；首三季结婚登记共 2801 宗，按年增加 12.1%。

12日

"打击贩运人口：劳动剥削"研讨会举行。研讨会由阻吓贩卖人口措施关注委员会及治安警察局合办，邀请国际移民机构的专家学者分享包括劳动剥削在全球及地区性人口贩运的趋势、国际移民组织处理劳动剥削的经验等议题。警察总局、澳门海关、劳工事务局、治安警察局、司法警察局、社工局及卫生局的前线人员，民间团体善牧中心、澳门明爱以及澳门妇女联合总会等机构代表参加研讨会。

审计署向各公共部门讲解新审计长批示。因应第 121/2011 号行政长官批示对核准《澳门特别行政区财政预算的组成、内容及编制规则》及《澳门特别行政区总账目的组成、内容及编制规则》的要求，同时为配合审计署逐步引入的计算机辅助审计技术，审计署公布了"第2/2012号审计长批示"，以期更妥善地规范公共部门每年向该署提交的账目。为落实执行第2/2012号审计长批示，协助公共部门按要求提交年度账目及基本资料，审计署将采取多项措施，包括致函通知相关各公共部门、举行批示讲解会以及向相关部门提供计算机辅助软件，确保2012年度账目审计工作有序开展。

13日

行政长官崔世安在立法会发表题为《增进民生福祉，立足长远发展》的2013财政年度施政报告。施政报告共分"前言""构建施政长效机制 共建共享发展成果""建设世界旅游休闲中心，推动经济适度多元发展""强化政府运作机制，提升公共行政效能""结语"5个部分。具体措施包括：构建施政长效机制，共建共享发展成果；建设世界旅游休闲中心，推动经济适度多元发展；强化政府运作机制，提升公共行政效能。崔世安强调，落实澳门长远发展蓝图、促进民生持续改善，必须坚定不移地贯彻"一国两制"、"澳人治澳"和高度自治的方针，全面执行澳门基本法。他说，祖国的繁荣富强，带动了澳门特区的不断进步。中央政府的大力支持，是澳门落实发展蓝图的重要支撑。在新的一年，特区政府将充分调动各种积极因素，与广大居民一道，共同推进"一国两制"的伟大实践。崔世安强调，特区政府将继续高度关注通胀对广大居民尤其是弱势群体生活素质的影响。政府根据2012年的财政状况，建议2013年向中央储蓄户口额外注资6000元，以进一步落实双层式社会保障制度。同时，建议2013年的现金分享计划向永久性居民每人发放8000元，非永久性居民每人4800元。此外，建议在2013年将敬老金调升至6600元。在教育津贴、医疗券、帮助弱势家庭等方面的资金都有所增加。预计实施上述经济补贴和成果分享，特区政府将支出约97.73亿元。

15日

第59届澳门格兰披治大赛车开锣。本届格兰披治大赛车的三大赛事包括第30届澳门格兰披治三级方程式大赛、第46届澳门格兰披治电单车大赛及FIA世界房车锦标赛——澳门东望洋大赛，四项支持赛事分别为新濠天地澳门GT杯、澳门电讯房车杯、太阳神集团澳门路车挑战赛、财神酒店澳门/香港埠际赛。报名本届赛事的车手共有227名，来自32个国家和地区，其中57名为本地车手。

第三届澳门学国际学术研讨会在北京举行。由北京外国语大学、中国社会科学杂志社、澳门基金会、澳门大学联合举办的"第三届澳门学国际学术研讨会"在北京外国语大学举行。会议主题为"全球视野下的知识建构与学术成长——以澳门学为例"，50多位来自葡萄牙、德国、意大利、俄罗斯、中国内地以及港澳台等地长期从事澳门学研究的专家学者出席，就全球史视野下的澳门学、全球视野下的新兴学科成长、澳门在中西文化交流中的地位和作用等问题进行讨论。会议期间举行了"澳门学研究丛书"首发式。

旅游局前往上海推广澳门。旅游局与澳门业界参加在上海举办的"2012中国国际旅游交易会"，借此加强与内地及国际旅游业界的联系，宣传澳门作为"世界旅游休闲中心"的定位及内涵。澳门展位面积近200平方米，以"感受澳门 动容时刻"为主题，以中西式建筑推广澳门的旅游特色。"2012中国国际旅游交易会"由中国国家旅游局、上海市人民政府、中国民用航空局主办，是亚洲地区最大型的专业旅游交易会之一。2001年起，每年在上海和昆明交替举办。

第12次粤港澳防治传染病联席会议在广州召开。会议就第11次联席会议以来粤港澳三地传染病的发病和处置情况进行了总结，同时针对共同关注的肠病毒感染和登革热疫情处置等工作进行了深入分析与探讨；针对流感监测、消除麻疹和痘原微生物监测专题做了主题发言；广东省代表团还介绍了应急医院、国家紧急医学救援队伍以及国家突发急性传染病应急队伍建设情况。三地专家达成以下共识：（1）继续加强三地在传染病和突发公共卫生事件防控方面的合作；（2）继续保持和完善通报机制；（3）加强消除麻疹工作的合作；（4）加强传染病防控新技术应用的交流与合作；（5）加强和完善卫生应急机制建设；（6）加强在公共卫生人员培训方面的合作。

2012年第三季私人建筑及不动产交易数据公布。统计暨普查局数据显示，本年第三季缴纳物业转移印花税的楼宇单位买卖共6766个，成交金额合计269.3亿元，按季分别下跌13.8%及13.3%。其中，住宅单位4475个，金额为197.5亿元，按季分别下跌19.4%及15.6%；本地居民购买的住宅单位数目与价值分别占88.2%及83.2%。

16日

澳门大学举行荣誉学位及高等学位颁授典礼。典礼由行政长官兼澳门大学校监崔世安博士主持，向阿登·李·贝蒙特教授（Arden Lee Bement, Jr.）、苏树辉博士及姚期智教授分别颁授荣誉理学博士学位、荣誉社会科学博士学位及荣誉理学博士学位，以表彰他们在研究、文化与教育方面的重大贡献。贝蒙特教授曾担任美国国家科学基金会主席，领导该基金会鼓励、发掘最佳创意和最具潜力的人才，并促进中美科技合作，造福世界。苏树辉博士任全国政协委员、葡萄牙共和国驻香港特别行政区名誉领事、澳门特别行政区政府经济发展委员会成员及文化咨询委员会成员等职，致力于促进澳门经济的可持续发展，并推动中国澳门、香港、内地与葡萄牙之间的交流与合作。姚期智教授开展了以计算复杂性为基础的现代密码科学，创建通信复杂性理论和伪随机数生成算法理论，为量子计算建立全新典范，创建量子通信复杂性和量子安全通信模式。2000年，姚教授夺得美国计算机学会颁发的图灵奖，是有"计算机科学界诺贝尔奖"之称的图灵奖自创立以来的首位及唯一一位华裔获奖学者。典礼同时还颁发博士学位、硕士学位和学士后文凭/证书，向工商管理学院的黎宁教授、法学院的唐晓晴教授、社会科学及人文学院的张美芳教授、科技学院的阮家荣教授及中华医药研究院的李绍平教授颁发"杰出教学人员奖"。

19日

立法会全体大会一般性通过《订定横琴岛澳门大学新校区适用澳门特别行政区法律的基本规范（法案）》，又一般性通过2013年度特区政府财政预算案。政府保守预计2013年收入总额为1348亿多元，主要来源是高达924亿元的博彩特别税。预算总支出为825亿多元，较2012年增加6.7%。

新口岸道路整治工程第三期动工。第三期工程范围包括宋玉生广场、十月一号前地、北京街及罗理基博士大马路一带的内街，将重铺行人路、更换饰面、调整路面高差及整治下水道等，并协调电力、电讯、天然气及有线电视等公司一并铺放所需管道。工期约7个月，预计至2013年第二季完工。新口岸一带是填海造地而成，步行街自建成起已使用多年，路面出现不同程度的沉降、砖块饰面及花槽损坏等情况。因此，土地工务运输局自2010年，分3期对新口岸一带内街街道环境进行整治，改善区内环境。

20日

横琴新区首次推出专门面向澳门企业挂牌出让的商业用地，面积逾3万平方米，竞拍底价约2.5亿元人民币。

行政会完成讨论《博彩机、博彩设备及博彩系统的供应制度及要件》行政法规草案。随着澳门博彩机数目的增加、博彩机技术的发展和博彩机辅助系统或联系博彩机的系统的出现，需要对相关事项做出

21日 规范。本年年初，博彩监察协调局推出了第 1/2012 号指引《规范博彩机技术标准》，并制定了《角子机技术标准》。在此基础上，又根据第 16/2001 号法律《娱乐场幸运博彩经营法律制度》第五十二条的规定，制定了《博彩机、博彩设备及博彩系统的供应制度及要件》行政法规草案。草案订定了许可开设博彩机室的条件、博彩机制造商的资格等。

24日 澳门大学校长赵伟在北京召开的国际欧亚科学院第十六次全体会议上被选为院士。赵伟教授是国际电气和电子工程师协会会士，其研究领域为分布式计算、实时操作系统、计算网络、信息与网络安全等，是国家 973 计划物联网项目的首席科学家。国际欧亚科学院成立于 1994 年，由各国著名自然科学家、工程技术专家及社会科学家组成，目前拥有 46 个国家的 600 多位院士。现任中国院士包括中国科学院原院长路甬祥，原科技部部长徐冠华、朱丽兰、中国科学院院士、"两弹一星"功臣、2009 年国家最高科技奖得主孙家栋以及香港中文大学校长沈祖尧等。

25日 旅游巴士失事撞向教会办事处。早上 11 时许，一辆载有 37 名来自山东济南旅客的旅游巴士，疑因刹车系统失灵，司机情急之下撞向花王堂前地圣安多尼堂的教会办事处，造成车上 22 名旅客和 1 名司机受伤，17 名受伤旅客前往仁伯爵综合医院急诊部就诊，诊断结果显示均为轻伤，接受治疗后情况良好，无须留院。镜湖医院亦接收了 5 名伤者，1 人因受惊过度，需留院观察，其余均属轻伤，无须留院。

27日 房屋局按序安排首批青怡大厦获甄选家庭挑选经济房屋单位。首批 60 个获甄选选择三房经济房屋单位之家庭中，有 55 个家庭报到，已挑选 52 个经济房屋单位，其中 51 个家庭挑选青怡大厦，1 个家庭挑选青葱大厦，全日流程畅顺。

"澳门经济型酒店网"开通。由澳门酒店旅业商会主导建设和运作、旅游局提供支持的"澳门经济型酒店网"正式推出，有助于提升澳门经济型酒店的经营能力和竞争力，促进旅游市场多元发展。网站域名为 www.macau-budgethotels.org，属非营利网站，设有中文繁简体及英文三种语言版面。内容包括：经济型酒店的数据介绍、消费者与经营者直接交易的网上订房服务及旅游信息等。

2012 年第三季会议及展览统计公布。统计暨普查局数据显示，本年第三季共举行 223 项会议及展览活动，按年减少 13 项，其中 192 项是在收费场地举行。与会及入场总数共 699805 人次，按年增加 34%。

28日 澳门经贸代表团一行 70 多人，赴海南省海口市参加"第八届泛珠三角区域合作与发展论坛暨经贸洽谈会"开幕式及签约仪式。"泛珠三角区域合作与发展论坛"是由福建、江西、湖南、广东、广西、海南、四川、贵州、云南九省（区）政府和香港、澳门特别行政区政府共同主办。首届论坛于 2004 年在香港、澳门和广东举办，第二届于 2005 年在四川举行，第三届于 2006 年在云南举办，第四届于 2007 年在湖南举办，第五届于 2009 年在广西举办，第六届于 2010 年在福建举办，第七届于 2011 年在江西举办。

罗明坚（Michele Ruggieri）与来华耶稣会士展揭幕。文化局澳门博物馆与罗马国家档案馆合办的《海国天涯：罗明坚与来华耶稣会士》展览开幕，展览列入国家文化部"中欧文化对话年"项目。该展览以罗马国家档案馆所藏罗明坚绘制的《中国地图集》手稿和其他耶稣会士所绘制的地图为核心，通过罗明坚的生平事迹介绍耶稣会通过澳门进行的中欧文化交流的历史和在地理学方面的贡献。罗明坚是明代首位进入中国内地的耶稣会士,是最早通晓汉语的欧洲汉学家。罗明坚 1543 年出生于意大利,其后加入天主教耶稣会,在里斯本接受往亚洲传教的任务,前往印度果阿再抵达澳门。他遵照当时澳门主教范礼安神父的要求,努力学习汉语,至 1583 年成为首位获准进入中国内陆居留的欧洲传教士,曾到过广州、肇庆及浙江等地。在内地期间,他用中文编写了《天主圣教实录》,并与利玛窦合作编写中国第一本外语汉语辞典《葡华辞典》等著作,拉开了中欧文化交流的帷幕。其后罗明坚回到欧洲,持续研究中国文化,将中国典籍《四书》中的《大学》部分内容译成拉丁文,并绘制中国各省地图,将中学西传。澳门博物馆将以八个部分阐述展览主题,全部展品逾 100 件(套)。

29 日

第十二届粤港澳深四地保险监管联席会议举行。会议由金融管理局主办,参会者包括中国保险监督管理委员会、广东及深圳监管局以及香港保险业监理处等机构代表。粤港澳深四地的保险业交往及合作日益频密,自 2002 年起,每年轮替举办保险监管联席会议,分享四地保险市场的发展经验,探讨各地保险业所面对的困难和机遇。本届联席会议将探讨四地保险业如何在既定的区域合作框架下,进一步推动保险业合作和联系,促进保险市场的均衡发展,加强保险监管能力。

2012 年第三季能源调查。统计暨普查局数据显示,本年第三季澳门用电量达 12.6 亿千瓦小时,按季增加 10.7%。工商业用电量 9.28 亿千瓦小时(占总数 73.7%),按季上升 6.9%,其中博彩业升幅为 6.5%;住户用电量 2.73 亿千瓦小时,按季上升 25.3%。

30 日

行政会完成讨论《土地法》法案,法案明确规范澳门特别行政区境内属于国家所有的土地在利用及使用方面须遵守的原则,计有:可持续发展原则、切实有效利用土地原则、公众知情原则、平等取得土地原则、防护原则、规划约束原则及土地法律状况公开原则。

澳门雪屐曲棍球男子代表队参加在安徽合肥举行的 2012 年雪屐曲棍球亚洲锦标赛获得冠军。

来澳过冬黑脸琵鹭数目持续增加。自踏入 10 月新一轮候鸟季开始,在路氹城生态保护区所观察到的黑脸琵鹭数目持续增加,截至 11 月中旬,已观察到 55 只黑脸琵鹭来澳过冬,超过上一候鸟季期间所录得的最高数量。

统计暨普查局公布第三季本地生产总值。资料显示,受博彩服务出口下跌以及旅客总消费增长放缓的影响,本年第三季生产总值按年实质增长 5.1%,经济增长主要由私人消费支出及投资带动。其中,私人消费支出上升 9.1%,投资增加 10.3%,货物出口及进口分别上升 28.3% 及 7.1%,旅客总消费增加 2.3%,政府最终消费支出微升 1.2%,但博彩服务出口下跌 0.1%。

12月

4 日

欧盟澳门混合委员会第十七次会议在布鲁塞尔召开。会议按照 1992 年 12 月 15 日签订的《欧盟澳门贸易和合作协议》第 16 条规定如期举行,是中国对澳门恢复行使主权以来的第十一次会议。上次会议于 2011 年 6 月在澳门举行。双方再次肯定混合委员会的双边年会是讨论双方共同利益以及加强更紧密合作的有效平台和途径。

穗澳合作专责小组2012年会议召开。会议回顾了过去一年穗澳双方合作的情况，认为在经贸、会展、旅游、文化、鲜活商品供应等多个领域均取得良好进展。会后，双方签署了《南沙—澳门农产品供应合作框架协议书》《穗澳加强文化产业合作意向书》《关于相互支持2013年五大会展项目的合作协议》三份合作协议和意向书。穗澳合作专责小组成立于2011年粤澳合作联席会议。

13家"诚信店"获评A级奖。消费者委员会向超过1000家的"诚信店"商户发出2013年度"诚信店"优质标志，"诚信店"商户均通过档案分析及实地评审等多重与科学评审程序，符合获取"诚信店"年度标志的标准要求，13家"诚信店"在2012年表现卓越，被评定为A级"诚信店"。消委会认为，与2011年比较，"诚信店"的整体成绩有明显进步，表明评级制度有促进"诚信店"自我增值的功能。

政府宣布短期将采用"防洪及排涝"方式建造防洪导线。计划由妈阁起至水上街市海港大楼建一道2.3米高的防洪导线，阻止海水涌入。在防洪线上规划南北段两个排涝区，将地面积水排清。

5日

政府公布社保供款金额调升方案。方案初步建议在未来4年内，将社保劳资供款比例逐步由现时的2∶1，分三级跳逐步达至1∶1。

政府设立养老保障机制跨部门研究小组。政府公报刊登第338/2012号行政长官批示，设立澳门养老保障机制跨部门研究小组，旨在协调、跟进和评估人口老龄化对澳门所带来的挑战和影响。研究小组的职责包括：检讨澳门目前的养老保障政策及措施，提出改善方案；就长者医疗、住屋、退休保障等政策进行综合研究，建议促进长者福祉、提高长者综合生活素质的策略；在研究基础上提出建立系统性养老保障机制的具体措施；确保研究工作开展及执行期间的跨部门协调，订定各参与部门的责任以及部门之间的协调；促进澳门社会互助团体或机构、民间组织以及其他私人实体支持及协助研究工作；跟进及评估研究工作的进度，并向行政长官提交有关跟进报告。

6日

粤港澳首次在韩国举办经贸联合推介会。此次推介会首次由粤、港、澳三地政府经贸部门共同主办，在海外推介三地投资环境及最新经济发展。超过300多名韩国企业、政商界代表出席会议，中国驻韩国大使馆公使衔参赞周长亭及韩国企划财政部国际经济事务局局长崔光海于会上致辞。

"关于立法会选举法的修改及2013年第五届立法会的组成"单张发布。新修订的《澳门特别行政区立法会选举法》于2012年9月11日正式生效，为让市民能更清楚了解有关修改的内容，法务局特别印制了该单张供市民免费索阅。单张介绍了增加直选和间选议员的人数、分配新增的两个间选议席、完善间选制度、直接选举、间接选举及委任。

9日

第29届"公益金百万行"活动举行，超过4万澳门各界人士参加了这项一年一度的慈善盛事，人数已接近澳门总人口的十分之一。主办单位澳门日报读者公益基金会会长冯志强说，本届"公益金百万行"举行前便已筹得善款1316万元，创下历届新高。行政长官崔世安、全国政协副主席何厚铧、立法会主席刘焯华、中联办主任白志健、外交部驻澳特派员公署特派员胡正跃等来到"公益金百万行"的起点孙逸仙大马路，共同为起步仪式剪彩。

中华人民共和国澳门特别行政区第十二届全国人民代表大会代表选举会议主席团举行第二次会议，会议听取了崔世安报告澳区第十二届全国人大代表候选人提名情况。在11月26日至12月6日的提名

11 日

期内，共 16 人送交了《中华人民共和国澳门特别行政区第十二届全国人民代表大会代表参选人登记表》，其中 15 人依规定同时送交 10 名以上选举会议成员的提名信。主席团审查后，确认上述 15 人均为年满 18 周岁澳门居民中的中国公民，符合代表候选人条件，正式成为候选人。会议决定公布代表候选人名单及其简历。15 名正式候选人为李沛霖、何雪卿、林笑云、姚鸿明、莫志伟、高开贤、唐晓晴、容永恩、陆波、陈振豪、崔世平、梁玉华、梁维特、贺一诚、刘艺良。当中 10 名为现届代表，5 名为新的候选人。

消防局举办港珠澳大桥施工期间救援方案座谈会。会议邀请了广东省公安消防总队及珠海市公安局出席交流，各方代表分别就议题发表讨论，主要针对大桥意外抢险救援策略及施工期间灭火和应急救援方案等。

2012 "澳门青年人才上海学习实践计划" 举行结业式。全国政协副主席何厚铧，上海市政协主席冯国勤，全国政协港澳台侨委员会副主任杨崇汇，中联办副主任徐泽，澳区全国政协常委、澳门基金会信托委员廖泽云，澳区全国政协委员、澳门基金会监事长崔世昌，澳门基金会行政委员会主席吴志良等出席仪式。主办单位认同活动取得圆满成功，并期望 28 位学员能将为期三个月的学习活动成果带到澳门，为澳门社会发展注入新动力。

粤澳联合赴美国、加拿大推介投资环境。由澳门贸易投资促进局和广东省对外贸易经济合作厅共同主办的 "2012 粤澳投资环境推介会暨重点产业对接会"，分别于 12 月 11 日在美国洛杉矶及 12 月 14 日在加拿大多伦多举行。上述两场推介会是继粤港澳三方于 12 月 6 日在韩国共同推介后的经贸活动，美国站推介会有超过 200 名当地政商界人士出席，加拿大站推介会亦有超过 150 名企业家参加。

12 日

会展业发展委员会举行 2012 年第三次日常全体会议。会议由委员会主席、经济财政司谭伯源司长主持，由政府、行业及社会各界代表组成的 11 名委员出席会议。会议通过了由经济局推行的 "会展活动激励计划" 之优化建议。自 2013 年 1 月 1 日起，除原有的支持及协助项目外，"激励计划" 将对会议活动新增宣传推广、同声传译、文件翻译的支持。在展览方面，增加对展品及货运物流、宣传推广的支持。

内地与港澳举行适航审定合作年度会议，讨论三地一体化工作项目。中国民用航空局、香港特别行政区民航处及澳门特别行政区民航局在澳门举行第六届适航审定指导委员会会议，就三地航空器适航证互认、航空器改装和修理设计批准互认及适航规章一体化等专题项目进行工作汇报，并就扩大三地的未来合作项目交换了意见。内地与港澳的民航当局自 2007 年起进行三地适航审定合作，促进三地的资源共享，减少重复检查，推动航空安全的健康发展。

13 日

立法会全体大会细则性通过《2013 年财政年度预算案》，2013 年政府总预算收入为 1348 亿余元，总开支预计为 825 亿余元。

防治艾滋病委员会举行 2012 年度第二次工作会议。澳门属艾滋病低发病率地区，15 岁至 49 岁人群中，每 10 万人口中有 45 人至 78 人感染。截至 2012 年 11 月 30 日，澳门艾滋病病毒感染申报个案累积 504 例，其中 175 例为本地居民。2012 年前 11 个月，澳门共录得 29 例新增感染个案。目前澳门的艾滋病病毒筛查计划主要针对高风险人群，委员会讨论根据联合国艾滋病规划署建议，逐步将艾滋病病毒抗体测试纳入医疗机构和社会服务机构服务对象的常规检查项目。

14日

行政长官崔世安与世界卫生组织西太平洋区域总监申英秀会面，双方同意在防控疾病及其他方面继续互相支持并加大合作。

立法会第一常设委员会完成《修改第 1/2003 号法律（财产申报）》法案细则性讨论，签署意见书建议易名为《财产及利益申报法律制度》。

《制定澳门在用车尾气排放标准及完善检测制度》开始咨询。随着社会经济的迅速发展和市民生活水平的提高，机动车辆数目快速增长，机动车辆尾气排放成为主要的空气污染源之一，引起社会较大关注。为进一步控制机动车辆尾气排放，保障居民健康及改善空气质量，环境保护局连同交通事务局根据前期研究成果和收集到的业界意见，制定多项建议方案，并编制咨询文本，由 2012 年 12 月 14 日起至 2013 年 1 月 31 日期间收集社会、业界和相关专业团体的意见及建议，以完善方案内容，确保方案的可操作性。

16日

"高等教育素质保证研讨会"系列活动举行。活动由高等教育辅助办公室主办，澳门十所高等院校协办，得到教育部、澳门特别行政区政府社会文化司、葡萄牙大学校长联盟、葡萄牙理工高等院校协调委员会、澳门驻里斯本经济贸易办事处等支持。研讨会主题包括如何通过评鉴提升教与学的素质、高等教育的评鉴与趋势、澳门推行高等教育评鉴的机遇与挑战、高等教育教学质量保证与评估方式的研究、大中华地区高等教育评鉴制度的研究与比较等。另外，为进一步发挥澳门作为中国与葡语国家和地区合作交流平台的作用，又于 18 日举行"中葡高等院校校长论坛——中葡高等教育合作与交流"。

17日

澳门特别行政区第十二届全国人大代表选举会议第二次全体会议举行，选举产生了 12 名澳门特区第十二届全国人大代表。全国人大常委会副委员长兼秘书长李建国出席会议。会议由选举会议主席团常务主席崔世安主持。出席会议的 359 位选举会议成员以无记名投票方式，选出了 12 名澳门特区第十二届全国人大代表。会议还根据选举办法的规定，确定了 2 名得票数不少于选票三分之一的未当选为代表的候选人在代表因故出缺时递补顺序。选举会议主席团在会议后发布公告，公布澳门第十二届全国人大代表当选名单。12 位当选人分别为（按繁体字姓名笔画为序）：李沛霖、何雪卿（女）、林笑云（女）、姚鸿明、高开贤、容永恩（女）、陆波、崔世平、梁玉华（女）、梁维特、贺一诚、刘艺良。主席团同时确定得票数多于选票三分之一的陈振豪、唐晓晴为候补代表。

18日

行政会完成讨论《城市规划法》法律草案。政府为构建一套符合澳门实际的城市规划体系，于 2008 年推出《对构建现代化与科学化的城市规划体系的探索》咨询文本，并委托广东省城市发展研究中心开展《澳门城市规划编制体系研究》，2010 年委托本地专业团体开展《澳门特区土地用途分类研究》。2012 年上半年，展开《城市规划法》草案的咨询，听取社会各界对法案构思的意见。在上述工作及社会意见的基础上，政府制定了《城市规划法》法律草案。

房屋局举行"湖畔大厦首批业主上楼仪式"，安排湖畔大厦经屋首批预约买受人支付楼款及领取钥匙。位于氹仔的湖畔大厦是首个由政府全资兴建的经济房屋项目，由 6 座楼宇组成，提供 2703 个经屋单位，结合巴士转乘站、平台花园、干货市场、托儿所、卫生中心、食肆、小型超市、家庭及社区综合服务中心、楼宇管理中心、教育范畴之综合服务中心及大型停车场等不同社区设施以及完善的步行径及道路网，形成一个具有多元服务的小社区，满足居民在衣食住行方面的需求。

中葡高等院校校长论坛探讨高等教育合作。由高等教育辅助办公室主办，澳门10所高等院校协办的"中葡高等院校校长论坛——中葡高等教育合作与交流"在澳门举行。出席论坛的与会者包括教育部学位与研究生教育发展中心副主任王洪歧、中国教育发展基金会副秘书长陈希原、内地17所高等院校领导、葡萄牙大学校长联盟代表、葡萄牙高等教育评鉴机构代表、葡萄牙理工高等院校协调委员会以及葡萄牙高等院校领导等。

19 日

中央人民政府驻澳门特别行政区联络办公室副主任李刚抵澳履新。经国务院批准，李刚任中央人民政府驻澳门特别行政区联络办公室副主任。

20 日

政府举办系列活动庆祝澳门特别行政区成立13周年。上午8时在金莲花广场举行庆祝澳门特别行政区成立13周年升旗仪式；9时30分在旅游塔会展中心举行招待酒会。政府多个部门亦于当日举办庆祝活动：由澳门特别行政区政府主办、体育发展局承办的"庆祝澳门特别行政区成立十三周年体艺汇演——DUO陈奕迅2012澳门演唱会"于下午2时在奥林匹克体育中心运动场举行；文化局举办的"澳门拉丁城区幻彩大巡游"于下午4时举行；邮政局发行澳门特别行政区成立13周年纪念封，并向市民提供加盖纪念邮戳服务；旅游局于晚上9时30分在旅游塔对开海面燃放烟花，为节日增添热闹气氛。

中共中央总书记、国家副主席习近平在中南海会见了到北京述职的澳门特别行政区行政长官崔世安，听取了他对澳门当前形势和特别行政区政府工作情况的汇报。习近平表示，今天是澳门回归祖国13周年的日子，首先请崔世安转达对澳门同胞的亲切问候和良好祝愿。当前澳门总体形势良好，崔世安和特别行政区政府团结社会各界人士共同努力，保持了澳门繁荣稳定和发展，中央对崔世安和特别行政区政府的工作是肯定的。习近平指出，中央会一如既往贯彻执行"一国两制"、"澳人治澳"、高度自治的方针和澳门基本法，一如既往支持行政长官和特别行政区政府依法施政，一如既往支持澳门特别行政区发展经济、改善民生、推进民主、促进和谐。我们对国家和民族的未来充满信心，也坚信澳门各项事业一定会发展得更好。中共中央政治局常委、国务院副总理张德江，中共中央政治局委员、国务委员刘延东，中共中央政治局委员李源潮，全国政协副主席廖晖等参加会见。

白志健冀望澳门始终抓住发展主题，努力提高自身竞争力，开创美好未来。中联办主任白志健在《澳门日报》发表题为《共绘澳门发展新蓝图——纪念澳门回归祖国十三周年》的文章中指出，过去的一年，澳门经济稳健民生改善，民主政治稳步发展，社会更加包容和谐。澳门十三年的发展进步，是特区政府带领澳门各界人士同心同德、砥砺拼搏的结果，是特区认真贯彻"一国两制"方针，依托得天独厚的区位优势，走上与祖国内地优势互补、共同发展宽广道路的结果。事实充分证明，澳门同胞完全有智慧、有能力、有办法把澳门管理好、建设好、发展好。白志健指出，澳门需把握历史机遇，始终坚定信心，坚持实践，认真描绘发展新蓝图，努力建设美好新家园，把澳门"一国两制"事业继续向前推进。白志健为此提出了四点希望：第一，坚定不移坚持"一国两制"正确方向。第二，着眼长远，科学规划澳门未来发展。第三，始终抓住发展主题，提高自身竞争力。第四，坚持不懈促进爱国爱澳旗帜下的大团结。

21 日

国家主席胡锦涛在北京会见到京述职的澳门特别行政区行政长官崔世安，听取了他对澳门当前形势和特区政府工作情况的汇报。胡锦涛说，过去的一年，崔世安领导澳门特别行政区政府依法施政，务实进取，做了大量富有成效的工作。澳门经济保持高增长、低失业态势，居民生活持续改善，社会和谐稳定，区域经济合作取得了新成果，具有澳门特色的政制民主进一步向前发展。中央希望特区政府在新的一年里，继续坚定贯彻落实"一国两制"方针和基本法，团结奋斗，再接再厉，保持澳门经济社会发展的良好势头，把澳门管理、建设、发展得更好，为"一国两制"的成功实践做出更大的贡献。中共中央政治局常委、国务院副总理张德江，中共中央政治局委员、国务委员刘延东，中共中央政治局委员李源潮，全国政协副主席廖晖等参加了会见。

国务院总理温家宝在中南海会见到京述职的澳门特区行政长官崔世安，听取工作汇报。温家宝充分肯定了澳门回归以来经济社会发展取得的成绩。他表示，中央政府将毫不动摇地坚持"一国两制"、"澳人治澳"、高度自治的方针，严格按照基本法办事，坚定支持特别行政区行政长官和特区政府依法施政。温总理表示，坚信在特区行政长官和政府的领导下，澳门同胞一定会在促进经济发展、推动社会进步、有效改善民生等方面不断取得新的成绩。温家宝表示，这是他最后一次听取特区行政长官的述职。他对长期以来香港、澳门各界人士对中央政府工作的支持和帮助表示衷心感谢。温总理表示非常想念香港同胞和澳门同胞，相信香港、澳门的明天会更加美好。国务委员刘延东等参加会见。

22 日

中央政府肯定澳门特别行政区政府的工作。崔世安总结北京述职行程时表示，此次到北京述职期间，先后得到习近平总书记、胡锦涛主席、温家宝总理接见，并与国务院港澳办主任王光亚会面；中央肯定了澳门特别行政区政府过去一年的工作，并将大力支持未来一年的施政工作；国家领导人关心澳门贯彻落实澳门基本法，坚持"一国"原则，尊重"两制"差异，要求澳门从全局出发，做好特别行政区自身工作。

23 日

港珠澳大桥岛隧工程非通航孔桥首根钻孔灌注桩完成浇筑。此举标志着港珠澳大桥桥体部分的施工正式开始。港珠澳大桥岛隧工程西岛非通航孔桥桥宽 41.9 米，全长 253.5 米，为海底隧道与西人工岛结合部桥段。该桥采用双幅预应力混凝土连续梁，非通航孔桥的上部为 5 跨混凝土现浇箱梁，下部基础共使用 52 根钻孔桩支撑。其中包括桩径 1.5 米的钻孔桩 16 根，桩径 2.1 米和 1.8 米的钻孔桩共 36 根，桩长达 86 米，施工难度极大。负责该项目的中交股份联合体港珠澳大桥岛隧工程三工区一分区项目部负责人杨永宏介绍，港珠澳大桥岛隧工程西人工岛非通航孔桥是整个大桥重要的组成部分，也是桥体最先施工的部分，无经验可循。因此，每个环节的施工更需要慎之又慎。本次完成浇筑的 11 号桥台 2 号桩，也是作为西人工岛非通航孔桥以及整个港珠澳大桥工程程序化管理的首根钻孔灌注桩，将为后续的钻孔灌注桩浇筑积累实战经验。

26 日

澳门城市清洁及垃圾收集清运服务公开招标。此次招标的服务合同为期 10 年，政府通过公平、公正、公开和严谨的招标程序，吸引符合资格的竞投者参与公开招标。在标书评审方面，采取"先评技术、后审价格、价适最优"的模式，避免出现"价低者得"的情况。

新任旅游局局长文绮华就职。文绮华，女，工商管理学士，1988 年进入公职，1994 年至 1998 年任旅游司推广厅厅长，1998 年至 1999 年任旅游司副司长，1999 年至今任旅游局副局长，兼任勋章奖章和奖状提名委员会、澳门格兰披治大赛车委员会、旅游发展委员会、旅游危机处理办公室及会展业发展委员会委员等职。曾于 2007 年至 2009 年任亚太旅游协会战略情报咨询委员会委员。

安顺大厦共 348 个经屋单位预配。政府公报刊登第 395/2012 号行政长官批示，公布已命名为安顺大厦，即路环石排湾 CN7 地段之经济房屋单位的售价及补贴比率。房屋局主要根据经济房屋家庭的购买力、楼宇的坐落地点、建成年份，单位在楼宇总体结构内的朝向及位置、面积及类型等相关计价因素而订定经济房屋各单位售价。安顺大厦的使用面积每平方米平均售价约 17876.53 元，以实用比率 63.61% 计算，相当于建筑面积每平方尺约 1056 元。在 348 个单位中，有 161 个单位的价格低于平均售价，约占所有单位的 49%。安顺大厦的补贴比率为 49.4%。

27日

政府启动"万九后"公屋建设计划。继"万九公屋"后，政府将在短期内分阶段启动"万九后"公屋的建设工作，其中青洲坊第 1 及第 2 地段公共房屋项目于本日动工，作为"万九后"公屋项目的首个启动工程，预计提供 2356 个公屋单位，同时配备完善的社区功能，满足区内居民的生活所需。

澳氹第四通道及 AB 隧道工程进行可行性研究专家评审。建设发展办公室组织召开《澳氹第四条跨海通道及 A、B 区海底隧道工程可行性研究报告》专家评审会，邀请澳门及内地来自施工单位、咨询单位、科研机构和高等院校在交通运输、通航、工程、经济、环境等方面的专家进行评审，在审查和讨论的基础上，专家组一致通过了该项评审。研究报告经过修编后，将作为各项专项研究的依据，并上报国家审批。

28日

公安部出入境管理局宣布将启用新版回乡证。新证实行一人一号终身不变，从 2013 年 1 月 2 日起受理申请。

政府将于 2013 年全年豁免全体社屋租户缴交租金。为落实 2013 财政年度施政方针，政府于 2013 年 1 月至 12 月全年豁免社会房屋租户缴交租金，全体社会房屋租户约 7500 个租住家庭将受惠于免租措施，纾缓因通胀带来的经济压力。而社会房屋铺位的商户仍需按月缴交租金。

据统计暨普查局公布数据，2012 年全年入境旅客达 28082292 人次，按年微升 0.3%。不过夜旅客占总数 52%，共 14504994 人次。按原居地划分，中国内地旅客有 16902499 人次（占总数 60%），按年增幅为 5%。韩国（444773 人次）及泰国（231295 人次）旅客增加 12% 及 18%，而中国香港（7081153 人次）及中国台湾（1072052 人次）旅客则减少 7% 及 12%。大洋洲（113295 人次）及加拿大（83459 人次）的长途旅客分别增加 1% 及 5%，俄罗斯旅客录得 63% 的显著增幅；美国（188730 人次）及英国（59468 人次）旅客按年各减少 4%。

澳门回归大事编年
CHRONICLE OF
MACAU

*2013*年 1~12 月

2013 年

1月

1日

《预防及控制吸烟制度》第二阶段即日实施。根据第5/2011号法律《预防及控制吸烟制度》（俗称"新控烟法"），澳门娱乐场即日起只可设置不超过公众使用区域总面积一半、符合政府指引规定标准的吸烟区，6家博彩企业44家娱乐场的申请均获批给，但其中7个娱乐场部分区域因工程问题不获通过，平均获批面积达45%。卫生局控烟办、博彩监察协调局开展联合行动，对全澳44家赌场展开巡查，截至晚7时票控42名违法吸烟人士。

新开通的广珠城轨迎来首个旅客高峰。广珠城轨珠海站于2012年12月31日开通，包括珠海、前山、明珠、唐家湾在内的4个站点同时启用，标志着广珠城轨全线通车。截至2013年1月1日晚9时，经各口岸出入境有328300多人次，其中外地人208900多人次，澳门居民为59000多人次。

社会工作局本日起再次调升最低维生指数。1人家庭由2012年每月3360元升至3450元，平均升幅约2.5%。按规定，维生指数每半年检讨一次。"最低维生指数"是政府编制的扶助贫困和弱势人群的指标。

《澳门日报》调整领导架构。新领导架构为：澳门文化传媒集团董事长、澳门日报董事长李成俊，集团、日报副董事长李鹏翥，集团副董事长、社长兼总编辑陆波；集团副董事长、日报总经理温能汉；常务副总编辑黎胜培；董事梁桂华、陈友莲。副总编辑蔡彩莲、廖子馨、崔志涛、林保华；副总经理兼广告科经理林耀明。

澳门科技大学校长换任。2012年澳门科技大学基金会信托委员会暨校董会举行联席会议，一致通过现任副校长兼中药质量研究国家重点实验室（澳门科技大学）主任刘良教授自2013年1月1日起接替许敖敖校长担任澳门科技大学第三任校长。校监廖泽云高度评价许敖敖校长在任10年间的工作成绩，对候任校长刘良教授寄予深切期望。

2日

新版回乡证开始接受申请。新版回乡证实现号码终身制，防伪功能更完善，符合国际标准。首日共有378位澳门居民申办新版回乡证。

3日

立法会细则性通过《民航意外事故调查及航空安全资料保护法》法案。负责审议法案的第三常设委员会主席郑志强引介时表示，法案自2009年3月"国际民航组织"审计澳门特别行政区的航空系统后，认为政府有权调查发生在管辖领空的航空意外，但相关权力应以法律形式公布。

交通事务局调整车牌抽签制度。新抽签制度主要将现时每日未被出售的普通车牌号码，以等额抽签分配予前一天检验合格的新注册车辆，调整为先把每日未被出售的普通车牌号码数量补充至400个后，再予新注册车辆抽签，借以扩大车牌抽签范围，创设更公平的抽签制度，并理顺车辆检验工作。

"澳门老龄指标"第二阶段调查工作开始。为持续监测澳门长者的实际状况，社会工作局由1月3

日至 25 日开展"澳门老龄指标"第二阶段调查工作，随机抽取受访住户 1700 户，并向年龄符合 55 岁或以上的人士进行问卷调查，将取得 800 个有效样本，相关数据将作为澳门未来安老服务发展的参考数据。"澳门老龄指标"由"政策指标"和"服务指标"组成。2012 年已完成了第一阶段资料收集工作。

"第三届澳门人文社会科学研究优秀成果奖"颁奖礼在科学馆会议厅举行。颁奖礼由澳门基金会、中国社会科学杂志社和广东省社会科学界联合会联合主办。此次评选，从 395 份参评的中、英、葡著述中，选出著作类、论文类各奖项共 56 份。其中著作类一等奖 4 名、二等奖 5 名、三等奖 8 名、优异奖 11 名，论文类一等奖 4 名、二等奖 4 名、三等奖 8 名、四等奖 12 名。中联办副主任李本钧，外交部驻澳特派员公署副特派员冯铁，中国社会科学院副秘书长、中国社会科学杂志社总编辑高翔，广东省社会科学界联合会主席田丰，澳门基金会行政委员会主席吴志良，文化局局长吴卫鸣，政策研究室主任刘本立，澳门日报副董事长李鹏翥，澳门大学校长赵伟，澳门科技大学校长刘良，澳门城市大学校长颜泽贤，澳门理工学院署理院长殷磊，教青局教育研究暨资源厅厅长黄健武，以及澳门基金会行政委员区荣智、黎振强、钟怡等出席颁奖典礼，并向获奖人颁发证书。吴志良在致辞中表示，构建澳门自主的学术体系，是澳门学者的当务之急，也是设置该奖项的主旨。而澳门学术要自主，必须具备足够涵盖不同领域、符合学术规范的学术成果。此次参评作品反映了澳门学者担当的角色从"被动者"向"主动者"转化，不再停留于"移植、搬用或套用"西方理论和知识框架，它们结合澳门现实进行不同程度的消化、再生，在比较和创新中推出适合本土知识的理论范式和研究方法。

4 日

个人资料处理登记库开通。根据《个人资料保护法》第 21 条至 25 条规定，个人资料保护办公室须将接收到的个人资料处理的通知依法登记及公开，让公众查询。为执行规定，该办公室自 2008 年起，分阶段落实在公私营机构中推行强制性个人资料处理登记制度的工作。截至 2012 年 12 月 31 日，个人资料保护办公室共收到个人资料处理的通知申报 1296 份（包括公共部门 917 份，私营机构及个人 379 份），其中 1229 份已经处理完毕，目前有效的登记共有 933 个（包括公共部门 664 个，私营机构及个人 269 个）。

5 日

"2012 澳门经济论文比赛"在生产力暨科技转移中心会议室举行颁奖礼。此次比赛由澳门经济学会主办、澳门基金会赞助，共收到 60 份论文，设公开组一等奖、二等奖、三等奖、入围奖；学生组一等奖、二等奖、三等奖、入围奖。

澳门妇女联合总会到访广东省妇女联合会。会长贺定一一行 18 人受到广东省政协副主席、省妇联主席温兰子等接待，双方就粤澳妇女事务工作进行交流。会后，访问团参观了广州市劳动力市场妇联分市场、省妇联法律服务中心，了解广东省妇女就业、维权等工作实施情况。

6 日

"《澳门制作·本土情怀》澳门基金会市民专场演出"活动启动。澳门基金会于晚 7 时在澳门文化中心综合剧院举行"《澳门制作·本土情怀》澳门基金会市民专场演出"活动启动仪式。8 时，澳门青年交响乐团协会同场演出"澳门新年音乐会 2013"，为系列活动揭开帷幕。"澳门制作"是指本地或本地与外地团体合办的演出剧目，坚持从市民中来、到市民中去的创作原则。2013 年，澳门基金会特邀 24 个本地艺术团体，陆续于不同社区及场馆开办不同主题及形式的表演。

7日

港澳签署《关于澳门特别行政区与香港特别行政区相互认可和执行仲裁裁决的安排》。行政法务司司长陈丽敏与香港律政司司长袁国强分别代表政府签署，由签署之日起生效。

"支持四川灾后重建协调小组"秘书处撤销运作。按照第 3/2013 号行政长官批示，作为后勤支援的该秘书处即日撤销运作。四川汶川地区于 2008 年 5 月 12 日发生特大地震灾害后，政府于 2008 年 6 月宣布出资 50 亿澳门元，澳门基金会出资 5 亿元参与灾后重建工作。2008 年 8 月成立相关工作协调小组，下设秘书处。至 2012 年 10 月，所有已签署协议的 103 个援建项目全部完工。

8日

"深澳合作会议"在广东深圳召开。会议由行政长官崔世安与深圳市市长许勤共同主持。会后，双方分别签署《关于加强交流与合作的备忘录》《关于加强教育交流与合作的协议》《关于检验检疫技术合作与交流备忘录》《关于加强供澳冰鲜冷冻家禽检验检疫合作协议》《关于药品监管领域的合作备忘录》《关于协助筹建澳门药品检验所的合作备忘录》等 6 份备忘录和协议。

第十八届粤港澳气象业务合作会议暨第二十七届粤港澳气象科技研讨会在广东韶关召开。会议时逢粤港澳启动气象合作 30 周年，三方共有 40 多位气象专家出席，强调要促进三方在公共气象服务、应对气候变化、区域数值预报、自动站建设、数据共享、灰霾监测预警以及南海海洋气象业务方面进一步开展合作和交流。

澳门基金会援建的北川羌族民俗博物馆开馆。由澳门基金会投入 8588 万元人民币援建的北川羌族民族博物馆举行开馆暨中国民族博物馆北川分馆授牌仪式。全国政协港澳台侨委员会副主任杨崇汇、中华海外联谊会副会长、全国政协港澳台侨委员会副主任、中央统战部原副部长楼志豪，文化部党组成员、故宫博物院院长单霁翔，四川省副省长黄彦蓉，中联办副主任徐泽，澳区全国政协常委、中华海外联谊会副会长廖泽云，澳门基金会行政委员会主席吴志良、行政委员何桂铃等嘉宾应邀出席，共同见证了川澳双方的努力成果。杨崇汇转达全国政协副主席孙家正的寄语，希望北川要做好保护和宣传民族文化的工作，并把羌族民俗博物馆打造成为对外展示羌民俗文化的重要窗口。吴志良代表援建方发言时表示，支持羌族民俗博物馆重建，不仅是对羌族文化的保护和弘扬，更使源远流长、博大精深的中华传统文化得到传承和发展，意义深远，并期望北川羌族民俗博物馆能以其鲜明的特色，独特的风格，不断丰富展示内容，创新展陈手段，吸引更多居民、游客走进博物馆，使灿烂的羌族文化得到更加广泛的传播。他指出，澳门的发展成果，离不开祖国的关心和支持，怀着这份对祖国的感恩之心，多年来，澳门基金会先后参与了内地多个公益、文化、教育项目，借此表达澳门对内地同胞的血浓于水的亲情，并期望为祖国的社会建设发展、各民族的团结、社会的和谐尽一分力量。

10日

粤澳合作推进重大项目廉政建设。廉政公署廉政专员冯文庄和中共广东省省委常委、省纪委书记黄先耀在珠海举行会谈。会后廉政公署与广东省监察厅签署了《粤澳廉政建设交流与合作意向书》，双方将在"一国两制"及粤澳两地现有法律框架内，在有关重大项目廉政建设、廉政教育培训、廉政建设资料、互访考察机制等四个领域加强合作与交流。重点是配合《粤澳合作框架协议》落实，共同推进港珠澳大桥建设计划，深入开展大型基建工程防贪制度和教育的交流，探讨有效的制度预防建设策略，建立两地廉政建设合作交流的长效机制。

11日

"2013 年中国内地高等教育联展暨保送生考试"在教业中学礼堂举行。该项活动由教育部高校学生司及澳门高等教育辅助办公室合办，43 所内地高校负责人即时解答学生升学疑问。"2013 年中国普通高等学校联合招收澳门保送生考试"12 日上午举行。自 1992 年内地来澳门招收保送生开始，名额每年都有调整，2013 年内地高校共向澳门学生提供 500 个保送名额。

"2012 澳门优秀运动员及教练员奖金/奖状颁发"仪式举行。政府为表彰在 2012 年度参加国际赛事获得优异成绩、为澳门体育运动发展做出贡献的运动员及教练员，举行一年一度的颁奖活动。共 12 个体育项目、超过 80 名运动员及教练员获颁奖金，22 个体育项目近 250 人获颁发奖状，总奖金超过 520 万元。

14日

"第十五届世界导游协会联盟大会"首次在澳门举行。大会由世界导游协会联盟及澳门专业导游协会共同主办，主题为"澳门猎奇之旅"。行政长官崔世安、社会文化司司长张裕、中联办秘书长崔国潮、外交部驻澳特派员公署副特派员冯铁、旅游局局长文绮华、澳门基金会行政委员会副主席林金城、世界导游协会联盟主席罗莎琳（Rosalind Newlands）、第十五届世界导游协会联盟大会筹委会主任及澳门专业导游协会会长胡惠芳、澳门专业导游协会主席罗掌权主持出席仪式。本次大会有来自 30 多个国家和地区的逾 300 名导游和导游专业人士出席。该会由 2007 年起经过 3 次竞投，澳门成功取得 2013 年会议主办权。

15日

澳门出现一例输入性登革热。患者为一名 11 岁菲律宾籍男童，于澳门读书。该病人于 2012 年 12 月 27 日赴菲探亲，1 月 13 日回澳后就诊，结果显示感染 I 型登革热病毒。此为澳门 2013 年第一例输入性病例报告。

旅游局定六大工作方向拓展客源。资料显示，2012 年澳门入境旅客达 2808.2 万人次，较 2011 年同期微升 0.3%。旅游局为 2013 年旅游业发展制定六个工作方向：总结规划研究成果、深化旅游休闲体系、优化行业管理培训、积极推动优质旅游，发展文化旅游产品、推展盛世节庆活动，重点支持社区旅游、加强传媒公众沟通、创新推广宣传手法、发掘全新旅游市场及参与国际组织、加强区域合作。

16日

行政公职局今日起至本月 25 日，连续十日在公共行政大楼地下大堂公开展示自然人选民登记册及法人选民登记册。行政公职局呼吁利害关系人依法查阅选民登记册。根据《行政长官选举法》和《澳门特别行政区立法会选举法》的规定，任何选举，均使用选举日期公布日前最后一个完成展示的选民登记册；因此，利害关系人应亲自查核自己是否已经被登录到选民登记册内，从而得知可否参加相关的选举活动。选民登记册展示期间，任何选民都可以其选民数据错误或遗漏为理由，以书面形式向行政公职局提起声明异议。根据统计，2012 年行政公职局共接受了 26909 份自然人选民的新登记申请，其中 20102 份申请属 17 岁的永久性居民依法提出的提前登记申请，1298 个自然人选民于 2012 年因死亡、司法判决或精神错乱等原因而被注销了选民登记；此外，12781 个已登记的自然人选民依法通知了行政公职局变更登记资料。截至 2012 年 12 月 31 日，澳门的自然人选民数字为 277153 人（包括办妥提前登记手续但仍未满 18 周岁的人士），与 2011 年 12 月 31 日的选民人数比较，增幅为 10.18%。

《澳门再生水发展规划（2013～2022）》咨询文本介绍会举行。节水小组举办专业界别咨询，环保、工程、建筑、酒店、物业管理、制造和运输业界近 200 名代表出席。小组指出，未来 10 年自来水用水量预计平均每年有 4%～5% 的增幅，但再生水始终是补充水源，暂时无法取代自来水。

18日

澳门科技大学中药研究成果获2012年度国家科学技术进步奖二等奖。由澳门科技大学校长兼中药质量研究国家重点实验室（澳科大）主任刘良教授率领的研究团队，长期从事中药抗关节炎研究，其"抗关节炎中药制剂质量控制与药效评价方法的创新及产品研发"项目喜获2012年度国家科学技术进步奖二等奖。本日在人民大会堂隆重举行国家科学技术奖励大会，国家领导人胡锦涛、习近平、温家宝、李克强、回良玉、马凯、刘延东等为获奖代表颁奖。澳门科技大学代表、获奖项目主要完成人刘良教授、周华副教授、姜志宏教授出席了大会，并接受国家领导人颁奖。澳门特区政府科学技术发展基金行政委员会主席唐志坚、委员郑冠伟等应邀出席奖励大会。在中医药研究领域获得国家科学技术奖励，标志着澳门科技大学中药质量研究国家重点实验室的中药研究水平进入国家同类研究领先行列。

"2013澳门·广州名品展"举行。展会由贸促局和广州市对外贸易经济合作局联合主办，在广州保利世贸博览馆举行。本届展览面积11300平方米，比上届增加三成以上。展会分广州和澳门两个展区，设240个标准展位，比上届增加14.3%。

2012～2013年（第十届）地产年度风云榜在北京人民大会堂隆重举行。大会云集100多名各大金融机构高管、数十位中国最活跃的专家学者和国内外超过300家的主流媒体。澳门"星河湾·名门世家"获颁"世界级豪宅澳门特区代表作大奖"。

21日

政府公报刊登第1/2013号法律修改第11/2003号法律《财产申报》。新修改规定，将原名称《财产申报》改为《财产及利益申报法律制度》（俗称"阳光法"）。1月3日，立法会全体会议细则性通过《财产及利益申报法律制度》，政府官员、司法人员、企业及公产的特许企业的行政管理机关及监察机关的据位人、行政会委员和立法会议员都要公开部分财产，违法者最高罚款一年薪酬。

行政长官崔世安一行访问北京。崔世安比行拜会公安部、海洋局、国土资源部、海关总署等中央部委负责人。行政长官办公室主任谭俊荣、新闻局局长陈致平、礼宾公关外事办公室主任冯少荣等随访。

佛光山开山宗长星云大师获颁澳门大学荣誉博士。澳门大学于台湾高雄佛光山传灯楼集会堂内举行荣誉博士学位颁授典礼，校董会主席谢志伟代表澳门大学校监、行政长官崔世安，向星云大师颁授荣誉人文学博士学位，以表彰他在文化和社会事务上的卓越贡献。

22日

"司法警察局与传媒迎春座谈会"在司警局路氹分局举行。2012年司警刑事立案9283宗，与2011年10600多宗相比减少逾12%。2012年严重犯罪案件包括纵火23宗、抢劫141宗、盗窃1800宗、暴利及高利贷150宗、与博彩相关罪案2070宗、贩卖麻醉品93宗、吸食麻醉品142宗。资料显示，2012年在澳门犯罪移交检察院处理的内地人有1212人，比2011年增加179人；外籍人犯罪有145人，同比少25人。网络诈骗方面，2012年该局共接获175宗案件，2011年则为124宗。

23日

路环经屋安顺大厦正式开售。大厦毗邻路环石排湾郊野公园，是澳门最后一个根据房屋发展合同兴建的公屋项目，由两座楼高23层及16层的楼宇组成，共提供366个经屋单位。

澳门日报读者公益基金会访贫问苦。澳门日报读者公益基金会会董先后到访16家安老院舍、儿童中心和青少年院舍，向长者、青少年及残疾人士致送春节慰问金，共1305人受惠，派发金额合共456750元。

24日

徐泽希望澳门中华总商会在今年立法会选举中发挥应有作用，且对澳门长远发展应具责任心。中联办副主任徐泽今日到访澳门中华总商会，肯定中总去年与本地及内地工商机构加强交流办实事，推动澳门经济适度多元化发展，并希望中总能够在今年立法会选举中发挥应有作用，使选举顺利完成并达到目标。同时，期望澳门各界以长远眼光、方向思考，谋划好澳门未来的发展规划，逐步将澳门引向适度多元化发展的道路。

内地公安机关与澳门警方合作第16次工作会议在珠海召开。保安司司长张国华率警方代表团出席，并与公安部副部长陈智敏率领的内地公安机关代表团进行工作会晤，以扩大共识、密切交流、深化合作。

25日

消防局举行农历新年期间防火工作及2012年工作数据新闻发布会。发布会在消防局总部暨西湾湖行动站举行。一等消防区长林晓帆表示，消防局2012年消防事件总数为38524宗，比2011年增加3309宗。防火宣传工作方面，2012年共举办132次防火讲座，205次防火宣传活动，56次疏散演习及事故演习。

28日

卫生局实施临时支援计划，539人登记购买奶粉。为解决"奶粉荒"，卫生局属下7家卫生中心及卫生站，本日起为澳门1岁以下婴儿登记优先购买奶粉，全日共有539人登记参加"母婴临时支援计划"，未见申请人潮，过程大致顺利。卫生局重申，此次事件定义为突发公共卫生事件，支援对象仅为1岁以下的婴儿。特区政府继续关注事件，并在"母婴临时支援计划"执行过程中持续检讨，确保计划达到保障居民的目的。

29日

行政长官崔世安率政府代表团赴广州会晤广东省领导。代表团与中共中央政治局委员、广东省省委书记胡春华，省长朱小丹会晤。崔世安表示，2013年粤澳合作的重点是推进粤澳新通道建设和横琴开发。胡春华表示，将一如既往支持粤澳合作。经济财政司司长谭伯源、运输工务司司长刘仕尧、行政长官办公室主任谭俊荣等参加会晤。这是胡春华担任广东省省委书记后首次正式与澳门特别行政区行政长官会晤。

图23　行政长官崔世安与广东省省委书记胡春华亲切会面

粤澳供水主题纪念园揭幕。纪念园由粤澳双方合作建设，坐落于竹银水库主管理区和主坝溢洪道之间的山地上，占地面积近9000平方米，包括主题雕塑、园林建筑等，当中融入了澳门的城市特色和建筑风格。揭幕仪式由珠海市副市长刘嘉文、广东省水利厅副厅长王建成和澳门港务局局长黄穗文主持。

30日

新一届社区服务咨询委员会成员公布。行政长官崔世安批示，续任民政总署管理委员会主席谭伟文为中区、北区离岛区社区服务咨询委员会召集人。各区副召集人及委员会委员分别获续任，多位社会人士获委任为副召集人与委员会委员，各委员任期两年，可续期。有关批示即日生效。

31日

群力智库中心发布"澳门空气质素问卷调查"结果。该中心2012年10月在澳门多个地区以街头随机访问形式进行有关调查，共发1000份问卷，有效问卷为938份。调查显示，58.52%的受访者不满意澳门现时的空气质量。近80%的人赞成尽快推出提高空气质量的政策。

博彩监察协调局公布2012年各项博彩收入。据统计，2012年各项博彩收入累计达3052.35亿元，按年增13%。至2012年第四季，全澳门有赌台5485张，比第三季少12张。2012年赛狗收入2.05亿元，按年减30%；赛马收入3.56亿元，按年跌19%。足球及篮球博彩收入续升，分别达4.18亿元及1.11亿元，按年增15%及29%。

统计暨普查局公布，2012年综合消费物价平均指数为117.04，年通胀率为6.11%。

2月

1日

中央人民政府驻澳门特别行政区联络办公室举行新春酒会。酒会在旅游塔会议展览中心举行。政府主要官员、中央驻澳机构负责人及各界代表出席。中联办主任白志健表示，中央政府将一如既往支持特区政府发展经济、改善民生、推进民主、促进和谐。行政长官崔世安致辞指出，新一年澳门机遇与挑战并存，政府定当全面执行"一国两制"、"澳人治澳"、高度自治的方针，并以"发展"为主，把握"稳中求进"的发展方针，高度关注民生，提升居民的幸福指数。

中共中央总书记习近平探望马万祺。习近平下午前往解放军总医院看望全国政协副主席马万祺，致以亲切问候。马万祺表示感谢，并向习近平总书记及其家人送上春节祝福。

行政长官崔世安在政府总部会见国际义工协会主席李康元（Kang Hynn Lee）及义务工作者协会代表一行。崔世安与李康元对两会于年底在澳门举办的第十四届国际义工协会亚太地区会议表示欢迎。

"构建可持续发展城市之节能减排"研讨会召开。会议由澳门物业管理设施协会主办，香港品质保证局及澳门科学馆支持，约60名业界代表参加。环保局副局长黄蔓莛，环保产业协会理事长、物业设施管理协会会长马志毅等出席。

政府公报刊登行政长官批示澳广视股东会主席团主席。行政长官行使澳门基本法赋予的职权，并根据《澳门广播电视股份有限公司章程》，委任马有恒为澳广视股东会主席团主席，委任何美华为澳广视监事会监事。

2 日

全国人民政治协商会议第十二届全国委员会委员名单公布。全国共有委员 2237 人，澳区委员 36 人，其中 29 位现届委员连任、新委员 7 人。名单如下（排名不分先后）：马有礼、吴培娟（女）、贺定一（女）、黎振强、尤端阳、何玉棠、徐泽、颜延龄、冯志强、何厚铧、黄如楷、陈锦鸣、许爽、何猷龙、萧德雄、李佳鸣（女）、许健康、陈明金、曹其真（女）、王彬成、苏树辉、林金城、崔世昌、谭伯源、杨俊文、欧安利、梁华、李向玉、吴小丽（女）、柯为湘、梁少培、刘雅煌、吴立胜、钟小健、廖泽云、周锦辉。

"世界湿地日"系列活动展开。由澳门科学技术协进会与环境保护局合办的"2013 年世界湿地日系列活动——澳门蝴蝶展"于路氹城生态保护区开幕，展期即日起至 4 月 15 日在科学馆大堂展览厅展出。此次系列活动包括澳门蝴蝶展、参观湿地、"我眼中的湿地"PPT 学生作品评比活动。

3 日

社区义工联合总会成立。社区义工联合总会第一届理监事就职礼暨冬日爱心送暖大行动于街总地下展览厅举行。会长陈晓平表示，由 13 个社区义工队伍联合组成的社区义工联合总会，将逐步完善公益管理模式，推动居民参与义工服务，共建和谐社区。仪式后，该会组织逾 200 名义工，分批探访 60 多户弱势家庭，将义工精神辐射到澳门社区。

4 日

政府调升社会房屋家庭收入上限。政府公报刊登第 23/2013 号行政长官批示，调升社会房屋家庭每月总收入上限及总资产限额。其中，1 人家庭的月总收入上限为 7820 元，总资产净值限额为 168920 元；7 人或以上家庭的月总收入上限为 23050 元，总资产净值限额为 497880 元。两个限额的平均升幅为 2.9%，生效日期追溯至 2013 年 2 月 1 日。此外，特区政府亦已豁免全体社会房屋租户约 7500 个租住家庭缴交今年全年的社屋租金，以缓解租户的经济负担。

5 日

《土地法》修订案及《城市规划法》获立法会全体会议一般性通过。新修订的《土地法》提出七大要点：请批地要求严格化；完善土地批给制度；严格限制改变批地用途和转让；强化监管力度与处罚机制；打击非法占用土地行为；提升溢价金；提高土地批给程序透明度。《城市规划法》重点内容及规定是：制定城市规划的定义、目的、原则、种类及等级，落实城市发展政策的长期目标；编制城市规划草案程序中、核准前等要公开咨询；因大型公共建设对土地用途或整体规划布局造成重大影响，须检讨总体规划；政府可按技术、社会经济、历史、文化、环境等，预计所带来的利弊，制定预防措施；违反法律者，构成行政违法行为，将按情况科处 2.5 万元至 200 万元罚款等。

6 日

澳门航空开通往返澳门至温州的航线。首航仪式在澳门国际机场离境大厅举行，中联办经济部副部长寇明，外交部驻澳特派员公署办公室主任刘健波，民航局局长陈颖雄，旅游局局长文绮华，澳门国际机场专营有限公司执行董事梁少培，澳航总经理朱岩松、执行董事冯少荣及澳门 20 多家旅行社代表出席。

7 日

"2012 年澳门资讯及通讯科技大奖赛"暨"澳门中学生资讯及通讯科技大奖赛"举行颁奖礼。两项大奖赛由电脑学会主办，生产力暨科技转移中心协办，电信管理局、教青局及澳门基金会赞助。

9日

行政长官崔世安发表新春献词。崔世安表示，政府有信心有决心稳步推进"世界旅游休闲中心"的建设，积极构建施政长效机制，深化人文建设，实现居民成果分享与社会经济发展协调向前；加强科学施政，倡导守法廉洁；同心协力将澳门建成宜居的幸福家园。并向为居民服务的公务人员和各界人士致以亲切的节日问候和衷心的感谢。

旅游局与广东省旅游局正式启动"春节黄金周旅游通报机制"，直到2月15日止，确保农历新年期间顺利、安全接待旅客。

民政总署主办"万家喜庆贺蛇年"新春系列活动。行政长官崔世安等出席，与全澳市民及旅客共庆新春。活动内容包括大金龙巡游、十二生肖及福禄寿拜年、龙狮表演、四川歌舞团表演、综艺表演、新春"单车"（自行车）行大运——澳门往返新会崖门单车径及醒狮贺岁竞艺汇演等。

12日

旅游局首次举行"灵蛇献瑞花车汇演"大型户外活动。花车巡游晚8时在政府总部对开的南湾湖大马路举行开步仪式，10部花车连同由28个本地社团组织的近千名表演者为居民献艺。

民政总署、体育发展局、中国澳门单车总会合办"万家喜庆贺蛇年——新春单车行大运"活动。报名参加居民共150人，连同工作人员约200人，上午8时半在新建的氹仔海滨休憩区单车径集合出发，前往新会古井镇单车径"踩单车"（骑自行车）。

14日

华南师范大学中文专业获批在澳开办。政府公报刊登第51/2013号社会文化司司长批示，确认华南师范大学开办的汉语言文学专业学士学位课程为澳门特别行政区带来利益，并许可课程按照该批示附件的规定和条件运作，该附件亦为批示的组成部分。

18日

政府公报刊登第3/2013号法律订定澳门大学新校区适用澳门法律。该法律规定，澳门大学新校区是指按照国务院确定的界址并经第218/2012号行政长官批示公布的地籍图所划定的范围，新校区与横琴岛的其他区域隔开管理。自澳门大学新校区启用之日起至以租赁方式取得的土地使用权期限届满为止，澳门特别行政区法律适用于澳门大学新校区。

19日

政府公布修订《公共部门劳动合同制度》。即日起展开为期30天的咨询，其间计划举行5场咨询会，主要对象为各公共部门、公务人员团体及公务员。该制度主要理顺编制外人员任用制度，建议取消编制外合同和散位合同，改行新聘用制度"行政任用合同"，保留个人劳动合同作为例外聘用方式。日后在一般情况下，政府仅可采用"行政任用合同"聘请合同人员。行政公职局局长朱伟干认为，"行政任用合同"已基本实现公务员同工同酬。据公职局网站资料，截至2012年9月，公务员总数为26758人，编制外合同公务员有7268人，散位合同有4841人，个人劳动合同有2241人，包工合同有29人。

20日

全国人大常委会委员长吴邦国首度访澳3天。本日下午，吴邦国在中共中央政治局委员、广东省省委书记胡春华，省长朱小丹，行政长官崔世安及粤澳两地政府主要官员的陪同下，视察了澳门大学横琴校区，了解校区建设进度及整体规划。

庆祝澳门中华总商会成立一百周年暨澳门最新投资环境介绍会举行。中华总商会会长马有礼、全国政协港澳台侨委员会驻会副主任马健等领导成员，以及来自国内外的400多名华商团体代表出席。贺促局代主席陈敬红表示，中总在促进澳门社会发展、经济建设方面发挥了十分重要的作用。截至 2012 年 12 月底，澳门累计在内地投资项目 13142 个，实际投资金额约 108.9 亿美元。

政府公报刊登审计长批示委任审计长办公室主任。根据批示，现任新闻局副局长何慧卿以定期委任方式调任为审计长办公室主任，任期由 2013 年 2 月 25 日至 2014 年 12 月 19 日。何慧卿，香港树仁学院新闻系毕业，曾在香港任职记者及编辑多年，1988 年加入澳葡政府新闻司，曾任新闻厅厅长，后任新闻局副局长。

21 日

"澳门社会各界纪念澳门基本法颁布二十周年启动大会"隆重召开，吴邦国发表重要讲话。纪念澳门基本法颁布二十周年启动大会上午 9 时半假澳门文化中心大剧院隆重召开，全国人大常委会委员长吴邦国，行政长官崔世安，全国人大常委会副委员长周铁农，全国政协副主席何厚铧，全国人大常委会副秘书长乔晓阳，国务院港澳办主任王光亚，中联办主任白志健、副主任李刚，全国人大常委会副秘书长曹卫洲，全国人大常委会澳门基本法委员会副主任李飞，原基本法草委会代表刘焯华，终审法院院长岑浩辉，澳门基本法推广协会会长廖泽云、理事长崔世昌等主礼，行政法务司司长陈丽敏主持大会，吴邦国发表重要讲话。他指出，今年是澳门基本法颁布 20 周年，澳门特别行政区政府和基本法推广协会筹划了一系列纪念活动，宣传和推广基本法，在全社会牢固树立基本法意识和法制观念，抓住了澳门长期繁荣稳定的根本，具有重大意义。他强调，宣传和推广基本法，一要始终坚持中央政府对澳门实行的各项方针政策的根本宗旨，维护国家主权、安全、发展利益，保持澳门长期繁荣稳定，并以此作为依法处理澳门事务的指导原则。这是维护基本法权威地位的要求，也是既保持基本法稳定，又与时俱进、不断丰富基本法理论和实践的要求。二要深刻认识澳门特别行政区实行的制度，既要维护中央权力，也要保障澳门特别行政区高度自治权，从而使这两方面权力都落到实处，以实现澳门的良好管治。三要全面理解国家主体实行社会主义和澳门实行资本主义的关系，这样坚持一国原则才能落到实处，尊重两制差异才能成为自觉行动，从而保持两种制度都不变，把国家和澳门建设好、发展好。高开贤、李沛霖、潘志明、马有礼、黎振强、贺定一、姚鸿明、何雪卿、欧安利、马有恒、吴碧珊及刘嘉翀等各界代表列席主礼台。特区政府主要官员及局级官员、中央驻澳机构领导、澳区全国人大代表和政协委员、行政会成员、立法会议员、各级法院院长、澳门基本法委员会成员、社团代表、传媒机构负责人、基本法推广协会代表、特区筹委会成员、行政长官选举委员会成员等共 850 多人出席了大会。

《澳门历史的巨变》纪念文集出版。在"澳门社会各界纪念澳门基本法颁布二十周年启动大会"上，全国人大常委会委员长吴邦国主持澳门基本法纪念馆开馆仪式暨《澳门历史的巨变》新书发行仪式。《澳门历史的巨变》从不同角度见证和参与了澳门基本法的起草和咨询，见证和参与了"一国两制"、"澳人治澳"、高度自治的成功实践。有德高望重的原草委总结了终生难忘的基本法起草历程的经验；有全程参与基本法咨询的原咨委回顾了咨询历程的深刻体会和感悟；有特区筹委回忆当年参与筹备澳门特别行政区时的期待与激动；也有立法议员检讨回归以来特区贯彻落实基本法的政策和建议；有澳门出生成长的本地高层公务员回忆回归前后自身变化的对比和感受；有扎根澳门的土生葡人讲述从基本法起草初期的纠结到后来的放心、今天安心生活的真实故事；有与特区一起成长的年轻一代参与宣传推广澳门基本法的感言；有专家学者从理论上分析总结"一国两制"的成功实践等。该书由吴邦国委员长亲笔题写书名，澳门基本法委员会主任乔晓阳撰写序言。澳门基本法推广协会理事长崔世昌表示，出版《澳门历史的巨变》纪念文集，旨在通过回忆澳门基本法从起草、咨询、颁布后到过渡期的宣传推介，回顾特区成立后实施基本法十三年来澳门发生的历史巨变，更好地了解基本法的起草原意，达到理论与实践相结合，继续深入宣传推广、贯彻落实澳门基本法的目的。

澳门中华总商会在旅游塔隆重举办成立100周年庆祝晚宴。全国人大常委会委员长吴邦国、副委员长周铁农，全国政协副主席何厚铧，行政长官崔世安等领导以及国内外工商社团代表出席。周铁农副委员长致辞时，代表吴邦国委员长向澳门中华总商会表示热烈祝贺，并向澳门工商界人士致以亲切问候。他指出，澳门中华总商会具有光荣的历史及优良传统，一个世纪以来，特别是新中国成立以来，在广泛开展工商活动的同时，积极参与社会政治事务，为澳门顺利回归祖国，为中国革命、社会主义现代化建设和改革开放事业做了大量富有成效的工作，赢得了澳门工商界及社会各界的尊重和赞誉。他表示，祖国内地永远是特区发展的坚强后盾，中央政府将不断深化内地与港澳的经贸关系，推进各领域的交流合作。澳门中华总商会会长马有礼表示，未来会继续团结工商界、促进区域互利合作、支持行政长官及特区政府依法施政，并配合特区政府各项政策。澳门中华总商会于1913年成立，百年来致力于团结工商、推动经济、促进合作、服务社会、关顾民生、推动社会发展，贡献良多，深受社会各界认同和赞誉。

22日

澳门基金会研究启动"澳门记忆"工程。澳门基金会筹划启动大型文化工程"澳门记忆"，邀请社会各界共同参与支持。该会在教科文中心举办"澳门记忆"项目工作会议，邀请澳门教育、历史学、文创业、影视、语言学、文物关注、书画、资讯科技、文献及图书馆、动漫等相关界别的机构及社团专家、收藏家与会讨论。"澳门记忆"工程是通过构建可检索网络系统，将澳门珍贵资料、生活场景、建筑、风土人情等史料，科学有序地储存和积累，成为历史的载体。这与联合国教科文组织发起的世界记忆工程及其在澳门推动的研学计划理念一致。

25日

澳门漫游内地通话费降价。澳门电讯（CTM）、和记电话（澳门）及数码通（澳门）即日起以优惠计划方法，下调所有月费用户在内地的漫游话音通话资费，和记同时下调用户在内地发出短信（SMS）的资费，下调幅度由11%至24%不等。

政府公报刊登第29/2013号行政长官批示。该批示许可订立提供"澳门轻轨系统第一期工程的项目管理及技术援助延续服务"的合同。

广东省在澳门旅游塔会展中心举办2013年新春酒会。酒会由广东省人民政府主办，广东省粤港澳合作促进会、澳门中华总商会、南粤（集团）有限公司协办。广东省省委常委、常务副省长徐少华，行政长官崔世安，全国政协副主席何厚铧等嘉宾及两地政府官员，澳门商会代表及社会各界人士出席酒会。

28日

粤澳应急管理联动机制专责小组第四次会议举行。广东省人民政府副秘书长罗欧率领内地10多个机关代表团来澳，与保安司司长办公室主任黄传发率领的澳门特别行政区代表团就建立核应急事件反应机制、港珠澳大桥应急救援联动机制和横琴澳门大学城区及横琴新区应急救援联动机制等问题进行了磋商，并共商下一阶段合作方向。

横琴新区对外公布《横琴新区产业发展指导目录》。该目录已由国家发改委发布，内容包括旅游休闲、物流、商贸和商务服务、金融服务、文化创意、医药卫生、科教研发、高新技术等8个方面合共200条产业条目。有关方面指出，该指导目录的发布将有利于粤港澳产业发展深度融合和推进澳门经济适度多元发展。

3月

2日

第四届"澳门庙宇节庆文化宣传"庙会举行活动。活动一连2天在康公庙前地举行，由庙宇节庆文化筹委会主办，有16所庙宇参与此次活动。现场设有庙宇文化推广和杂技演出，吸引大批居民和游客参与，感受澳门多元宗教文化。

4日

马必强接任许进林担任驻澳部队政治委员。驻澳部队发布消息，根据中央军委主席习近平签发的命令，驻澳部队政治委员许进林少将近日调离驻澳部队，另有重任；马必强少将接任驻澳部队政治委员。许进林少将在离任履新前表示，衷心感谢澳门特区政府和社会各界对他在澳门工作期间的支持和帮助，感谢澳门同胞对驻澳门部队的关心和厚爱，祝愿澳门更加繁荣稳定，祝愿全体澳门同胞家庭幸福，万事如意。新任驻澳部队政治委员马必强少将表示将率领驻澳部队全体官兵继续坚持"一国两制"伟大方针，严格依据澳门基本法、驻军法，履行好神圣使命，一如既往地支持澳门特别行政区政府依法施政，坚持爱澳亲民，为维护澳门长期繁荣稳定和发展做出积极贡献。

政府公报刊登第33/2013号行政长官批示延长"健康城市委员会"存续期。鉴于在"健康城市"计划范围内开展的多项活动，尤其是名为"学校健康促进""健康大厦""安全社区""烟草或健康""健康生活模式"等活动仍在进行中，据第71/2004号行政长官批示设立的"健康城市委员会"之存续期由2013年3月31日起延长3年。

7日

国务院副总理张德江参加澳门代表团审议并提出意见。第十二届全国人民代表大会第一次会议期间，中共中央政治局常委、国务院副总理张德江参加了澳门代表团的审议，并对澳门代表提出三点意见：澳门要再接再厉不断推进"一国两制"成功实践；澳门要居安思危，积极应对前进道路上的各种挑战；澳区全国人大代表要在国家管理和澳门事务中发挥积极作用。

2013广州国际旅游展览会在广州琶洲展馆举行。展览会为期3天，来自逾700家国内外企业参展，展出面积达22000平方米，分国际专业馆、国内馆、旅行社馆三展馆。其中国际展商再创新高，参展比例达58%，为历届最高。旅游局携21家澳门旅游企业代表参展，开设逾200平方米的澳门馆，为本届展会国际专业馆内的最大展区，还有两家澳门企业独立参展。澳门馆以"澳门街"为主题，向游客推广澳门旅游项目。

8日

新一届立法会选举管理委员会成员就职。立法会选委会主席及委员就职仪式在文化中心会议室举行，在行政长官崔世安监誓下，选委会主席、初级法院合议庭主席叶迅生，选委会成员民政总署管理委员会主席谭伟文、行政暨公职局局长朱伟干、财政局局长江丽莉和新闻局局长陈致平先后宣誓就职。

停输两年天然气复供并首供石排湾公屋。中天能源董事总经理兼执行委员会主席吴刚强表示，中天能源自2006年12月15日签订天然气输入及传输公共服务批给合同以来，累计供应澳门天然气超过4亿立方米，因澳门建设需要等原因，输澳门天然气自2011年5月中旬暂停。2013年2月收到政府关于向石排湾公屋供气的要求，恢复天然气供应。这是自 2008 年 1 月 30 日天然气输澳以来，首次可以供应澳门居民使用。

10 日

"第二届澳门文学节"在多个地点举行。活动由葡文报章《句号报》、文化局及澳门基金会合办，开幕式在科学馆会议厅举行。葡萄牙驻港澳总领事柯玛诺（Manuel Carvalho）、社会文化司司长办公室顾问梁慧明等出席主礼。本届文学节邀请了 30 多位来自法国、葡萄牙、巴西、莫桑比克、中国内地及台湾等多个国家和地区的著名文学家、艺术家来澳，旨在推动本地文学发展。

"澳门声音"比赛颁奖礼及专题展举行。由澳门口述历史协会主办、澳门故事馆承办的征集活动已圆满结束，5 人获优秀作品奖。此次系列活动从 1 月 6 日启动，向公众征集"澳门声音"，共收集到 70 多份与小城记忆有着密切关系的录音作品，之后整合成专题展及声音资料库。

11 日

前行政长官何厚铧高票连任全国政协副主席。全国政协十二届一次会议在北京人民大会堂举行。政协第十二届全国委员会主席、副主席、秘书长、常务委员名单选出，中共中央政治局常委俞正声当选新一届主席。上届全国政协副主席、前行政长官何厚铧高票连任。299 位常委中，澳区继续保留 5 席，杨俊文、徐泽、曹其真、廖泽云连任，颜延龄首度当选。

14 日

澳门电讯（CTM）IDD050 收费下调。澳门电讯举行记者招待会，个人消费市场副总裁湛宝仪等介绍，固网电话及移动电话 IDD050（国际通信服务）的收费已于 13 日起全面下调，平均减幅接近 25%；其中，23 个国家的 IDD050 收费下调幅度达到 49%。同时，IDD050 服务适用的国家及地区增至 89 个。目前 IDD 服务占 CTM 整体营业额约一成，本次 IDD050 下调收费，相关收益将减少约两成。目前澳门电讯拥有 17 万固网用户、73 万移动电话用户。湛宝仪表示，计划 3 年内投资 12 亿元完善网络，提升服务质量。

15 日

第五届立法会选举发出"一号指引"。立法会选举管理委员会举行首次会议，明确选举活动中的选举活动期限、禁止直接或间接通过商业广告作为宣传工具，以及需要提交清晰的选举账目、收入及捐献来源等。违反指引可能触犯加重违令罪甚至解散其提名委员会。

"桥梁结构检验与监测"研讨会召开。会议由澳门土木工程实验室举办，两岸四地专家学者围绕桥梁结构监测和保养等最新技术，以建立一套适合澳门使用的桥梁结构维护方法等问题展开研讨。工务局副局长刘振沧、土木工程实验室董事会主席区秉光、立法议员刘永诚及业界人士出席。

统计暨普查局公布最新人口统计数据。资料显示，2012 年终的总人口估计为 582000 人，按年增加 4.4%；女性人口占 51.8%。年龄结构方面，65 岁及以上的老年人口占 7.7%，按年增加 0.4 个百分点；0 岁至 14 岁的少年儿童人口占 11.6%，减少 0.2 个百分点；15 岁至 64 岁的成年人口为 80.8%，与去年相若。2012 年新生婴儿共 7315 名，按年大幅增加 25.0%；男女婴儿性别比为 113.8：100，即每 100 名新生女婴对应 113.8 名男婴。2012 年死亡个案共 1841 宗，按年减少 4 宗；前三位死因分别是肿瘤、循环系统疾病及呼吸系统疾病。2012 年第四季有 2109 名新生婴儿，死亡个案有 444 宗。2012 年内地移民有 4060 人，遣返内地的非法入境者有 1151 人，按年分别减少 2162 人及 115 人。此外，年终外地雇员共 110552 人，按年增加 16524 人；准许居留人士录得净移入 509 人。2012 年结婚登记有 3783 宗，离婚个案有 1230 宗，按年分别增加 238 宗及 232 宗。

统计暨普查局公布 2012 年第四季本地生产总值。资料显示，2012 年第四季本地生产总值按年实质上升 8.5%，主要由服务出口及投资增加所带动。其中，博彩服务出口上升 3.9%，固定资本投资增加 21.8%，私人消费及政府最终消费支出上升 7.2% 及 7.8%，货物出口增加 17.4%。2012 年全年本地生产总值为 3482 亿元，实质增长率为 9.9%；人均本地生产总值为 611930 元（约 76588 美元）。经济增长主要由服务出口及内部需求带动，其中，博彩服务出口增加 6.9%，旅客总消费上升 6.4%。内部需求方面，固定资本投资因公共工程大幅增加而上升 19.1%，私人消费支出及政府最终消费支出分别增加 9.1% 及 6.9%，货物出口明显回升 23.2%。支持经济增长的有利因素包括：博彩毛收入上升 13.4%；入境旅客轻微增加 0.3%，旅客总消费增加 15%；酒店住客增加 10.8%；公共投资大幅增加 54.8%；零售业销售额上升 22%；各季工作收入中位数保持增长，增幅为 13.4% 至 17.0%。2012 年第二季及第三季实质增长率分别修订为 7.9% 及 6.2%；而 2011 年经济增长率修订为 21.8%。2012 年第四季量度整体价格变动的本地生产总值内含平减物价指数按年上升 7.4%，全年为 7.3%。

17 日

"2013 年健康促进"系列活动展开。活动由中华新青年协会举办，开幕式在黑沙环卫生中心举行。新青协理事长罗奕龙致辞表示，健康系列活动自 2003 年举办至今，共培训 6000 多名健康大使，举办超过 600 场讲座，到 60 多个机构举行健康教育图片展，宣传健康知识。中联办文教部副部长徐婷、澳门科学技术发展基金会行政委员会主席唐志坚等出席。

"YM Channel"网络电台开播。由基督教青年会（YMCA）主办，教青局"2013 关怀青少年成长资助计划"赞助的"YM Channel"网络电台正式启播。

18 日

国家主席习近平会见行政长官崔世安。国家主席习近平上午在北京中南海会见香港特别行政区行政长官梁振英、澳门特别行政区行政长官崔世安时指出，香港、澳门与祖国内地的命运始终紧密相连，实现中华民族伟大复兴的中国梦需要香港、澳门与祖国内地坚持优势互补、共同发展，需要港澳同胞与内地人民坚持守望相助、携手共进；希望澳门特别行政区政府和社会各界增强忧患意识，利用有利时机和条件，研究解决制约发展的突出问题，为澳门长远发展夯实基础。

国务院总理李克强会见行政长官崔世安。国务院总理李克强下午在中南海紫光阁会见香港特别行政区行政长官梁振英、澳门特别行政区行政长官崔世安。李克强指出，新一届中央政府将坚持全面贯彻"一国两制"方针，严格按照基本法办事，全力支持行政长官和特别行政区政府依法施政，继续加强内地与香港、澳门交流合作，共创繁荣稳定，共享繁荣稳定。

19 日

李飞任港澳基本法委员会主任。第十二届全国人民代表大会常务委员会第一次会议通过全国人大常委会任免名单。免去乔晓阳的第三任全国人大常委会澳门特别行政区基本法委员会主任职务，任命李飞为第三任主任、张荣顺为副主任。

"CEPA 与 ECFA 框架下的两岸四地发展——澳门的机遇与取向"研讨会召开。研讨会由澳门基金会、中华文化学院及深圳中华文化学院合办。中联办经济部部长级助理高尚德等主礼，澳门基金会行政委员会主席吴志良致辞。两岸四地 50 位学者共同探讨合作趋势、粤港澳合作新内涵与合作模式创新，以及澳门在 CEPA 与 ECFA 框架下的机遇、结构调整与选择适度多元发展路径。

20日

"第十六届粤澳警务工作会晤"召开。保安司司长张国华和广东省政府党组副书记、省政协副主席、公安厅厅长梁伟发分别率领代表团参加了会晤，商讨新一年度的警务合作事宜，就重点项目进行协商及安排，力求务实高效，打造更加安宁的社会治安环境。

21日

"2013年澳门国际环保合作发展论坛及展览"（MIECF）举行。本届展览由特区政府主办，主题是"可持续发展城市——迈向绿色未来"。行政长官崔世安、中联办副主任高燕、外交部驻澳特派员公署副特派员张金凤、国家科学技术部副部长王伟中等主持开幕仪式。展览面积逾16000平方米，吸引超过400家、分别来自逾20个国家和地区的参展商参与。主办方亦与广东省有关协会合作，新增"会展直通车"服务，促成41项场内签约项目，举办了9场绿色论坛及两场绿色工作坊。

纪念《澳门特别行政区基本法》颁布20周年系列活动展开。澳门基本法推广协会、法务局、民政总署及教育暨青年局联合举办"基本法"系列活动新闻发布会。澳门基本法推广协会副理事长李沛霖、法务局法律推广厅厅长罗静萍、民政总署文化康体部部长蔡志雄、教育暨青年局成人教育中心主任张贵新分别介绍了各项活动的内容。推广活动在3月24日至12月期间陆续展开，以学术研讨会、文艺表演、法律常识比赛、图片展及校园推广计划等方式多渠道、全方位宣传澳门基本法。

22日

中联办举行全国"两会"精神传达会，总结澳区代表委员早前参与会议的情况。传达会由中联办副主任李刚主持，全国政协副主席何厚铧、行政长官崔世安与中联办主任白志健分别做讲话。澳区全国人大代表团团长贺一诚和澳区全国政协常委颜延龄在会上分别传达了"两会"主要内容和精神。出席会议的有澳区全国人大代表与政协委员、副省级以及各省市政协委员、中联办处长级别以上人员及特区政府局级以上人员等300多人。白志健提出，一要在成功实践"一国两制"的经验基础上不断探索，为"一国两制"事业发展做出更大贡献，这既是中央政府对澳门的期望，也是特区政府和社会各界人士的共同使命。把澳门"一国两制"实践不断推向前进，必须把握好"一国两制"实践的本质要求，以有利于维护国家主权、安全、发展利益，有利于保持澳门长期繁荣稳定为指导原则，这是国家的根本利益所在，也是澳门同胞的根本利益所在；必须把坚持一国原则和尊重两制差异、维护中央权力和保障特区高度自治权、发挥祖国内地坚强后盾作用和提高澳门自身竞争力有机结合起来，任何时候都不能偏废。二要促进澳门经济社会持续健康发展。经过多年的探索，澳门确立了推动经济适度多元的发展方向，明确了建设世界旅游休闲中心和中国与葡语国家商贸合作服务平台的发展定位。中央政府也把支持澳门"一个中心、一个平台"建设纳入了国家发展战略。当前澳门发展的内部条件和外部环境都很有利，必须抓住机遇，乘势而上，在新的起点上实现更好更快的发展。现在的关键是要围绕澳门的发展方向和定位，加强未来发展战略研究，制定实施经济社会发展中长期规划，对关系城市发展的重大建设项目和关乎民生福祉的公共福利政策做出具体安排，并利用当前有利条件统筹资源，保持并提升澳门原有的竞争优势，不断培育新的增长点。三要巩固发展爱国爱澳旗帜下的广泛团结。在爱国爱澳旗帜下实现最广泛的团结，是澳门"一国两制"实践顺利推进的重要保障，也是澳门社会和谐稳定的重要保障。四要积极推动澳门与内地的交流合作。深化两地交流合作，是形势发展的必然要求，也是"一国两制"的内在优势。白志健表示，中联办将一如既往地支持行政长官和特区政府依法施政，加强与社会各界人士的联系，共同推动澳门繁荣稳定发展；同时，继续做好联络服务工作，为大家履行职责创造良好条件。中央驻澳机构和中资企业要加强与社会各界的交流联系，真诚服务澳门社会。通过我们的共同努力，把澳门建设得更加美好。

23 日

"2013年世界气象日嘉年华"活动举行。活动由气象局主办，主题是"监视天气，保护生命和财产"，旨在让人们重视气象服务在加强安全、抵御各种天气方面发挥的关键作用。地球物理暨气象局局长冯瑞权等主持开幕式。

24 日

"2013年澳门绿化周大步行及植树活动"举行。民政总署在路环九澳水库郊野公园举行植树活动，近1700名居民及驻澳部队官兵参与，种下2000株树苗。此次活动由民政总署主办，街总、工联及妇联协办。

"澳门·扎西德勒——纪念澳门基本法颁布20周年文艺表演"举行。活动由教青局、澳门基本法推广协会、法务局及民政总署共同主办。外交部驻澳特派员公署副特派员张金凤、中联办文化教育部部长级助理李正桥、社会文化司司长张裕、西藏艺术团团长才旦卓玛、澳门基本法推广协会副理事长陈锦鸣、法务局局长张永春等主持开幕式。此次演出为师生专场，逾1700名师生观看演出。

25 日

政府公报刊登第13/2013号行政命令调升澳门国际机场的乘客服务费及安保费。乘客服务费由过去的90元调升至110元，加幅约22.2%，并取消过境乘客收费；安保费（前称"机场费"）由过去的每名登机乘客、过境乘客分别为20元及10元，统一调升至30元。

政府公报刊登行政长官批示核准南光天然气向4类客户销售天然气的价格。四类客户是指用户（工商及服务业）、公共及公益用户、燃气设施营运商（住宅）和燃料加注站营运商。其中，住宅天然气售价约为每立方米6.4元。

26 日

"'一国两制'理论的丰富和发展"学术研讨会暨"纪念澳门特别行政区基本法颁布20周年电视特辑精华片段"首播仪式举行。该活动是纪念澳门基本法颁布20周年系列活动之一，由澳门基本法推广协会、北京大学港澳台法律研究中心、法务局、民政总署及教青局联合主办，并邀请原基本法草委内地委员、原澳门特别行政区筹委出席。行政长官崔世安在研讨会上致辞表示，要确保特别行政区"一国两制"实践不断向前，必须深入宣传学习基本法，全面、准确落实基本法。约30位来自两岸四地的学者就"一国两制"涉及的各个领域分组进行研讨。

27 日

立法会细则性通过《食品安全法》。法务局局长张永春指出，《食品安全法》规管与食品安全有关的所有事项与过程，即与食品有关的生产与经营等，甚至原料、运送、出售的全部过程都属于该法案规管范围，该法对食品的监管已较为全面与完善。

28 日

立法会细则性通过《聘用外地雇员法》修订案。法案主要完善"过冷河"制度，建议日后被雇主以合理理由终止合同的外雇人员均要"过冷河"。若外雇合约期满前终止合约且无须"过冷河"，则6个月内再次在澳受聘，只能从事最近一份工作的职务。就外雇"博炒""跳槽"乱象频生，政府拟通过修法扩大外雇"过冷河"的范围，以减少和杜绝相关情况的发生。

澳门中小型企业联合总商会第一届理监事举行就职典礼。行政长官崔世安、立法会主席刘焯华、中联办经济部部长王新东等出席主礼，会长周锦辉、理事长冯健富等宣誓就职。周锦辉表示，澳门有3万多家中小型企业，从业人员超过16万人。该会创办的目的是为了联合各行业的中小企业，配合政府政策，搭建中小企业发展桥梁，达至可持续发展的目标。

2013"文化中国·四海同春"大型系列文艺演出在澳门闭幕。活动由国务院侨办、澳门归侨总会主办，全国政协副主席何厚铧、中联办副主任李刚、国务院侨办副主任任启亮、社会文化司司长张裕等主持剪彩。从2009年春节开始，国务院侨办组派"文化中国·四海同春"艺术团，到全球华人华侨聚居的国家和地区开展慰侨演出，受到极大欢迎。在刚刚过去的春节期间，国务院侨办组派了11个高水平艺术团组同期赴世界各地开展慰侨演出。28日晚，艺术团为澳门市民献上精彩的收官之作，这也是艺术团连续第三年来到澳门。

图24　"文化中国·四海同春"文艺演出开幕

31日

世界文化遗产大三巴哪吒古庙发生火警。世界文化遗产大三巴哪吒古庙内存放祭品的杂物房起火，消防员灭火后随即调查，系电热水煲短路起火，无人受伤。

葡萄牙驻港澳总领事柯玛诺（Manuel Carvalho）离任。适逢2013年"中国与葡语国家经贸合作论坛"踏入第10年，他表示，澳门在其中担当了重要平台和桥梁角色，开拓了商务活动渠道，促进了中国与葡语国家的经贸往来。

4月

1日

《司法援助的一般制度》法律生效。司法援助申请将由现时的法院审批，转由司法援助委员会负责。同时，行政会完成讨论两项行政法规草案，即《司法援助委员会的组成及运作》和《申请司法援助的可支配财产的法定限额》。行政会发言人梁庆庭表示，司法援助申请的资产限额将于即日起订为32万元。

资产限额包括申请人及家庭成员的可支配财产。司法援助委员会则由最多 7 名的单数成员组成，每周举行一次日常会议。

澳门莲花卫视推出特别制作的节目《向选民报告》。从本日起，逢星期一晚上 7 时至 8 时，9 位直选立法议员通过节目直播互动平台，报告他们过往四年履行立法议员职责的情况。为确保公平性，莲花卫视于 3 月 22 日举行了抽签仪式，9 位直选立法议员关翠杏、吴国昌、区锦新、吴在权、高天赐、陈明金、麦瑞权、陈伟智、陈美仪分别委派代表参加了抽签。上述议员将按照抽签序号出席《向选民报告》节目。《向选民报告》延续了《澳门开讲》可与观众视频、电话及网络等跨媒体互动的特色，但鉴于节目的特殊性，直播互动采取预先报名的方式进行。被选中的市民可以选择到演播室与嘉宾现场对话，或者通过视频、电话向议员提出问题。

2 日

卫生局将禽流感疫情应对级别定为三级戒备状态。内地 H7N9 禽流感疫情有扩散趋势，江苏省卫生厅 2 日再次通报疫情，多个省市卫生部门已启动一系列防控预案措施。卫生局评估疫情后，决定将目前流感应对级别定为三级戒备状态。

澳门航空开通往返澳门至晋江的航线。首航仪式上午在澳门国际机场举行，中联办经济部副部长寇明，外交部驻澳特派员公署办公室主任黄行谦以及澳门国际机场专营有限公司执行董事徐伟坤、梁少培等出席。

3 日

特区政府与珠海市政府关于《粤澳合作框架协议》第一次会议在横琴新区举行。为更好地落实《粤澳合作框架协议》，双方在原有合作基础上，建立新的会晤机制。出席会议的澳方政府成员由行政长官办公室主任谭俊荣率领，珠海方政府成员由市长何宁卡率领。双方一致同意通过建立定期沟通交流机制，促进落实两地共同开发横琴。

6 日

"粤澳青年发展论坛 2013"开幕。论坛由澳门学联主办，全国学联、广东学联及澳门学联代表等就"创新思维下的青年发展"主题展开讨论，教青局副局长老柏生出席并致辞。

7 日

"2013 全澳残障人士运动日"活动举行。活动由体育发展局主办，中国澳门残疾人士奥委会暨伤残人士文娱体育总会、澳门特奥会、澳门聋人体育会协办，开幕式在奥林匹克体育中心运动场室内馆举行。体育发展局局长黄有力，副局长戴祖义、潘永权，中国澳门残疾人士奥委会暨伤残人士文娱体育总会会长陈明金，特奥会理事长罗凯敏，澳门聋人体育会理事长刘玉英等约 2500 人次出席。

8 日

国家口岸管理办公室调研组访问澳门。为加快推进粤澳新通道项目，国家口岸管理办公室常务副主任赵福地率领调研组一行到访澳门，并进行一系列调研工作，其间拜会了行政长官崔世安，与澳门新通道项目相关协调小组举行了工作会议。

10 日

卫生局公布对娱乐场吸烟区空气质量检测结果。自 2013 年 1 月 1 日起实行第二阶段赌场控烟以来，截至本月 9 日，全澳 44 家娱乐场中有 28 家空气检测不符合要求，占总数 63.6%。行政长官崔世安会晤工联代表时指出，政府了解博彩从业员对娱乐场控烟工作的意见和忧虑，将会继续跟进并尽力完善规管。

澳门 4 项发明在"第四十一届国际发明展"获奖。"第四十一届国际发明展"一连 5 天在瑞士日内瓦举行。作为世界上规模最大、历史最悠久的发明展之一，共吸引了全球 45 个国家和地区 725 家参展单位 1000 多项科技发明参展，集中展示了来自全球各地的最新发明。澳门首次参加展览，"环保筷子"发明者陈荣获环保类金奖，"溶解消除病变组织及病原体药物外科溶除术"发明者谭国樑和"3D 环保飞虎创意拼图"发明者李倩仪分别获医药类及玩具类银奖，澳门力达资讯服务有限公司研发的"Yopoint 手机应用程式"获铜奖。

11日

第四届"品牌故事@澳门"颁奖典礼举行。活动由香港《文汇报》、澳门莲花卫视主办，颁奖礼在科学馆会议厅举行。获本届品牌故事的 10 家本地企业为（排名不分先后）：老佛爷、数码宝股份有限公司、疯堂十号、西南饭店、生产力暨科技转移中心、十月初五饼家、广告天地、展字派、乐透游戏有限公司及澳门航空。

"庆祝中国—葡语国家经贸合作论坛（澳门）成立十周年图片展"举办。展览由特区政府主办，开幕式在塔石广场举行，经济财政司司长谭伯源、商务部台港澳司副司长孙彤、中联办经济部副部长兼贸易处负责人胡景岩、外交部驻澳特派员公署政研室副主任纪志远、中葡论坛常设秘书处秘书长常和喜，多个葡语国家驻华大使、驻港澳领事以及政府机构代表主持剪彩仪式。此次图片展共展出 141 幅具代表性的图片，展期至 5 月 3 日。

13日

"2013 澳门国际文化创意产业高峰论坛"举行。活动由澳门社会经济发展研究中心和澳门中西文化创意产业促进会主办，海峡两岸文化创意产业高校研究联盟国际交流专业委员会、澳门城市大学澳门文化产业研究所协办，主题为"文化交融与创意产业"，组委会先后收到论文近百篇。来自世界各地和内地、港澳及台湾的 50 多位著名学者，以及来自内地、港澳台和英国、日本等国家和地区的 150 多位代表出席。

15日

"第 113 届中国进出口商品交易会"设澳门展馆。交易会在广州琶洲会展中心举行，展期为 4 月 15 日至 5 月 15 日。澳门中华总商会由马有礼任团长，率领澳门企业代表团赴广州参加。此次广交会展览面积 116 万平方米，展位总数 59500 多个。境内外参展企业 2.4 万多家。本届第一、第三期设立进口展区，面积 2 万平方米，展位 900 个，有 560 多家境外企业参展。在进口展区，澳门设有小型展馆，展示澳门会展业以及新产品。

政府公报刊登行政长官批示，批准新福利及澳巴自 2013 年起至 2018 年上调服务费。此次调整加幅 23.3%，新福利获加金额达 4.74 亿元、澳巴获加金额 1.66 亿元。

澳门托儿所"一位难求""入托难"情况持续。妇联辖下 7 家托儿所今起一连 6 日招生，截至下午 4 时半，有 9000 多人次报名，大幅超过去年数天的收生总和，预计今年的报读人数将比去年超出 3600 多人。统计局数据显示，2011 年有 5852 名出生婴儿，2012 年头三季诞生"龙 B"5206 名，按年增长两成七，全年预计有近 7500 名新生儿。换言之，仅过去两年就有超过 13000 名适龄婴儿加入"入托大军"。社工局表示，今年将落成使用的 5 所新托儿所预计提供 1400 个托额，带动今年的托额总数达 6591 个，较去年增长三成，其中全日托额为 5600 多个。但在"龙 B"效应带动下，适龄托儿逾 13000 名，预计今年托额难以满足社会需求，托儿所"一位难求"的局面料将持续。

16日

国际金价急跌导致澳门掀起"抢金潮"。澳门各区多家金铺挤满买金的顾客，部分金铺应接不暇，亦有金铺索性关门暂停营业。

17日

中宣部部长刘奇葆会见澳门新闻界高层访问团。中共中央政治局委员、中央书记处书记、中宣部部长刘奇葆在北京人民大会堂会见澳门新闻界高层访问团团长陆波一行。刘奇葆赞扬澳门新闻界始终保持着爱国爱澳的优良传统，希望继续高举爱国爱澳旗帜，支持特别行政区政府依法施政；维护社会繁荣稳定；努力担当社会责任，及时准确传播新闻信息；促进内地与澳门的交流合作。

《澳门经济社会发展报告 2012～2013》（澳门蓝皮书）发行。该书由澳门基金会和社会科学文献出版社联合出版，新书发行仪式在澳门教科文中心举行。该书以"世界旅游休闲中心视野下的澳门城市建设与发展"为主题，在建设世界旅游休闲中心的视野下，审视和反映澳门城市建设与发展的状况、问题及其发展趋势。全书分总报告二篇、政治法制篇、经济贸易篇、社会文化篇、城市发展篇及附录六部分，总字数约 35 万。集中反映 2012 年澳门各个领域的发展动态，总结评价近年澳门政治、经济、社会的总体变化，同时对 2013 年社会经济情况做初步预测，并就相关领域的工作提出了若干建议。

港澳通行证过关即日起免盖章。旅客在准予入境时会获发一张电脑打印的入境申报表，取代在中华人民共和国"往来港澳通行证"上盖章，出境时亦不会在"往来港澳通行证"上盖章。有关措施可提升通关效率，缩短旅客过关时间。

19日

"2013 春季书香文化节"大型书展开幕。书展由澳门出版协会、澳门理工学院主办，体育发展局、澳门图书馆暨资讯管理协会协办，在塔石体育馆开幕，为期 10 天。两岸四地约有 1700 家出版社参加，展出近 11 万种各类图书和影音产品。活动期间除本地新书发行讲座外，还举办多样性主题的讲座和活动。

政府公布《私人工程升降机类设备审批、验收及营运制度指引》。政府一直关注机电设备的使用安全，并成立"完善现有机电设施监管的跨部门工作小组"。身兼小组成员的工务局副局长刘振沧及城市建设厅厅长陈荣喜等，先后在该局举行的业界讲解会及记者会上介绍有关"指引"详情，业界讲解会约 100 人出席。该"指引"于 5 月 19 日正式实施。

22日

《财产及利益申报法律制度》正式生效。按照法律规定，法律生效日起至 2013 年 10 月 18 日期间，有义务提交财产及利益申报书的人士，须使用及填写新式样的表格，提交申报书第一部分及第四部分。澳门自 1998 年起实施公务人员财产申报制度，并于 2003 年修订。

澳巴"CNG 天然气巴士"投入运营。启动仪式在澳巴北安车场举行，由运输工务司司长代表、交通事务局局长汪云，环保局局长张绍基，能源办主任山礼度，澳巴公司股东代表、澳中旅总经理柯海帆，永兴业集团董事长吴福，街总理事长吴小丽，澳巴董事总经理陈建华主持剪彩。20 部天然气澳巴正式投入营运。

政府拨款 1 亿元助四川雅安救灾。四川雅安 20 日发生强烈地震后，行政长官崔世安高度关注，发出慰问电，随后指示社会文化司司长张裕利用原有的"支持四川地震灾后重建协调小组"机制与四川省地震灾区沟通，全力配合支持救灾工作，并决定拨款 1 亿元支援救灾工作。

立法会细则性通过《调整公共行政工作人员的薪俸、退休金及抚恤金》法案。依据该法案，公务员加薪幅度为 6.06%，即每一薪俸点由 66 元加至 70 元，这是政府自 2007 年以来的第 5 次加薪，累计升幅为 33.3%。

23日

中联办累计接收社会各界支援雅安地震灾后重建善款超过 1300 万元人民币。北京时间 2013 年 4 月 20 日，四川省雅安市发生 7.0 级强烈地震，逾 150 万人受灾，造成大量人员伤亡和财产损失，灾民痛失家园。地震灾情牵动澳门同胞的心，各界人士、企业、团体纷纷向中联办送交善款，支援灾区。至本日，中联办接收善款累计折合人民币 1300 多万元。中联办负责人表示，此次雅安灾情充分体现了祖国人民"一方有难、八方支援"的精神，多个省市的民众积极捐款和筹集物资送往灾区，澳门同胞向有优良传统，在内地发生灾难时踊跃伸出援手，相信灾民除了获得物质上的支援，也会感受到澳门同胞的友爱之心、关切之情。

京港澳建筑商会举行缔结友好协会签约仪式暨第一次交流活动。为推动北京、香港、澳门三地建筑业的发展，增进三地建筑商协会之间的友谊，北京市建筑业联合会、香港建筑业承建商联会、澳门建造商会在北京国宾酒店举行缔结友好协会签约仪式暨第一次交流活动，同时签约《友好协会协议书》。

24日

行政会完成讨论《修改免费教育津贴制度》行政法规草案。行政会发言人梁庆庭在行政会新闻发布会上公布有关计划。法规修订后，2012/2013 学年免费教育津贴预算支出约为 12.5 亿元，较前一学年预算支出增幅约 7.3%。

澳门贸易投资促进局和澳门连锁加盟商会获特殊贡献奖。中国连锁经营协会（CCFA）主办第十五届中国特许加盟大会，一连 2 天在北京国家会议中心举行，主题是"细分化渗透市场，标准化提升效率"。大会发布 2012 年中国特许经营连锁 120 强名单，2012 年度中国特许经营创新奖、新锐奖，并向年度中国优秀加盟商颁奖。贸促局和连锁加盟商会首次获得特殊贡献奖。

安徽安庆·澳门经贸交流会暨潜山澳门福州总商会澳门风情园投资项目签约仪式举行。澳门福州总商会与安徽省潜山县政府签署 20 亿元人民币的投资项目。"潜山澳门风情园项目"包括主题公园、五星级酒店、步行街和旅游地产，占地 800 亩。中联办台湾事务部处长徐为民、综合处处长李小春，安徽省安庆市市长魏晓明，潜山县县长石力等出席。

25日

行政长官崔世安列席立法会答问会。崔世安就大众近期关注的政府施政及有关问题回答议员提问，重点解释土地、房屋问题，尤其是"澳人澳地"概念。行政长官自 2012 年 11 月在立法会发表 2013 年度施政报告后，本日是 2013 年首次列席立法会全体会议。

酒店项目"路易十三"动工典礼举行。在香港上市的"路易十三"集团在路氹的超豪华酒店项目"路易十三"中午 12 时举行动土典礼，项目总投资约 64 亿港元，占地约 94.5 万平方尺，提供约 236 间套间，预计 2015 年底竣工。"路易十三"集团联席主席洪永时、集团项目总监莫一帆等出席。

邮政局发行《消防局成立 130 周年》邮品。消防局自 1883 年成立至今已达 130 周年，邮政局当日以此为主题发行新邮品，以彰显澳门消防员"舍己救人"的精神，以及他们长期坚守工作岗位，为澳门的繁荣安定、保障市民的生命财产做出的贡献。

26日

土地工务运输局公布《澳门善丰花园大厦结构受损分析报告》。该报告由香港大学关国雄教授于2013 年 1 月 28 日完成，指出善丰花园大部分混凝土强度符合设计值，但爆裂的 2 楼停车场 4 根主力柱混凝土质量严重偏低。土地工务运输局局长贾利安表示，将根据法律开立卷宗，分别对当时的指导工程师、承建商乃至邻近施工地盘展开调查。

27日

第二十四届"六一"全澳儿童画展绘画比赛举行。赛事由妇联总会、美术协会、澳门乐团合办，在渡船街妇联综服大楼各层同时进行。画展主题是"小画笔画出大澳门"，有 28 所学校共 640 名 4 岁至 12 岁学子参与，以 4 岁至 6 岁居多。颁奖礼定于 6 月 1 日下午 3 时半在澳门科学馆举行，所有得奖作品现场展出。

29日

"第三届澳门国际教育博览会"举行。活动由中国环球会展有限公司主办，主题是"国际教育，成就未来"。有 40 多所港澳台及海外知名高等学府及教育中心参展，其中新增葡萄牙及西班牙语系国家教育机构来澳招生，成展场亮点。博览会已连续第 3 年在澳门举行。

葡萄牙新任驻澳门总领事塞雷诺（Vtor Sereno）抵澳履新。外交部驻澳公署特派员胡正跃会见葡萄牙新任驻澳门总领事塞雷诺并为其颁发《领事证书》，双方就共同关心的问题进行了友好交谈。

广州与澳门警方联手捣毁跨境外围"波"集团。该集团覆盖内地 10 多个省市，涉逾 10 万名赌客，涉及累计投注额高达近 1000 亿元人民币。广州警方于 4 月 10 日"欧冠杯"四分之一决赛日凌晨，出动 920 多名警力，分成 90 多个小组采取行动，在各地拘捕 123 名疑犯。4 月 28 日，通过区际刑事司法协作，澳门警方将潜逃至澳的团伙主犯缉获，并移交广州警方。广州警方指本次破获全国最大宗跨境网络赌博集团，无论是集团规模、疑犯数目还是涉案金额均为历年最大。

统计暨普查局公布就业人口数据。2013 年 1 月至 3 月劳动人口共 35.9 万人，劳动力参与率为 71.9%；其中就业人口达 35.2 万人，较 2012 年 12 月至 2013 年 2 月增 1200 人。批发业和文娱博彩及其他服务业的就业人数均有增加。失业人口为 6800 人，较 2012 年 12 月至 2013 年 2 月增 100 人；寻找第一份工的新增劳动力占总失业人口 6.2%，降 0.8 个百分点。首季本地居民失业率则按季升 0.1 个百分点至 2.5%。劳动人口按季增 1900 人，其中就业人口及失业人口分别增 1700 人及 200 人。

5月

1日

七团体发起"五一"游行，各有诉求。澳门家庭团聚联合会、工人自救会、澳门青年同盟总会、澳门工人民生力量联合工会、澳门民生力量联合会、澳门钢筋扎铁公会和澳门青年动力七团体下午 2 时起先后在不同地点出发，发起"五一"游行。游行团体就廉洁选举、民生、就业、教育、公屋、环保、最低工资、政制发展、黑工问题、新闻自由及家庭团聚等多方面提出诉求。警方出动 180 名警员维持秩序。

3日

"第二十四届澳门艺术节"举行。活动由文化局主办，开幕式在文化中心大堂拉开序幕，社会文化司司长张裕等主礼，文化局局长吴卫鸣致辞。艺术节从 5 月 3 日至 6 月 2 日于多个户内户外场地上演不同节目，为期 1 个月，出票率近九成，举办 34 项不同类别艺文节目，连加场共呈现逾百场精彩展演，塔石广场及郑家大屋"光影遗迹"等户外节目近 9000 名观众欣赏，反应热烈。

4日

司警破获澳门有史以来最大宗毒品案。有贩毒集团利用澳门作为中转站，司警先后拘捕4名菲律宾男女，在行李箱内起出近55公斤高纯度可卡因，市值超过1亿元。

"2013澳门青年庆祝五四青年节暨青年民族文化周系列活动"举行。活动由青年联合会、中华民族团结促进会合办，在科学馆会议厅开幕。中联办副主任李本钧、社会文化司司长张裕、外交部驻澳特派员公署公共外交和新闻部主任侯悦等主礼。连日活动包括图片展览、青少年成长经验分享会、校园交流等。

5日

"第十三届世界杰出华人奖、荣誉博士颁授典礼"举行。典礼由世界华商投资基金会创立及主办，世界华人协会合办，香港《文汇报》、《紫荆》杂志社、香港《镜报》协办。澳门中山同乡联谊会会长、知名实业家、慈善家卢伟硕获授予"世界杰出华人奖"及"美国北方大学荣誉博士"殊荣。卢伟硕于1983年以来一直投资家乡建设，支持祖国的经济发展，累计捐赠善款总额达1.6亿元。

"银河娱乐"以32.5亿港元收购"金都娱乐"。银河娱乐及结好控股分别公布，由结好控股持有的金都娱乐以总代价32.5亿港元，相当于溢价8.3%，出售予银河娱乐附属公司。

文化局举行"2013年澳门国际博物馆日嘉年华"系列活动。开幕式在塔石广场举行，文化局局长吴卫鸣、广东省文物局局长苏桂芬等出席主礼。本届嘉年华以"博物馆×（记忆+创造力）＝社会变革"为主题。整个5月，全澳博物馆、纪念馆为响应国际博物馆日，按各馆特色开展系列活动。

6日

教育暨青年局宣布以"先行先试"方式推行学费津贴制度。2012/2013学年开始，教育暨青年局以"先行先试"方式，向在珠海、中山就读的高中生或中等职业学校高中教育阶段的澳门学生提供学费津贴。教育暨青年局预计，计划首阶段合资格的学生为250人。按照学生须实际支付的学费计算，每名学生每学年最高津贴金额4000元，涉及学费津贴总预算最高100万元。

8日

"第十四次粤港澳文化合作会议"一连2天召开。广东省文化厅厅长方健宏、香港民政事务局局长曾德成、澳门文化局局长吴卫鸣以及国家文化部港澳台办公室港澳处处长刘雯秋等出席会议。活动举行"粤港澳历史建筑摄影大赛"颁奖仪式，随后三地代表签署了《关于联合举办"岭南考古三十年——粤港澳文物大展"》及《关于建立粤港澳文化交流合作示范点评估机制》意向书，以促进和落实文化领域上的合作。

13日

2013"濠江之春——澳门与内地艺术家大联欢暨内地优秀影片展十周年庆典"举行。活动由国家新闻出版广电总局、中国电影家协会、中国电影基金会、中联办文化教育部、澳门中华文化联谊会、澳门影视传播协进会等共同主办。全国政协副主席、民进中央常务副主席罗富和，全国政协副主席何厚铧，中联办主任白志健等出席。当晚演出名家荟萃，两岸四地优秀艺术家朱时茂、徐帆、文章、徐若瑄、莫华伦等应邀出席，为澳门市民献上了一场精彩的演出。演出期间，主办方还安排"中国内地优秀影片展"十周年颁奖礼。

澳门理工学院院长李向玉教授获葡萄牙里斯本大学荣誉博士学位。里斯本大学借此表彰澳门理工学院在保留澳门葡语文化、促进澳门与葡萄牙高等教育机构的合作与发展以及在推动中葡关系方面做出的重大贡献。里斯本大学荣誉博士学位是该校授予对葡萄牙语言文化及发展做出重大贡献的最高荣誉，李向玉教授是获得此项殊荣的首位华人学者。

14 日

海关破获澳门回归以来最大宗沉香木走私案。澳门海关检获一批1800多公斤的沉香木，估值高达人民币1.66亿元。行动中拘捕三男女。走私沉香木涉违反《濒危野生动植物种国际贸易公约》。

15 日

"广州南沙新区澳门推介会"举行。广州市相关领导、经济财政司司长谭伯源、中联办副主任高燕、广东省副省长招玉芳、国家发改委地区经济司司长范恒山及社会各界人士200人出席。广州南沙开发区管委会分别与澳门业界签署7项合作协议，金额达170.5亿元。

政府公报刊登批示，澳博正式获政府批出路凼城70468平方米的土地，溢价金为21.5亿元。澳博将在此地块发展包括一座有2000房间的五星级酒店，意向设有700张赌台及1000部角子机的综合性建筑物。澳博表示，路凼项目预计2016年至2017年落成。

16 日

大丰银行获《亚洲银行家》颁发"中国最佳跨地区核心银行系统实施项目奖"。2013年中国国际银行会议暨《亚洲银行家》中国奖项计划颁奖仪式在北京举行，大丰银行获《亚洲银行家》颁发的"中国最佳跨地区核心银行系统实施项目奖"。该奖项表彰在零售金融服务和IT建设方面有突出表现的金融机构。作为澳门首家注册的金融机构，大丰银行为实现"立足澳门，拓展内地和香港"的市场策略，早在2009年已开始为电脑系统更新换代。

统计暨普查局公布最新人口统计数据。资料显示，本年3月底总人口为586300人，按季增加4300人；女性人口为304000人，占51.9%。本年第一季新生婴儿共1609名，按季大幅减少500名，减幅为23.7%；新生男婴有890名，男女婴儿性别比为123.8∶100，即每100名新生女婴对应123.8名男婴。同季死亡个案共488宗，按季增加44宗；前三位死因分别是肿瘤（177宗）、循环系统疾病（109宗）及呼吸系统疾病（89宗）。此外，第一季内地移民有680人，准许居留人士录得净移入92人，按季分别减少95人及133人；季末外地雇员有114716人，增加4164人。同季结婚登记有1168宗，按季增加186宗。

19 日

澳门在中国城市综合竞争力的排名上升。中国社会科学院财经战略研究院、社会科学文献出版社与中国社会科学院城市与竞争力研究中心在北京联合发布《2013年城市竞争力蓝皮书》。蓝皮书指出，在2012年中国城市综合经济竞争力排名中，香港、深圳、上海位列前三，澳门从2011年的第13位升至2012年的第10位，可持续竞争力排名第6位。分项竞争力上，澳门在生态城市竞争力排名第1位。宜居城市竞争力及和谐城市竞争力分别排第2位。

20 日

政府公报刊登行政长官命令，授予运输工务司司长刘仕尧权力，以代表澳门特别行政区与澳门自来水股份有限公司签署以公证书形式订立的《延长澳门特别行政区供水公共服务批给公证合同》附加合同。附加合同亦有新规定，引入多项包括居民满意度等指标，作为日后再申请调整服务费的审批标准。

澳门代表团参加第六十六届世界卫生大会。在瑞士日内瓦举行的世界卫生组织第六十六届世界卫生大会开幕，政府派出代表随同国家卫生和计划生育委员会参加，国家卫生和计划生育委员会主任李斌、中国驻日内瓦大使吴海涛、社会文化司司长张裕等出席了大会。本届大会主要讨论预防和控制非传染性疾病、传染病的防范、监测和应对等事项。

21日

立法会细则性通过俗称"楼花法"的《承诺转让在建楼宇的法律制度》法案。

22日

新一期社会房屋申请即日开始。申请为期3个月，共90个服务点可领申请表。仍采用计分排序方式轮候，政府于申请期结束后统一审核计分，得分越高，排序越前。政府可供分配的社屋单位共4800个，轮候中的家庭有5676个。

中国澳门体育暨奥林匹克委员会召开会员大会。会长马有恒，理事会主席卢景昭等出席。此次会议成立了由11人组成的体奥会青年委员会，曰马志成任主任，何敬麟及赖百龄任副主任。

23日

17位退任澳区全国政协委员获颁荣誉证。政协全国委员会向澳区退任全国政协委员颁发荣誉纪念证牌。全国政协副秘书长孙怀山等出席，仪式由中联办秘书长崔国潮主持。获颁发纪念牌和荣誉证的荣休澳区全国政协委员共17人，包括王孝行、厦显扬、吴福、梁秀珍、李天庆、李成俊、崔耀、吴荣恪、刘衍泉、潘汉荣、何鸿燊、梁仲虬、钟立雄、黄枫桦、黄耀荣、区宗杰、梁庆庭。

25日

澳门科技界代表出席"第十五届中国科协年会"。会议为期3天，在贵州省贵阳市举行，主题是"创新驱动与转型发展"。中共中央政治局委员、国家副主席李源潮出席开幕式并发表重要讲话。本届年会设立了27个学术交流分会场，共1000多个活动项目，百余名院士在内的5000名科技工作者参会，30多个全国学会参与交流活动。受中国科协委托，以中国科协全国委员会委员、澳门科学技术协进会理事长崔世平为团长的澳门科技界代表一行54人出席年会。此次年会首次为港澳台代表设立学术交流活动，增设"两岸四地工程教育圆桌会议"，邀请港澳台的学术团体参与，并与中药质量研究国家重点实验室（澳门大学、澳门科技大学）合作，举办"中药与天然药物现代研究学术研讨会"。

"2012/2013学年信息、科技创新及机械人比赛颁奖礼"颁奖。活动由教育暨青年局主办，颁奖礼在科学馆会议中心举行，教育暨青年局厅长袁凯清及多所学校校长等嘉宾出席，向得奖学生颁发冠亚季、优异奖共226个奖项。教育暨青年局在2012/2013学年共组织了4项学界科普比赛，包括"第十一届全国中小学信息技术创新与实践活动澳门区选拔赛""澳门青少年科技创新作品选拔活动2013""澳门青少年综合机械人科普活动选拔大赛2013""国际科学与工程大奖赛澳门选拔活动2012"，吸引了20所学校共1564名学生参加。

27日

第五届立法会选举开始报名。第五届澳门特别行政区立法会选举于2013年9月15日（星期日）举行。根据《澳门特别行政区立法会选举法》的相关规定，除了政治社团可提出参加直接选举的候选名单外，自然人选民和法人选民可分别组织提名委员会并分别在直接选举和间接选举中提出候选名单。同时，提名委员会的合法存在须经行政公职局确认。由即日开始，有意组织提名委员会人士可将已填妥的《组织提名委员会确认申请》表格，连同相关文件送交行政公职局设于水坑尾街公共行政大楼地下大堂的选举事务接待柜台。

"2013内蒙古·澳门经贸合作活动周"举行。活动由内蒙古自治区政府主办、澳门贸易投资促进局协办。内蒙古自治区主席巴特尔、行政长官崔世安、中联办副主任李刚、外交部驻澳特派员公署副特派员冯铁、经济财政司司长谭伯源主持。此次活动促成蒙澳 3 项签约项目，包括呼伦贝尔农垦集团休闲产业整体设计投资项目、通辽市 10 万头优质肉牛生产建设项目、赤峰市萨格摩尔投资集团金融投资项目。

政府公报刊登行政长官关于直接聘用执行合同标的所指工作雇员的批示。经第 219/2011 号行政长官批示修订的第 250/2007 号行政长官批示第一款（一）项修改如下：一、对直接聘用执行合同标的所指工作的雇员，获判给实体必须按各人所订的时薪、日薪或月薪的报酬方式，支付相应的最低工资，每小时最低 26 元、每日最低 208 元或每月最低 5408 元。二、该批示自 2013 年 6 月 1 日起生效。

28 日

"2013 年六一儿童节有奖游戏颁奖礼"举行。活动由《澳门日报》、大丰银行首度合办，在大丰银行总行大堂举行颁奖仪式，大丰银行董事长何厚铿、行长刘大国、副行长徐继昌，《澳门日报》社长兼总编辑陆波、总经理温能汉、副总编辑廖子馨先后向 50 位获奖者送出总额 10 万元的现金存款及图书礼券，以鼓励澳门儿童培养勤俭储蓄、好学阅读的好习惯。

29 日

澳门警方代表团参加"粤港澳三地警方刑侦主管第 19 次工作会晤"。会议为期 3 天，在广东梅州举行。警察总局局长白英伟率领澳门警方代表团参加此次会晤。来自粤港澳的刑侦主管探讨三地共同关注的治安议题，共商对策。

一年一度的"世界挑战日"圆满结束。体育发展局、民政总署及卫生局力推全城运动，包括开放辖下体育及康体设施、发动员工做运动，上下午办助兴活动，期望吸引更多人参与"15 分钟任务"。2013 年挑战日共录得 261873 人参加，居民参与比例为 45%，比 2012 年记录推高 0.36%，为历届之最。

30 日

"第一届艺术澳门博览会"举行。博览会为期 4 天，在威尼斯人金光会展中心 A 馆举行。活动由龙禧集团（澳门）投资有限公司及澳门创意产业协会合办，以"凝聚中华，拥抱亚洲"为主题，汇聚内地、香港、澳门、台湾、韩国、日本、法国、以色列、加拿大、比利时等国家与地区 81 家知名艺术机构，展出上千件艺术品。

"澳门经济定位及粤澳合作问题"专题讲座举行。全国人大常委会办公厅邀请国家发改委副主任张晓强来澳，就澳门经济定位及粤澳合作问题做专题讲座。讲座下午 4 时在科学馆会议厅举行，行政长官崔世安、全国政协副主席何厚铧、中联办副主任李刚等共 400 多人出席。

统计暨普查局公布第一季本地生产总值。资料显示，本年第一季本地生产总值按年实质增长 10.8%。经济增长主要由服务出口、私人消费支出及投资上升所带动。其中博彩服务及其他旅游服务出口分别上升 8.9% 及 4.9%，私人消费支出增加 10.2%，以及整体投资增加 13.8%。

6月

1 日

《承诺转让在建楼宇的法律制度》（俗称"楼花法"）生效。该法规定，发展商在获得土地工务运输局发出的预先许可后，才可以销售"楼花"，否则买卖合同无效，发展商亦会被罚款，罚款金额为"楼花"价值的 10%。兴建中的楼盘须同时符合 3 个条件才能获得预先许可：一是已获发整体建筑工程准照；二是已完成地基工程，如有地库层，则包括地库及地面层楼板的结构工程；三是完成分层所有权临时登记。同时，法律规范了中介的法律行为。发展商只有获发预先许可后，才能与房地产中介人订立中介合同，否则两者将均会受行政处罚。客户有权要求房地产中介人出示与发展商签订的中介合同副本，证明中介人有资格代理销售"楼花"。

小学生与解放军驻澳部队儿童节互动。互动活动由六一国际儿童节组织委员会及解放军驻澳部队合办，澳门童军总会协办。100多名解放军驻澳部队官兵与27所学校约1800名师生参与活动。解放军驻澳部队政治部副主任邓胜利、中联办社会工作部副部长李卫华、教育暨青年局局长梁励、社会工作局代局长蔡兆源、民政总署市民事务办公室部长高佩珊等嘉宾出席活动。

2日   "2013澳门环保周系列活动"举行。民政总署为响应联合国"世界环境日"关注全球环境问题的号召，举行一系列活动向居民传达保护环境信息。本次活动为期七日，主题是"绿满·传承"，鼓励大众响应"减塑"与"惜食"两大环保行动。

3日   "MTel电信有限公司"获新固网牌照。电信管理局举行记者招待会，局长陶永强公布新固网发牌结果。陶永强指出，为配合澳门电信市场全面开放后的发展需要，政府2012年就"设置及经营固定公共电信网络牌照"公开招标，最终决定向"MTel电信有限公司"发出新固网牌照。按照章程及牌照的规定，MTel电信需于本月4日起计18个月内开始提供商业服务。开始营运时，其于澳门半岛、冰仔及路环的网络覆盖率，须分别达至该区域住宅楼宇总数的30%，随后两年内达70%，再随后两年内达99%，牌照有效期至2021年12月31日。

深港澳三地警方联手捣破跨国假卡集团。深圳、香港、澳门三地警方联合捣破一个跨国假卡集团，拘捕19人，包括8名马来西亚人、6名香港人、5名内地人。行动中起出2000多张伪造VISA、万事达、运通、大莱等信用卡以及一批制卡工具。调查发现，集团分工细致，利用黑客入侵外国银行电脑系统，套取客户资料后在深圳大量制作假卡，再由"车手"在港澳疯狂购物。

5日   政府公报刊登运输工务司司长刘仕尧批示，批准威尼斯人路冰股份有限公司将位于四季酒店同一地段上的"DR/C"独立单位项目，转让给附属旗下的路冰金光大道二号地段公寓式酒店（澳门）股份有限公司。该幅土地面积53700平方米，项目建筑面积101028平方米，属四星级公寓式酒店。

澳门两项目获"港澳特区钢结构金奖"。"港澳特区优秀钢结构建筑与结构设计研讨会暨第二届'港澳特区钢结构金奖'颁奖典礼"在科学馆举行，活动由澳门金属结构协会主办，中国建筑金属结构协会、香港建筑金属结构协会合办。中联办经济部副部长陈翔、建设办主任陈汉杰、中国建筑金属结构协会会长姚兵、香港建筑金属结构协会会长钟国辉等出席并颁奖。新葡京酒店、新濠天地建筑项目获得中国建筑金属结构协会颁发的"港澳特区钢结构金奖"。澳门金属结构协会理事长张汉耀希望能广泛推广优秀钢结构建筑的实践经验，并促进钢结构行业的共同发展。

6日   "第四届国际基础设施投资与建设高峰论坛"召开。论坛为期2天，由中国对外承包工程商会、澳门经济局合办，主题为"投融资主体多元化背景下国际合作的新机遇"。行政长官崔世安、商务部副部长陈健、中联办副主任高燕、外交部驻澳特派员公署副特派员冯铁、经济财政司司长谭伯源及来自26个国家与地区的40位部长级官员出席。共有34家国际著名机构及26家行业组织，逾1300人参会。

8日　　陈斯喜、仇鸿任中联办副主任。经国务院批准，陈斯喜、仇鸿任中央人民政府驻澳门特别行政区联络办公室副主任，徐泽、李本钧、高燕不再担任中央人民政府驻澳门特别行政区联络办公室副主任职务，将根据有关规定调回内地工作。陈斯喜，男，1958年生，籍贯福建大田，研究生学历，原任全国人大常委会委员、内务司法委员会副主任；仇鸿，女，1961年生，籍贯江苏南京，研究生学历，原任商务部部长助理。

10日　　公积金个人账户2013年款项分配工作新闻发布会举行。社保基金行政管理委员会代主席陈宝云、社会保障厅厅长杨婉丽等在新闻局会议室介绍情况，政府2013年向合资格居民的公积金个人账户注资6000元，社保基金公布可获拨款名单共有322906人，不被列入名单共有106070人。

　　首次创业的澳门青年将获政府资助。政府公报刊登青年创业援助计划行政法规，援助计划为首次创业的澳门青年经营企业提供协助。申请者条件是年龄21岁至44岁的澳门永久性居民、于澳门从事任何工商业活动，且在财政局登记前，从未以自然人商业企业主于财政局申报开业；从未持有任一已于财政局申报开业的法人商业企业主超过50%的出资。每一受惠的自然人企业主或法人商业企业主，可获批给一笔上限为30万元的免息援助款项。

12日　　"2013澳门国际龙舟赛"举行。一年一度的端午节国际龙舟赛共吸引135支队伍参加，标准龙赛事共有48队角逐，云集印度尼西亚、菲律宾、新加坡、美国三藩市、香港、内地及澳门一众选手。总决赛前，行政长官崔世安为澳门队龙舟主持点睛仪式，中联办主任白志健、外交部驻澳公署副特派员冯铁及社会文化司司长张裕等出席并颁奖。国际龙舟赛标准龙（500米）女子公开组成绩前六名是中国南海九江、印尼国家队、新加坡国家队、澳门代表队、银河明珠、澳门美高梅；男子公开组成绩前六名是印尼国家队、中国南海九江、菲律宾陆军龙舟队、菲律宾龙舟协会精英队、中国东北电力大学、澳门代表队。

14日　　行政长官率团出席"2013年粤澳合作联席会议"。会议在中山市召开，崔世安率经济财政司司长谭伯源、运输工务司司长刘仕尧及多位局长出席，国务院港澳办副主任周波、中联办副主任仇鸿亦参加。广东省省长朱小丹归纳2013年粤澳合作有4个重点：加快推进率先基本实现粤澳服务贸易自由化；扎实推进双方在广州南沙、珠海横琴、中山翠亨新区的合作；继续推进两地重大基础设施的建设；继续加强社会民生方面的合作。双方签署了《关于建设实施粤澳新通道专案合作协定》《澳门轻轨与广珠轻轨无缝换乘合作协议》《粤澳养老保障合作协定》等11份协定。此外，澳门旅游学院与广州市南沙区教育局签署《职业教育合作框架协议书》，以推动南沙新区与澳门两地的旅游职业专业技术教育。

18日　　"澳门地产业总商会三十一周年会庆暨第十五届理监事就职典礼"举行。出席嘉宾包括行政长官代表、保安司司长张国华，中联办主任白志健等。新一届领导组织架构为：会长钟小健、理事长叶建华、监事长冯翠屏。

19日　　"马万祺人才培养基金"捐赠和基金启动仪式举行。仪式在中国人民解放军总医院举行。全国政协原副主席、澳门中华总商会永远会长马万祺为鼓励解放军总医院，培养更多的医护人才，特捐出人民币3000万元设立该基金。马万祺出席了捐款和基金启动仪式。

南光天然气运营中心正式启用。行政长官崔世安、中联办副主任仇鸿、外交部驻澳特派员公署副特派员冯铁、运输工务司司长刘仕尧、立法会副主席贺一诚、中国石油化工股份有限公司执行董事兼高级副总裁王志刚、行政长官办公室主任谭俊荣、南光（集团）有限公司董事长许开程、总经理段洪义等出席启用仪式。南光天然气有限公司表示，天然气管网项目预计投资约 10 亿元，争取 5 年时间覆盖澳门主要地区。

20 日

教育暨青年局安排学生收看"神舟十号"太空课堂。中国"神舟十号"女航天员王亚平在距离地球 300 多公里的"天宫一号"内，于上午 10 时 1 分以直播形式为全国青少年主持了中国载人航天史上的首次太空授课，持续约 40 分钟。教青局安排 240 名中小学生，与全国 8 万余所中学逾 6000 万名师生通过电视直播同步收听收看。

22 日

"听·语·爱关怀"计划启动仪式举行。由聋人协会主办、澳门基金会赞助的"听·语·爱关怀"计划包括"早期疗育先导"及"听觉辅具支援服务"。澳门基金会行政委员会主席吴志良表示，两项目旨在为澳门听障人士或疑似听障的幼儿提供更多元化和及时的服务。为期两年的计划共拨款 530 万元，将免费为 2000 名幼儿进行听力及语言筛查，并为听障学童提供辅具借用，保障平等学习的机会。

24 日

澳门电讯（CTM）新董事局正式成立。新董事局由中信国际电讯主席辛悦江出任主席，董事局成员包括中信国际电讯行政总裁阮纪堂、澳门电讯行政总裁潘福禧、中信国际电讯财务总裁陈天卫、中信泰富副总裁费怡平、澳门电讯财务总裁叶明旺、澳门邮政局局长刘惠明、中信国际电讯市场研究及资讯管理总裁蔡大为、澳门电讯法律及法规副总裁温建南。中信国际电讯增持 CTM 股份的交易已正式获政府批准，中信国际成为持有 CTM99% 的控股股东，收购作价 11.6 亿美元，澳门邮政持有 1% 的股份。

25 日

陈美仪获"十大女性公益人物奖"。"第二届中华女性公益慈善典范"颁奖典礼在北京梅地亚中心举行。活动由中国妇女发展基金会、公益时报社、中民慈善捐助信息中心、中国公益研究院共同主办，立法会议员、澳门善明会主席陈美仪获"十大女性公益人物"奖，澳门明德慈善会的慈善医疗和援助项目获得"十大女性公益品牌项目"奖，《澳门日报》获得"十大支持女性慈善传播典范"奖，是获得此项殊荣的唯一境外媒体。全国政协原副主席、中国妇女发展基金会顾问张梅颖、王志珍出席并颁奖。

司警捣毁回归以来涉及金额最大的高利贷犯罪集团。行动中拘捕 1 名集团主脑和 12 名集团成员，搜出 2500 张借据和 100 本账簿。犯罪集团于 2000 年开始运作，初步判断涉及黑帮背景，涉及金额 3.9 亿港元和 1.2 亿人民币。13 名疑犯涉有组织犯罪及高利贷罪，即日移送检察院侦讯。

26 日

"2013 美丽广西澳门行"联谊酒会举行。行政长官崔世安、全国政协副主席何厚铧等出席。广西壮族自治区党委书记、自治区人大常委会主任彭清华表示，广西与澳门交流合作源远流长，可进一步深化桂澳合作。

28 日

珠三角五大机场 2013 年主席会议举行。由珠海机场主办的珠三角五大机场 2013 年主席会议在珠海召开，香港、广州、深圳、澳门、珠海五大机场负责人围绕"创新发展模式，提升整体竞争力"的会议主题，共商珠三角航空运输业发展大计，并在会上共同签署了合作备忘录，深化合作机制。澳门国际机场专营股份有限公司执行委员会主席邓军博士率领代表团出席。

拱北口岸新联检楼首层正式启用。上午 10 时在珠海拱北口岸新增建的东侧联检楼首层举行改扩建联检楼开通仪式，珠海市市长何宁卡宣布正式通关。旅客普遍满意现场公共设施和通关环境。珠海市副市长刘学透露，首层待设备和资金到位后，将再增加 28 条旅检通道，将来在二层还可再增加 79 条通道，使拱北口岸最终达到 50 万人次的设计日通关能力，届时该口岸的通关环境将从根本上得以改善，工程需投资总额 5 亿元人民币。

29 日

《澳门社会经济调查报告》发布。澳门城市大学澳门社会经济发展研究中心首次发布调查报告。调查由 5 月开始至 6 月中进行，问题涵盖政治、经济、民生等领域，收回有效问卷 262 份。在收回的有效问卷中，反映出澳门居民社会生活总体稳定向好，但在各层面仍发现存在不少问题，如住房、社会福利、收入差距、医疗及教育等。

7月

1 日

《房地产中介业务法》生效。《房地产中介业务法》在 2012 年 11 月颁布，于今日生效，由颁布至生效有近 9 个月的时间。自 2013 年 7 月 1 日起，房地产中介人及经纪持有效准照才能从事相关业务；自 2013 年 7 月 1 日起，向客户提供房地产中介业务服务前，须先与客户签订房地产中介合同。为配合相关工作顺利推行，房屋局即日起持续有序地派人员到各区房地产中介公司巡查。

行政会完成讨论《医务委员会》行政法规草案。为促进澳门医疗事业的发展，特区政府制定了《医务委员会》行政法规草案，建议设立医务委员会。《医务委员会》行政法规草案规定，医务委员会为特区政府的咨询组织。委员会具有下列职权：（一）就澳门特别行政区医疗专业的发展发表意见；（二）就有关医疗专业人员的法规草案咨询文本发表意见；（三）就有关医疗专业人员的职业道德守则及从事该专业的规则进行研究、编制报告及提出建议；（四）就有关医疗专业人员的持续培训发表意见；（五）按审议事宜的性质，要求卫生局、专业团体及学术机构的专业技术人员提供协助；（六）通过委员会及专责小组的内部规章；（七）就交由其审议的其他事宜发表意见。委员会由 43 人组成，设主席和副主席各一名，由卫生范畴的政府代表担任主席。

3 日

澳门乐团赴中国西北三省巡演。澳门乐团今年再获中华文化促进会之邀，于今日至 13 日踏上丝绸之路，前往中国大西北展开第十次内地巡演之旅，到访宁夏回族自治区的银川、青海省的西宁，以及甘肃省的兰州和敦煌四个历史古城，为内地乐迷送上精彩演出。自 2005 年开始，乐团已成功在内地 20 多个省区共 32 个城市进行访问演出，到访城市包括北京、天津、长沙、太原、大同、石家庄、呼和浩特及乌鲁木齐等。经过多次内地巡演，乐团以专业的演奏技巧及精心选曲，已逐渐在神州大地建立起澳门特区的音乐品牌，有助于展示澳门的文化艺术风貌，推动与内地的文化交流及合作。

关闸附近摩托车咪表开展改善工程。位于马场大马路信达广场第二座前及永定街南晖大厦第二座前的摩托车咪表停车位，将于今日起开展改善工程，工程主要将现时的电单车咪表收费系统改以"一表管一车"的方式运作，并加装副架，以更好地规范停车秩序。随着上述改善工程完成，交通事务局会继续留意其运作情况，并检视周边道路的泊车环境，适时做出优化。澳门泊车管理股份有限公司经公开竞投取得澳门公共道路收费停车位的设立及经营权后，交通事务局一直跟进该公司有关设置摩托车咪表的工作，并已先后在南湾、营地街市、中华广场及红街市等不同地点设置了摩托车咪表。其中，就关闸附近的摩托车咪表，过去因涉及司法诉讼问题，设置迟迟未能更新及重新启用。随着上述问题逐步解决，局方已责成泊车管理公司尽快跟进处理。

6日

科技委员会举办"2013科技活动周暨科普成果展"。由科技委员会主办，中华人民共和国科学技术部支持，科技委员会科普工作组、中国科学技术交流中心及澳门科学技术发展基金共同承办的"2013科技活动周暨科普成果展"于今日至9日在澳门渔人码头会议展览中心展出。本届活动主题是"科技与创新"，展览分为内地科技与创新展品展示、澳门科技与创新展品展示、科普成果展示及互动工作坊三个部分。内地科技与创新展品展示在科技部的协助下，筹组"科技让国家更富强"的16项国家科技成果及由安徽省科普产品研究中心提供的17项流动科普展品。

7日

澳门文艺界代表参加"2013第七届澳门社科界学者研修班"。为促进澳门与内地文化艺术界的交流与联系，观摩内地文化产业的有益经验，加强澳门文化艺术领域高级人才的培养，中联办文化教育部、澳门基金会及南京大学于今日至13日在南京联合开办"2013第七届澳门社科界学者研修班"活动。

8日

隧道围加升降机及贯通山边街工程已启动。特区政府近年一直致力于改善及优化居民的出行环境，构建无障碍步行空间，其中，"山边街美化及新口岸和松山行人通道计划"属外港新口岸一带至中区无障碍步行系统的重要组成部分，工程共分三区兴建。位于焯公亭下方的第二区工程目前已完成基础沉降；第一区位于罗理基博士大马路及山边街围绕的行人和行车路整治计划亦已于上月底启动。为减少施工期间对附近学校学生上课的影响，土地工务运输局已要求承建商在暑假期间加紧进行靠近学校的工程，第一区工程争取明年第三季竣工。

青洲坊大厦两房及三房共2011个经屋单位预配。政府公报刊登第206/2013号行政长官批示，公布已命名为青洲坊大厦，即青洲坊Lote1及Lote2地段两房及三房共2011个经济房屋单位的售价及补贴比率。房屋局主要根据经济房屋家庭的购买力，楼宇的坐落地点、建成年份，单位在楼宇总体结构内的朝向及位置、面积及类型等相关计价因素而订定经济房屋各单位售价。

10日

京澳洽谈会为两地加强合作创造更好条件。在澳门举行的第二届"北京·澳门合作交流洽谈会"由北京市人民政府和特区政府主办，北京市市长王安顺率团专程赴澳参加本届洽谈会。洽谈会由开幕式暨合作协议签约仪式、合作交流项目推介、合作交流项目对接、"魅力北京"图片展、"京澳民族音乐会"、京澳青少年体育交流活动等六大板块组成。行政长官崔世安与王安顺会面，双方同意两地今后继续拓宽合作领域，逐步递增合作层次，长远达至互利共赢。

"二〇一三年内地与香港、澳门特别行政区知识产权研讨会"举行。研讨会由国家知识产权局、香港特别行政区政府知识产权署及澳门特区政府经济局合办。研讨会以"三地知识产权的最新发展""战略性新兴产业的知识产权保护""知识产权推动创意产业发展"为主题，探讨相关领域内知识产权事业发展的最新趋势。研讨会自 2000 年起由内地、香港及澳门三地轮流筹办，每年举办一次，迄今已达十四届。

即日起出入境实行免盖章措施。治安警察局于今日起全面实施出入境免盖章措施，所有旅客持旅行证件及护照经澳门各边境口岸出入境无须盖章，旅客在准予入境时会获发一张计算机打印的入境申报表，以取代过往在证件上的盖章；同样在出境时亦不会在其证件上盖章。

11 日

行政长官崔世安感谢国学大师饶宗颐向特区政府捐赠珍贵作品。崔世安代表特别行政区政府接收国学大师饶宗颐教授捐赠一批艺术及学术作品，作为未来以饶宗颐教授命名的展馆馆藏。

12 日

巴士服务评鉴制度正式推行。由本月起至 12 月 31 日，研究团队将依循服务、运输工具设备与安全、驾驶员行为、公司经营与管理及乘客满意度五大项目共 29 项指标对巴士公司的整体服务做出评估，评鉴结果将作为衡量巴士公司服务质量的重要参考依据，从而有针对性地督促巴士公司提升服务质量。

澳门代表队在第 38 届美国高中数学竞赛国际邀请赛荣获国际组亚军。澳门数学教育研究学会早前组织澳门代表队，赴美国拉斯维加斯出征 2013 年第 38 届美国高中数学竞赛国际邀请赛（ARML），击败多国强队，勇夺国际组亚军。

14 日

高等教育辅助办公室组织学生赴滇深入了解国家历史文化。高等教育辅助办公室组织 39 名澳门大专学生远赴云南，参加"扑满人生——澳门大专学生丰盛暑假系列活动"之"探索祖国——云南"国情教育活动。

15 日

审计署公布《氹仔北安码头的扩建规划设计及财务安排》衡工量值式审计报告。报告指出，作为主责部门的建设发展办公室自 2006 年至 2009 年所建议的扩建方案，最终需要投入的公共开支比原方案大为增加，却没有深入研究北安码头未来的发展需要，同时没有按照日后客流量的预计情况做出贴合实际需求的估算，致使北安码头落成后规模是否能与实际需求相匹配存在重大不确定性，衍生规模过大或过少所造成的低使用率或不敷应用的风险。

16 日

行政会完成讨论《修改〈道路交通规章〉》行政法规草案。为优化第 3/2007 号法律《道路交通法》的执行工作和配合城市发展，以及贯彻落实适用于澳门特别行政区的《关于对轮式车辆、可安装和/或用于轮式车辆的装备和部件制定全球性技术法规的协议书》的内容和精神，需要修改现行《道路交通规章》中不合时宜的规定。为此，特区政府制定了《修改〈道路交通规章〉》行政法规草案。

行政会完成讨论《机动车辆、挂车及半挂车的商标及型号的核准》行政法规草案。有关草案将取代现行《道路交通规章》第 21 条及《机动车辆商标和型号核准规章》，用以规范机动车辆、挂车及半挂车（下称"车辆"）的商标及型号的核准。新草案清晰订定了申请核准车辆商标及型号需提交的文件，借以提升核准程序的效率。

立法会选举管理委员会公布 2013 年第五届立法会选举投票地点。第 205/2013 号行政长官批示，订定在澳门半岛、氹仔岛和路环岛 3 处行使直接选举和间接选举权利。为此，选管会于本周例会后介绍第五届立法会选举投票站点的设置，9 月 15 日选举日上午 9 时至晚上 9 时，全澳各区共设 30 个直选投票站，票站选址大多数以学校及公共机构为主 总数较上届立法会选举（上届直选站点共 28 个）增加两个。30 个选址中有 7 个新选址，包括政府综合服务大楼、高美士中葡中学、镜平中学（中学部）等。由于今届间选取消自动当选机制，各间选组别候选名单亦需通过投票选出，选管会设 1 所选投票站点（理工学院体育馆），其内分设 5 个选举组别的投票站。

17 日

澳门作家邱子维（鲁茂）成为中国作家办会会员。本年度中国作协新会员共 473 人，港澳有 3 位作家成为新会员。鲁茂创作产量甚丰，是澳门小说的拓荒者之一。40 多年来发表连载小说及撰写散文专栏，作品累计千万字。著有散文集《望洋小品》（中文版及葡文版），长篇小说《白狼》《辫子姑娘》《百灵鸟又唱了》《蒲公英之恋》等 20 余部作品。2002 年获澳门特别行政区颁授文化功绩勋章。至今澳门已有 11 位中国作协会员：李成俊、李鹏翥、李观鼎、吴志良、汤梅笑（林中英）、廖子馨、穆欣欣、邹家礼（寂然）、姚京明、吕志鹏、邱子维。此前，中国作家协会于 2011 年 11 月 25 日召开第八次全国代表大会，吴志良当选主席团成员。

粤澳合作产业园联合招商推介暨横琴优惠政策宣讲会在澳门举行。由中联办经济部贸易处、广东省对外贸易经济合作厅、贸易投资促进局、横琴新区管理委员会及珠海市投资促进局共同主办的"粤澳合作产业园联合招商推介暨横琴优惠政策宣讲会"于今日下午在澳门举行。为继续深化粤澳合作，落实粤澳合作产业园联合招商，让澳门各界及有兴趣投资横琴的人士进一步了解横琴相关优惠政策，主办单位将介绍粤澳合作产业园之发展情况、准入条件、项目申请流程、横琴相关优惠政策及提供答问环节。

第五届深圳动漫节"澳门馆"开幕。动曼节于今日至 21 日在深圳会展中心举行，文化局首次组织澳门 26 个动漫业界单位参与，并设立"澳门馆"，介绍澳门动漫产业发展。

18 日

行政长官崔世安与世界卫生组织总干事陈冯富珍会面。崔世安在礼宾府会见陈冯富珍，双方就防控传染病、传统医药合作交换意见。

《海事及水务局的组织及运作》行政法规正式生效。据此法规，港务局组织架构进行重组并更名为海事及水务局。海事及水务局局长黄穗文今日关新任主管人员主持了简单的就职仪式，勉励海事及水务局全体人员继续以民为本，恪守专业严谨的工作态度，向市民、旅客及相关业界提供优质的海事和供水服务。

天津市政府代表团访民政总署交流食品安全监督工作。天津市政府食品安全委员会办公室、天津市卫生监督所、天津市食品药品监督管理局组成访问团，拜访民政总署，就两地食品安全监管、风险评估及信息发布等工作交换意见，了解及交流两地相关部门的职能分工及管理机制。

19 日

第六次港澳合作高层会议在香港举行。经济财政司司长谭伯源及香港特区财政司司长曾俊华分别率领两地代表团参加会议，双方回顾了过去一年在各个领域的合作情况和讨论了未来的合作方向。双方均认为现有的合作和联络机制富有成效，成效显著。未来，双方将继续积极推进和深化港澳之间各范畴的合作，实现优势互补和共同发展。

横琴岛澳门大学新校区启用实施澳门法律。政府公报刊登第 218/2013 号行政长官批示，公布横琴岛澳门大学新校区 7 月 20 日启用。根据 2009 年 6 月全国人大常委会的有关决定，授权澳门特别行政区自横琴岛澳门大学新校区启用之日起，对该校区依照澳门特别行政区法律实施管辖，即新校区适用澳门特别行政区法律。

20 日

连接石排湾至亚马喇前地 22F 快速路线启运。继连接石排湾至关闸的 25F 快速路线开通后，另一快速路线 22F 亦于今日起启运，该路线除连接石排湾巴士总站至亚马喇前地外，来回途经莲花海滨大马路横琴澳门大学校区河底隧道出入口，兼顾澳门大学迁校初期往返新校区工程人员及职员的交通需要。

澳门大学新校区依照澳门法律实施管辖。社会文化司司长张裕在启用首日视察校区时表示，随着新校区今天启用，澳门面积扩大了约 1 平方公里具有重要的意义。澳门大学新校园是中央送给澳门的一份厚礼，特别行政区政府感谢中央对澳门的关心和支持。澳大新校区面积约 1 平方公里，有 80 多幢建筑物，比原校区约大 20 倍，可容纳约 1 万名学生。新校区正式启用，澳大可在更优越的校区环境里，全面推行融合专业教育、通识教育、研习教育和社群教育的"四位一体"教育模式，全天候、多方位培养优秀人才，实现"环境育人"的教育理想。

22 日

行政长官崔世安致函中央政府关心甘肃地震灾情。崔世安表示将全力支持甘肃地震的救灾工作。2013 年 7 月 22 日 7 时 45 分，甘肃省定西市岷县、漳县交界发生 6.6 级地震。

25 日

"东亚文献资源国际合作联盟"第一次工作会议在澳门举行。会议由澳门科技大学图书馆、澳门文献信息学会、南京大学图书馆联合主办，自即日起至 27 日于澳门科技大学圆满举行。来自哈佛大学、芝加哥大学、韩国学中央研究院、北京大学、清华大学、台湾大学、复旦大学、中山大学、厦门大学和澳门大学等多家著名大学图书馆的馆长作为联盟成员代表出席了会议。

环境保护局连同交通事务局就《制订澳门在用车尾气排放标准及完善检测制度》发布咨询总结报告。为有效监管及控制机动车辆的尾气排放，保障居民健康及改善空气质量，环境保护局与交通事务局于 2013 年 1 月完成《制订澳门在用车尾气排放标准及完善检测制度》的咨询工作，经整理分析相关意见及建议后，向公众发布《〈制订澳门在用车尾气排放标准及完善检测制度〉咨询总结报告》。

27 日

交通事务局举办车辆商标及型号核准说明会。为配合《机动车辆、挂车及半挂车的商标及型号的核准》行政法规及修改《道路交通规章》部分条文的生效，交通事务局举行解释会，向车辆进口和销售业界讲解相关法规内容和注意事项。交通事务局提醒，任何车辆未完成商标及型号核准前均不得注册。有关车辆商标及型号核准有限期为五年，若超过五年须重新做出相关的核准申请。

29 日

行政长官崔世安会见故宫博物院院长单霁翔。崔世安在礼宾府与单霁翔会面，双方肯定在澳门举办故宫文物展览的成效，并就继续合作交换意见。澳门回归以来，故宫博物院与特区紧密合作，至今与澳门艺术博物馆合作举办了 18 项故宫专题文物和明清书画展览。

8月

1 日

澳门回收一批降血糖药物。根据澳门药物产品出入口及批发商号的通报，加拿大药物生产商 Apotex Inc 所生产的批号为 KE9991 的降血糖药物 AFO – Gliclazide Tablet 80mg 怀疑在生产过程中受棉质清洁用物料的污染，该生产厂商自愿回收上述批次药物。

"2013 粤澳名优商品展销会"在澳门开幕。经济财政司司长谭伯源、广东省副省长招玉芳等嘉宾主持开幕礼。展销会以嘉年华形式进行，集贸易、文化、购物、消闲及娱乐多元素于一体，展馆面积约6000 平方米，参展企业共 210 个，展位总数 269 个。"粤澳名优商品展销会"是促进粤澳合作的重要经贸活动。今年广东省不少参展企业曾获得"中国名牌产品""驰名商标""广东省名牌产品"等称号。澳门方面展销的商品均为澳门制造、澳门品牌或澳门代理的海外商品。

75 岁或以上长者今起可申领公积金个人账户款项。社会保障基金 8 月起按年龄层分阶段接受合资格公积金个人账户拥有人进行提款申请，年满 75 岁或以上、领取社保残疾金超过 1 年或正享有社会工作局特别残疾津贴的人士，可即日起进行提取公积金个人账户款项申请。65 岁至 74 岁长者的提款申请则由 9 月开始。

劳工事务局首办"饮食业职安健奖励计划"推动职安健文化。劳工事务局连同民政总署、旅游局、旅游学院、澳门餐饮业联合商会、澳门工会联合总会、澳门职业安全健康协会、澳门酒店协会、澳门酒店旅业职工会及澳门饮食业工会举办首届"饮食业职安健奖励计划"，期望通过公开比赛，奖励和嘉许在职安健方面表现出色的餐厅和业内从业人员，提高饮食业界对安全和健康的重视。

澳区全国人大代表参观澳门大学横琴校区。现任澳区全国人大代表李沛霖、何雪卿、林笑云、姚鸿明、高开贤、容永恩、陆波、崔世平、梁玉华、贺一诚、刘艺良，以及第十一届澳区全国人大代表刘焯华、招银英等一行，在运输工务司司长刘仕尧、办公室主任黄振东、澳门大学校董会主席谢志伟、校长赵伟等陪同下视察校区，参观了学校图书馆、校史展览厅、文化交流中心、中央行政楼、体育馆等，实地了解新校区的最新情况。

2 日

环境保护局赴北京出席"大气污染防治专家研讨会"。环境保护局应香港环境局邀请，出席在北京举行的"大气科学专家研讨会"。该研讨会集结港澳两地政府环保部门人员以及内地多所大学和调研机构的专家，围绕大气污染防治工作进行深入探讨和经验交流，为加强制定区域间大气联防联控治理的策略方案、改善国家大气质量共同努力。

3 日

交通事务局实地了解学校周边交通情况。交通事务局近期陆续走访多所学校，与学校代表实地检视学校周边的交通情况，听取校方对改善交通问题的意见。校方代表普遍关注学童的过路安全及学校周边的停泊设施问题，希望局方及早完善相关设施，理顺校园周边的交通秩序，保障学生安全。

5 日

青洲坊大厦首批获甄选家庭往房屋局挑选经屋单位。首批 75 个获甄选选择三房经济房屋单位之家庭中，有 70 个家庭报到，已选 68 个经济房屋单位。

卫生局回收两款药物。根据葡萄牙药物监管部门公布，由于葡国药物生产商 Basi Laboratories – Pharmaceutical S. A. 的一个位于印度的生产地点 Medreich Limited － Unit V 被查出生产工序不符合药物生产质量管理规范的规定，因而下令回收相关七款药物。根据记录，受影响的七款药物中，有两款名为 Kemudin（ceftriaxone）I. M. Injection 1g/3.5mL（葡国注册编号：5335146）及 Kemudin（ceftriaxone）I. V. Injection 1g/10mL（葡国注册编号：5335120）的药物曾获批准进口澳门。

6日

澳门有线电视股份有限公司（简称"有线"）与公共天线服务商（简称"公天"）签署合作协议。政府严格执行中级法院对有线所提起的诉讼的判决，经各方努力探讨，议定由有线提供电视信号，利用公天现有的服务做转播的短期方案获得共识，今天正式签署合作协议，标志着历史遗留的公天问题得以理顺。目前，公天公司接收并转播电视信号的活动，侵犯了澳门有线的专营权，也违反了规范无线电通信及设备的相关法令规定。在尊重有线特许合同及确保公众收看开放电视频道的权利不受损害的前提下，各方共同议定由有线提供电视信号，并通过公天的网络传送至住户，通过这一合作模式以解决有关问题。

政府拟选 8 个地点兴建户外变压站以应对旧区供电。因应旧区发展对供电增大的需求，政府重视从长远方案和短期措施两方面着手，以解决旧区供电问题。长远方面政府已责成澳电在中期计划中提交中低压电网供电的中长期规划和供电方案，以便政府在城市规划中预留土地兴建永久性的高压变电站；短期主要是提升中低压电网输变电能力，包括增加低压出线及分配箱，合理分配负荷及分散供电，以及增加临时或永久变房。其中通过增加临时户外变压站是解决旧区商户和居民燃眉之急的供电方案。为此，政府早前通过跨部门的协商和沟通后，已计划在全澳旧区共计选择 8 个公共户外空间，兴建户外变压站以短期解决问题。这些选点考虑的范围包括小型公园广场侧、公厕或垃圾房旁、内巷和车位等，目前正待取得各相关部门的意见。

海事及水务局拜访广东省水利厅。海事及水务局局长黄穗文带领局方人员今日前往珠海拜访广东省水利厅、珠海市海洋农渔和水务局及珠海水务集团有限公司的代表，交流今冬明春的咸潮形势和商讨各项保障澳门供水安全的措施，以及商讨 2014 年原水价格调整工作。

7日

医务委员会今日正式成立。根据第 192/2013 号社会文化司司长批示，正式任命医务委员会全体成员，并于 2013 年 8 月 7 日刊登在政府公报内。该委员会成员包括，主席：李展润；副主席：陈亦立；医疗专业人员 29 名，包括西医，中医，牙医，药剂师，化验、放射、康复或营养职务职畴的高级卫生技术员，护士及化验、药剂、视轴矫正或图示记录职务范畴的诊疗技术员：周美嫦、陈志成、郑成业、张锦开、张丽玛、张悌、张振荣、张海瑞、蔡妙容、蔡炳祥、曹国希、何舜发、叶炳基、龚树根、郭昌能、郭潮辉、林日初、刘弋云、柳蕴瑜、李雪龄、李伟成、陈良、吕锡照、霍文逊、Mário Alberto de Brito Lima Évora、施绮华、吴毅、彭贵平、田洁冰；医院单位代表：陈泰业、陈惟蒨、莫蕙；中医高等教育机构代表：刘良、王一涛；护理高等教育机构代表：刘明、尹一桥；社会人士：陈锦鸣、容永恩、欧安利、潘志明、余建栋。医务委员会的成立，有助于特区政府听取社会各界，特别是医疗业界代表的意见及建议，确保制定有关政策时取得广泛的共识。同时，借着业界的支持及参与，使特区政府能适时收集社会各界的意见及建议，并加强与业界的沟通，共同促进澳门医疗事业的发展。

8 日

电视信号接驳工程正式展开。随着澳门有线电视股份有限公司与公共天线服务商合作协议的正式签署，具体的电视信号接驳工程由今日起分区分时段陆续展开。电信管理局表示，上述工程进行期间或之后的一段短时间内，电视信号的接收将受到一定程度的影响，局方已要求有线及公天尽快做出技术调整，务求将对市民的影响减至最低。

中区小区服务咨询委员会交通范畴小组关注大三巴区旅游巴上落客问题。中区小区服务咨询委员会一直关注大三巴区旅游巴上落客所引致的问题，为此，咨询委员会交通范畴小组先后约见负责规划大三巴周边区域发展的各个部门，冀政府尽早订立工作时间表，解决该区的交通乱象、废气排放及噪音等问题。咨询委员会交通范畴小组自今年5月起，先后通过中区社咨会平常会议及交流会议，与跨部门小组成员——交通事务局、土地工务运输局、旅游局及文化局代表会面，反映居民期望理顺大三巴周边交通环境的强烈诉求，并要求当局能够明确订出时间表，让各界能及早做好配合，彻底解决大三巴区旅游巴流量长年超负荷问题。

文化局维修玫瑰堂及圣安多尼堂。文化局现对玫瑰堂及圣安多尼堂进行修复，玫瑰堂于工程期间除圣物宝库如常开放外，其他范围暂停开放，修复工程预计于9月30日完成；圣安多尼堂于工程期间如常开放。玫瑰堂由于地下水上升引致地面湿气渗入墙体，墙身等主要建筑出现剥落现象，长远将成为危及结构安全的隐患。

9 日

筷子基E及F地段公共房屋建造工程开标。因应社会对公共房屋的需求，政府计划兴建邻近俾若翰街之筷子基E及F地段公共房屋，建造工程于今日进行公开开标，工程不设底价，共有13家公司递交标书文件。工程造价由3.89亿至4.9亿元，工期由820天至840天。

统计暨普查局公布最新人口统计数据。资料显示，本年6月底总人口为591900人，按季增加5600人；女性人口为306200人，占51.7%。本年第二季新生婴儿共1524名，按季减少85名，减幅为5.3%；新生男婴有842名，男女婴儿性别比为123.5：100，即每100名新生女婴对应123.5名男婴。本年上半年新生婴儿共3133名，按年减少100名。同季死亡个案共442宗，按季减少49宗；前三位死因分别是肿瘤（165宗）、循环系统疾病（104宗）及呼吸系统疾病（63宗）。本年上半年死亡个案共933宗，按年减少57宗。此外，第二季内地移民有800人，准许居留人士录得净移入360人，按季分别增加120人及268人；第二季末外地雇员有121194人，较上季末增加6478人。同季结婚登记共1050宗，按季减少118宗。上半年结婚登记2218宗，按年增加236宗。

12 日

卫生局与香港特区医院管理局续签2013~2018年合作协议。该协议继续加强香港医管局与澳门医疗界的长期交流合作，内容涵盖交流研讨、人才培训、传染病控制及服务发展等。

警察总局局长率警方代表团赴新疆考察。代表团由警察总局局长白英伟率领，前往新疆维吾尔自治区访问，其间拜访乌鲁木齐、喀什及伊犁三地的公安部门，进行情报交流及反恐实务考察。代表团期望借此提高澳门警方防范恐怖袭击的应变能力。

14 日

台风期间交通事务局巡查各区及打击违规的士。在台风"尤特"吹袭、澳门悬挂8号风球期间，受到巴士服务、酒店及娱乐场客运专车暂停等因素影响，市民和旅客对的士服务需求急增，关闸广场的士站出现大批候车人潮。治安警察局及交通事务局增派警员和稽查人员，到场维持秩序及打击各种违规行为。

15 日

澳门作品荣获"2013年泛珠三角环保"摄影活动三奖项。2013年泛珠三角环保摄影活动公布得奖结果，澳门有3幅参赛作品获奖：赖健豪的《这是我的鱼》、程永坚的《抢食》及谭明杰的《蓝翠觅食》分别荣获一等奖、三等奖及优秀奖。

政府撤回《旧区重整法律制度》法案。该法案于2006年已启动起草工作，2011年交立法会讨论。随着近年社会经济环境快速发展，客观环境及社会诉求与当初草拟法案时已有变化，尤其是《城市规划法》《文化遗产保护法》《土地法》三部相关法案已获立法会细则性通过，原拟通过《旧区重整法律制度》规定的条款，部分在该三部相关法律中已做了规范。为适应新的形势，政府经过详细分析，决定撤回《旧区重整法律制度》法案，重新审视及进行草拟工作。

16 日

医务委员会召开首次全体会议。社会文化司司长张裕出席会议并致辞。会议由医务委员会主席、卫生局局长李展润主持，共有31名委员出席。委员们认为，医务委员会的成立是医务界发展的良机，表示将发挥委员的职能，担任政府、业界与民间沟通的桥梁，广纳意见，为各医务范畴的制度化和专业化出谋献策。会议还讨论了《医务委员会规章》咨询文本和医疗专业人员注册制度。

教育暨青年局举办"优秀学生修读教育课程资助颁发仪式"。教育暨青年局自2012/2013学年通过设立"优秀学生修读教育课程资助计划"，鼓励优秀学生修读含师范培训的学士课程，借此为澳门构建一支优秀的教师队伍，为澳门的未来培育人才。此外，2013/2014学年还设立了"培养葡语教师及语言人才资助计划"，支持澳门优秀学生到葡萄牙修读葡语教育课程，培养葡语教师及语言人才。

22 日

澳门旅游学院课程获联合国世界旅游组织复核认证。澳门旅游学院于2000年成为全球首所获得联合国世界旅游组织（UNWTO）颁发"旅游教育质素认证"的高等院校，每次复审均获通过，标志着该院具有国际水平的优质旅游教育。该院亦是联合国世界旅游组织知识网络的成员，推动和优化国际旅游教育。截至8月22日，4门已产生毕业生的学位课程均已获得该项认证或通过复审获得延续。

23 日

楼管仲裁中心连同消委会及世贸仲裁中心赴珠海交流。房屋局局长兼楼宇管理仲裁中心仲裁委员会主席谭光民率领仲裁委员会成员，连同消费者委员会主席黄翰宁及澳门世界贸易仲裁中心冯健埠律师等代表一行28人，访问珠海仲裁委员会，共同举办仲裁经验交流座谈会，就有关楼宇管理及消费纠纷的调解、仲裁工作进行探讨与交流。

出访内地时漫游电信服务资费下调。在电信管理局的协调下，继本年2月25日的漫游资费下调后，澳门电讯有限公司、和记电话（澳门）有限公司及数码通流动通讯（澳门）股份有限公司将于本日起以优惠计划的方式，在现有基础上再下调所有月费用户在内地的漫游话音通话，而澳门电讯及和记也同时下调用户在内地发出短信（SMS）的漫游资费。此次漫游资费下调，为上述三家流动电信营运商本年度第二次下调资费，每家流动电信营运商的累计下调幅度均不少于13%，当中有部分服务收费甚至降幅达57%。

26 日

行政长官崔世安与国家民族事务委员会副主任丹珠昂奔会面。双方就进一步推动澳门与各民族地区的交流和合作交换意见。

27日

《澳门再生水发展规划（2013～2022）》咨询总结报告公布。为开发利用澳门的再生水源，加强水资源的利用效益，构建节水型城市，推动构建节水型社会工作小组于2013年2月完成《澳门再生水发展规划（2013～2022）》公众咨询工作。小组在整理相关意见及建议后，现公布《澳门再生水发展规划（2013～2022）》咨询总结报告。

行政长官崔世安会见中国工商银行董事长姜建清。双方就经济金融事务及支持澳门中小企业发展交换意见。参加会面的包括中国工商银行（澳门）董事长朱晓平、中国工商银行国际业务部总经理吴斌、中国工商银行广东省分行行长施刚、中国工商银行（澳门）行政总裁沈晓祺及中国工商银行广东省分行副行长姜壹盛，以及澳门行政长官办公室主任谭俊荣及行政会秘书长柯岚。

行政长官崔世安会见台湾方面陆委会主委王郁琦。双方就高等教育、旅游业发展等共同关心的课题进行交流。参加会面的包括台北经济文化办事处主任卢长水，台湾方面陆委会港澳处代理处长陈明仁、办公室主任杨育芝，以及澳门行政长官办公室主任谭俊荣、行政会秘书长柯岚及行政长官办公室顾问高展鸿。

30日

《〈内地与澳门关于建立更紧密经贸关系的安排〉补充协议十》签署。该协议将于2014年1月1日起正式实施。"补充协议十"在《内地与澳门关于建立更紧密经贸关系的安排》及其九个补充协议的基础上，在服务贸易方面将进一步对澳门扩大开放，其中包括继续广东先行先试政策、进一步放宽地域限制至福建省、新增"合同服务提供者"内容，以及进一步加强贸易投资便利化方面的合作。此外《〈内地与澳门关于建立更紧密经贸关系的安排〉补充协议十》在金融合作、贸易投资便利化等领域增加了新的合作内容。双方同意为符合资格的澳门保险业者参和经营与内地交通事故责任强制保险业务提供支持和便利。为支持澳门企业开拓内销市场，双方将加强商品检验检疫、质量标准领域的认证认可及标准化管理和知识产权保护领域的合作。

行政长官崔世安会见商务部副部长高燕。行政长官崔世安今日在政府总部与商务部副部长高燕会面，就加大力度落实《内地与澳门关于建立更紧密经贸关系的安排》及系列补充协议交换意见，双方认同要用好用活"安排"，充分发挥其作用，实现内地与澳门特区互利共赢。

第五届立法会选举竞选活动31日零时启动。第五届立法会选举竞选活动期将于明日零时启动，立法会选举管理委员会主席叶迅生表示，今日下午与治安警察局、交通事务局等部门举行联席会议，商讨启动仪式的秩序及交通安排，以及宣传期间的规范事宜。

统计暨普查局公布第二季本地生产总值。资料显示，本年第二季本地生产总值按年实质增长10.2%，经济增长主要由服务出口上升带动；博彩服务出口增加10.2%，其他旅游服务出口上升17.5%。本年上半年经济实质增长率为10.5%。鉴于就业市场稳定，总就业人数及工作收入进一步攀升，支持私人消费支出录得4.5%的按年增幅；住户在本地及外地的最终消费支出分别上升5.8%及6.3%。政府最终消费支出按年增加7.6%。政府投资减少29.3%，主要是澳门大学横琴校区建筑接近完工，但其他在建的公共工程不足以抵销建筑投资的减幅，致使公共建筑投资按年大幅收缩31.3%；另一方面，政府设备投资按年上升7.9%。货物出口持续上升，按年增加10.0%；与此同时，旅客增加、私人消费及投资上升，货物进口按年增长15.7%。服务贸易方面，受惠于旅游博彩表现理想，第二季服务出口按年增长11.1%；博彩服务出口上升10.2%，其他旅游服务出口增加17.5%。另外，服务进口按年轻微上升1.1%。

9月

2日

贸促局执行委员刘关华赴新疆乌鲁木齐市参加"第三届中国—亚欧博览会"。由新疆维吾尔自治区人民政府、新疆生产建设兵团和商务部、外交部、发改委、中国贸促会等28个中央部委共同主办，北京、上海、浙江、江苏、广东等22个省市人民政府及上海合作组织秘书处、联合国贸易和发展大会及联合国工业发展组织等22个国际组织协办，并由新疆国际博览事务局、新疆商务厅、乌鲁木齐市人民政府、商务部外贸发展事务局、商务部投资促进事务局等12个部门单位承办的"第三届中国—亚欧博览会"，于9月2日至7日在新疆乌鲁木齐市举行。本届亚欧博览会以"开放互信、共谋发展"为主题，为中外客商营造高效、便捷的展览和交易环境，搭建中外企业贸易洽谈、投资合作的良好平台。展会分别设置了国际及港澳台展区、商品贸易展区、投资合作形象展区及高新技术及服务贸易展区。贸促局于展会上设置54平方米"澳门馆"，主要宣传及推广澳门最新之投资环境及贸促局所提供之服务、澳门作为中国内地与葡语国家经贸合作服务平台，并重点宣传会展竞投及支持"一站式"服务等。

民政总署与卫生局获邀出席"第十一届两岸四地食品安全标准协调会"。民政总署与卫生局获邀出席由国际生命科学学会（中国办事处）主办的"第十一届两岸四地食品安全标准协调会"，通过两岸四地风险管理者、与食品标准有关的专家学者、食品企业代表交流食品安全卫生的管理实务及法规标准，从而促进两岸四地的食品贸易往来。会议于今日至3日在四川省成都市举行，由国际生命科学学会（中国办事处）陈君石主任主持，国家工业和信息化部、国家卫生和计划生育委员会、国家食品安全风险评估中心、香港食物环境生署食物安全中心、台湾卫生福利部食品药物管理署以及澳门民政总署与卫生局的代表出席此次会议。各方就食品安全交流合作工作重点进行讨论，主要围绕食品安全体制与法律法规，以及食品安全标准问题。

4日

政府短期内推出措施支持经济困难公务员。行政长官崔世安今日在政府总部分别会见公务华员职工会及公务专业人员协会，就更适切支持经济有困难的基层公务人员、调整现行福利津贴及完善公务员制度等课题交换意见。崔世安表示，为体现政府对公务员团队的人文关怀，特别要关心基层低收入、经济有困难的公务人员，尽量纾缓其生活压力，经过行政法务范畴及行政公职局研究，在现行法律基础上，政府短期内推出数项补充援助措施，包括向有实际生活困难的公务人员提供"生活补助"，向驾驶公共车辆或因公务驾驶车辆的公务人员提供"车辆维修费用补助"，向申请"平安通"的公务人员提供一次性补贴，并继续接受及审批公务人员的特别援助申请。行政长官还分别与两团体讨论公务人员薪酬评议会增加代表性、增加职能等议题。

旅游局赴北京参加"中国（北京）国际商务及会奖旅游展览会"。旅游局连同经济局及19家本地旅游业界企业代表，赴北京参加"中国（北京）国际商务及会奖旅游展览会"，推广澳门商务及奖励旅游，借此加强与内地业界的交流和合作。由国家旅游局及北京市人民政府联合主办的"中国（北京）国际商务及会奖旅游展览会"于9月2日至4日在北京国家会议中心举行。旅游局在展会上向奖励旅游活动筹办者推广"奖励旅游激励计划"，并向业界和买家介绍澳门商务旅游的最新数据及产品，借参展增加澳门与内地业界交流的机会，促进商机。

陈丽敏率代表团赴北京交流食品安全工作。为配合食品安全中心全方位投入运作和提供服务，优化供澳食品事务，行政法务司司长陈丽敏率领代表团前往北京，拜访国家农业部及国家质量监督检验检疫总局，就加强内地与澳门在食品安全领域及动物疫病防控措施的合作达成共识，并就鲜活食品电子卫生证书系统、信息通报机制及人员培育工作等相关事务做交流。代表团分别与农业部兽医局局长张仲秋、国家质检总局动植物检疫监管司司长黄冠胜等代表举行交流会议。陈丽敏表示，特区政府第5/2013号法律《食品安全法》将于本年10月20日生效，专门负责食品安全工作的"食品安全中心"亦将同日起运作，相信对保障居民食用的安全卫生有重要作用。

6日

行政长官崔世安会见亚洲管理专业协会联会。崔世安今日在政府总部会见亚洲管理专业协会联会（Asian Association of Management Organisations）代表，就澳门未来的发展交换意见。崔世安指出，澳门未来的经济发展，将积极融入区域合作，扩大经济发展中的非博彩元素，长远目标是促进经济适度多元、平衡发展。参加会面的包括亚洲管理专业协会联会荣誉主席孙大伦博士、亚洲管理专业协会联会研讨会筹备委员会主席及澳门管理专业协会理事仓敬焘，来自澳大利亚、印度、日本、尼泊尔、巴基斯坦、菲律宾、马来西亚、斯里兰卡的会员代表以及行政长官办公室主任谭俊荣等。

7日

贸促局组织企业家代表团赴厦门参加第十七届投洽会。由贸促局组织近50名澳门企业家代表团，于今日至9日赴厦门参加"第十七届中国国际投资贸易洽谈会"，借以深化内地与澳门间之经贸合作，推动双方未来可持续发展。

8日

行政长官崔世安出席第九届泛珠合作大会。崔世安率政府代表团前往贵阳，出席第九届泛珠三角区域合作与发展论坛暨经贸洽谈会，并与四川省省长魏宏会面，双方均肯定随着汶川地震灾后援建工作的开展和完成，川澳之间在各方面的联系和合作日益紧密，并期望今后持续和务实地拓展多个领域的合作。此外，崔世安还与贵州省省委书记赵克志和省长陈敏尔会面，双方认同贵澳今后应深化在旅游、服务业、人才和文化交流等方面的合作，包括共同推动"一程多站"的区域旅游模式。

10日

行政长官崔世安视察离岛雨水排放设施。崔世安今日上午视察离岛的雨水排放设施，实地了解民政总署及土地工务运输局进行的改善规划。他指示相关部门要完善短期改善及长期规划，尽力降低积水对离岛居民日常生活的影响。对于早前暴雨致使离岛个别地点出现积水，行政长官已指示相关职能部门检视情况并尽快做出改善。

11日

澳门作品于"大连杯"时装画大赛获奖。为开阔澳门时装爱好者的视野，鼓励他们多与外地交流，生产力暨科技转移中心推荐"第4届澳门时装画艺术大赛"的得奖作品参加2013"大连杯"时装画大赛，李惠晶的《The Distorted Body》获得优秀奖，钟晓欣的《日与夜》、郝元春的《变奏》及李祖儿的《中华荣耀》获得纪念奖。

澳珠两地合办2013"世界无车日"之"澳珠单车绿道游"。环境保护局通过不同方式，倡导"绿色出行5招"，包括鼓励市民多步行、多乘坐公共交通工具、多与亲友共乘、尽量停车熄火以及定期一天不开车，希望大众能逐步选用绿色出行的方式，共同降低因出行而产生的空气污染。

12日

行政长官崔世安会见上海市委统战部部长沙海林。崔世安在政府总部会见上海市委常委、统战部部长、上海海外联谊会会长沙海林，双方就加强旅游、经贸合作交换意见。

14日

"第二十五届澳门国际烟花比赛汇演"举行。比赛汇演首先由来自西班牙及南非的烟花队表演，吸引了大批市民及旅客观赏。社会文化司司长张裕、中联办文化教育部部长刘晓航、外交部特派员公署副特派员冯铁、文化产业委员会副主席梁庆庭及旅游局局长文绮华等主持在旅游塔露天广场举行的烟花比赛汇演开幕仪式。今年参赛的 10 支队伍覆盖五大洲，即亚洲、欧洲、美洲、大洋洲及非洲，包括来自西班牙、南非、瑞士、韩国、葡萄牙、澳大利亚、意大利、加拿大、法国和中国内地的烟花公司。

行政法务司司长陈丽敏巡视立法会选举投票站。特区政府按照基本法及相关选举法律，通过设立立法会选举管理委员会，严格遵守公平、公正、廉洁的原则，进行第五届立法会选举工作，稳步推进澳门特别行政区的政制向前发展。行政法务司司长陈丽敏今日与立法会选举管理委员会成员一起巡视位于综艺馆的投票站，听取票站负责人对票站设置及投票流程等的介绍。

15日

第五届立法会议员选举投票顺利，15 万多选民踊跃投票。第五届立法会选举上午 9 时投票，至晚上 9 时结束。本届合资格选民有 27 万多人，较上一届选举多近 3 万人。第五届立法会选举，直选议席由 12 位增加至 14 位，间选议席由 10 位增加至 12 位，选民人数亦较上届增加一成至 27 万多人。为方便选民投票，今届直选票站增加至 30 个，一区一站。整日阳光普照，15 万多选民踊跃投票，当中包括年满 18 岁的"首投族"，投票人数为历届之冠，投票率则较上届略有下降。投票过程大致顺利，大部分选民为尽公民之责，踊跃投票，见证澳门政制向前发展。

澳门特别行政区国家司法考试顺利举行。2013 年澳门特别行政区国家司法考试在澳门法律及司法培训中心举行。考试期间，国家司法考试中心命题处处长桑磊、司协外事司港澳台处处长耿志超、驻部监察局一室正处级纪检监察员张新友以及法务局局长张永春等人到场视察试场情况及有关考试组织实施工作。据统计，包括港澳台考生在内，今年全国报考司法考试总人数达 43.6 万人，而澳门考区共有 31 人报考，其中 23 名考生参加考试。

澳门旅游企业参加 2013 亚太旅游协会旅游交易会。2013 亚太旅游协会旅游交易会于 9 月 15 日至 17 日在四川省成都举行，澳门十家酒店、大型度假村、旅行社、会议展览中心等旅游业界代表一同参展。旅游局自 1996 年起一直支持协会的金奖午宴及颁奖礼，借此向外推广澳门旅游业。本届共颁发 4 个金奖大奖及 22 个金奖。亚太旅游协会于 1951 年成立，属非营利组织，致力于促进亚太区旅游业的发展。澳门于 1958 年成为亚太旅游协会的成员。

16日

第五届立法会选举完成初步点票。澳门特别行政区第五届立法会选举的投票程序结束，选民总数 276034 人，已投票选民 151881 人，有效票 146467 票，空白票 1083 票，废票 4331 票。其中，直接选举方面共有 151881 位选民投票，投票率 55.02%，初步点票工作在今日凌晨 4 时 8 分完成，各组别得票如下：直选方面：第一组澳门发展新联盟 13086 票；第二组自由新澳门 3227 票；第三组民主起动 923 票；第四组澳门公民权益促进会 848 票；第五组民主新澳门 8826 票；第六组同心协进会 11961 票；第七组公民监察 5224 票；第八组澳粤同盟 16248 票；第九组新希望 13118 票；第十组澳门民主自由人权法治促进会（澳门梦）1006 票；第十一组亲民奋进会 2306 票；第十二组改革创新联盟 8755 票；第十三组澳门民联协进会 26385 票；第十四组群力促进会 15816 票；第十五组工人运动阵线 227 票；第十六组基层监督 368 票；第十七组社会民主阵线 179 票；第十八组超越行动 1641 票；第十九组民主昌澳门 10986 票；第二十组关爱澳门 5323 票。间选方面：工商、金融界选举组别—澳门雇主利益联会 701 票；劳工界选举组别—雇员团体联合 769 票；专业界选举组别—澳门专业利益联会 441 票；社会服务及教育界选举组别—社会服务教育促进会 1327 票；文化及体育界选举组别—优裕文康联合会 1165 票。

行政长官委任 6 名检察官及 6 名法官。经检察长提名，行政长官在第 38/2013 期澳门特别行政区公报第一组颁布第 55/2013 号行政命令，以确定委任方式，任命欧阳湘、李雪雯、刘霭诗、白华艺、仇治平、郑凯锋出任检察院检察官，2013 年 9 月 17 日起生效。经推荐法官的独立委员会推荐，行政长官于 2013 年 9 月 16 日在第 38 期澳门特别行政区公报第一组颁布第 54/2013 号行政命令，以确定委任方式，任命陈淦添、陆思娴、梁镁琧、邓志濠、冯翠山及李伟成出任第一审法院法官，由 2013 年 9 月 17 日起生效。

廉政公署接获 213 宗与立法会议员选举有关的投诉。第五届立法会选举投票于昨晚 9 时结束，廉政公署表示，共接获 434 宗投诉和举报，其中 213 宗与选举有关。在投票日，廉署收到 46 宗投诉及举报，其中 44 宗通过反贿选热线接收，大部分与投票情况有关，内容涉及车辆接载选民、包场饮食、电话短信拉票等。在投票日，廉署特别加强监察力度，派遣调查人员分布各区及各投票站外巡视。其间截查 49 名人士，怀疑涉及非法集会及宣传或阻碍选民投票等，廉署已实时处理。此外，亦发现有团体拟安排非本地居民在票站附近拉票，廉署马上介入，及时遏止了违规行为。

17 日　29 名青年人才赴上海学习实践。由全国政协港澳台侨委员会、中联办、澳区全国政协委员、上海市政协及澳门基金会联合主办的 2013 "澳门青年人才上海学习实践计划"推进顺利。主办单位从 50 多名报名者中选出 29 名学员，并与学员首次会面，就计划的具体实施进行座谈。中联办人事部部长常毓兴、协调部副部长廖笠，澳门基金会行政委员会主席吴志良等出席座谈会。22 日该批学员将启程赴沪，出席 23 日在上海行政学院举行的开班仪式，正式开展为期三个月的学习实践。

18 日　"世界旅游经济论坛·澳门 2013"开幕。由社会文化司主办、中华全国工商业联合会授权全联旅游业商会协办、世界旅游经济研究中心筹办的第二届"世界旅游经济论坛"在澳门开幕。主礼嘉宾包括行政长官崔世安、全国政协副主席兼世界旅游经济论坛大会主席何厚铧等。本届论坛以"促进经济活力：放眼旅游产业"为题，邀请近 40 位来自不同国家的部长级官员和国际知名企业领袖主讲，进一步探讨如何通过投资旅游产业推动经济发展。继去年成功举办后，本届论坛再次吸引全球多个国家及城市组成合共逾千人的代表团出席，其中包括内地超过 10 个省区的代表团。

19日

澳门笔会作家代表团访问中华文学基金会。代表团由澳门基金会行政委员会主席吴志良率领，受到中华文学基金会秘书长李小慧等人热情接待。李小慧对吴志良率领澳门第一个由老中青作家组成的代表团来京访问表示热烈欢迎。她表示，中华文学基金会与澳门有很深厚的渊源，该会最早是由马万祺支持和资助，并得到澳门基金会的大力支持。怎么理解澳门，怎么看澳门的文学，需要澳门的作家多挖掘、积累素材，写出反映澳门发展和风土人情的新作品，让内地读者对澳门各方面的发展有更多的了解。她希望双方今后多组织一些交流活动，增进相互了解。吴志良表示，中华文学基金会与澳门关系密切，对澳门的支持和帮助也很多。特别是在培养和帮助澳门作家写作、推介澳门文学作品及发掘澳门文学题材等方面给予了许多支持，《澳门文学丛书》能顺利出版，与中华文学基金会及李小慧的大力支持分不开，对此表示衷心感谢，希望双方进一步加强交流合作，帮助更多的澳门作家走向内地，也希望内地的作家多来澳门。

社会文化司司长张裕与国家卫生和计划生育委员会副主任陈啸宏会面。张裕表示，随着澳门《完善医疗系统建设方案》项目逐步投入服务，以及社会人口结构变化和经济多元发展，社会对公私营医疗服务的要求日益增长，在专科医疗技术、专业人员培训、人力资源等方面希望继续得到国家卫生和计划生育委员会的支持，开展相关合作项目。

23日

法院代表团赴台湾参加"第二届海峡两岸暨香港澳门司法高层论坛"。论坛于9月23日至25日在台湾新竹举行，终审法院院长岑浩辉应邀率团出席。本届论坛由台湾地区司法主管机构在《海峡两岸共同打击犯罪及司法互助协议》司法交流框架下主办，以"建构人民信赖之司法"为主题，分"司法与传媒""司法透明""司法问责""人民参与司法"等专题，来自海峡两岸和香港、澳门法院系统的65名司法高层代表与会。

澳门基金会首次参与中国公益慈善项目交流展示会。澳门基金会代表团赴深圳参加"第二届中国公益慈善项目交流展示会"，作为"国际合作及港澳台展区"的参展机构，应邀出席"两岸四地慈善研讨会"，与来自内地与港澳台主管慈善事业的政府部门、相关机构负责人，共同就"如何激发社会活力、解决社会问题"展开热烈交流和讨论。

24日

民政总署举办粤港澳三地食品安全领域专家讲座。在粤澳食品安全合作的前提下，为进一步提升澳门与邻近地区在食品安全领域的交流合作，加强澳门市民及业界对食品安全的认识，民政总署举办"粤港澳三地食品安全专家讲座"，邀请三地的食品安全专家就食品安全的事故预防、风险传达进行交流，以此推进及优化澳门的食品安全防护工作。

25日

行政会完成讨论《第23/2002号行政法规〈澳门特别行政区居民身份证规章〉附件所载的居民身份证的新式样》行政法规草案。草案规定了非接触式芯片的居民身份证的式样。特区政府将于2013年10月31日起向澳门居民发出非接触式智能身份证，不再发出接触式智能身份证。

"内地与澳门科技合作委员会第七次会议"于哈尔滨举行。来自科技部、国务院港澳办、中国科学院、中联办、自然科学基金委员会、中国科协、黑龙江省科技厅、广东省科技厅及珠海市科工贸信局，澳门特区政府科技委员会、科学技术发展基金、运输工务司司长办公室、环保局、电信管理局、卫生局、生产力暨科技转移中心、澳门大学及澳门科技大学等机构近60人参加了会议。会议听取了两地科技合作委员会联络办公室中医药、节能与环保、电子与信息、科普等 4 个工作组，以及中药质量研究国家重点实验室、仿真与混合信号超大规模集成电路国家重点实验室的汇报。委员们认为，过去一年，两地科技合作与交流在内地与澳门科技合作委员会指导下取得了积极进展，除了继续深化原来的工作外，还不断探索新的合作方式和领域。具体体现在：澳门科学家参与国家重大科研活动的工作持续稳步推进；以重点实验室为基础平台的两地合作有序展开；4 个工作组的工作持续有序推进，取得了积极的成果；制定了内地与澳门联合资助两地科研合作项目的方案。

27 日

行政长官崔世安就第五届立法会选举顺利举行发表文告。行政长官崔世安今日就第五届立法会选举完成表示祝贺。澳门特别行政区第五届立法会选举成功举行，新一届立法会的 14 名直选议员、12 名间选议员全部产生。他表示，特区政府将一如既往，持续与立法会积极沟通与密切合作，致力于提升立法效率和立法质量，共同为提高本地居民的福祉，促进澳门的长期繁荣稳定而携手努力。

30 日

"大爱无疆，情系澳川"澳门特别行政区支持四川地震灾后重建纪念图片展览暨图片集发行。仪式由特区政府主办，澳门特别行政区支持四川地震灾后重建协调小组筹办，教育暨青年局承办。行政长官崔世安等主持发行仪式。2008 年 5 月 12 日四川汶川地区发生特大地震，造成广泛破坏及大批人员伤亡。澳门各界纷纷施以援手，共筹得善款超过 5 亿元，而特区政府同时拨款 50 亿元，澳门基金会拨款 5 亿元，以协助四川灾后重建工作；并成立"澳门特别行政区支持四川地震灾后重建协调小组"，由时任社会文化司司长崔世安领导，与四川方面建立协调机制，至今共完成 103 个援建项目。

2013 年度现金分享计划的发放辅助中心运作至本日。"二○一三年度现金分享计划"发放工作于本日基本完成。其间，经自动转账取得款项者共 102751 人，涉及金额 818945600 元，邮寄划线支票共 531333 张，涉及金额 4041985600 元。至今已兑现支票占发出支票总数的 85.6%，合计 454955 张。

港澳就强化食品安全交流表达合作意愿。为持续推进与邻近地区之间的食品安全领域合作，配合本月 20 日《食品安全法》的生效和"食品安全中心"启动运作，行政法务司司长陈丽敏率领民政总署食品安全工作人员组成的代表团前往香港，与香港食物及卫生局局长高永文等会面，双方就强化两地食品安全信息交流等方面达成合作意愿，并将进一步协商拟订合作协议。

10 月

1 日

行政长官崔世安出席国庆活动。特区政府今早 8 时在新口岸金莲花广场举行隆重的升旗仪式，为庆祝中华人民共和国 64 周年国庆的系列活动揭开序幕。治安警察、消防、海关及警察银乐队等纵队在升旗台前列队，行政长官崔世安在保安司司长张国华陪同下检阅仪仗队及接受敬礼。国旗及区旗在国歌声中徐徐升起。出席升旗仪式的嘉宾包括：中央人民政府驻澳门特别行政区联络办公室主任白志健、外交部驻澳特派员公署特派员胡正跃、解放军驻澳部队司令员祝庆生、立法会主席刘焯华、终审法院院长岑浩辉，行政会委员、立法议员、特区政府官员、人大代表、政协委员及各界人士等共

200 多人。

旅游局赴曼谷推广商务旅游。旅游局于今日至 3 日组团到泰国曼谷参加"亚洲奖励旅游及大型会议展览"，推广澳门商务旅游。持续举办 21 届的"亚洲奖励旅游及大型会议展览"（IT & CMA）是亚太区一个举足轻重的商务旅游专业展览会，同时也是推广奖励旅游的有效平台，本届展览会共吸引了来自 19 个国家和地区的超过 280 个参展商。旅游局以"感受澳门 动容时刻"为题设置展台，与经济局及 23 家本地业界代表一同参与，联手向亚洲业界推广澳门会展业并介绍最新的商务旅游产品及设施，并宣传推介"奖励旅游激励计划"。

行政长官办公室因职能增加而调整开支。行政长官办公室主任谭俊荣接受媒体访问时表示，行政长官办公室的开支主要因职能增加而需做调升，幅度审慎、合理，并每年都向社会公布详细预算；有关行政长官办公室及政府总部办公楼的装修工程，亦全部严格按照法律规定的程序开展。

2 日

政府接管维澳莲运之巴士营运。因为维澳莲运公共运输股份有限公司（简称"维澳莲运"）已正式申请破产，并中断提供由其负责营运的道路集体客运公共服务，基于公共利益，为确保巴士服务的正常运作，保障员工的就业权益，政府委派交通事务局由本日起以接管方式维持维澳莲运的营运，为期 6 个月。其间，维澳莲运员工将如常发放薪酬福利。政府呼吁该公司全体员工继续坚守岗位，为市民提供正常的巴士服务。

3 日

消防局举办纪念消防局指挥大楼开幕 90 周年图片展览。为庆祝消防局指挥大楼启用 90 周年，消防局将于今日起举办图片展览，展示澳门消防百年历程之珍贵图片，免费供市民及旅客观赏。消防局指挥大楼具有南欧的建筑风格，古朴庄严，外形简洁优美，充分表现出中西文化交汇之特色，1992 年 12 月 31 日被澳门政府评定为具有建筑艺术价值建筑物之一。

5 日

教育暨青年局举办"两岸四地职业技术教育研讨会"。由教育暨青年局主办、澳门生产力暨科技转移中心承办、澳门科学馆协办的"两岸四地职业技术教育研讨会"于 5 日至 6 日在澳门科学馆会议中心顺利举行。研讨会主题为"现代职业技术教育的发展与策略"，来自两岸四地的专家学者以及澳门教育界人士等约 200 人出席。

7 日

行政长官委任 7 名立法议员。行政长官崔世安根据《澳门特别行政区立法会选举制度》，于今日通过行政命令委出澳门特别行政区第五届立法会 7 名委任议员：徐伟坤、唐晓晴、马志成、黄显辉、冯志强、刘永诚、萧志伟。《中华人民共和国澳门特别行政区基本法附件二澳门特别行政区立法会的产生办法修正案》规定，澳门特别行政区第五届立法会由 33 人组成，其中直接选举的议员 14 人、间接选举的议员 12 人、委任的议员 7 人。根据 9 月 16 日选举结果，14 名直接选举议员为陈明金、麦瑞权、何润生、施家伦、高天赐、梁安琪、关翠杏、吴国昌、区锦新、陈美仪、郑安庭、黄洁贞、宋碧琪、梁荣仔；12 名间接选举议员为贺一诚、高开贤、郑志强、崔世平（工商、金融界）、林香生、李静仪（劳工界），崔世昌、欧安利、陈亦立（专业界），陈虹（社会服务及教育界），张立群、陈泽武（文化及体育界）。

唐晓峰等法官获得晋升或委任。政府公报颁布多项法院人事变动的行政长官行政命令，经推荐法官的独立委员会推荐，第一审法院院长唐晓峰晋升为中级法院法官，第一审法院合议庭主席叶迅生晋升为第一审法院院长，初级法院法官林炳辉、张婉媚同获委任为第一审法院合议庭主席，另以合同聘任外籍法官李宏信出任第一审法院合议庭主席。

9日

行政会完成讨论《初级法院设立劳动法庭和家庭及未成年人法庭》行政法规草案。根据《司法组织纲要法》的规定，初级法院由民事法庭、刑事起诉法庭、轻微民事案件法庭、刑事法庭、劳动法庭、家庭及未成年人法庭组成。2004年，考虑到当时法官的数目并不足以设立上述所有专门法庭，故此只设立了民事法庭、刑事起诉法庭、轻微民事案件法庭和刑事法庭。

行政会完成讨论《延长社会房屋轮候家团住屋临时补助发放计划的实施期间》行政法规草案。草案规定，延长社会房屋轮候家庭住屋临时补助发放计划的实施时间由2013年9月1日至2014年8月31日，住屋补助仍发放12期，每月发放一期。草案建议，1至2人家庭每月获发的补助金额由1350元增至1450元，3人或以上家庭每月获发的补助金额由2050元增至2200元。

10日

"十一"黄金周接待工作顺利，7日接待逾89万人次。初步统计数据显示，10月1日至7日的访澳旅客总数为896847人次，内地旅客有722746人次。与去年黄金周同期7天相比，今年黄金周的旅客总人数较去年增加5.7%，而内地旅客的增幅有12.1%。旅游局于今年十一黄金周采取了一系列措施，尽力体贴市民及旅客的需要，优化旅游服务素质，有关措施包括启动旅游通报机制、印制及派发餐饮指南、加强巡查及推出网上房价申报系统等。十一黄金周期间，旅游局也通过多种途径向旅客推介四条步行旅游路线。

民政总署与法务局为广东省供澳食品业界举办《食品安全法》讲解会。为进一步落实《粤澳食品安全工作交流与合作框架协议》，民政总署连同法务局前往广东中山市，与广东出入境检验检疫局合作为广东省供澳食品业界举办《食品安全法》讲解会，同时介绍澳门即将成立的食品安全中心，以加强粤澳双方的交流合作，合力优化内地供澳的食品安全。

11日

确保善丰花园住客安全为首要任务。行政长官崔世安表示，善丰花园事件发生以来，特区政府一直以保障住客和附近居民的安全为首要任务。至于责任归属问题，有关部门仍在跟进中。他重申，特区政府将根据行政程序，依法追究相关机构和人员的责任。

行政长官崔世安会见全国政协副主席李海峰。行政长官崔世安今日在礼宾府与全国政协副主席李海峰会面，就进一步推动侨务工作交换意见。

17日

2013/2014年司法年度开幕典礼。行政长官崔世安主礼，立法会主席贺一诚、终审法院院长岑浩辉、行政法务司司长陈丽敏、检察长何超明、推荐法官的独立委员会主席刘焯华、澳门律师公会主席华年达在主礼嘉宾席上就座。法院、检察院全体司法官、律师出席。获邀出席典礼的嘉宾还有中央驻澳门机构的代表、立法会主席、政府主要官员、行政会委员、立法会议员、法官委员会和检察官委员会委员、推荐法官的独立委员会委员、相关机构主要负责人等。崔世安致辞时强调，特区政府将一如既往，严格恪守司法独立的原则，坚持依法施政，推进法制建设。特区政府高度重视听取司法、法律界人士的意见，大力支持司法机关和法律界的发展。在新的一年，特区政府将坚持依法科学施政，发展经济，改善民生。

在此过程中，必定全力推进法律法规的完善，不断优化法制环境，共同为特区居民安居乐业、特区长期繁荣稳定奠定坚实的法治基础。

第18届"澳门国际贸易投资展览会"（MIF）隆重开幕。展览会共设约1900个展位，吸引了来自50多个国家及地区的参展商参与，其中俄罗斯、意大利、摩尔多瓦共和国是首次独立设馆参会，令本届展览会的规模更加国际化，展示内容更为丰富。展会首日共安排了632场商业配对，促成共30个签约项目。

澳门大学学生东亚运动会摘银。继澳门大学徐雪茵摘下第六届天津东亚运动会跳水铜牌后，该校科技学院土木工程系学生朱志伟在剑术枪术全能项目中均获同组第二高分，以19.33分的成绩为澳门再添一枚银牌。

18日

行政会完成讨论《建造业职安卡制度》法律草案。近年澳门建造业发展迅速，施工的多样性和复杂性不断增加。为进一步有效预防和减少建造业工作意外的发生，强化在建筑工地或工程地点实际参与施工的人士对建造业安全施工的认识及责任感，政府拟订了《建造业职安卡制度》法律草案。

行政会完成讨论《处理医疗事故争议的法律制度》法律草案。为公平、合理及有效解决因医疗事故产生的争议，以保障医患双方的合法权益，回归后澳门特区政府成立了医疗改革咨询委员会，并设立立法律咨询专责小组，负责制定和草拟有关医疗事故的法案及相关法律。医疗改革咨询委员会进行了多次专项及公开咨询，广泛听取医务界和法律界的意见和建议，深入研究内地及其他国家和地区有关医疗事故的立法经验，并参考立法会第三常设委员会有关医疗事故的立法可行性研究报告，草拟了《处理医疗事故争议的法律制度》法案。

行政长官崔世安与联合国副秘书长丽贝卡·格林斯潘会面。崔世安今日在政府总部会见联合国副秘书长、开发计划署副署长丽贝卡·格林斯潘（Rebeca Grynspan），双方就推动澳门可持续发展交换意见。

19日

内地CPA考试澳门考区考试顺利举行。"2013年度注册会计师全国统一考试专业阶段考试"澳门考区考试顺利举行，考场设于中华总商会大厦澳门生产力暨科技转移中心。自2010年起，内地CPA考试已连续4年设立澳门考区，履行了《〈内地与澳门关于建立更紧密经贸关系的安排〉补充协议五》中的相关承诺。

20日

政府致力于协助小业主解决善丰花园问题。行政长官崔世安今日连同善丰花园事件政府跨部门跟进小组成员，与5名善丰花园小业主代表及陪同的街坊总会代表会面。崔世安在会面中重申，特区政府已多次表明，首要任务是保障善丰花园住客和附近居民的安全，同时重视依法追究责任归属的问题，政府会尽力协助小业主渡过难关。

高教办组团访京湘高校。在教育部和中联办的支持和协助下，高教办日前组织澳门25所中学班主任及升学辅导人员前往内地高校进行参观访问。参与行程的中学代表均认为，此行收获甚丰，不但进一步加深了对内地高校的认识，有助于更好地了解升学信息，而且借此机会，了解到澳门学生在内地高校的学习和生活情况。

24日

旅游局组团参加中国国际旅游交易会。旅游局与旅游业界参加在昆明举行的"2013 中国国际旅游交易会"，借此加强与内地及国际旅游业界的联系，并重点宣传澳门盛事及推介"论区行赏"步行路线。一连 4 天的"2013 中国国际旅游交易会"于今日至 27 日在昆明国际会展中心举行，旅游局局长文绮华等与来自酒店及旅行社的 12 家企业代表出席。旅游局展位面积逾 100 平方米，以"感受澳门 动容时刻"为主题，现场宣传澳门各项盛事，包括下月举行的第 60 届澳门格兰披治大赛车以及"论区行赏"首 4 条步行路线，以吸引旅客来澳亲身体验澳门独特的中西文化及风土人情。

25日

行政会完成讨论《文化产业基金》行政法规草案。为推进经济适度多元，协调产业稳定发展，尤其是促进澳门文化产业的形成和发展，经过调研及广泛听取社会各界的意见和建议后，特区政府制定了《文化产业基金》行政法规草案。

2013 年度常规捐血者嘉奖典礼举行。社会文化司司长张裕、解放军驻澳门部队后勤部部长李辉忠、中联办文化教育部部长级助理李正桥、卫生局代表及其他政府部门领导和社团机构代表等出席典礼，并颁发奖项予获奖的常规捐血者和协助举办各类捐血活动的学校、机构、政府部门和团体。卫生局副局长郑成业在致辞时表示，2012 年澳门共有 12599 位慷慨无私的市民捐献 14681 个单位的血液，供澳门各医院共 2644 位病人接受输血/血液成分治疗。自 2012 年 12 月起，通过与香港医管局签署捐赠骨髓备忘录，卫生局开始把捐血工作延伸至捐献骨髓，至今已有约 500 位市民登记捐献。

29日

内地与港澳达成相互认可航空器维修培训机构批准合作。内地与港澳民航部门自 2002 年起开展联合维修管理的合作，三方于今日再次聚首北京，签署《相互认可航空器维修培训机构批准合作安排》，避免三地民航部门进行重复审计和检查，降低业界营运成本。

行政长官崔世安会见国家卫生和计划生育委员会副主任王国强。崔世安今日在礼宾府会见国家卫生和计划生育委员会副主任、国家中医药管理局局长王国强，就澳门中医药的发展及中医药科技产业园的建设交换意见。行政会秘书长柯岚及国家中医药管理局国际合作司（港澳台办公室）司长王笑频参加会见。

30日

珠澳会商推进横琴开发。珠澳横琴开发工作小组在澳门举行会议，就多个重大合作项目的推进落实进行深入沟通、研究和协调。会议由行政长官办公室主任谭俊荣和珠海市市长何宁卡共同主持，双方就推进横琴粤澳合作产业园招商、澳门轻轨横琴延伸线建设、横琴口岸延长通关时间及金融合作等事项充分交流意见，共同研究解决方案和具体工作部署。

行政长官崔世安视察社会服务设施并聆听意见。崔世安下午探访 2 所康复院舍，了解院舍日常运作及康复人士的设施使用情况，并与服务机构负责人及工作人员座谈。崔世安表示，政府责无旁贷要照顾社会上有需要的人士，将创造条件让民间机构为残疾人士提供更好的服务。

31日

跨部门行动清拆通天及外墙僭建物。政府"非法工程跨部门常设拆迁组"今日展开行动，陆续清拆一批位于广福祥花园第一座的僭建物，共涉及 5 个单位。

澳门湿地入选中国十大魅力湿地。"二○一三中国十大魅力湿地颁奖典礼"于 10 月 31 日在北京举行，民政总署管理委员会代主席黄有力、委员梁冠峰日前赴北京出席典礼。此次湿地网络选举共录得

2.3 亿多人次参与，澳门湿地获得超过 100 万投票，结合活动组委会以及国家林业局的领导、专家学者的评选，根据价值是否突出、物种是否独特、保护是否有利为标准，澳门湿地成功入选中国十大魅力湿地。

11月

1日

澳门与中山游艇自由行项目专责小组举行会议。澳门与中山游艇自由行项目专责小组日前于海事及水务局举行工作会议，双方各自介绍澳门及中山游艇的管理现况，并研究以"先行先试"的原则，建立对口联系机制，推进双方就游艇自由行在海事、海关、出入境检疫等领域的合作。

2日

"第四届亚洲学界游泳比赛"举行。由亚洲中学生体育联合会主办、教育暨青年局承办、中国澳门游泳总会协办的"第四届亚洲学界游泳比赛"于 2 日至 5 日在澳门举行。来自中国内地、中国香港、印度尼西亚、马来西亚、斯里兰卡、泰国和中国澳门共 7 个亚洲国家和地区的近 200 名游泳健儿在氹仔奥林匹克体育中心游泳馆进行比赛，角逐 34 项男女子组的个人赛及接力赛的奖项。

4日

澳门与东帝汶签署旅游合作谅解备忘录。旅游局与东帝汶民主共和国旅游部旅游处签署旅游合作谅解备忘录，加强彼此互利合作关系。备忘录主要为培养旅游业界的人才及考虑其对澳门及东帝汶经济的重要性，设立八个目标：就旅游业界政策的设想、确定和执行交流信息；就旅游活动的计划、管理和证明制度交流经验；发展双方中小型旅游企业间的合作和伙伴关系；协助组织业界、旅行社和酒店的推广活动；就旅游市场的演变及其他技术和统计数据交流信息；协助建立一套鼓励旅游业宣传的系统；旅游推广，主要通过研究双方旅游形象和进行推广活动、参加旅游展、企业论坛及其他有关活动；培养和发展上述范畴技术人才。

5日

中葡论坛第四届部长级会议开幕式暨十周年庆祝大会举行。中国—葡语国家经贸合作论坛（澳门）第四届部长级会议暨中葡论坛成立十周年庆祝大会在澳门举行，会议主题为"拓展企业务实合作，实现互利共赢"。出席开幕式的有国务院副总理汪洋、中央人民政府代表、各葡语国家代表、国务院港澳办代表、中联办代表、行政会委员、立法会议员、政府官员、商会代表和企业家约 980 人。汪洋副总理发表题为《共创中国与葡语国家多赢合作的美好明天》的主旨演讲，他指出，自中葡论坛创办 10 年以来，中国与葡语国家的经贸合作越来越深入，实践证明，中国与葡语国家是互惠互利、共同发展的伙伴。中国—葡语国家经贸合作论坛（澳门）于 2003 年 10 月在澳门创立，是由中国中央人民政府（商务部）发起并主办、澳门特别行政区政府承办，安哥拉、巴西、佛得角、几内亚比绍、莫桑比克、葡萄牙和东帝汶等七个葡语国家共同参与，并以经贸促进与发展为主题的非政治性政府间多边经贸合作机制与平台，旨在加强中国与葡语国家之间的经贸交流，发挥澳门联系中国与葡语国家的平台作用，促进中国内地、葡语国家和澳门的共同发展。

贸促局赴欧联合主办"2013 粤港澳投资环境推介会"。为推进粤港澳三地与欧洲国家的经贸交流和合作，贸促局与广东省对外贸易经济合作厅、香港投资推广署在德国柏林联合主办"2013 粤港澳投资环境推介会"。另于 7 日及 14 日与广东省对外贸易经济合作厅分别在瑞士及英国主办两场"2013 粤澳投资环境推介会"。

澳门大学新校区正式启用。澳门大学新校区启用仪式今日于新校区大学会堂隆重举行，国务院副总理汪洋在行政长官崔世安陪同下为新校园揭牌。来自中央、广东省、特区政府官员、社会贤达、海内外嘉宾、澳门大学师生及校友共约500名代表，共同见证新校区启用的历史性时刻。崔世安在启用仪式上表示，澳门大学新校区的落成和启用，充分体现了中央对澳门教育事业的高度重视和支持，政府将会充分利用新校园的良好条件，全力办好澳门的高等教育。启用仪式后，汪洋一行参观澳大新校区住宿式书院，向学生了解在校生活状况。

6日

高教办组织高校代表赴印度尼西亚推广高等教育。为进一步对外宣传和推广澳门高等教育，吸引更多海外学生来澳门求学，高等教育辅助办公室6日至11日首次组织澳门6所高校代表，前往马来西亚参加留学中国说明会，随后赶赴印度尼西亚参加第十一届中国留学教育展。

"中国与葡语国家企业家大会暨中葡合作发展基金项目对接会"举行。该活动系中国—葡语国家经贸合作论坛（澳门）第四届部长级会议暨中葡论坛成立十周年庆祝大会系列活动之一，由商务部、中国国际贸易促进委员会、国家开发银行、澳门贸易投资促进局、澳门工商业发展基金主办，中国—葡语国家经贸合作论坛（澳门）常设秘书处协办。商务部副部长高燕在致辞时表示，中葡论坛成立十年来成果丰硕，经贸合作"换挡加速"，合作领域不断拓宽。中国与葡语国家友好合作的深入发展，得益于各国政府的精诚合作、中葡论坛机制的不断完善以及社会各界人士的大力支持，特别是各国企业家承担了创造就业、创造财富的重任，成为促进双方合作的主力军。

7日

文化局组织业界参加第八届中国北京国际文化创意产业博览会。为加强京澳两地文化创意产业的交流与合作，文化局组织本地文创单位参与7日至10日于中国国际展览中心举行的第八届中国北京国际文化创意产业博览会，并设立"澳门馆"进行现场展示及销售活动。

特区政府与佛得角政府签署司法互助协议。行政法务司司长陈丽敏与佛得角共和国旅游、工业和能源部部长布里托（Humberto Santos de Brito）在政府总部签署《中华人民共和国澳门特别行政区和佛得角共和国的法律及司法互助协定》。该协定涵盖了不同领域的法律合作范畴，包括职业培训、登记、公证及民事身份数据、数据库及法律信息，以及免除要求司法及司法外公文书的认证等。

卫生局代表出席"第十三次粤港澳防治传染病联席会议"。为巩固和加强粤港澳防治传染病交流合作机制，提升三地合作应对防治传染病的能力，广东省、香港和澳门卫生部门分别派出代表团，出席在香港举行的"第十三次粤港澳防治传染病联席会议"。

8日

澳门基金会关注伤残人士服务。为重点支持弱势社群，澳门基金会行政委员会委员区荣智一行到访澳门伤残人士服务协进会，双方就如何拓展、深化服务，进一步为伤残人士提供支持交换意见。区荣智表示，通过会面切实了解伤残人士的不同需要，将积极配合并提供支持，强化支持伤残人士身心健康和出行需要，支持伤残人士融合社会、参与社会。

10日

新款澳门居民身份证即日可自助过关。为配合即将发出的新款"非接触式"居民身份证于自助过关通道上使用，治安警察局出入境事务厅通过支术部门对各边境站内自助过关系统进行更新，于新旧款证件之不同读取装置上贴上识别标志，再配合相关宣传，指引持新款居民身份证的市民顺利完成自助过关手续。

房屋局协助南晖大厦解决管理争议。就南晖大厦管理权归属的争议，该大厦管理委员会今日在房屋局、街坊会联合总会及民众建澳联盟协助下，举行分层所有人大会，通过聘请管理公司及维修工程公司，提供大厦共同部分管理服务，以及承揽大厦共同部分及设施维修工程，顺利解决该大厦管理权归属之争议。南晖大厦于2012年4月召开分层所有人大会后，有业主对大会的合法性提出质疑，并于同年7月向楼宇管理仲裁中心提起仲裁，要求对于当晚召开的分层所有人大会的合法性做出裁决。经过仲裁中心与房屋局的多次调解，业主代表同意召集分层所有人大会，通过分层所有人大会议决大厦管理争议。该大厦于今年7月顺利选出新一届管理委员会，按序处理大厦管理事宜。

11日

行政长官崔世安对菲律宾台风灾情表示慰问。近日菲律宾中部受台风"海燕"影响，造成重大人员伤亡和财产损失，行政长官崔世安今日致函菲律宾驻澳门总领事，表示对死难者的深切哀悼及向伤者致以慰问。

贸促局组团赴广州参加"第三届中国国际绿色创新技术产品展"。代表团参观了解展会上最新环保产品、服务与技术，以推动澳门与内地及海外企业在环保领域方面的交流与合作。代表团成员包括环境保护局、交通事务局、民政总署、环境咨询委员会、环保与节能基金评审委员会及环保业界代表等。

2013年第三季人口统计。统计暨普查局数据显示，今年9月底总人口598200人，按季增加6300人；女性人口307700人，占51.4%。今年第三季新生婴儿共1682名，按季增加158名，增幅为10.4%；新生男婴有853名，男女婴儿性别比为102.9∶100，即每100名新生女婴对应102.9名男婴。今年首三季新生婴儿共4815名，按年减少391名。同季死亡个案共453宗，按季增加10宗；前三位死因分别是肿瘤（170宗）、循环系统疾病（100宗）及呼吸系统疾病（73宗）。今年前三季死亡个案共1389宗，按年减少8宗。此外，第三季内地移民有911人，准许居留人士录得净移入388人，按季分别增加111人及28人；季末外地雇员有130822人，按季增加9628人。今年前三季内地移民共2391人，按年减少894人。今年第三季结婚登记共941宗，按季减少109宗。前三季结婚登记共3159宗，按年增加358宗。

12日

行政长官崔世安发表2014年财政年度施政报告。施政报告题为《增强综合实力，促进持续发展》，具体施政措施包括：加快建设长效机制，大力推进民生工程；努力实现社会发展蓝图，持续推动经济适度多元；提高公共行政绩效，优化公共服务质量。崔世安表示，特区政府致力于构建施政长效机制，坚持把提升民生综合水平作为政府施政的出发点和落脚点。从涉及居民切身利益的社会保障、医疗、住屋等着手，加强制度建设，加大资源投放，有效扩大了社会保障覆盖面，务实拓展了免费初级保健和专科医疗。特区政府高度重视教育事业，实施15年免费教育、完成澳门大学横琴新校区的建设、增加奖助学金和持续教育津贴，致力于培养特区人才。《非高等教育私立学校教学人员制度框架》的实施，有效提高了教师的职业地位，促进了教师的专业发展。澳门拥有高等教育学历的劳动人口比率不断提升，由2009年的22.9%上升至2012年的27%。政府履行承诺、竭尽全力落实了公屋的兴建和规划，进一步保障居民的住屋需求。此外，多项政策和措施的推出，为促进房地产市场健康发展奠定了基础。高度重视食品安全，进一步加强了相关的立法、预防、教育等工作。与此同时，强化了特区治安管治，谨慎而又迅速地处理紧急事故，有效保障居民的生命和财产安全。积极建设世界旅游休闲中心，坚定推进经济适度多元，务实调控博彩业的发展速度，促进博彩业有序发展。在经济补贴方面，每名澳门永久居民都可获政府在个人账户注入 10000 元启动金；建议 2014 年向每名合资格居民个人公积金账户额外注入预算盈余特别分配 7000 元；建议 2014 年的现金分享计划向永久居民每人发放 9000 元，非永久居民每人 5400 元；建议 2014 年将敬老金调升至 7000 元，残疾津贴金额调升至 7000 元及 14000 元；继续实施"书簿津贴制度"，向幼儿教育阶段、中小学阶级及就读大专和研究生课程的澳门学生，每人发放 2000 元至 3000 元金额不等的补贴，向经济困难学生发放 3000 元"膳食津贴"及 2500 元"学习用品津贴"，继续向年满 15 岁的澳门居民每人提供上限为 6000 元的进修资助，向每名澳门永久居民派发 600 元医疗券，继续实施住宅单位每户 200 元的电费补贴。预计实施上述经济补贴和成果分享，特区政府将支出约 113.13 亿元。

14 日

"2013 年珠澳合作会议"在珠海举行。这是珠澳合作专责小组正式更名为"珠澳合作会议"后双方举行的首次会议。会议由珠海市市长何宁卡、运输工务司司长刘仕尧共同主持，两地有关城市规划、交通、口岸、环保、旅游等相关部门及珠澳横琴开发工作小组、珠澳跨境工业区转型升级小组等代表约 70 人参加会议，中联办经济部副部长胡景岩、广东省港澳办副主任金萍到会指导。会上，珠澳双方共同签订《珠澳环境保护合作协议》。

19 日

文化局组织文创业界参加台湾文博会。文化局于即日至 24 日首次组织澳门文创业界代表，参加"2013 台湾国际文化创意产业博览会"，并设立"澳门创意馆"，展销澳门文创品牌产品。

环境保护局推出《需进行环境影响评估的工程项目类别列表（试行）》并邀香港嘉宾分享经验。为加快推动澳门环境影响评估制度的建立，环境保护局于今日推出《需进行环境影响评估的工程项目类别列表（试行）》，以界定和厘清需要进行环评的项目。为进一步了解邻近地区的环评工作经验，发布会邀请香港嘉宾介绍香港开展公共工程的经验。

澳门与澳大利亚联合签署打击非法移民活动备忘录。治安警察局与澳大利亚移民及边境保卫部联合签署《打击非法移民活动谅解备忘录》。签署仪式在治安警察局出入境事务厅大楼进行，由治安警察局局长李小平警务总监及澳大利亚驻香港及澳门总领事 Paul Tighe 先生代表签署。该备忘录涵盖多个领域的合作，包括建立正式沟通渠道机制、举办专业培训课程、分享贩卖人口和非法移民活动的信息及优秀实践经验等。

20 日

政府综合服务大楼增设 24 小时自助服务区。为配合政府推行电子化服务，位于黑沙环的政府综合服务大楼增设 24 小时自助服务区，以方便居民随时通过自助服务机轻松办理各项政府服务。

国家工业和信息化部信息安全协调司、广东省经济和信息化委员会、邮政局、电信管理局今日在广州签署《粤澳两地电子签名证书互认的框架性意见》。目前，粤澳两地经贸往来频繁，两地电子商务蓬勃发展，粤澳电子签名证书的互认和应用，将有利于提高两地跨境网上服务贸易的安全性，使粤澳两地服务贸易更加便利，有利于进一步加强粤澳两地的经济交往和贸易发展。2011 年，《〈内地与澳门关于建立更紧密经贸关系的安排〉补充协议八》《粤澳合作框架协议》都提出开展粤澳两地电子签名证书互认试点应用的工作要求。工业和信息化部信息安全协调司、广东省经济和信息化委员会、邮政局、电信管理局于 2012 年成立了"粤澳电子签名证书互认试点工作组"，共同研究完成了框架性意见。框架性意见明确了两地电子签名证书互认的程序、行为以及经批准的电子签名认证机构开展证书互认试点的效力。

21 日

行政长官崔世安会见"澳门全球传媒产业发展大会"主办单位代表。崔世安与主办单位《澳门日报》社长陆波及中国新闻社图片网络中心主任李新洲，就澳门逐步建设内地与外地媒体交流平台交换意见。

2012 年博彩业及相关服务业收益显著上升。统计暨普查局数据显示，2012 年有大型酒店博彩设施落成，带动博彩及相关服务（如餐饮、外币兑换等）收益按年上升 13%，达 3064.9 亿元，支出为 1345.3 亿元，按年上升 11%。反映行业对经济贡献的增加值总额有 1864.5 亿元，升幅为 16%；由于建筑工程及电子博彩设备较 2011 年有大幅增加，固定资本形成总额按年上升 42%，为 31.9 亿元。

22 日

中央政府批准以试点形式输出内地家务工作雇员来澳工作，名额 300 位，分别来自广东省 200 位及福建省 100 位。人力资源办公室将于 2013 年 12 月 16 日至 2014 年 1 月 30 日接受聘用内地家务工作雇员的申请。申请条件与现行家务工作外地雇员的要求基本相同，只是在住宿条件方面，必须由申请人直接提供，且住宿地点与工作地点一致。此次试行阶段，申请是以照顾于 2013 年 12 月 31 日前年满 65 岁或以上的澳门居民为优先。

23 日

澳门特别行政区与欧盟签署《中华人民共和国澳门特别行政区政府与欧洲联盟关于民用航空若干事项的协议》，增加了欧盟成员国可指定来澳的航空企业数目。民航局于 2004 年开始与欧盟理事会秘书处进行横向协议签署的磋商工作。特区政府与欧盟今天在澳门举行的《欧盟澳门贸易和合作协议》二十周年庆祝活动上签署了横向协议。今后，在非歧视和自由成立的原则下，所有欧盟的航空企业都拥有相同的权利，任何一个与特区政府签署了双边航班协议的欧盟成员国均可指定其他成员国的航空企业开办来澳航线，由此增加了可来澳营运的欧盟航空企业的数目。

26 日

"无线宽带系统——WiFi 任我行"全澳服务点增至 147 个。为使信息及通信科技在澳门得到更广泛的应用，特区政府斥资兴建"无线宽带系统——WiFi 任我行"，在全澳多个公共设施、政府场地及旅游景点，为澳门市民及游客提供免费便捷的无线宽带互联网接入服务。"WiFi 任我行"正式投入服务至今已逾 3 年，目前的系统规模和使用人数较服务开通初期均有显著增幅，截至 2013 年 10 月，服务地点共录得超过 880 万成功联机次数，使用人数不断增加。为了加强"WiFi 任我行"信号的覆盖范围和提高服务素质，新增了 15 个服务地点，并将于 2013 年 12 月 1 日起正式向公众开放使用，全澳共有 147 个地点提供"WiFi 任我行"免费无线宽带接入服务。

4 名幼童发生肠病毒群集性感染。卫生局今日接获一所幼儿园出现肠病毒群集性感染的报告，位于山洞巷二龙喉公园的二龙喉中葡小学（葡文部）I1B 班，累计 4 名幼童出现手足口病症状。患童年龄均为 4 岁，2 男 2 女，所有患童病情较轻，无住院，无出现神经系统异常症状或其他严重并发症的个案。卫生局采集样本进行检测，并指导托儿所进行全面清洁消毒等感染控制措施。

27 日

综合性学术理论季刊《港澳研究》创刊。该刊由国内港澳事务办公室主管、国务院港澳事务办公室港澳研究所主办，是内地第一本公开发行的全面反映香港和澳门两个特别行政区政治、法律、社会、经济、文化及"一国两制"理论与实践情况的综合性学术刊物，也是全国港澳研究会会刊，是港澳与内地专家、学者交流、探讨与争鸣的平台，具有权威性、前沿性和现实针对性等特点。该刊常设栏目有政法论丛、经济研究、社会视角等，为大16开，每期96页，每年1、4、7、10月出版。

28 日

"2013年粤澳食品安全工作交流与合作会议"召开。自2007年粤澳签订《粤澳食品安全工作交流与合作框架协定》，商讨了粤澳食品安全合作机制的运作方式和信息沟通交流的管道后，双方同意每年至少共同组织召开一次由双方专责小组组长主持的工作会议。会议的主要目的是增进两地食品安全的知识水平与合作关系，以及完善两地食品安全检测合作运作机制、增强食品安全信息的通报及交流，进一步提升对食品安全事故的应变措施的能力，及时解决两地食品安全问题，保障公众健康。

澳门基金会等机构联合主办"第四届世界华文旅游文学国际学术研讨会"。研讨会由香港中文大学联合书院、香港《明报月刊》及澳门基金会联合主办，今日在香港中文大学开幕。100多位来自海内外的著名华文学者发表论文，围绕"文化生态之旅"主题，致力于推动华文旅游文学的创作与发展。

工程价值及其他收益按年上升。统计暨普查局数据显示，2012年从事建筑工程的场所有1119处，按年减少201处；在职员工共21309人，增加1261人。政府加快兴建公共房屋，令全年工程价值及其他收益按年上升24.2%，达308.4亿元；反映经营成本的消耗总额按年上升22.1%至244.0亿元；量度行业对经济贡献的增加值总额为64.4亿元，增幅33.0%。

29 日

政府派员赴港为受伤澳门居民提供协助。今日一艘高速客船由香港开往澳门的途中发生意外，导致船上85名乘客受伤，当中有16名澳门居民。海事及水务局连同旅游危机处理办公室人员前往香港，为受伤的澳门居民提供协助。

2012年餐饮业收益按年上升。根据统计暨普查局数据显示，2012年有营业的饮食店铺及街市熟食档共1678家，较2011年减少36家，主要是饮品店显著减少所致。虽然场所数目减少，但在职员工按年增加4%，为21999人。行业收益与支出为69.9亿元及63.1亿元，按年分别上升15%及11%。反映行业对经济贡献的增加值总额录得19%的按年增幅，为28.0亿元；由于酒楼及餐厅的固定资本形成总额大幅减少49%，整体固定资本形成总额按年下跌36%，为1.9亿元。

统计暨普查局公布第三季本地生产总值。资料显示，本年第三季本地生产总值按年实质增长10.5%，经济增长主要由服务出口上升带动；其中，博彩服务出口增加13.3%，其他旅游服务出口上升8.1%。本年前三季本地生产总值按年实质增长10.5%。总就业人数及工作收入保持增长，失业率维持在1.9%的低水平，推动私人消费支出按年上于5.3%，住户在本地及外地的最终消费支出分别上升4.6%及1.2%。政府投资明显回落51.4%，原因是澳门大学横琴校区于上半年竣工，公共建筑投资大幅收缩57.8%；政府设备投资上升67.8%。货物出口增速减慢，按年升幅收窄至6.8%；货物进口按年升幅进一步扩大，为16.2%，主要由旅客消费、私人消费及私人建筑投资增加拉动。服务贸易方面，旅游博彩表现理想，带动第三季服务出口录得11.9%的按年升幅，其中博彩服务出口上升13.3%，其他旅游服务出口增加 8.1%。另一方面，澳门大学横琴校区完工，政府于外地的支出大幅减少，令服务进口按年减少 0.6%。

12月

1日

"2013 年世界艾滋病日环山行"活动举行。今日是"世界艾滋病日"，特区政府防治艾滋病委员会连同澳门关怀艾滋协会，以"爱之同步·携手向前"为题，在松山缓跑径举行活动。本次活动共吸引逾 400 名来自澳门艾滋病相关服务机构及其服务使用者、其他社团和学校人员的参与。联合国艾滋病规划署提出 2011 至 2015 年实现艾滋病三个"零"的战略目标——"零"新发感染、"零"艾滋病相关死亡、"零"歧视，落实联合国"千年发展目标"。为配合该战略目标，世界艾滋病运动国际指导委员会也将 2011 至 2015 年世界艾滋病运动的主题定为"迈向'零'"（Getting To Zero），让世界各地因应实际情况选择重点的"零"目标。

特区政府公布本年度授勋名单。特区政府今日公布，根据勋章、奖章和奖状提名委员会的建议，向下列人士及实体颁发勋章、奖章和奖状，表扬他们在个人成就、社会贡献或服务澳门特别行政区方面有杰出的表现和贡献。获得荣誉勋章者为刘焯华、何丽贞、李筱玉、贾瑞；获得功绩勋章者为罗立文、梁竟成、雷华龙、张乐田、李子丰、司徒荻林、澳门格兰治大赛车委员会、安东尼奥、陈志君、叶慧明、王国英、蔡淑仪、戴定澄、颐园书画会、东方葡萄牙学会、吴培娟、刘雄鸣、麦志权、徐达明；获得杰出服务奖章者为民政总署园林绿化部、郑妙玲、林炜浩、黄懿莲、安玛莉、卢勤心、梁伯进、沈荣根；获得奖状者为谢俊升、王嘉晖、谭知微、尤俊贤、庄嘉成、郭建恒、冯潇、刘情、蔡奥龙。

图 25　行政长官崔世安主持"中华人民共和国澳门特别行政区 2013 年度勋章、奖章及奖状颁授典礼"

2 日

"ESCAP/WMO台风委员会第八届综合研讨会"及第二届培训暨研究组论坛在澳门科学馆会议中心举行。会议由联合国亚太经济社会理事会（ESCAP）、世界气象组织（WMO）和ESCAP/WMO台风委员会秘书处共同组织，澳门地球物理暨气象局承办。会议以"多灾环境下减轻台风灾害影响的预报预警及防灾减灾策略"为主题，共有100多位来自气象、水文和防灾减灾方面的专家参加。

2012年澳门计算机应用率普遍提升。统计暨普查局数据显示，2012年工商业计算机应用的比率为51.0%，按年上升4.1个百分点。按行业划分，旅行社的计算机应用比率达98.0%，而服务业及博彩业的计算机应用比率有80.8%；饮食业的计算机应用比率按年增加3.2个百分点至32.7%，但仍处于较低水平。工商业主要应用计算机做文字处理（72.5%）及数据储存（60.5%）。员工中有45.0%应用计算机，酒店业应用计算机的员工比率最高，有70.7%。

2012年外来投资显著增加。统计暨普查局数据显示，2012年澳门新增外来直接投资共275亿元，按年增加216亿元，主要是外资企业把部分经营利润转作再投资所致。新增投资分布于博彩业（155亿元）、批发及零售业（45亿元）、银行及证券业（39亿元）。按常居地划分，新增投资主要来自英属处女岛（119亿元）、开曼群岛（42亿元）及中国香港（38亿元）。另一方面，2012年澳门企业在境外直接投资有36亿元，全年直接投资流入净值为238亿元。

3 日

"三中全会精神与未来中国"专题演讲会举行。应特区政府邀请，十八届三中全会文件起草组成员、原中央政策研究室副主任、现任中国国际经济交流中心常务副理事长郑新立教授，在澳门科学馆举行"三中全会精神与未来中国"专题演讲会。行政长官崔世安，中联办副主任李刚、仇鸿，外交部驻澳公署副特派员蔡思平，政府主要官员，中联办、外交部驻澳公署有关官员和社会各界人士近400人出席。

5 日

经济局举办美容产品安全专题讲座。为落实《内地与澳门关于建立更紧密经贸关系的安排》协议内容，经济局举行"美容产品安全专题讲座" 由珠海出入境检验检疫局派出专家主讲，向相关业界讲解有关挑选美容产品各类注意事项，并对近年国内外一些不合格美容产品回收案例做分析介绍。

6 日

行政会完成讨论《候任、现任及离任行政长官及主要官员的保障制度》法律草案。鉴于基本法为行政长官确立的双重宪制地位和宪制责任，即行政长官既代表澳门特别行政区，也是澳门特别行政区政府首长；以及主要官员由行政长官提名或建议，由中央政府任免，是辅助行政长官制定政策和施政的重要组织设置，为此，需要就候任、现任及离任状况下的行政长官及主要官员的各种保障予以规范。为了加强政治体制的制度化建设，填补法律体系在这方面的空白，特区政府开展了相关研究，在参考比较法及考虑特区的现行制度的基础上提出《候任、现任及离任行政长官及主要官员的保障制度》法案，以期制定一套公平合理的政治职位据位人的保障制度。

行政会完成讨论《调整年资奖金、房屋津贴、家庭津贴、结婚津贴、出生津贴、丧葬津贴及遗体运送费用的分担的金额》法律草案。考虑到近年的消费物价不断上升，对低收入的公务人员可能造成一定的经济压力，特区政府已推出措施以减轻低收入公务人员的负担，包括向低收入公务人员发放"生活补助"、向公职司机或因公务驾驶车辆的公务人员发放"车辆维修费用补助"和向有需要安装"平安通"的现职或退休公务人员发放月费补助等。同时，特区政府亦考虑调整一些整体公务员均可申请的津贴金额。由于这些津贴占基层公务人员收入较大的比例，故调整该等津贴将使低收入公务人员直接受惠。为此，政府制定《调整年资奖金、房屋津贴、家庭津贴、结婚津贴、出生津贴、丧葬津贴及遗体运送费用的分担的金额》法律草案，以进一步加强对公务人员的辅助和关怀，以及减轻公务人员尤其是基层公务人员的生活负担。

第一个全国性的港澳研究学术团体——全国港澳研究会在北京成立。该会由国务院港澳事务办公室港澳研究所发起成立，致力于推动内地及港澳地区的研究机构和专家学者开展港澳研究，以及增内地与港澳间的学术交流与合作，汇聚了内地各高校、科研机构从事港澳研究的 240 余名专家学者，以及 40 名香港特邀会员和 13 名澳门特邀会员。全国港澳研究会第一次会员代表大会选举产生了第一届领导机构。陈佐洱等 43 人当选为理事。其中陈佐洱当选为会长，王振民、刘兆佳、齐鹏飞、吴志良、陈多、陈广汉、饶戈平、郭万达、黄平当选为副会长。

7 日

澳门大学学位颁授典礼首次在横琴新校区举行。澳门大学举行 2013 年学位颁授典礼，由行政长官兼澳门大学校监代表、社会文化司司长张裕主持。典礼向应届毕业生颁授博士、硕士和学士学位，本届共有 1700 多名学生毕业。校长赵伟致辞时表示，第一届在新校园毕业的学生在澳大历史上有非常特别的意义。澳大将把握新校园的优势，大幅提升软实力，开展更多具有国际水准的科研项目，打造国际化的教学和科研体系，提升大学的管理体系，尊重学术自由，奖励学术优秀。

9 日

土地工务运输局代表应邀出席澳门建筑置业商会举办的座谈会。《建筑及城市规划范畴内的认可、登记、注册和执业资格法律制度》法案已于立法会获一般性通过，土地工务运输局代表应邀出席澳门建筑置业商会举办的座谈会，介绍法案内容，收集会员意见。副局长陈宝霞表示，法律倘获通过并实施，可配合澳门社会发展，响应民间诉求，政府亦希望借此创设机制，让建筑及城市规划专业人士具有可持续发展的条件。

10 日

澳门学生赴京参加第 13 届"明天小小科学家"终评活动。终评活动于即日至 17 日在北京中国科技馆举行，来自 25 个省市的 100 名高中学生顺利晋级进入终评活动。由教育暨青年局推荐的两位澳门学生在指导老师带领下前往北京参赛，培正中学谭知微同学获得一等奖，圣罗撒女子中学中文部李绮珊同学获得二等奖及"最佳展位"奖。

12 日

澳门大学澳门研究中心发布"澳人澳地"研究报告。报告对"澳人澳地"政策从法律、经济、社会、区域比较等多个层面综合分析，针对所谓"澳门本地的夹心阶层"，建议三种房屋模式供公众讨论。这些模式分别是"经济房屋升级"版、"协助永久居民家庭自置居所"版及参照"港人港地"模式。三者分别由政府、政府加发展商和发展商主导。行政长官崔世安在"二〇一三财政年度施政报告"中首次提到"澳人澳地"问题，指出在充分考虑社会对以"澳人澳地"概念兴建房屋的意见后，政府将就其定义问题、土地供应、购买和转售限制、法律套配等方面进行深入探讨，并提到政府将会在 5 幅填海造地预留一定的土地储备兴建面向澳门居民的房屋，提供更多置业选择，让居民安居乐业。

13 日

2013 年 10 月来澳旅客按年减少。统计暨普查局数据显示，今年 10 月随团来澳旅客为 716867 人次，按年减少 11.5%。由于内地在 10 月开始实施《旅游法》，来自中国内地团客按年减少 10.6%，为 526564 人次（广东省有 280110 人次）；其次为中国台湾（60414 人次）、韩国（34646 人次）及中国香港（34060 人次）。今年前十个月随团入境旅客总数共 8130563 人次，按年增加 10.2%。

2012 年批发及零售业发展概况。根据统计暨普查局数据显示，2012 年有营运的批发及零售店铺有 10930 家，街市摊档及固定街档共 1703 家，按年分别减少 32 家及 72 家。2012 年底的在职员工合计 51817 人，按年增加 7266 人。总收益达 864.1 亿元，总支出为 783.6 亿元，均按年上升 28%。反映行业对经济贡献的增加值总额上升 21%，为 173.9 亿元；固定资本形成总额为 17 亿元，增加 104%。

14 日

"首届粤港澳学术研讨会"在广东肇庆召开。研讨会由广东省社会科学界联合会、澳门基金会、澳门社会科学学会、香港树仁大学联合举办，30 余名广东、香港及澳门的专家学者围绕"深化粤港澳合作与广东新一轮发展"的议题展开研讨，为粤港澳三地长效发展及推进深度合作进行理论研究并提出可行性建议。

15 日

行政长官崔世安会见中国残疾人联合会副主席汤小泉。双方就继续支持内地残疾人同胞在文体艺方面的发展及促进内地与澳门在残疾人士服务上的合作交换意见。

16 日

行政长官崔世安与来澳出席澳门全球传媒产业发展大会的德国驻港澳总领事兰布斯多夫（Nikolaus Graf Lambsdorff）及部分与会代表会面，双方就全球媒体产业发展进行交流。

行政长官崔世安启程赴京述职。崔世安今日赴北京述职，其间除向国家领导人汇报澳门特别行政区工作外，还与外交部及国家旅游局举行会议，商讨在澳门举办 APEC 旅游部长会议的相关工作。

17 日

国务院总理李克强下午在中南海紫光阁会见到京述职的澳门特别行政区行政长官崔世安，听取他对澳门当前形势和特区政府一年来工作情况的汇报。李克强表示，当前澳门发展的总体形势是好的。特区政府稳健施政，大力发展经济、改善民生，推进各项事业建设，取得积极成效。不久前成功举办第三届中国—葡语国家经贸合作论坛，推动中葡经贸合作服务平台的建设取得新进展。李克强指出，国家全面深化改革和进一步扩大对外开放将为澳门的发展带来新的机遇。中央政府将继续坚持"一国两制"、"澳人治澳"、高度自治的方针，严格按照基本法办事，全力支持行政长官崔世安和特区政府依法施政。希望澳门社会各界立足当前，着眼长远，促进经济适度多元发展，推动经济社会平稳可持续发展，努力提高发展质量和综合实力，把澳门建设得更加美好，为国家的改革开放和现代化建设事业做出新的贡献。国务委员兼国务院秘书长杨晶、国务委员杨洁篪参加会见。

《澳门研究》创刊 25 周年座谈会在澳门大学举行。由澳门基金会、澳门大学澳门研究中心联合举办的"《澳门研究》与澳门学术成长——《澳门研究》创刊二十五周年座谈会"于澳门大学图书馆举行。澳门基金会行政委员会主席吴志良，澳门大学校长赵伟，澳门大学社会科学学院院长郝雨凡，澳门理工学院杨允中教授，《高等学校文科学术文摘》杂志社社长姚申，《中国社会科学》杂志社历史部主任路育松等 10 多名专家学者以及编辑部同仁出席。《澳门研究》创刊于 1988 年，是澳门地区最早从事澳门问题研究的综合性学术杂志。截至 2013 年 11 月，已累计出版 70 期，发表研究论文 1502 篇，约 1350 万字，涵盖澳门政治、经济、法律、历史、社会等各个领域。《澳门研究》重视本土人文社会科学学者的培养，在发表论文的 1729 人次学者中，本土学者达 988 人次，占 57.15%。

港澳就强化食品安全签署合作意向书。为加强澳门与香港在食品安全领域的合作，民政总署管理委员会代主席黄有力与香港食物环境卫生署署长梁卓文共同签署了食品安全合作意向书，以促进两地食品安全信息交流，保障食品消费安全，共同提升食品安全管理和技术保障水平。

18 日

国家主席习近平下午在中南海会见到京述职的澳门特别行政区行政长官崔世安，听取了他对澳门当前形势和特区政府一年来工作情况的汇报。习近平指出，澳门保持良好发展态势，经济平稳增长，社会和谐稳定，市民安居乐业。中央政府对行政长官和特区政府的工作是充分肯定的。当前，澳门要居安思危、谋划长远。如何在这些年快速发展的基础上求实创新，解决好发展过程中日益显现的矛盾和问题，探索澳门经济适度多元发展的路子，实现澳门持续发展，需要特区政府和澳门社会各界继续努力。习近平表示，中共十八届三中全会对全面深化改革做出了总体部署，这是事关国家发展的重大战略部署。全国上下正在汇聚起全面深化改革的强大正能量，全国各族人民正在为实现"两个一百年"奋斗目标和中华民族伟大复兴的中国梦而团结奋斗。澳门的命运始终与祖国内地紧密相连，在祖国内地发展进程中，澳门将继续与祖国内地同进步、共发展。张德江、李源潮、栗战书、杨洁篪等参加会见。

行政长官崔世安在京拜访国家部委。崔世安分别拜访国家旅游局及外交部，感谢两个部委对澳门的长期支持，并就 2014 年在澳门举行亚太经合组织（APEC）旅游部长会议筹备工作交换意见。

19 日

高级维修电工"一试两证"首次技能测试举行。劳工事务局与广东省职业技能鉴定指导中心首次合作，两地专家根据国家职业资格标准对澳门维修电工进行了考核，共 15 人通过考核，成功率为 93.8%，通过考核者获广东省职业技能鉴定指导中心发出的高级维修电工国家职业资格证书及澳门劳工事务局发出的职业技能证。

"2013 珠澳海上联合演习"活动举行。为强化珠澳两地对环澳门水域海上事故的紧急联合行动能力，落实粤澳应急管理合作协议，海事及水务局与珠海海事局举行"2013 珠澳海上联合演习"，以强化两地海事部门应对船舶碰撞事故和海上消防方面的合作，提高对各项海上工程施工区域的联合海上搜救能力。

2013 年 11 月消费物价指数。统计暨普查局数据显示，今年 11 月综合消费物价指数（125.88）按年上升 5.78%，升幅由住屋租金上升、外出用膳和旅行团收费上调带动。

20 日

行政长官崔世安出席澳门特别行政区成立 14 周年庆祝酒会。崔世安表示，政府将以务实的态度，深化开展四大民生长效机制的建设，大力支持居民提升自身竞争力，提高居民的健康水平和生活素质。应邀出席庆祝酒会的嘉宾包括：全国政协副主席何厚铧、中央人民政府驻澳门特别行政区联络办公室主任白志健、外交部驻澳特派员公署特派员胡正跃、解放军驻澳部队司令员祝庆生、立法会主席贺一诚、终审法院院长岑浩辉，以及各界来宾逾 800 人。此外，特区政府今早在新口岸金莲花广场举行升旗仪式，出席的政府官员及嘉宾约有 250 位。多个政府部门及民间团体今日亦分别举行活动，热烈庆祝特区成立 14 周年。

白志健指出必须坚持"一国两制"方针不动摇，全面准确贯彻落实澳门基本法，始终坚持"一国两制"实践的正确方向。中联办主任白志健在《澳门日报》发表《凝心聚力再写新华章——纪念澳门回归祖国十四周年》的文章指出，澳门十四年的发展历程昭示我们，推进"一国两制"伟大实践、保持澳门长期繁荣稳定，必须坚持"一国两制"方针不动摇，全面准确贯彻落实澳门基本法，始终坚持"一国两制"实践的正确方向；必须坚持行政主导的体制，维护行政长官的权威，实现行政与立法机关既相互配合又相互制衡且重在配合，维护司法机关独立行使司法权，充分发挥制度功效；必须在国家发展的总体战略中谋划和推进特区的发展，充分发挥特区自身优势，走与祖国内地优势互补、共同发展的道路；必须大力弘扬澳门长期形成的优良传统，坚持爱国爱澳，守望相助，讲大局、重协商、求和谐，事事以澳门整体利益和居民根本利益为重。白志健指出，澳门在今后发展中，应紧紧把握好以下环节：第一，要牢牢把握发展这一主题；第二，认真应对各种困难和挑战；第三，努力夯实未来发展的制度基础；第四，始终坚持爱国爱澳的核心价值观。

文化局主办庆祝澳门回归十四周年"澳门拉丁城区幻彩大巡游"。活动于下午3时半在大三巴牌坊耶稣会纪念广场举行开幕式，云集海内外演艺精英、超过2000人组成的巡游团队与吉祥物VIVA仔结伴，展开探索生命的奇妙旅程，吸引大批民众及游客参加。

25日 《澳门青年政策（2012~2020）》正式公布。经听取社会各界意见，《澳门青年政策（2012~2020）》完成修订并正式公布。教育暨青年局同时启动"青年政策"主题网页，以推动社会各界对政策的关注和认识，按序落实各项政策措施。该文本明确青年年龄为13岁至29岁，并将澳门青年划分为三类基本群体，即在学青年、在职青年和待学待业青年。推动青年成才发展的主要措施包括启动青年结社培训计划，并以校园做首阶段对象，重点推动学生会和学生组织成员为基础的青年结社系列培训；建立青年义工网络及强化登记制度；研究拟订发展青年就特区政府施政和社会发展等重大议题的恒常意见发表及吸纳机制等。

26日 2013年11月对外商品贸易概况。统计暨普查局数据显示，今年11月货物出口总值为7.5亿元，按年增加8%；再出口货值（5.9亿元）上升15%，本地产品出口（1.5亿元）则下跌13%。货物进口总值按年上升17%，达75.0亿元，是有统计以来最高的单月记录，其中黄金首饰与手表的进口货值上升31%及48%。11月的货物贸易逆差为67.5亿元。

27日 2013年11月入境旅客分析。统计暨普查局数据显示，今年11月旅客为2432975人次，按年增加2%；不过夜旅客为1271023人次，占总数的52%。今年11月内地旅客有1546641人次，按年增加3%，主要来自广东省（703192人次）及福建省（63357人次）；个人游内地旅客有697024人次。此外，中国台湾（85707人次）、马来西亚（38779人次）及韩国（38505人次）旅客按年分别增加7%、13%及11%；中国香港（522653人次）旅客轻微减少1%。长途旅客方面，美国旅客（18519人次）与去年同月相若，大洋洲（9798人次）及英国（7792人次）旅客按年增加9%及10%；加拿大旅客（7541人次）则减少14%。

2012年博彩业带动周边产业成长。统计暨普查局数据显示，2012年经济平稳增长，行业的增加值总额、中间消耗及雇员报酬按年分别上升17.0%、10.2%及17.3%。其中，博彩业的增加值总额、中间消耗及雇员报酬分别上升18.5%、7.4%及16.3%；旅游博彩周边行业，如批发及零售业（+23.6%）和酒店及饮食业（+16.1%）增加值总额录得理想升幅。旅游博彩在主导澳门经济的同时，亦带动其他行业增长，如不动产业务、建筑、银行等的增加值总额分别上升24.9%、13.0%及14.8%。

30日

出入境事务厅已于本年7月开始实行"免盖章措施"第一阶段，对访澳旅客发出一张由计算机打印的"入境申报表"。为配合内地将推出之卡式"电子往来港澳通行证"，治安检查局决定于2014年1月1日开始进入"免盖章措施"第二阶段，对在办证单位（外地劳工事务警司处及外国人事务警司处）获批"逗留许可"之非居民统一实行"免盖章措施"，向其发出由计算机打印之"逗留许可凭条"，以取代于证件内页盖"逗留许可印章"的传统方式。下列六种"逗留许可"之人士，统一发出"逗留许可凭条"：（1）"外地雇员临时逗留许可"；（2）"外地雇员逗留许可"；（3）外地雇员家庭成员之"逗留的特别许可"；（4）持特别逗留证者之"逗留许可"；（5）外地学生之"逗留的特别许可"；（6）延长"逗留许可"。

2013年9月至11月就业调查。统计暨普查局就业调查结果显示，今年9月至11月失业率为1.9%，就业不足率为0.4%，两项指标均与上一期（8月至10月）持平。劳动人口共37.5万人，劳动力参与率为73.2%。其中，总就业人数达36.8万人，较上一期增加1700人。按行业统计，博彩业的就业人数有8.5万人，较上一期增加2.9%。失业人口为7000人，较上一期增加100人；寻找第一份工作的新增劳动力占总失业人口的12.8%，下降0.2个百分点。与去年同期比较，劳动力参与率上升0.7个百分点，失业率维持在相同水平，而就业不足率则下降0.4个百分点。

统计暨普查局公布2013年旅客及外出居民概况。本年度入境旅客达29324822人次，按年增加4%，其中51%为不过夜旅客。随团旅客共9775798人次，占旅客总数的33%，增幅为7%。旅客平均逗留1.0日，与2012年持平。留宿及不过夜旅客平均逗留时间分别为1.9日及0.2日。入住酒店住客共10670599人次，按年增加12%；其中酒店旅客占留宿旅客的70%。酒店及公寓平均入住率为83.1%，按年下降0.5个百分点，主要是客房供应按年增加所致。随着入境旅客增加，全年旅客总消费达595亿元，较2012年的523亿元上升14%；其中，留宿旅客及不过夜旅客消费分别占总消费的83%及17%。全年旅客人均消费为2030元，按年上升9%。使用旅行社服务外出的澳门居民共1446214人次，增幅为12%；随团外游居民占总数的38%。

2014 年

1月

1日

政府调升"维生指数"。1人家庭之最低维生指数升幅约为6.38%，2人或以上家庭之最低维生指数升幅约为6.3%。最低维生指数是特区政府编制的扶助贫困和弱势人群的指标。政府向贫困个人或家庭发放援助金时，以最低维生指数作为接受申请的收入限额和援助金额的计算标准。

交通事务局自即日起为期3个月，提供被宣告破产的维澳莲运公共运输股份有限公司先前经营的公共客运服务。维澳莲运在2013年12月18日已被宣告破产，特区政府与维澳莲运在2013年12月31日签署了《商业企业租赁公证合同》，以确保道路集体客运公共服务得以正常及持续运作。

澳博调升全体员工薪酬，幅度为员工每月薪酬的5%，同时按两薪阶发放生活补贴及推行奖励计划。

2日

行政会完成讨论《预防和控制环境噪音》法律草案。法案规范社会生活噪音，建议晚上10时至早上8时不得在住宅楼宇、公共地方发出骚扰他人安宁及休息的噪音，违者可被罚款600元，但没有订明社会生活噪音的标准。此外，法案规定在一切打桩工程中，不得超出20分钟等效连续声级85dB（A）的标准。同时，亦规范全面禁止使用传统撞击式柴油锤、气动锤及蒸汽锤打桩机。

行政会完成讨论《修改关于批准澳门特别行政区政府承担债务的第5/2003号法律》法律草案。法案建议将"中小企业信用保证计划"的保证金额的上限由5亿元提高至9亿元，维持"中小企业专项信用保证计划"的保证金额上限为1亿元。因此，政府可通过为中小企业向获准在澳门营运的银行机构贷款提供保证而承担债务的总额上限，由6亿元提高至10亿元。

金融管理局公布获准在澳门从事业务之机构名单。其中包括多家信用机构、金融公司、金融中介业务公司、在澳门设立之现金速递公司和兑换店、获准在博彩娱乐场所内经营兑换柜台之本地机构以及其他金融机构。

4日

国际青年商会中国澳门总会（简称"青商会"）新阁就职。青商会及其属下的泛澳青年商会、濠江青年商会、澳门资深青商协会2014年度理事会在渔人码头会展中心宴会厅举行就职典礼。青商会在1984年成立，是以训练青年人领导才能为主的国际性组织，要旨是借个人发展训练机会、行政管理训练机会、社会发展工作训练机会以及国际关系训练机会四个基本发展方向，提高、改善会员的潜质及社会意志。

5日

"澳门论坛"在祐汉公园举行，探讨澳门室内公共场所控烟两周年成效。议员黄洁贞、娱乐服务业联合商会理事长胡健伟、环境保护协会理事长陈永源、博彩企业员工协会总干事蔡锦富出席参加讨论。与会者认为赌场控烟至今成效不尽理想，认为全面禁烟更实际。

6日

澳门60件文物参与粤港澳考古展。《岭南印记——粤港澳考古成果展》在广东博物馆拉开帷幕，这是三地首次大规模举办考古文物展览，集合粤港澳30多家文博单位的560件珍贵藏品，其中澳门有60件文物参展。

民政总署"管委热线"开通。"管委热线"是民政总署为广泛听取民意在每月第一个星期一办公日上午开通的市民服务热线，民政总署领导层通过此热线直接听取居民的意见及要求。

8日

政府公报刊登第 1/2014 号行政长官批示，委任"公共行政改革咨询委员会"成员。郭华成、张翠玲、黄善文、沈颂年、梁慧明、郑国明、高炳坤、石立炘、庄玲玲、林广志、柳智毅、马志毅、马善才、陈慧丹、陈庆云、雷民强、潘志明、刘伯龙、萧志伟、谢顺利、庞川获委任，任期三年。"公共行政改革咨询委员会"是特别行政区政府的咨询组织，通过第 18/2007 号行政法规设立，宗旨是就政府制定公共行政改革的政策提供意见。

政府公报刊登第 324/2013 号社会文化司司长批示，委任"文化产业委员会"副主席及成员。崔世平获委任为该委员会副主席，林韵妮、何嘉伦、林玉凤、林昶、黄锡钧、Pedro Ip（叶正伦）、Miguel Marcos Mendes Khan（简米高）、钟楚霖获委任为该委员会成员。"文化产业委员会"在 2010 年 5 月 10 日正式成立，宗旨是协助特别行政区政府制定文化产业的发展政策、策略及措施。

中华文化促进会与凤凰卫视首次在澳门举办"智慧东方——2013 中华文化人物"颁授典礼。何鸿燊等 12 人获颁授"2013 中华文化人物"荣誉。"中华文化人物"评颁活动自 2009 年开始举办，目的是弘扬中华文化、表彰世界范围内的华人文化精英。

9日

李刚接任中央人民政府驻澳门特别行政区联络办公室主任。李刚，男，1955 年生，籍贯山东莱阳，大学学历，原任澳门中联办副主任，曾任辽宁外语专科学校英语教师、团委书记，共青团中央国际联络部翻译、副处长、处长，全国青联国际部副部长，共青团中央国际联络部副部长、部长，全国青联常委、副秘书长，共青团中央常委，中央对外宣传办公室副主任，国务院新闻办公室副主任，中国人权研究会副会长，香港中联办副主任等职。2012 年 12 月由香港调任澳门工作。

行政长官崔世安衷心感谢原中联办主任白志健对澳门的贡献。中央人民政府驻澳门特别行政区联络办公室白志健主任正式离任，行政长官崔世安代表特别行政区政府，对白主任在澳门多年的工作和贡献表示衷心感谢，祝愿其未来工作继续顺利开展。

科学技术发展基金在科学馆会议室举办国家重点实验室中期评估会议。中药质量研究国家重点实验室和仿真与混合信号超大规模集成电路国家重点实验室通过中期评估。这两个国家实验室在 2011 年 1 月揭牌成立，至今科学技术发展基金资助逾 1.7 亿元。

10日

"2014 澳门·广州名品展"在广州开幕。澳门贸易投资促进局与广州市对外贸易经济合作局共同主办的"2014 澳门·广州名品展"在广州保利世贸博览馆 1 号馆开幕。共 220 个展位，其中澳门展区有 110 个展位，分为 6 大类，包括：手信（17 个展位）、MinM（澳门制造，8 个展位）、葡语国家产品（10 个展位）、食品及酒类（37 个展位）、文创产品及消费品（17 个展位）及服装（5 个展位）。

运输基建办公室开展"轻轨系统石排湾线可行性研究意见征集"活动，活动为期 45 天。石排湾线是一条为顾及区内居民和离岛医疗设施使用者需要而规划的地区性支线，三个概念方案服务范围覆盖石排湾区、离岛医疗综合体，并与轻轨氹仔段连接，联系石排湾与澳门其他地区。

10 名澳门原任全国人大代表获颁荣誉证书。全国人大常委会委员长张德江委托全国人大常委会副秘书长何晔晖向 10 名澳门原任全国人大代表颁发荣誉证书，全国政协副主席何厚铧，澳门全国人大代表原第一召集人、前立法会主席刘焯华，全国人大常委会澳门基本法委员会原副主任、《澳门日报》董事长李成俊，《澳门日报》副董事长李鹏翥，澳门全国人大代表原召集人、澳门街坊会联合总会原会长吴仕明，前新华社澳门分社宣教文体部副部长冼为铿，澳门妇联总会名誉会长杨秀雯、副会长招银英，澳门大学原校长高级顾问杨允中，澳门中华教育会原会长黄枫桦获颁证书。澳门中联办秘书长崔国潮出席仪式。何晔晖代表全国人大常委会领导向澳门原任全国人大代表致以诚挚问候，并向原任代表颁发荣誉证。何晔晖在致辞中表示，澳门原任全国人大代表在各个历史时期，为国家发展和"一国两制"和平统一大业，全心投入、真情奉献，在任期间积极履行代表职责，提出涉及澳门与内地经济、民生、教育等方面的建议与意见，为澳门的发展起到重要的推动作用。全国人大常委会将继续为原任代表服务，希望大家发挥所长，凭借丰富经验继续支持国家建设、推动澳门经济社会发展。澳门原任全国人大代表们表示，为老代表颁发荣誉证并提供通关便利，是全国人大常委会对老代表多年来默默奉献的肯定和嘉许，是全国人大常委会办公厅的务实之举。澳门原任全国人大代表将继续为澳门和内地的联系交流多尽一些力，为推动国家经济社会发展，实现澳门长期繁荣稳定，为贯彻落实基本法和"一国两制"方针贡献力量。

11 日

澳门有线电视讯号瘫痪逾 4 小时。澳广有线电视早上发生讯号中断事故，一段位于伯多禄局长街的传输电缆出现损毁，导致伯多禄局长街、新马路、南湾及下环一带地区的电视服务受到影响，受影响的客户有 3 万多户。经抢修后，相关的故障设施在上午 11 时 45 分陆续修复使用。

"桂澳学生写生交流活动"在黑沙海滩休憩区举行并颁奖。交流活动由澳门国际创价学会、中华教育会、广西艺术学院合办，近 90 名来自广西及澳门的学生展开户外写生。同日举行颁奖礼，向初中、高中及大学组获奖学生颁发证书。

12 日

"澳门论坛"探讨氹仔北区都市化整治计划修订。论坛在黑沙环公园举行，与会者就政府希望通过增加地积比率、放宽高度等吸引发展商参与计划进行讨论。

13 日

立法会第二常设委员会完成《调整公务员年资奖金、津贴及补助的金额》法案细则讨论。法案的最大突破是舍弃过去的定额津贴方式，更改为津贴与薪俸点挂钩，当每薪俸点薪金调整时，津贴金额会自动更新。

14 日

交通事务局举行摩托车头盔使用安全指引内容发布会。该局表示市面上出售的头盔大部分符合标准，此指引作为相关法规出台前的过渡性措施，暂不具约束力，旨在相关法规出台前，让公众了解符合安全标准的头盔种类，注意选购。

澳门日报读者公益基金会发出 50 万慰问金。公益基金会会董兵分两路访贫问苦，先后到访 17 所安老院舍、儿童中心和青少年院舍，向长者、青少年及残疾人士致送春节慰问金，共有 1400 多人受惠，派发金额共计 498750 元。

15日

中葡论坛常设秘书处常和喜秘书长率团出席"2014中外投资促进机构年会"。年会由商务部投资促进事务局主办，旨在加强内地与葡语国家及澳门之间的双向投资合作，宣传推介葡语国家的投资环境，发挥澳门作为中国与葡语国家商贸服务平台的作用。

澳门电机及电子工程师学会举行"光伏发电共建绿色濠江"技术研讨会。会议邀请了中国内地、台湾、澳门及美国、澳大利亚6位学者，探讨太阳能光伏应用及发展空间。

印度尼西亚共和国驻港澳总领事阿克巴尔访问澳门中华总商会。该会会长马有礼、副理事长黄国胜、常务理事吴汉畴等热情接待。双方就两地旅游、经贸往来等话题交换意见。

16日

金融管理局公布获许可在澳门特区经营"离岸"业务的多家实体。其中包括BPI银行股份有限公司澳门离岸分支机构、储金行股份有限公司澳门离岸分支机构等多家离岸金融机构和其他离岸商业及辅助服务机构。

中联办举行2014年澳门各界人士新春酒会。全国政协副主席何厚铧、行政长官崔世安等千余嘉宾出席。中联办主任李刚致辞表示，2013年，在中央政府的大力支持下，特区政府团结带领广大澳门居民，认真贯彻"一国两制"方针和澳门基本法，积极应对各种困难和挑战，取得了可喜成绩。经济继续稳定增长，失业率保持在2%以下，人均GDP超过8万美元，居于世界前列。特区政府积极构建教育、社保、医疗、住房等民生长效机制，居民生活不断改善。李刚表示，新的一年，特区政府一定能够落实传承创新、共建和谐的施政诺言，团结带领社会各界，把行政长官选举、回归祖国15周年庆典、APEC旅游部长会议等大事喜事办好，把谋划长远、发展经济、改善民生的好事办实，稳步推进经济适度多元发展，深化区域和对外交流合作，不断巩固和丰富特区发展成果，继续保持澳门的繁荣稳定。行政长官崔世安致辞表示，过去一年，中央继续全力支持特区政府依法施政，并通过签署《内地与澳门关于建立更紧密经贸关系的安排》补充协议，支持深化粤澳等区域合作、确保供澳水电资源和农副产品安全供应等有效举措，在经济、社会、民生、文化等各领域，对澳门特别行政区做出有力的支持。在新的一年，特区政府将继续严格落实澳门基本法，全力推进"一国两制"的伟大实践，时刻居安思危，积极谋划，开拓进取，及时把握国家发展的新机遇，促进特区的稳定和发展。

全国政协文史和学习委员会成立"全国政协文史资料征集暨澳门文史编辑委员会"。该会旨在征集、挖掘、整理澳门特别行政区文史资料和口述资料，编辑出版有关澳门历史文化方面的书籍，组织相关的研讨会。该委员会第一年的主要工作，是征集并编辑出版关于澳门回归以来政治、经济、社会、文化发展的文史资料专辑。

17日

《制订澳门重大固定空气污染源排放标准及完善监管制度》开始咨询。环境保护局根据前期研究成果并分析澳门的实际情况，编制了《制订澳门重大固定空气污染源排放标准及完善监管制度》咨询文本，即日起至3月17日向社会、业界和相关专业团体进行咨询，在完成咨询后将整合和分析有关意见及建议，从而订定最终建议方案。

商务部高燕副部长率代表团赴澳门考察内地对澳门农副产品的供应。在澳门期间，代表团与经济财政司谭伯源司长及民政总署和经济局等部门代表及代理行进行座谈，实地考察批发市场和祐汉街市，询问肉类、蔬菜、水果及水产品的供应和销售，重点了解货源、质量及价格等情况。

19 日

澳门航空股份有限公司引进的空中巴士"莲花号"首飞北京。为适应市场需求，新引进的A320"莲花号"采用新的客舱布局，商务舱座位20个、经济舱座位132个。

教育发展基金在澳门科学馆举行"2013/2014学年学校发展计划成果分享会"。基金主席、教育暨青年局局长梁励表示，本年教育发展基金预算7.7亿，较上年增加11%。教育发展基金由特别行政区政府在2007年成立，以支持和推动非高等教育机构开展各类具有发展性的教育计划和活动，"学校发展计划"是其中一项主要的资助计划。2013/2014学年教育发展基金重点资助提升学生的语文能力、培养学生的品德与公民素养、促进学生愉快及有效的学习，以推动学校开展多元发展的各项教学计划和活动。

20 日

行政长官崔世安会见到访的秘鲁国会主席奥塔罗拉（Fredy Otárola）。双方就增进相互交流合作及共同关心的问题交换意见。陪同会面的包括秘鲁国会议员José León Rivera及Rolan do Reátegui、秘鲁驻港总领事马拉加（David Málaga）、澳门秘鲁商会主席罗掌权及理事长吕锡柱，以及行政长官办公室主任谭俊荣、行政会秘书长柯岚。

珠澳签署供水合作备忘录，加强保障供水安全。澳门特别行政区政府与广东省人民政府在珠海签署了《粤澳供水协议之补充协议》，确定2014年至2016年内地供澳原水的水价及支付流程，原水价格由2.07元（人民币）调升至2.29元（人民币）。同时，澳门特别行政区政府与珠海市人民政府签署了《关于建设第四条对澳供水管道工程及平岗—广昌原水供应保障工程的备忘录》，进一步加强保障珠澳两地的供水安全。

政府批核澳门电力股份有限公司本年投资预算6.4亿元。政府在2013年底依据法律规定的监管和审批职能，完成分析该公司提交的"2014年年度发展计划"，经过审慎分析和研究后，审批今年投资预算为6.4亿元，较2013年的8.4亿元减少约24%，其中超过70%的审批预算用于建设和改善输配电设施，以确保未来的供电安全和稳定。

21 日

卫生局完成2011年癌症个案整理及分析，并出版《澳门癌症登记年报2011》。据该年报记载，2011年澳门癌症登记系统登记的新发和死亡癌症个案分别是1441例和587例，发病率和死亡率分别为每10万人口之262和107，情况与历年相若。

旅游局委任驻泰国新任代表在当地推广澳门旅游。旅游局局长文绮华与驻泰国代表处新任总经理Uracha Jaktaranon签署合约。

空气污染源监管文本开始咨询。环境保护局编制了《制订澳门重大固定空气污染源排放标准及完善监管制度》咨询文本，即日起至3月17日向社会、业界和相关专业团体进行咨询。

邝秉仁在镜湖医院辞世，享年99岁。邝秉仁，台山人，1915年出生，澳门著名教育家、社会活动家，曾任第六届全国人民代表大会代表、澳门仁协之友联谊会名誉会长、澳门培正同学会顾问、澳门培正中学校长、澳门中华教育会理监事及名誉顾问、澳门中华总商会教育顾问、镜湖医院慈善会董事、澳门台山同乡联谊会名誉会长等职。

22 日

政府公报刊登第7/2014号行政长官批示委任"公务人员薪酬评议会"成员及秘书长。郝雨凡、杨道匡、贺定一、余健楚、霍丽斯、Paulo Tse、李从正、李公荣、张国然、李略、叶晓红获委任为该评议会成员，郝雨凡担任主席、杨道匡担任副主席、高炳坤为秘书长，任期2年，自2014年1月27日生效。

行政会完成讨论《2013/2014 学年大专学生学习用品津贴》行政法规草案。津贴金额为 3000 元，凡持有澳门特别行政区居民身份证并于 2013/2014 学年在澳门或外地修读获认可的博士学位、硕士学位、学士学位或学习期不少于两学年的高等教育课程的学生均为此津贴计划之受惠对象，受惠学生人数约 3.7 万人，政府开支约 1.11 亿元。

行政会完成讨论《修改法务局的组织及运作》行政法规草案。草案建议由查核暨申诉厅下设的技术辅助处负责向委员会提供技术和行政辅助，并且将该处提升为厅级附属单位，不再隶属于查核暨申诉厅。因应上述职务调整，草案建议调整法务局的人员编制，增加一个厅长职位，减少一个处长职位，其他编制人数维持不变。

澳门中华总商会举行第 79 次会员大会。大会审议和通过了各项报告，选举第 69 届会长、副会长、会董和理事、监事。马有礼获选为会长，廖泽云、贺一诚、许开程（澳门中国企业协会）、崔世昌、何厚锵、冯志强、颜延龄、何超琼当选为副会长；郑志强、黄如楷、何华添、冼志耀、马有恒、黄志成、梁维特、刘衍泉、何玉棠、徐伟坤、何猷龙、吕耀东、梁小牧、陈志玲、卢伟硕、萧德雄、陈炳华、叶启明、李汉基、王孝仁、吴志诚、吕强光当选为会董。2 月 20 日，该会第 69 届理事、监事分别举行了第一次会议进行互选，高开贤被选为理事长；贺定一、崔煜林、崔世平、林金城、余健楚、黄国胜、李志忠（南光集团有限公司）、刘艺良、卢德华、马志毅、何佩芬、黄树森、何富强被选为副理事长。

23 日

交通咨询委员会在交通局会议室举行会议。会议主要讨论宏益电召的士有限公司续期问题。政府要求宏益电召的士自 2014 年 2 月 7 日起必须全面提供纯电召的士服务，届时所有"出街"黄的均须为应召车辆，试行期为 9 个月，其间一旦发现并非提供纯电召服务，政府会立即开展新的纯电召的士服务公开竞投。

24 日

内地公安机关与澳门警方合作第 17 次工作会晤在澳门举行。公安部副部长陈智敏率领内地公安机关代表团，与保安司司长张国华率领的澳门警方代表团举行会晤，就新一年的警务工作进行交流，商讨合作打击跨境犯罪、维护治安环境等一系列事项。

26 日

南光石油化工有限公司宣布上调石油气价格。樽装石油气每公斤加价 1 元，中央石油气每立方米加价 2.43 元。澳门石油业商会表示，分别收到蚬壳石油气分销商联英行有限公司、光大行石油有限公司的石油气加价通知。

澳门民间武术界、体育界、文化界、新闻界等社会各界共同举行纪念"吴陈比武"活动。1954 年 1 月 17 日，澳门泰山健身院院长陈克夫与香港吴家太极社掌门吴公仪，在何贤、马万祺、崔德祺等澳门慈善家的大力促成下，在新花园泳池擂台进行慈善比武，为香港石硖尾灾区民众及澳门镜湖医院、同善堂筹得可观善款。

27 日

政府公报公布《调整公务员年资奖金、津贴及补助的金额》《澳门特别行政区行政长官及主要官员薪酬制度》法律。两部新法于 2 月 1 日同时生效，公务员六项津贴将获调升，行政长官及薪酬与之挂钩的主要官员、司法官、立法议员和行政会委员同获加薪 10%。行政长官薪俸连同交际费调升后，每月总薪为 26.9 万多元。此次薪酬制度调整共 149 人受惠，预计政府每年开支约增 1700 万元。

28 日

国务院港澳事务办公室首位新闻发言人钱益冰亮相。自国家设立新闻发言人制度以来，国务院港澳办的新闻发言人一直空缺，这是首次公布港澳办的新闻发言人。钱益冰，祖籍江苏，毕业于中国人民大学国际经济系，曾在香港中联办工作多年，后到国务院港澳办任联络司司长。

2月

2 日

旅游局主办"骏马喜跃耀濠江"大型户外贺岁活动。活动内容包括"骏马喜跃花车汇演"、千人汇演、烟花表演及花车展览等，与市民及旅客共庆新春。

民政总署和体育发展局主办、中国澳门单车总会协办"新春单车行大运"活动。报名参加的居民共180 人，连同工作人员约 200 人，上午 9 时在纪念孙中山公园集合，向目的地珠海野狸岛进发。

5 日

治安警察局局长马耀权在保安司司长办公室进行就职仪式。马耀权在保安部队高等学校取得警务科学学士学位，并完成保安部队高等学校第一届指挥及领导课程。自 1983 年起加入治安警察局，曾担任警察学校训练警司处处长、警察学校校长、交通厅厅长等职位，2001 年起担任治安警察局副局长，2010 年获委任为警察总局局长助理，主管情报分析中心。

政府公报刊登第 1/2014 号行政长官公告，公布中华人民共和国政府照会（编号：SA/06/68）的中文及英文正式文本。中华人民共和国中央政府在 2006 年 12 月 19 日通过照会通知国际电信联盟秘书长，1988 年 12 月 9 日订于墨尔本的《国际电信规则》适用于澳门特别行政区，并获国际电信联盟秘书长于2007 年 1 月 15 日复照确认。《国际电信规则》自 2006 年 12 月 19 日起适用于澳门特别行政区。

6 日

行政公职局公布 825 个法人可参与推选行政长官选举委员会。第四届行政长官选举于年中举行，行政公职局公布维持有效的各界法人选民总数为 825 个，分别为工商、金融界 99 个，劳工界 66 个，专业界 54 个，社会服务界 132 个，文化界 137 个，教育界 24 个及体育界 313 个。825 个法人选民将推选出344 名选举委员会委员。

政府与澳门宏益电召的士有限公司续约。宏益电召的士临时合约到期，政府以过渡形式与该公司续约 9 个月，100 部"黄的"中 60% 提供纯电召服务，余下 40% 逐步过渡至纯电召。交通事务局表示已订出措施监管"黄的"服务。

8 日

由绿色未来主办、高等教育辅助办公室赞助的"大学生绿领计划 2014"活动接受报名。活动旨在提升澳门大专学生的环保意识及知识，增加环保经验交流，并在实践中提升学生的自主组织及举办活动的能力。大学生绿色营自 1996 年起每年在全国举办，是以关心环境保护的大学生为主体，并有记者、作家、科学家参加的民间活动。

筷子基盲人重建中心内的仁慈堂社服店向 300 户受助户派发"食物篮"。社服店的设立，是希望惠及广大在职贫困家庭，与政府的惠民措施起互补作用，每月首个周末定期向相关家庭派发"食物篮"。

9日

澳门佛光青年团、佛光协会在三盏灯圆形地及光复街合办"第二届传统游戏暨素食文化祭庆元宵素食嘉年华"。活动自下午2时至晚上9时举行，以精彩节目演出及丰盛的健康素食与众同乐。

由国际联密佛教慈航会主办、街坊会联合总会及十六浦娱乐集团有限公司协办举行"甲午年新春祈福增益供财神法会"。法会于下午2时半在十六浦索菲特大酒店户外广场举行，现场设祈福坛城，由藏密迦玛迦珠派尼泊尔千佛寺住持督般宁波车主坛，并安排系列舞台表演，吸引大批善信出席参拜。

道教协会上午在会址举行"甲午年新岁祝星转运祈福、拜太岁、敬点万福光明灯及吉祥圣灯法会"。道协会长吴炳志、副会长叶达等主持仪式。道乐团现场演奏获列入国家级非物质文遗名录的"道教科仪乐曲"，场面庄严祥和。

11日

澳门工会联合总会在关闸工人体育馆A馆举行"甲午新春联欢晚会暨第33届理监事就职仪式"。理事长郑仲锡表示，新一届理监事将秉承爱国爱澳的光荣传统，发扬团结奋斗、齐心协力的精神，为澳门繁荣稳定和工运事业的发展，做出不懈努力和应有贡献。

卫生局局长李展润在卫生局行政大楼介绍医科认证资格。高教办为让学生了解澳门注册医生的执业资格和要求，邀请卫生局局长李展润做此讲座，解释医科认证执业资格，吸引了超过200名学生及家长出席，尤其关注外地学历医科认证及执业资格要求。

12日

澳门广播电视股份有限公司人事调整。政府发言人办公室举行新闻发布会，梁金泉先生因个人原因于2月5日向行政长官提出在本月底约满辞去澳广视执行委员会主席的职务。经过慎重考虑，行政长官尊重并接受其请辞，并决定由现时以兼职形式担任澳广视董事会主席的白文浩先生，自3月1日起以全职形式担任澳广视董事的职务。

澳门理工学院通过国际高等教育权威学术评鉴机构英国高等教育质量保障局的院校评鉴。这是澳门首所高等学府通过国际认可的院校评鉴。英国高等教育质量保障局对澳门理工学院的学术水平、学生学习质量、教育信息和持续改善教学质量表示满意，证明该院办学水平达到国际标准。

13日

澳博位于路冰的度假村"上葡京"（Lisboa Palace）正式动工。"上葡京"总投资约300亿元，占地7万平方米，超过90%为非博彩设施，包括3家酒店约2000个客房，设主题购物中心、"成婚殿"和一个多用途剧院。

14日

邮政局130周年暨通讯博物馆8周年"祝愿卡"庆祝活动在通讯博物馆地下举行。活动即日起至3月30日止，邀请入场观众送上祝福语句，鼓励澳门邮政和博物馆更加努力为广大市民服务。同日，生肖系列邮资标签第二套"马年"发行，发行数量为75万枚。

15日

行政长官崔世安率代表团赴广西南宁出席"感受澳门——广西·南宁"活动开幕式，并与广西壮族自治区领导会面。双方回顾桂澳两地过去的合作，共同展望今后深化旅游、教育和经贸等范畴的合作前景。

贸易投资促进局率领澳门企业家代表团赴葡萄牙参加第19届葡萄牙国际食品饮料行业展览会。主要成员为澳门酒类及食品进口商，广东省对外贸易经济合作厅获澳门贸易投资促进局邀请，亦组织了46名广东省酒类食品进口商参会及采购洽谈。

　　"寒冬送暖表关爱——中银慈善捐赠暨义工队探访长者专场"活动仪式下午3时在澳门街坊会联合总会社服大楼二楼举行，中国银行澳门分行向澳门街坊会联合总会捐赠85万元，用作社会服务。

16日

　　环境保护局在澳门艺术博物馆演讲厅举办《制订澳门重大固定空气污染源排放标准及完善监管制度》公众咨询会，向不同团体和居民介绍文本内容，借此进一步收集社会对相关建议方案的意见及建议。

　　由国务院侨务办公室、澳门归侨总会合办的"文化中国·四海同春"新春汇演在文化中心综合剧院上演。由广州军区战士杂技团主演，为澳门居民送上春节慰问。

　　"澳门青年狮子会创会典礼暨第一届理事会职员就职仪式"举行。2014年1月9日澳门青狮会获国际狮子总会授证成立，希望让青年有机会参与社会工作，发展个人潜能和责任感，鼓励会友接受更高的道德标准，借此发挥领导才能。

　　大型电视纪录片《镜海归帆图》在澳门正式开机。纪录片由澳门文化发展促进会、天艺传媒文化有限公司、澳门广播电视股份有限公司联合摄制，是为庆祝澳门回归15周年制作的一部大型电视纪录片。

17日

　　台湾驻澳门经济文化办事处与澳门驻台北经济文化办事处代表在澳门文化中心正式签署《澳门与台湾间航空运输协议》。协议取消了澳门来往台北与高雄间的运力限制，并且允许经营定期包机服务至其他台湾航点。签署仪式由澳门特别行政区行政长官办公室主任谭俊荣、台湾方面"大陆委员会"港澳处处长高铭村共同主持。

　　政府跨部门联合展开2014年首个被占土地的清迁工作，收回青洲约7800平方米土地。收回的土地将用来开辟道路及优化下水道管网，改善该区卫生和交通环境，以配合青洲区发展需要。

　　行政长官崔世安在政府总部与国务院侨务办公室副主任何亚非会面。双方就澳门如何更好地发挥推动侨务的作用交换意见。

18日

　　旅游局参加在澳大利亚墨尔本举行的"2014亚太区奖励及会议旅游展"，向国际商务旅游业者介绍澳门的奖励旅游计划及最新旅游信息，冀此推动商务旅游。

　　"缅澳两地文化交流慈善团"赴缅甸参与系列慈善活动及演出。活动由缅甸广东工商总会主办、大福集团协办，希望借此加强两地艺术、文化及工商交流，为双方搭建合作平台，开拓更大的发展空间。

19日

　　澳广视与莫桑比克新闻社签署广播电视新闻互换合作协议。根据协议，将发送中央电视台的新闻及澳广视制作的新闻，而前者的新闻将由澳广视翻译成葡语。与此同时，澳广视将翻译葡语国家发送的新闻，并传送给内地的电视频道播放。

　　行政长官崔世安在政府总部与广东省省委常委、珠海市委书记李嘉一行会面。双方就珠澳合作进行了回顾和展望。

20日

　　2014年深圳澳门合作会议在澳门举行。行政长官崔世安及深圳市市长许勤率领双方官员出席，共同回顾过去一年深澳合作取得的成果，并展望新一年的合作重点。会后双方签署了《关于加强经贸交流与合作的协议》及《旅游合作备忘录》。

贸易投资促进局组织近百澳门企业家代表团赴台湾参加"第15届台北国际连锁加盟大展——春季展"。代表团成员来自多个行业之商会及企业，包括餐饮、贸易、房地产、零售、广告、会展、摄影、手信、环保科技等，主要推介澳门展会活动、邀台湾企业来澳门拓商机等。

卫生局疾病预防控制中心证实1例输入性登革热个案，呼吁居民采取预防措施。病者为32岁男性，澳门居民，居于氹仔区，在2月2日至7日期间与家人到菲律宾旅行，回澳门后自13日开始出现病征，目前病情已好转。

21日

行政长官崔世安在政府总部会见首位华人诺贝尔奖得主、物理学家杨振宁教授，双方就澳门的教育发展交换意见。杨振宁教授应邀在澳门大学文化中心举行讲座，分享其学习与研究经历。

22日

《澳门日报》与澳门国际银行合办的第36届"十大新闻选举"颁奖礼举行。入选的澳门新闻包括：澳门政制发展后的首次立法会选举；维澳莲运宣布破产，政府暂时接管以确保公交营运；中级法院裁定公天服务商转播电视讯号违法；当局首按"新经屋法"配售兴业大厦一房厅单位；澳门大学横琴新校区正式交由特别行政区政府接管。入选的中国及国际新闻包括：第十二届全国人大会议选出新一届国家领导人；中国实现在钓鱼岛领海、领空常态化立体巡航；美国中央情报局前雇员斯诺登事件；"玉兔"号在月球成功着陆；薄熙来受审被判无期徒刑。

澳门庙宇节庆文化推广筹委会主办的"甲午年澳门庙宇节庆文化宣传庙会"在康公庙前地举行。参与的17所澳门庙宇向居民和游客介绍各庙宇的概况，派发庙宇节庆纪念品，并设杂技、传统手工艺展演，吸引大批居民和游客到场参与，感受澳门多元节庆文化。

23日

文化局举办《文化遗产保护法》讲解会。文化局局长吴卫鸣及文化财产厅厅长张鹊桥现场进行解说，并解答与会者提问。

港珠澳大桥第九节沉管隧道出坞浮运顺利。为确保此次浮运安装安全，广州海事局对珠江口三条航道进行封航，其中作为主航道的伶仃航道封航8个小时，并规定直至2014年3月10日前该段航道的船舶航速必须控制在8节以内，避免船行波影响沉管的安装施工。

澳门科学馆在科学馆二号展厅外举行"生生·不息——2013野外生态摄影年展"征文比赛颁奖典礼，共32人获奖。

24日

行政长官崔世安在政府总部会见澳门工会联合总会会长何雪卿及新一届领导层。工联理事长郑仲锡重申，工会反对庄荷、监场主任、职业司机三工种输入外雇，希望最低工资拓展到各行各业，并设立每年一检和自动调节机制。行政长官向该会重申，博彩业庄荷职位由澳门居民担任是政府的一贯政策，政府立场没有改变。

泛珠各方日常办公室联络员研习班与中葡论坛座谈交流。研习班由广东省发改委副主任钟明率团，交流主题为"建设中国与葡语国家商务服务平台"，以进一步了解葡语国家的社会经济状况、发挥澳门作为中国与葡语国家经贸合作平台的作用等。

25日

政府跟进善丰花园事件，拟双轨并行推动解决。善丰花园事件政府跨部门跟进小组发布消息称，善丰花园事件自 2012 年 10 月发生以来，政府一直与善丰花园小业主保持积极沟通。2013 年 10 月，善丰花园小业主代表与行政长官崔世安会面时，确定了司法诉讼和商讨重建双轨并行的方向，即政府跟进小组与小业主建立每个星期定期会面的沟通机制，重点探讨善丰花园修复或重建相关议题，以及有关赔偿方面的司法诉讼。政府希望通过充分听取小业主代表反映的要求，在合法的前提下，尽力为受影响的小业主提供援助，以及在司法诉讼、大厦重建等方面提供协助等，争取尽早解决事件。该小组表示，在街坊总会的协调下，跟进小组与善丰花园小业主保持密切的接触和协调。如跟进小组因应小业主等的要求，委托专家学者对善丰花园事件进行补充性的研究调查，进一步分析事件因由。亦与善丰花园小业主 10 人小组代表前后举行了接近 20 次会议。约 10 次会议主要是跟进小组分阶段通报监测状况、加固进度及后续工作等，同时听取小业主代表的要求；往后 10 次会议则是跟进小组与善丰花园小业主代表举行的定期专题会议。会上，跟进小组听取小业主对落实重建善丰花园的意愿，双方就善丰花园重建／修复的初步方案进行探讨；此外，还讨论了重建的各项法律程序（包括筹款方式、业权处理、法援条件等）；重建费用的筹措及管理方式；重建费用融资、须承担的风险及存在的变量；小业主通过司法诉讼向责任人追讨赔偿的时效性；政府委托的学术机构对善丰花园展开补充性调查工作；地铺业主要求的津贴援助及其他要求；大厦检测进度及各个检测项目的详情等。该小组强调，政府与小业主代表均期望能在提起司法诉讼追讨赔偿，以及重建或修复善丰花园问题上加快取得共识，跟进小组多次向小业主代表阐明政府立场，即尽力在合法的前提下为小业主提供援助，而最终决定善丰花园是修复抑或重建的权利在于善丰花园的全体小业主。

教育暨青年局在该局仲尼堂举行新闻发布会，详细介绍有关幼教的新措施。新措施将统一各校发榜、注册时间，学童同一时间只能报读一所学交，但在 6 月 1 日前可改变选择。教育暨青年局在身份证明局的协助下，为 2014/2015 学年幼教阶段首次入学的学生发放"注册凭条"，幼教生凭条入学。

澳门赛马会在赛马会赛事大楼一楼举行慈善赛马日新闻发布会，慈善赛马会分 2 天进行，至今筹得善款逾 190 万元。

由魔术艺术家协会与澳门基金会合办的"国粹之奇"主题魔术大汇演在文化中心综合剧院首演。以展现国粹为主题，澳门与内地魔术师将卡法、民乐、茶艺、花艺及国画等元素融会表演，令观众大开眼界。

26日

民政总署与洛阳博物馆合办的"盛唐回忆——洛阳唐三彩珍品展"在民政总署画廊举行。共展出 70 件（套）在洛阳出土的唐三彩展品，包括人物俑、动物俑、天王俑、镇墓兽及各种生活器皿。展览将在 3 月 2 日结束。

27日

文化局下午 4 时在郑家大屋举行"《文化遗产保护法》普法工作全面起动仪式"。

旅游局参加"2014 广州国际旅游展览会"，宣传澳门作为"世界旅游休闲中心"的定位及内涵。

"雀仔园福德祠土地庙贺诞演出暨曲艺敬老千岁宴"举行，至 3 月 5 日结束，特邀顺德艳阳天粤剧团献演助兴。

澳门青年联合会主办的"澳门青年网络欺凌研究"发布调查结果。调查发现，32％的青年认为澳门网络欺凌情况严重，亦觉得有关行为可能令受害者萌生自杀念头，应予以立法规管。

统计暨普查局公布最新人口统计数据。资料显示，2013 年终总人口为 607500 人，按年增加 25500 人，增幅为 4.4%；女性占 51.4%，有 312300 人。年龄结构方面，年龄在 65 岁及以上的老年人口占 8.0%，按年增加 0.3 个百分点；年龄在 0 岁至 14 岁的少年儿童人口占 11.3%，减少 0.3 个百分点；年龄在 15 岁至 64 岁的成年人口占 80.7%，减少 0.1 个百分点。2013 年全年新生婴儿共 6571 名，按年减少 744 名；婴儿性别比为 114.5：100，即每 100 名新生女婴对应 114.5 名男婴。同年死亡个案共 1920 宗，增加 79 人；前三位死因分别是肿瘤、循环系统疾病及呼吸系统疾病。2013 年第四季有 1756 名新生婴儿及 528 宗死亡个案。2013 年有 3338 名内地移民，按年减少 722 人；准许居留人士录得净移入 1295 人。被遣返内地非法入境者有 1335 人，按年增加 184 人。年终外地雇员共 137838 人，按年增加 27286 人。2013 年结婚登记有 4153 宗，按年上升 370 宗（+9.8%）；离婚个案有 1172 宗，按年增加 25 宗。

28 日

路环中葡学校举行新校舍落成典礼，行政长官崔世安主持开幕仪式。

行政长官崔世安在政府总部会见第三次地方港澳办主任赴港澳工作交流团。双方就澳门与内地各省区市进一步拓展交流合作交换意见。另外，广州市港澳办主任刘保春还率团与中葡论坛秘书处进行工作交流。

3月

1 日

新修订的《城市规划法》与《土地法》生效。新《城市规划法》将原来按《都市建筑总章程》发出的街道准线图变更为规划条件图，发出程序及时间也有较大变更。新《土地法》规定，除土地批给合同另有规定外，确定的有偿租赁批给每 10 年可自动续期一次而无须申请，但仍须缴纳特别税捐。两法的详细内容和相关手续信息，已在土地工务运输局网站上公布。

邮政局发行《澳门邮政 130 周年纪念特刊》并举行"邮姿绰约"展览开幕礼。邮政局为庆祝该局成立 130 周年、通讯博物馆成立 8 周年，发行特刊记录和总结澳门邮政以往的工作成果，并展出 20 世纪 80 年代至今由澳门邮票设计师按邮票发行主题完成的原创作品，以及由著名邮票收藏家蔡昌道借出的澳门古典邮票印样。

三巴门坊会、三巴门坊众土地庙会、三巴门坊会颐康中心在白鸽巢公园举行甲午年"福赐三巴乐满城"恭贺土地爷爷宝诞园游会。

2 日

多个团体举行庆祝土地诞活动。沙梨头坊会、沙梨头土地庙慈善会合办"万家欢乐贺土地宝诞"参神仪式；雀仔园福德祠土地庙值理会举办贺诞酬神活动；三巴门坊会举行"福赐三巴乐满城"祈福会；同心社神诞会举行拜神上香仪式；筷子基坊会举行醒狮贺诞参神活动。

"澳门论坛"上午 11 时在黑沙环公园举行，探讨澳门大学、澳门理工学院、澳门旅游学院及澳门科技大学"四校联招"之利弊。该联招与内地高考、香港统考制度不同，只是四所高校统一中文、英文、数学、葡文等四科目的考试时间及内容，以免高中生疲于应试。

澳门冰上运动总会冰球队在吉尔吉斯斯坦共和国皮什比亚市夺得"2014 亚洲冰球挑战杯——A 组"冠军。

3日

中葡论坛常设秘书处秘书长常和喜率团访问北京。在为期3天的访问中，常和喜拜会安哥拉、巴西、佛得角、几内亚比绍、莫桑比克、葡萄牙和东帝汶驻华大使，并相继走访商务部投资促进局、商务部台港澳司及中非发展基金等。

澳门公职人员协会派出3名代表参加国际公务员组织在香港悦来酒店举行的公务员组织亚太区年会。国际公务员组织是一个自由联合的公务员组织，目标是促进有质量的公共服务，维护劳工层合法、合理的基本权益。澳门公职人员协会是国际公务员组织在澳门唯一的会员。

政府公报公布第30/2014号社会文化司司长批示，调升合资格家庭获发放的学生膳食津贴和学习用品津贴金额。新学年起，中学、小学、幼儿教育的膳食津贴从2600元增加至3000元；学习用品津贴中学从2200元增加至2500元，幼儿教育及小学从1700元增加至2000元。

4日

行政长官崔世安在北京与广东省省委书记胡春华及省长朱小丹会晤，就持续深化粤澳合作交换意见。

澳门会展业发展委员会发展对外合作小组与贸易投资促进局代表团前往印度班加罗尔，参加由国际展览业协会（UFI）主办的"2014国际会议协会亚洲公开研讨会"，宣传澳门会展业优势，加强澳门与海内外展览业界之交流与合作。

5日

国务院总理李克强代表国务院向第十二届全国人民代表大会第二次会议做《政府工作报告》，其中指出，将坚定不移地贯彻"一国两制"方针，全面准确落实基本法，保持香港、澳门长期繁荣稳定；进一步扩大内地与港澳合作，促进港澳自身竞争力提升。行政长官崔世安列席第十二届全国人民代表大会第二次会议开幕式。

政府公报刊登第41/2014号社会文化司司长批示，委任"文化遗产委员会"成员。林韵妮、张鹊桥、吕泽强、何嘉伦、李莱德、李业飞、林发钦、林智超、马若龙、汤开建、郑国强、刘永诚、刘哲明、谭志炜获委任，任期为3年。

政府公报刊登第14/2014号运输工务司司长批示，委任土地工务运输局规划厅厅长刘榕兼任城市规划委员会秘书处秘书长，任期自2014年3月1日起，为期3年。

政府公报刊登第35/2014号行政长官批示，委任经济发展委员会成员。黄国胜、何富强、黄桂玲、李治洪、Filipe Santos、王孝仁、江锐辉、何鸿燊、何万昌、何海明、吴福、吴立胜、余荣让、周锦辉、马有恒、高开贤、徐伟坤、陈乃九、陈守言、陈志杰、崔煜林、张立群、区宗杰、梁金泉、梁炳照、许文帛、许开程、冯志强、冯家超、黄志成、温泉、叶一新、杨允中、杨俊文、杨道匡、刘雅防、刘艺良、潘汉荣、禤永明、卢德华、颜延龄、关锋、苏树辉、经济局局长或其法定代任人、金融管理局行政管理委员会主席或其法定代任人、旅游局局长或其法定代任人获委任。

文化局与旅游局率澳门工会联合总会（粤剧）及澳门流行歌舞协会代表团前往意大利，参加每年一度的维亚雷焦嘉年华汇演及巡游。

6日

中共中央政治局常委、全国人大常委会委员长张德江出席澳区全国人大代表团全体会议。会上张德江对澳门代表提出三点希望：办好第四届行政长官选举等几件大事；推动经济适度多元，打造商贸网络服务，把澳门打造成发展内地与葡语国家关系的平台；积极推动澳门与内地交流合作。

中葡论坛常设秘书处秘书长常和喜率团访问天津。旨在加强葡语国家与内地企业的经贸合作，充分发挥澳门作为中国与葡语国家经贸服务平台的作用。

澳门福建体育会向世界宣明会澳门分会捐赠逾163万港元善款，支持云南省红河县阿扎河乡过者村委会"过者小学"重建工作。

7日

民政总署以"乐满莲城"为主题参加"2014香港花卉展览"，获得非本地展品组最具特色（园林景点）金奖。

8日

广州军区为中国人民解放军驻澳门部队特种连记集体一等功。特种连是驻澳门部队的一支特殊分队，坚持精武苦练，努力打造"特战精兵"。

妇女事务委员会在塔石广场举办妇女嘉年华。此次妇女嘉年华以"妇女与博雅教育"为主题，借此鼓励澳门妇女在闲暇时多参与多元化的博雅活动。

"少年警讯2014"启动礼举行。少年警讯活动由澳门中华学生联合总会主办，自1998年起举办，以"团结、服从、信任"为三大核心精神，致力于加强澳门青少年对警务工作的认识，培养青少年的团队合作等各项能力以及正确的价值观和社会责任感。

9日

驻澳部队特种连获集体一等功。驻澳部队在新口岸营区大厦礼堂举行"广州军区给驻澳门部队特种连记集体一等功庆功会"。驻澳部队特种连官兵着眼于"一国两制"条件下履行防务实际，苦练军事本领，成为驻澳门部队的"拳头"和"利刃"。2010年以来，特种连3次被驻军评为军事训练一级单位，2次被评为依法从严治军先进单位，先后被评为先进基层单位、士官队伍建设先进单位，荣立集体三等功1次。2013年，特种连被广州军区表彰为"三学"先进单位、基层建设标兵单位。目前，全连官兵人人熟练掌握9种连属武器的操作使用及攀登障碍、擒拿格斗、多能射击等13项特战技能。驻澳部队政委马必强在会上做出了向特种连学习的动员部署，表示要发挥特种连辐射带动作用，引导广大官兵"牢记强军目标，献身强军实践"，为进一步推进驻澳部队全面建设、有效履行澳门防务提供强大的精神动力。驻澳部队司令员祝庆生表示，驻澳部队坚决贯彻落实习近平主席能打仗、打胜仗的重要指示，以向驻澳部队特种连学习为契机，进一步聚焦战斗力建设，持续保持军事训练热潮，提升能力素质，以维护澳门长期繁荣稳定。

治安警察局在关闸特警队总部举行该局周年纪念开放日暨"警务人员嘉奖"和"好市民颁奖"典礼仪式。共有368名警务人员凭杰出表现获得嘉奖，21位好市民因协助警方打击犯罪获颁发证书。

"2014世界3·3爱耳日活动"在塔石广场举行。活动由澳门心脏基金主办、中国银行澳门分行青年协会协办，获多个政府部门、民间机构和社团支持，主题为"如何保护好你的听觉"。

澳门佛光协会在祐汉公园举行"骏程万里迎佛诞"浴佛祈福活动。

澳门道教协会和澳门道乐团应邀赴香港参加道经乐欣赏会、甲午年道教日开幕典礼暨祈福大献供及道教文化大巡游。

10日

民政总署与珠海出入境检验检疫局在民政总署大楼礼堂签署《关于2014~2016年珠澳开展澳门进口国外水果有害生物调查研究的合作协议》。过去几年，双方一直持续开展此方面的合作，通过掌握有害生物特别是检疫性实蝇在澳门的发生及分布情况，保障供澳农产品的卫生质量及安全。

政府公报刊登第 39/2014 号行政长官批示，摩尔多瓦共和国国民得获免签证及入境许可进入澳门特别行政区。

政府公报刊登第 37/2014 号社会文化司司长批示，调整弱势家庭特别援助金金额。批示规定，幼儿园和小学的学习活动补助每人每月为 200 元。中学和大学分别为 400 元和 600 元；无亲属的独居者护理补助为每月 1000 元，残疾补助为每月 800 元，有亲属者则分别为 800 元和 600 元。

13 日

澳门与日本签署《税收信息交换协议》 协助缔约方提供相关税务信息以查证跨境逃漏税。目前共有 17 个国家和地区与澳门达成《税收信息交换协定》及《所得避免双重征税和防止偷漏税协议》。

15 日

澳门演艺学院舞蹈学校在岗顶剧院上演 "《舞动世遗》——舞蹈伴随我成长 2014"，庆祝澳门演艺学院成立 25 周年。演艺学院于 1989 年成立，从属于文化局，是澳门唯一一所正规的表演艺术人才培训机构。

"庆澳门回归祖国 15 周年系列之 2014 年全澳大学生优秀创意作品巡展" 在澳门大学 TG 展览廊开幕。活动获霍英东基金会赞助，澳门大学、澳门理工学院、澳门科技大学及澳门城市大学提供场地，展出逾 100 名学生提供的 200 多幅作品。

"2014 年度威尼斯人慈善晚宴" 暨澳门至友协会成立活动举行。至友协会是非营利性国际志愿者组织 "最佳老友" 属下的机构，旨在为澳门智障人士建立正常的社交，培养其就业能力及领袖才能。

"'Fly Macau 行动大使' 2014 飞跃青年义工培训系列活动" 启动，138 名学员宣誓就职。活动由澳门妇女联合总会青年中心主办，希望借此为青少年提供一个服务社会、参与公民教育活动的机会。

16 日

澳门特别行政区基本法与法律问答比赛举行。为纪念《澳门特别行政区基本法》颁布 21 周年，澳门基本法推广协会、法务局、民政总署及教育暨青年局合办问答比赛，借此加强澳门学生和青年对基本法、社会制度、政府架构及特别行政区法制的认识。

澳门武术代表队在土耳其安塔利亚举行的第五届世界青少年武术锦标赛赛事中增添一金一银。首日曾夺得金牌的黄脍先，又获男子 B 组枪术第一名，何泳仪获女子 B 组南棍第二名。

17 日

政府公报刊登第 13/2014 号行政长官行政命令，订定 2014 年 6 月 29 日为行政长官选举委员会委员的选举日，有关选举程序开始。

中央人民政府驻香港、澳门特别行政区联络办公室被纳入中共中央纪律检查委员会监管范围。中纪委监察部网站上午公布最新组织机构序列，港澳中联办归属监管广东、广西、湖南、海南的第八纪检监察室负责。

统计暨普查局公布 2013 年第四季本地生产总值。资料显示，受惠于服务出口持续增长，2013 年第四季本地生产总值按年实质上升 14.3%；其中，博彩服务出口及其他旅游服务出口分别录得 17.1% 及 10.6% 的升幅，货物出口增加 15.9%，固定资本投资增加 9.5%，私人消费和政府最终消费支出分别上升 6.5％ 及 6.1％；另一方面，货物及服务进口增加 22.8％ 及 1.9％。2013 年全年澳门经济按年实质增长 11.9％，本地生产总值为 4135 亿元，人均本地生产总值为 697502 元（约 87306 美元）。经济增长主要动力源自旅游博彩业持续畅旺，带动服务出口录得 12.0％ 的理想升幅；其中博彩服务出口增加 12.4％，其他旅游服务出口上升 10.0％，拉动经济增长 12.3 个百分点。其他组成部分方面，虽然私人投资增加 27.3％，但政府投资大幅回落 48.1％，导致固定资本投资增幅明显收窄至 4.7％；另外，私人消费及政府最终消费支出均上升 6.3％，货物出口增加 11.4％，而货物进口上升 15.1％。支持经济增长的因素包括：博彩毛收入上升 18.6％；入境旅客增加 4.4％，旅客总消费增加 13.7％；酒店住客上升 11.8％；私人投资增加 27.3％；零售业销售额上升 23％；就业人士月工作收入中位数保持增长。2013 年前三季本地生产总值实质增长率分别修订为 11.9％、9.8％ 及 11.2％，而 2011 年及 2012 年经济增长率分别修订为 21.3％ 及 9.1％。2013 年第四季量度整体价格变动的本地生产总值内含平减物价指数按年上升 8.1％，全年为 7.6％。

18日　卫生局确认接纳 6 家博彩企业联署提议。娱乐场中场全面禁烟，并设置无博彩设施"吸烟室"；对贵宾厅进行空气检测，限期整改不合格者须缩减面积。

19日　政府公报刊登第 45/2014 号行政长官批示，委任"城市规划委员会"委员。梁竟成、韩佩诗、胡玉沛、林翊捷、梁颂衍、利安豪、胡祖杰、李熙烨、温日明、范晓军、麦瑞权、黄杰勇、华年达、骆伟建、杨道匡、陈志杰、王国英、陆曦、郑德华、余健楚、谢思训、林绮玲、林伦伟、梁庆球、陈德胜、梁倩文、吕开颜获委任为委员；罗永德、陈宝霞、张鹊桥、邝伟卓、黄蔓荭、王世平、梁美玲、程卫东获委任为委员的代任人。梁竟成获委任为副主席。

20日　澳门获得世界卫生组织西太区消除麻疹证实委员会认证。按照世界卫生组织的定义，一个国家或地区"在良好的监测系统和支持性的基因分型证据下存有表明本土麻疹传播已中断至少 36 个月的记录"才可被认证为消除麻疹，在西太区 37 个国家和地区中，中国澳门、澳大利亚、蒙古和韩国首批取得此认证。

　　"隽文不朽"第三届澳门文学节开幕。文学节由葡文《句号报》、文化局合办，文化局局长吴卫鸣表示文化局正在筹建澳门文学馆，以便为澳门文学的展示、研究及与外界交流搭建平台。

21日　中联办举行"两会"精神传达会。中联办举行"十二届全国人大二次会议、全国政协十二届二次会议精神传达会"，全国政协副主席何厚铧、行政长官崔世安、中联办主任李刚以及澳门中央驻澳机构、中资企业代表及社会各界约 300 人出席会议。十二届全国人大二次会议澳门代表团团长贺一诚传达了十二届全国人大二次会议精神。他表示，大会期间，澳门代表团共召开了 12 次代表团会议，代表们围绕国家和澳门繁荣稳定，就收入分配制度、行政审批制度改革、地方政府债务管理、环境资源保护、食品安全、个人信息安全立法、通关便利化、粤澳合作、中葡商贸合作服务平台建设等问题建言献策，共提出了 71 份建议，其中，代表团联名提出了"关于增加珠海有关口岸联检单位人员编制的建议"，受到中央有关部门的重视。全国政协常委杨俊文在介绍全国政协十二届二次会议精神时表示，澳区 38 名全国政协委员全部出席了会议，其间，全国政协副主席何厚铧和各位常委带头发言，各位委员围绕发挥政协委员作用、深化改革、反腐倡廉、转变政府职能、外汇管理、发展文化创意产业、治理大气污染、青少年教育等方面的问题进行热烈讨论，共向大会提交提案 38 件。行政长官崔世安表示，分享两会精神，应认真思考怎样在"一国两制"框架下，更好地把特区的发展融入国家整体发展当中，促进特区和国家同步向前。特区政府未来要加大经济适度多元发展步伐，提升特区整体竞争力，更要有部署地构建世界旅游休闲中心，向综合旅游方向发展。全国政协副主席何厚铧表示，要正确领会、学习"两会"各项重要内容。中联办三任李刚表示，澳门中联办将一如既往地支持行政长官和特区政府依法施政，加强与社会各界人士的联系，同大家一道，把澳门建设好、发展好。他也希望中央驻澳机构和中资企业更好地根植澳门，积极参与特区各项事业，真诚地服务澳门社会，把澳门"一国两制"成功实践不断推向前进。

澳门唐心儿协会宣告成立。该协会是一个唐氏综合征人士家长的互助组织，以关心、爱护和协助唐氏综合征人士及其家人的生活，争取唐氏综合征人士的权益，提升他们的福祉为宗旨。会长郑晓灵、理事长刘笑欢介绍，该协会已作为澳门区代表加入了"国际唐氏综合征协会"。

澳门志愿者总会与北京市志愿者联合会签订《京澳志愿服务合作备忘》，同时举行"应急支持服务培训计划"启动仪式。北京市志愿者联合会即日起一连 4 天组织志愿服务交流团到访澳门，与澳门志愿者总会签订此第一份合作备忘录，这是对 2013 年底"两会"所签订志愿服务合作与交流协议书的具体工作落实。

22 日

"2014 世界水日嘉年华"在祐汉街市公园举行。活动由推动构建节水型社会工作小组举办，提倡各界合作节约用水。自 2010 年该小组发布未来 15 年《澳门节水规划大纲》以来，居民用水效率持续提高，每日人均生活用水量由 2010 年的 155 升下降至 2013 年的 151 升。

23 日

民政总署在路环九澳水库郊野公园举行"2014 澳门绿化周大步行及植树活动"。驻澳部队官兵、中联办人员和家属、外交部驻澳特派员公署员工及居民等约 1500 人步行植树逾 2000 株。绿化周起源于 1978 年 3 月 21 日"世界植树日"的全民植树造林活动，每年举行一次，本届是第 33 届，3 月 15 日开幕，为期 9 天，主题为"绿色城市·理想家园"。

24 日

善丰花园小业主拆卸帐篷撤离，暂停一连 2 天的"扎营行动"。2012 年善丰花园出现结构安全问题以来，政府成立跨部门跟进小组，委托由香港大学专家组成的独立研究团队进行检测，并做"结构受损分析报告"及补充性调查。本月 12 日该小组表示，根据初步调查报告已推断出事件的责任人，促请小业主尽早进行司法诉讼。23 日下午，因不满政府拖延时间，30 名小业主在善丰花园外大马路露宿，开始扎营抗争行动。政府跨部门跟进小组紧急举行新闻发布会，公开过去与小业主代表举行的 10 次会议记录；行政长官崔世安委派行政长官办公室主任谭俊荣亲赴"营地"慰问小业主，表达政府对事件的关注。晚上 8 时左右，小业主拆营撤离。

养老金及残疾金调升至 3180 元。社会协调常设委员会召开本年度第二次全体大会，一致通过社会保障制度各项给付金额的调升建议方案，增幅为 5.8% 至 6.6%。调升方案追溯至 2014 年 1 月，整体开支将增加约 1.6 亿元。

26 日

政府公报刊登第 58/2014 号行政长官批示，委任"人才发展委员会"成员。成员任期为两年，批示自公布翌日起生效。在该批示中所委任的人士包括行政长官办公室代表柯岚和谭嘉华；另在相关领域公认杰出的人士及专业人士包括：陈志峰、苏映璇、刘良、彭树成、余永逸、柳智毅、冯家超、戴华浩、戴明扬、姚伟彬、叶兆佳、戴黄桂玲、梁庆球、吴志良、梁伯进、尹一桥、马志毅、吴在权、卢德华、陈美仪、萧婉仪、黄志雄、米健、杨俊文。特区政府于 2014 年 1 月设立人才发展委员会，配合行政长官在 2014 年施政报告所指之构建本地人才培养的长效机制。委员会直属行政长官，由行政长官崔世安担任主席，社会文化司司长张裕担任副主席；其他成员包括：行政长官办公室主任谭俊荣、高等教育辅助办公室主任苏朝晖（并担任秘书长）、政策研究室主任刘本立、教育暨青年局局长梁励、澳门大学校长赵伟、澳门理工学院院长李向玉、旅游学院院长黄竹君。

澳门理工学院跻身两岸四地大学星级排名。中国校友会网最新编制完成《2014 中国大学评价研究报告》，报告公布最新的 2014 年中国大学排行榜、中国两岸四地大学星级排名、中国各类型大学排行榜、中国大学杰出校友排行榜、中国大学科学贡献排行榜等榜单。在两岸四地大学星级排名中，澳门理工学院首次跻身中国高水平大学行列。

初级法院审理澳门回归以来最大宗毒品案，涉案 4 名被告为菲律宾人。2013 年 5 月 4 日晚，司警在新马路某酒店拘捕 2 名男被告，在其行李箱内查获 24 块可卡因砖，重约 26 公斤；在中区某酒店拘捕另外 2 名女被告，查获 24 块可卡因砖，重约 25 公斤。市值共约 2 亿港元。

27 日

"2014 年澳门国际环保合作发展论坛及展览"（2014MIECF）开幕，行政长官崔世安出席开幕礼。活动由特别行政区政府主办、贸易投资促进局及环境保护局承办，为期 3 天，主题为"跃动中的绿色商机"。MIECF 为每年一度的国际环保界盛事，2008 年第一次举办，2011 年获得全球展览业协会（UFI）通过成为认证展会。

"第八届亚洲电影大奖颁奖典礼"在新濠天地水舞间剧院揭幕。活动由亚洲电影大奖学院主办、澳门影视传播协进会协办，这是该项活动首次在澳门举行。

28 日

澳门与越南直航开通。越南首家低成本航空捷星太平洋航空公司开通澳门—岘港及澳门—河内两条新航线，澳门往返岘港每日两班，往返河内每日一班，这也是该公司首次开通的国际航线。

"下一代互联网接入系统国家工程实验室澳门研究中心"挂牌揭幕。中心由华中科技大学与 MTel 电信有限公司共建，专注于"光纤无线融合宽带接入技术""基于 IPv6 的多模式宽带接入终端技术""面向澳门智慧城市的物联网感知与接入技术""基于 IPv6 的云接入与信息服务"等的研究和应用，旨在为澳门社会经济转型与发展做出贡献。

30 日

澳门云南省工商联会、澳门云南同乡联谊互助会成立。两会举行联合成立晚会暨第一届理监事就职典礼宴会，理监事成员在社会文化司司长代表邹国伟和云南省省委统战部副部长、省侨联党组书记童凤华监誓下宣誓就职，石云任两会会长。

厦门航空公司澳门—大连航线首航。航线由波音 737 – 800 机型执飞，每天 1 班，中途经杭州。至此，厦门航空成为飞至澳门航线最多的内地民航，共有大连、天津、郑州、杭州、福州、厦门和泉州 7 个航点。

31 日

政府公报刊登第 60/2014 号行政长官批示，委任行政长官选举管理委员会主席及委员。宋敏莉、马翊、叶迅生、朱伟干、陈致平获委任，宋敏莉获委任为委员会主席。

4月

1 日

教车业调升驾驶学习费用，平均加幅约 10%。教车业商会理事长黎伟国表示，此次费用调升主要是因为车辆的零件、维修、燃油、驾驶学校所租用的铺位租金等费用均不断上升，以及教车师傅、从业人员薪酬提升所致。调整的收费主要集中在学车费用方面，其他驾驶考试申请费用不变。

澳门电讯有限公司下调本地专线服务的每月租金，减幅为 3% 至 21%。在电信管理局推动下，2013年 10 月 1 日起该公司下调本地专线服务的每月租金并增加优惠折扣，此次调整为该公司半年内第二次调整，减幅根据不同线路速度而定。

教育暨青年局、澳门大学公布 "2012 学生能力国际评估计划"（PISA）澳门学生数码测试评估结果。在数十个参与的经济体中，澳门学生的数码数学、数码阅读、数码解决问题能力素养排名较前。澳门自2003 年起参与 PISA 测试，研究对象为 15 岁的中学生，目的是评估完成 15 年基础教育的学生所掌握的知识与技能，能否应付未来社会发展带来的挑战。

澳门城市清洁及垃圾收集清运服务零时起开展。新开展的清运合同要求营运公司引入更多环保元素，并逐步扩大资源回收网络和种类。环境保护局和民政总署人员连同清洁专营公司代表到主要旅游景点、人口密集区和新建公屋，巡视各类垃圾收集设施的卫生情况，监督落实合同中的各项要求。

2 日

政府公报刊登第 64/2014 号行政长官批示，委任房屋局行政管理委员会成员。房屋局代局长郭惠娴获委任为该委员会主席，房屋局代副局长杨锦华获委任为委员，分别自2014 年 1 月 1 日和 1 月 21 日起生效。

人才发展委员会在政府总部举行第一次日常大会。会议由行政长官崔世安主持，宣布成立 3 个属常设性质的专责小组，分别负责规划评估人才培养策略、构思和执行人才培养计划、研究鼓励人才回澳政策，各委员可以自由报名参与各专责小组。

九澳教育机构在雷鸣道主教纪念学校礼堂举行 "有声呐喊：起来为被漠视及九澳被污染发声" 大会。活动由雷鸣道主教纪念学校、九澳圣若瑟学校、鸣道苑及鲍思高青年村合办，旨在促请政府关注九澳师生及居民健康，以实质行动改善污染，营造良好的学习及生活环境。

氹仔坊众恭祝北帝宝诞庙会筹委会在北帝庙前地举行 "甲午年恭祝北帝宝诞庙会酬神庆典"。筹委会负责人及社会各界人士举行祭祀仪式，祈求澳门社会和谐、百业兴旺。

澳门旅游塔响应 "世界自闭症关爱日" 亮蓝灯活动，即日起一连 7 天傍晚 6 时 30 分在外墙亮蓝灯。自联合国在 2007 年 12 月将每年 4 月 2 日定为 "世界自闭症关爱日" 起，关注该病的组织 Autism Speaks发起点亮蓝灯活动，邀请世界各地著名地标共同参与，包括纽约帝国大厦、澳大利亚悉尼歌剧院、迪拜帆船酒店等，借此呼吁大众关注自闭症问题，宣传有关知识。

3 日

《澳门广播电视股份有限公司与安哥拉国家电视台节目互换合作协议》签署。根据此类协议，澳广视将翻译中央电视台及澳广视制作的节目及新闻，发送给安哥拉，并且将翻译葡语国家发送的节目及新闻，传送给中国的电视频道播放。

澳门基金会向科技发展基金一次性拨款2亿元，用于资助大专院校科研和中小学校开展科普活动添置所需仪器。

4 日

新闻局推出《澳门政府新闻》手机应用程序。为方便公众随时通过智能手机等流动装置获取政府实时施政讯息、官方新闻和图片、本地实时天气等，加强公众对政府施政的了解，新闻局推出该程序，即日起上线供用户免费下载。

横琴新区澳门事务局挂牌成立。该局由原来的交流合作局更名而成，并吸纳原来散落在多个部门的职能，统一负责横琴各项涉澳门事务，为澳门社会各界参与横琴开发提供"一站式"高效服务，并将增设一名副局长职位，由澳门特区政府推荐的人士出任。

5 日

治安警察局侦破首宗涉非洲女子从事卖淫、操控卖淫和贩卖人口案件。治安警察局警员在中区某酒店的5间客房查获38名女子和2名男子，全是非洲坦桑尼亚人，经调查，其中2名女子分别涉嫌贩卖人口和操控卖淫，在2人身上搜出疑记录卖淫活动的账簿。

6 日

澳门中华妈祖基金会参访团在台湾参与"大甲镇澜宫天上圣母甲午年绕境进香"活动。台湾地区领导人马英九、澳门中华妈祖基金会执行委员会主席陈明金等主持妈祖神像上轿仪式，澳门参访团再次步行参与为期9天的绕境活动。

7 日

2011年澳门国际旅客量全球排名第20位。英国移民网站 movehub 引述世界统计网站数据称，2011年访澳门国际旅客达1290万人次，全球排名为第20位，中国内地和香港分别为第3位和第13位。

8 日

政府公报刊登第4/2014号法律，修改第17/2009号法律《禁止不法生产、贩卖和吸食麻醉药品及精神药物》。修改后的法律规定立法会可根据社会需要，调整毒品附件列表，增加五种新型毒品"卡西酮的衍生物"（安非他酮除外）、"哌嗪的衍生物"、"墨西哥鼠尾草"、"丹酚－A"和"合成大麻素"。该法律自公布翌日起生效。

政府公报刊登第8/2014号行政法规，设立澳门基本电视频道股份有限公司。该公司由特别行政区、澳门广播电视股份有限公司及邮政局组成，持股比例分别为70%、25%和5%，设立目的是按照批给合同的规定对居民接收基本电视频道提供支持服务。该行政法规自公布翌日起生效。

政府公报刊登第17/2014号行政命令，许可住所设于北京的"中国建设银行股份有限公司"在澳门设立一分行，按照第32/93/M号法令核准的《金融体系法律制度》的规定从事银行业务。并且许可将"中国建设银行（澳门）股份有限公司"业务上的一切权利及义务转移至该分行。

行政长官崔世安在海南博鳌与国际特殊奥运会主席蒂姆·施莱佛（Timothy Shriver）会面。双方就协助智障人士融入社会，以及支持国际特奥开展工作等方面交流意见。

旅游局和经济局参加在秘鲁举行的第44届亚太经济合作组织旅游工作组会议，向成员经济体介绍澳门承办本届亚太经合组织（APEC）旅游部长会议的筹备工作。

6个的士团体及公司向交通事务局递交加价方案。澳门交通运输业总商会、的士总商会、营业汽车工商联谊会、的士联谊会、的士业联合会及宏益电召的士有限公司负责人到交通局递交加价申请书，平均加幅为15.35%。

9日

行政长官崔世安率团前往海南省，出席10日举行的博鳌亚洲论坛2014年年会开幕式。

10日

"内地旅游产品交易洽谈会"在旅游塔会展中心举行。该洽谈会是国家旅游局副局长杜江率领内地旅游代表团自4月9日起在澳门举办的"2014年美丽中国之旅主题宣传推广活动"之一，内地160多家旅游企业与澳门的旅行社、社团组织和中小学校负责人开展交流洽谈，达成多项合作意向。

11日

"活力澳门推广周·浙江杭州"在杭州开幕。展会展览面积约7000平方米，260个展位，逾百家企业带备千种商品参展，其间还将举办浙江—澳门—葡语国家投资营商环境推介会、浙澳旅游交流会等一系列商务推介活动，为浙澳两地交流合作提供平台和机遇。

"全球地图中的澳门"展览在澳门科技大学图书馆大楼举行开幕式。该活动由澳门基金会赞助，澳门科技大学主办。展览展出近50幅科大图书馆收藏的历史地图精品，内容涵盖从15世纪至19世纪的中西方文化交流互动的历史过程。展品包括早在1584年葡籍耶稣会士巴布达绘制的中国地图，这是第一张由西方人绘制的单幅中国地图，并在图中标注出澳门；也有传教士利玛窦制作的世界地图，该地图一改西方传统，首次将中国放在世界的中心；还有2014年3月国家主席习近平访问欧洲时，德国总理默克尔赠送的1735年哈斯中国内地十五省图。这些地图中，绝大多数都绘制了澳门的位置，有些还画出了澳门的详细地理状况，一些航海图还把澳门作为重要的中转站，在其航线上标出。这些都说明当时澳门在中西文化交流和全球贸易中的重要地位。

12日

环境保护局与民政总署合办"地球日"系列活动之"清洁环保大巡游"。多所学校及社团组成超过500人的巡游队伍，从大三巴牌坊步行至议事亭前地，沿途手持不同的标语，高喊口号，唤起公众对环境的关注。

文化局在卢家大屋举办"澳门神像雕刻"展演活动。"澳门神像雕刻"为澳门非物质文化遗产项目之一，在2008年成功列入国家级第二批非遗名录。为推动澳门非遗的保护与传承，文化局举办系列展演活动，其余两场于本月20日及26日举行。

"2014澳门图书馆周"在仁慈堂婆仔屋正式启动。活动由文化局中央图书馆与民政总署、教育暨青年局及图书馆暨信息管理协会合办，自2002年开办以来，已连续举办12年，主办方希望借此推动社会阅读以及推广图书馆服务。

胡顺谦等及江门同乡会垫资助善丰花园小业主重建家园。同善堂值理会副主席胡顺谦下午宣布，以个人身份与 3 至 4 名友人筹得 5000 万元，免息贷款予善丰小业主做重建起步基金，并交由社会企业有限公司监督。江门同乡会创会会长萧德雄晚上宣布，愿意提供重建费用的 60% 助善丰小业主重建家园。

13 日

"2014 全城乐活环保系列活动"启动仪式及"亲子升级工作坊"在澳门科学技术发展基金演讲厅举行。活动由濠江青年商会自 2002 年起举办，今年以"家·多点乐活"为主题，希望通过互动形式从小教育居民环保乐活的生活态度，提高居民对环境保护的重视，减少废物对环境造成的压力。

澳门佛光协会在三盏灯圆形地举行"骏程万里迎佛诞"浴佛活动。法师带领在场者浴佛，并安排了素食义卖、献灯、派发结缘品及抽奖等活动。

义务青年会在渔人码头会展中心宴会厅举行成立 20 周年庆祝晚宴。该会旨在鼓励年轻人参与义工服务，发挥潜能、服务社群，同时通过社会服务发扬互助互爱精神。发展至今义工人数已逾千人，每年举办超过 300 项义工服务及活动。

14 日

立法会细则性通过修改《关于批准澳门特别行政区政府承担债务的第 5/2003 号法律》法案。其中，"中小企信用保证计划"的担保金额由 5 亿元提升至 9 亿元；"政府为中小企向银行贷款承担债务总额"上限由 6 亿元调升至 10 亿元。法案自公布翌日起生效。

政府支持和推动澳门企业参与横琴开发，今日公布推荐给横琴新区管委会 33 个澳门企业项目。2013年，横琴新区占地 4.5 平方公里的"粤澳合作产业园区"在澳门招商，政府随即在贸易投资促进局设立由各界代表和政府官员组成的"横琴发展澳门项目评审委员会"，负责评出澳门企业投资计划，并推荐到横琴新区"粤澳合作产业园区"。评审委员会共收到 89 项申请。以项目有利于澳门经济适度多元发展、促进澳门打造成为世界旅游休闲中心、凸显澳门商贸服务平台作用、有利于澳门居民于横琴就业、能带动澳门中小企业共同参与、具备实力及规模等准则给予评分。最终经评审推荐的 33 个项目中，文化创意、旅游休闲分别占 30.30%，物流、商贸和商务服务占 24.24%，科教研发占 9.09%，医药卫生、高新技术分别占 3.03%。

15 日

"四校联考"筹备小组举行新闻发布会，介绍"四校联考"方案。澳门大学、澳门理工学院、澳门旅游学院和澳门科技大学四校首次联考定在 2017 年，科目为中文、英文、葡文和数学四科，还加入考虑学生的综合能力，入学不做中央分配，不设分数线，不会对外公布考生的个人成绩。考生可因应拟报考的院校和学科要求，选择报考四科的部分科目，而不须报考全部四科；其他考试科目，则由院校各自安排。

《非强制性中央公积金制度》建议方案即日起展开为期 60 天的公众咨询。随着社会老龄化现象加剧，居民对退休保障的要求不断增加，社保基金管理委员会通过研究并参考其他国家和地区的公积金制度，以及澳门私人退休金制度的运作经验，构建出一套非强制性中央公积金制度，以协助居民累积退休财富，加强他们未来的养老保障。

澳门菁英会成立暨第一届执委会就职典礼举行。该会委员构成以澳门工商界青年、专业人士、创业青年、海归青年才俊及本地青年社团骨干为主，通过开展不同形式的活动，增强青年人对政治、经济、民生、文化以至国内外形势等的认识，开阔视野，与时俱进。

16日

行政长官崔世安率多个政府部门官员考察路环九澳区，并探访该区学校和居民，通过座谈会听取意见要求。崔世安表示，政府跨部门小组为改善九澳的环境条件，已开展了一系列工作，并会延续下去，同时政府亦考虑通过立法，全面对澳门的污染源做出规管。随后，政府发言人办公室召开新闻发布会，介绍政府跨部门综合治理九澳环境污染的方案和措施。

图26　行政长官崔世安探访九澳村

由澳门大学出版、澳门首份面向大中华地区的综合性人文社科学术理论期刊《南国学术》出版第一期。该刊以"大人文、跨学科、超界域"为发稿理念，冀以研究真问题，力求内容厚重和形式清新，并以学术信息量大、前沿问题多、多学科交叉、观点鲜明且论述深刻为特点，计划每年出版4期。

福建体育会在会址举行"爱心送米致长者"活动，向1800位长者派发9000斤白米。活动已举办多年，主办方希望通过此项活动向长者表达社会关爱，同时推动和鼓励年轻一代积极关心长者，助长者安享晚年。

17日

新闻局完成编撰《出版法》修订建议草案公开咨询总结报告。新闻局局长陈致平在记者会上介绍，该局在2013年9月23日至10月25日就《出版法》修订建议草案进行了公众咨询，现已完成咨询意见的整理汇编，并编撰总结报告，主要内容包括：咨询工作的具体情况、修订咨询文本的意见和建议之响应、咨询后建议的修订草案以及咨询期间收集到的意见。

18日

临时沙梨头街市一活禽摊位环境样本中检测出H7亚型禽流感病毒。政府实时启动紧急机制，决定从19日起连续21天暂停澳门活家禽买卖交易，并对批发、屠宰及零售等场所进行清洗及消毒工作。一名密切接触者自愿在仁伯爵综合医院接受隔离医学观察及抗病毒药处方。

19 日

"2014 儿童发展筛检日"开幕式在祐汉公园举行。活动由澳门特殊奥林匹克委员会社会服务处主办、澳门中华教育会协办，旨在通过职能治疗师、物理治疗师及言语治疗师等专业人员为儿童进行初部评估，及早发现孩子的长处及短处，向家长提供更多信息及建议。

善明会举办以"'营'聚阳光力量、熄机 16 小时"为主题的"阳光少年系列活动"。鉴于现今时代，不论成人、青少年都离不开手机，主办方借此活动呼吁社会关注"手机低头族"现象，也希望父母与子女相聚时不用电话，珍惜共处时间。

20 日

澳门中华妈祖基金会即日起一连 3 天在路环妈祖文化村天后宫举办纪念妈祖诞辰 1054 周年系列庆祝活动，包括祝寿典礼、诵经仪式及免费斋菜同乐日等。妈阁水陆演戏会晚上在妈阁庙前地举行恭祝天后宝诞演戏酬神活动。

港澳步操乐队在耶稣会纪念广场（大三巴前）举行步操管乐汇演。该汇演是澳门爱乐协会主办的"澳门管乐节 2014"活动之一，近 10 支来自港澳的步操乐队，约 200 人分批通过管乐、敲击乐及步操等形式向公众表演。

22 日

环境保护局举办"2014 地球日——澳门公众环境意识调查发布及减塑爱地球"活动。发布的"2013澳门公众环境意识调查"结果显示，近年澳门居民环保意识和环保行为都呈上升趋势。

澳门中华学生联合会和青年研究协会联合发布澳门中学生阅读习惯调查结果。问卷调查在 3 月至 4月间进行，共 17 所中学参与，结果显示 70% 以上的中学生没有恒常的阅读习惯，54% 最近一年阅读课外书籍（不含报刊）少于 5 本，40% 阅读主要是为"打发时间、休闲消遣"，经常阅读的主要内容为动漫、生活娱乐及时事新闻类，阅读方式以电子书为主。

"甲午年马跃银河彩云献瑞贺宝诞"在妈阁庙前地举行。活动由妈阁庙慈善值理会主办，该会负责人与来宾共同参拜妈祖，祈求国泰民安、社会稳定、福泽澳门，并超度乘坐马航 MH370 及韩国海难的遇难者。

24 日

"白石造化——北京画院藏齐白石作品展"开幕。活动由澳门艺术博物馆与北京画院为庆祝齐白石诞辰 150 周年、澳门回归 15 周年及澳门艺术博物馆成立 15 周年合办，即日起至 6 月 15 日在澳门艺术博物馆四楼展出齐白石各时期作品共 300 件（套），包括 150 件（套）书画及 150 方篆刻。

澳门 4 名社会人士获颁美国总统社会贡献勋章。该勋章是美国颁授的高级荣誉，仅颁授给具有杰出贡献或成就的个人、家庭或组织，张明星、梁树森、陈荣炼、杜芷筠获得最高之蓝章奖。

25 日

澳门特别行政区政府代表团与国家旅游局在三亚举行"第八届 APEC 旅游部长会议"对接工作会议。双方就会议的各项细节进行磋商，初步确定了各场活动的方案，确保会议顺利进行。

26 日

五一国际劳动节系列活动——2014 粤港澳传统醒狮精英邀请赛在工人体育场 A 馆举行。来自澳门、香港、广东等地的 10 支队伍参赛，澳门罗梁体育总会夺得冠军。

27日

"2014 残疾人士运动日"在奥林匹克体育中心运动场室内馆举行。活动由体育发展局主办，澳门残疾人奥委会暨伤残人士文娱暨体育总会、澳门特殊奥运会及澳门聋人体育会协办，约 2500 人参加。

28日

政府公报刊登第 6/2014 号法律，调整公共行政工作人员的薪俸、退休金及抚恤金。其中，将薪俸点 100 点的金额调整为 7400 元，退休金和抚恤金按此增加，依比例调整。该法律自公布翌月之首日起生效。

政府公报刊登第 10/2014 号行政法规，订定《2014 年至 2016 年持续进修发展计划》。该计划详细规定了政府向居民提供资助的范围、受益人、资助金额、支付方式等内容，旨在鼓励居民持续进修增长知识，以提升个人素养和技能，从而配合经济产业多元发展及营造学习型社会。

政府接纳立法会第二常设委员会就主要官员离任补偿的建议。政府将《候任、现任及离任行政长官及主要官员的保障制度》法案最新工作文本送交立法会第二常设委员会，将非公务员及公务员的主要官员离任时可以收取的离任补偿分开处理，且获立法会一般性通过。

29日

民航局分别与澳门航空有限公司和机场管理有限公司签署互换安全数据的合作备忘录，扩大政府搜集航空安全数据的范围。

30日

澳门中华文化联谊会举行 2014 年度会员大会，同场选出新一届会员大会及理监事会成员。梁华蝉联会长，郭敬文、关权昌、黄健彬分别担任理事长、监事长、秘书长。

5月

1日

民政总署在黑沙海滩举办"五一黑沙海滩迎夏日演唱会"。中国内地、香港、台湾、澳门及马来西亚的多名歌手和乐队连续演唱 4 个小时，与观众一起欢庆假日。现场还安排多项沙滩赛事和水上活动，包括"沙滩手球公开赛"、"沙滩足球公开赛"、"沙滩排球公开赛"、"沙滩寻宝游戏"、"堆沙比赛"、"儿童绘画工作坊"、"摊位游戏"、"遥控模型越野车体验"、"香蕉船"、水上电单车及风帆游船河等，累计参与活动逾万人次。

国家体操精英运动员下午在塔石体育馆举行"五一"国家体操精英汇演。伦敦奥运会冠军董栋、北京奥运会冠军何雯娜、世锦赛冠军叶帅、世锦赛团体冠军李萌、匈牙利世界杯冠军艺术体操组合以及全运会个人全能季军杨玉清等随团来澳门，呈现精彩的艺术体操、蹦床及技巧三大项目，与 2000 多名观众一起欢度劳动节。

9 支队伍 18 个团体发起"五一"游行。警方表示，有 40 辆车（轻型汽车和电单车）和 1000 人参与，警方出动约 200 名警员，秩序大致良好。游行团体诉求多样，其中，博彩业工会和从业人员表达反对输入外雇庄荷及监场主任，尽快修法对赌场全面禁烟，博彩企业善待员工等要求；澳门青年动力要求加快兴建公屋，改善道路网络，增加小区设施等；家庭团聚联合会要求政府协助解决在内地的超龄子女来澳定居问题；多个团体特别关注养老、住屋、劳工等民生问题。游行队伍依照警方修订的路线行进，陆续抵达立法会、中联办和政府总部递交请愿信后，和平散去，秩序良好。

2日

第 25 届澳门艺术节在塔石广场开幕。本届艺术节逾半节目为本地创作，开幕节目《银禧庆典》由澳门多个乐团参演，为艺术节拉开帷幕。艺术节期间，除了多场各具特色的演出，并有粤剧、土生土语话剧、南音说唱等澳门非物质文化遗产项目演出；压轴节目《声光议梦》则向各界展现了澳门的别样风光和无限创意，为观众送上年度艺术盛宴。

3日

"纪念'五四'运动95周年系列活动之'爱·生命·梦实践'"综合晚会于晚上7时半在友谊广场举行。晚会由澳门18个青年社团组成的"纪念五四活动筹委会"举办，延续2013年"梦·GOAL飞"的主旨，加强青年间互助互爱和尊重包容。此外，该筹委会还举办了历史讲堂、交流团及园游会等活动。

内地"五一"小长假结束，3天假期经各口岸出入境106.8万多人次，其中内地旅客约61.18万人次。

4日

"全澳学界五四青年节升旗仪式"在西湾湖广场举行，教育暨青年局局长梁励等与青年学生逾1100人冒雨出席。活动由教育暨青年局举办，期望借此能够培养青年学生爱国爱澳的情怀，传承中华民族奋发自强的精神。

中华民族团结促进会主办的"2014青年民族文化周"系列活动在冰仔中央公园启动。来自全国各地20多个省份31个民族代表近90人，在澳门进行包括社区探访、走访多所大学及中学、青年论坛、专题讲座等一系列参访和交流活动，与澳门学界青年加强联系。

"2014年澳门国际博物馆日嘉年华"在冰仔龙环葡韵举行。为庆祝5月18日"国际博物馆日"，澳门近30家博物馆、广东省文博机构、香港康文署及其辖下博物馆举行该项活动，在现场设置多种摊位游戏及工作坊，呈现各地的历史沿革、人文传统和文化气息，与居民一起营造优质的文化生活空间。

5日

政府公报刊登第78/2014号行政长官批示，委任行政长官选举委员会委员选举和行政长官选举的总核算委员会成员。米万英、郭健雄、高炳坤、杨名就、张锡联获委任。其中，米万英获委任为该委员会主席。批示自公布翌日起生效。

社会工作局发放本年度第一期三类弱势家庭特别生活津贴。即日起，该局将陆续向约3800个符合资格的家庭发放特别生活津贴，协助其缓解经济压力，预计总支出约1410万元。特别生活津贴是特别行政区政府自2003年起通过"特别生活津贴发放计划"，向正在接受定期援助或收入不高于最低维生指数一定倍数（本年为1.8倍）的三类弱势家庭（单亲、长期病患及残疾人士），每年两次发放的一次性津贴。

路环街坊四庙慈善会在路环谭公庙前地公演粤剧，恭祝谭公仙圣宝诞。该会希望通过活动宣扬中国传统文化艺术、弘扬敬老育青优良传统、推动澳门旅游事业发展。

6日

澳门佛教总会举行"佛诞2558嘉年华"。该会每年都会与10多个官民团体一起在佛诞节当天合办浴佛活动，今年获民政总署协办及10多个民间团体支持，在花城公园侧举行浴佛祈福法会，在议事亭前地举行浴佛仪式，恭贺佛诞节。

鲜鱼行总会在议事亭前地举行醉龙醒狮大会祈福仪式。随后醉龙醒狮队冒雨到各街市舞醉龙。鱼行醉龙为澳门独有的民间活动，有悠久的历史，每年鱼行都会凝聚全行力量举办此活动，"澳门鱼行醉龙节"已被列入国家非物质文化遗产名录。

"各族青年手拉手·闪亮澳门"在妈阁庙前地举行。应中华民族团结促进会邀请，近 90 名内地各族青年代表来澳门参与"2014 青年民族文化周"，汇集在妈阁庙前地，穿着各民族特色服装进行歌舞表演，并与本地大学生交流互动，以使本地青年认识和了解不同民族的生活和文化。

7 日

政府公报刊登第 83/2014 号行政长官批示，委任黄有力为民政总署管理委员会主席，自 2014 年 5 月 9 日起为期 2 年。黄有力，北京体育大学教育学博士，1994 年起任职当时的体育总署，1998 年起担任副署长；2002 年至 2003 年间曾调任民政总署，出任管委会副主席，其后重返体育发展局，先后出任代局长及局长。

政府公报刊登第 84/2014 号行政长官批示，豁免进行公开竞投以做出对道路集体客运公共服务——第二标段及第五标段的批给。该标段即以往由维澳莲运公共运输股份有限公司营运的标段，鉴于该公司在 2013 年 12 月 4 日正式破产，政府为公共利益经法院批准租赁该公司的企业以营运巴士服务，续期合同将于 6 月届满，考虑到时间紧迫，为确保巴士服务正常和持续，政府遂以直接磋商方式批给有关服务。

政府公报刊登第 71/2014 号社会文化司司长批示，以定期委任方式委任戴祖义为体育发展局局长，自 2014 年 5 月 9 日起为期 1 年。戴祖义，澳门理工学院体育及运动学士，1984 年进入公职，1996 年至 1997 年获委任为澳门体育总署助理，1997 年至 1998 年获委任为澳门体育总署体育设备处处长，2001 年获委任为 2005 年澳门东亚运动会协调办公室助理协调员，2003 年至 2008 年以代任制度担任体育发展局代副局长，2008 年至 2014 年获委任为体育发展局副局长，并由 2013 年至 2014 年，以代任制度担任体育发展局局长。

9 日

"塔石艺墟"在塔石广场举行。活动由民政总署主办，一连 2 周逢周五至周日举行，来自中国内地、香港、台湾、澳门及马来西亚近 400 个文创团体参展，展示极具个性的原创产品。民政总署自 2010 年开始举办"塔石艺墟"，2011 年起正式定于每年 5 月及 11 月举行，至今已举办了 11 场，旨在鼓励及推动本土文创活动，促进各地创作人联系与交流。

澳门特别行政区护照持有人可在澳大利亚移民及边境保卫部网站办理旅游签证。身份证明局接获澳大利亚驻香港总领事馆通知，即日起申请人只需在该网站选择"在线服务"并登录网上系统，便可申请旅游、探亲或商务签证，无须亲自前往澳大利亚驻香港总领事馆或通过邮寄、电邮申请。

卫生局在万豪轩酒店举办庆祝国际护士节联欢晚宴。同场该局还颁发了护理 20 年、30 年服务奖，以及为庆祝该次护士节而举办的"护理知识可答比赛"和"慢病自我管理推广比赛"两项优胜者的奖项。

统计暨普查局资料显示，本年 3 月底澳门总人口为 614500 人，按季增加 7000 人；女性人口为 314600 人，占 51.2%。本年第一季新生婴儿共 1637 名，按季减少 119 名，减幅为 6.8%；新生男婴有 836 名，男女婴儿性别比为 104.4：100，即每 100 名新生女婴对应 104.4 名男婴。同季死亡个案共 543 宗，按季增加 15 宗；前三位死因分别是肿瘤（178 宗）、循环系统疾病（141 宗）及呼吸系统疾病（103 宗）。此外，第一季内地移民有 800 人，准许居留人士录得净移入 158 人，按季分别减少 147 人及 297 人；季末外地雇员有 145692 人，增加 7854 人。同季结婚登记有 1167 宗，按季增加 173 宗。

10 日
"澳门本地居民置业安居计划"展开为期60天的公众咨询。作为应对居民"澳人澳地"要求的补充措施，该计划将与公共房屋（社会房屋和经济房屋）、私人楼宇形成四层房屋供应环境，使居民能够依据自身经济能力选择置业途径。计划受众为超出经济房屋收入上限，但又没有能力购买私人楼宇，以及有能力购买经济房屋，希望提升居住环境却无力承受私人楼宇售价升幅的本地居民，以协助居民置业。

11 日
澳门妇女联合总会在塔石体育馆举行"2014十项全能竞技同乐日"活动。妇联理监事会、各属下单位员工、家属等超过1000人次参与竞技，同时特设心理咨询及妇女保健摊位，促进参加者关注身心健康。主办方希望通过活动发挥员工和团体之间的协作，同时创设平台鼓励员工和家属共同参与家庭活动，增强彼此间的凝聚力和感染力。

12 日
政府公报刊登第67/2014号社会文化司司长批示，核准新的《研究生奖学金发放规章》。该规章订定研究生资助发放技术委员会向澳门永久性居民发放研究生奖学金的规范，规定由社会文化司司长批示订定每年发放的奖学金名额和金额，在申请日已为澳门永久性居民者，可申请研究生奖学金，但学习或进修研究生课程所需的语言培训课程除外。

14 日
圣公会乐天伦赌博辅导暨健康家庭服务中心公布"2013澳门家庭指标调查"。调查历时近1年，收回近1400份有效问卷，其中父母、子女比例各占一半，60%的以上父母年龄为35岁至54岁，80%的以上子女年龄为14岁至24岁。调查发现家庭幸福感平均分为7.37分，相处质量属中上；家庭中需轮班工作成员越多，家人关系越差；2011年及2012年婚龄5年以下的家庭离婚率明显上升，夫妻在适应婚姻关系方面遭遇更多挑战。

15 日
文化局组织文创业界参与"第十届中国（深圳）国际文化产业博览交易会"。在展场设立"澳门创意馆"，以"澳门文创地图"为主题，描绘澳门节日盛事和小城居民日常生活情景，通过生动活泼的形式展现澳门的文创特色，宣传推广澳门文创产业。

卫生局公布自10月6日起澳门所有娱乐场中场全面禁烟，并设立不设赌台、封闭及具有独立抽气的吸烟室。如届时娱乐场未能完成或没有条件设置吸烟室，则中场全面禁烟，在此期间可继续进行设置吸烟室相关工作。政府希望借此改善娱乐场的室内空气质量，减少二手烟草烟雾对大部分员工及其他场内人士的影响，同时更清晰地划分吸烟区和非吸烟区，减少执法时所引起的争议。

16 日
电信管理局举办"2014世界电信和信息社会日庆祝典礼"，主题为"宽带促进可持续发展"。系列活动包括"物联网的应用及未来发展"专题讲座以及"WiFi任我行电子海报设计比赛"颁奖仪式，希望借此加深居民对电信及信息科技的了解及应用。

澳门律师公会在议事亭前地举行"2014律师日"庆祝活动。活动一连3天举行，为居民免费提供法律咨询服务，旨在向公众宣传律师在澳门社会中的角色，吸引本地人才加入律师行业，引起社会大众关注澳门的法律制度。

"2014全国高校澳门学生论坛"在北京大学开幕。该论坛是一个全国学术交流平台，自2009年在北京首次举办以来，已先后在上海、武汉、厦门、广州举办了4届。本届主题为"研京谈澳"，由北京（高校）澳门学生联合会、北京大学澳门文化交流协会，连同国内27个澳门学生社团，为庆祝澳门回归15周年合办，旨在通过分析澳门经济、法律、文化、社会等，探讨澳门回归15年的变化。

17日

行政长官崔世安在葡萄牙驻澳门总领事官邸获葡萄牙总统卡瓦科·席尔瓦颁授功绩大十字勋章。旨在表扬其在澳门回归15年来积极参与澳门的政治、经济及民生工作所做出的努力，同时感谢崔世安及特别行政区政府在推动葡萄牙文化及协助葡萄牙人社群参与社会事务方面所做的贡献。

教育暨青年局在旅游塔会展中心举办"2012/2013学年教学设计奖励计划"分享会暨颁奖典礼。来自44所学校的315名教师提交了188份作品，其中获奖作品167份，获奖教师230名。主办方希望借此计划使教师能够互相观摩，共同进步，从而提升澳门教师的整体教学水平。

18日

民政总署辖下多所博物馆举办多项活动庆祝"国际博物馆日"。为配合"博物馆藏品架起沟通的桥梁"主题，澳门茶文化馆及路氹历史馆设有"亲亲文物——触摸展品导赏服务"，让居民通过讲解及亲手感受文物，深入了解博物馆藏品，拉近与博物馆的距离。

19日

政府发言人办公室举行新闻发布会，介绍路环九澳环境治理情况。自4月开始，多个政府部门合作处理该区环境污染问题，目前主要针对水泥厂、九澳货柜码头砂仓、九澳隧道工程施工、完善行人安全措施和道路修复、打击车辆违规行为5大方面落实改善方案。

20日

电子往来港澳通行证启用。电子通行证为卡式证件，内嵌非接触式芯片存储持证人个人资料等信息，往来港澳签注直接打印在证件背面。内地居民在申办电子通行证时，授权同意澳门治安警察局使用其指纹模板信息，便可直接使用澳门各口岸自助查验通道进出境。

21日

"疑古创新——新文化运动先驱钱玄同文物特展"在回归贺礼陈列馆专题展览厅开幕。为纪念五四运动95周年及钱玄同先生逝世75周年，澳门艺术博物馆与北京新文化运动纪念馆、北京鲁迅博物馆合办此展览，展出两馆珍藏与钱玄同相关的文物共176件（套），借此展现新文化运动的精神面貌和时代氛围。

22日

珠澳两地执法部门联合行动，扣押卷烟货值合共2000多万元。澳门海关、卫生局及珠海市公安局、烟草专卖局，联合打击假烟私烟，捣毁多个非法营销犯罪窝点，查缉大批违规、逃税及假冒卷烟，为今年以来澳门海关破获的最大宗卷烟违法案。

23日

"历史的跨越——纪念《澳门基本法》颁布21周年暨澳门回归14周年图片展"在辽宁省博物馆开幕。展览由澳门基本法推广协会、法务局、民政总署、教育暨青年局、中央人民政府驻澳门特别行政区联络办公室研究室，以及辽宁省外事（侨务）办公室、文化厅、新闻出版广电局联合主办，共展出近400张澳门不同历史阶段的图片。

25日

"2014六一国际儿童节小学生与中国人民解放军驻澳部队互动活动"在澳门科技大学举行。活动由民政总署、法务局、社会工作局、教育暨青年局、体育发展局组成的"六一国际儿童节组织委员会"与中国人民解放军驻澳部队合办，澳门童军总会协办，约30所学校1200名师生参与。主办方希望借此互动交流提升小学生的民族意识，弘扬爱国爱澳精神。

"康公庙合众善信万佛诞百家菜供僧祈福法会"在康公庙前地休憩区举行。活动由康真君庙慈善会主办，街坊总会、十月初五街坊会、炉石塘坊会、两海坊会、缅华互助会协办，并获耀阳体育会支持，希望借此活动弘扬中华文化，祝愿社会和谐幸福，并促进缅澳间宗教文化等交流合作。

"世界社工日'不分你·我·他'"嘉年华活动在塔石广场举行。活动由澳门理工学院学生会社工同学会举办，宣扬"尊重多元、包容差异"的理念，期望通过各式各样的服务推动澳门成为一个共融互助的城市。

网上组织"澳门良心"、澳门公职人员协会发起"反离补"游行，反对特区政府提出的《候任、现任及离任行政长官及主要官员的保障制度》法案（简称"高官离补法"）。该法案的主要内容为确认行政长官及主要官员离任后的福利制度安排，亦包括对行政长官赋予刑事豁免权。下午2时半，数千名居民身穿白色或浅色衣服在塔石广场集合，当中以学生及白领阶层占大多数，反对政府制定"离补法"。与此同时，由江门同乡会发起的"支持政府制度化建设、高官离职保障制度"集会游行亦在上址举行，认为立法是完善制度建设，支持政府依法施政。现场双方各自表达对法案的观点与角度，互相尊重与克制。警方估计两支游行队伍参与人数分别约7000人、1000人。"澳门良心"晚上发出新闻稿表示，游行人数达20000人。两支队伍先后抵达南湾湖水上活动中心，在现场做短时集会及表达诉求后和平散去，而反对阵营另有约700多人继续前往西望洋花园集会，活动至晚上8时结束。

26日

政府公报刊登第11/2014号行政法规，公布2014年度现金分享计划，订定向符合规定发放条件的居民发放现金分享款项的安排，其中，永久性居民和非永久性居民的获发放金额分别为9000元及5400元。行政法规自公布翌日起生效。

马万祺先生在北京中国人民解放军总医院因病逝世，享年95岁。马万祺，1919年生于广东广州，曾任镜湖医院慈善会董事、副董事长、董事会主席，澳门中华总商会理事、副理事长、副会长、会长，中华教育会理事、副会长、名誉顾问，篮排球会、乒乓总会、游泳总会、象棋总会等会长，澳门东亚大学董事会主席、咨询会主席，濠江中学、培道中学、商训夜中学、广大中学、青洲小学、镜平小学等校董会主席，中华文学基金会会长，澳门大华行投资有限公司董事长，澳门基本法起草委员会副主任，澳门特别行政区筹备委员会副主任，第一、二、三、四、五届澳门立法会议员，第六、七届全国人大代表、全国人大常委会委员，中国人民政治协商会议第八、九、十、十一届全国委员会副主席。2001年获颁特别行政区政府最高等级的"大莲花荣誉勋章"，表彰其对社会政治、经济等所做的重大贡献。

27日

立法会全体会议应行政长官请求通过决议，中止对《候任、现任及离任行政长官及主要官员的保障制度》法案的细则性审议和表决。行政长官会后发出新闻稿，向立法会主席贺一诚及全体议员致谢，并表示，政府将继续就法案充分听取及咨询社会各界意见及建议。下午3时起，数千居民在立法会前草地静坐示威。立法会中止法案细则性审议和表决后，示威群众于晚上8时起和平散去。29日上午，行政长官崔世安在政府总部召开记者会，宣布撤回上述法案。

立法会一般性通过《因劳动关系而产生的债权的保障》。法案建议设立"劳动债权保障基金",专门负责提供因劳动关系而产生债权的保障,独立于社保基金,由政府向基金初始拨款 1.6 亿元,并将劳动债权保障扩展至外雇。

28 日

文化局举行"叶挺将军故居"开幕仪式。为纪念澳门特别行政区政府成立 15 周年以及叶挺将军逝世 68 周年,位于贾伯乐提督街 76 号的"叶挺将军故居"正式对外开放,并设有展览,重现叶挺将军与家人当时的生活面貌,让公众了解这位杰出的民族英雄居澳时期的生活情境。

第四届行政长官选举委员会委员的候选名单确定。自 2004 年专业界出现过差额选举后,今年教育界、体育界及劳工界再现仅为 2 人、2 人、4 人的差额选举,并且各界别新旧交替,不少旧人引退,新人涌现。

29 日

澳门工会联合总会筷子基家庭及小区综合服务中心开幕。该中心旨在为区内居民提供完善的小区支持服务及活动空间,针对小区及家庭的常见问题,向大众宣传教育并为有需要的居民提供适时协助。

30 日

澳门妇女联合总会在渡船街妇联综合服务大楼五楼何贤礼堂举办粤曲慈善演唱会,为妇联学校黑沙环新填海区 E1 地段新校舍筹募经费,共筹得逾 60 万元善款。

统计暨普查局公布 2014 年第一季本地生产总值。资料显示,本年第一季本地生产总值按年实质增长 12.4%,经济增长主要由服务出口及投资带动,其中,博彩服务及其他旅游服务出口上升 13.0% 及 6.6%,私人投资增加 39.8%,货物出口上升 13.4%。

31 日

"变形金刚 30 周年展览"揭幕礼在威尼斯人金光会展展览厅举行。展览由澳门威尼斯人及 FM Event 主办,并获旅游局支持,占地 2650 平方米,展出逾 1000 件不同年代的变形金刚模型及粉丝珍藏,是亚洲最大型的变形金刚展览。

本月

地图绘制暨地籍局推出新版《澳门地图通》iPhone/iPad 及 Android 应用程序。此优化版本新增多项便民功能,重点加入"公共巴士路线"及"脱机地图"两项应用,还增加了一些个性化的功能,包括"汇入书签"及"位置共享",深化地理信息科技的应用。

6月

1 日

马万祺先生悼念和公祭仪式在综艺馆举行。习近平、李克强、张德江、俞正声等国家领导人和中共中央、全国人大常委会、国务院、全国政协等中央机构致送花圈。受中央委托,中共中央书记处书记、全国政协副主席杜青林,全国政协副主席何厚铧,全国政协副主席兼秘书长张庆黎等出席仪式,600 多名内地和港澳各界人士出席致哀。在全场静穆注视下,灵柩封棺,并覆盖中华人民共和国国旗。何厚铧、崔世安、孙怀山、王光亚、李刚、许光任、贺一诚、许世元、刘焯华、李成俊 10 人扶灵,灵柩奉移氹仔孝思墓园安葬。

社会工作局连同多个政府部门及民间机构在塔石广场举行大型园游会。活动设有多个摊位游戏及文娱表演节目，旨在庆祝"六一"国际儿童节，并唤起居民对儿童权利和福祉的关注。

环境保护局即日起至 6 月 7 日举办"2014 澳门环保周"。活动是为响应 6 月 5 日"世界环境日"而举办，以"减用塑料袋　全城绿起来"为主题，推动居民落实减少使用塑料袋等"减塑"行为。

3日

政府公报刊登第 125/2014 号行政长官批示，调升申请购买经济房屋的申请人的每月收入限额和资产净值上限。其中，1 人家庭每月收入下限和上限分别调升至 8490 元和 31750 元；2 人或以上家庭每月收入下限和上限分别调升至 13210 元和 63500 元；1 人家庭及 2 人或以上家庭资产净值上限分别调升至 959600 元和 1919100 元。

政府公报刊登第 127/2014 号行政长官批示，调升社会保障制度各项福利金及津贴。其中，养老金上限和残疾金调升至每月 3180 元，救济金调升至每月 2083 元，失业津贴调升至每日 127 元，住院及非住院疾病津贴分别为每日 127 元和 96 元，结婚津贴及出生津贴均为 1800 元，丧葬津贴为 2330 元。上述福利金及津贴皆追溯至 2014 年 1 月 1 日。

4日

民政总署与广东省林业厅合作保护濒危野生动植物。双方就签署《粤澳濒危动植物鉴别交流合作机制框架协议》达成一致意见，将以加强濒危野生动植物保护与合作交流、共同打击破坏濒危野生动植物资源违法行为为目标，建立联系人制度、濒危物种鉴定合作机制和执法、培训交流互访机制。

5日

环境保护局公布《澳门环境保护规划（2010/2020）近期实施及成效评估》。该规划是澳门首个环境规划，以"构建低碳澳门　共创绿色生活"为愿景，通过近期、中期及远期三个阶段，有序推动规划目标的实现，以逐步提高澳门的环境质量。环保局 2013 年委托国家环境保护部华南环境科学研究所，对该规划近期的工作进行成效评估研究工作以检讨进度，结果表明已有序落实规划近期的行动计划，基本达标；规划绿指标方面，有六项指标优于近期目标，仅废弃物资源回收率未达标。

"世界环境日"颁奖礼举行，共 24 个佳作获奖。为响应联合国"世界环境日"，民政总署推出"我们的地球环保劳作创作比赛"、环保作品展、"森林漫步"环境花饰与纸艺创作立体作品展览等，期望通过不同形式的活动，鼓励居民加入支持城市环保的行列。

6日

文化产业基金正式接受申请。根据澳门特别行政区第 26/2013 号行政法规《文化产业基金》及第 73/2014 号行政长官批示《文化产业基金资助指给规章》，文化产业基金正式投入运作，并于本日正式接受申请。该基金的宗旨是运用其资源支持发展澳门特区文化产业的项目，推动经济适度多元发展。

《澳门商报》创刊 8 周年、澳门文化传媒联合会成立 5 周年庆典暨两岸四地风光摄影大赛"珠海印象"启动仪式在珠海外伶仃岛举行。比赛由《澳门商报》、澳门文化传媒联合会、珠海市旅游总会合办，旨在宣传两岸四地旅游风光，推动旅游文化合作和发展。

7日

"2014 两地五市世界环境日嘉年华"在塔石广场举行。活动由环境保护局与广东、香港、广州、中山、珠海、深圳、东莞等各地环保部门合办，为粤澳及港澳环保合作的重点宣教活动之一，设有围绕环保和减塑主题设计的摊位游戏及工作坊，主办方希望通过互动和具有教育意义的游戏宣扬环保知识，提升公众的环保意识。

防止虐待儿童会公布"澳门未成年人身心安全"调查报告。在澳门约50所学校中，随机抽出10所参与调查，对象为15岁至17岁的学生，收回有效问卷1216份，其中未成年对象的问卷为960份。结果发现，约有10%的受访者曾经历一次或以上的性侵犯，最小为6岁，15岁占的比例最大；出事年龄女生较男生早一些，从9岁开始至17岁出事风险递增，风险期较男生长许多。

8 日

2014年澳门龙舟公开赛标准龙比赛在南湾湖水上活动中心举行。上午完成所有500米赛事预赛，下午进行复赛和决赛，最后女子组银河明珠夺冠，澳门美高梅及澳门理工学院校友会分居第二、第三名，公开组银河之星夺冠，蒙地卡罗体育会及新濠博亚娱乐获得亚军和季军。

"第25届澳门艺术节"落幕。压轴节目《声光筑梦》在大三巴牌坊举行，正式降下本届银禧艺术节帷幕。该节目由本地艺团Mava影音艺术团车同特邀的西班牙艺术家携手呈献，自5月31日起共上演17场，吸引逾万人次观赏。

"万家欢乐在板营 关帝诞文娱演唱会"在金碧文娱中心举行。活动由板营坊会主办、新星舞动文娱协会协办，吸引近200名居民参与。此外，主办方还将举办一系列关帝贺诞庆祝活动，分别组织居民参拜三街会馆、举行"关帝诞联欢餐会"等。

9 日

政府公报刊登第26/2014号行政命令，授权运输工务司司长刘仕尧代表澳门特别行政区与澳门新时代公共汽车股份有限公司签署有关道路集体客运公共服务——第二标段及第五标段批给合同的公证合同，由该公司承接原来维澳莲运经营的巴士服务，新合同为期3年，自7月1日起生效。

政府公报刊登第148/2014号行政长官批示，自2014年7月1日起调升维生指数。其中，1人家庭调升至3800元，2人或以上家庭调升至6990元，3人家庭至8人或以上家庭各有不同程度的调升。这是特别行政区政府自2014年1月1日后再次调升维生指数，以助弱势家庭解困。

社保基金公布公积金个人账户2014年预算盈余特别分配款项名单。被列入名单人士应符合3个条件：2013年12月31日或之前已年满20岁的澳门永久性居民；2014年1月1日仍然在世；2013年内至少有183天身处澳门。这些人士的公积金个人账户将获注资7000元。

10 日

"2014濠江之春"澳门与内地艺术家大联欢在渔人码头举行。活动由中国音乐家协会、中联办文教部、澳门中华文化联谊会为庆祝澳门回归祖国15周年合办，获澳门基金会、澳门文化局等大力支持。"濠江之春"自2010年开始至今已举办4年，是两地文化交流、繁荣澳门文艺的一个重要品牌，为澳门文化产业发展积累了宝贵经验。

行政长官崔世安在政府总部与全国政协副主席马培华会面，双方就澳门善用自身特色推动中华文化走向世界等问题交流意见。

庆祝葡国日、贾梅士日暨葡侨日酒会在葡萄牙驻澳门总领事馆举行。葡萄牙葡侨事务国务秘书西沙里奥专程来澳出席，并代表葡萄牙向行政长官办公室主任谭俊荣颁授殷皇子勋章，感激其长期为葡萄牙与澳门担当桥梁角色，加强双方联系。行政长官崔世安出席酒会，重申特别行政区政府尊重及爱惜居澳葡人。

11 日

行政长官选举管理委员会在旅游活动中心举行特首选委选举投票程序简介会。据介绍，投票当日，投票人须出示《投票权证明书》及澳门永久性居民身份证，必须采用选管会提供的专用笔，填满代表候选人的格子。

台湾"移民政总署"发布修正后的《香港澳门居民进入台湾地区及居留定居许可办法》。其中，放宽了港澳学生定居条件，在台求学的港澳学生毕业后，只要经许可工作居留连续满 5 年、每年在台居住 183 天以上且最近 1 年在台湾平均每月收入超过台湾劳工主管机关公告的基本工资 2 倍，就可以申请定居。

政府公报刊登第 99/2014 号、第 100/2014 号保安司司长批示，批准在外港边境站警司处及凼仔警务警司处录像监视系统内，合共增设 16 台录像监视摄影机，24 小时运作，由治安警察局管理。

12 日

行政会在政府总部公布物业管理行业中的清洁及保安两个工种的最低工资方案，建议该两个工种订定最低工资时薪 30 元、日薪 240 元或月薪 6240 元。

法务局、民政总署和消费者委员会三方在法务局举行记者会，介绍《检讨消费者权益保护法律制度》咨询文件内容。随着近年澳门物价尤其是部分食品价格持续上涨，现行法例无法研究商品或服务的定价是否合理，难以采取控制措施，因此，政府全面检讨和完善保障消费者法例，并展开公众咨询，咨询期即日起至 8 月 12 日，为期两个月。

13 日

教育暨青年局在中葡职中体育馆举行"澳门师生暑期对外活动启动礼"。该局组织了 35 个代表团，逾 1600 名师生参加对外活动，包括体育、科普和学科比赛、语言学习、夏令营、交流活动及教师培训等，地点遍布亚洲、欧洲、北美洲、大洋洲及非洲，期望达到鼓励师生"展翅寻梦想，发放正能量"的目标。

社会工作局公布滥药者中央登记系统 2013 年全年数据，滥药者 636 人，同比上升 8.2%。禁毒委员会召开 2014 年全体会议，社工局呈报该数据，显示整体滥药人数、青少年吸食冰毒比例、在家吸毒比例均有上升趋势，青少年滥药危机程度也有所上升。

大三巴哪吒庙值理会举办"甲午年卅三天哪吒太子千秋宝诞系列庆祝活动"。即日起一连 3 天先后举行"消灾保平安建醮祈福法会""飘色贺诞巡游""醒狮贺宝诞采青活动"，推广传统庙会文化，祈求风调雨顺、国泰民安。

14 日

民政总署主办的"荷香乐满城——第 14 届澳门荷花节"在凼仔龙环葡韵开幕。主题品种为"香雪海"，在望德圣母湾侧主展场摆放历届荷花节主题花及其他品种荷花，数量逾千盆，此外还在多个公共空间及市政公园、绿化区、圆形地放置不同品种荷花，作为庆祝澳门回归祖国 15 周年的献礼。

"中国文化遗产日"系列活动举办。为贯彻"让文化遗产活起来"的主题，文化局在澳门世界文化遗产景点、博物馆和图书馆等举办一系列活动，包括专题展览、讲座、导赏活动及景点展馆免费开放等，展示澳门文化遗产的内涵与魅力，加深公众对澳门文化遗产的认识。

街坊总会青年政策小组在街总青少年综合服务中心公布"澳门父亲的压力情况"问卷调查结果。调查对象是育有一名 3 岁或以上子女的父亲，以街头抽样方式访问，收回有效问卷 858 份。结果显示，以 10 分为最高，44% 的受访父亲的压力状态达到 7 分以上，处于高压状态，约 37% 表示主要压力来自经济方面。

15 日

粤港澳文化合作第 15 次会议在广州举行，三地文化部门共同签署《粤港澳文化交流合作发展规划（2014~2018）》。三地将共同开发粤港澳文化生活地图 APP 和粤港澳区域博物馆优惠证，并且全面深化文化融合，实现公共文化服务一体化。

社会工作局与循道卫理联合教会社会服务处在友谊广场举行"幸福家庭爱家 Fun 游艺会"。自 2013 年起，社工局与多个民间机构组成"可爱人生·幸福家庭"小区倡导小组，建立互相交流、互相支持的家庭及小区服务网络平台，开展多项预防性宣传教育活动，向居民推广积极人生、幸福家庭、和谐小区的信息。

16 日

政府公报刊登第 150/2014 号、第 151/2014 号行政长官批示，调整免费教育津贴金额和学费津贴金额。学生人数为 25 人至 35 人的幼儿、小学、初中及高中教育的班级免费教育津贴金额分别调整为810000 元、895000 元、1090000 元和 1240000 元。幼儿、小学和中学教育的学费津贴金额分别调整为16700 元、18600 元和 20700 元。

政府公报刊登第 90/2014 号社会文化司司长批示，订定 2014/2015 学年研究生奖学金的发放名额及每年发放金额。其中，硕士学位课程奖学金名额为 100 个，每年定额为 57000 元；硕博连读的博士学位课程奖学金名额为 5 个，每年定额为 69000 元；博士学位课程奖学金名额为 20 个，每年定额为79000 元。

治安警察局公布自 7 月 1 日起护照过境首次逗留许可由 7 天减至 5 天。鉴于 2013 年持获第三地签证的中国护照入澳的内地旅客，80% 没有前往其他国家或地区，该局决定进一步收紧中国护照的过境限制，除首次入境逗留缩短之外，若违反过境规定没有前往目的地，而且于 60 天内第二次入境，逗留许可为 1天；若再违反过境规定，且于 60 天内第三次来澳，则会被拒绝入境，并于 60 天后方允许再入境。这是自 2008 年以来的第二次调整。

行政长官崔世安在礼宾府会见国际奥林匹克委员会副主席、国际武术联合会及亚洲武术联合会主席于再清，双方就促进澳门与国际体育界的交流和合作交换意见。

18 日

培正中学在学校礼堂举行"剑桥英语学校"授牌仪式。"剑桥英语学校"由英国剑桥大学语言测评考试院和剑桥大学出版社共同负责，为网络成员学校提供正式剑桥英语考试与教学资源，培正中学为获认可的亚洲第一所该类学校。

19 日

行政会发言人梁庆庭在政府总部介绍《动物保护法》草案和《本地学制正规教育课程框架》行政法规草案。《动物保护法》草案中主要规定五种"禁止"行为以保护动物；虐待、违法宰杀动物者，可处刑事责任；猫狗不得食用。《本地学制正规教育课程框架》草案建议年度教育活动总时间下限延长至 195学日；明确规定初中可设、高中必选选修课；小学至高中阶段，必须确保学生每周有不少于 150 分钟的体育运动时间；余暇活动亦要纳入正规课程计划中，各小、中学生必须参加并要达到一定课时。

20 日

"活力澳门推广周·四川成都"开幕式在成都世纪城新国际会展中心举行。展览面积达 11000 平方米，展位 260 个，同期还将举办"四川—澳门—葡语国家投资营商环境推介会"、川澳商贸对接洽谈会、川澳旅游交流晚宴等商务推介活动，以期为川澳经济、文化、旅游合作交流搭建一个良好的服务平台。

街坊总会青少年综合服务中心发布"澳门青少年生活满意度研究报告"。该项研究通过问卷形式调查澳门 7 所中学共 1864 名青少年，并访谈 70 名学生，主要调查其对家庭、朋友、学校、居住环境、自我 5 方面的满意度。结果发现，除家庭生活外，各方面的满意度均未达到满意标准，其中以居住环境得分最低。

21 日

澳门青年庆祝澳门特别行政区成立 15 周年活动委员会（简称"青庆会"）成立大会在中总四楼何贤纪念堂举行。青庆会在特别行政区政府和中联办的指导和支持下成立，由澳门青年联合会连同 50 多个青年社团组成，各界青年广泛团结和整合，将集思广益、齐心协力完成一系列的庆祝活动。

22 日

大熊猫"心心"因肾功能急剧下降抢救无效死亡。大熊猫"开开"和"心心"是澳门回归祖国十周年之际，中央政府赠送澳门的珍贵礼物，至今已经接待观众超过 50 万人次。民政总署晚上 11 时召开新闻发布会公布"心心"死讯。经与香港及内地等多方面的病理专家分别进行剖验，证实"心心"死于原发性肾衰竭继发出血性胃肠炎，与微生物感染无关，并初步排除与传染病、寄生虫、环境等人为可控制因素有关。

"2014 世界禁毒日——健康促进行动嘉年华"在三盏灯圆形地举行。活动由健康促进协会为响应世界禁毒日而举办，通过主题禁毒摊位游戏、论坛等，向小区居民宣传毒品危害以及禁毒信息，并提供免费骨质密度及血压的健康检查。

保护遗弃动物协会（AAPAM）在塔石广场举行集会游行，促请《动物保护法》法案尽快通过及实施。约 1000 人携带宠物参加游行，秩序良好。

23 日

由广东省青年联合会、澳门青年联合会联合主办的"中国心·粤澳情"正式启动。活动自 2009 年开办以来，已成为粤澳青年交流的品牌项目，至今累计参加人数达 1000 多人，通过互访交流等形式，为粤澳青年搭建平台，增进交往和友谊。

24 日

第 10 届"港澳大学生文化实践活动"在国家博物馆开幕。活动自 2005 年开办，是由文化部倡议举办的内地与港澳青少年文化交流重点品牌项目，旨在促进港澳大学生专业知识与实践能力的协调发展。今年共选拔了来自 16 所高校的 98 名港澳在校大学生到内地，其中澳门学生 38 人，安排在 15 家文博机构进行为期 5 周的工作实习，参与交流联谊等活动。

25 日

政府公报刊登第 33/2014 号运输工务司司长批示，以定期委任方式委任张绍基为地图绘制暨地籍局局长，自 2014 年 6 月 29 日起为期 1 年。张绍基，澳门出生，台湾成功大学测量工程学系学士，中国政法大学法律学士，中山大学政治与公共事务管理学院行政管理专业硕士，中国人民大学公共管理学院土地管理系博士。1993 年加入公职，先后任前地图绘制暨地籍司高级技术员、助理，地图绘制厅厅长、副司长；1999 年获委任为地图绘制暨地籍局代局长至今。

横琴澳门大学校区河底隧道及校区内公共道路向公众开放。进入横琴岛澳大新校区的车辆须经由河底隧道进出，校区内的"澳大横琴总站"即日起投入使用，连接校区的 37U 及 MT3U 路线首班车在该总站发车及调整路线行程。

行政长官崔世安在礼宾府会见欧盟驻香港及澳门领事团，就促进双方沟通合作及共同关心的问题交换意见。

澳门自来水股份有限公司与邮政局举行"电子水费单派递服务启用新闻发布会"。客户只要完成简单的申请手续，便可通过邮政局推出的全民免费电子邮政信箱应用程序——安全电子邮箱（简称 SEP-Box）收取水费单，然后配合电子支付平台进行网上付款。

26日

财政储备暂时账面亏损 16.4 亿多元。金融管理局向立法会公共财政跟进委员会介绍 2013 年财政储备投资情况，至今年 4 月财政储备约 2400 多亿元，受人民币汇率下跌影响，暂时亏损。

澳门科学技术奖评审委员会公布"2014 年度澳门科学技术奖"评审初步结果，有 14 个项目获自然科学奖、技术发明奖及科技进步奖。委员会建议授奖名单经公示后并呈行政长官批准后最终确定。

第二届"亚洲彩虹奖"电视颁奖礼在威尼斯人剧场举行。活动由香港电视专业人员协会、中国广播电视协会电视制片委员会主办，澳门基金会、广州广播电视台、广州广电传媒集团、广州纪闻影视传媒文化有限公司承办，全国 23 家城市电视台协办，共颁发 27 个类别共 80 个奖项。"亚洲彩虹奖"是首个涵盖全亚洲地区的电视大奖，被誉为"亚洲艾美奖"，旨在以权威性、专业性和影响力，为亚洲电视产业发展提供定位，促进亚洲国家和地区间电视节目制作业的交流与合作。

"2014 国际禁毒日系列活动"启动礼在澳门旅游学院举行。活动由社会工作局连同多个部门及民间机构举办，以"禁毒行动·全城出击！Action！"为口号，开展逾 50 项内容丰富的活动，旨在向大众推广禁毒信息，鼓励全民支持抗毒工作。

27日

"绘画传奇——纪念中法建交 50 周年法国经典名画特展"在艺术博物馆二楼专题展览馆开幕。活动由艺术博物馆与法国驻港澳总领事馆、法国国家博物馆联盟合办，展出克卢埃、布歇、莫奈、雷诺阿、马蒂斯、毕加索等 12 位大师的真迹，重现法国 16 世纪至 20 世纪的文化风貌，让居民深度感受法国艺术。

"2014 国际创新发明展"开幕式举行。活动由澳门创新发明协会主办，世界发明智慧财产联盟总会、中国发明协会及香港发明协会协办，15 个国家和地区参加，展出 180 件发明作品，其中澳门有 30 多件作品参展。

澳门特别行政区护照持有人赴新西兰免签。身份证明局接获新西兰驻香港总领事馆回复，自 2014 年 6 月 30 日起，澳门特别行政区护照持有人可以旅客身份免签证入境新西兰，逗留最多 3 个月。

28日

"青年善用余暇计划 2014"启动礼在科学馆会议中心举行。活动由教育暨青年局主办，泛澳青年商会承办，科学馆协办，澳门 28 个公共部门与私营机构共同参与推行，529 名青年将到不同机构实习 6 周至 8 周，为未来就业奠定基础。

"2014 夏日音乐祭——盛夏派对"在黑沙海滩举行。活动由澳门中华学生联合会主办，内容有音乐会、躲避球比赛、康体竞技比赛、烧烤晚会，近 400 人参与。主办单位期望借此鼓励青少年积极参与户外活动，并为他们提供发挥才华的平台。

29日

第四届行政长官选举委员会委员选举顺利完成。400 名委员全部产生，其中 344 人由澳门社会不同界别选出。投票于当天上午 9 时至下午 6 时进行，共有 4505 名合资格人士前往 7 个投票站投票，投票率为 82.69%。根据澳门基本法，澳门特区行政长官由一个具有广泛代表性的选举委员会选出，由中央人民政府任命。澳门特区行政长官选举委员会根据《行政长官选举法》，专为选出澳门特区行政长官而设，选委会任期 5 年。本届行政长官选举委员会委员选举有 352 人报名参选。新修订的澳门特区《行政长官选举法》规定，本届行政长官选举委员会的人数由过去的 300 人增至 400 人。其中 12 名全国人大代表为当然委员；另有 38 名委员分别由澳门地区全国政协委员、澳门特区立法会议员各自内部选举产生，宗教界 6 名委员由宗教团体内部协商产生。其余 344 名委员由澳门各界别投票产生。其中工商、金融界 120 人，文化界 26 人，专业界 43 人，社会服务界 50 人为等额选举；教育界 29 人，体育界 17 人，劳工界 59 人为差额选举。这也是澳门特区行政长官选举委员会首次进行差额选举。澳门特区《行政长官选举法》还规定，特区行政长官、主要官员、特区法院和检察院的司法官、选举管理委员会成员不得参选选举委员会委员。根据《行政长官选举法》的规定，本届行政长官候选人应获得不少于 66 名选委的提名。

"'在希望的田野上'——中华人民共和国成立 65 周年暨澳门回归 15 周年庆祝晚会"在澳门东亚运动会体育馆举行。活动由中央新闻纪录电影制片厂（集团）、澳门基金会、澳门新建业集团合办，获中联办文教部大力支持，20 多名国家一级歌唱家及港澳著名歌手登场演出，为观众呈现了一场视听盛宴。

30日

政府公报刊登第 28/2014 号行政命令，订定 2014 年 8 月 31 日为行政长官选举日。

政府公报刊登第 167/2014 号行政长官批示，调升社会房屋家庭每月总收入及总资产净值限额。其中，1 人家庭至 7 人或以上家庭两个限额都有所调升，平均升幅为 4.7%，自 2014 年 7 月 1 日起生效。

7月

1日

政府调升维生指数。其中，1 人家庭由 3670 元调升至 3800 元，升幅约 3.5%；2 人或以上家庭至 8 人或以上家庭各有不同程度的调升。

新时代巴士公司承接原维澳莲运 27 条巴士路线开始营运。凌晨起陆续更新巴士站牌、更换车身标志及车厢路线纸等，一切运作如常，平稳过渡。

"轻轨澳门半岛线北段"三个走线方案开始公开咨询。运输基建办公室 6 月 27 日公布金莲花广场至关闸三个走线方案，分别经马场东大马路走线、劳动节大马路走线和友谊桥大马路沿海走线，即日起展开公开咨询，为期 45 天，其间并就轻轨途经新口岸观音像的高架桥设计收集公众意见。

2日

"2014 年度现金分享计划"即日起开始发放。特区政府为与民共享经济发展成果推出该计划，即日起至 7 月 4 日以银行转账方式发放给领取敬老金和残疾津贴的人士、领取津贴的教职人员和专上学生、退休及抚恤金人士、公共行政部门人员；7 月 7 日至 9 月 12 日分 10 个星期，按出生年份先长后幼邮寄支票给合资格的居民。

民政总署、澳门自来水股份有限公司及澳门通股份有限公司合办"城市指南交水费·澳门通卡做得到"三方发布会。自 2012 年 9 月，三方合作推出《城市指南》信息亭水费查询及缴费服务，为进一步拓展便民缴费服务，相关电子缴费服务站由原来的 4 台增至 33 台，用户只需在信息亭输入水费单上的合同编号，便可查询水费或以澳门通缴交水费。

3 日

行政长官选举管理委员会宣布候选人提名期及竞选活动期。候选人提名期为 7 月 18 日至 29 日，竞选活动期为 8 月 16 至 29 日，8 月 30 日为冷静期，31 日正式选举。有意参选行政长官选举的人士自 7 月 14 日起领取提名表，并在提名期内交回最少 66 个选委的提名，方符合参选资格。每名行政长官候选人的竞选经费上限为 5769955.95 元。

司法警察局在总部大楼举行首届"灭罪小先锋种子计划"结业礼暨新一届计划启动礼。为了更有效地推动预防青少年犯罪工作，司警局在 2013 年正式推行该计划，通过一系列领袖技能和防罪知识培训课程及活动，向参与计划的青少年灌输防罪守法意识，培育他们成为校园灭罪先锋。来自 26 所学校的 90 名同学参与首届计划，最终 74 名小先锋顺利完成课程并达标，获颁发结业证书。

治安警察局与交通事务局在苏亚利斯博士大马路联合行动，检控在斑马线前违规的行人及驾驶者。鉴于本年度前 5 个月的交通意外事件较同期上升，涉及行人违规过马路上升逾 16 倍，两局展开检控及宣传的联合行动，检控违规行驶，并向行人宣传使用行人过路设施。

4 日

"道路工程协调小组"在土地工务运输局举行新闻发布会，公布暑假期间各区大小工程超过 30 项，其中 9 项工程必须在开学前完成，呼吁居民留意各项临时交通安排，以免影响出行时间。

"2014 年科技活动周暨科普成果展"开幕式在渔人码头会议展览中心举行。本届科技周主题为"科技与视野——用眼看世界"，共有内地、澳门 33 个单位参与。科普成果展邀请澳门受科技基金科普资助的 22 所学校，共展示涉及化学、物理、生物、工程、天文、计算机、机械人制作等 39 个项目。主办方希望借此活动鼓励公众更多地参与科技及创新活动。

5 日

"不'倒'人生——预防赌博嘉年华"在塔石广场举行。活动由教育暨青年局主办，基督教青年会承办，现场设舞台表演、游戏区、留影区，以及"中学生预防赌博摊位游戏设计比赛"十支决赛队伍的特色摊位，旨在增强青少年远离赌博的意识，正确认识赌博危害，从而树立正确的价值观，同时鼓励青少年主动向朋辈和社会推广预防赌博工作。

平安通呼援服务中心在康公庙前地举行"平安温情伴五载·携手参与爱小区"周年庆典。该中心自 2009 年 3 月由街坊总会承办并正式成立，截至今年 6 月底，平安通服务使用者累计 4300 人，扣除终止服务使用者，现有约 3200 人，其中主要为 70 岁以上的独居长者。近日天气酷热，按铃求助的人次较平日增加 10%。

7 日

政府公报刊登行政长官选举委员会委员名单，共有 400 人获选。其中，第一界别：工商、金融界 120 名；第二界别：文化界 26 名，教育界 29 名，专业界 43 名，体育界 17 名；第三界别：劳工界 59 名，社会服务界 50 名，宗教界 6 名；第四界别：立法会议员代表 22 名，澳门地区全国人大代表 12 名，澳门地区全国政协委员 16 名。

中国人民解放军驻澳部队在洪湾营区举行"第十届澳门青年学生军事夏令营"开营仪式。120 名中学生正式入营，即日起一连 10 天在军营内接受步操、射击等各种训练，体验军营生活，通过训练认同自我及提高自信。军事夏令营活动由驻澳部队与特别行政区政府自 2005 年共同举办，先后有 1200 多名澳门学生参加。

街坊总会在街总社服大楼 205 室举行"2014 年独居长者问卷调查"发布会。为进一步了解澳门独居长者生活状况及所遇到的问题，街总在 2 月至 4 月期间以问卷形式，成功访问 952 名 60 岁或以上的独居长者。结果发现，81% 的受访者遇到问题时会寻求协助，其余 19% 不寻求协助的人中有一半是"不想麻烦别人"；10% 的受访者因上下楼梯较为困难，长期足不出户。

8日

特区政府就多个团体发起筹措"民间公投"发出声明，所谓"公投"非法无效。政府发言人谭俊荣在 APEC 新闻发布会结束后宣读政府声明，三个小团体针对澳门选举制度及即将举行的第四届行政长官选举，发起筹备所谓的"民间公投"没有宪制性法律依据，不具备任何法律基础，是非法的，也是无效的。

中联办负责人表示，在澳门特区搞任何所谓"公投"活动均是没有法律依据的。就澳门有团体发起筹备"民间公投"一事，中央人民政府驻澳门特别行政区联络办公室有关负责人接受记者采访。该负责人表示，在澳门特区搞任何所谓"公投"活动均是没有法律依据的。根据国家宪法和澳门基本法的规定，澳门特区是直辖于中央人民政府的地方行政区域，一个地方行政区域是无权自行创制"公投"制度或发起所谓"公投"活动的。特区政府发表的严正声明明确指出，澳门是法治之区，任何形式的所谓"公投"在澳门均没有宪制性法律依据，不具备任何法律基础，是非法和无效的。中联办完全赞同和支持特区政府依法管理有关事务的立场和态度。

9日

《新控烟法》生效至今共票控逾 2 万人次。自 2012 年 1 月 1 日《新控烟法》生效起，截至 2014 年 6 月 30 日，控烟执法人员共巡查场所 563498 次，累计票控 20534 人次。其中，2014 年上半年共巡查场所 148343 次，票控总数为 4207 宗。

10日

"2014 年粤港澳青年文化之旅"启动。活动由高等教育辅助办公室、广东省文化厅及香港民政事务局合办，旨在让学生了解各地的文化特色和内涵，加深对国家文化的认同和对国家的认知，并推动粤港澳文化融合，为三地文化交流搭建平台。

行政会公布新城填海 A 区新规划概念方案。新方案建议 A 区重新定位为"公屋为主"的住宅区，将住宅单位提升至 32000 个，其中，公屋单位为 28000 个，私楼单位为 4000 个，即日起至 8 月 9 日收集公众意见。

"狮子双年展"庆祝仪式在美高梅酒店宴会厅举行。该展览首次移师亚洲，由民政总署、艺术博物馆、法国驻港澳总领事馆与里昂狮子双年展协会合办，获旅游局、文化局支持，澳门美高梅独家赞助，50 只狮子雕塑将在澳门不同地标、艺术博物馆及美高梅艺术展览空间展出，以庆祝中国与法国建交 50 周年。

11日

中华教育会在濠江中学礼堂举行记者招待会，公布澳门留级制度调查结果。鉴于澳门约有 25% 的学生因成绩欠佳无法顺利完成中学课程，留级率居全球第一，中华教育会与华东师范大学合作，对本地 14 所学校的师生、家长进行问卷调查，收回有效问卷近 3000 份，并深度访谈近 100 名师生、家长。结果发现，逾半数受访者支持保留留级制度。

12日

街坊总会在塔石广场举行"澳门街坊节"开幕礼。上半年街总服务近 100 万人次，此次系列活动长达两个多月，将推出小区服务推广、图片展及论坛、认识祖国国情教育和公民教育自创故事书发行等，延续"睦邻互助关爱小区"的主题，以期进一步促进居民关系，增强居民对小区的归属感。

13日

"2014 澳门文娱汇演"开幕式在大三巴牌坊举行。活动由街坊总会与栢蕙青年义务工作者协会合办，街总栢蕙活动中心承办，即日起至 8 月 30 日在不同地点安排 18 场由本地 35 个文艺团体及学生献演的不同节目，希望借此推动澳门文创产业发展，共建和谐小区。

"2014 年全澳妇女健身展示大赛"开幕式在塔石体育馆举行。比赛由澳门妇女联合总会及妇女体育总会合办，分太极、健身操、舞蹈三个类别，35 支本地队伍、逾千名参赛者及啦啦队参与，合办单位希望借此推动广大妇女参与多元化康体活动，宣传运动与健康的重要性，展示澳门妇女的崭新面貌。

14日

政府公报刊登第 198/2014 号行政长官批示，豁免若干类别低功率及短距离无线电通信设备的政府许可。用作私人接收电视节目的地球站（即卫星电视接收器）以及一些日渐普及的无线电通信设备获豁免政府许可。

15日

行政长官崔世安正式宣布参加第四届行政长官选举。崔世安上午 11 时在世贸中心五楼莲花厅举行记者招待会，宣布竞逐连任，为首位正式宣布参选者；并发表参选宣言，若连任成功，将优先处理民生大事及公共行政改革。

"第 17 届亚太区打击清洗黑钱组织年会"在金光大道喜来登酒店举办。来自 41 个会员地区超过 350 名代表以及来自国际组织及其他观察员的多名代表出席，共同商讨反清洗黑钱及反恐融资方面共同关心的问题，分享打击相关犯罪的经验。

教育暨青年局在澳门中葡职业技术学校礼堂举行"在粤就读澳门学生学费津贴计划"启动仪式暨开课典礼。该计划为特区政府根据《粤澳合作框架协议》的规定而设立，主要目的是逐步对在广东省就读的澳门幼儿及中小学生提供学费津贴，加深其对澳门的认识及归属感，培养爱国爱澳的精神及公民意识。计划开展两个学年以来，有近 900 名学生申请，津贴金额高中教育最高 4000 元，幼儿教育最高 6000 元。

首次巴士服务评鉴工作完成。为加强监管巴士服务，交通事务局于 2013 年 7 月首次评鉴巴士服务，科学量化分析各巴士公司服务。澳门新福利公共汽车有限公司、原维澳莲运公共运输股份有限公司及澳门公共汽车有限公司整体得分分别为 69.54 分、62.40 分及 67.33 分。

16日

2014 年粤澳合作联席会议举行。行政长官崔世安、广东省省长朱小丹分别率代表团参与会议，双方回顾了粤澳双方过去一年的工作，并就一些重点合作领域达成共识，包括今年内实现粤澳服务贸易自由化，携手推进横琴新区、中山翠亨新区、江门大广海湾新区的建设等。会上还签订了一系列合作协议及备忘录，涉及教育、环保、医疗、卫生、食品安全等领域。

司法警察局举行 54 周年纪念日颁奖仪式及庆祝晚宴。颁奖仪式在司警局大楼 11 楼多功能会议厅举行，14 人获颁卓越功绩奖，95 人获颁个人嘉奖，4 个工作团队和 10 个侦查集体获颁集体嘉奖，并在新濠天地君悦酒店宴会厅举行庆祝晚宴。

气象局公布大气环境监测计划第一部分结果，澳门大气辐射水平安全。鉴于邻近地区不断发展核能发电，气象局在 2013 年开展"澳门大气环境监测计划"，分"澳门大气环境辐射本底调查"研究和"常规辐射监测"两个阶段。第一阶段结果显示，澳门大气环境辐射本底水平与邻近地区一致，属于安全水平范围。

17日

祝庆生升任广州军区装备部部长，王文接任驻澳部队司令员。驻澳部队发布消息，根据中央军委主席习近平签发的命令，驻澳部队司令员祝庆生少将升任广州军区装备部部长，王文大校接任驻澳门部队司令员。祝庆生少将在离任履新前表示，衷心感谢澳门特区政府和社会各界对他在澳门工作期间的支持和帮助，感谢澳门同胞对驻澳门部队的关心和厚爱。祝愿澳门更加繁荣稳定，祝愿全体澳门同胞家庭幸福，万事如意。新任驻澳部队司令员王文大校表示，将与政委马必强共同率领驻澳部队全体官兵，继续坚持"一国两制"伟大方针，严格依据澳门基本法、《驻军法》，履行好神圣使命，一如既往地支持澳门特区政府依法施政，坚持爱澳亲民，为维护澳门长期繁荣稳定和发展做出积极贡献。王文，河南修武人，大学学历，曾任驻香港部队副参谋长及军分区、警备区司令员，全军优秀指挥军官，参与过 1998 年抗洪抢险等重大任务。25 日，行政长官崔世安在政府总部与王文会面，正式欢迎王文来澳任职。

18日

海事及水务局晚上在澳门旅游塔宴会厅举行"2014 海事及水务局日庆祝晚宴"。为庆祝成立一周年，该局在 7 月举办了"海事及水务局日"系列活动，辖下设施和单位包括港务局大楼、政府船坞、东望洋灯塔、海事博物馆及船队基地青洲塘免费对外开放，并举办海事设备展览、趣味工作坊、摊位游戏、"海事乐悠游"及"上山下海盖印摆满 Fun"等精彩活动。

消防局在消防博物馆举行"消防局 2014 年上半年工作数据"新闻发布会。上半年事件总数共 21277 宗，同比上升 7.31%；火警 575 宗，同比上升 8.09%；救护车出勤 18148 宗，共 20184 次，同比分别上升 9.72% 和 8.68%。该局表示，根据统计数据、工作情况和消防规划综合评估，已向上级建议增加人员编制约 400 人，以应付未来五年澳门社会对消防和救护服务的需求。

19日

"国际青年舞蹈节 2014"即日起举行。活动由教育暨青年局主办，民政总署及亚洲教育北京论坛协办，来自 15 个国家和地区的青年舞蹈爱好者应邀来澳演出，澳门多所学校舞蹈队及本地舞团组成 10 支队伍参与，表演队伍一连 7 天在澳门多个地方献演，包括巡游、户外及室内演出，将不同的舞蹈带给居民与游客。

21日

政府公报刊登第 204/2014 号、第 211/2014 号行政长官批示，将敬老金的金额调整为每年 7000 元，普通残疾津贴的金额调整为每年 7000 元，特别残疾津贴的金额调整为每年 14000 元，批示自公布日起生效。

临时性残疾补助津贴即日起接受申请。政府为扩大援助残疾人士的保障网，增设该津贴，接受申请首日社会工作局接到 46 宗申请，社会保障基金接到 38 宗申请，合共 84 宗。

澳门各界向华夏绿洲助学行动捐款近 100 万。由中国绿化基金会、澳门中华教育会等单位举办的"2014 华夏绿洲助学行动大会"在北京新北纬饭店举行，澳门师生代表团带去澳门各界近 100 万元捐款，支持生态环境建设和扶贫助学。

22日

澳门特别行政区护照持有人可免签证入境蒙特塞拉特，逗留最多6个月。至此，共有110个国家和地区同意给予澳门特别行政区护照持有人免签证或落地签证待遇；有10个国家给予澳门特别行政区旅行证件免签证待遇。

"2014青春港澳行——京港澳学生交流夏令营"闭营仪式举行。该夏令营由教育暨青年局、香港教育局和北京市教育委员会联合主办，自2005年起至今已是第9届，旨在培养澳门学生的爱国情怀，进一步加强京港澳三地学生的沟通，丰富学生的暑期生活，提高对国家的归属感。

参加"第45届国际物理奥林匹克竞赛"的学生大获全胜。该项竞赛自7月13日至21日在哈萨克斯坦的阿斯塔纳举办，澳门5名高中学生夺得2枚金牌、2枚铜牌和1个荣誉奖，为澳门学界历来参加该项竞赛的最佳成绩。

24日

横琴新区管理委员会与澳门大学在横琴新区建设规划展示厅签订战略合作框架协议。横琴新区管委会主任牛敬与澳门大学校长赵伟代表双方在协议上签字，珠海市委常委、横琴新区党委书记刘佳，横琴新区管委会副主任叶真，澳门大学人文学院副院长徐杰等到场见证仪式。根据协议，双方将在八个方面展开合作，包括粤港澳合作重大课题研究、社情民意调研、共建产学研合作基地、建立粤澳学者交流机制、参与港澳法律问题研究、挂动澳门大学与谘委会紧密合作、搭建学生社会实践平台、建立保障机制。横琴新区将支持澳大在横琴设立产学研合作基地，本着统筹规划、协同发展的原则，双方可围绕横琴重点发展高新技术、金融服务、休闲旅游、科教研发、中医保健、商务服务等产业。横琴新区为基地建设提供相关政策法规支持，澳大为基地提供符合横琴新区产业发展的人才、科技资源。

25日

行政长官崔世安通过竞选代理人黄显辉，向行政长官选举管理委员会提交331个选委提名，约占选委总数的83%。

澳门妇女界贺双庆筹备委员成立大会在万豪轩酒家举行。为庆祝新中国成立65周年、澳门回归15周年，澳门妇女联合总会连同20多个澳门团体组成该委员会，自9月起举办国情讲座、歌唱比赛、研讨会、世遗游等庆祝活动，亦将邀请中华全国妇女联合会领导人、内地及香港妇女团体来澳，亲身感受澳门在"一国两制"下取得的成绩，分享双庆喜悦。

27日

2013/2014学年"百分百家长奖励计划"颁奖礼在澳门科学馆会议中心举行。该计划由教育暨青年局辖下氹仔教育活动中心举办，得到文化局、民政总署、邮政局以及40所学校、22个家长会和17个社会服务机构等协作单位支持，在过去一年共同举办了超过800项活动，提供多元及符合家长所需的学习活动，鼓励家长积极投入亲子教育，提升家长的沟通和教养技巧，获市民踊跃参加，本学年共有374名家长获嘉许。

民政总署即日起至8月24日在各区设置约250个烧衣桶，方便居民焚烧冥镪。鉴于每年农历七月居民均按传统习俗在公共街道进行祭祀，民政总署设置烧衣桶方便大众，并呼吁居民进行祭祀活动时应注意安全及公共卫生，若在没有设置大型烧衣桶的地点拜祭，亦应自备烧衣桶。

"第16届两岸四地青少年普通话朗诵比赛"举行。比赛由澳门青年联合会主办，上海市归国华侨联合会、台北爱与和平基金会、香港女童军总会协办，旨在推广普通话，使国民在语言上沟通无间，并为青少年提供展示个人才能的机会，借此增进两岸四地文化融合，加深民族感情及促进民族共融。来自上海、台北、香港、澳门的 40 名学子以"华夏情，民族梦"为题朗诵进行决赛。

"第三届澳门杰出少年选举"颁奖典礼在美高梅大宴会厅举行。活动由澳门基督教青年会（YMCA）主办，获社会工作局及澳门美高梅公司赞助，旨在表扬个人成就或专项技能方面具非凡表现、勇敢面对挑战，以及积极承担国家和社会责任的澳门青少年，每两年举办一次，本届共选出 10 名杰出少年及 5 名优异少年。

28 日

"少年儿童阅读计划"颁奖礼暨得奖作品展开幕式在氹仔黄营均图书馆举行。计划由民政总署图书馆、北京中国儿童中心和广州市少年宫合办，以"走进图书"为主题，在过去一年里开展一系列活动，包括选举游戏、工作坊和比赛等，希望通过寓教于乐的活动和比赛，鼓励少年儿童从小建立良好的阅读习惯。

29 日

行政长官崔世安为第四届行政长官选举的唯一候选人。提名期即日结束，仅行政长官崔世安竞选办向行政长官选举管理委员会提交 331 个选委提名，初步符合参选资格；另一领表人士李光远交回的提名表，虽有 100 多人签名，但均非选委，初步审查不符合参选资格。

谭伟文、李伟农、冯惠星及邵国权渎职案宣判无罪释放。民政总署前管理委员会主席谭伟文、副主席李伟农、环境卫生及执照部长冯惠星及助理管理员邵国权被控一项墓地批给行政行为渎职罪，自 2013 年 12 月 5 日开审，经历 20 多日审讯，听取 30 多名证人作证，鉴于未能证实 4 人曾实施起诉书内所载的犯罪事实，欠缺渎职罪的客观及主观要素，最终被判无罪。

30 日

政府公报刊登第 220/2014 号行政长官批示，委任澳门大学校董会成员，林金城任澳门大学校董会主席。校董会为澳门大学最高合议机关，负责制定大学的发展方针，监察其执行，并促进大学与社会的联系。澳门大学校董会成员三年任期即将届满，行政长官崔世安批示续期，并调整部分人员。现任校董会主席谢志伟即将荣休，其空缺由第二副主席林金城接替。崔世安向谢志伟发送感谢信，对他为澳门大学以至澳门高等教育的贡献致以感谢。此次调整校董会成员，第二副主席空缺由王宗发出任，司库则由刘永年担任。委员马有礼退任，由马志毅接任。维持不变的职位包括第一副主席李沛霖、委员林绮涛、唐志坚、高锦辉、崔世平、区宗杰、梁庆庭、贺一诚、黄显辉、杨俊文、禤永明、蔡冠深。新一届校董会成员任期由 2014 年 8 月 1 日至 2017 年 7 月 31 日。

政府公报刊登第 221/2014 号行政长官批示，委任澳门大学议庭成员。吴福、吴荣恪、何鸿燊、李鹏翥、邵贤伟、周礼呆、胡顺谦、施绮莲、马有礼、曹其真、陈炳华、梁维特、贺一诚、华年达、黄志成、黄景强、刘炯朗、刘艺良、郑家成、黎鸿升、霍震寰、邝达财获委任，任期自 2014 年 8 月 1 日至 2017 年 7 月 31 日。

拱北口岸出境随车人员验放厅上午 7 时正式启用，开放时间为早上 7 时至晚上 12 时。该验放厅面积 442 平方米，配有自助和人工查验通道，仅限 7 座（含）以下粤澳两地牌小车运载的持用"港澳居民来往内地通行证"（"回乡卡"）的旅客出境，从下车到过关仅需 1 分钟，较以往经拱北口岸联检大楼过关至少节省 15 分钟时间。

31 日

中国人民解放军驻澳部队在新口岸罗理基博士大马路营区举办"八一"建军 87 周年庆祝酒会。行政长官崔世安、全国政协副主席何厚铧、中联办副主任陈斯喜、外交部驻澳公署副特派员蔡思平、立法会主席贺一诚、终审法院院长岑浩辉在驻澳部队司令员王文、政委马必强陪同下，列席庆祝酒会主礼台。

"2014 粤澳名优商品展销会"在渔人码头开幕，为期 4 天。该展销会为粤澳两地企业共同推介名优商品、拓展市场、配对洽谈和寻找商机提供契机与平台，充分展示两地经贸合作的互补优势和广阔空间，首日签署 4 项合作协议。

8月

1 日

社保基金即日起按年龄分阶段接受公积金个人账户提款申请。年满 75 岁或以上、领取社保残疾金超过一年或正收取社会工作局特别残疾津贴的人士，即日起可申请提取；年满 65 岁至 74 岁的人士自 9 月份开始申请。

2 日

2014 年小区旅游推广计划"区区有特色"之"新桥游踪"和"'怀旧 vs 新潮'文创任你玩"举行。"新桥游踪"由旅游局和新桥区坊会合办，在新桥花园举行开幕式及七夕晚会，将传统节日与新颖的新桥游踪路线串联在一起，通过多元化活动让居民和旅客重新认识传统节日和新桥文化。"'怀旧 vs 新潮'文创任你玩"由旅游局和妇女联合总会合办，下午 4 时在婆仔屋前地举行，以该区特色——文创为主题，设置怀旧手作坊、创意手工摊位等，吸引游客及居民认识该区的文化和历史。

第十二届全国学生运动会闭幕，澳门代表团获得 2 金 1 铜，在 34 个代表团中排名 12，为历届最佳成绩。其中，"澳门蛙王"周文颢破全国学生运动会蛙泳纪录，在男子 200 米蛙泳比赛中，以 2 分 15 秒 9 的成绩打破大会纪录，夺得个人在本届赛事中的第二金，同时将澳门的纪录向前推了近 6 秒。

3 日

"2014 关怀青少年成长资助计划——青年宠爱生命计划之万千宠爱嘉年华"开幕式在绿杨花园休憩区举行。活动由街坊总会祐汉小区中心青年义工组主办，祐汉青年义工协会协办，希望通过活动发挥青年爱护动物的精神，宣扬尊重生命，同时拉近与小区居民的关系。

行政长官选举管理委员会驳回李光远异议。由于李光远未能按照《行政长官选举法》的有关规定，提交行政长官选举委员会委员的提名签署，选管会议决驳回李光远提出的异议，并维持不接纳其为行政长官选举候选人的决定。

4 日

氹仔小潭山观景台建造工程正式动工，工期约为 17 个月。为提升居民生活空间质量及优化总体步行环境，特区政府在小潭山设置观景台，工程完成后，居民可在观景台眺望横琴十字门水道及澳门半岛南端的景色，并使用周边经优化的设施。

政府公报刊登第 35/2014 号行政命令，修改消防局人员编制。新编制增加 416 人，从原来的 1173 人增加至 1589 人，增幅约 35%，以应付未来 5 年社会对消防和救护服务的需求。

5 日

行政长官选举管理委员会公布崔世安为 2014 年行政长官选举唯一被确定性接纳的候选人，并公告行政长官选举投票站地点。选管会刊登公告，2014 年 8 月 31 日行政长官选举的投票站设于澳门东亚体育馆（澳门蛋）C 区二楼澳门国际会议中心。

"澳门博彩最前线"发起游行，要求改善银河娱乐集团员工的薪酬待遇。参与人数约 600 人，游行期间秩序良好。

6 日

卫生局在该局行政楼地下大礼堂举办"预防伊波拉病毒病讲解会"。鉴于近期西非国家爆发的伊波拉（埃博拉）病毒疫情严峻，为加强澳门前线医务人员对怀疑病例的警觉性及防范意识，卫生局一连 2 日举行两场讲解会，内容包括伊波拉病毒病的流行情况、通报、送检流程、感染控制及防控措施等。

澳门取得 2016 年第 14 届"亚太资优教育大会"主办权。澳门竞投小组在北京举行的第 13 届"亚太资优教育大会"上，与香港中文大学、香港城市大学竞投小组角逐后，成功取得该会下一届主办权。

8 日

行政长官崔世安在政府总部会见国家旅游局旅游促进与国际合作司司长李世宏率领的工作组，听取 APEC 会议筹备进展简报，并为圆满办好 9 月份在澳门举行的 APEC 旅游部长会议交换意见。

卫生局在黑沙环卫生中心举行"母乳喂哺推广嘉许典礼"。为响应国际母乳哺育行动联盟（WABA）一年一度的"国际母乳喂哺周"，卫生局围绕大会主题"母乳喂哺、走向健康人生成长路"举办一系列活动。该嘉许礼向坚持喂哺母乳至少 6 个月或以上的母亲颁发嘉许状，约 220 位孕妇、喂哺母乳的母亲及家人带同婴儿一起参加。

9 日

"青年就业博览会 2014"在渔人码头会议展览中心举行。博览会由澳门中华学生联合总会和澳门中华新青年协会合办、劳工事务局赞助，主要分企业代表展位、全兼职及实习空缺信息区、生涯规划咨询服务及教育信息展位三部分，希望青年能够借此了解澳门就业环境和雇主要求，及早订定职业目标，规划职业生涯，踏出事业的第一步。共有 64 家机构参与，提供逾 40 类工种近 3500 个全职、兼职空缺。

10 日

"澳门青年峰会"举行。活动由英国澳门公共事务学会、澳门中葡学生协会主办，由 7 个大专高校学生会合办，结合时政、商业及职场信息，邀请不同领域的专家与学生交流、分享经验，旨在团结在各地就读的澳门大学生，帮助其扩展人脉，并及早掌握本地发展脉搏和社会时事。

"三盏灯多元民族风情巡礼 2014"在三盏灯圆形地举行。活动由旅游局、提柯坊会、新桥坊会主办，缅华互助会、柬埔寨华侨联谊会、侨界妇女协会协办，现场设有民族服饰比赛、舞台表演、摊位游戏及美食摊位等，展示三盏灯地区不同文化的友好融合。

11 日

统计局公布最新人口统计数据。资料显示，本年 6 月底总人口为 624000 人，按季增加 9500 人，主要是外地雇员增加所致；女性人口为 316800 人，占 50.8%。本年第二季新生婴儿共 1666 名，按季增加 29 名，增幅为 1.8%；新生男婴有 867 名，男女婴儿性别比为 108.5∶100，即每 100 名新生女婴对应 108.5 名男婴。本年上半年新生婴儿共 3303 名，按年增加 170 名。同季死亡个案共 473 宗，按季减少 76 宗；前三位死因分别是肿瘤（157 宗）、循环系统病（116 宗）及呼吸系统疾病（85 宗）。本年上半年死亡个案共 1022 宗，按年增加 84 宗。此外，第二季内地移民有 788 人，按季减少 13 人；准许居留人士录得净移入 184 人，按季增加 26 人；期末外地雇员有 155310 人，较上季末增加 9618 人。同季结婚登记共 945 宗，按季减少 222 宗。上半年结婚登记 2112 宗，按年减少 106 宗。

12 日

行政长官选举采取传统唱票方式。行政长官选举管理委员会开会讨论行政长官选举日的工作安排，鉴于只有 400 名选委，选举日的点票方式决定将采取传统唱票方式，订定 8 月 16 日上午 10 时至下午 1 时在澳门东亚运体育馆举行行政长官候选人政纲宣讲及答问大会。

13 日

政府公报刊登第 162/2014 号保安司司长批示，批准在外港边境站警司处增设及使用两台录像监视摄像机，24 小时运作，由治安警察局进行管理。两台机器必须在高度保护隐私及安全的条件下操作，只允许使用固定的摄影机，不能采集及收录声音，并且必须确保摄影机不摄录或聚焦于私人地方。

房屋局举行"业兴大厦 1 房 1 厅单位首批业主上楼仪式"。路环石排湾业兴大厦 1 房 1 厅单位经济房屋首批预约买受人在房屋局办理上楼手续，支付楼款并领取单位钥匙，即日起可入住。这些买受人是继 19000 套公屋后首批根据《经济房屋法》及通过抽号获安排上楼的经屋家庭，房屋局将陆续每月安排约 160 户预约买受人办理相关手续。

立法会全体会议细则性通过《预防和控制环境噪音》法案。新法的主要修订包括公众节假日全日和平日晚 8 时至早 8 时不得打桩，且全面禁止使用撞击式气动打桩机；公众节假日全日和平日晚 7 时至早 9 时住宅楼宇内不得进行家居装修；晚 10 时至早 9 时不得在住宅进行产生骚扰噪音的日常生活活动及宠物噪音等。新法在公布后第 180 日起生效。

立法会全体会议细则性通过《房地产中介业务法》修订法案。《房地产中介业务法》2013 年 7 月 1 日生效，规定房地产中介的营运场所，应在商业、服务、写字楼或从事自由职业用途的不动产内经营，但政府接受申请时，发现有 190 多个申请人的经营地点登记为住宅、居住或工业，依法不能领牌营业，故进行修法。法案修订后这些申请人有条件申请为期约 5 年的临时准照，继续经营。修订法案自公布翌日起生效。

14 日

"纪念澳门回归 15 周年暨郑观应《盛世危言》出版 120 周年学术研讨会"开幕式在澳门博物馆演讲厅举行。研讨会由文化局、澳门大学澳门研究中心与中国社会科学院《近代史研究》杂志社合办。研讨会以"郑观应与近代中国"为主题，分"《盛世危言》的版本、流传与影响""《盛世危言》与中国发展道路""郑观应与近代中国社会"三个专题展开交流与讨论。

学联学界常设活动委员会在澳门多个地方举办"心系云南·爱聚高雄——义卖筹款活动"。活动因应云南鲁甸发生震灾和台湾高雄气爆事件而举办，所筹得善款全数交到澳门红十字会，用于购买物资捐赴灾区。主办单位希望借此向两地灾民传达爱心，协助他们重建家园。

15 日

《澳门日报》推出新版手机报 App 供读者免费下载或更新。新版本改革接口，加入更多功能，包括"专题""影像""活动""便民"等，紧贴广大读者的需要，让读者第一时间较全面地获取澳门、内地及世界的新闻讯息。

教育暨青年局在该局仲尼堂举行"2014/2015 学年修读教育课程资助颁发仪式"。共有 120 名优秀学生获资助升读教育课程，每人每年资助金额由 56000 元至 200000 元不等。"优秀学生修读教育课程资助计划"自 2012/2013 学年起设立，旨在鼓励澳门优秀学生修读师范培训学士课程，以构建优秀的教师队伍。

16日

行政长官崔世安在澳门东亚运体育馆公布参选政纲并回答选委提问。作为第四届行政长官选举唯一候选人，现任行政长官崔世安参选政纲题为"同心致远，共享繁荣"，阐述未来 5 年施政理念及蓝图，包括民生、经济、教育、医疗等主要范畴，并将解决住屋问题放在最前位置，重申调控博彩业规模、加强监管，逐步突破博彩一业独大局面。政纲最大亮点是拟设特别行政区投资发展基金，研建财政盈余分配的长效机制，与民分享经济发展成果。

澳门大专教育基金会在嘉年华酒楼举行 2014/2015 年度助贷学金发放茶话会。该会至今共发放了 29 次助贷学金，共资助 4966 人次升读高等教育，培养了 1913 名各领域专才。本年度向澳门 25 所中学逾 130 名学生颁发共 700 多万元的助贷学金，以培养更多德才兼备的人才，配合社会持续发展。

17日

"做一日义工"活动在澳门各区举行。活动由澳门义务青年会主办，获社会工作局赞助以及多个团体、机构协办，共有 1030 多人以"送关怀，为他人，一日义工结伴行"为口号，参与 24 项伤健共融、清洁小区、环保推广等社会服务活动。

"甲午年财帛星君诞祈福庆典"在莲溪庙前地举行。庆典由新桥坊会、莲溪庙值理会连同道教协会主办，获澳门基金会及旅游局赞助，主办单位希望借此活动结合新兴产业发展，吸引更多游人，带动新桥区的经济发展。

18日

政府公报刊登第 245/2014 号行政长官批示，核准《澳门特别行政区植物检疫性有害生物列表》，禁止在特区进口、出口及转运含有列表中载明的检疫性有害生物的植物货品。该列表中的有害生物包括：南洋臀纹粉蚧、棕榈象甲、刺桐姬小蜂、红火蚁、椰心叶甲、栎树猝死病菌、油棕猝倒病菌、椰子黄化致死植原体、薇甘菊和香蕉穿孔线虫。批示公布后满 90 日起生效。

高等教育辅助办公室举行记者招待会，宣传推广协助大专学生申领国际学生证。国际学生证（ISIC）是目前国际上唯一认可的学生证明文件，亦是唯一获联合国教科文组织认可的学生证，持有该证的学生外出交流时，可在 120 个国家享有超过 4 万项消费优惠。在澳门高校修读高等教育课程的学生，或在外地高校修读高等教育课程的澳门学生，即日起至 10 月 31 日可登录"澳门大专学生部落"办理网上申请。

终审法院指出澳门基本法和澳门现行法律体系都没有赋予澳门居民享有举行"公投"的权利。终审法院做出第 100/2014 号合议庭裁判，驳回"开放澳门协会"不服民政总署不容许其在公共场地举办"民间公投"而提起的司法上诉。判决指出：基本法和澳门现行法律体系都没有赋予澳门居民享有举行"公投"的权利，所谓"民间公投"是没有任何法律基础、不受法律保护的。

20日

政府公报刊登第 143/2014 号社会文化司司长批示，委任及续任文化产业委员会成员。林志成、梁小牧、卢德华获委任，崔世平、张作文、林韵妮、王世民、江美芬、朱焯信、邢荣发、何嘉伦、何嘉伟、林子恩、林玉凤、林昶、林伟濠、施家伦、马若龙、陆曦、梁安琪、黄奕辉、黄汉坚、黄锡钧、Pedro Ip（叶正伦）、杨达夫、廖子馨、刘雅防、萧婉仪、钟楚霖、简米高（Miguel Marcos Mendes Khan）、关治平（Victoria Alexa Kuan Chan）、苏香玫获续任，任期 2 年。批示自 2014 年 8 月 12 日起生效。

政府公报刊登第 150/2014 号社会文化司司长批示，委任禁毒委员会成员。何丽钻、廖华基、陈贤松、罗伟业、周泽深、吕锡照、梁少培、梁玉华，以及私人机构澳门戒毒康复协会、澳门基督教青年会、圣公会澳门社会服务处、澳门中华教育会、澳门医护志愿者协会、澳门青年挑战、澳门妇女联合总会、澳门基督教新生命团契 S. Y. 部落的领导获委任。批示自 2014 年 9 月 18 日起生效。

21 日

第 15 届"东南亚美食嘉年华"启动。活动由新桥坊会、归侨总会、缅华互助会、提柯坊会、柬埔寨华侨联谊会合办，获民政总署、旅游局等赞助及支持，即日起一连 4 天在三盏灯及光复街举行。主办单位希望通过活动更好地宣传三盏灯区文化特色，全方位盘活整区的经济环境。

22 日

跨部门埃博拉病毒病疑似病人应对演习在外港码头及仁伯爵综合医院举行。鉴于传染性极强、病死率极高的埃博拉病毒病在非洲西部肆虐，为在出现疑似病例时能迅速适当地应对，避免扩散，卫生局和消防局、治安警察局、海关、海事及水务局以及新闻局举行跨部门应对演习，以确定有关部门在筛查、运送病人及隔离措施方面的应对能力，为埃博拉病毒病例一旦进入澳门时防止疫情扩散、保障市民健康做充足的准备。

澳门心理研究学会启动"2014 心理健康抽样调查项目活动分析"。调查为期 4 个月，将从金融、教育卫生、博彩业等 7 个类别抽样，结果按国际标准撰写调查报告，呈交政府相关部门，以做推动心理卫生事业发展的参考。

23 日

"2014 澳门街坊节系列活动"之"欢歌劲舞耀濠江"闭幕晚会在街总社服大楼举行。街坊节系列活动由街坊总会主办，其间参与活动及接受服务人数逾 7000 人次，社会反应良好。

24 日

"民间公投"5 人涉嫌触犯加重违令罪。经终审法院做出第 100/2014 号合议庭判决指所谓"民间公投"没有任何法律基础、不受法律保护后，"民间公投"活动仍于上午 11 时开始网络及街头投票，由于投票过程需收集居民身份证资料，个人资料保护办公室发函勒令停止，在主办方不予理会并坚持续办后，警方以涉嫌触犯《个人资料保护法》将 3 男 1 女带走调查，亦请周庭希协助调查。5 名人士晚上获释，警方指其涉嫌触犯加重违令罪，案件将移交司法机关处理。

民政总署在氹仔嘉模会堂举行"2013/2014 民政总署图书馆义工"嘉许礼。共向 114 名杰出义工颁发奖状，感谢他们长期对图书馆事业做出的贡献，鼓励他们继续秉持无私助人的优良品格，发扬服务社群的精神。

25 日

政府公报刊登第 8/2014 号法律《预防和控制环境噪音》。详细规定了法律制定目标、适用范围、具体限制、处罚制度等。法律自公布后满 180 日起生效。

政府公报刊登第 16/2014 号行政法规《食品中放射性核素最高限量》。规定婴儿食品和其他食品中碘 – 131 的最高限量为 100 Bq/kg，铯 – 134、铯 – 137 的最高限量为 1000 Bq/kg。法规自公布翌日起生效。

政府公报刊登第 18/2014 号行政法规《延长社会房屋轮候家团住屋临时补助发放计划的实施期间》。将原计划实施期间延长至 2015 年 8 月 31 日，并修改了补助期数和金额、申请资格等。法规自 2014 年 9 月 1 日起生效。

"澳门博彩最前线"发起全澳博彩企业员工联合申诉大游行。6 家博企员工参与的游行队伍在新口岸文化中心广场集合，提出提升薪酬待遇，立法禁止庄荷、监场主任和监场经理输入外地雇员，娱乐场全面禁烟等诉求。大约晚上 8 时游行人士和平散去，警方称约 1400 人参与游行。

26 日

"第二届澳门陈靖姑民俗文化节"开幕礼在民众建澳联盟会址举行。活动由福建省对外文化交流协会、福建省新闻出版广电局、海峡出版发行集团、福建新华发行集团及澳门临水宫值理会合办，首届中国（福建）图书展暨"美丽福建"及"陈靖姑民俗文化"图片展同场展开。主办单位开展系列活动，包括祈福大法会、公开祈福法会和金身巡游等，希望通过推广陈靖姑文化，推动两岸文化交流和合作，促进澳门社会和谐发展。

澳门妇女联合总会举行"月满中秋乐小区"送福包活动。活动获澳门基金会资助，分别在妇联总会礼堂、渡船街妇联综合服务大楼、北区家庭服务中心、乐满家庭服务中心、乐颐长者日间中心举行，共有 1327 个家庭受惠。主办方希望借此与贫困长者及单亲家庭分享佳节喜悦，让他们感受社会的关爱和欢乐的节日气氛。

27 日

第 21 届北京国际图书博览会中国作家馆·澳门厅启动仪式暨《澳门文学丛书》新书发布会在北京中国国际展览中心新馆举行。活动由中国作家协会、澳门基金会、澳门文化局主办，中国作家出版集团、作家出版社、中华文学基金会承办，旨在展示澳门文学事业繁荣发展的成就，宣传推介澳门优秀作家作品，促进社会各界关注澳门的文学创作。中国作协主席铁凝、中国作协党组书记李冰、中国作协副主席何建明、澳门基金会行政委员会主席吴志良、澳门特区政府文化局副局长姚京明及澳门作家代表团全体成员出席活动。

"2014 中秋送关怀活动"福包派送仪式在青洲坊会颐康中心举行。活动由街坊总会主办、澳门基金会赞助，至今已连续四年向长者及弱势社群派发福包，今年共派发逾 2000 份福包。主办方希望通过活动让弱势家庭感受到社会关怀，积极面对人生。

28 日

驻澳部队驻军 15 年纪录片开拍。为纪念澳门回归和解放军驻澳部队进驻澳门 15 周年，由中央电视台军事频道《军事纪实》制作的 5 集电视纪录片《情注濠江——驻军澳门十五年》开始拍摄，纪录片分别从军事一流、纪律严明、爱澳亲民、保障有力、相伴繁荣等 5 个方面，全面记录驻澳部队 15 年来进驻澳门的发展变迁，将着重呈现驻澳部队在维护澳门安定方面的重要作用，反映驻澳官兵为澳门发展繁荣所做出的突出贡献，包括后勤保障、参与公益事业、军营开放等。纪录片将于澳门回归 15 周年庆典前后播出。

"澳门特区政府 2013 年科普投入状况"新闻发布会在科技基金演讲厅举行。据介绍，澳门科学技术发展基金、教育暨青年局、科技委员会、生产力暨科技转移中心、科学馆、通讯博物馆、海事博物馆、航海学校 8 个单位 2013 年的科普总投入约为 5300 万元，总参与人次 86 万，以年轻人为主，未来将增加项目的深度及广度，推动全民科普。

29 日

"第 48 届亚洲健美锦标赛"一连 3 天在塔石体育馆举行。共有 29 个国家逾 350 名运动员参加，两项数据均为历届新高。澳门代表队总成绩为 1 金、1 银、5 铜、第 4 名及第 5 名各 2 人，为澳门健美队伍在国际赛事上的最好成绩。

统计局公布 2014 年第二季本地生产总值。资料显示，受博彩服务出口逆转影响，本年第二季经济增速放缓，本地生产总值按年实质增长 8.1%，较首季的 12.4% 为低。第二季经济增长动力主要来自投资及其他旅游服务出口，其中私人投资增加 6.4%，货物出口及其他旅游服务出口均上升 10.4%；另一方面，博彩服务出口回落，按年下跌 0.5%。本年上半年经济实质增长 10.2%，而第二季量度整体价格变动的本地生产总值内含平减物价指数按年上升 9.8%。

30 日

卫生局证实确诊本年澳门第一例本地感染登革热个案，呼吁居民积极采取预防措施。患者为 82 岁女性澳门居民，确诊为登革热 2 型，被列为登革热本地病例。

"2014 澳门文娱汇演"闭幕礼在街总心区服务大楼六楼举行。活动由街坊总会及栢蕙青年义务工作者协会合办，为期一个多月，共举办 18 场活动，澳门 20 多个文艺团体参演，演出人数逾千人，创历届新高，吸引近 4000 人参与，为居民及旅客呈现丰富多彩的暑期活动。

网上组织"守护澳人"发起游行，要求政府监管楼价、增建经屋，以解决居民的住屋问题。约 200 名游行人士在塔石广场集合出发，抵达政府总部，由代表递交请愿信后和平散去。

31 日

崔世安当选为澳门特别行政区第四任行政长官候任人，取得有效票 380 张，得票率为 95.96%。第四任行政长官选举上午 10 时在澳门东亚运体育馆国际会议中心举行，400 名选举委员会委员中，396 名出席投票，1 人预先通知管委会不出席、1 人临时缺席，另有 2 名选委在投票结束后方到场。其中，有效票 380 张、空白票 13 张、废票 3 张。按《行政长官选举法》规定，选举结果需交由终审法院确认，并在《澳门特别行政区公报》第一组公布，然后由特别行政区政府上报中央政府，等候任命。

图 27　澳门特别行政区第四任行政长官选举：选举委员会委员进行投票

9月

1日

公积金个人账户本年度第二阶段提款申请开始。被列入名单的65岁至74岁长者即日起可向社会保障基金递交申请表，获批的有关款项最快在11月18日过户。

政府公报刊登第248/2014号行政长官批示，核准《声学规定》。该规定详细订定了噪音测量仪器的规格标准、噪音的测量技术及各类噪音声级的测量等内容。环境保护局须在批示生效后至少每5年一次对该规定的内容进行检讨。

"恭贺睡佛宝诞"仪式在三巴门福庆街睡佛堂前地举行。活动由睡佛堂主办、地产促进会赞助，通过现场派发及专人送往各社服机构，向各界善信派发逾2万份香斋。主办方希望借活动弘扬佛法、共沾佛恩，祈求社会安定、国泰民安，共建和谐澳门。

2日

玉树州澳门红十字博爱妇幼保健院启用揭牌仪式举行。2010年4月14日，青海省玉树州发生7.1级大地震，原妇幼保健院办公用房全部倒塌，澳门红十字会在澳门基金会的支持下，在原址援建，为玉树州及周边地区的妇女儿童提供医疗保健服务。项目总投资金额3814万元人民币，其中，澳门基金会援捐3300万元人民币，澳门红十字会募集善款500多万元人民币。

"中华一家亲·甲午镜海缘"两岸各民族同庆中秋音乐会在综艺二馆举行。音乐会由中华民族团结促进会主办，由国家民族事务委员会港澳台办公室、国务院台湾事务办公室港澳涉台事务局、社会文化司司长办公室、中联办台务部及协调部、海峡两岸关系协会驻澳办事处指导，逾百位两岸四地各族青年参与。

3日

特区政府在路环保安高校举行抗日战争胜利69周年纪念活动。活动包括仪仗队步操、检阅和敬礼仪式、升旗礼，并为在抗日战争中英勇捐躯的先烈默哀、献花和鞠躬。行政长官崔世安、全国政协副主席何厚铧、中联办主任李刚、外交部驻澳特派员公署特派员胡正跃及解放军驻澳部队司令员王文等出席。

《粤港澳区域大气污染联防联治合作协议书》正式生效。协议书包括共建粤港澳珠三角空气质量监测平台、联合发布区域空气质量信息、推动大气污染防治工作、开展环保科研合作以及加强三地环保技术交流及推广活动，澳门大潭山空气质量监测子站正式加入珠江三角洲区域空气监控网络。

"乐在晚霞——独居长者关怀计划"启动式在街坊总会社服大楼颐骏中心举行。活动由澳门基金会及街总合办，计划投入310万元，主要分为两部分，一是"24小时紧急呼援服务资助计划"，拨款资助有经济困难人士使用"平安通"；二是推行"独居长者善终服务先导计划"，以使长者树立正确的生命价值观。

5日

澳门基金会公布特别奖学金评审结果。为支持和鼓励成绩优异的澳门学生继续在较佳的学习环境下接受高等教育，培养社会发展所需的人才，澳门基金会针对应届中学/预科毕业生及正在就读高等教育课程的学生设立"特别奖学金计划"，以学生就读大学排名（30%）、最近一年成绩（60%）及课外活动（10%）表现综合评分，较高者获奖。2014/2015学年名额为50名，亚洲、大洋洲、欧洲及美洲四个区域分别为 13 名、10 名、12 名及 15 名。

"九天揽月——中国探月工程展"在综艺馆开幕。活动由国家航天局、特区政府主办,国家航天局新闻宣传中心、探月与航天工程中心及民政总署承办,展出多件在探月工程中执行各项重要任务的珍贵实物、模型,演示视频展品,展示我国探月工程的发展历程及丰硕成果。

澳门与英国、根西岛及阿根廷签署《税收信息交换协议》。经济财政司司长谭伯源 9 月 3 日和 5 日分别在伦敦和布宜诺斯艾利斯与英国、根西岛和阿根廷代表签署协议。至此,澳门已与 20 个国家和地区达成《税收信息交换协议》或《所得避免双重征税和防止偷漏税协定》。

6 日

行政长官崔世安与文化部部长蔡武会面,双方就推进澳门的文化事业以促进多元发展交换意见。

民政总署即日起至 9 日在多个地点举办"月满照濠江——庆中秋系列活动"。6 日及 7 日晚上 8 时,与国家文化部合作,邀请重庆芭蕾舞团在澳门文化中心综合剧院上演两场大型芭蕾舞剧《濠江月明夜之追寻香格里拉》;8 日晚上 8 时半至 10 时,由澳门新声舞动文娱协会协办,在卢廉若公园举行《月满照濠江赏月晚会》;7 日至 9 日晚上 8 时半至 10 时,由澳门社团协办,在澳门及离岛多个地点举行中秋晚会。

"内地与澳门残疾人展能艺术墟"在塔石广场举行。活动由中国残疾人联合会、中国残疾人福利基金会及社会工作局主办,民政总署协办,为期 2 天,希望借此使大众了解残疾人士的艺术才能,促进内地和澳门残疾人士的艺术交流,推动两地特殊艺术发展。

澳门—天津航线首航仪式在澳门国际机场离境大厅举行。该航线每周二、四、六、日运营,周日始发时间为上午 8 时 25 分,其余 3 天为上午 11 时,全程飞行时间约 3 小时 15 分。

7 日

涉用台湾有问题食油食品生产商和零售商增至 21 家。民政总署高度关注,立即启动应变机制,要求本地 1 个进口商及 21 个下游商户停用及停售怀疑有问题的"全统香猪油""全统特制猪油"产品,同时派员监察业界进行回收及封存产品的后续工作,确保上述食油产品停止在澳门市场流通。

8 日

政府公报刊登终审法院公告第四任行政长官选举结果,确认选举的总核算结果,并宣布当选候任人为崔世安。

国务院副总理汪洋在厦门会见行政长官崔世安。崔世安出席由商务部主办的"第 18 届中国国际投资贸易洽谈会"开馆式后获汪洋接见。汪洋祝贺崔世安当选为第四任行政长官候任人,双方并就澳门与横琴合作的发展情况进行交流。

"第 26 届澳门国际烟花比赛汇演"即日起至 10 月 1 日在旅游塔对面海面举行。本届有来自 10 个国家和地区的队伍参赛,晚上 9 时台湾思源焰花股份有限公司以一场"江湖"为主题的烟花音乐汇演拉开比赛序幕。为配合比赛,晚上 7 时旅游局与街坊总会在旅游塔合办"2014 火树银花嘉年华"大型综合晚会,为居民增添热闹气氛,提供更舒适悠闲的观赏环境。

政府公报刊登第 168/2014 号社会文化司司长批示,确认"卓越表现教师"荣誉的颁授细则。该细则订定向非高等教育本地学制私立学校教师颁授"卓越表现教师"荣誉的程序、评审准则、颁授形式等。批示自 2014/2015 学年起生效。

10 日

教育暨青年局举办庆祝教师节系列活动。活动主要有播放教师节特别节目，教师节电影专场，与邮政局合作发行纪念邮品，举行"校园短片和相片作品展"；并设立教师节专题网页，让教师与大众一起分享教学经历。

中华教育会在渔人码头会议展览中心举行"庆祝2014年教师节联欢宴会"，共有3200多名教师参与。行政长官崔世安出席并表示，政府重视优先发展教育，致力促进教育公平，为全面提高教育质量及软硬件创造良好条件。

第45届亚太经合组织（APEC）旅游工作组会议在四季酒店宴会厅召开，为期2天。议题主要围绕智能旅游、旅游设施及为旅客提供友善机场等，并因应亚太区旅游业不断发展，讨论促进亚太地区旅游一体化等。

11 日

第四届《环保教案设计奖励计划》颁奖礼暨澳门绿色学校培训证书颁发仪式在科学馆会议厅举行。活动由环境保护局主办，教青局、中华教育会、天主教学校联会、生产力暨科技转移中心、澳门大学、澳门理工学院、澳门旅游学院及澳门科技大学协办，旨在与教育界共同优化学校的环境管理及提升师生的环保意识。

环境保护局发布《"制订澳门重大固定空气污染源排放标准及完善监管制度"咨询总结报告》。为更好地管制澳门固定空气污染源的污染排放，改善空气质量，保障居民健康，环保局在3月份完成了相关咨询工作，共收到332条意见，主要关注空气污染物排放标准、供应低硫燃料及提供资助等配套措施。

12 日

行政长官崔世安在礼宾府与国家旅游局局长邵琪伟会面。崔世安感谢国家旅游局对澳门承办第八届亚太经合组织（APEC）旅游部长会议的支持，双方就澳门与内地旅游业的合作发展交换意见。

民政总署与泛珠三角省区代表共同签署《关于进一步深化泛珠三角区域食品药品监管合作备忘录》。民政总署在广州举行的"第10届泛珠大会食品药品监管专题磋商会"上，与泛珠三角省区相关代表签署该备忘录，以促进泛珠区域间的食品安全监管交流与合作。

特区政府晚6时在东亚运体育馆二层国际会议中心举行第八届APEC旅游部长会议"澳门之夜"欢迎晚宴，宴请21个参与会议的APEC经济体的代表。

"第二届澳门福建文化节"在祐汉公园以"福建文化风情大巡游"揭幕，开幕式晚上7时举行。活动由澳门市民联合会主办，以"两岸四地客家情"为主题，现场展示有关美食、手工艺品、图片，以及手工制作技艺即场演示、传统戏曲舞蹈文艺表演等。主办方希望借此推动澳门、福建、台湾乃至两岸四地进行深度文化交流，为市民认识博大精深的中华文化提供新平台。

13 日

第八届APEC旅游部长会议在东亚运动会体育馆国际会议中心举行。会议以"开创亚太旅游合作与发展新未来"为主题，21个APEC经济体成员充分讨论旅游市场一体化、产业融合发展、智慧旅游、互联互通、低碳发展等五个重要议题，达成八项重要共识，并发表《澳门宣言》。

沙梨头坊会在沙梨头土地庙举行"沙梨头土地庙重修暨土地诞摄影比赛获奖作品展览开幕仪式"。沙梨头土地庙获文化局资助修葺及翻新，在原有建筑特色上增添新颜，以全新面貌开放。同场展示土地诞摄影比赛中16幅获奖作品，以影像记录一年一度的土地诞盛况。

"2014 成人宣誓日"在综艺一馆举行。活动由泛澳青年商会主办,主题为"爱·我十八",逾 600 名青年及家长参加,主办单位希望借此确立青少年的成人身份,明确其社会责任、公民义务,鼓励其建立正确的道德及价值观。

澳博员工下午游行促加薪。数百名澳博员工在友谊广场集合,提出争取同工同酬、全面禁烟以及要求政府监管博企营运等诉求。游行于下午一时出发,途经新、旧葡京后,返回友谊广场。游行发起人表示有 700 多人参与。

14 日

社保基金 2013 年支出逾 23 亿元。据《澳门日报》报道,社保基金 2013 年总收入为 126.58 亿多元,较 2012 年增长 118.64%;总支出为 23.11 亿多元,较 2012 年增长 63.63%。其中,95% 的支出用于包含养老金在内的各项福利金与津贴。

15 日

政府公报刊登第 40/2014 号行政命令,核准在澳门特别行政区经营采用长期演进技术的公共地面流动电信网络及提供相关的公用地面流动电信服务(即俗称 4G)牌照的公开招标的特定规章。首阶段发出 4 个牌照,有效期 8 年,发出之日起 2 年内,根据市场实际情况考虑发出第 5 张牌照,并可因应国际技术发展及本地市场需要,选择特定的技术制式。

16 日

台风"海鸥"来袭,澳门悬挂本年首个 8 号风球,海空交通瘫痪。澳门国际机场 57 个航班延误或取消,大批旅客滞留;外港和北安两个码头客船停航,不少旅客通宵守候。台风过后,各航班陆续复飞,港澳海上客运服务下午 1 时起恢复。

17 日

崔世安获任命为澳门特别行政区第四任行政长官。国务院总理李克强主持召开国务院第三次全体会议,决定任命崔世安为澳门特别行政区第四任行政长官,2014 年 12 月 20 日就职。

18 日

"第 14 次粤港澳防治传染病联席会议"在威尼斯人度假村酒店举行,为期 2 天。为继续巩固和加强粤港澳防治传染病的交流合作机制,提升三地合作应对防治传染病的能力,卫生局主办此次会议。粤港澳三地卫生部门代表在传染病监测、防治及通报机制合作等方面深入讨论交流,达成多项共识,签署会议纪要,并确定第 15 次会议由广东省主办。

邓芷珊获国际环保组织"2041"甄选为"南极青年大使——澳门区代表",为澳门首位南极青年大使。"2041"由全球首位徒步穿越南北极点的英国探险家斯旺(Robert Swan)创办,该组织发起的"国际南极考察队"每年在全球公开招募,旨在培养未来的环保领袖,宣扬保育信息。

19 日

中国民用航空局与澳门民航局在澳门签署关于航空燃油供应适航管理的合作协议。双方同意开展定期技术交流,内地航空燃油专家将每年来澳提供相关技术协助,并为澳门人员提供航油管理培训。

澳门大学获选葡萄牙语大学联会(AULP)会长,为首所出任该会会长的澳门高校。AULP 是大型的国际学术组织,会员主要是来自不同葡语系国家和地区的 200 多所高等院校。AULP 第 24 届会议自 17 日至 19 日在澳门大学新校园召开,逾 200 位成员代表出席,会上一致通过委任澳门大学为新一届会长,任期从 2014 年至 2017 年。

横琴新区粤澳保险机构相互提供跨境机动车保险服务合作签约仪式在横琴新区规划建设展示厅举行。根据协议的实施办法，澳门单牌车车主不论在澳门还是横琴，均可购买两地的车险产品，澳门单牌车进入横琴的保险服务问题得到解决。

20 日

"小区保姆服务试验计划宣传周暨启动礼"在三盏灯圆形地举行。自 8 月起，社会工作局与街坊总会、妇女联合总会和明爱开展小区保姆服务试验计划，通过动员社会上有育儿经验和有爱心的妇女加入小区保姆，提供一项托儿所外更具弹性的托儿服务。共有 19 人申请，经评估、甄选和培训，其中 9 人符合资格。

21 日

民政总署食品安全中心举办"食品安全开放日"。活动包括"食安展馆导赏"及"食品安全深度游"两部分，希望借此使居民认识食品由入口到市场监控等各环节的食品安全工作，了解日常生活中的食品安全知识。

港珠澳大桥第 13 节隧道沉管成功浮运安装，完成点锁回填施工，为首节深海变坡向上延伸的隧道沉管。

22 日

崔世安接受国务院颁发任命澳门特别行政区第四任行政长官的国务院令。国务院总理李克强上午在中南海紫光阁接见崔世安，并向他颁发任命的国务院令。国家主席习近平下午在人民大会堂福建厅接见崔世安，祝贺其当选并获任命，肯定及澳门特别行政区政府过去几年的工作，并提出新的期望和要求。

澳门旅游局与甘肃省旅游局签署《旅游合作备忘录》。国家旅游局港澳台旅游事务司、陕西省旅游局、甘肃省旅游局、香港旅游事务署及澳门旅游局自 9 月 20 日至 25 日在西安和兰州合办"美丽中国——丝绸之路宣传推广暨陕甘与港澳旅游交流合作活动"，推介旅游业，签署备忘录，加强彼此互利合作关系。

卫生局即日起为流感高危人士免费接种 2014 年至 2015 年冬季季节性流感疫苗。卫生局共购入 107000 剂疫苗，免费接种对象包括 6 个月至 18 岁以下、60 岁或以上患有慢性病的澳门居民，以及在院舍、托儿所、幼儿园、小学、中学工作的人士。

23 日

"2014 澳门公众环境意识调查"启动。环境保护局委托研究机构即日起至 10 月 24 日，以随机抽样电话访问方式调查 15 岁或以上的澳门居民，以持续追踪居民的环保意识、环保行为、环境状况满意度、对环境信息的接收等情况，以及变化趋势，为制定环境相关政策及宣传策略提供科学决策的方向和依据。

统计暨普查局数据显示，2014 年 8 月入境旅客录得单月新高，达 3086271 人次，按年增加 7%。其中，内地旅客为 2131498 人次，按年增加 13%；个人游内地旅客为 1063668 人次，增加 19%。

"永恒的艺术——澳门缅怀一代宗师红线女专场晚会"在永乐戏院举行。活动由澳门佛山联谊会与红线女艺术中心合办，纪念粤剧大师红线女诞辰 90 周年，将原汁原味的粤剧红腔红派艺术展现给观众，传播粤剧艺术，促进澳穗文艺交流。

24日

旅游局公布《论区行赏》新增步行路线的小区民意调查结果，受访者支持度属中等偏上水平。为了解市民及商户的感受和反应，继早前举办说明会之后，旅游局委托一家民间研究机构在 5 月至 6 月期间，通过街访问卷调查、网上问卷调查、社会意见收集、网络挖掘及悠闲咖啡馆 5 个途径展开小区民意调查，收集市民、商户及旅客对新推路线的反应及意见，作为调整、优化方案的参考依据。

25日

行政长官崔世安在礼宾府与故宫博物院院长单霁翔会面，双方就文化遗产保护与城市发展的平衡交换意见。

"岭南印记——粤港澳考古成果展"开幕式在澳门博物馆举行。活动由广东省博物馆、香港历史博物馆及澳门博物馆联合筹划，展出粤港澳三地历年来所发现的 400 多件（组）重要考古文物，使公众了解岭南地区的历史文明进程。

26日

即日起各界举行国庆节庆祝活动。26 日，街坊总会中区办事处晚 8 时在议事亭前地举办坊众庆祝文艺晚会，妇女联合总会晚 7 时半在万豪轩酒家举行联欢宴会；27 日，工会联合总会晚 7 时半在祐汉公园广场举办庆祝文艺晚会；28 日，氹仔居民庆祝国庆及回归筹委会在氹仔花城公园侧空地举行"65 载国庆嘉年华"，音乐界晚 7 时半在金碧文娱中心举行"赞美你祖国"艺海同庆音乐会；28 日、29 日晚多个社团在永乐戏院举行"庆国庆文艺晚会"。

"庆祝澳门特区成立 15 周年兰花邀请展"在卢廉若公园百步廊开幕。活动由民政总署和兰艺会合办，香港中华兰花协会、香港北区花鸟虫鱼展览会、香港绿化之友、香港永丽兰园及澳门花艺设计师学会协办，展出两岸四地逾 5000 盆兰花，多达 400 个品种。

27日

旅游局在大三巴牌坊举办托盘比赛，响应以"旅游与社会发展"为主题的"世界旅游日"。

28日

内地与港澳经贸交流促进会在北京成立。该会是经民政部正式批准的民间团体，由内地与港澳的一些工商企业、学术机构及专业人士发起组织，宗旨是"架沟通桥梁，推三地合作，促和谐共赢"，围绕港澳经贸问题，为服务贸易等领域的专业人士和企业提供交流合作平台，促进港澳长期繁荣发展。

民政总署连同 15 个团体合办"2014 重阳登高同乐日"。约 1300 名居民早上从路环黑沙水库郊野公园出发，沿路环健康径至路环山顶公园、路环妈祖像，感受重阳节登高之风俗文化，全程约一个半小时。

美高梅公司员工游行要求调升薪酬。游行队伍按原定的游行路线行进，整体秩序良好。

29日

"庆祝澳门回归 15 周年——澳门国庆牌楼回顾展"在塔石艺文馆开幕。活动由文化局、澳门基金会及澳门美术协会合办，立体再现澳门独特的牌楼文化，为双庆献礼。开幕式兼国庆牌楼亮灯仪式在牌楼前举行，展期至 10 月 31 日，展期内国庆牌楼每日下午 6 时至晚上 10 时亮灯。

图 28　澳门同胞庆祝中华人民共和国成立六十五周年及澳门回归祖国十五周年牌楼

特区政府下调船公司申请的票价加幅。"喷射飞航"和"金光飞航"在 3 月提出调升船票价格的申请，政府按照相关合同和法规的规定进行审核，经综合考虑各种因素后，决定调低各航线申请的票价加幅。调整后来往港澳航线经济位票价上调 5 元，加幅为 2.6% 至 3.4%，机场航线经济位票价上调 8 元，加幅为 3.3% 至 6%，其他非经济位的票价加幅亦低于 6%。

澳门红十字会收逾 2000 万元善款救助云南鲁甸地震灾民。自云南鲁甸发生地震以来，澳门各界踊跃捐款，希望帮助灾民渡过难关，截至本日，澳门红十字会收到企业、团体及个人捐款共 20724943.95 元。

30日

"2014 年度现金分享计划"发放工作基本完成。其间经自动转账取得款项者共 112748 人，涉及金额 1011409200 元，邮寄划线支票共 537343 张，涉及金额 4620709800 元。截至目前已兑现支票 455446 张，占发出支票总数的 85.1%。

本月

澳门大学田径队运动员在"加多宝杯"第 14 届全国大学生田径锦标赛中夺双冠。比赛由中国大学生体育协会、中国田径协会主办，中国大学生体育协会田径分会协办，清华大学、北京体育大学承办，来自全国各地包括港澳地区共 120 所高校、1200 余名大学生参与，澳门大学田径队首次派出两名队员参赛，梁嘉雯和邱诗婷分别勇夺女子乙组 400 米跑和 800 米跑两个项目的冠军。

47 家超市涉嫌销售走私食品。海关接获某食品代理商举报，指关闸有贸易店涉嫌雇用"水客"走私大量酒类及副食品来澳，再提供给澳门的超级市场。经调查后在贸易店内检获大批走私食品，其后巡查 3 家连锁超市集团合共 47 家超市，搜获约 10 吨走私食品，总价值 50 多万元。

10月

1日

特区政府、中央驻澳机构及民间社团举办系列活动庆祝国庆。上午举行的系列活动包括：新口岸金莲花广场举行国庆升旗仪式；旅游塔会展中心举行大型国庆酒会；解放军驻澳部队在新口岸驻军大厦、冰仔、珠海正岭和洪湾4个营区同步举行升国旗仪式；金莲花广场前举行"2014澳人齐贺国庆世界步行日欢乐跑"活动。下午举行的系列活动包括：东亚运体育馆举行"国庆体艺汇演"；科学馆前地海滨长廊举行"摩托车嘉年华2014"；塔石广场举行"第三届以艺传城——大型嘉年华活动"；等等。

图29　2014年国庆升旗仪式

东井圆佛会在议事亭前地举行第八届欢乐长春大巡游活动。活动为庆祝国庆65周年、澳门回归祖国15周年及南无南屏济公慈莲佛圣诞举行，获澳门基金会、治安警察局、交通事务局、民政总署、红十字会、义务青年会及童军总会乐团等支持。该会负责人上午同场举行祈福法会，祈愿祖国繁荣富强，澳门社会和谐安定、百业兴旺。

2日

澳门大学晋身《泰晤士高等教育》世界大学排名300强。《泰晤士高等教育》公布2014/2015年度世界大学排名榜，澳门大学首次进入该排名榜，位列第276名至300名之间。《泰晤士高等教育》"世界大学排名"是全球最具影响力的高校排行榜之一，以大学"教学、研究、知识转移、国际视野"4个核心任务及其他13个性能指标作为世界一流大学的评分标准。

3日　"第 28 届澳门国际音乐节"开幕式在文化中心综合剧院大堂举行。活动由文化局主办，邀约来自国内外的著名艺术团和艺术家，精心挑选了交响乐、爵士乐、民乐、音乐剧等 20 多项不同体裁、流派和风格的演出，搭建艺术展演平台，与居民共同分享歌剧艺术。

4日　教育暨青年局下午在塔石广场举办"生涯规划小区推广日"。活动由该局辖下教育心理辅导暨特殊教育中心连同 9 所辅导服务机构举办，组织短剧演出、行业介绍互动、体验游戏、测试摊位等活动，将"生涯规划"的信息推广至小区层面，让更多市民认识其内容和意义。

"动物保育日"下午在石排湾郊野公园举行。为响应"世界动物日"，民政总署主办、大熊猫基金会及香港嘉道理农场暨植物园协办该活动，通过动物主题摊位、工作坊及免费参观大熊猫馆等活动，宣传爱护、尊重和善待动物的信息，鼓励居民为保护动物出一份力。

5日　第 17 届亚运会在韩国仁川闭幕。澳门体育代表团获 3 银 4 铜，奖牌数为历届之最，同时打破了 9 项澳门纪录。

"第 25 届教师环山赛"上午在松山跑道举行。活动由中华教育会为庆祝新中国成立 65 周年暨澳门特别行政区成立 15 周年举办，获教育出版社有限公司赞助部分经费，600 多名教师参与，2 名教师打破历届最高纪录。

6日　澳门所有娱乐场的公众使用博彩区（俗称中场）即日起全面禁烟。卫生局控烟办公室和博彩监察协调局自零时起联合巡查及执法，陆续检查各娱乐场中场禁烟情况。

政府公报刊登第 45/2014 号行政命令，调整水价机制并提升各类用户水费。调整后，家居用水三阶梯用户水价分别增 1% 至 6%，同时新增一个阶梯；非家居用水包括商户等增加 6% 至 15%；政府向各个阶梯用户仍有不同程度的用水补贴。此行政命令自 2014 年 11 月 1 日起生效。

9 月份赌博收入连跌 4 个月，按年跌 11.7%。博彩监察协调局公布 9 月份赌收 255.64 亿元，是自 2012 年 11 月以来最差的月份；1 月至 9 月累计 2759.41 亿元，升幅收窄至 5.9%，赌博收入持续萎缩。

7日　内地"十一"国庆假期结束，累计约 223 万人次经各口岸出入境，其中内地旅客超过 130 万人次。经拱北口岸出入境累计约 216 万人次，较 2013 年同期增长近 10%；经横琴和湾仔口岸出入境旅客分别约为 11 万人次和 3.5 万人次，均较平时有大幅度增长。

8日　"2014 澳门科学技术奖励颁奖典礼"下午在澳门文化中心综合剧院举行。经同行专家评审、奖励评审委员会初评、会议评审 3 个阶段的评审，共 14 个项目获奖，同场颁发 30 个研究生科技研发奖。澳门科技大学凭借在中医药领域的卓越成绩，获得了本次科技奖励中唯一的一项特别奖励，获奖研究项目为"抗关节炎中药制剂质量控制与药效评价方法的创新及产品研发"，项目的主要完成人是刘良讲座教授、周华副教授、姜志宏教授和谢莹助理教授。中联办副主任姚坚、行政长官崔世安、科学技术部副部长李萌、外交部驻澳公署副特派员冯铁、运输工务司司长刘仕尧、奖励评审委员会代表杨俊文、科学技术发展基金行政委员会主席马志毅共同为获奖者颁奖。来自中央驻澳机构、科技部、特区政府部门、高等院校、科研院所、科技团体及中小学师生等近千名代表出席仪式。

图30　行政长官崔世安出席2014澳门科学技术奖励颁奖典礼

　　房屋局公布2013年期社会房屋申请临时轮候名单，20%的申请者年龄介于18岁至24岁之间。房屋局2013年5月至8月开放新一期社屋申请，派出22000多份申请表，收到6146份申请表。经两轮审核，共有3724份申请表获接纳，2422份被除名。在18岁至24岁的申请者中，60%为无收入的学生，符合申请资格。

　　"路边天文——月全食观测活动2014"晚上6时至9时在澳门科学馆举行。活动由澳门科学馆与澳门天文学会合办，设天文望远镜与市民共睹月全食现象，并在科学馆海堤进行户外观测及讲解，吸引众多市民参与。

9日　　邮政局举办系列活动庆祝"世界邮政日"。活动包括：在邮政总局及通讯博物馆集邮商店设置临时柜台，为市民加盖"世界邮政日——万国邮政联盟"纪念邮戳；特别印制发行以"邮递爱"为主题的明信片；将2013年"画出邮票故事"比赛中各组别的冠、亚及季军作品分成两套明信片发行；推出《易经·八卦》邮票珍藏集等。

10日　　《澳门历史城区保护及管理计划》框架公开咨询正式开始，为期60天。"澳门历史城区"保存澳门400多年中西文化交流的历史精髓，2005年成功列入《世界遗产名录》。为规范其保护及管理工作，政府制订该计划框架并进行公开咨询，广泛听取公众的意见，以期让未来计划能更贴合城区的保护及管理需要。

11 日

"'积谷防饥 退休OK'社保推广日"下午在祐汉街市公园举行。活动由社会保障基金主办、民政总署及澳门社会保障学会协办，现场设有摊位游戏、主题展览、话剧表演和理财讲座等，借此加深市民对双层式社会保障制度的认识，以及推广妥善理财以安享退休生活的重要性。

"'为澳门鼓舞'发放正能量2014花车巡游综艺活动"下午在友谊广场举行。活动由澳门27所基督教教会及机构筹办，570名基督教徒及青年义工参与，通过30多部主题花车及步行巡游、摊位游戏、舞台节目等综艺活动，向大众宣扬爱澳门、爱邻舍的美德，为小区各阶层人士打气，传递正能量。

12 日

"电力同乐日2014"在塔石广场举行。活动由澳门电力股份有限公司主办，民政总署、教育暨青年局及能源业发展办公室协办，以"节能与安全用电"为主题，现场设有互动游戏摊位、才艺比赛、以循环再用物料创作艺术作品展览等，主办方希望借此向公众推广日常生活如何以环保和安全的方式用电。

"印度尼西亚澳门友好结硕果暨两地电话卡开通庆典"下午在渔人码头会议展览中心举行。活动由Telkom Macau主办，在会上与澳门电讯有限公司正式启动合作，针对印度尼西亚社群首创"TeLin Card"澳门印度尼西亚一卡两号预付卡服务，首日在会场内销售1500张。

"甲午年妈祖羽化升仙出巡庆典活动"上午在妈阁庙前地举行。活动由妈阁庙慈善值理会举办，每年一度，安排奇门法事和祭祀仪式、龙狮汇演及舞台表演等，祈求妈祖福泽澳门，希望借此将妈祖文化信仰发扬光大，更好地推动澳门文化旅游事业的发展。

13 日

行政长官崔世安出席"第十届泛珠三角区域合作与发展论坛暨经贸洽谈会"的行政首长联席会议，签署了《泛珠三角区域深化合作共同宣言（2015~2025年)》。会后在广州市先后与广西壮族自治区主席陈武、福建省省长苏树林、四川省省长魏宏、湖南省省长杜家毫等会面，就澳门与泛珠各省区的进一步合作交换意见。

14 日

控烟有效罚款达420万。据卫生局回复《澳门日报》查询，自"新控烟法"生效至目前，共票控22578人次，其中18839人次已缴付罚款，合共420万元，将用于控烟宣传推广工作，包括支持及资助控烟团体的活动等。

15 日

2014/2014年司法年度开幕，行政长官崔世安亲临主礼。立法会主席贺一诚、终审法院院长岑浩辉、行政法务司司长陈丽敏、检察长何超明、推荐法官的独立委员会主席刘焯华、澳门律师公会主席华年达在主礼嘉宾席上就座。崔世安致辞时表示，司法独立成为澳门特区实现高度自治的重要基石。回归后司法机关在克服困难中进步，已建成符合澳门实际的特区司法体系。特区政府诚心诚意听取司法机关和法律界人士的意见，着力支持特区司法体系的发展。

交通事务局新增59快速路线连接"联生圆形地"至"关闸"，进行点对点运作。随着石排湾公屋住户陆续迁入以及多个大型住宅项目相继动工，该区内对巴士服务的需求大幅提升。为疏导石排湾傍晚下班高峰时段的巴士客流，交通事务局开通此路线，由新时代公共汽车股份有限公司以大巴营运，下午4时至晚上8时期间，每10分钟一班车。

澳门龙狮代表队在"第三届亚洲龙狮锦标赛"夺双冠返回澳门。在体育发展局的支持下，武术总会组织代表队参加在印度尼西亚峇里省体育馆举办的锦标赛，并夺得舞龙规定和南狮竞速双冠军，其他5

项赛事（舞龙障碍、夜光龙、南狮规定、北狮规定、北狮竞速）亦分别获得亚军。

敬老金及残疾津贴本月发放。凡在本年8月31日或之前已提出申请并符合资格的敬老金受益人及残疾津贴受益人，可在本月按其指定的方式收取津贴，8月31日之后提出申请的，则在稍后时间才获发放津贴。截至当日，合资格领取敬老金的长者达60880人，涉及金额42616万元，合资格领取残疾津贴的人士达8439人，涉及金额8237.6万元。

16日

行人违规过马路个案较2013年同期升7倍。治安警察局公布的数据显示，本年1月至9月共发生11000多宗交通意外，同比微升约5%，其中行人乱过马路达1700多宗。

立法会议决通过2015财政年度立法会本身预算案。新立法会下午举行首次全体大会，一致通过2015年预算案，总金额为16666.9万元，较2014年最初预算或至同年3月31日的预算金额增加1700多万元，预算开支年度增幅为20%，与2014年经第一补充预算增加后的最初预算开支金额比较，增幅为6.96%。

图31 立法会通过2015财政年度预算案

17日

"第17届葡韵嘉年华"一连3天在氹仔龙环葡韵举行。活动由民政总署与旅游局主办，多个葡语社群参与，提供美食、传统游戏、比赛及工作坊等节目，期望借此推广澳门中西文化和谐共融的特色，为公众提供别开生面的文娱康乐活动。

治安警察局与中国银行合作推出中银e网系统缴纳交通违例罚款服务。自即日起，居民除可以现金、支票、e道及网上通过信用卡资料缴付交通违例罚款外，还可以通过中国银行澳门分行网站，分别以车辆编号或以交通告票编号方式，办理缴付交通违例罚款。

18 日

"2014 终身学习周暨终身学习奖励计划颁奖礼"下午在友谊广场举行。活动由教育暨青年局、文化局、民政总署、成人教育学会及成人教育协会举办，共有 355 人获奖，其中 11 人连续 6 年或累积 8 次获积极学习者奖项，且过去连续 6 年均参与 100 多个小时学习活动，获得终身学习楷模奖。

立法会上午 10 时至下午 6 时举行开放日，全天共 1600 人次参观。开放参观范围包括地下大堂、全体会议厅、公关办公室、多功能宴会厅、演讲厅及二楼会议室，议员全天轮值接待居民，介绍各场所的功能，详细说明居民关心的立法程序、议员日常审议、表决法案的过程等。立法会自 2003 年开始举行开放日，借此让居民了解立法会的基本情况，加深居民对立法会运作的认识。

街坊总会北区办事处下午在祐汉第四街休憩区举行"预防登革热，清洁小区"大行动。北区人口密集，部分楼宇缺乏管理和清洁，垃圾堆积、污水长流，容易滋生白纹伊蚊。此次行动除了向居民讲解预防登革热知识外，还发动 120 名义工，在区内派发宣传单及清理卫生黑点，以提高居民保持环境卫生的意识，降低登革热传播风险。

港珠澳大桥岛隧工程 E14 沉管成功安装。至此，港珠澳大桥海底沉管隧道 33 个管节已完成 14 节安装，已建隧道总长累计达 2385 米，居世界沉管隧道前十名。

19 日

"2014 节水嘉年华"下午在祐汉街市公园举行。活动由节水小组主办，澳门工会联合总会、街坊总会、妇女联合总会、明爱、民众建澳联盟以及生态学会协办，以"定期洗水箱，水质有保障"为主题，现场设有多个摊位游戏，向公众展示楼宇自来水系统模型，介绍节约用水和维护楼宇自来水系统的方法。

为独居老人卖旗筹款活动在澳门各区展开。活动由街坊总会组织，62 个团体合共 2100 多名义工和学生协助，整日活动筹得 959647 元，有关善款将悉数用于独居长者服务。主办方希望借此倡导尊敬和关怀长者的社会风气，期望社会各界未来继续大力支持，同为独居老人服务献出爱心。

20 日

新桥坊众恭祝华光宝诞演戏酬神活动即日起一连 3 天举行。活动由新桥区坊会、莲溪庙值理会合办，获民政总署、澳门基金会、霍英东基金会及社会工作局等赞助部分经费，推出贺诞酬神仪式、莲溪庙会、粤剧演出、敬老千岁宴等，借此传承传统节庆文化，让更多居民和游客认识该区。

21 日

75 岁或以上长者公积金个人账户款项过户。截至 10 月 15 日，社会保障基金共收到 40530 份公积金个人账户提款申请，其中 19398 份由 75 岁或以上长者、领取社保残疾金超过 1 年以及正收取社会工作局特别残疾津贴的人士所递交的申请已获审批，有关款项即日转入其填报的银行账户内。

22 日

《澳门理工学报》荣获"全国高校精品社科期刊"奖。第五届全国高等学校社科期刊评优活动颁奖典礼在广州举行，澳门理工学院主办的《澳门理工学报》（人文社会科学版）荣获"全国高校精品社科期刊"奖，是唯一获此殊荣的港澳学术期刊，也是澳门学术期刊首次获得该奖项。此次评优活动经教育部批准，由全国高等学校文科学报研究会组织有关专家，通过会议评审方式，采取统一评分、专家讨论、定量与定性相结合的办法评选。《澳门理工学报》总编辑刘泽生荣获"全国高校社科期刊优秀主编"，副总编辑陈志雄荣获"全国高校社科期刊优秀编辑"。

23日　第 19 届"澳门国际贸易投资展览会"（MIF）开幕。展会以"促进合作，共创商机"为主题，设置 1900 个展位，展览面积逾 3 万平方米，吸引超过 50 个国家和地区的参与。首日共安排了超过 600 场商业配对并达成 29 份签约项目，其中，澳门贸易投资促进局与广东省商务厅签署《内地商贸咨询服务——广东》合作协议，进一步深化粤澳经贸合作。

24日　澳门理工学院与台湾中正大学在澳门签署友好合作协议，加强双方在学术、文化等领域的交流和合作。协议由理工学院院长李向玉教授与中正大学校长吴志扬教授代表签署，合作项目包括：研究与教学人员交流、交流学生、交换信息与学术著作、推动共同研究计划、联合举办学术会议及其他学术活动等。

《动物保护法》获立法会大会全体出席议员一般性通过。法案重罚遗弃动物、虐杀动物人士，遗弃动物的罚款由现行的 700 元至 5000 元，调升至 5000 元至 40000 元；虐杀动物被列作刑事犯罪，最高可监禁 3 年。

《2013 年度预算执行情况报告》显示 2013 年政府总盈余逾 1336 亿元。经济财政司司长谭伯源向立法会全体会议引介《2013 年度预算执行情况报告》，2013 年政府一般综合开支执行率为 60%，投资计划执行率不足 40%，意味着 2013 年度中央预算结余 962.85 亿元，将依法注入超额储备。至此，澳门的财政储备总额约为 3408.25 亿元。

25日　莫桑比克共和国驻澳门总领事馆正式设立。来自莫桑比克、中国内地及澳门特区政府的官员主持了揭幕式。莫桑比克驻中国特命全权大使安东尼奥表示，在澳门设立总领事馆除了面向在澳门的莫桑比克社群及友人外，还期望加强中、莫的紧密合作，维系和保持与高层次级别的中央机构交流，推动贸易及投资活动，促进彼此文化交流；充分利用澳门各项优势，促进双方开展新合作领域，共创商机。莫桑比克希望吸引更多澳门资金和华人企业家到该国投资，除了碳氢化合物领域业务（天然气、石油和煤）等利润可观的行业领域外，还要有更多企业关注投资该国发展所必要的基础设施，以此为莫桑比克经济的可持续增长提供条件。同时，莫桑比克希望能够通过澳门宣传该国的农产品，以及通过澳门打开与中国金融和银行业领域的合作。

"2014 澳门道教文化节暨庆祝澳门回归祖国 15 周年活动"即日起至 11 月 16 日举行。活动由澳门道教协会主办，通过道教祈福典礼、道教音乐、道教养生及文化展览、专题讲座等，弘扬道教文化和已被列入国家非物质文化遗产的澳门道教科仪音乐，传播本土宗教文化，发扬导人向善的理念。

"澳门青年指标 2014 社会调查"启动。教育暨青年局委托圣公会澳门社会服务处，自即日起至 2015 年 2 月份，从澳门各中学、大专院校、公私营机构等随机抽选 13 岁至 29 岁青年，采用自填问卷及电话访问的方式进行调查，以掌握青年全面状况，了解他们的发展趋势及需要，进而为制定未来青年政策提供参考。

26日　"2014 澳门体育嘉年华"在塔石广场举行。活动以"澳门体育界庆祝建国 65 周年、澳门特区成立 15 周年暨中国澳门体育总会联合会成立 5 周年"为主题，通过各种体育项目介绍、趣味体育游戏、体育知识竞答、体育表演、大抽奖等，传播体育精神，与民同乐。

澳门、浙江及葡语国家艺团大巡游在大三巴牌坊至议事亭前地举行。活动为"第六届中国葡语国家文化周"系列活动之一，由中国与葡语国家经贸合作论坛常设秘书处主办，民政总署、旅游局协办，来自澳门、浙江民俗艺术团及多个葡语国家和地区的艺团约 200 人参与，以期促进中西文化的交融。

政府总部开放日结束，一连两天共吸引 16557 人次参观，较 2013 年减少 300 人次。入场人士除可参观多功能厅、莲花厅等多个大厅外，亦可通过图片展了解小城旧景。

林则徐系列纪念活动在莲峰庙广场及林则徐纪念馆内举行。活动由莲峰庙值理会及澳门林则徐纪念馆举办，包括向林则徐像献花、"珍惜生命、拒绝毒品"有奖摊位游戏、"弘扬林则徐爱国精神学术座谈会"、澳门书法家蔡传兴"老子道德经书法作品展"等，纪念林则徐巡阅澳门 175 周年、诞辰 229 周年，以及庆祝林则徐纪念馆建馆 17 周年。

"第九届澳门乐善杯行山慈善长跑赛"在路环黑沙水库郊野公园举行。活动由乐善行、中国澳门田径总会合办，澳门工会联合总会、中银澳门分行青年协会协办，逾 1000 名内地及港澳人士参与，共筹得善款约 73 万元，将拨入乐善行育才基金，帮助 260 多名学生继续升学。

27 日

政府公报刊登第 20/2014 号行政法规，核准《太阳能光伏并网安全和安装规章》。规章主要规范在公共或私人建筑物安装太阳能光伏发电系统及相关设备，订定太阳能光伏发电系统直接或经配电系统与公共电网连接应遵守的安全技术条件，以及在建筑物安装光伏系统的要件。行政法规自公布后满 90 日起生效。

政府公报刊登第 292/2014 号行政长官批示，修改《楼宇管理资助计划规章》。主要修改包括扩大资助范围、提高资助限额、增加申请次数、放宽发放条件及简化申请程序等，以进一步鼓励并推动业主召开大会，履行楼宇管理及保养维修的责任。批示自公布后满 30 日生效。

"世界旅游经济论坛·澳门 2014"开幕。论坛由社会文化司主办，以"海上丝绸之路——由澳门出发"为题，邀请 40 位来自不同国家的旅游部长级官员、国际知名企业领袖及专家学者主讲，吸引来自全球多个国家及城市近千人出席，探讨海上丝绸之路沿线各国及国内省市的策略性洲际旅游合作和商机。

图 32　"世界旅游经济论坛·澳门 2014"开幕式

29日

政府公报刊登第301/2014号行政长官批示，委任杨景开为民政总署咨询委员会成员，任期至2015年12月31日，批示自公布翌日起生效。

政府公报刊登第302/2014号行政长官批示，委任生命科学道德委员会成员。张裕、李展润、葛伟、殷磊、林伟基、陈惟蒨、吴培娟、何伟强、袁伟明、黄显辉获委任，由张裕担任主席。批示自公布翌日起生效。

"2014世界闽南文化节"开幕。文化节首届在台湾举办，第二届在泉州举办，本届为第三届，两岸三地40多个单位参与协办，吸引20多个国家和地区逾千名嘉宾与会，组委会希望借此加强澳门与世界各地闽南籍人士的交流，借助澳门平台优势促进闽南文化的传播与发展。

统计暨普查局公布2013年博彩业总收益及相关统计数据。资料显示，2013年博彩业总收益达3630.7亿元，按年上升18%。博彩及相关服务（如餐饮、外币兑换等）收益为3627.5亿元，按年增加18%；其中，餐饮服务收益有5.6亿元，按年上升28%。行业总支出为1566.5亿元，增幅为14%。购货、佣金及客户回赠支出按年增加13%，为1157.4亿元；经营费用（211.7亿元）及员工支出（161.8亿元）分别上升21%及13%。折旧及利息等非营运支出有35.7亿元，按年增加15%。反映行业对经济贡献的增加值总额录得21%的按年升幅，为2258.7亿元。行业固定资本形成总额为43.5亿元，上升36%，主要是土地溢价金及大型装修工程增加所致。

30日

《澳门与台湾间航空运输协议》生效。1995年11月，澳门航空股份有限公司与台北市航空运输商业同业公会签署《台澳通航协定》，有效期为5年；2001年6月15日，双方以有效期为5年的《澳门与台湾之间航空运输商业协议》取代旧协议，5年期满后以每年续期的形式沿用至今。此次生效的协议于2014年2月17日签署，长期有效。

李鹏翥先生上午10时在香港养和医院逝世，享年81岁。李鹏翥，广东梅县人，澳门杰出的新闻工作者和社会活动家，曾任第十届澳区全国人大代表、《澳门日报》副董事长、澳门文化传媒集团副董事长、澳门笔会会长、澳门新闻工作者协会会长、澳门出版协会会长、澳门基本法推广协会副会长、澳门特区政府文化咨询委员会委员、澳门特区政府勋章奖章和奖状提名委员会委员、澳门基金会信托委员会委员、澳门大学议庭成员、澳门日报读者公益基金会名誉副会长，为澳门顺利回归和繁荣稳定做出了重大贡献。

31日

"2014粤港澳三地海上搜救消防联合演习"在珠江口东澳岛附近水域举行。演习由广东省海上搜救中心主办，澳门海事及水务局以及香港海上救援协调中心协办，珠海市海上搜救中心承办，通过联合进行海上搜救、消防实操演习，强化三地海事救援部门应对珠江口水域船舶意外事故的合作，提高海上应急反应和联合搜救能力，保障珠江口水域海上安全。

2014年度"旅游认知计划"系列之"万圣节巡游"在氹仔嘉模墟一带举行。活动由旅游局与澳门青年联合会合办、澳门科技大学艺术团协办，近200名科技大学艺术团成员身穿搞怪服饰，配以万圣节主题妆容，分成9个方阵在区内巡演，为万圣节增添热闹欢乐气氛。

本月

高地乌街、飞能便度街及俾利喇街增设329个摩托车泊车位。随着摩托车数量不断增加，自2012年起，交通事务局陆续在多个商业区引入摩托车咪表泊车位，通过用者自付的收费模式提升车位的流动性，借此优化摩托车的停泊空间，改善泊车秩序。截至目前，共安装并投入使用1547个摩托车泊车位。

卫生局本月录得 8 例登革热病例。其中 5 例输入性病例，1 例本地病例，1 例在澳门工作的外地雇员在珠海确诊感染登革热，1 例澳门居民在广州探亲期间感染登革热。截至目前，澳门共录得 16 例登革热病例，其中 13 例为输入病例，3 例为本地病例。

11月

1日

"第 12 届澳门妈祖文化旅游节"开幕。活动由澳门中华妈祖基金会主办，上午 10 时在路环迭石塘妈祖文化村天后宫举行开幕式暨妈祖祈福祭祀仪式，逾千名海内外信众及嘉宾参与；下午 3 时至晚上 11 时举行"澳门天后宫妈祖绕境巡游"，数十支巡游队伍行经北区多条主要街道，最后天后宫妈祖像驻驾祐汉公园，供善信参拜祈福后回銮路环妈祖文化村。

图 33　"第 12 届澳门妈祖文化旅游节"暨妈祖祈福祭祀仪式

"佛教颂澳门庆回归祈福大法会"在综艺馆举行。活动由澳门佛教中心协会连同多个团体合办，吸引数千信众到场参与。主办方希望借此宣扬宗教平等、信仰自由的精神，加强社会各界的团结。

"第 14 届澳门城市艺穗节"开幕式在欧华利前地举行。活动由民政总署主办，以"回看生活，遇见艺术"为口号，包括舞蹈、戏剧、音乐、街头艺术等 12 种类别 39 个节目，共 78 场，以生活常见元素为创作主题，让居民感受不同类型的艺术风格，吸引众多游人。

"第 45 届明爱慈善园游会"开幕式在南湾湖水上活动中心举行。园游会以"心怀谦善、爱泽千里"

为题，为期 2 天，现场设有约 90 个游戏、食品摊位，邀请了 40 多个机构、团体参与舞台表演，其间在中区举行卖旗筹款，所得善款扣除营运成本后，全数捐给明爱做下年服务经费，以期为社会提供更多援助。

特区政府即日起正式实施新水价机制，提升各类用户水费，并续有不同程度的用水补贴，提倡多用多付，借此进一步提高节水推动力。

2日

"2014 交通嘉年华"在塔石广场举行。活动由交通事务局、治安警察局、法务局及民政总署等多个政府部门联合举办，以"有礼　守法　做个尽责道路使用者"为主题，通过摊位游戏、精彩演出及交通警备展示等，加强居民的交通守法意识。

"追思节"弥撒上午 10 时在旧西洋坟场举行。活动由天主教澳门教区主教黎鸿升主持，行政法务司司长陈丽敏，民政总署管委会主席黄有力、咨委会主席梁官汉、监委会主席司徒民义等出席，追悼过去曾为澳门做出贡献的死者。

李筱玉女士在镜湖医院病逝，享年 88 岁。李筱玉，祖籍广东台山，澳门民主妇女联合会创会负责人之一，妇联托儿所主要创办人之一，曾任广东省政协委员，中国少年儿童基金会理事，澳门特别行政区政府第一、第二届选举委员会成员，妇联托儿所主任、副所长、顾问，妇联总会执委会副主席、理事会副会长、名誉会长，晚年获澳门特区政府授予银莲花荣誉勋章，以表彰她在妇女儿童事业方面所做出的卓越贡献。

4日

政府公报刊登第 307/2014 号行政长官批示，修改第 319/2008 号行政长官批示第一款及延长节水小组的存续期。新规定修改了该小组的部分职责内容，并将其存续期从 2014 年 12 月 2 日起延长 3 年。批示自公布翌日起生效。

博彩监察协调局公布 10 月份博彩毛收入为 280.25 亿元，按年跌 23.2%，单月跌幅有史以来最大。1 月至 10 月累计博彩毛收入为 3039.67 亿元，按年升 2.3%。

"2014 信息科技周"即日起一连 2 天在澳门科学馆会议中心举行。活动由行政公职局、电信管理局、澳门生产力暨科技转移中心、澳门计算机学会及澳门计算机商会主办，围绕云端的方案及应用、大数据、网络保安等元素，通过主题论坛、信息科技讲座等，分享最新的科技信息及应用技术，推动政府、业界及学界之间的交流。

经济局推出"商标注册申请电子服务"。该服务系统采用由澳门邮政 eSignTrust 注册署发出的"合格电子签名（QES）证书"进行电子签署，结合在线申请、在线支付、自动收件确认、自动发送通知、自动采集申请数据等功能，实现电子申请。

5日

行政长官崔世安上午在政府总部会见前中央驻澳媒体记者重走故地访问团一行。双方回顾了澳门回归祖国前后的变化与发展，并就更好地宣传推广澳门交流意见。

驻澳部队 100 名官兵上午在驻军大厦进行捐血活动，共计捐血约 4 万毫升。卫生局局长李展润向驻澳部队后勤部部长李辉忠颁发感谢状。至此，驻澳部队进驻澳门以来共参加 15 次捐血活动，先后有 1500 人次参加，累积捐血约 50 万毫升。

6日

　　宏益电召的士有限公司100个的士特别准照期限届满。特区政府与该公司磋商数月，未能就其准照续期事宜达成共识，故此决定不再与其续约。为降低相关影响，政府持续与该公司保持紧密沟通，做好包括员工遣散及其他过渡安排，并协调相关的士团体及社服团体提供支持，为公众服务。

　　社会保障基金公布《提前获发养老金制度探讨》精算报告。社保基金2013年委托韬睿惠悦香港有限公司（Towers Watson）进行提前获发养老金专项制度探讨报告，全面检视养老金发放制度的正确性、公平性和合宜性，借以回应社会的有关疑虑，并作为未来完善养老金发放制度的参考。

7日

　　"第14届澳门美食节"即日起至本月23日在旅游塔前地西湾湖广场举行。活动由餐饮业联合商会主办，饮食业工会、中厨协会、西菜面包工会、新闻工作者协会协办，并首次与环境保护局合作，赞助参展商号使用指定环保餐具，进一步推动环保理念。本届美食节口号为"拼出美食新煮意"，本地参展商有108家，其中首次参展有41家，占38%，为历届最高。此外还邀请日本关西25个参展商，在西湾湖下层打造"日本村——关西"，为居民呈献地道的日本关西特色美食。

　　第7届"北区消费嘉年华2014"开幕式下午在祐汉公园举行。活动由澳门北区工商联会主办，700家商户参与，较2013年多10%。主办方希望借此活动掀起北区消费热潮，改善区内营商环境和居民生活质量，推动北区经济发展。

8日

　　"2014书香文化节"在塔石体育馆揭幕。活动由澳门出版协会、台湾图书出版事业协会合办，特邀内地与港澳台约60家参展商提供20多万册各类图书，同场首发本地22位作家佳作的《澳门文学丛书》，并首次展销与航天科技有关的战机模型，增设多元化的展摊。在此期间，环境保护局推出"秋季书香文化节减用胶袋宣传计划"，呼吁居民自备环保袋或背囊前往书展现场，减少取用塑料袋，共同实践"减塑"环保行为。

　　"澳门戒烟日嘉年华"在三盏灯圆形地举行。活动由戒烟保健会举办，以"无烟环境齐共建"为主题，推广建立无烟澳门，加强预防青少年吸烟的工作，减少因吸烟带来的疾病。

9日

　　"世界糖尿病日之步行郊游乐满FUN"在黑沙水库郊野公园举行。活动由卫生局及慢性病防制委员会为响应国际糖尿病联盟2014年至2016年"健康生活与糖尿病"的主题而举办，体育发展局、社会工作局、澳门街坊会联合总会、澳门工会联合总会、澳门妇女联合总会及澳门红十字会协办，通过摊位游戏、健身操、植物导赏及环山步行，用行动实践健康生活，降低患糖尿病的风险，共吸引300多名市民参加。

　　"四面佛诞庆典2014"在赛马会前地四面佛宝殿以泰国传统仪式举行。活动由澳门四面佛诞庆典组委会主办、居澳泰侨协会及澳门泰国商会协办，特邀泰国高僧主持和礼乐舞蹈团酬神助兴，祈求世界和平，并为澳门、泰国居民祈福，祝愿社会安居乐业、繁荣昌盛。

　　澳门妇女联合总会举行"亲子康体欢乐行"。活动由该会属下托儿所、妇联托儿所家长会协办，获体育发展局赞助，通过家长及小朋友环绕松山步行一周，让他们亲近大自然，强健体魄，促进亲子关系。活动共吸引约800个家庭近3000名家长及小朋友参与。

10日

政府公报刊登第309/2014号行政长官批示，将防治艾滋病委员会的存续期，自2014年11月22日起延长3年。批示自公布翌日起生效。

《2014澳门年鉴》即日起公开发行。澳门年鉴为综合性的地方年鉴，自2002年起每年编纂、出版，分中、葡、英三种语言版本，全面、系统地记录澳门政治、经济和社会文化发展情况。本年年鉴分为澳门特别行政区政府施政重点、大事记要、澳门特别行政区年度综述和附录4部分。

《崔世安先生参选第四任行政长官竞选活动期收集意见的分析报告》结果公布。自9月15日，行政长官办公室接收"崔世安竞选办公室"送交的12万份社会意见及建议后，政策研究室按照行政长官的指示进行整理及分析汇总，最后做出分析报告指出，共得到111827份建言意见，其中居民关注度最高的10个施政范畴为：交通事务、房屋、医疗及卫生、经济事务、社会事务及社会保障、劳工事务、法律及政治、公共行政、文化及教育、体育及文康。此外，环境保护、青年事务、区域合作、人才培养、城市规划等范畴亦分别收到过千条的意见。

"欢庆祖国65载华诞·喜迎澳门回归15周年——中银慈善之夜"举行。活动由中国银行澳门分行携手澳门高尔夫球总会、大丰银行与中国太平保险（澳门）股份有限公司共同举办，会上共向澳门7个慈善机构与社会服务团体捐出善款逾1000万，以支持澳门慈善公益事业，弘扬澳门乐善好施、守望相助的传统美德。

统计暨普查局公布最新人口统计数据。资料显示，本年9月底总人口为631000人，按季增加7000人，主要是外地雇员增加所致；女性人口为319100人，占50.6%。本年第三季新生婴儿共1971名，按季增加305名，增幅为18.3%；新生男婴有1047名，男女婴儿性别比为113.4∶100，即每100名新生女婴对应113.4名男婴。本年前三季新生婴儿共5274名，按年增加459名。同季死亡个案共419宗，按季减少58宗；前三位死因分别是肿瘤（157宗）、循环系统疾病（84宗）及呼吸系统疾病（64宗）。本年前三季死亡个案共1445宗，按年增加53宗。此外，第三季内地移民有2656人，按季增加1868人；获批准居留人士有538人，按季增加65人；季末外地雇员有162877人，较上季末增加7567人。同季结婚登记有957宗，按季增加12宗。前三季结婚登记有3069宗，按年减少90宗。

11日

跨部门埃博拉病毒病应急演习上午举行。演习由卫生局、消防局、治安警察局及新闻局联合举办，目的是测试发现疑似埃博拉病毒病个案时的处理及应对措施，送院过程的隔离措施及跨部门协调机制，特别是各环节的感染控制措施等能力是否足够，借此为各防控环节做更周全的准备。

行政长官崔世安总结澳门特别行政区第三届政府施政工作。崔世安下午列席立法会全体会议，做2014年财政年度政府工作总结，以及介绍2015年财政年度预算安排，供立法会审议。他表示，过去5年，澳门综合实力持续增强，社会整体保持稳定，民生综合素质不断提升，各个施政领域基本上达到了预期的目标。并宣布2015年将延续一系列民生纾困及扶助措施，建议继续发放现金分享，永久性居民9000元、非永久性居民5400元，发放敬老金7000元，政府向中央公积金每一账户注资7000元，上述4项目金额与2014年相同。

12日

卫生局证实1例输入性登革热病例。患者为30岁男性，澳门居民，10月30日至11月8日期间曾到台湾高雄旅行，11月9日出现症状，12日公共卫生化验所PCR检测结果证实感染I型登革热。至此，澳门共录得17例登革热病例，其中14例为输入病例，3例为本地病例。

沙栏仔街一时装店凌晨发生大火，4人死亡，是澳门特别行政区成立以来死亡人数最多的火灾。

13日

"第61届澳门格兰披治大赛车"开锣。活动为期4天，来自36个国家和地区的200多名车手竞逐7项赛事。此外，其全新支持赛事"华夏赛车大奖赛"首次亮相，23位车手驾驶统一规格的绅宝D70赛车进行练习赛，澳门车手何汉强排第一。

行政长官崔世安在礼宾府与来澳门出席"2014年中医药文化发展高级别（澳门）会议"的全国人大常委会副委员长陈竺会面。双方就广泛的公共卫生议题及中医药发展交换意见。

14日

特区政府公布澳门大学旧址规划。规划将约14万平方米的面积分配给澳门大学、澳门理工学院、澳门旅游学院和澳门城市大学4所高校及体育发展局、行政公职局和交通事务局3个政府单位。其中私立高校澳门城市大学需付租金及签署绩效协议，其他单位均不需支付租金且没有使用年限。

"第一届大赛车嘉年华——赛道与激情"开幕式在渔人码头励骏大道举行。活动由澳门会展产业联合商会主办，为期3天，集合演艺、游乐及展销展览等元素，使市民及旅客可以参与更多元的节目。

16日

"第61届澳门格兰披治大赛车"结束。F3（三级方程式）瑞典车手罗辛基思夺冠，奥地利车手奥亚、新西兰车手卡斯德分列亚、季军；FIA世界房车锦标赛卢佩赢得年度总冠军，伊云梅拿及勒布获亚、季军。此外，为了让观众了解大赛车工作团队，大赛车委员会举行特备节目，由参与大赛车的工作人员及60辆工作车组成巡游队伍在跑道上巡游，展现团队合作精神。

"第14届澳门城市艺穗节"之大巡游活动举行。活动为"艺穗节"重点项目之一，约200名来自不同国家地区及澳门的艺术表演者、学校及社团代表组成18支队伍，以各式各样有趣奇异的装扮和道具巡游至议事亭前地，为居民和游客送欢乐。

18日

65岁至74岁长者公积金个人账户款项过户。根据相关法律规定，符合提款资格的个人账户拥有人，每年可申请提取公积金个人账户款项一次，其中65岁至74岁长者提出的提款申请已基本完成审批，有关款项即日转入24900名合格申请人填报的银行账户内。

立法会全体大会一般性通过《2015年财政年度预算案》法案。2015年预算收入约1546亿元，较2014年预算增7%，其中博彩税收预计1155亿元，与2014年预算持平；开支预算总额为8371670万元，较2014年增7.9%；一般综合开支预算为9314100多万元，其中"人员"的开支为1851200多万元，约占总额的20%，政府需要聘请的总人数将达35015人。

19日

旅客人均消费近5年来首次下跌。统计暨普查局数据显示，2014年第三季旅客总消费（不包括博彩）达155亿元，较2013年同季的148亿元增长5%，但旅客人均消费为1878元，按年微减1%。

行政会完成讨论《修改工作意外及职业病损害的弥补制度》法律草案。法案新增及明晰属工作意外的情况，建议明确规定责任实体履行给付的期间、修订雇主向劳工事务局通知工作意外及职业病的期间等。此法律草案制定的目的在于加强保障劳工在发生工作意外及职业病时的权利，以及改善损害弥补制度的效率。

"澳门科技大学月球与行星科学实验室——中国科学院月球与深空探测重点实验室伙伴实验室"揭牌仪式在澳门科技大学图书馆举行。该实验室为中国科学院在境外设立的首个重点伙伴实验室，以进一步加强境内外专家学者的学术合作，加快我国现代科技发展。

20日

中国人民解放军驻澳门部队清晨顺利完成进驻澳门以来第15次建制单位轮换。根据《中华人民共和国澳门特别行政区驻军法》《中国人民解放军驻香港部队、驻澳门部队建制单位和士兵轮换规定》，经中央军委批准，从2000年开始，驻澳门部队每年年底实施轮换，且轮换后驻军在澳门驻防的部队人员和装备数量与轮换前相同。

澳门基金会获中华健康快车基金会颁授"光明功勋奖"。中华健康快车基金会是国家民政部评定的"中国社会组织评估等级4A级"机构，为内地影响最大的从事眼科医生培训的公益组织。澳门基金会自2013年起，已累计向该组织捐助2800万元人民币，服务甘肃定西、湖北黄冈、甘肃白银三个站点，并为三地建立白内障治疗中心，为4297名贫困白内障患者提供免费手术。同时赞助了第三列健康快车大修和医疗设备更新，从2014年起，这列健康快车正式命名为"健康快车——澳门光明号"。

21日

"塔石艺墟"在塔石广场举行。活动由民政总署主办，一连2周的周五至周日举行，来自两岸四地、韩国、新加坡及马来西亚的共300多个文创团体参展，其中澳门有逾百个品牌，同场展示个性原创产品。活动自2011年开始，定于每年5月及12月举行，定期展销文创特色产品，至今已举办至第13场，参与的创意品牌累计逾2000家。

22日

同善堂上午开始一年一度的沿门劝捐，为期1个月。该堂人员身穿制服、佩戴工作证向新马路一带商号劝捐，以募集全年经费及宣扬守望相助的中华慈善精神，首日筹得善款2198000元。同善堂创办于1892年，是一家民间慈善机构，以"同心济世，善气迎人"为宗旨，日常主要服务包括助贫施济、赠医施药、免费教育、免费托儿、敬老护老及紧急救援等慈善工作。

第10届"HUSH!! Full Band马拉松摇滚音乐祭"在文化中心艺术广场上演。该音乐祭为澳门每年一度的摇滚盛事。本届来自中国香港、曼谷、中国台北等地的乐队与9支本地乐队接力献唱8小时，与乐迷一同呐喊狂欢。

"普善祈福传灯法会"在友谊广场举行。活动由普善佛教慈善会主办，佛教总会、佛教总会青年委员会及普善佛堂协办，澳门及内地、香港、台湾、泰国及韩国等地高僧共同主持，祈求福泽澳门、社会繁荣安定、居民安居乐业。

23日

"《澳门拉丁城区幻彩大巡游》VIVA仔天际启航新闻发布会"及"VIVA仔天际启航"仪式在望德堂区仁慈堂婆仔屋举行。主办单位现场首播本届大巡游宣传片，介绍主题故事，同场精心设置天际主题的糖果区、拍照区及2013年摄影比赛得奖作品展览，并向市民大众派发宣传纪念品，打造大巡游宣传日，让参观者率先体验欢乐气氛。

24 日

政府公报刊登第 48/2014 号行政命令，修改营业汽车或的士之收费。修改之后，的士落旗（首 1600 米）由 15 元加至 17 元，随后每跳（落旗后每 260 米）由 1.5 元加至 2 元，等候（应乘客要求或在行车过程中所需的停车等候时间）每分钟由 1.5 元加至 2 元。行政命令自 2014 年 12 月 14 日起生效。

统计暨普查局数据显示，10 月入境旅客共 2654180 人次，按年增加 11%。其中内地旅客为 1824719 人次，按年增加 20%。前十个月旅客总数达 26183189 人次，按年增加 8%。

立法会第二常设委员会完成《2013 年度预算执行情况报告》讨论。讨论后签署意见书指出，2013 年政府收入大幅增加，支出相对减少，年度预算结余 1246 亿元，其中一般部门逾 963 亿元，自治机构逾 283 亿元。但政府投资计划（PIDDA）的执行率只有 39.6%，为 2009 年以来最低。

25 日

《香港特别行政区民航处与澳门特别行政区民航局在航空器意外和事故调查的合作安排》签署。两地民航当局在 2013 年 12 月启动此次合作的会谈，最近落实内容并进行签署，今后双方将在调查工作、调查培训、信息和专业知识等方面分享资源和给予协助，共同促进区域航空安全。

26 日

政府公报刊登第 330/2014 号行政长官批示，续任教育发展基金行政管理委员会成员。正选委员钟圣心、老柏生、郭小丽、惠程勇及各自的候补成员林雪梅、黄懿莲、黄健武、丘曼玲获续任，任期自 2014 年 11 月 22 日至 2015 年 11 月 21 日。

"第 3 届国际清洁能源论坛"开幕式在金沙城中心假日酒店举行。论坛由国际清洁能源论坛（澳门）主办，为期 2 天，来自联合国及多个国家、地区的能源主管官员、学者、企业家和投融资机构等逾 300 人，围绕"清洁革命、持续发展"的主题，通过演讲、对话和圆桌讨论，对清洁能源产业发展的热点、难点、焦点问题进行交流和探讨。

澳门心理研究学会举行"回归 15 周年市民心理变化调查报告"发布会及《濠江心理卫生杂志》创刊发行仪式。该会按比例从各行业及社团采样，共发出问卷 2500 份，回收问卷 2249 份，有效问卷 1993 份，结果显示市民的抑郁总平均分高于 6（标准小于 4 分才被视为无抑郁状况），且 29 岁以下的人幸福感最低。此外，调查结果显示居民对政府目前整体施政状况评价平均分为 5.42，近 30% 的人对施政状况不满，政府办事效率方面的评价最差。

澳门科技大学健康科学学院院长霍文逊荣获本年度"格乐士和平奖"（GUSI Peace Prize）。"格乐士和平奖"创设于 2002 年，是经联合国认可、在国际上具有一定影响的国际性奖项，与诺贝尔和平奖并列为联合国备案的两个和平奖之一。霍文逊为 2014 年唯一代表中华人民共和国的得奖者，以表扬其在医学教育、医疗服务、跨境生物技术发展、人道主义等领域做出的杰出贡献。

27 日

统计暨普查局公布就业调查结果，2014 年 8 月至 10 月澳门失业率为 1.7%，与上一期（7 月至 9 月）持平；失业人口为 6900 人，较上一期增加 300 人；与去年同期相比，失业率下降 0.2 个百分点。

28 日

澳门电信管理局与葡萄牙国家通信管理局签署双边技术合作议定书。该议定书由电信管理局副局长许志梁与葡萄牙国家通信管理局行政管理委员会成员 Hélder Vasconcelos 教授代表签署，葡澳双方期望通过订立技术及机构合作机制，促进两地电信行业的蓬勃发展。

圣诞、新年灯饰亮灯仪式傍晚在议事亭前地举行。圣诞灯饰主题为"缤纷色彩·迎十五载"，全澳共 75 处地点有圣诞灯饰点缀，议事亭前地、关闸广场及氹仔运动场圆形地各布置一座配以回归 15 周年元素的大型圣诞树；主要街道及灯柱悬挂水条灯、米仔碎灯、彩虹管灯牌、小灯牌等，让居民和游客感受浓厚的圣诞气氛，并一同庆祝回归。民政总署同场举行"圣诞送暖童欢乐"启动仪式，让居民认购礼物，送给有需要的青少年。

统计暨普查局公布 2014 年第三季本地生产总值。资料显示，本年第三季本地生产总值按年实质收缩 2.1%，是五年来首次出现的季度经济负增长。经济收缩的主要原因是服务出口大幅倒退，其中，博彩服务出口持续回落，跌幅扩大至 12.3%，而其他旅游服务出口减少 0.7%。私人消费及政府最终消费分别上升 7.2% 及 8.1%、私人投资增加 41.5%，反映内部需求保持增长；货物出口上升 11.4%。本年前三季经济增长升幅进一步收窄，为 6.0%；第三季量度整体价格变动的本地生产总值内含平减物价指数按年上升 8.9%。私人消费平稳上升。劳动力充分就业、人力资源需求殷切，有助总就业人数及工作收入保持增长，推动私人消费开支按年上升 7.2%。住户在本地及外地的最终消费支出分别增加 6.7% 及 10.6%。政府最终消费支出按年上升 8.1%。其中，雇员报酬增加 2.6%，购入货物及服务净值上升 14.2%。投资增长缓减经济收缩跌幅。反映投资的固定资本形成总额升势持续，按年增加 38.1%。受惠于多项在建的大型旅游娱乐设施，私人投资按年上升 41.5%，其中建筑及设备投资分别增加 43.8% 及 28.9%。政府投资上升 5.0%，公共建筑增加 15.0%，但设备投资减少 34.7%。货物贸易升势持续。外部需求增加，带动货物出口按年上升 11.4%；与此同时，私人投资、私人消费开支及旅客保持增长，货物进口上升 12.4%。服务贸易欠佳成经济收缩主因。博彩服务出口跌幅扩大，按年减少 12.3%；入境旅客增加，但旅客消费减少，导致其他旅游服务出口按年下跌 0.7%。博彩服务及其他旅游服务出口均录得负增长，整体服务出口大幅倒退，按年减少 9.9%；而服务进口按年收缩 17.8%。

30 日

"交通安全乐满 FUN——康体同乐日"在工人体育馆举行。活动由交通事务局、治安警察局、法务局、民政总署合办，工联、街总、妇联、少年警讯、禁毒委员会协办，通过系列竞技活动向来自交通运输业界的参与队伍传递交通安全讯息。主办单位希望借此活动促进政府部门和交通业界的沟通与交流，鼓励业界从业人员利用工余时间参与运动，保持健康良好的体魄。

12月

1 日

新华社公布国务院任命的第四届澳门特别行政区政府主要官员和检察长名单：陈海帆（女）为行政法务司司长，梁维特为经济财政司司长，黄少泽为保安司司长，谭俊荣为社会文化司司长，罗立文为运输工务司司长，张永春为廉政公署廉政专员，何永安为审计署审计长，马耀权为警察总局局长，赖敏华（女）为海关关长，叶迅生为检察院检察长。根据澳门基本法的规定，上述官员将于 2014 年 12 月 20 日起履行职责。下午 5 时半，行政长官崔世安率领各候任人在政府总部会见媒体。

政府公报刊登第 338/2014 号行政长官批示，2015 年 1 月 1 日起调升维生指数。其中，1 人家庭维生指数由 3800 元调升至 3920 元，升幅约 3.1%，2 人家庭至 8 人或以上家庭各有不同程度的升幅。这是政府继本年 7 月 1 日后再次上调维生指数，以助弱势家庭解困。

"新驾驶理论测验题库"网上测试版开通。鉴于现行题库已使用多年，为配合社会发展需要，交通事务局经收集教车业界团体、交通咨询委员会和社会各方意见，已完成 5 册《驾驶理论测验》手册的修订和翻译工作，即日起开放予公众试用。

2 日

澳门国际机场 1 ~ 11 月整体旅客运输量逾 500 万人次，航班量逾 4.7 万架次，较 2013 年同期分别增 9.4% 和 8%。单计 11 月，客运量逾 45 万人次，航班升降逾 4600 架次，较 2013 年同期分别升 9.5% 和 11.5%。

3 日

"2014 澳门购物节"即日起至 12 月 31 日举行。活动由澳门购物节筹备委员会主办，旅游局协办，以"入境幸运大抽奖·惊喜折扣优惠·全城欢欣庆贺"为主题，配合"I Buy Macau"口号，融入创新元素，并设有官方吉祥物小熊猫"Ola，澳莱"，展现多元化的旅游、购物和玩乐元素，吸引全城大型商场、逾千家商户参与。

4 日

政府公报刊登廉政公署《2013 澳门廉政公署工作报告》。报告总结了 2013 年廉政公署所开展的各项工作，除介绍个案处理情况及反贪、行政申诉、财产申报、倡廉宣传教育等方面的工作情况外，还总结了与 2013 年第五届立法会选举有关的工作，并对选举情况进行分析及检讨。

消费者委员会发出逾千个 2015 年度"诚信店"优质标志。消委会每年通过各种方式对辖下所有"诚信店"进行资格评核，本年共有 1105 家商号获颁发该标志，合格率达 80%，其中 14 家商号被评为 A 级"诚信店"，获颁授奖牌予以嘉许。

5 日

《修改工作意外及职业病损害的弥补制度》法案获立法会一般性通过。该法案保障范围扩大，将在 8 号或以上风球悬挂期间上班、下班 2 小时内，使用由雇主提供的交通工具直接往返居所与工作地点途中遇到的意外列为"工作意外"。即使员工偶尔需要在 8 号风球悬挂时上班，雇主也需为其购买意外保险，否则由雇主承担赔偿责任。

6 日

"爱·不迷'网'——第五届小区性教育推广活动"启动仪式在友谊广场举行。活动由教育暨青年局辖下德育中心连同 10 个团体共同举办，以"解读网络世界"为主题，为期 3 个月，其间在澳门 6 个堂区开展 31 项活动，以提高儿童及青少年对网络世界的批判思考能力和自我保护意识，并协助家长进行亲子教育。

"2014 泰国文化节"在荷兰园二马路举行。活动由居澳泰侨协会主办，为期 2 天，现场设多个摊位推介泰式美食，并有泰国舞蹈演员进行特色歌舞和风情文娱表演，以祝贺泰皇普密蓬 87 岁寿辰。活动吸引了大批泰侨、居民和游客光顾。

功德林水陆法会开幕，为期 8 天。下午 3 时，功德林举行"法界圣凡水陆普度大斋胜会道场"启坛仪式，邀请了内地及港澳多名高僧大德主持各项佛事，为澳门和大众祈福，并以此功德回向世界和平、国泰民安。

仁慈堂社服店向工会联合总会、街坊总会转介的共 300 个在职贫穷家庭和仁慈堂的 30 个贫困户，以及弱智人士家长协进会属下康乐综合服务中心转介的 10 户家庭送上"食物篮"。

7 日

澳门大学荣誉博士、中国首位诺贝尔文学奖得主莫言在澳门大学大学会堂开讲。讲坛以"汉语文学的成就与前途"为题，并与特邀嘉宾澳门基金会行政委员会主席吴志良博士以及澳门大学讲座教授杨义进行学术对话，吸引逾千观众听会。

"第六届国际义工嘉许日"在旅游塔举行。活动由义务青年会主办、社会工作局赞助，向 121 名义工颁发嘉许状，以表彰他们的无私奉献，鼓励继续助人。

8 日

"同心协力　共创繁荣——澳门特别行政区成立 15 周年成就展"上午在北京展览馆开幕。全国人大常委会委员长张德江、国家副主席李源潮等在开幕式前会见行政长官崔世安，并亲临主持仪式；国务委员杨洁篪及行政长官崔世安分别在开幕典礼上致辞。此次共展出 280 多张图片，分为 6 个部分展示澳门特别行政区成立 15 年来的伟大成就。

李刚倡导澳门在内地创业，再造一个澳门。中联办主任李刚接受内地媒体采访时表示，澳门土地狭窄，发展空间小，单在澳门不行，"要走出去，到内地再打造一个澳门"，"支持澳门在内地创业，再打造一个澳门，对特区的繁荣稳定非常有帮助"。李刚指出，澳门博彩业"一业独大"不是好事，单一发展可能令城市走向衰落；发展多元经济是澳门政府一项重要任务，也是中央对澳门的一项要求，参与区域经济合作对澳门经济发展非常重要。澳门贸易投资促进局数据显示，截至 2014 年 10 月，珠海横琴新区已注册登记的澳门投资企业有 204 家，用地项目 43 个，计划投资总额 1695 亿元人民币。另外，澳门还参与江西、浙江、山东等地兴建的一些项目，并正在与周边地区磋商，争取参与广州南沙新区、中山翠亨新区、江门大广海湾经济区等地建设。

"新疆三地州早产儿视网膜病变筛查及早期干预、先天性白内障、角膜盲婴幼儿早期手术治疗及后续弱视治疗医疗设备购置项目"签约仪式在乌鲁木齐举行。项目由澳门基金会针对和田、阿克苏、喀什三地州捐助，由乌鲁木齐市眼耳鼻喉专科医院组织专家团队负责具体工作，同时还在和田县医院建立一所眼视光中心，捐助金额达 800 万元人民币。

9 日

驻澳部队在氹仔营区礼堂举行解放军进驻澳门 15 周年庆祝大会。在奏唱中华人民共和国国歌后，解放军总政治部副主任吴昌德宣读四总部给驻澳部队的贺电。贺电说，驻澳部队进驻澳门 15 年来，坚持把思想政治建设摆在首位，认真学习中国特色社会主义理论体系，突出学好党的理论创新最新成果，牢牢把握部队建设的正确政治方向；坚持扭住军事斗争准备不放松，狠抓针对实战化训练，扎实搞好后勤和装备建设，履行防务的能力稳步提升；坚持发扬我军光荣传统和优良作风，自觉践行人民军队根本宗旨，尊重和支持特区政府，热爱澳门人民，以实际行动赢得社会各界的广泛赞誉。副总参谋长戚建国传达了中央军委对驻澳部队全体官兵的亲切问候，并代表四总部向大会召开表示热烈祝贺，向国家机关、澳门特区政府、中央驻澳机构、澳门社会各界人士和广大居民表示衷心感谢。希望驻澳部队全体官兵要始终瞄准"听党指挥、能打生仗、作风优良"的强军目标，大力加强思想政治建设，不断强化战备训练，坚持依法从严治军，努力提高保障效益，全面推进部队建设，圆满完成以履行防务为中心的各项任务，为澳门长期繁荣稳定提供坚强有力的安全保证。驻澳部队司令员王文在会上总结驻澳部队进驻 15 年来的建设情况，并代表驻澳部队全体官兵表示，一定牢记神圣职责，视使命为泰山，化荣誉为动力，建设一支听党指挥、能打胜仗、作风优良的精锐之师，为维护澳门长期繁荣稳定做出新的更大贡献。会议还表彰了为驻军全面建设做出突出贡献的先进单位和"十大莲花卫士"。庆祝大会由广州军区司令员徐粉林主持。行政长官崔世安，广州军区政委魏亮，中联办副主任陈斯喜，驻澳部队老政委、广州军区原副政委刘良凯等分别在会上致辞；全国政协副主席何厚铧，驻澳部队首任司令员、兰州军区司令员刘粤军出席大会。出席大会的还有外交部驻澳特派员公署领导，广东省委、省政府领导，澳区全国人大代表、全国政协委员，澳门社会知名人士代表，驻澳部队部分老领导，驻港部队领导和澳门部队官兵代表 500 多人。

政府公报刊登第 346/2014 号行政长官批示，将能源业发展办公室的存续期自 2015 年 1 月 1 日起延长 2 年，其运作费用由登录在政府预算该办公室项目内的有关拨款承担。

社会保障基金推出社保受益人自助申请供款证明书服务。即日起，市民可通过设于澳门的共 31 个地点、印有社保基金服务标签的自助服务机办理有关申请。

10日

澳门旅游学院主办"第七届服务管理国际会议"。协办单位为英国牛津布鲁克斯大学牛津酒店管理学院、美国弗吉尼亚理工学院暨州立大学、印度国际管理及技术学院。会议主题为"在亚洲的服务管理及传送"。该系列会议曾先后于印度新德里、英国牛津、美国宾夕法尼亚和塞浦路斯举办。

11日

《澳门居民幸福指数研究 2014》新闻发布会在澳门理工学院博彩教学暨研究中心举行。该研究由澳门理工学院与澳门经济学会合作进行，自 11 月中下旬利用拦截方式调查了 1004 位年满 18 岁的澳门居民。结果显示，受访者整体主观幸福感为 6.99 分，其中，对交通环境、消费/生活物价、居住环境满意度得分最低，分别为 4.37 分、4.66 分和 5.42 分。

澳门通股份有限公司在科学馆举行"澳门通品牌革新——绿叶计划"发布会，推出"全新芯片澳门通"。新卡增加多项电子功能和创新服务，包括与支付宝合作的联名交通卡，内地旅客出境前可预购澳门通；提供记名服务、挂失服务、手机自助加值服务；推出"多功能手机应用程序"，用户通过拍卡可查询卡余额、银行"加值易"服务等。

12日

"2014 华侨华人聚濠江联谊大会"启动礼举行。大会由澳门归侨总会主办，为期 3 天，来自全球近 70 多个国家和地区的侨社和侨团代表参与，借大会共商凝聚侨心、汇聚侨力，共同推动侨务工作发展大事。

13日

特区政府上午 9 时在路环保安高校操场举行南京大屠杀死难者公祭活动。为响应全国人大常委会确定的"南京大屠杀死难者国家公祭日"，政府举办公祭活动，行政长官崔世安等社会各界人士约 200 人出席。

"奥运金牌运动员访澳系列活动——活力行"即日起一连举行 2 天。活动由澳门体育暨奥林匹克委员会及体育发展局联合主办，体奥委会青年委员会承办，李宁、周继红、李小鹏、刘璇、吴敏霞、何冲、马龙及丁宁访澳，与本地青少年及运动员近距离交流，宣扬奥林匹克体育精神。

功德林举行水陆法会圆满送圣巡游仪式。法会上，各界人士为巡游醒狮队点睛，约千名法师及社会善信参加，并由福建体育会、天后宫腰鼓队、福建民乐团及礼鼓队等进行具有民族特色的表演，旨在为澳门祈福，呈现社会和谐、宗教自由及人们安居乐业的祥和景象。

14日

第31届"公益金百万行"举行。活动由澳门日报读者公益基金会主办，行政长官崔世安、全国政协副主席何厚铧、中联办主任李刚、外交部驻澳公署特派员胡正跃等主礼，各界人士、政府机关部门负责人及访澳的多名奥运金牌运动员应邀参加，中央电视台中文国际频道首次在妈阁现场直播百万行嘉年华盛况。本届百万行步行人士达4万多人，筹得善款逾1600万元，创历史新高。

图34　第31届"公益金百万行"剪彩仪式

"澳门拉丁城区幻彩大巡游"下午在大三巴牌坊举行"天际启航"开幕式。活动由文化局举办，海内外演艺精英超过2000人组成巡游团队，在具有拉丁韵味的街区携手演出，穿梭于望德堂区，傍晚聚首塔石广场，上演"爱·和平·文化共融"大汇演，共同参与此庆祝澳门回归祖国的最大型户外嘉年华活动。

15日

政府公报刊登第105/2014号、106/2014号行政命令，续任岑浩辉为终审法院院长，续任赖健雄为中级法院院长，任命姚颖珊为初级法院及行政法院院长，任期3年，自2014年12月20日起生效。

政府公报刊登第107/2014号行政命令，修改第45/2006号行政命令。修改后，珠澳跨境工业区出入境站及关口允许持有该工业区通行证或同等文件的市民进出，以及澳门居民、内地劳务人员、学生于0

时至 7 时进出；允许来自或运往该工业区的货物及往来车辆通过。此行政命令自 2014 年 12 月 18 日起生效。

"无线宽带系统——WiFi 任我行"新增 20 个服务点。该项目由政府出资兴建，在澳门多个政府场地、公共设施及旅游景点，为市民及旅客提供免费无线宽带互联网接入服务，投入至今逾 4 年，共有 164 个服务点。

特区政府下午 4 时在文化中心综合剧院举行"2014 年度勋章、奖章及奖状颁授典礼"。行政长官崔世安向 43 名社会人士及 7 个政府部门和实体颁授各项勋章、奖章和奖状，表扬他们在个人成就、社会贡献或服务澳门方面的杰出表现。其中，吴荣恪获金莲花荣誉勋章，招银英获银莲花荣誉勋章，刘炯朗等获专业功绩勋章，吴在权等获工商功绩勋章，澳门航空股份有限公司等获旅游功绩勋章，谢志伟等获教育功绩勋章，澳门广播电视股份有限公司等获文化功绩勋章，卫生局仁伯爵综合医院综合科及日间医院的医护团队等获仁爱功绩勋章，潘敬文等获体育功绩勋章，司法警察局毒品罪案调查处等获英勇奖章，朱伟干等获劳绩奖章，林雪萍等获社会服务奖章，李百灏获荣誉奖状，徐雪茵等获功绩奖状。中联办主任李刚，副主任陈斯喜、姚坚，以及外交部驻澳公署特派员胡正跃、驻澳部队司令员王文、特区政府主要官员、行政会委员、立法会议员及社会各界人士出席典礼。

旅游局推出系列光影表演庆祝澳门特别行政区成立 15 周年。活动由民政总署协办，以"过去"、"现在"和"将来"为主题，即日起至 31 日，分别在澳门回归贺礼陈列馆、氹仔嘉模教堂及路环圣方济各圣堂上演，供市民及旅客观赏。

四电信商公用地面流动电信服务（3G）牌照获续期。按照行政长官批示，澳门电讯有限公司、和记电话（澳门）有限公司、数码通流动通讯（澳门）股份有限公司及中国电信（澳门）有限公司的 3G 牌照获续期至 2023 年 6 月 4 日，以使电信市场稳定发展，确保客户服务得以持续。

16日

"庆澳门回归 15 周年——澳门新项目落户横琴"系列活动上午在横琴新区举行。活动以"力促澳门产业多元化，共筑合作发展横琴梦"为主题，10 家澳门企业入驻粤澳合作中医药产业园，10 家澳门现代服务企业入驻粤澳合作产业园。同时澳门青年横琴创业谷启动，横琴新区设立 20 亿元澳门青年横琴创业扶持基金，鼓励澳门青年到横琴创业。

17日

旅游局公布《家庭旅馆之可行性研究》结果。6 月至 7 月，旅游局委托调研机构，通过民意调查（街区访问及网上问卷）、案例分析及法例分析等开展该项研究，结果显示，超过 60% 的受访者赞成家庭旅馆的概念，但亦要求其本身发展条件及政府整体规划和有效监管的配合。此外，赞成在本人所居住小区内开设家庭旅馆的比例不高，普遍担心治安、卫生、交通及住屋房价等问题。

社会保障基金公布《非强制性中央公积金制度咨询总结报告》。为了解居民对制度内容的期望，社保基金在 4 月 15 日至 6 月 13 日展开了为期 60 日的公众咨询，总结报告及有关社会各界的意见及建议内容全文载于社会保障基金网页，供公众查阅。

《澳门餐饮业油烟排放标准及完善监管制度》即日起至 2015 年 3 月 16 日公开咨询。为改善空气质量、保障居民健康，环境保护局根据前期研究成果和分析本地实际情况，编制该文本，在咨询社会、业界和相关专业团体后，将整合和分析有关意见及建议，订定最终建议方案。

18 日

李刚总结澳门回归十五年取得的伟大成就和宝贵经验，强调坚持"一国两制"的理论自信、道路自信、制度自信，坚持"一国两制"实践的根本宗旨。中联办主任李刚在《澳门日报》发表题为《伟大的实践，壮美的前景——纪念澳门回归祖国十五周年》的文章指出，十五年来，在中央政府的大力支持下，澳门特区行政长官和特区政府带领全澳居民团结奋斗，不懈进取，特区经济持续快速发展，各项事业全面进步，居民生活不断改善，社会保持总体和谐稳定，"一国两制"实践取得了举世瞩目的伟大成就。十五年来，澳门在"一国两制"实践中积累了多方面的宝贵经验：一是以基本法为全社会的共同行为准则。二是把发展作为第一要务。三是坚持行政主导政治体制。四是不断发展壮大爱国爱澳力量。五是特区与祖国内地同呼吸、共命运、齐发展。李刚强调，复杂的国际政治经济环境、特区存在的深层次矛盾和问题，仍会为澳门的发展带来种种困难和挑战，要坚持"一国两制"的理论自信、道路自信、制度自信，坚持"一国两制"实践的根本宗旨。把坚持一国原则和尊重两制差异、维护中央权力和保障特区高度自治权、发挥祖国内地坚强后盾作用和提高特区自身竞争力有机结合起来，自觉维护国家主权、安全和发展利益，促进特区的长期繁荣稳定。要努力发展经济、改善民生、推进民主、促进和谐，坚持从澳门实际出发，抓住国家发展所创造的机遇，在国家发展总体战略中、在区域合作中实现澳门经济的适度多元发展，让全体居民共享发展成果。倡导理性依法处理社会分歧，维护来之不易的良好局面。要不断完善与基本法实施相关的制度机制，推进中央行使对特区管治权和特区行使高度自治权的规范化、法制化，加大特区法制建设力度，不断完善公共行政制度、咨询制度、社团制度、选举制度等，充分发挥制度功效。要推进爱国爱澳力量与时俱进，积极为青年一代搭建锻炼成长的平台，凝聚特区政府和全体居民的智慧和力量，共同管理好、建设好澳门，共创澳门更加美好的明天。

澳门与珠海之间的三个口岸自零时起延长通关。经国务院批准，澳珠三口岸即日起实行新的通关安排，其中，关闸—拱北口岸通关时间为早上 6 时至翌日凌晨 1 时，货检通道开放时间维持现状；路凼城莲花—横琴口岸实施 24 小时通关，适用对象为澳门居民、内地劳务人员、学生及访澳游客等人员，以及两地牌大小客车，暂不包括货车；珠澳跨境工业区口岸通关时间为 0 时至早上 7 时，适用对象为内地劳务人员、学生和澳门居民，不包括自驾小车和客车。

《〈内地与澳门关于建立更紧密经贸关系的安排〉关于内地在广东与澳门基本实现服务贸易自由化的协议》在澳门签署。根据协议，自 2015 年 3 月 1 日起，广东对澳门服务贸易的开放部门达 153 个，基本实现服务贸易自由化。同时，采用正面列表开放管理模式的领域新增 24 项开放措施，其中新增个体工商户开放行业 84 个。协议由商务部副部长高燕和澳门经济财政司司长谭伯源代表双方签署。

19 日

中共中央总书记、国家主席、中央军委主席习近平乘专机抵达澳门。他在机场发表讲话时表示，相信在"一国两制"和基本法指引的正确道路上，澳门一定会越走越稳、越走越好。习近平说，很高兴时隔 5 年多再次来到澳门，并与澳门同胞一起庆祝具有重要历史意义的节日，转达中央政府和全国各族人民对澳门同胞的祝福。习近平表示，他还将同大家共同回顾回归祖国以来澳门特别行政区 15 年建设发展的历程，谋划长远发展。

国家主席习近平中午在下榻的宾馆会见澳门特别行政区行政长官崔世安。习近平对崔世安表示：你上任 5 年来，领导特别行政区政府努力工作，澳门发生了许多新变化新发展，中央对此是充分肯定的。

你和新一届特别行政区政府班子即将履新，中央对新一届班子寄予厚望。你要团结带领整个团队，准确把握中央对澳门工作的方针政策，通盘谋划好工作，培养新作风，树立新形象，起好步，开好局。习近平指出，中央政府全力支持你和特别行政区政府的工作，对你提出的请求中央支持的事项也高度重视，已决定启动明确澳门特别行政区习惯水域管理范围相关工作，决定向澳门赠送一对大熊猫，希望它们在澳门健康成长，给澳门同胞带来欢乐。崔世安感谢习近平和中央政府给予澳门特别行政区的关心和支持。他表示：明天是新一届特区政府的就职典礼，在新的发展阶段，我们将继续致力于发展经济，改善民生，积极推动经济适度多元发展，配合区域领域合作，实现澳门可持续发展，保持澳门社会长期繁荣稳定，促进"一国两制"在澳门的实践不断向前推进。当天下午，习近平在崔世安陪同下，会见了澳门特别行政区现任行政、立法、司法机关负责人。

国家主席习近平下午会见全国政协副主席何厚铧。习近平对何厚铧表示：你离开行政长官岗位担任全国政协副主席以来，始终心系澳门发展，积极支持行政长官和特别行政区政府工作，做了很多有益的贡献，中央是充分肯定的。希望你继续在事关澳门长远发展和长治久安的重大问题上为中央和特别行政区政府出谋划策。

国家主席习近平下午亲切会见澳门社会各界代表人士并发表重要讲话。习近平指出，长期以来，澳门社会各界代表人士在实现澳门顺利回归、建设发展澳门、支持国家改革开放和现代化建设、支援内地救灾扶贫助学等方面发挥了积极作用，做出了重要贡献。这体现了爱国爱澳的赤子情怀，体现了践行"一国两制"方针的主人翁精神，体现了澳门社会积极向上的正能量。习近平强调，澳门回归祖国15年来，各项建设事业取得了巨大成就。希望大家继续支持行政长官和新一届特别行政区政府依法施政，努力促进社会安定团结，共同破解澳门发展的难题。

国家主席习近平下午专程前往位于路环的石排湾公屋，亲切看望澳门普通市民家庭，实地了解他们的工作生活情况。在石排湾公屋项目的沙盘前，习近平听取项目负责人介绍情况，详细询问房屋建筑布局、周边配套设施建设和公屋申请条件等。习近平先后来到谭玉娥、梁志华两户人家，与他们拉起家常，嘘寒问暖。在谭玉娥家，习近平表示：看到你们家的布置，听了你们的介绍，我感到你们是温馨和睦、相亲相爱的一家子。你们全家乐观向上，对生活满怀憧憬，我为你们感到高兴。希望你们夫妇努力工作、孩子们勤奋学习，为把澳门、把祖国建设得更加美好贡献自己的一分力量。从谭玉娥家出来，习近平又走进物流工人梁志华家。习近平亲切询问夫妻俩的工作、社会保障、住房、日常开支等情况，问他们还有什么困难。听了主人介绍后，习近平称赞他们是和和美美的三口之家，希望孩子健康成长，早日成才，挑起家庭的大梁。他对在场的澳门特区行政长官崔世安说，相信新一届特区政府一定会不断提高施政能力，努力解决民生问题，让每一个澳门居民实实在在分享特区经济社会发展成果。

国家主席习近平晚上出席澳门特别行政区政府欢迎晚宴并发表重要讲话。习近平强调，要从国家整体利益和澳门长远利益出发，让最广大澳门居民焕发出最大的积极性、主动性、创造性，积极投身到建设澳门的事业中去，中央政府坚决支持特别行政区行政长官和政府依法施政，脚踏实地谋发展、促和谐、求进步，不断开创"一国两制"事业新局面。习近平表示，这些进步和成就充分说明，"一国两制"伟大构想具有强大生命力，掌握了自己命运的澳门同胞完全能够在"一国两制"、"澳人治澳"、高度自治的方针指引下，团结一心，自强不息，建设好自己的家园。习近平强调，作为前无古人的事业，"一国两制"实践不会一帆风顺。越是面对成绩，越是要奋发进取。俗话说，"桌子上唱大戏——

摆布不开"。澳门回归祖国 15 周年的实践证明,只要路子对、政策好、身段灵、人心齐,桌子上也可以唱大戏。我们既要从澳门发展取得的进步和成就中坚定信心、增添力量,又要清醒看到澳门内外环境发生的新变化,善于统筹谋划、群策群力、乘势而上。习近平指出,当前,祖国内地正处在全面建成小康社会、全面深化改革、全面推进依法治国的重要时期,这为澳门发展提供了极大机遇和广阔空间。机不可失,时不再来。澳门同胞要充分发挥"一国两制"的制度优势,善于从祖国发展大势中把握机遇,更好搭乘祖国改革发展的快车,扎实推动澳门经济社会持续健康发展。

庆祝澳门回归祖国 15 周年文艺晚会 19 日晚在澳门东亚运动会体育馆举行。国家主席习近平观看了演出。晚会以"澳门梦,中国心"为主题,以一对青年男女织梦、寻梦、圆梦的过程,串联起澳门近年来文艺舞台的优秀作品,展现澳门与祖国内地血脉相连的骨肉深情、小城独特的历史文化特色以及和谐温暖的街坊情谊。演出现场美轮美奂,欢乐喜庆。澳门文艺工作者和普通市民、青少年学生饱满的精神和精彩的演出,赢得阵阵掌声,现场气氛热烈、高潮迭起。晚会结束时,习近平在崔世安陪同下走上舞台,同演职人员亲切握手,并同大家一起高唱《歌唱祖国》,祝愿祖国繁荣富强、澳门前程似锦。

"第五届国际文化美食节"在澳门渔人码头启动。本届活动正值澳门回归祖国 15 周年及国际文化美食节举办 5 周年双庆,因此在场地布置及设计方面均采用"庆生"元素为主题,首日适逢回归 15 周年公众假期,吸引逾 2 万居民及游客入场。

20 日

国家主席习近平出席庆祝澳门回归祖国 15 周年大会暨澳门特别行政区第四届政府就职典礼,并发表重要讲话。由国家主席习近平监誓,澳门特别行政区第四任行政长官崔世安宣誓就职。之后,由国家主席习近平监誓,在崔世安带领下,澳门特别行政区第四届政府主要官员及检察长宣誓就职。习近平表示,继续推进"一国两制"事业,是中央政府、特别行政区政府和包括港澳同胞在内的全国各族人民的共同使命,无论遇到什么样的困难和挑战,我们对"一国两制"方针的信心和决心都绝不会动摇,我们推进"一国两制"实践的信心和决心都绝不会动摇。习近平表示,"一国两制"是国家的一项基本国策。牢牢坚持这项基本国策,是实现香港、澳门长期繁荣稳定的必然要求,也是实现中华民族伟大复兴中国梦的重要组成部分,符合国家和民族根本利益,符合香港、澳门整体和长远利益,符合外来投资者利益。习近平强调,继续推进"一国两制"事业,必须牢牢把握"一国两制"的根本宗旨,共同维护国家主权、安全、发展利益,保持香港、澳门长期繁荣稳定;必须坚持依法治港、依法治澳,依法保障"一国两制"实践;必须把坚持一国原则和尊重两制差异、维护中央权力和保障特别行政区高度自治权、发挥祖国内地坚强后盾作用和提高港澳自身竞争力有机结合起来,任何时候都不能偏废。只有这样,才能把路走对了走稳了,否则就会左脚穿着右脚鞋——错打错处来。习近平向新一届澳门特别行政区政府提出四点希望:第一,继续奋发有为,不断提高特别行政区依法治理能力和水平;第二,继续统筹谋划,积极推动澳门走经济适度多元可持续发展道路;第三,继续筑牢根基,努力促进社会和谐稳定;第四,继续面向未来,加强青少年教育培养。

国家主席习近平会见中央驻澳机构和主要中资机构负责人。习近平表示,澳门回归祖国 15 年来,"一国两制"方针和基本法得到较好贯彻落实,各项事业取得了可喜进步,保持了繁荣稳定大局。这与中央驻澳门机构、中资企业的辛勤努力、深耕厚植密不可分。他代表党中央、国务院、中央军委,向大家致以诚挚的问候。习近平指出,大家在澳门特别行政区工作,身处"一国两制"事业最前线,使命光荣、任务艰巨、责任重大。要增强大局意识、忧患意识，加强理论学习，深入把握中央对港澳工作的总体要求，不断加强自身建设，以真情实感打动人，以人格魅力感染人，以学识修养影响人，促进澳门各界人士在爱国爱澳旗帜下的大团结。习近平强调，要始终保持对党和国家发展、对"一国两制"事业的坚定信心，并把这种信心化作开展具体工作的动力。

国家主席习近平会见澳门特别行政区政府新任主要官员以及立法、司法机关负责人。习近平指出，社会各界对大家有较高期待，各位就职后，要尽快熟悉工作，保证各方面工作顺利交接、平稳推进。要增强大局观念和团队意识，严格按照基本法办事，自觉维护行政长官权威，确保行政、立法、司法机关顺畅运作。要从市民最关心的问题入手，抓几件实事，力争取得实效。面对特区发展遇到的问题和可能出现的挑战，要勇于担当、敢于碰硬，既要善于早作谋划，提前化解风险，又要持之以恒、久久为功。习近平表示，相信在中央政府大力支持下，在行政长官崔世安坚强带领下，大家一定能够励精图治、继往开来，同澳门各界人士一道，携手开创澳门繁荣稳定的新局面。

中共中央总书记、国家主席、中央军委主席习近平视察中国人民解放军驻澳门部队。习近平代表党中央、中央军委向驻澳门部队全体官兵表示诚挚慰问，要求大家牢记强军目标，依照澳门特别行政区基本法和驻军法履行好防务职责，坚定不移维护"一国两制"，坚定不移维护澳门繁荣稳定。

国家主席习近平考察澳门大学横琴新校区。5年前，习近平在澳门考察期间宣布，中央政府决定开发横琴岛。随后，作为"一国两制"框架下粤澳合作的标志性项目——澳门大学横琴校区项目启动。5年过去了，当习近平再次来到这里，一座园林式的现代化校园呈现在眼前。习近平在行政长官崔世安陪同下，首先来到澳门大学展览馆，查看校园布局沙盘，观看学校发展简史和科研成果展，听取了新校区建设和教学科研情况介绍。接着，习近平来到郑裕彤书院，参加学生们正在举办的"中华传统文化与当代青年"主题沙龙。在听取了学生们的发言后，习近平就弘扬优秀传统文化谈了自己的看法。他表示，中华文化源远流长、博大精深，如同一座宝藏，一旦探秘其中，就会终生受用。我们要取其精华、去其糟粕，赋予中华传统文化以新的时代内涵，使之成为我们的精神追求和行为准则。习近平指出，同学们正处在人生的黄金时期，不仅要有求学求知的热情，而且要有心系国家、心系特区的担当，做到知行合一、学以致用，为将来走上社会，投身特区和国家建设做好思想品德、学识修养、能力才干等多方面的储备。习近平希望大家通过学习和了解我们民族和国家的历史，汲取中华民族的精神力量，增强民族自豪感，增强文化自信，增强作为一个中国人的骨气和底色。要大力弘扬爱国主义精神，继承爱国爱澳传统，自觉增强推进"一国两制"事业的历史责任感，珍惜青春年少的大好时光，创造有信念、有梦想、有奋斗、有奉献的人生。习近平还向澳门大学赠送了《永乐大典》重印本和《北京大学图书馆藏稀见方志丛刊》，并现场在赠书函上签名。

习近平主席夫人彭丽媛在崔世安夫人霍慧芬陪同下，参观了澳门的世界文化遗产重要组成部分——郑家大屋。郑家大屋是一座具有中西合璧建筑特色的百年大屋。在郑家大屋模型、木制老房梁、极具特色的贝壳窗前，彭丽媛不时停下脚步认真观看，详细了解这里的历史和修葺、保护情况。看到郑家大屋古建保护得很好，她对此表示肯定。古韵悠扬、南音绕梁。彭丽媛在郑家大屋里欣赏了国家级非物质文化遗产"南音说唱"，对艺术家的精湛表演表示赞赏。她还饶有兴趣地了解澳门南音和其他南音的区别，并表示希望老艺术家多教一些年轻学生，把中华文化传承好。

政府公报刊登第114/2014号行政命令，委任澳门特别行政区行政会11名委员。陈海帆、梁庆庭、廖泽云、马有礼、欧安利、郑志强、陈明金、何雪卿、黄如楷、林金城、陈泽武获委任。行政命令即日起生效。

　　政府公报刊登第 406/2014 号、第 408/2014 号、第 410/2014 号、第 411/2014 号、第 412/2014 号、第 413/2014 号、第 414/2014 号行政长官批示，委任柯岚为行政长官办公室主任、委任柯岚兼任行政会秘书长、委任梁庆庭为行政会发言人、委任陈致平兼任政府发言人、委任余文峰兼任助理发言人、委任张裕为澳门基金会行政委员会副主席、委任冯文庄为个人资料保护办公室主任，即日起生效。

　　特区政府及民间社团举行系列活动，庆祝澳门特别行政区成立 15 周年。政府上午 8 时在金莲花广场举行升旗仪式，下午在旅游塔举行招待酒会；体育发展局下午 2 时在冰仔奥林匹克体育中心运动场举行"庆祝澳门特别行政区政府成立 15 周年体艺汇演——天王巨星共凝演唱会"；旅游局晚上 9 时分别在旅游塔及观音莲花苑对面海面举办烟花表演；澳门妇女体育总会、工联体育委员会及街坊总会体育委员会在南湾湖水上活动中心联合举办"濠江欢歌"两岸四地大众体育交流汇演；澳门青年庆祝特区成立 15 周年活动委员会下午举办题为"梦想起航"的各地青年庆回归巡游，晚上 8 时在科大室内体育馆举行"同一颗心，同一个梦——青年大汇演"。

21 日

　　"光辉历程——邓小平生平业绩暨'一国两制'光耀濠江澳门回归 15 周年大型展览"下午 3 时在综艺馆开幕。展览由香港《文汇报》、广安市委和市政府联合主办，精选了邓小平不同历史时期 400 多幅精彩图片，此外还从邓小平故居陈列馆借调了部分珍贵文物，为期 3 天。

24 日

　　多个基督教会及相关团体晚上 8 时至 12 时在耶稣会纪念广场合办"欢乐佳音平安夜 2014"综艺晚会。晚会以"耶稣祂能够"为主题，通过诗班献唱、舞蹈表演、音乐剧、信息分享、手铃演奏、合家欢游戏等环节，向居民和旅客传递圣诞节的真正意义，吸引成千信徒、居民和旅客到场。此外，民政总署在 75 处地点装设圣诞灯饰，并在多个大型广场设置以回归 15 周年为主题的大型圣诞树，与居民、游客一起欢度圣诞节。

25 日

　　《澳门陆路整体交通运输政策（2010～2020）》2013 年度总结公布。承接 2011/2012 年度行动措施相关工作，2013 年政府继续在 8 领域开展及推进 61 项年限性及持续性行动措施，重点包括推进公交系统建设及推行慢行交通相关工作，以引导居民选择有利于澳门整体环境的出行方式，构建绿色交通系统。

　　公安部公布 2015 年内地居民赴港澳地区定居审批分数线。其中，夫妻团聚类为 146.1 分，即 2011 年 12 月 31 日之前夫妻分居；子女照顾父母类为 60 分，即申请人年龄为 18 周岁至 59 周岁，在香港或者澳门的父母年龄均为 60 周岁以上且身边无子女；子女投靠父母类为 1 分，即申请人未满 18 周岁，父母均在香港或者澳门定居；父母投靠子女类为 1 分，即申请人年龄为 60 周岁以上且内地无子女，需要投靠在香港或者澳门定居的 18 周岁以上子女。符合上述条件的申请人经审批后可赴港澳地区定居。

26 日

　　国家主席习近平听取行政长官崔世安述职。下午 5 时半，习近平在中南海瀛台涵元殿听取崔世安述职。习近平表示：过去一年，澳门在保持经济社会平稳发展的同时，还顺利实现了特别行政区政府换届，成功举办庆祝澳门回归祖国 15 周年系列活动。我亲身感受到澳门的发展变化，见证了"一国两制"实践所取得的巨大成就。中央对你和特别行政区政府的工作是充分肯定的。习近平强调，中央对你和第四届特别行政区政府寄予厚望，澳门社会对你们也抱有期待。希望你们勇于担当、善于作为，增强主人翁意识和忧患意识，努力提高依法施政、依法治澳能力和水平，展现新一届政府开拓进取的新气象，更好推进"一国两制"在澳门的实践。张德江、李源潮、栗战书、杨洁篪等参加了会见。

国务院总理李克强接见在北京述职的行政长官崔世安。上午11时，李克强在中南海紫光阁接见崔世安。李克强表示，澳门回归祖国15年来，经济持续发展，社会和谐稳定，各项事业全面推进。中央政府对前后两位行政长官和三届特区政府的工作给予高度评价。希望新一届澳门特区政府团结带领社会各界，抓住新机遇，规划新蓝图，更加注重社会民生，推动澳门经济适度多元化，实现经济社会可持续发展，开拓澳门发展新局面。崔世安感谢中央政府对澳门特区政府工作的肯定和支持。他表示，《内地与澳门关于建立更紧密经贸关系的安排》最新补充协议以及澳门与珠海通关时间延长等措施符合澳门各界期盼，使澳门居民获益。澳门特区政府将继续推动澳门经济稳定发展和适度多元化，全面提升民生综合水平，加强特区的整体竞争力。

政府公报刊登第382/2014号行政长官批示，自2015年1月5日起，发行并流通以"羊年"为题特别发行之邮票。

政府公报刊登第385/2014号行政长官批示，以定期委任方式委任吴海恩担任澳门特别行政区政府政策研究室副主任，自2014年12月20日起为期1年。

统计暨普查局数据显示，11月入境旅客共280.2万人次，按年增15%。其中内地旅客为197.6万人次，按年增28%。前11个月旅客总数达2898.6万人次，按年增8%，其中内地旅客为1961.3万人次。

2013年期社会房屋申请确定轮候名单及除名名单公布。房屋局在2013年5月22日至8月21日期间共收到6146份申请表，3841份获接纳，2305份被除名。确定轮候名单申请人可在2015年3月31日前向该局提出申请《社会房屋轮候家团住屋临时补助发放计划》，1至2人家庭每月补助金额为1650元，3人或以上家庭每月补助金额为2500元。

28日

第四任澳门特别行政区基本法委员会组成人员获任命。全国人大常委会委员长张德江下午在人民大会堂向李飞、曹其真、张荣顺、王振民、李沛霖、陈斯喜、林笑云、徐泽、崔世昌、黎日隆10人颁发任命书，其中李飞获续任为主任。

圣诞节假期结束，5日共录得182万多人次出入境，其中内地旅客为86.3万多人次。自澳门回归纪念日起算，共有395万人次出入境，其中入境旅客共有130万，较2013年同期增7.87%。

29日

政府公报刊登有关轻轨建设多项开支的分期支付预算。其中，"轻轨系统第一期行车物料及系统"逾46.8亿元，自2011年至2017年分7个财政年度支付；"妈阁交通枢纽工程"造价逾12亿元，工程费用自2014年至2018年分5个财政年度支付。此外，"澳门轻轨延伸横琴线深化研究及设计"服务合同费用8990多万元，自2014年至2020年分4期支付。

"第六届澳门国际电影节"开幕。活动由澳门电影电视传媒协会主办，晚上7时在永利酒店宴会厅举行开幕礼，同场举行欢迎晚宴，并为"第五届澳门国际电视节""第四届澳门国际微电影节"揭幕，借此推动澳门的影视、动漫产业朝多元化方向发展。

政府公报刊登第 417/2014 号行政长官批示，核准邮政局 2014 财政年度第一补充预算，金额为 1850 万元。

30日

中联办主任李刚在《人民日报》发表文章《新形势下推进"一国两制"实践的指南——学习习近平同志视察澳门的重要讲话》。文章指出，在澳门回归祖国 15 周年之际，习近平同志率领中央代表团来澳门视察，出席庆祝澳门回归祖国 15 周年大会暨澳门特别行政区第四届政府就职典礼，发表一系列重要讲话。习近平同志充分肯定澳门回归以来取得的巨大成就，强调继续推进"一国两制"事业，坚信澳门这朵祖国的美丽莲花必将绽放出更加绚丽、更加迷人的色彩。习近平同志的讲话，高屋建瓴，语重心长，充满信心，充满情感，为澳门未来发展指明方向，是新形势下推进"一国两制"实践的指南。我们一定要认真学习领会习近平同志重要讲话精神，进一步增强推进"一国两制"实践的紧迫感和责任感，团结奋斗，不断进取，维护和发展好澳门今天来之不易的好形势，创造澳门更加美好的明天。李刚在文中提出 5 点要求，一是坚定贯彻"一国两制"方针、推进"一国两制"实践的决心和信心；二是着力解决发展中的深层次矛盾和问题；三是扎实推进经济适度多元可持续发展；四是让发展成果更多惠及广大居民；五是加倍重视对青少年的教育培养。文章认为，通过认真学习、深入贯彻习近平同志在澳门的一系列重要讲话，澳门社会各界一定能够更加全面准确理解"一国两制"方针政策和澳门基本法，对"一国两制"事业更加充满信心。

张智猛任驻澳部队政治委员，马必强升任某省军区政治委员。驻澳部队发布消息，根据中央军委主席习近平签发的命令，驻澳部队政治委员马必强少将升任某省军区政治委员，张智猛少将接任驻澳门部队政治委员。马必强少将在离任履新前表示，衷心感谢澳门特区政府和社会各界对他在澳门工作期间的支持和帮助，感谢澳门同胞对驻澳门部队的关心和厚爱。祝愿澳门在第四届特区政府的带领下更加繁荣稳定，祝愿全体澳门同胞家庭幸福，万事如意。新任驻澳门部队政治委员张智猛少将表示，将与王文司令员一起率领驻澳门部队全体官兵，坚决贯彻"一国两制"伟大方针，严格依据澳门基本法、《驻军法》，履行好神圣使命，一如既往地支持澳门特区政府依法施政，爱澳亲民，为维护澳门长期繁荣稳定和发展做出积极贡献。张智猛，1959 年生，湖南宁远人。南京政治学院毕业，曾先后在国防大学联合战役指挥员培训班和国防科技大学军队信息化建设培训班学习。历任战士、排长、政治指导员，师、团级单位组织、宣传干事，广州军区政治部宣传部副部长、部长，驻香港部队政治部主任、驻香港部队副政治委员等职。曾参与完成"九七进驻香港""九九进驻澳门"等重大任务。

统计暨普查局数据显示，2013 年以当年价格计算的本地居民总收入为 3477.8 亿元，按年升 18.9%，人均本地居民总收入为 586681 元，按年增 14.2%。

提供专属传送影像讯号光纤网络安装项目开标，第一阶段全城电子监测系统工程启动。澳门城市电子监察系统的安装分 3 个阶段，第一阶段在各出入境口岸及其周边区域安装电子监察设备，第二阶段主要在交通干道及枢纽上安装，第三阶段则针对景点、重要设施及治安黑点进行安装。

31日

政府公报刊登第 9/2014 号法律《2015 年财政年度预算案》。法律订定预算收入总额、开支总额、结余及年度盈余、常设基金、款项分配、各种税费之豁免及扣减、薪俸点调整等，自 2015 年 1 月 1 日起开始生效及执行。

政府公报刊登第 10/2014 号法律《预防及遏止对外贸易中的贿赂行为的制度》。法律订定对外贸易中行贿行为的罪状、预防和遏止行贿行为的制度以及廉政公署的相关权限等，自 2015 年 1 月 1 日起开始生效及执行。

统计暨普查局公布就业调查结果，2014 年 9 月至 11 月澳门失业率为 1.7%，与上一期（8 月至 10 月）持平；失业人口为 6900 人，与上一期相若；与 2013 年同期相比，失业率下降 0.2 个百分点。

政府及各大社团、博彩企业等举办多场迎新年活动。民政总署晚上 9 时半在氹仔龙环葡韵举办新年倒数晚会，晚上 10 时在西湾湖广场举办新年倒数演唱会，凌晨在旅游塔对面海面举行烟花汇演。街坊总会属下多个北区坊会及机构晚上分别在祐汉公园和筷子基北湾休憩区合办新年倒数晚会。新桥坊会、提柯坊会、侨总、缅华互助会、柬华联谊会晚上 8 时在三盏灯圆形地合办"三盏灯小区展缤纷"倒数活动。田径总会晚上 7 时在氹仔运动场举行迎新赛。各大娱乐场亦举办倒数音乐会及晚会，与居民及各地旅客共迎新的一年。

图 35　西湾湖广场举办新年倒数演唱会

本月

"澳门妈祖信俗"和"哪吒信俗"列入第四批《国家级非物质文化遗产代表性项目名录》。至此，澳门共有 8 个项目列入名录，包括粤港澳联合申报的粤剧和凉茶制作技艺、澳门独立申报的木雕——澳门神像雕刻、道教科仪音乐、鱼行醉龙节、南音说唱及本次新增的两个项目。

全年博彩收入持续下跌。根据澳门博彩监察协调局公布的数据，澳门 2014 年 12 月博彩收入 232.85 亿元，同比下跌 30.4%，为连续第 7 个月下跌。2014 年全年，澳门博彩收入为 3515.21 亿元，比 2013 年下跌 2.6%。这是澳门自 2002 年开放赌业以来，首次全年收入下跌。2013 年，澳门博彩收入较前一年增长 18.6%。

后　记

　　澳门回归祖国 15 年来，在中央政府的大力支持下，在行政长官和特区政府的带领下，社会各界人士齐心协力、团结奋斗，澳门经济繁荣，社会稳定，民生改善，"一国两制"事业取得了令世人瞩目的伟大成就。15 年取得的伟大成就，值得澳门同胞和全国各族人民自豪和骄傲；15 年积累的宝贵经验，值得澳门同胞和全国各族人民珍惜和铭记。认真总结回归以来澳门政治、经济、社会、文化等各方面的发展轨迹和宝贵经验，对继续贯彻"一国两制"方针和澳门基本法，保持澳门经济社会的繁荣稳定及可持续发展具有积极的意义。编写"澳门回归大事编年"，便是一项总结澳门回归 15 周年之实践经验和伟大成就的基础性工作，有其现实意义和史料价值。

　　本书是澳门大学专项研究计划之成果。2014 年初，澳门大学澳门研究中心向学校提出了开展此项工作的计划，得到学校批准后，开始组织编写组，先后召开多次讨论会，拟定撰写原则、内容和要求。因交稿时间较为紧张，编写人员也有各自的工作，主编及时关注各位作者的撰写质量和进度，以月为单位，一边撰稿，一边修订，最终得以按计划完稿。

　　本书是集体劳动的成果。郝雨凡、林广志首先提出编撰设想、选录原则及编写凡例；撰写人员的分工如下（按稿件内容时间顺序）：2009 年 10 ~ 12 月：庞欣新；2010 年 1 ~ 6 月，杨开荆；2010 年 7 ~ 12 月：何志辉；2011 年 1 ~ 12 月：赵殿红；2012 年 1 ~ 6 月：姜姗姗；2012 年 7 ~ 12 月：赵殿红；2013 年 1 ~ 6 月：张建平；2013 年 7 ~ 12 月：庞欣新；2014 年 1 ~ 12 月：刘炜华、张秀洁。罗爱华负责会议记录、联络出版、收集资料等行政事宜。在编审方面，何志辉负责收集、整理稿件并初审；赵殿红负责统稿、核对及补充资料等；林广志、田卫平负责稿件的二审及定稿审读；郝雨凡、林广志则对稿件进行全面通读把关，提出修订及补充意见。社会科学文献出版社谢寿光社长、祝得彬主任对本书的构思、编撰及出版起到了重要的推动作用。责任编辑高明秀为本书的编辑校对付出了辛勤的劳动。在此感谢上述撰稿人、统稿人及出版社相关人士的辛勤努力和支持帮助！

　　本书资料主要来自澳门特区政府新闻局、文化局、统计暨普查局、印务局、澳门基金会等机构官网、出版物以及《澳门特别行政区政府公报》、《澳门年鉴》、《统计年鉴》、《澳门经济社会发展报告》（澳门蓝皮书）、《澳门日报》、《市民日报》、《华侨报》、《大众报》、新华网、央广网等出版物及媒体资料。澳门大学、澳门理工学院、澳门科技大学、澳门旅游学院、暨南大学港澳历史文化研究中心等学术机构，在本书编写过程中也提供了不少资料。特区政府新闻局陈致平局长应邀安排工作人员提供了珍贵的历史图片。初稿完成后，我们又请对澳门政治、经济、社会等各方面情况比较了解的资深人士进行审读，并据此进行了修订完善。需要说明的是，限于篇幅，引用上述资料时未能一一罗列"事件"出处及作者姓名，新闻局精选的图片也未能全部刊印。谨此对上述政府部门、媒体及作者和学术机构的大力支持和无私帮助表示衷心的感谢！

编　者

2014 年 12 月

图书在版编目（CIP）数据

澳门回归大事编年. 2010~2014 / 郝雨凡, 林广志主编; 澳门大学澳门研究中心编. —北京: 社会科学文献出版社, 2015.10
ISBN 978 - 7 - 5097 - 7524 - 0

Ⅰ. ①澳…　Ⅱ. ①郝…　②林…　③澳…　Ⅲ. ①澳门 - 地方史 - 大事记 - 2010~2014
Ⅳ. ①K296.59

中国版本图书馆 CIP 数据核字（2015）第 127752 号

澳门回归大事编年（2010~2014）

主　　编 / 郝雨凡　林广志

出 版 人 / 谢寿光
项目统筹 / 祝得彬
责任编辑 / 高明秀　何晋东　吴晓斐

出　　版 / 社会科学文献出版社 · 全球与地区问题出版中心（010）59367004
　　　　　　地址：北京市北三环中路甲 29 号院华龙大厦　邮编：100029
　　　　　　网址：www.ssap.com.cn
发　　行 / 市场营销中心（010）59367081　59367090
　　　　　　读者服务中心（010）59367028
印　　装 / 三河市东方印刷有限公司

规　　格 / 开　本：889mm × 1194mm　1/16
　　　　　　印　张：25.25　字　数：684 千字
版　　次 / 2015 年 10 月第 1 版　2015 年 10 月第 1 次印刷
书　　号 / ISBN 978 - 7 - 5097 - 7524 - 0
定　　价 / 380.00 元